Albert Heintze

Die Deutschen Familiennamen

geschichtlich, geographisch, sprachlich

Elibron Classics
www.elibron.com

Elibron Classics series.

ISBN 1-4212-2407-0 (paperback)
ISBN 1-4212-2406-2 (hardcover)

This Elibron Classics Replica Edition is an unabridged facsimile
of the edition published in 1914 by Buchhandlung des Waisenhauses,
Halle a. d. S.

Die

Deutschen Familiennamen

geschichtlich, geographisch, sprachlich.

Von

Prof. Albert Heintze.

Vierte, verbesserte und vermehrte Auflage,

herausgegeben von

Prof. Dr. P. Cascorbi.

Halle a. d. S.

Verlag der Buchhandlung des Waisenhauses.

1914.

Aus dem Vorwort zur ersten Auflage. (1882.)

Nachdem in den letzten Jahrzehnten eine ganze Literatur über die deutschen Eigennamen erblüht ist, habe ich den Versuch gemacht, die wesentlichsten Ergebnisse der bisherigen Forschungen, soweit sie die Familiennamen betreffen, einem größern Kreise, dem der Gebildeten überhaupt, in möglichst übersichtlicher und handlicher Form darzulegen.

Besondere Aufmerksamkeit habe ich auf ein bisher weniger berücksichtigtes Gebiet, nämlich auf die geographische Verteilung der Familiennamen verwendet. Das bezügliche Material lieferten hauptsächlich, während der letzten Kriege (von 1866, 1870—71), die Verlustlisten der preußischen und deutschen Heere, aus welchen ich viele tausende von Namen zu diesem Behufe mit Vorsicht ausgezogen und geordnet habe.

Und so möge denn dieses Buch, auf welches ich im Lauf der Jahre so manche Stunde verwendet habe, zum bessern Verständnis unserer Familiennamen und damit auch zur Belebung echt deutschen Sinnes an seinem bescheidenen Teile beitragen!

Vorwort zur zweiten Auflage.

Das ganze die deutschen Familiennamen behandelnde Schrifttum, insbesondere die vielen in letzter Zeit erschienenen Einzelschriften auszuschöpfen, konnte auch bei dieser neuen Auflage nicht meine Absicht sein. Immerhin sind mehrere tausend Namen neu eingereiht, unter steter Bevorzugung des Gesicherten und Feststehenden.

Für die freundliche Unterstützung sage ich besonderen Dank den Herren Archivrat Dr. Jacobs in Wernigerode, Gymnasial-Rektor Prof. Erbe in Ludwigsburg, Prof. Dr. Cascorbi in Münden, Prof. Böhme in Stolp.

Stolp in Pommern, im Juli 1903.

A. Heintze.

Vorwort zur dritten Auflage.

Am 20. März 1906 starb der Verfasser dieses Buches, Prof. A. Heintze, im 75. Jahre eines der Schule und der Wissenschaft gewidmeten arbeitsreichen und gesegneten Lebens. Als er fühlte, daß er die dritte Auflage der Familiennamen nicht mehr fertigstellen könne, bat er mich an seine Stelle zu treten, und ich tat dies um so lieber, als ich das Werk schon von seinem Entstehen an genau kannte und auch mancherlei Beiträge dazu geliefert hatte. Im Anschluß an Förstemanns zweite Auflage hatte Heintze den auslautenden Themavokal in den altdeutschen Stämmen, die an der Spitze der Namengruppen stehen, hinzugefügt (doch w für v und j für i geschrieben) und über tausend neuer Namen oder Namenformen eingesetzt. Ich habe noch etwa weitere tausend nachgetragen und überall gebessert, wo auf Grund der neuesten Forschung zu bessern schien. Dabei bin ich auch manchem Wunsch und Winke nachgekommen, den die Herren Erbe in Ludwigsburg, Miedel in Memmingen, Gräbisch in Breslau u. a. in Besprechungen der zweiten Auflage oder brieflich zu erkennen gegeben haben; ihnen allen sei hier der wärmste Dank ausgesprochen.

Hannöv.-Münden, im August 1908.

P. Cascorbi.

Vorwort zur vierten Auflage.

Im letzten Jahrzehnt hat die Erforschung der germanischen Namen wie der Familiennamen (Dank Edw. Schröder, Socin, Reichert u. a.) große Fortschritte gemacht, wenn auch noch viel, unendlich viel zu erforschen übrig geblieben ist. Ich habe daher im Großen und Kleinen, im ersten und im zweiten Teile vielfach verbessert. An die Spitze der Namen erster Schicht habe ich die ihnen zugrunde liegenden germanischen Stämme gesetzt; leider fehlte mir zu einer nochmaligen Durchsicht die Zeit, wie ich überhaupt bei Abschluß der Auflage mit vielen Hindernissen zu kämpfen hatte, so daß einige Stämme flektiert, einige unflektiert dastehen. Außerdem habe ich rund 1500 neue Namen oder Namenformen hinzugefügt. (Daß trotzdem das Buch nicht viel mehr als einen Bogen stärker geworden ist, liegt an einer Änderung im Druck.) Überall habe ich mich bemüht, nur urkundlich Gesichertes oder von der Wissenschaft allgemein Angenommenes zu bieten und viele Namen meiner Sammlung nicht aufgenommen, da ihre Deutung mir nicht sicher genug schien. Doch möchte ich auch hier betonen, daß bei den altdeutschen Namen noch manches unsicher ist.

Allen den Herren endlich, die die dritte Auflage besprochen oder mir brieflich Wünsche ausgesprochen haben, danke ich auch an dieser Stelle; ihre Bemerkungen sind möglichst berücksichtigt worden.

Hannöv.-Münden, im August 1914. **P. Cascorbi.**

Verzeichnis der benutzten Bücher über Personennamen.

Abel, Die deutschen Personennamen. Berlin 1853.

Andresen, Die altdeutschen Personennamen in ihrer Entwickelung und Erscheinung als heutige Geschlechtsnamen. 2. Aufl. Mainz 1876.

Andresen, Konkurrenzen in der Erklärung der deutschen Geschlechtsnamen. Heilbronn 1883.

Bähnisch, Die deutschen Personennamen. Leipzig 1910.

Erbe, Die Ludwigsburger Familiennamen. Ludwigsburg 1902.

Förstemann, Altdeutsches Namenbuch. I. Bd.: Personennamen. 2. Aufl. Bonn 1900.

Grohne, Die Hausnamen und Hauszeichen, ihre Geschichte, Verbreitung und Einwirkung auf die Bildung der Familien- und Gassennamen. Göttingen 1912.

Heydenreich, Familiengeschichtliche Quellenkunde. Leipzig 1909.

Jabusch, Bildung und Bedeutung der deutschen Eigennamen mit besonderer Berücksichtigung der ostfriesischen Namen. Drei Vorträge. Norden 1910.

Khull, Deutsches Namenbüchlein. 5. Aufl. 1912.

Kleemann, Die Familiennamen Quedlinburgs und der Umgegend. Quedlinburg 1891.

von der Osten, Die Personennamen der Wurstfriesen. (Jahrbuch der Männer vom Morgenstern, 1911/13, S. 105 ff.)

Pott, Die Personennamen, insbesondere die Familiennamen und ihre Entstehungsarten. Brockhaus 1853.

Preuß, Die lippischen Familiennamen mit Berücksichtigung der Ortsnamen. 2. Aufl. Detmold 1887.

Reichert, Die deutschen Familiennamen nach Breslauer Quellen des 13. und 14. Jahrhunderts. Breslau 1908.

Schneider, Volksetymologie in Bamberger Namen usw. Bamberg 1911.

Schönfeld, Wörterbuch der altgermanischen Personen- und Völkernamen. Heidelberg 1911.

Edw. Schröder, Die deutschen Personennamen (Göttinger Gelehrte Anzeigen 1900, S. 787 ff. und Festrede vom 5. Juni 1907 in Göttingen).

Socin, Mittelhochdeutsches Namenbuch. Nach oberrheinischen Quellen des 12. und 13. Jahrhunderts. Basel 1903.

Stark, Die Kosenamen der Germanen. Wien 1868.

Steub, Die oberdeutschen Familiennamen. München 1870.

Vetter, Über Personennamen und Namengebung in Bern und anderswo. Bern 1910.

Vilmar, Deutsches Namenbüchlein. 5. Aufl. Marburg 1880.

Werle, Die ältesten germanischen Personennamen. Straßburg 1910.

Verzeichnis der benutzten Abhandlungen

aus Jahresberichten höherer Schulen.

Becker (Basel 1864), Brasse (M.-Gladbach 1907), Burckas (Ohrdruf 1896. 97. 98. 99), Cämmerer (Arnstadt 1885. 86), Drees (Wernigerode 1913), Fick (Göttingen 1875), Förstemann (Nordhausen 1851), Joachim (Landshut 1892), Klose (Grünberg i. Schl. 1912. 14), Knorr (Eutin 1876. 82), Koch (Saalfeld 1877), Lübben (Oldenburg 1863), Manke (Anklam 1887. 89. 90), Franz Meyer (Osnabrück 1870), Mieck (Düsseldorf 1886), Müller (Hamburg 1910), Ondrusch (Neustadt in O.-S. 1894 und Sagan 1899), Pauli (Münden 1870. 71), Reichel (Marburg a. d. Dr. 1867), Ruprecht (Hildesheim 1864), Schütte (Braunschweig 1901), Seppeler (Bocholt 1905. 6. 7), Spanuth (Hameln Lyceum 1909), Strackerjan (Jever 1864), Tschiersch (Luckau 1875), Zumbusch (Grevenbroich 1897).

Dazu Aufsätze in Zeitschriften und Zeitungen von Gräbisch, Hertel, Keiper, Lucas, Schneider, Schütte, Zumbusch und anderen.

Inhalt.

I.

Abhandlung.

Einleitung.

Unsere Geschlechts- oder Familien-Namen erscheinen uns, wenn wir genauer nach ihrem eigentlichen Sinne fragen, in der weitaus größten Zahl rätselhaft und unverständlich. Denn was bedeuten Namen wie z. B.: *Hildebrand, Gundlach, Odebrecht, Rüdiger, Amelung?* Ist das nicht, wie wenn eine Reihe von Rittern vor uns aufmarschierte, aber alle mit geschlossenem Visier? Oder kürzere Namen wie: *Benz, Renz, Wenz, Bopp, Dapp, Rapp, Rupp, Atzl, Ratzel, Hutzl!* Wird uns da nicht zu Mut, als ob wir einen Chor wunderlicher Kobolde sähen, die uns neckend umhüpfen?

Nun, wir wollen es einmal versuchen, ob wir den Rittern ihr Visier nicht öffnen, ob wir die neckischen Kobolde nicht zwingen können, daß sie uns standhalten und Namen und Abkunft sagen.

Denn ein merkwürdig und wunderlich Ding ist es im Grunde doch, daß der Mensch in seinem Namen so einen Begleiter durch das Leben erhält, der ihm stets mit geschlossenem Visier zur Seite geht, einen Gefährten, der ihn von der Wiege bis zur Bahre geleitet, siebenzig, achtzig Jahre lang, und dennoch in seinem Wesen nicht erkannt wird, stets nur sein Äußeres, nie sein Inneres aufweist — dessen wahre Gestalt also verborgen bleibt. Und doch bewahren wir den unerkannten Begleiter so sorgsam, wir dulden es nicht, daß er in irgend etwas verkürzt werde, daß ihm ein Buchstab, sollte er auch für die Aussprache nichts verschlagen, genommen oder zugesetzt werde, wir bewahren den Namen mit allen unorthographischen *ck* und *tz* und *dt*.

So wachen wir sorglich über die äußere Gestalt und Hülle, und um den inneren Gehalt und Kern sollten wir uns nicht bekümmern, nie danach fragen?

Etwas Bedeutungsloses ist ein solcher Name jedenfalls nicht, so sinnlos und bedeutungsleer er auch vielfach scheinen mag. Es ist kein leerer Schall, welcher rein der Willkür und der Laune des Zufalls sein Dasein zu verdanken hätte. Etwas — das kann hier im voraus versichert werden — etwas bedeutet von Hause aus ein jeder Name, und dieser Satz behält seine Wahrheit auch gegenüber den tausenden unserer Familiennamen, die uns so dunkel und unverständlich klingen.

Aber wie hat denn Sinn und Bedeutung der Namen so sehr entschwinden können? — Das hat mehr als einen Grund. Vor allen Dingen liegt es am Alter der Familiennamen. Sie sind fest geworden in der zweiten Hälfte des Mittelalters, also vor mindestens 500—600 Jahren. Damals sind sie fest geworden, d. h. während bisher der Name vom Vater auf den Sohn wechselte, wie noch jetzt bei uns die Vornamen, so befestigte sich nunmehr allmählich in der Familie ein Name, der vom Vater auf den Sohn überging und an dem ganzen Geschlechte haften blieb. Diese Entwickelung trat allerdings erst vor etwa einem halben Jahrtausend ein; die Namen aber, welche sich damals als Familiennamen festsetzten, sind nicht erst damals auch entstanden, sondern gehen, als Personennamen, meist weit höher hinauf, bis in die Zeiten der Völkerwanderung — es braucht hier nur an die hervorragendsten Gestalten des Nibelungenliedes erinnert zu werden, an *Siegfried, Hagen, Gunther, Dietrich, Rüdiger*, Namen, die wir sämtlich, wenn auch vielleicht ein wenig verändert, in der Gegenwart als Familiennamen, zum Teil auch als Vornamen häufig finden. Einzelne reichen noch höher hinauf, bis zu den Anfängen der germanischen Geschichte, wie sie uns in freilich lückenhafter Kunde Griechen und Römer überliefert haben, ja über Armin und Marbod hinauf in Zeiten, da wohl noch kein Germane Fuß und Speer auf den Boden des nachmaligen Deutschland gesetzt hatte.

Nun haben aber die Eigennamen mit der stetigen Weiterentwicklung der Sprache nicht gleichen Schritt gehalten, sie sind je länger je weniger mitgegangen, zumal seit sie als Familiennamen festgeworden. Die Veränderungen, welche die Sprache zu erleiden gehabt hat, haben sie als das geheiligte Eigentum des einzelnen nicht gleichmäßig mitgemacht, sie sind stehen geblieben; die Stürme der Zeiten, welche die alten Sitten und Weisen hinweggefegt, haben sie nur wenig berührt. So stehen die Namen da gleich den Ruinen der Ritterburgen, als Zeugen einer vergangenen Zeit. Die alten Wortformen sind untergegangen in dem sonstigen Gebrauch der Sprache, manche Stämme und Wurzelwörter ganz abhanden gekommen, wie Zweige eines Baumes, ganze Stämme verdorren; doch in den Namen sind sie noch da, wenn auch dem Verständnis entrückt. So verstehen wir von dem Namen *Hildebrand* die letzte Silbe wohl noch, was heißt aber hilde? Hier gibt uns unser Neuhochdeutsch nicht mehr Aufschluß, wir müssen weiter hinaufsteigen, zum Altdeutschen, um den Schlüssel für diesen noch jetzt gar nicht seltenen Namen zu holen. *Hild* heißt Kampf, Schlacht, also Hildebrand: Kampfesbrand, Schlachtenbrand — gewiß ein trefflicher Name für einen Helden, der wie verzehrendes Feuer um sich her wütet in der Schlacht! Ähnlich ist es mit der Silbe *mar*, berühmt, in *Waldemar, Germar*, sowie mit *rud*, das gleichfalls berühmt bedeutet, in *Rudolf, Rüdiger*. So könnten der verschollenen Stämme noch gar manche aufgeführt werden; andere haben wenigstens ihre Bedeutung geändert, wie *schalk* (ursprünglich „Knecht"), und wir als geborene Deutsche müssen bei den Gelehrten Rat suchen, um uns diese urdeutschen Namen wie fremde erklären zu lassen. Es ist Moos darum gewachsen, Rost hat sich auf das Metall gelegt und will mit behutsamer Hand entfernt sein, ehe uns wieder der edle, reine Metallglanz entgegenstrahlt.

So nehmen denn die Eigennamen eine besondere, eine Ausnahmestellung in der Sprache vor allen anderen Wörterklassen ein; sie gehen nicht mit der Zeit mit, sie kümmern sich nicht darum, ob man sie versteht, sie haben ihre eigenen Formen, die nicht angetastet werden dürfen, ja ihre eigene Rechtschreibung.

Aber es ist nicht allein das hohe Alter der Namen und ihre von daher großenteils bewahrte Form, wodurch sie so dunkel und rätselhaft, fast hieroglyphengleich geworden sind — auch die mannigfachen Mundarten, in die sich das Deutsche spaltet, tragen dazu bei, die Bedeutung der Familiennamen zu verhüllen. Als diese sich bildeten, waren die verschiedenen Mundarten Deutschlands noch in vollerer Blüte, eine allgemein herrschende Schriftsprache war noch nicht vorhanden. So setzten sich denn auch die Familiennamen für jede Landschaft zunächst in der dort verbreiteten Mundart fest. Sieht man sich z. B. die lange Reihe pommerischer Namen aus der Zeit Herzog Bogislaws X. an, wie sie Klempin in seinen „Diplomatischen Beiträgen zur Geschichte Pommerns" aufstellt, so wird man alles, was darin an Namen deutsch ist, eben als niederdeutsch erfinden: Apenborch, Benekendorp, van deme Berghe, Bilrebeke, Blome, Boddeker, Bokholt usw. Als nun nach Luther das Hochdeutsche auch im Norden allmählich als Schriftsprache durchdrang, wurden diese „plattdeutschen" Namen allerdings zum größten Teile dem neuen Lautsystem angepaßt, aber doch nicht ausnahmslos: viel Niederdeutsches blieb und bleibt stehen. So schimmert die ursprüngliche mundartliche Grundlage für ganz Niederdeutschland in den Familiennamen noch überall durch in Formen wie: *Schulte, Möller, Niebuhr* (neben Neubauer), *Flashaar, Vofs, Utermöhlen* („aus der Mühle"), *Cassebaum* (halbniederd. = Kirschbaum) usw. Dahin gehört besonders auch die große Zahl von Verkleinerungsformen auf *ke*, die meist von einheimischen oder auch ausländischen Vornamen herrühren, z. B. *Gerike* von Gerhard, *Jahnke* von Johannes. Im Oberdeutschen finden wir statt dessen die Endung *el*, auch *z*, z. B. *Dietel, Dietz* für Dietrich. Diese und viele andere Verkleinerungswörter, oder wenn man will „Schmeichelformen", die sich vorzugsweis als Familiennamen festgesetzt haben, erfordern zu ihrer Entzifferung, wenn sie mehr als ein bloßes Raten sein soll, Kenntnis der Mundarten und ihrer oft höchst eigentümlichen Formen. Wer möchte z. B. durch bloßes Vermuten darauf kommen, daß *Hiesel* aus Matthias, *Gilles* aus Ägidius, *Grolms* aus Hieronymus entstanden ist!

Nicht minder macht sich dies geltend bei der zahlreichen Klasse der von Beschäftigungen, von Amt und Gewerbe entlehnten Familiennamen, da die Bezeichnungen gerade auf diesem Gebiete landschaftlich oft sehr verschieden sind.

Nicht genug, daß die Mundarten ihre Einflüsse geltend gemacht haben — alles das ist immer doch noch deutsch — aber auch von außerhalb der Grenzen unserer Sprache sind bedeutende Einströmungen erfolgt. So wenig das jetzige deutsche Volk ein ganz ungemischtes ist, so wenig sind die Familiennamen durchweg deutsch. Vor allem ist die Beimischung der Slawen hervorzuheben. Diese erfüllten bekanntlich, von den Zeiten der Völkerwanderung her, den ganzen Osten Deutschlands bis zur Elbe und Saale. Als sie endlich wieder zurückgedrängt wurden, blieben doch viele in ihrer seit so langer Zeit eingenommenen westlichen Heimat sitzen und wurden erst allmählich und nicht überall germanisiert. Diese Grundlage des Slawischen auch in längst wieder deutsch gewordenen Strichen tritt wie in den Ortsnamen, so auch in den Familiennamen hervor, ein bedeutender Bruchteil ist slawisch: wendisch, polnisch — selbst Tschechen dringen aus Böhmen herauf. (Näheres in Beilage 3a.)

Dann ist ein, wenn auch lange nicht so starker, doch immerhin in Anschlag zu bringender Bruchteil romanischen Blutes aufgenommen worden, hauptsächlich aus Frankreich, in den Waldensern, Réfugiés und Emigranten. Daher nun französische Familiennamen, wie *Palmier, du Mesnil, de Convenant.*

Zum Schluß verdient noch Erwähnung, daß selbst das Littauische, so entlegen es dem Völkerverkehr ist, sein Fähnlein gestellt hat, z. B. *Kaprolatis, Adomeit.* In Berlin sind littauische Namen nicht selten, und in Königsberg gar wimmelt es von ihnen.

So sind denn slawische Elemente von Ost und Südost, littauische von Nordost, romanische von West und Südwest eingedrungen und zwar in bedeutendem Maße. Man mache die Probe an irgendeiner Namenreihe — eines Regierungskollegiums, eines Stadtverordneten- oder Lehrerkollegiums — im östlichen Deutschland, und man wird selten die Namen reindeutsch finden.

Wir haben es also in der Welt der Familiennamen, wie sie gegenwärtig in Deutschland ist, mit einem Gemisch nicht bloß aus verschiedenen Zeitaltern und Mundarten, sondern sogar aus ganz verschiedenen Sprachen zu tun. Dadurch wird begreiflicherweise die Erforschung der Namen außerordentlich erschwert Denn wer vollkommen gerüstet ans Werk gehen wollte, um die in Deutschland jetzt vorkommenden Familiennamen zu erklären, müßte eine sehr umfassende Sprachkenntnis besitzen, nicht allein des Deutschen nach seinen Verzweigungen und des Romanischen, sondern vor allen Dingen auch des Slawischen, und zwar in seinen verschiedenen Mundarten.

Aber selbst wer diese umfassende Sprachkenntnis besäße, würde doch noch genug Hindernisse zu überwinden haben und oft mutlos das kritische Messer sinken lassen. Ja, wenn die Namen in reiner, unverfälschter und unentstellter Form vorlägen! Aber wieviel Entstellungen, Verstümmelungen und besonders Umdeutungen haben sie sich müssen gefallen lassen trotz aller beanspruchten Unantastbarkeit, die fremden zumal, die man nicht verstand! *Butzlaff* statt *Bogislaw* (Bugslaff) ist noch nicht arg; wenn aber *Warneking* (Verkleinerungsform von Werner) sich in *Warnkönig*, wenn *Christian* sich einerseits in *Kirschstein*, anderseits in *Kasten*, *Bley* gar sich in *Pflaumbaum* wandeln konnte, so sieht man, daß hier Dinge möglich und häufig sind, die bei den Gattungsnamen glücklicherweise zu den größten Seltenheiten gehören. Auch ist zu bedenken, daß man im Mittelalter nicht so viel schrieb wie jetzt und die Namen sich im Munde der Menschen leicht wandelten, auch von dem Schreiber nach Gehör niedergeschrieben wurden, wobei oft Hör- und Schreibfehler unterliefen. Heydenreich bringt (S. 151) aus Frankfurter Urkunden merkwürdige Beispiele dafür; so befand sich unter den weltlichen Richtern in Frankfurt a. M. am Ende des 14. Jahrhunderts einer, dessen Namen in drei Formen vorkommt: *Krauesel*, *Krauweyse*, *Krauisen*.

Das alles sind unabsichtliche Entstellungen; es kommt aber auch vor daß der Träger eines Namens in bewußter Weise diesen Namen, weil er ihm nicht zusagt, umändert und entstellt, z. B. ein *Faßbinder* nennt sich *Vasbender*, ein *Knieriem* schreibt sich wenigstens *Cnyrim*. Das ist ein harmloses Vergnügen; ganz anders ist es, wenn jemand seinen ehrlichen deutschen Namen verachtet, weil er eben nur deutsch ist, und ihn in ein fremdartiges Gewand hüllt, damit er vornehmer klinge. In der Art versündigten sich besonders die Gelehrten im 16. und 17. Jahrhundert, indem sie ihre untadeligen deutschen Namen latinisierten, ihnen eine zuweilen recht schlotterige Toga umwarfen. Weil man dabei ziemlich willkürlich und gewaltsam verfuhr, so ist die Rückübersetzung häufig schwierig. *Olearius* z. B. kann die Übersetzung von drei Namen sein: *Öhlmann*, *Öhler*, *Öhlenschläger*. Andere sind gar nicht mehr nach ihrer Bedeutung zu entziffern.

So haben denn gar mannigfache Einflüsse verschleiernd und verdunkelnd auf die Familiennamen eingewirkt. Dieselben sind, um es nochmals zusammenzufassen: 1. das Alter der Namen, das nach Jahrhunderten, zum Teil nach Jahrtausenden zu berechnen ist, und in Verbindung damit die verschiedenen Entwickelungsstufen der Sprache; 2. der trübende Einfluß der Mundarten; 3. die Mischung mit fremdem Sprachgut; 4. Mißverständnisse und willkürliche Entstellungen. Daher ist es denn auch kein Wunder, wenn die große Mehrheit der Familienbezeichnungen uns so unverständlich ist, wenn die tausende und aber tausende von Namen, die unter diesen Einflüssen zusammengekommen sind, das Bild eines dichtverschlungenen Urwaldes darbieten, in welchem man fast bei jedem Schritt auf Schwierigkeiten und Hindernisse stößt.

Aber diese Schwierigkeiten, so groß sie zum Teil sind, dürfen von der Betrachtung der Familiennamen und ihrer Erforschung nicht zurückschrecken. Das verbietet — abgesehen von dem Reiz, den es doch für den einzelnen haben muß, die Bedeutung seines Namens zu wissen — die Wichtigkeit des Gegenstandes überhaupt. Die Eigennamen (Personen- und Ortsnamen) bilden einen Teil der Sprache, und zwar in den altdeutschen Namen den ältesten, den unsere Sprache überhaupt als erhalten aufzuweisen hat. Wenn man nun die übrigen Wörterklassen betrachtet, ihre Bildungsgesetze erforscht und darstellt, so sind die Eigennamen dabei nicht zu übergehen, ihnen gebührt dieselbe Aufmerksamkeit. Auch in ihnen webt und wirkt der Geist der Sprache. Wollte man sie beiseite lassen, so würde die Kenntnis der Sprache an einer bedeutenden Lücke leiden, ein großes Gebiet wäre unerhellt.

Das ist die Bedeutung, welche die Namenkunde nach der sprachlichen Seite hat. Aber in der Sprache spiegelt sich der Geist des Volkes, und in ganz besonderem Maße gerade in den Namen. Ihren Stolz und ihre Sehnsucht, ihren Glauben und ihren Aberglauben, ihre ganze Lebensanschauung haben ursprüngliche Völker, wie das germanische, in ihre Namen gelegt. Und weiter, auch die späteren Entwickelungen im Leben des Volkes, in Sitten und Einrichtungen, Zuständen und Anschauungen lassen hier ihren Niederschlag zurück, so daß wir ein gutes Stück unserer Kulturgeschichte an den Familiennamen herabbuchstabieren können. Sie gleichen den Versteinerungen der Urzeit: aus den Umwälzungen früherer Perioden sind sie übrig geblieben als Zeugen von dem, was einstmals war. Freilich ist es schwer und oft gar nicht mehr möglich, die Bedeutung mancher Namen zu ergründen; aber wo es möglich ist, da erschließen sich uns ganz neue, unverfälschte Quellen für die Erkenntnis der Denk- und Sinnesart unseres Volkes in längst vergangener Zeit. So ist es denn keine undankbare Mühe, es ist eine schöne und nach mehr als einer Seite hin lohnende und fruchtbringende Beschäftigung, in diese reiche Welt der Namen zu gehen, das nur schlummernde Leben in den scheinbar kalten und toten Zeichen wieder zu erwecken, der stillen Sprache zu lauschen, die sie, die unsere Vorfahren durch sie zu uns reden.

„Vergangenheit entsteigt dem dunklen Grab
Und gibt uns manche wundersame Kunde.“

1.

Die Elemente der deutschen Familiennamen (dreifache Schicht).

In den Elementen, aus denen sich die deutschen Familien- oder Geschlechtsnamen gebildet haben, lassen sich drei Schichten unterscheiden, die sich wie Geschiebe eines Gebirges auf- und ineinander gelagert haben. Diese sind:

1. alteinheimische, ursprünglich heidnische Personennamen, d. h. nicht forterbende Benennungen einzelner Personen (z. B. *Albrecht* und *Arnold*);

2. später dazugekommene fremde Personennamen aus christlicher Zeit (z. B. *Peter* und *Paul*).

Beide Klassen haben das gemein, daß sie von Hause aus Personen- oder Einzelnamen gewesen sind und auch nach ihrem Festwerden (als Familiennamen) großenteils noch daneben als Personen-, d. h. nunmehr Vornamen, verwendet werden. Zu ihnen gesellt sich nun aber

3. eine dritte Klasse von Bezeichnungen, ursprünglich nur unterscheidende Zusätze zu den Personennamen der beiden ersten Schichten: Namen jüngster Periode (z. B. *Weber* und *Wittenberg*).[1]

Betrachten wir zunächst die beiden ersten Schichten genauer, um ein möglichst anschauliches Bild von den Grundlagen zu gewinnen, auf denen die Bildung unserer Familiennamen beruht.

2.

Die Personennamen überhaupt — ein Spiegel des Volksgeistes. Namen der Griechen, Römer, Israeliten.

Daß in den Eigennamen eines Volkes sich der eigentümliche Geist und Charakter dieses Volkes abspiegele, nicht minder als in seinen Sitten und Taten, dieser Satz gilt in besonderem Maße von den ältesten Namen, welche sich bildeten, da das Volk noch unberührt von fremden Einflüssen, in voller Selbständigkeit sich entwickelte. So redet eben durch die Namen die uralte Vergangenheit zu der Gegenwart, die Vorfahren reden durch sie

---

1) Diese werden nicht als Vornamen verwendet. Wenn also ein Name sich auch als Vorname findet (z. B. *Degener*, *Kasten*), so liegt darin ein Beweis, daß er einer der beiden ersten Schichten angehört.

zu den nachkommenden Geschlechtern und enthüllen ihnen ihren Geist und Sinn.

Werfen wir zum Beweise einen vergleichenden Blick auf die drei Völker, welche für uns die Hauptvölker des Altertums sind, die Griechen, die Römer und die Israeliten, so treten uns hier die allerbezeichnendsten Verschiedenheiten entgegen.

Das edle, hochbegabte Volk der Griechen zeigt auch in seinen Personennamen eine reiche Phantasie, einen idealen Schwung. Die Namen gehen überwiegend auf das Geistige, auf edle Eigenschaften und Beschäftigungen. Das beweist die Fülle der Namen, die auf *kles* (Ruhm) endigen: *Perikles* (sehr berühmt), *Sophokles* (durch Weisheit berühmt), *Themistokles* (durch Gerechtigkeit berühmt), *Kallikles* (durch Schönheit berühmt) — oder die mit der Silbe *kle* anfangen: *Kleophanes* (ruhmstrahlend). Viele beziehen sich auf das Vorangehen und Erster sein, gleichsam Bezeichnungen für Männer, die jenen homerischen Wahlspruch: „Stets der Beste zu sein und vorzustreben den andern“ in sich zur Verkörperung gebracht haben. So die mannigfachen Bildungen von *Aristos* (der Beste), ferner Namen wie *Poliarchos* (Stadtherrscher), *Agesilaos* (Volksführer), *Eurysthenes* (weit gewaltig) — auch *Thrasybulos* (kühn im Rat), *Megistophron* (das Größte denkend). Auf Kampf und Sieg gehen *Nausimachos* (zu Schiffe kämpfend), *Nikophanes* (siegprangend). Wie jedoch jene homerischen Helden das Wort ebenso trefflich zu handhaben wissen wie das Schwert, so stellt sich neben die kriegerischen Namen eine fast ebenso lange Reihe von Namen, welche die Beredsamkeit feiern, z. B. *Aglaophon* (herrlich redend), *Anaxagoras, Protagoras* — letztere zum Beweise, wie hoch der Grieche seine *Agora*, die Volksversammlung, hielt. Aber in der Reihe dieser edlen und ruhmwürdigen Eigenschaften ist auch die Götterfurcht unvergessen; den Beweis geben die vielen mit *Theos* (Gott) zusammengesetzten Namen, wie *Theodotos* (gottgegeben), *Timotheos* (Ehregott), dazu mannigfache Ableitungen von den Namen einzelner Gottheiten, von *Dionysos* (Bacchus): *Dionysios*, von *Hera* (Juno): *Herodotos*, von *Apollon*: *Apollonios*. Im Einklange damit stechen unter den Tieren in der Namengebung hervor der Löwe, das königliche Tier, in vorgeschichtlicher Zeit in Griechenland einheimisch: *Leon, Timoleon,* das edle Roß, dem Poseidon heilig, in besonders zahlreichen Namen: *Hippias* und *Hipparchos, Hippokrates, Philippos*, *Aristippos*.

Während so die griechischen Personennamen ein ideales, poetisches Gepräge haben, indem edle, meistens geistige Eigenschaften in ihnen anklingen, bilden dazu den allerschroffsten Gegensatz die Römer. Hier ist von Poesie und Idealität wenig zu finden. Auch hier knüpft zwar eine Reihe ältester Namen, namentlich Gentil- und Vornamen, deren Bedeutung freilich vielfach noch umstritten ist, an die Götter und edle Eigenschaften an (so *Julius, Junius, Lucius, Marcus*); im übrigen aber haben die römischen Namen ein prosaisches Gepräge und bewegen sich meist in einer sehr niederen Region. Zunächst halten sie sich an die erste und hauptsächlichste Beschäftigung der alten Römer, den Ackerbau: *Agricola* (Landbauer), *Fabius, Cicero, Piso* (Bohnen-, Erbsen-, Wickenmann)[1], und in Zusammenhang damit an die Viehzucht: *Porcius* (Schweinezüchter), *Asinius* (Eselzüchter). Doch mögen wir diese Namen trotz ihrem Erdgeruche noch gelten lassen, da der Ackerbau die Grundlage des römischen und überhaupt jedes italischen Gemeinwesens war und derselbe allewege eine hochehrenwerte Beschäftigung ist. Es ist freilich etwas Hausbackenes und Plumpes, aber doch immer etwas sehr Praktisches und Solides in den Namen dieses Schlages. Aber was soll man zu der langen Reihe der Namen sagen, die von äußerlichen Zufälligkeiten und Gebrechen hergenommen sind, wie *Niger, Rufus, Flavius, Livius* (der Schwarze, der Rote, der Gelbliche, der Bläuliche), *Longus, Paullus, Crassus, Macer* (der Lange, der Kleine, der Dicke, der Magere), *Calvus* (der Kahlkopf), *Capito* (der Großkopf), *Naso* (der Nasenkönig), *Paetus* (der Schieler), *Caecus* (der Blinde), *Balbus* (der Stammler), *Claudius* (der Lahme), *Plautus* (der Plattfuß), *Scaurus* (der Klumpfuß) — die Reihe ist fast endlos, ich breche ab, um nicht durch fernere Aufzählung zu ermüden. Ist es doch, als käme man in ein Lazarett oder eine orthopädische Anstalt! Das Äußerste jedoch in nüchterner Prosa und Armut an Erfindungsgabe leisten die Zahlnamen: *Secundus, Tertius, Quintus, Sextus* (mit mehrfachen Ableitungen wie *Sextius, Octavianus*), die bloß herzählen, daß jemand der zweite, dritte usw. Sohn eines Vaters sei. Welche geistige Armut, wenn ein Vater seinem Kinde nichts weiter im Namen mitzugeben weiß, als daß es Nr. 2, Nr. 3 ist!

Diese Namen, welche eben die römische Namengebung beherrschen, verraten einen großen Mangel des römischen Geistes, eine starke Einseitigkeit der Anschauungs- und Auffassungsweise. Fürwahr, man braucht nur diese Namenliste anzusehen, um kühnlich zu prophezeien, daß ein solches Volk auch auf geistigem Gebiete, besonders in der Dichtung wenig leisten werde. Auf solchem Boden können die goldenen Hesperidenäpfel der Poesie schwerlich gedeihen. Dagegen bekundet eine derartige Namengebung eine hervorragende Anlage und Neigung zum Auffassen menschlicher Schwächen, d. h. zur Satire. In der Tat ist auch die Satire der einzige Zweig der poetischen Literatur, worin die Römer etwas Bedeutendes, Ureigenes geschaffen haben.

Ein Element, das schon in der griechischen Namengebung, doch nur in zweiter Reihe hervortrat, der fromme Sinn, die alles auf die Gottheit beziehende Lebensanschauung, kommt zur vollen Entfaltung bei den Orien-

1) *Ut quisque aliquod optumum genus sereret. Plin. hist. nat. XVIII, 3.*

talen, namentlich dem Volke der Israeliten. Dies wird durch das Vorwiegen der Namen bezeugt, die mit der Silbe *ja* (jo, je) — Abkürzungen von Jehova (Jahve) — oder mit *el* anfangen oder auch schließen. Beides bedeutet „Gott", also[1] *Josua* (dessen Hülfe Jehova ist), *Johannes* (den Jehova geschenkt hat), mit ähnlichem Sinne *Jonathan* (den Jehova gegeben), *Josaphat* (dem Jehova Recht schafft); — *Obadja* (Knecht Gottes, vgl. arabisch Abdallah), *Sacharja, Zacharias* (dessen Jehova gedenkt); — *Elimelech* (dem Gott König ist), *Elieser* (dem Gott Hülfe ist), in derselben Bedeutung *Eleasar* (Lazarus); — *Nathanael* (den Gott gegeben), *Joel* (die beiden Gottesnamen verbunden: dem Jehova Gott ist). Hieran reihen sich noch mehrere, bei welchen diese Beziehung nicht ausdrücklich ausgesprochen, aber doch leicht zu ergänzen ist, z. B. *Nathan,* abgekürzt aus Jonathan, *Saul* (der Erbetene, nämlich von Gott).

3.

Die altgermanische Namenwelt.

Wenden wir uns, nachdem wir dies vorausgeschickt, zu unserm Volke in seiner ungetrübten Ursprünglichkeit und fragen: Was ist das Eigentümliche der altgermanischen Namengebung?

Der Geist und Sinn, die ganze Anschauungsweise eines ursprünglichen Volkes spricht sich bezeichnend aus in den Vorstellungen, die es sich vom Übersinnlichen, von der Gottheit macht. Wie Gott die Menschen schuf nach seinem Ebenbilde, so denkt sich umgekehrt der Naturmensch die Gottheit gern nach seinem menschlichen Bilde. Was ihm als das Höchste erscheint, das überträgt er auf jene und stellt somit einen Spiegel seines eigenen Selbst auf. Wie hat nun der Germane sich die Gottheit gedacht? Hören wir darüber den beredten Mund eines neueren Forschers, der sich in der Hauptsache folgendermaßen ausspricht: „Während andere Völker die stille, starre Ordnung der Himmelskörper, der Gestirne, über alles andere gefeiert und das Leben der Menschen zu einem Abbilde dieser stillen, starren Ordnung zu machen gesucht haben; während wieder andere das in den Entwickelungen der Dinge bemerkbare Ebenmaß und die Schönheit des lebendigen, organischen Maßes, die Harmonie gefeiert haben — hat die germanische Glaubenslehre an die Spitze aller Götterfiguren eine Personifikation gestellt des ungebrochenen, rastlos jagenden, todverachtenden Heldengeistes, den Wuotan.[2] Damit ist der ungebrochene, gottbewegte,

1) Die nachfolgenden Namen sind hier in der uns geläufigen Form der deutschen Bibel gegeben, von welcher die ursprüngliche hebräische allerdings mitunter stark abweicht, z. B. *Jochânân* (Johannes), *Scha-ûl* (Saul).

2) Wôdhanaz, ahd. Wuotan, nd. Wodan, nord. Odin, genoß ursprünglich nur bei den Westgermanen besondre Verehrung, während er allen germanischen Stämmen als Sturmdämon bekannt war. Als solcher ist er auch Führer des Totenheeres und zieht als wilder Jäger an der Spitze des wütenden Heeres im Sturmesbrausen durch die Lüfte.

persönliche Heldensinn über alles andere gesetzt und zum höchsten Gegenstande der Verehrung und des sittlichen Strebens gemacht" (H. Leo, Vorlesungen I, 109).

Diesen stürmischen Heldengeist zeigt unser Volk von seinem ersten Auftreten in der Geschichte an. Heftig und ungestüm war die Kampfesart der Germanen, zumal ihre ersten Angriffe zu Beginn der Schlacht, und nur der überlegenen Kriegskunst der Römer gelang es, die furchtbare Kraft derselben zu brechen.[1] So in den Kriegen der Cimbern und Teutonen, welche fünf Jahre hindurch alle gegen sie ausgesandten Heere der Römer schlugen und vernichteten, bis es endlich dem großen Feldherrn Marius gelang, den Sturm zu beschwören und das drohende Verderben von Rom abzuwenden; so in dem Kampfe Cäsars mit Ariowist, so in allen nachfolgenden Kämpfen, bis zu dem gewaltigen Gewittersturm der Völkerwanderung.

Bekannt sind die Zeugnisse des Tacitus für die Tapferkeit der Germanen *(nullus mortalium armis aut fide ante Germanos)*. Krieg und gefahrvolle Unternehmungen waren ihre Lust — daher jene nie gesättigte Begier nach Abenteuern, die Gier, Gefahrvolles aufzusuchen und mit dem Furchtbaren zu kämpfen; daher auch im Frieden die Lust, auf ungemessenen, ungebahnten Pfaden das Wild zu jagen. „Wer hat mehr Mut", ruft der Römer Seneca, „als die Germanen? Wer stürmt mit größerer Gewalt? Wer liebt leidenschaftlicher die Waffen, mit denen sie gleichsam geboren, in denen sie aufgezogen werden? Die allein sind ihre Sorge, alles andere kümmert sie wenig." (Sen. de ira I, 11.) Im Einklang damit läßt der jüdische Schriftsteller Josephus den König Agrippa zu den Juden sagen: „Ihr habt ohne Zweifel von den Germanen gehört. Ihr habt ihre Stärke gesehen und die Größe ihrer Gestalt. Sie haben aber einen Geist, der größer ist als ihre Leiber, eine Seele, die den Tod verachtet, und einen grimmigern Zorn als die wilden Tiere."

Dieser wilde Kriegsmut ist der „*furor Teutonicus*", der im Altertume wie zum Sprichwort geworden noch von viel späteren Schriftstellern oftmals erwähnt wird.

Die in der Schlacht gefallenen Helden sammelt er um sich in seiner Walhalla; so wird er zum Schlachtengott; auch die Schlacht ist ja ein Sturm und Wetter. Und als sich die römische Kultur bei den Germanen immer mehr geltend machte, wurde Wôdhanaz ihr Träger wie überhaupt der Gott jeder höheren geistigen Entwickelung. Von den Franken kam er jetzt als höchster Gott zu den Sachsen, den Langobarden, den Alemannen, mit den Sachsen nach Britannien und wenig später über Dänemark nach dem Norden, wo die Skalden seinen Mythus großartig ausbildeten.

1) Ein solcher Angriff wird z. B. geschildert im Nibelungenliede Str. 2210f.:

„Den Schild rückte Wolfhart, ein schneller Degen gut;
Gleich einem wilden Leuen lief er auf ihn an,
Die Schar seiner Freunde ihm jäh zu folgen begann.
Mit weiten Sprüngen setzt' er bis vor des Saales Wand."

So war der Geist unserer Ahnen, und diese todesverachtende Kühnheit spiegelt sich ab auch in der Namengebung jener Zeit, des Heroenalters unseres Volkes. Und wenn uns keine Geschichte und keine Sage Kunde gäbe, so würden diese zahlreichen männlichen und auch weiblichen Namen vernehmlich genug sprechen, die da wiederklingen von Waffen und Krieg und Kampf und Sieg. Dabei sind, wenigstens für die ältesten Namen, nicht die Ausdrücke des täglichen Lebens, sondern die gehobenen der Dichtersprache gebraucht worden.

Hild, Gund, Had, Bad und *Wig* sind lauter Ausdrücke für Kampf, Schlacht, Krieg, Wortstämme, die, sonst in unserer Sprache längst erstorben, nur noch in den Namen und zwar hier um so häufiger fortleben. Es ist hier nicht der Raum, alle die Ableitungen und Zusammensetzungen aufzuzählen, von denen die Sprache damals eine staunenswerte Menge und Mannigfaltigkeit besaß. Nur zur Probe wollen wir, um an einem Worte diesen Reichtum zu zeigen, die von dem Stamme *hild* gebildeten Namen vollständiger hersetzen:[1]

Hildibald, Hildibern, Hildiberht, Hildibodo, Hildibrand — *Hildidag* — *Hildifrid, Hildifuns* — *Hildigang, Hildigar, Hiltigast, Hildegaud, Hildegern, Hildigis, Hildigrim* — *Hildehoc* — *Hildelaic, Hiltilant, Hiltileip, Hiltilouc* — *Hildiman, Hildimar, Hildimod, Hiltimund* — *Hildinand* — *Hildirad, Hiltiram, Hildiric, Hildiroch* — *Hiltiscalh, Hiltistain,* — *Hildulf* — *Hildowald, Hildiwar, Hildiward, Hildiwerc, Hiltiwic, Hildiwin.*

Dabei sind die weiblichen Namen, wie *Hildigunda, Hildiburg* (von denen späterhin!) noch gar nicht berücksichtigt.

Von dem Stamme *Gund* kommen, um nur wenige Namen herauszugreifen, *Gundachar, Gundobert, Gundemar,*

von *Wig: Wigand* (Kämpfer), *Wiglef, Lodewig.*

Zu Kampf und Schlacht gehören Waffen. Auch diese sind zahlreich vertreten. Haben sich doch ganze Völkerschaften danach genannt, wie z. B. die Sachsen nach ihren langen Kriegsmessern, althochdeutsch *sahs,* angelsächsisch *seax,* nach denen auch ihr Kriegsgott *Saxnot* (Schwertgenoß) benannt ist.[2]

Die deutsche Nationalwaffe, die Frame (bei Tacitus), ein Spieß mit schmalem, kurzem Eisen, geschickt für den Nahkampf wie für den Fernkampf, für Stoß und Wurf, begegnet in *Framhard* — das althochdeutsche *ger,* Wurfspeer, in *Gairebald, Garibert, Ansigar,* altsächsisch *Osgar,* der

1) In der nachfolgenden Übersicht sind die einzelnen Namen in der, soweit erreichbar, ältesten und ursprünglichsten Form aufgeführt, ohne weitere Scheidung der Mundarten, worauf es hier nicht ankommt.

2) Nimith eure saxas! ruft bei Nennius hist. Brit. cap. 46 Hengist den Seinen zu. ‘Von den meȥȥerin also wahsin Wurden sie geheiȥen Sahsin’ (Annolied).

Eschenspeer, *asc*, in *Ascolt;* — das Schwert, *ecka* (Schwertecke = Schneide, Stamm *ag*) in *Agabert, Agihard, Ekkihart, brand* (das blitzende Schwert) in *Hildebrand, isan* (Eisen) in *Isanrich.*

Die Schutzwaffen treten zurück; waren doch die alten Germanen damit kärglich ausgerüstet: fast mit nacktem Leibe, nur mit einem langen, schmalen Schilde aus Holz und Leder traten sie furchtlos den wohlausgerüsteten römischen Legionsoldaten entgegen.

Der Schild heißt Rand, daher *Rantowic, Bertrand.*

Panzer besaßen die Germanen auch zu Armins Zeiten noch nicht, selbst nicht einmal eigentliche Helme. Statt dessen setzten sie die Kopfhaut von erlegten Tieren auf, deren Fell zugleich als Mantel die Schultern bedeckte. Daher die Namen *Bernhelm, Ebarhelm, Wolfhalm.* Doch später, als sie in der Kunst des Schmiedens sich vervollkommnet hatten, traten eherne Helme an die Stelle, und somit gewannen Namen wie *Helmperht* eine Berechtigung.[1]

Die kriegerische Eigenschaft der Kraft und Stärke klingt an in *magan, megin: Maganhard, Magnobod;* in *ellan*, got. *aljan: Ellanperht, Aljanmot* — die Kühnheit in besonders vielen Namen; dahin gehören vor allem die zahlreichen Bildungen mit *bald*: *Baldawin, Liutbald* und *Theudobald, Hunibald;* ferner die Zusammensetzung mit *nand*: *Nandulf, Siginand.*

Die Gesamtheit der freien, waffenfähigen Männer bildete bei den Germanen das Heer, althochd. *hari, heri,* altfränkisch *chari.* Hierher gehört, um den ältesten überlieferten Namen voranzustellen, wahrscheinlich das im römischen Munde wohl etwas entstellte *Ariowist,* sicher aber *Hariman*[2], *Hariberaht, Cariowalda,* Bataverfürst des 1. Jahrh. (Tac. Ann. II, 11); dann besonders die vielen Namen, deren zweiter Teil aus diesem Worte besteht, wie *Raganhar, Werinheri.*

Aber die Tapferkeit der Germanen, so stürmisch sie war, war doch kein bloßes Dreinschlagen, das des klugen Rates entbehrt hätte. Wuotan ist nicht allein der Gott des Sturmwindes, sondern auch der der Weisheit, und neben den stürmenden, alles vor sich niederwerfenden Wate des Gudrunliedes stellt sich der kluge Frute. Welchen Wert die Germanen auf einsichtsvollen Rat gelegt haben, lehren nun auch lange Reihen von Namen. Da sind die mit *rat*: *Adalrad, Chuonrat;* da ist *ragan* (Rat): *Raganfrid, Raginmund; mathal* (Versammlungs-, Beratungs- und Gerichtsort des Volkes): *Mathalwin; hugu* (denkender Geist): *Hugubert.*

1) Zusammensetzungen mit brunja (Brünne d. h. Panzer) und helm treten spät auf, im 6., meist erst seit dem 8. Jahrh.

2) Lange verwechselt mit *Arminius*, welches wohl abzuleiten ist von dem Stammesgott Irmino, vgl. Irmingard und Armengardis; Irminfrid und Armenfred u. a.

Solchem mit Kraft und klugem Rate zugleich geführten Kampfe kann der Sieg nicht fehlen: *Sigifrith, Sigiberht, Sigimund* und mit erweitertem Stamme *Sigismund.*

So hören wir alles von Schwertergeklirr und Waffenklang wiederhallen, wir hören die Tapferkeit der Germanen heraus, ihren Schlachtenmut, ihre Siegesfreude; wir begreifen, daß Leute, die Krieg und Jagd für die einzigen eines freien Mannes würdigen Beschäftigungen hielten, die sich am liebsten nach ihren Waffen, nach Schwert und Lanze nannten, daß diese wohl ihren Nachbarn furchtbar sein mußten, ja den bis dahin unbezwinglichen Römern ein „bis hierher und nicht weiter!" zurufen konnten.[1]

Das mächtige Walten nach Kampf und Sieg liegt in *Waldomar, Sigiwalt, Chraftolt;* — ferner in *rich* (mächtig): *Ricohard, Frithurik, Ermanarich* (der Gotenkönig aus dem 4. Jahrhundert, welcher sich in dem Schmerz über die Zurückdrängung seines Volkes durch die Hunnen im 110. Lebensjahre selbst den Tod gab).

Der mit solchem Siegen und Walten verbundene Ruhm wird, abgesehen von dem überaus häufigen *beraht, bert,* besonders durch die Stämme *hlod, hrod* und *hrom* dargestellt: *Chlodowald, Hrodegang, Romuald;* ferner durch *mar,* schon seit dem 1. Jahrhundert in Namen wie *Catumer, Inguiomer* (Armins Oheim, Tacit. Ann. I, 60).

Im vollen Einklang hiermit werden auch in den aus der Tierwelt entlehnten Benennungen starke, kampflustige, herrschende Tiere entschieden bevorzugt, solche, deren Schönheit, Kraft, Schnelligkeit der Germane bewunderte, wenn er auch mit ihnen als Jäger oder Hirt in Fehde lag.

Der Herrscher von Wald und Heide, der grimmige Bär, nahm einst in der Anschauung des Nordens die Stelle ein, aus welcher ihn später der fremdländische Löwe verdrängt hat: er war sozusagen König der Tiere. Daher die Namen: *Berinhard, Beringar, Isanpero.*

Nicht minder passend, als Sinnbild der Größe und Stärke, ist der Ur, das gewaltigste einheimische Tier, oft im Kampfe mit dem Bären: *Urold, Uremar.* Beiden schließt sich der Eber an, ebenfalls durch wilde Stärke ausgezeichnet. Einfach *Ibor* (Eber) hieß der älteste, uns überlieferte Anführer der Langobarden aus dem 4. Jahrhundert; am bekanntesten ist *Ebarhard.*

Herrscher im Reiche der Lüfte ist der Aar: *Arnoald.*

Doch die beiden königlichen Tiere Bär und Adler treten zurück gegen zwei andere von scheinbar geringerer Bedeutung: Wolf und Rabe. Sie sind die beutegierigen Tiere des Schlachtfeldes und so dem obersten Schlachtenlenker heilig, der auch den Beinamen „Rabengott" führt. Freilich

1) Der Stolz, zu einem solchen Volke zu gehören, zeigt sich wohl in den Stammesnamen: *Adalgoz, Erkengoz, Altthuring* (ein echter Gote — Thüringer).

war auch der Eber schon ein geheiligtes Tier, doch nur des Gottes Fro, während Wolf und Rabe Diener des höchsten Gottes Wuotan sind. Nach der Edda sind zwei Wölfe, *Geri* und *Freki* (gierig und frech d. h. kühn), und zwei Raben, *Huginn* und *Muninn* (Gedanke und Erinnerung), Odins ständige Begleiter. Jene begleiten ihn als seine Hunde, wenn er in seinen Wolkenmantel gehüllt auf windschnellem Rosse auszieht. Der Wolf ist daher ein heil- und siegverkündendes Tier. Nach ihm hat der älteste Schriftsteller unserer Literatur den Namen: *Wulfila* (Ulfila, Wölflein d. i. etwa der kleine Wolfgang), der westgotische Bischof und Bibelübersetzer aus dem 4. Jahrhundert. Ganz besonders häufig ist der Name des Wolfes als zweiter Teil der Zusammensetzung in der abgeschliffenen Form *ulf* (olf): *Athaulf, Maginulf, Ebarolf.*

Einen Raben hatte der schreckliche Normannenhäuptling *Ragnar Lodbrokr* auf seiner Schlachtenfahne; je nachdem er darauf munter in den Lüften flatterte oder seine Flügel hängen ließ, schloß man auf Sieg oder Niederlage. So haben wir nun unter anderen die Namen: *Hiltiram* und *Gundhram, Sigihram, Walahram* (Rabe des Wal d. i. der Gefallenen), *Wolfhraban*, die beiden heiligen Tiere verbunden.

Bei den von Wolf und Rabe hergeleiteten Namen stehen wir mit einem Fuße schon auf einem anderen Gebiete, welches dicht daran grenzt, auf dem Gebiete religiöser (mythologischer), von den Göttern entlehnter Benennungen. Die ungeheuchelte Ehrfurcht vor dem Heiligen, den sieg- und segenspendenden Göttern, liegt in zahlreichen Namen zu Tage.

Unser uraltes und ureigenes Wort Gott ist in *Godolef* (gotisch *Gudilaibs*, althochd. *Cotleip*), gottgeboren, enthalten; ferner in *Godefrid, Godascalc, Godowin, Gotahard* u. a.

Die Namen der obersten Götter: *Wuotan, Donar, Ziu, Fro* werden, wohl aus religiöser Scheu, wenig zu Personennamen verwendet — desto häufiger die allgemeinen Götternamen und die Benennungen der untergeordneten Götterwesen. So die *Ansen* (Asen, Götter) in *Anshalm, Ansoin, Ansowald*, die uns geläufiger sind in der altsächsischen und angelsächsischen Form, wo *ans* in *ôs* zusammengezogen wird, also: *Oswin, Oswald.*

In das geheimnisvolle Reich der Naturgeister, der Albe oder Elfen, von denen Sage oder Märchen so viel zu erzählen wissen, führen uns Namen wie *Albirich, Albarad*, angels. *Älfred, Alfwin* (verwelscht *Alboin*).

Den Gegensatz zu dem kleinen, bald gutmütig helfenden, bald boshaft schadenden Elfenvolke mit ihrem Anhange der Zwerge und Wichtelmänner bildet das ungeschlachte, sinnlich rohe, naturkräftige Geschlecht der Riesen (Hünen und Thursen): *Hunibald, Thurismund.*

Es wird dies genügen, um mindestens in den Grundzügen ein Bild von der Namengebung jenes Zeitalters zu gewinnen. Kampf und Sieg tönen uns allerorten aus ihr entgegen mit hellem Waffenklang; daran schließt sich der kluge Rat und das ruhmvolle Walten — nicht ohne den Aufblick zu den sieg- und segenspendenden Göttern. Weiter ins einzelne zu gehen ist für unseren Zweck nicht erforderlich und alles gar zu erschöpfen hier ganz unmöglich, wegen der außerordentlichen Menge der Namen. Wie zur Frühlingszeit in Wald und Flur tausend und abertausend grüne Sprossen aufschießen, so ist auch in diesem Frühling deutscher Namengebung eine fast zahllose Menge von Namen erwachsen. Die oben angeführten sind nur beispielsweise genannt, sind nur geringe Proben aus der Fülle, derart, daß die einzelnen ganze Reihen vertreten. So sind der Namen, die auf *bald* auslauten, in Förstemanns großem Werke 199, der auf *ric* über 250, der auf *beraht* (bert) fast 400, der auf *wolf* (olf) gar 464.

Es ist eine hochgemute, eine ideale, eine poetische Namengebung, in der uns nichts Unedles stört. Sie ist einheitlich, wie aus einem Geist und Guß, gleich dem Germanenvolke selber, das ein einheitliches an Abstammung und Aussehen war, „ein eigenes, reines, nur sich selbst ähnliches Geschlecht".[1] Das Heldenhafte, Kühne, Gewaltige, Hohe finden wir in dieser Namenwelt ausgeprägt, das Liebliche, Sanfte, Milde tritt zurück — selbst in den weiblichen Namen. Auch diese sind wesentlich von demselben Gepräge, Kampf und Schlacht tönen aus ihnen fast ebenso wieder wie aus den männlichen. Die Walküre, die Schlachtenjungfrau Wuotans, erscheint als das Ideal des urgermanischen Weibes. War doch in jenen Tagen auch das schwächere Geschlecht dem Kriege, seinen Gefahren und Ehren nicht fern. Was uns griechische und römische Schriftsteller erzählen, spricht laut genug. Es wird uns da geschildert, wie die Frauen mit in den Krieg zogen, um sich in der Nähe ihrer Anverwandten hinter der Schlachtreihe aufzustellen, wie sie die Kämpfenden durch ihren Zuruf anfeuerten, die Verwundeten verbanden, die Weichenden wohl wieder zum Stehen brachten, die Sieger begrüßten und belohnten, aber auch mit den Unterliegenden zu sterben wußten und lieber sich selbst und ihre Kinder töteten, als daß sie sich in Gefangenschaft begaben.

---

1) Ursprünglich haben wohl die Eltern ihrem Kinde den Namen als einen Wunsch gegeben, z. B. der Knabe möge stark wie ein Bär sein, *Berinhard*. Bald aber, schon zur Zeit Karls des Großen, verstanden die Germanen selbst nicht mehr alle ihre Namen und suchten vielfach dem Kinde einen, der die Namen der Eltern irgendwie enthielt, ohne daß man auf den Sinn achtete. So heißt der Sohn eines *Adalbod* und einer *Inghild* — *Ingobod*. Oder man denke an die Namen der Burgunderkönige: *Gunther, Gernot, Giselher*, Söhne *Gibichs* (Stabreim!). Es war eben schließlich nicht anders als jetzt, wo wir unsern Kindern oft genug Taufnamen geben aus irgendwelchen andern Rücksichten, ohne ihren Sinn zu verstehen oder zu beachten. Eine Übersetzung dieser alten Namen ist daher oft nicht möglich oder ratsam; man wird sich begnügen müssen, die zur Zusammensetzung benutzten Stämme und die Bedeutung dieser Stämme zu ermitteln.

Bei solcher Sinnesart der germanischen Frauen darf es uns nicht wundernehmen, wenn auch ihre Namen dieses Gepräge haben und sich eng an die männliche Benennungsweise anschließen.[1]

4.
Übereinstimmung der germanischen Namengebung mit der griechischen.

Werfen wir, ehe wir weitergehen, einen vergleichenden Rückblick auf die Namengebung der alten Völker, so läßt sich wohl kaum ein schrofferer Gegensatz denken, als zwischen der römischen und der germanischen Namengebung. Dort körperliche Schwächen und Mängel, hier edle Eigenschaften und Vorzüge, leiblicher und ganz besonders geistiger Art! Dort niedrige Prosa — hier erhabene Poesie!

Dagegen tritt eine auffallende Übereinstimmung mit der griechischen Namengebung hervor, zunächst darin, daß die Namen auf beiden Seiten der großen Mehrzahl nach zusammengesetzte sind.[2] Namen dieser Art sind an sich schon poetischer, schwungvoller als einfache, und so tritt bereits hier in erfreulicher Weise übereinstimmend eine edle Anlage beider Völker hervor. Dann aber entsprechen sich auch die Zusammensetzungselemente in beiden Sprachen großenteils: so das griechische *phanes* (glänzend, prangend) und das deutsche *beraht* (bert), das griechische *kles* (berühmt) und das deutsche *mar*, das griechische *krates* (kräftig, gewaltig) und das deutsche

1) Es finden sich wohl Namen, die mit *leubaz* zusammengesetzt sind: *Liubgard*, mit *blîtha* (freundlich, heiter): *Bliddrud*, mit **flât* (Schönheit): *Albofledis* — aber sie sind mehr vereinzelt in der Menge; ein Vergleich mit Blumen, wie in vielen griechischen Frauennamen, fehlt völlig, wenn man nicht *Gerda* und *Gisla* dahin ziehen will. Dagegen kommt nach andern Seiten hin das eigentümlich Weibliche zu entschiedenem Ausdruck. So in den auf Rat hinzielenden Namen. Wie sehr Frauenrat bei den Germanen geehrt und beachtet wurde, beweist die Sitte, daß man erst dann in den Kampf ging, wenn die Weiber durch Los oder Weissagung erklärt hatten, daß eine Schlacht ratsam sei. Man glaubte eben in Priesterinnen und anderen geistig hervorragenden Frauen eine geheimnisvolle, weissagerische Kraft. Daher nun, abgesehen von den Zusammensetzungen mit Rat, die zahlreichen Namen, die von dem Worte *rûnô* (Geheimnis, Zauber) gebildet sind: *Runhild*, *Friderun*, *Sigirun*. Das Schaffen des Weibes im geschlossenen häuslichen Kreise heben die Namen auf *gard* hervor, wie *Adalgart*, *Irmingard*, das Bergen (schützen, bewahren) in Haus und Schlacht die auf *birga* (berga), *burg* und *wara*, die sämtlich weiblich sind: *Amalabirga*, *Dietberga*, *Sigiburg*, *Waltburgis*, *Gunlwara*, während der Rechtsschutz (*mund*) durch den Mann geübt wird: *Hartmund*. Die so bezeichnende scharfe Scheidung zwischen Männer- und Frauennamen fängt an zu schwinden im 6. Jahrhundert bei den Ostgoten, bald darauf bei den Westgoten, weiter den Westfranken und Burgundern, spätestens im 8. Jahrhundert auch auf deutschem Gebiet.

2) Im Germanischen sind sie es fast ausnahmslos, da auch die einfach scheinenden Namen meist Kürzungen aus zusammengesetzten sind. Eine ganz sichere Ausnahme bilden nur einige partizipiale Formen, wie *Wigand*, *Heiland*.

rich; so ferner *medon* (waltend) und *walt* (old), *stratos* (Heer) und *heri*, *demos* (Volk) und *theod* (diet), *theos* (Gott) und *got* usf.

Demnach kann man eine Menge griechischer Namen geradezu mit germanischen übersetzen, da sie sich wörtlich decken,[1] z. B.:

Nikophanes (siegprangend) — *Sigibert*,
Kleophanes (ruhmstrahlend) — *Hrodebert* (Ruprecht, Robert),
Perikles (vielberühmt) — *Vilmar*,
Demosthenes (volksgewaltig) — *Dietrich*,
Thrasybulos (kühn im Rat) — *Chuonrat* (Konrad),
Laomedon (volkswaltend) — *Leutold*,
Demophilos (Volksfreund) — *Volkwin*,
Theodulos (Gottesknecht) — *Gotschalk* u. a. m.

Genug, die Anlage unseres Volkes ist, gleich der des griechischen, eine treffliche und edle; ein nach dem Hohen gerichteter Sinn tritt uns überall in dieser Namengebung entgegen, aus welcher der Geist unserer Ahnen mit beredten Lauten zu uns spricht. Unser Volk war berufen von der Vorsehung, die Ketten zu zersprengen, in welche römische Tyrannei die Welt geschlagen hatte, und als ein edles Reis in die Fäulnis des Römertums eingesenkt zu werden, um von jetzt an Hauptträger der Entwickelung des Menschengeschlechtes zu sein.

5.
Weiterentwickelung der altdeutschen Personennamen. Ihre Lebenskraft.

Wie sehr diese Namengebung aus dem innersten Leben und Wesen der Germanen hervorgewachsen ist, das erweist sich durch die Zähigkeit, mit welcher lange Jahrhunderte hindurch an ihr festgehalten wird. Die Stürme der Völkerwanderung brausen dahin, die verschiedenen Stämme der Germanen lassen sich in den Provinzen des ehemaligen römischen Reiches nieder und bauen die Erde sich neu. Die staatlichen Verhältnisse ändern sich, das Christentum stürzt den alten Götterhimmel[2] — doch die Namen bleiben und blühen ohne wesentliche Veränderung weiter auf einem vielfach umgestalteten Felde.

Die Beweise liegen zu tage. Man werfe nur einen Blick auf die Namen der deutschen Könige und Kaiser! Ihre Reihe ist von Karl dem Großen an sechs Jahrhunderte lang rein deutsch: Karl, Ludwig, Konrad, Heinrich, Otto, Friedrich sind die herrschenden Namen. Unterbrochen

---

1) Dasselbe gilt von den altkeltischen Namen, z. B. *Catumaros* — *Hadumar*, *Segomaros* — *Sigmar*.

2) Westfranken und Langobarden bildeten christliche Namen, wie *Christchildis*, *Christomer*, *Paulipert*, *Petroald*.

wird diese Reihe erst durch Wenzel aus dem lützelburgisch-böhmischen Hause 1378 und später durch Maximilian den „letzten Ritter“ 1493. Ebenso ist es im Kreise der Reichsfürsten. *Albrecht* der Bär hatte sieben Söhne: *Otto, Hermann, Sigfrid, Heinrich, Adelbert, Dietrich, Bernhard* — kein undeutscher Name findet sich darunter, ein Fall, der sich jetzt schwerlich wiederholen würde.

Selbst im Stande der Geistlichen, wo das Eindringen fremder Namen am ersten zu erwarten wäre, behauptet sich die deutsche Namengebung überraschend lange. Bischöfe und Erzbischöfe, Klosteräbte und Mönche erscheinen fort und fort als Träger der altgermanischen Krieges-, Sieges- und Ruhmesnamen. Man denke an *Adalbert* von Prag, den Apostel der Preußen, an *Otto* von Bamberg, den Pommern-Apostel, an *Willegis* von Mainz, *Adalbert* von Bremen.

Ähnliches gilt von den romanischen Ländern. Trotz der fortwährenden Berührung mit der römischen Welt und dem teilweisen Aufgehen in sie behaupten sich die alten Namen nicht bloß im eigentlichen Deutschland, sondern auch in Frankreich, Spanien, ja selbst in Italien. Nachdem die Sprachen längst romanisch geworden, erhalten sich noch die fränkischen, gotischen, langobardischen Namen in überraschender Weise. Man braucht sich nur die Führer des ersten Kreuzzuges zu vergegenwärtigen: *Gottfried* von Bouillon, *Robert* von der Normandie, *Raimund* von Toulouse, *Boëmund* von Tarent usw., um dies bestätigt zu finden. Fügen wir noch ein Beispiel aus Frankreich, eins unter vielen, hinzu! Im Jahre 991 versammelten sich zu Reims die Bischöfe der Diözese: *Guido* von Soissons, *Adalbero* von Laon, *Heriveus* von Beauvais, *Godesmann* von Amiens, *Ratbod* von Noyon, *Odo* von Senlis; außerdem Erzbischof *Daibert* (Dagobert) von Bourges, aus der Lyoner Synode die Bischöfe *Walter* von Autun, *Bruno* von Langres, *Milo* von Maçon; endlich der Erzbischof *Siguin* von Sens mit den Bischöfen seines Sprengels *Arnulf* von Orleans und *Herbert* von Auxerre. Unter diesen dreizehn geistlichen Würdenträgern findet sich keiner mit nichtdeutschem Namen; nur sind einzelne Namen oberflächlich romanisiert, wie *Guido* aus altdeutsch *Wido,* oder latinisiert, wie *Heriveus* aus *Heriwich.*[1]

Geschichtliche Erinnerungen und mehr noch Familienüberlieferungen kamen der Erhaltung der Namen zu Hilfe. Im karlingischen Geschlechte

1) Diese altdeutschen Personennamen sind eine Saat, die über die ganze europäische Welt ausgestreut ist. Denn den romanischen Völkern haben sich später auch die Slawen und die Madjaren angeschlossen, so daß jetzt bei allen christlichen Nationen Europas und Amerikas diese altdeutschen Namen, wenn auch mannigfach umgewandelt und zum Teil entstellt, sich wiederfinden, zunächst als Vornamen, aber auch, wenigstens bei den Romanen, als Familiennamen, z. B. bei den Franzosen: *Bertrand* (Berhtrand), *Arnaud* (Arnold), *Gautier* (Walter), *Guéroult* (Gerold), *Regnier* (Reginher, Reiner), *Baudouin* (Balduin), *Thibaut* (Theobald); bei den Italienern: *Gualtieri* (Walter), *Garibaldi* (Garibald), *Ruggiero* (Rüdiger), *Sismondi* (Sigismund).

waren Karl, Ludwig, Lothar zu Hause, bei den Württembergern Ulrich und Eberhard, bei den Schwarzburgern Günther usw. Aber auch Stammesüberlieferungen machten ihren Einfluß geltend; noch jetzt läßt sich erkennen, wie einzelne Namen bei gewissen Stämmen besonders gebräuchlich waren. So kommen Friedrich, Rudolf, Albert vorwiegend in Schwaben, Luitpold, Dietpold bei den Baiern, Heinrich, Ludwig, Konrad bei den Rheinfranken vor. Wie beliebt der Name Wilhelm noch im 12. Jahrhundert bei den Normannen war, davon zeugt die Erzählung eines Zeitgenossen. Als nämlich Weihnachten 1171 der junge König Heinrich (Sohn Heinrichs II. von England) bei Bayeux ein großes Fest gab, kamen zwei Wilhelme, der Seneschall von der Bretagne und der Verwalter von der Normandie, auf den Einfall, es sollten in ihrem Saale nur Wilhelme sein dürfen. Wer einen anderen Namen führte, mußte hinaus, und als man zählte, waren noch 117 Ritter da, die alle Wilhelm hießen, ungerechnet die vielen andern, welche in des Königs Halle speisten.[1]

So behaupteten sich die Namen, nur daß sie mit der Entwickelung der Sprache einigermaßen Schritt hielten und daher mancherlei Abschleifungen und Zusammenziehungen erfuhren. Aus *Raganhar,* wie es im 6. Jahrhundert gelautet hatte, entwickelte sich *Reginhar, Reginer* und schließlich (im 10. Jahrh.) *Reiner;* ferner aus

Chariowalda (1. Jahrh.): *Heroald* — *Herold* (10. Jahrh.).,
Hruodperaht: *Ruodpreht*, *Hruodbert* — *Ruprecht* und *Rupert* (11. Jahrh.),
Berinhard: *Bernhard, Bernd.*

Nun liegt es aber in der Natur der Sache, daß Eltern ihre Kinder mit abgekürzten Namen rufen. Solche Kürzungen, zunächst für den Hausgebrauch und vertraulichen Verkehr, kannte die alte Zeit auch schon, und sie waren regelmäßiger gebildet als die jetzt üblichen. Da nach deutscher Grundregel der erste Teil der Zusammensetzung betont ist, so behielt man gewöhnlich diesen bei und ließ den zweiten fort. So entstanden starkformige Kurznamen, z. B. *Amalhari: Amal; Arnwald: Arn; Brunger — Brun; Eburhard: Ebur,* und häufiger auftretend schwachformige, deren Schluß ein *o* bildet, erwachsen aus dem im Gotischen und Altsächsischen noch haftenden *a*, z. B. *God-beraht: Godo; Kuon-rat: Kuono; Sig-bert: Sigo.*[2] Dies sind die einstämmigen gekürzten Formen. Häufig wurde jedoch der zweite Teil nicht ganz abgeworfen, sondern sein Anfangskon-

1) Abel S. 44f.

2) Strackerjan, Die jeverländischen Personennamen. Dergleichen Kürzungen finden sich noch jetzt in Mundarten häufig, mit der vollen Endung *o* besonders im Friesischen: *Edo, Ecko, Luddo, Willo,* s. Allmers, Marschenbuch, Land- und Volksbilder aus den Marschen der Weser und Elbe, 1861, S. 139, wo ein Verzeichnis von 30 solcher Namen gegeben wird, bei denen freilich *o* jetzt auch schon meist in das klanglose *e* abgeschwächt ist, wie in den norddeutschen Formen *Ede* (Eduard), *Lude* (Ludwig).

sonant blieb erhalten, und so entstand eine zweistämmige gekürzte Form, z. B. *Rat-poto: Ratpo; Sig-bert (Sibert): Sibo; Thiet-mar: Thiemo.*

Natürlich ist *Godo* Abkürzung nicht bloß für *Godberaht*, sondern für alle Vollnamen, d. i. unverkürzte Namen, deren erster Teil *God* ist, wie *Godebald, Godofrid, Godomar* usw., ebenso *Sigo* auch für *Sigibrand, Sigifrid, Sigimar* usw., *Sibo* wenigstens für *Sigibert* und *Sigibrand*.

Aber auch der umgekehrte Fall, daß nämlich bei der Bildung von Kurznamen der erste Teil der Zusammensetzung weggelassen wird, ist nicht ganz selten; ob hier fremder Einfluß vorliegt, ist fraglich. Schon im 5. Jahrh. erscheint ein Skire *Hunulf* auch kurzweg mit dem Namen *Wulf*, ein *Burgundofara* wird kurz *Faro*, ein *Rotprand*, ein *Gisprand*, ein *Herbrand* kurz *Prando* oder *Brand* genannt (Khull). (Vgl. Ferdinand: Nante berlinisch).

Diese verkürzten Formen erlitten nun noch weitere Veränderungen, indem man Verkleinerungssilben an sie hängte. Die einfachste Art der Verkleinerung wird durch *i* bewirkt: *Sigi, Kuni*. Wichtiger jedoch sind die konsonantischen Suffixe *k, l, z* in den Endungen *iko, ilo, izo*. So entstanden Bildungen wie: *Godiko, Godilo, Godizo* (von *Godo*); *Sigiko, Sigilo, Sigizo* (von *Sigo*) — ebenso zweistämmig; *Sibiko; Oppilo, Oppizo* (von *Oppo* = *Otbert*).

Aber damit war man noch nicht zufrieden. Kann doch die elterliche, besonders die mütterliche Liebe sich in zärtlichen Benennungen nimmer Genüge tun. Man verband die Verkleinerungssilben, so daß dann doppelt verkleinerte Formen entstanden: *ikilo—iliko—iziko, izilo*, und mit Zuhilfenahme des dem *l* so naheverwandten Suffixes *n*: *ikîn — ilîn — izîn*.[1]

Dies sind die Verkleinerungsformen, die liebkosenden Deminutiva oder Schmeichelformen[2], mit denen wir aus dem Hochwald der altgermanischen Namengebung (s. Kap. 3) nunmehr in den Niederwald eingetreten sind, der, was ihm an Mächtigkeit der einzelnen Stämme abgeht, durch ihre Menge und ihr dichtes Wachstum zu ersetzen sucht.

---

1) Nach Starks Beobachtungen (S. 52ff.) sind die ältesten Verkleinerungsformen die auf *i*, demnächst die mit *l* (nachweislich aus dem 1. Jahrh. nach Christus), während solche mit *k* erst seit dem 4. Jahrh. auftreten. Alle drei Formen waren bei den gotischen Stämmen sehr beliebt; Sachsen und Friesen dagegen verwendeten vorzugsweise *k*, selten *t* (entsprechend dem ahd. *z*). Bei den oberdeutschen Stämmen erscheinen Deminutiva mit *l* in überwiegender Zahl, seltener solche mit *z* (in sicheren Belegen erst seit dem 8. Jahrh.). Nur sparsam, und zwar erst vom 7. Jahrh. an, finden sich Deminutiva mit *ch*; sie sind wahrscheinlich niederdeutschem Einfluß zuzuschreiben, der z. T. durch Kolonisation hervorgerufen ist. *L* und *k* können jede Stelle einnehmen, *z* scheint auf die erste beschränkt zu sein.

2) Gewöhnl. „Koseformen", eine Benennung, die Steub S. 34 mit Recht als etwas „boudoirmäßig" klingend tadelt und für die er „Schmeichelform" vorschlägt. Im Gegensatze zu ihnen werden die unverkürzten Namen wie *Godberaht, Sigbert* Vollnamen genannt.

Staunenswert ist die Vermehrungskraft, die in diesen alten deutschen Personennamen liegt. Einem einzigen können tausende entkeimen. Sie können es — denn freilich sind nicht alle Keime fruchtbar geworden, wie nicht aus jeder Eichel im Walde ein Baum entsteht; aber die Möglichkeit ist vorhanden. Dies weist sehr anschaulich Pauli (I, S. 8) an einem Beispiele nach, wozu er den Namen *Godeberaht* wählt.

Aus ihm entstehen zunächst die einstämmige gekürzte Form *Godo* und die zweistämmige *Godbo* mit ihren Nebenformen *Gobbo* und *Gobo*. Daraus entstehen an einfach verkleinerten Formen mittels der Endungen *ilo, izo* und *iko* 21 Namen; hieraus durch doppelte Verkleinerung 49 Formen (s. Beilage 1).

Das sind 75 Grundformen, deren weitere Entwickelung Pauli mit Rücksicht auf das Neuhochdeutsche folgendermaßen berechnet. Jede dieser 75 Formen hat zunächst mindestens eine mundartliche Nebenform, indem für *d* auch *t*, für *b* auch *p*, für *z* niederdeutsch *t*, für *k* hochdeutsch *ch* eintreten kann. Das gibt also 75 neue Formen, zusammen 150. Nun wechseln ferner *g* und *j* häufig in Namen, und dadurch erhalten wir 150 weitere Nebenformen, zusammen 300. Der althochdeutsche Vokal *o* erscheint neuhochdeutsch bald als *o*, bald als *ö*, verdumpft auch als *u* und *ü*. Es ist demnach jede der 300 Formen in vier Variationen möglich — zusammen also 1200. Doch wir sind noch nicht zu Ende! Jede der obigen 1200 Formen kann die drei Arten Patronymika (d. i. die Abstammung vom Vater oder Ahnherrn bezeichnend) bilden, auf *-ing*, auf *-sen* und rein genetivische. Das gibt 3600 Formen, also zusammen bis jetzt 4800. Fast wie eine Laune der Sprache erscheint es, wenn sie an den Namen, der ja schon die Personen als solche bezeichnet, noch ein *-mann* anhängt.[1] Dadurch ergeben sich schließlich noch 1200 Namen, im ganzen also 6000 Namen, die auf die eine alte Form *Godeberaht* zurückgehen können.

So zeigt auch die Sprache, was wir an der Natur so sehr bewundern, eine unendlich reiche Entfaltung eines einzigen Keimes, und zwar mit verhältnismäßig geringen Mitteln.

6.
Fremdsprachige (kirchliche) Namen.

Trotz der eben geschilderten Lebenskraft und Zähigkeit der altdeutschen Personennamen war es unausbleiblich, daß bei der andauernden Einwirkung der fremden Gelehrsamkeit, die ja schon im Zeitalter der Ottonen (10. Jahrh.) zu einer deutschen Literatur in lateinischer Sprache führte, und bei der zunehmenden Macht der Kirche endlich auch fremde Namen Eingang gewannen. Bis zur Mitte des 12. Jahrhunderts ist die Anzahl

1) Diese Namen auf *-mann* sind wohl als patronymische oder als Kosenamen aufzufassen.

dieser in Deutschland auftauchenden kirchlichen, also hebräischen und griechisch-lateinischen Taufnamen verschwindend klein; seit der Hohenstaufenzeit aber und dem gesteigerten Verkehr mit Italien nimmt ihre Zahl sehr zu. Die ersten sind die Namen der hervorragendsten Apostel *Johannes, Petrus, Paulus, Jacobus,* auch *Philippus* (so unter den Hohenstaufen selbst ein Philipp von Schwaben); daran schließt sich eine Reihe Heiliger, als: *Michael* (der Erzengel), *Christoph, Georg.* Letztere jedoch, so unverdächtig kirchlich ihre Namen klingen, wurzeln im tiefsten Grunde noch in altheidnischem Boden. Wie sonst vielfältig, haben sich auch hier volkstümlich-heidnische Vorstellungen unter einem nur leicht darüber geworfenen christlichen Gewande erhalten. Bekannt ist die Legende vom *h. Christophorus,* der das Christuskind durch das tiefe Wasser trägt und daher eben seinen Namen (Christusträger) empfängt. Ebenso trägt nach der nordischen Mythe der Gott Thor (Donar) durch gewaltige Ströme gehend den Oervandil auf seinen Schultern, und wie Thor hat auch der *h. Christoph* rotes Haar und wurde vom Volke zum Schutzpatron gegen Blitz und Wetterschaden gemacht.

In *St. Georg* dem Drachentöter haben wir unverkennbar den alten deutschen Nationalhelden Siegfried vor uns.

Am merkwürdigsten aber ist es, wie der *h. Michael* in die Stelle Wuotans getreten ist. Warum haben neben ihm die beiden andern Erzengel *Raphael* und *Gabriel* keinen Platz gefunden? Zunächst war ihm schon sein Name günstig, der an das altdeutsche michel (groß) anklang; dann aber erinnerte der Erzengel die jungen Christen dadurch an ihren Gott, daß er der Führer der himmlischen Heerscharen (caelestis militiae signifer) und der Vorsteher des Paradieses ist. Wie Wuotan die Seelen der gefallenen Helden empfängt und nach Walhalla führt, so wird von Michael gelehrt, daß er der Fürst der Engel und von Gott mit dem Amte betraut sei, die Seelen der abgeschiedenen Christen in Empfang zu nehmen und ins Paradies einzuführen.

So lehnen auch diese Heiligen sich noch an das altgermanische Heidentum, dessen Anschauungen und Gestalten unter der durchsichtigen Hülle christlicher Benennungen fortleben.

Ferner setzte sich eine Reihe von Ortsheiligen fest, die besonders in einzelnen Landschaften, Städten usw. als Heilige und Schutzpatrone verehrt wurden. So *Gallus* und *Columban* im Bereiche von St. Gallen, *Stephanus* in Österreich, *Kilian* der Franken-Apostel in Würzburg, *Martin* in Mainz, *Florentius* in Holland. Ihre Namen wurden Täuflingen beigelegt und wurden sehr natürlich Lieblingsnamen des Volkes in dem jedesmaligen Bereich.

Verwandt mit diesen Ortsheiligen sind die Schutzheiligen einzelner Stände. *St. Georg,* der Drachensieger im ritterlichen Harnisch, war der Patron der Ritterschaft. Ähnlich wurde der *h. Nicolaus,* ursprünglich Bischof von Myra in Syrien (Kleinasien), als Patron der Kaufleute und Seefahrer angesehen, seitdem im 11. Jahrh. italienische Kaufleute seine Gebeine glücklich nach Bari in Unteritalien entführt hatten. Daher nun unter anderem die vielen Nikolaikirchen, besonders auch im Norden Deutschlands, z. B. in Berlin, Stettin, Hamburg, daher die Beliebtheit des Namens als Taufname in früherer Zeit.[1] Auch die Namen der 14 Nothelfer wurden oft als Taufnamen gewählt, so *Ägidius, Cyriacus, Dionysius.*

So drang allerdings ein immer breiter werdender Strom neuer, fremdsprachiger Namen ein; aber eine eigentliche Hochflut brachte erst das 16. Jahrhundert, das Zeitalter der Reformation. Mit Eifer wandte sich das Volk dem neu erschlossenen Buch der Bücher zu und holte sich dort nicht nur seine Glaubenslehren, sondern auch seine Namen. Aus dem alten und neuen Testamente, von Adam und Eva bis zur Offenbarung Johannis herab, entlehnte man sie. Im Gegensatze zu dem Protestantismus betonte der Katholizismus die Heiligenverehrung noch stärker und fügte den schon früher eingeführten Heiligennamen eine große Zahl neuer hinzu; man kann sie eben daran erkennen, daß sie ziemlich ausschließliches Eigentum der Katholiken sind, z. B. *Ignatius, Vincenz, Aloys, Xaver, Seraphin.*

Als nun vollends durch den dreißigjährigen Krieg das nationale Leben in seinem Kern angegriffen und auf ein Jahrhundert fast erstickt wurde, da riß wie in Sprache und Literatur, so auch in der Namengebung eine vollständige Verwilderung ein. Doch ist das hier glücklicherweise von geringerem Belang, weil längst der große Wendepunkt eingetreten war, da die Personennamen fest wurden und sich die Familiennamen bildeten. Auf diesen schon im 13. und 14. Jahrhundert in der Hauptsache zum Abschluß gekommenen Vorgang hat die spätere Überschwemmung mit fremden Namen wenig mehr einwirken können, weshalb wir uns hier mit diesen kurzen Hindeutungen begnügen.

7.

Das Festwerden der Namen: Bildung der Familiennamen.

Bei den einfachen Verhältnissen der früheren Jahrhunderte, solange eben das Leben auf engere Kreise beschränkt war, hatte ein Name zur Bezeichnung einer Person genügt. So noch während der Herrschaft der sächsischen, der fränkischen Kaiser. Die Bevölkerung war verhältnismäßig dünn und dazu der Hauptmasse nach bodenständig; jeder, vom Grafen bis zum letzten Hörigen, war ein mehr oder weniger abhängiges Zubehör der

1) Übrigens wurden auch Träger alter deutscher Namen zu Heiligen gestempelt, und dadurch wurde der Erhaltung dieser Namen selbst Vorschub getan. Solche Heiligennamen weisen die Kalender in großer Zahl nach, z. B. *Alfons, Gottschalk, Hildebrand, Hubert* (Patron der Jäger), *Otto, Wilibald* u. a. m.

Scholle, die ihn nährte, des Gaues, der Grafschaft. Jeder kannte seine Nachbarn, Aus- und Einwanderung fand, die slawischen Marken abgerechnet, nur in geringem Maße statt. Handel und Verkehr war nicht bedeutend, da die abendländischen Völker wenig Bedürfnisse hatten und was sie brauchten, meist selbst erzeugten. Da bedurfte es der Geschlechtsnamen so wenig, wie noch heutzutage im Innern der Familie. Aber allmählich änderte sich die Sache. Die Bevölkerung wurde dichter. Es kamen die Kreuzzüge und bewirkten mannigfachen Wechsel im Besitztum; das Land wanderte in die Stadt, Fremde siedelten sich hier neben Fremden an; Handel und Wandel nahm zu und mit ihm die Zahl der gerichtlichen Verträge und Urkunden. So genügte die alte Bezeichnungsweise nicht mehr. Da überdies viele der alten Namen erloschen waren, andere, ursprünglich verschiedene, in der im gewöhnlichen Leben gebrauchten Form zusammenfielen (z. B. *Baldhard, Baldram, Baldewin* in der Form Baldo, vgl. S. 23), so war es unausbleiblich, daß besonders an den Brennpunkten des Verkehrs, in den Städten, derselbe Name sich bei vielen Personen wiederholte. Wie häufig der Name Wilhelm bei den Normannen gewesen, ist vorhin schon erwähnt (S. 22). So finden wir ferner in Köln unter den Ministerialen in den Jahren 1141 bis 1159 nicht weniger als zwölf verschiedene *Hermann*. Ähnlich war in Basel der Name *Burkhard*, in Zürich *Heinrich* verbreitet. Endlose Verwechselungen und Verwirrungen mußten daraus im täglichen Leben entstehen. Und wie unvollkommen war eine Unterschrift in dieser Art, wie eine Urkunde des Bistums Basel aus dem Jahre 1095 von 19 Personen bezeugt wird, die außer dem *dux Bertholdus* (nämlich von Zähringen) und *comes Erimannus* nur mit ihrem einfachen Personennamen unterschrieben sind: *Arnolt, Sigebolt, Ruodolfus* usw., zweimal *Burchardus* und zweimal *Cuono,* wo es dann höchst einfach heißt: *Cuono, item Cuono!*

Die Notwendigkeit einer genaueren Bezeichnung und Unterscheidung machte sich gebieterisch geltend, im täglichen Leben wie bei Ausstellung von Urkunden. Um zu wissen, welcher Hermann oder Heinrich oder Johannes unter den vielen dieses Namens denn gemeint sei, mußten allerhand Zusätze gemacht werden, wodurch die einzelnen genauer gekennzeichnet wurden. Dieselben bestanden in dem Personennamen des Vaters oder in der Angabe des Amtes und der Beschäftigung, oder sie waren von besonderen, an einer Persönlichkeit hervortretenden Eigenschaften oder endlich von dem Wohnsitz entlehnt. So finden wir unter jenen zwölf *Hermann* in Köln einen *Razo's,* einen *Ditwigs,* einen Vogt, einen Schultheiß (Amt), einen roten, einen weißen, einen mit dem Bart (Eigenschaften), einen vom Neumarkt (Wohnung). Inzwischen war in den Kreisen des Hochadels die Sitte aufgekommen, dem Personennamen den Namen des Erbgutes oder Sitzes hinzuzufügen, wohl mehr aus Familienstolz als des Bedürfnisses wegen. Dieser Zusatzname ist von vornherein

Familienname, wenn er auch noch nicht völlig feststeht und Jahrhunderte später noch Beispiele vorkommen, wo ein Zweig der Familie mit einem neuen Besitz auch einen neuen Namen annimmt. Dadurch aber, daß diese Adelssitte dem in bürgerlichen Kreisen empfundenen Bedürfnis der Unterscheidung durch einen Zusatz zum Personennamen unmittelbar vorausging, erklärt es sich, daß sich die Familiennamen in verhältnismäßig kurzer Zeit durchsetzten, indem diese Zusätze auf die Nachkommen übergingen.

Erst dies, daß solche Zusätze nicht bloß eine bestimmte einzelne Person näher kennzeichnen, sondern auch auf die Nachkommen forterben, macht ja das Wesen der Familien- oder Geschlechtsnamen aus.

Bevor wir diese Zusätze im einzelnen betrachten, ist der Zeitpunkt, wann diese große Wendung eingetreten ist (daß sich aus den alten Personennamen, unter Hinzutritt ganz neuer Elemente, die Familiennamen bildeten), genauer ins Auge zu fassen. Dieser Zeitpunkt ist durchaus nicht überall derselbe, sondern ein sehr verschiedener, zum Teil um Jahrhunderte auseinanderliegender, eben in genauem Anschluß an die soziale Entwickelung der einzelnen Länder und Landschaften. Wo bürgerlicher Verkehr aufkommt, da wird auch das Vorhandensein fester, erblicher Namen notwendig, und es bilden sich Familiennamen, als natürliches Erzeugnis der Verhältnisse. Umgekehrt ist demnach das frühere oder spätere Emporkommen der Familiennamen ein Gradmesser für die frühere oder spätere Entwickelung des Bürgerstandes in den Städten. Von den Städten wird der neue Brauch dann auf das Land und andere Stände übertragen.

Am frühesten treten die Geschlechtsnamen in Süddeutschland und am Rheine auf; so (nach Becker)

in Köln 1106, in Zürich 1145,
in Basel 1168 —

etwas später in Mitteldeutschland, noch später in Norddeutschland;
so in Nordhausen und Frankfurt im 13. Jahrhundert,
1233 in Wesel, nach 1250 in Hamburg,
nach 1300 in Pommern.[1]

1) Klempin, Diplomatische Beiträge zur Geschichte Pommerns aus der Zeit Bogislaws X. 1859. Zur Veranschaulichung setzen wir ein Verzeichnis der „Praepositi, Dhumpraueste" des Bistums Kammin her:

Sifridus 1175—85	*Johannes* 1297—99
Conradus 1186—1216	*Hildebrandus* 1303—15
Thietmarus 1222	*Reymarus (de Wacholt)* 1317—23
Pribzlaus 1224—32	*Fridericus de Stalberg* 1326
Florentius 1233—40	*Barnim de Werle* 1330—33
Conradus 1241—49	*Conradus dictus de Gripeswold* 1333—36
Lambertus 1253—91	*Bernardus Bere* 1336—51 usw.

So ist im allgemeinen der Gang. Genaueres über einzelne Landschaften findet man unter anderen bei Kleemann S. 3. — Wenn wir die Alpen übersteigen, finden

Anfänglich tauchen einzelne Familiennamen auf, die sich aber schnell vermehren, und sehr bald, nach einer verhältnismäßig kurzen Übergangszeit, hat der neue Brauch gesiegt und die Umwandlung ist allgemein. Zunächst finden sich die Geschlechtsnamen bei dem alten Adel; ihm folgte der niedere Adel, die Ministerialen und ritterbürtigen Dienstmannen der Bischöfe und die ihnen an Rang und Geltung nahestehenden Freibürger oder Patrizier. Der hohe Adel nennt sich bekanntlich nach dem Stammsitz. Bei der Geistlichkeit setzen zuerst die Stiftsherrn aus städtischen Geschlechtern ihren Geschlechtsnamen der sonstigen Bezeichnung bei, z. B. 1230 in Zürich *R. Manezo* subdiaconus; bei ihnen mochte das bürgerliche Selbstgefühl dem geistlichen die Wage halten. Dagegen nannten Bischöfe und Äbte sich, wie meist noch jetzt, mit dem Taufnamen oder dem angenommenen Kirchennamen, unter Beifügung der Würde, der Diözese, des Klosters.

Die Handwerker in den Städten, wo die bürgerliche Ordnung und das römische Recht einen festen Familiennamen verlangten, ahmten zwar bald den Brauch des Adels und der Patrizier nach; da sie sich aber stets aus der Landbevölkerung ergänzten und deren älteren Brauch in die Stadt hineinbrachten, so konnte es vorkommen, daß z. B. in Basel noch 1438 bei der Zunft „zu Brotbecken“ ein sonst namenloser „Hans des jebsmolers (Gipsmüllers) tochtermann“ aufgenommen wurde; und in einem Frankfurter Ratsprotokoll von 1453 heißt es: den czweien knechten, die nit namens han, den dienst abeslagen.

Bei dem Landvolke endlich hängt die Benennung mit dem Grade der errungenen Freiheit zusammen. Während die freien Landleute von Uri schon 1291 eine große Anzahl wirklicher Geschlechtsnamen bieten, entbehren die Leibeigenen in manchen Gegenden derselben bis ins 14., ja 16. Jahrhundert. Am Oberrhein ist nach Socin bei den Bauern erblicher Familienname gegen 1300 die Regel.

Doch ist hervorzuheben, daß an den Küsten der Nordsee, in Friesland, Holstein, Schleswig, wie auch in Dänemark eigentliche Familiennamen sich am spätesten festgesetzt haben, indem die alte Sitte, sich nach dem Vater zu nennen (z. B. Großvater *Clas Petersen,* Vater *Peter Classen,* Sohn *Clas Petersen,* Enkel *Peter Classen*) erst im vorigen Jahrhundert polizeilichen Verordnungen gewichen ist.[1]

---

wir Familiennamen allerdings viel früher in den italienischen Städten, in denen sie sich, während sie bei uns im 12. Jahrhundert erst im Entstehen sind, bereits seit langen Jahren ganz verbreitet zeigen. Die ersten Spuren finden sich in Venedig, wo schon im 9. Jahrhundert eine Familie *Particiaco* begegnet: 809 *Angelo P.,* 829 *Justiniano P.,* 864 *Urso P.,* 881 *Johannes Particiaco.* Hier erbt also der Name *Particiaco,* ursprünglich der Beiname einer einzigen Person, in dem Geschlechte fort.

1) Allmers in seinem „Marschenbuch“ bemerkt auf Seite 140 f.: „Eigentliche Familiennamen waren bei den Friesen selbst noch bis ins vorige (18.) Jahrhundert selten.

Wie wenig befestigt anfangs die einzelnen Familiennamen waren, ergibt der leichte und häufige Wechsel. So wurde *Lucas Cranach*, also benannt von seinem Geburtsort im Hochstifte Bamberg, auch genannt „*Lucas Maler*“. Sein eigentlicher Familienname war wahrscheinlich *Sunders* (Pott, Personennamen, S. 43). Im Quedlinburger Urkundenbuche wird aus dem Jahre 1407 ein *Ludeke Hugholdes*, „anders geheten *Ludeke Smet*“, erwähnt, aus dem Jahre 1429 ein *Clauwes Hartwiges*, „anders geheten *Clauwes Groper*“. In Gladbacher Urkunden finden wir: *Wilhelmus dictus Rost, filius Wilhelmi dicti Juden* (1323); *Wilhelmken up den Sump oder under den Struiken; Jan Schroder am Wasserwege gnant Floris*, noch 1582 *Wilhelm Pensers Schmidt der Haes gnant.*

8.
Altdeutsche Vollnamen als Familiennamen.

Um eine Person genauer zu bezeichnen und von „den Genamen“, den Namensvettern, zu unterscheiden, war es das Nächstliegende, die Abkunft anzugeben, also den Namen des Vaters (oder des Großvaters oder des Ahnherrn[1]) hinzuzufügen, besonders wenn dies eine hervorragende

Der Sohn erhielt zu dem Vornamen seines Vaters nur noch einen eigenen Taufnamen, wie es noch jetzt auf vielen friesischen Inseln Brauch ist. Hieß z. B. der Vater *Eke Lübs* und man taufte seinen Sohn *Siade*, so hieß dieser *Siade Eks*, und der Enkel, wenn er nach dem Großvater *Lübbe* genannt wurde, *Lübbe Siads* oder *Eke Lübbe Siads*. Das angehängte *s* ist nichts weiter als Bezeichnung des Genetivs. — Man kann leicht ermessen, welche bunte Verwirrung solche Sitte zur Folge haben mußte, und wie ganz besonders, wo es wichtige Erbschaftsangelegenheiten betraf, bei denen oft weitläuftige Namenregister in Betracht gezogen werden mußten, die unlösbarsten Verwickelungen oft endlose Prozesse herbeiführten. Früher oder später (z. B. eine Verordnung der hannöv. Regierung an die Ostfriesen v. J. 1826) machte daher in den verschiedenen Marschen ein Gesetz, wonach jede Familie einen festen Namen annehmen mußte, diesem Unwesen ein Ende, welches in manchen Gegenden bis ins letzte Jahrhundert fortdauerte und auf den Inseln sogar heute noch angetroffen wird. Denn wenn auch alle Friesen nunmehr Familiennamen angenommen haben, so betrachten sie, wenigstens die Landbevölkerung, dieselbe als unnütze Anhängsel, die nur vor Gericht und bei ähnlichen Gelegenheiten erforderlich sind.“ — „Nur Wurstfriesland ist hier seinen besondern Weg gegangen; hier wurden schon im 15., besonders aber seit dem 16. Jahrhundert die unterscheidenden Beinamen fest und erstarrten zu Familiennamen“ (von der Osten).

Im Osnabrückischen haftet noch jetzt der Name in den Bauernschaften weniger an der Person als am Hofe. Wenn z. B. *Müller* zu *B.* auf den Hof *Meyer* zu *N.* heiratet, heißt er selbst *Meyer* zu *N.*, nicht mehr *Müller*, höchstens *Meyer* geb. *Müller*. Wenn Kinder oder Kindeskinder vom Hofe ziehen, werden sie sich in der Regel *Meyer*, selten *Müller* nennen. (Fr. Meyer S. 8.) Ähnliches bezeugt Preuß für die lippischen Familiennamen.

1) Auch des Schwiegervaters, Bruders, Dienstherrn, selbst des Freundes. Bezeichnende Beispiele dafür hat Reichert aus Breslau, z. B. 1290 *Hermannus gener Zachariae*, bald darauf *Hermann Zachariä*, um 1300 *Nickel, des langen Dietrich Bruder*, bald darauf *Nickel Langdietrich*.

Persönlichkeit war. Nennen sich doch schon in der deutschen Heldensage die Helden nach ihren Vätern: *Hiltibrant Heribrantes sunu, Sigfrid Sigmundes sun* — Zusätze, die jedoch damals noch nicht erblich waren. Wurde nun der Name des Vaters beigefügt, so geschah dies in der Form „Sohn *Arnolds*" oder auch bloß *Arnolds*, in den Bürgerrollen und Urkunden, die meist lateinisch abgefaßt wurden: *filius Arnoldi* oder mit Auslassungen von *filius* bloß *Arnoldi*. Man würde demnach hier lauter genetivische Familiennamen als Patronymika erwarten, wie *Arnolds, Friedrichs, Otten*. Auffällig ist nun, daß die weit überwiegende Mehrzahl der Namen dieser Art nicht im Genetiv, sondern im Nominativ auftritt: *Arnold, Friedrich, Otto* (Otte) usw. Woher diese auf den ersten Blick überraschende Erscheinung? Sie ist nach Socin so zu erklären, daß man statt des genaueren Genetivs oder einer sonstigen patronymischen Bildung den Namen des Vaters unverändert im Nominativ hinzusetzte, wenn der Name in dem Geschlechte häufig war, also als eine Art Geschlechtsname oder Stammname angesehen wurde. So finden wir bereits im 8. Jahrhundert in Urkunden unter andern einen *Sigifridus filius Sigimundus*, und im 11. Jahrhundert erscheint der Vatername schon oft dem des Sohnes im Nominativ als Beiname hinzugefügt, z. B. *Uguo Folcaldus* (im Jahre 1030).[1] Ein besonders belehrendes Beispiel führt Becker aus Köln an. Dort finden wir unter den Dienstmannen der Abtei zu St. Pantaleon im Jahre 1128 einen *Razo*; dann unterzeichnet 1185 unter den Bürgern ein *Henricus Razonis*, derselbe 1195 *Henricus Razo*, und 1272 ist *Theodoricus dictus Razo* Bürgermeister. Ebenso erscheint im Göttinger Urkundenbuch im Jahre 1245 der Ritter *Johannes Cusen* (Genetiv), 1270 der Ritter *Johannes Cuso*.[2] Gewiß war dies, die einfache Beifügung des Vaternamens im Nominativ, im gewöhnlichen Leben noch häufiger.

So erscheint denn nun eine Menge jener altdeutschen Personennamen nunmehr als Familiennamen, teils wenig verändert, z. B. *Hildebrand, Siegfried, Amelung*, teils mannigfach abgeschliffen, wie Kiesel und Geröll des Meeres im Wogenschlag der Jahrhunderte, teils sogar verstümmelt und entstellt bis zur Unkenntlichkeit.

Am deutlichsten treten hervor die zusammengesetzten Namen, von denen hier eine Übersicht der gewöhnlicheren Bildungen folgen möge, nach dem zweiten Teile der Zusammensetzung geordnet:

-bald (bald, belt; polt, pelt, „kühn"[3]): *Liebald, Liebold, Liebelt, Lippold, Lippelt;*

---

1) Stark S. 154. 156.

2) Bemerkenswert ist, daß ja auch Luther vielfältig in der Bibelübersetzung die Eigennamen unverändert, statt im Gen., beifügt, z. B. Kinder *Korah*, Tochter *Zion*, Sohn *Isai*.

3) Infolge des häufigen Gebrauches ist aber die ursprüngliche Bedeutung dieser Zusammensetzungselemente allmählich sehr verblaßt, so daß sie teilweis zu bloßen, fast bedeutungslosen Endungen herabgesunken sind.

-bod (bode, bothe, bott, pott, bade „gebietend", oft vielleicht aus altem badu „Kampf" entstanden): *Seebode, Kosbothe, Gerpott, Seebade;*
-brecht (bert, barth; precht, pert, „glänzend"): *Siebrecht, Siebert, Siebarth; Wieprecht, Wiepert;*
-fried (fert, fart, „Friede, Schutz"): *Siegfried, Siefert, Seifart;*
-ger („Speer"): *Rödiger;*
-hart (art, ert, „stark, fest"): *Eckhardt, Eckart, Eckert;*
-her (er, „Krieger; Heer"): *Walther, Walter;*
-mann: *Hermann;*
-mar (mer, „berühmt"): *Volkmar, Volkmer;*
-rich (reich, „mächtig"): *Friedrich, Friedreich;*
-walt (olt, elt, „waltend"): *Reinwald, Reinold, Reinelt;*
-wart (werth, „Hüter, Wart"): *Ahlwardt, Adelwerth;*
-wig („Kampf"): *Hartwig;*
-win (wein, „Freund"): *Gerwin, Eberwein;*
-wolf (olf, umgestellt loff, „Wolf"): *Schönewolf; Rudolph, Rudloff.*

Durch Abfall der Schlußkonsonanten entwickelte sich aus *bald, belt: ball, bel;* aus *fert: fer;* aus *old: ohl* usw.

Manche dieser urspr. altdeutschen Namen treten infolge mundartlicher und anderer Einflüsse in außerordentlich vielen verschiedenen Formen auf, z. B. altdeutsch *Ricohard* findet sich als:

Richard, Richert, Riechert; Riegert; Reichhardt, Reichard, Reichert; Rickert, Ritschard; Ritsert —

ungerechnet die bloß orthographischen Abweichungen. *Liutbald* tritt gar (freilich gemengt mit *Liutwald*) in mehr als zwanzig Formen auf:

Liebaldt, Liebold, Liebhold, Libelt, Liebel, Liepelt — Lippelt, Lippel — Leopold — Lepold, Lepel — Leppelt — Luppold — Lubold — Laubhold — Leupold — Leybold, Leibel, Leibhold, Leipold, Leipel usw.

9.

Sproßformen der altdeutschen Vollnamen als Familiennamen.

a) Kürzungen und Verkleinerungen.

Sehr zahlreich, mitunter zahlreicher noch als die vollen Formen, sind die verkürzten, sich anschließend an die altdeutschen Kürzungen und Verkleinerungen, die Seite 23 behandelt sind. Das *o*, welches dort an den Torso gesetzt wurde, hat sich nur in wenigen Familiennamen, wie *Otto, Thilo,* erhalten; meist ist es in *e* abgeschwächt: *Otte, Thiele, Heine* (altd. Heino aus Heinrich), *Thieme* (Thiemo aus Thiedmar) — oder es ist ganz abgefallen, so daß der Name einsilbig wird: *Ott, Thiel, Heyn, Thiem.*

Diese Verkürzungen bilden den Übergang zu den eigentlichen Verkleinerungsformen oder Schmeichelformen. Die verschiedensten Bildungen treten hier hervor, und eine wundersam reiche Flora beut sich den erstaunten Blicken. Jede Landschaft hat ihre besonderen Verkleinerungsendungen, nach Maßgabe der Mundart.[1]

Der Kern der oberdeutschen Verkleinerungsendung ist ein *l* (altd. *ilo*, s. S. 23), welches auch in Gattungsnamen in den mannigfachsten Formen auftritt: *ele, el, le, li, la,* usw., z. B. *Mädele, Mädel, Maidle, Maidli, Madla, Vogerl.*

Der Kern der niederdeutschen Verkleinerungsendung ist ein *k* (altd. *iko*, S. 23): *ke, ken,* z. B. *Mäke, Mäken.*

Im Schriftdeutschen sind beide vertreten, und zwar in der Verbindung mit *n* (S. 23): oberd.: *lein,* niederd. *chen.*

Demnach finden wir im Oberdeutschen folgende Bildungen in den Familiennamen:

-el (die verbreitetste Form): *Dietel, Merkel;*

-l (bairisch, österreichisch): *Dietl, Merkl;*

-le (schwäbisch): *Dietle, Merkle* — mit Bindevokal: *Eisele;*

-li (schweizerisch): *Märkli;*

-lin (schwäbisch, schweizerisch):[2] *Märklin, Bürklin* — abgestumpft in:

-len *Eiselen* —

gewöhnlich, mit der Weiterentwickelung des Neuhochdeutschen Schritt haltend:

-lein: *Dietlein.*

Nicht so mannigfaltig sind die entsprechenden Bildungen in Niederdeutschland, wo man im allgemeinen die Verkleinerungsformen auch in den gewöhnlichen Hauptwörtern weniger liebt. Es ist hier besonders nur die Endung

-ke mit Bindelaut: *Tedike, Reinicke, Reinecke;*

ohne Bindelaut: *Reinke, Wilke;*

-k: *Tieck* —

verhochdeutscht

-ch (ich, ig) *Dedich, Rüdig.*

1) Die rein vokalische Verkleinerungsform *i*, die besonders zahlreich in den Taufnamen der oberdeutschen Bauern und Minderbürger in der zweiten Hälfte des 13. Jahrh. erscheint (Socin), findet sich jetzt nur noch in Familiennamen der Schweiz: *Burcki, Fritschi, Hochuli, Welti* — in Süddeutschland in *ei* verbreitert; vgl. die Vornamen *Burgei, Hansei, Liesei* (?). Dagegen sind die nach demselben Forscher in der gleichen Zeit beim Adel aufgekommenen neuen Bildungen auf -man (Zusammensetzungen mit Kosenamen): *Kuonzeman, Frischman, Götzman, Heinzelman* jetzt allgemein verbreitet.

2) Wie Luther „*Wörtlin*" u. a. und noch Fischart in der zweiten Hälfte des 16. Jahrhunderts: „Er hat ein hölzins *Röcklin* an." Daß übrigens die Endung hier in den Eigennamen nicht den Ton hat, ist selbstverständlich, also *Rümelin* (´◡–), *Böcklin.* -lin und -le wechseln bis ins 18. Jahrhundert hinein, so daß dieselbe Person bald als Häberlin bald als Häberle erscheint (Miedel).

Daneben finden sich

-ken: *Tiedken, Wilken,* welches hierher gehört, sofern es aus dem alten *kin (ikin)* abgeschwächt ist. Doch ist es in vielen Fällen genetivische Bildung (s. das folg. Kap.). Die hochdeutsche Form

-chen, die bei den Gattungsnamen zur Herrschaft gelangt ist, findet sich gerade bei Eigennamen auffallend selten: *Nöldechen (Didtgen).*

Friesisch lautet die Verkleinerungsendung *je*: *Meisje* (Mädchen), *Pottje* (Töpfchen); so auch in Familiennamen

-je: *Detje, Bätje.*

Diese Verkleinerungen bewirken in der Regel, wie aus den obigen Beispielen ersichtlich, den Umlaut, wegen des ursprünglich in der Endung steckenden *i* (*iko, ilo*).

Außer diesen beiden Hauptsuffixen, *l* und *k*, wird in Mittel- und Süddeutschland noch jenes dritte, nur in Eigennamen vorkommende:

z (altdeutsch *izo,* s. S. 23)

gebraucht. So wird aus Dietrich: *Dietze,* nachher einsilbig *Dietz,* aus Gottfried: *Götze, Götz* (vgl. Götz von Berlichingen), aus Ludwig: *Lutze, Lutz,* aus Heinrich: *Heinze, Heinz* — aber auch *Heinitz* (aus urspr. *Heinizo,* der Grundlage für alle drei Formen).

Diese Kürzungen der Rufnamen, welche als solche in Niederdeutschland, mit alleiniger Ausnahme von *Fritz* [1], durchaus nicht üblich sind, haben von Oberdeutschland her als Familiennamen weite Verbreitung gewonnen.

Das *z* erweichte sich übrigens, der Entwickelung der Sprache folgend, häufig in *ss*: *Diess, Russ,* ja in *s*: *Heinse,* während es sich anderseits in *sch, tsch* vergröberte: *Gersch* statt Gerz, *Dietsch.*

Da nun aber die Sprache mit einmaliger Verkleinerung noch keineswegs zufrieden ist, so werden diese verschiedenen Endungen verbunden und auf solche Weise doppelt verkleinerte Formen gebildet, z. B. von *Dietrich:*

-licke (altd. *iliko*): *Thielicke, Tielke;*

-kel (altd. *ikilo*): *Tickel;*

-zel (altd. *izilo*): *Dietzel;*

-zke (altd. *iziko*): *Tietzke.*

Ja es finden sich Formen, in denen alle drei Suffixe (*z, l, k*) vereinigt sind: *Dietzelke.*

---

1) Daß „*Fritz*" als Rufname für Friedrich auch in Niederdeutschland so allgemein verbreitet ist, erklärt sich durch die Verpflanzung der Hohenzollern nach Brandenburg, deren Ahnherr, der Burggraf Friedrich von Nürnberg, im Jahre 1411 von dem Kaiser Sigismund in die Marken eingesetzt wurde. Jedoch finden sich einzelne Formen mit *z* auch schon früh in niederdeutschen Urkunden: *Hence* (= Henze) und *Hinze* mehrfach in Urkunden der Stadt Lübeck vom 13. Jahrh., *Thiezo, Winizo*, *Reinzo* und einige andere in der Frekenhorster Heberolle, so daß man mit Lübben, Die Tiernamen im Reineke Vos S. 48, wohl hochdeutschen Einfluß hier einräumen muß; ebenso bei der Verbindung des *z* mit *k*, wie in *Tieziko*, *Meinziko*, *Raziko*, die eigentlich Zwitter sind.

b) Genetivische Namen.

Wenn (nach S. 31) auch die Form, in welcher ein Personenname sich als Familienname festsetzte, in der Regel die des Nominativs war, so war es doch unausbleiblich, daß bisweilen der Genetiv an seine Stelle trat. Entsprach es doch der strengen grammatischen Regel, wenn der Name des Vaters zu näherer Bezeichnung eben im Genetiv hinzugefügt wurde: *Heinrich,* Sohn *Arnolds,* lateinisch *Henricus, filius Arnoldi,* wobei die Bindeglieder „Sohn" und *filius* auch wegfallen können.[1] Daher nun eine ziemliche Menge Namen, die sich im Genetiv festgesetzt haben und in dieser Form als Familiennamen erstarrt sind. Die beiden Biegungsarten, welche durch die Deklination der Hauptwörter im Deutschen hindurchgehen, treten nun auch hier hervor:

die starke, die sich durch ein *s,*
die schwache, die sich durch ein *n*

im Genetiv kennzeichnet. Erstere tritt an die vollen Namen, wie *Diederichs, Hermanns,* letztere an die Verkürzungen: *Thielen, Otten* (welche aber auch häufig das *s* der starken Biegung annehmen, z. B. *Köhns* neben *Könen*).

Dazu tritt als eine dritte Form im Friesischen *ena* (wie in *Hagena, Tydena*[2]), die mit Ruprecht (S. 14) als Genetiv Pluralis der schwachen Deklination zu erklären ist. Es bedeutet z. B. *Focke Uckena* („hovetlink *Focke U.* van Leer" in einer Urkunde von 1435) den Sohn oder Nachkommen der *Uko,* weist also nicht bloß auf den Vater, sondern auch auf die Ahnen hin. Da diese Bezeichnung besonders für angesehene Geschlechter Wert hatte, bei denen der Name auch einen Anteil an dem alten Besitze und dem alten Ruhme der Familie zusicherte, so ist es nicht zufällig, wenn wir unter den klangvollen Namen dieser Bildung vielen alten Häuptlingsnamen begegnen.

Der genetivischen Bildungen sind aber mehr, als es auf den ersten Blick scheint, da sie sich nicht selten hinter entstellender Rechtschreibung verstecken; namentlich schmilzt ein *t*-Laut mit *s* zu *tz* zusammen: *Seifritz* (statt Seifrids, Siegfrids), *Gompertz* (statt Gomperts von Gundbrecht), *Reinartz* (Reinhards). Während in dem letzten ein zum Stamm gehöriges *h* ausgelassen ist, wird ein solches in den Zusammensetzungen mit *old* (walt) fälschlich eingeschoben, so daß der Schein einer Zusammensetzung mit Holz (niederd. Holt) entsteht. *Reinold,* schon umgedeutet in Reinhold, nimmt so im Genetiv oder durch falsche Verhochdeutschung gar die Form *Reinholz* an.

1) *Henricus dictus Arnoltz* (= Arnolds), *Berchtoldus Marchwardi* u. a. in Urkunden; deutsch *Henning Markwardes* (wie *Darius Hystaspis*).

2) Zu betonen ist *Hágena, Týdena.*

Durch Vermittelung des Lateinischen, das in den Bürgerrollen und öffentlichen Urkunden überwog, entstanden die Zwitterformen *Arnoldi, Ruperti, Friderici*, auch mit *y*: *Bernhardy* und ähnliche, Formen, die sich schon durch das Verschieben der naturgemäßen Betonung als Entstellungen der deutschen Namen kundgeben.

Ganz mit demselben patronymischen Sinne wie die Genetive werden auch Zusammensetzungen mit „Sohn" gebildet, welches dabei aber fast immer in der abgeschliffenen Form *sen* erscheint: *Wilmsen, Volquardsen* Dies ist eine alte Bezeichnungsweise; schon in der Edda findet sich *„Sigmundr Völsungsson"* (Siegmund, Völsungs Sohn). Sie ist besonders im Norden heimisch[1], während in einigen süddeutschen Landschaften, z. B. Kärnten, eine patronymische Bildung auf *er* (ler) hervortritt: *Sebolter, Hartler* (aus Leonhard).[2]

Auch Metronymika (Ableitungen von dem Namen der Mutter) finden sich, wenngleich nur sehr vereinzelt. „In den wenigsten Fällen braucht hierbei uneheliche Geburt angenommen zu werden; der Sohn kann nach der Mutter genannt sein, weil der Vater früh gestorben war, oder weil die Mutter sich in Handel und Wandel hervortat, oder wegen ihrer vornehmen Abkunft. So heißt im Nibelungenliede Siegfried: daz Siglinde kint." (Socin.) Dahin gehören: *Vernáleken* = (Sohn) der „Frau Aleke" (Adelheid)[3], *Nesensohn* (der Agnes Sohn), *Elsenhans, Odiliae, Eisentraut, Liebetrut, Ermentraut.*

10.
Kirchliche Personennamen als Familiennamen.

Die Personennamen der zweiten Schicht, der kirchlichen, mußten eben als fremde Namen noch stärkere Umwandlungen erfahren wie die einheimischen. Aufgenommen sind sie zunächst in der griechisch-lateinischen Form, wie die Kirchensprache (nach dem Vorgang der lateinischen Bibelübersetzung,

1) Wir finden sie auch bei den Schweden (*Torstenson*), Norwegern (*Björnson*), Dänen (*Thorwaldsen*), Isländern (*Sturluson*), Engländern (*Wilson, Robinson, Thomson*). Im Schottischen entsprechen die Namen mit *Mac* (*M'*): *Mac Gregor* (Sohn des Gr.), *Macdonald;* im Irischen die mit *O: O'Connel.*

2) Auch in den Lippischen Familiennamen erscheint als häufig gebrauchte Patronymikalform neben *-ing* die Silbe *-er*, vermittelt durch die Kolonatsnamen, die, vom ersten Besitzer entlehnt, an dem Grundstück haften blieben und auf die Nachfolger übergingen, z. B. in Hakedahl: 1488 *Henke Druden*, 1523 *Henke Druding*, 1538 *de* (= *der*) *Drudener* — jetzt *Drüner*. Während man aber bei „Henke Druding" noch eher an den Sohn der Drude dachte, hat „der Drudener" schon mehr den Begriff des Inhabers des Hofes der Druding und damit den eines Repräsentanten der Familie angenommen. Ähnlich ist's mit den bairischen Hofnamen auf -er (Miedel).

3) Vgl. Johannes Vorn Hesen 1530 (d. i. Frauen Hedwig Sohn); Gisilbertus, filius *Odilie* 1036; Rudolf et Ulrich filii *Adelheidis* 1149.

der Vulgata) sie bot. In dieser vollen Form jedoch erscheinen sie als Familiennamen, einige kürzere *Thomas*, *Lucas* ausgenommen, nicht gerade häufig; — es verbietet das schon ihre Länge, da sie meist 4—5silbig sind.

Es mußte also eine Kürzung erfolgen. Dabei kam alles auf die Betonung an. Im Althochdeutschen wurde bei den Fremdwörtern der Ton zurückgezogen, er strebte noch über die drittletzte Silbe nach vorn hin, auf die erste Silbe, die im Deutschen in der Regel als Stamm den höchsten Ton trägt, z. B. *Antichristus* — *Ántichristo, Constántia* — *Chóstanza, Mathaéus* — *Mátheus.*

Die Sprache hatte sich so gewöhnt, den Hochton auf den Anfang des Wortes zu werfen, daß in den Fällen, wo dies aus irgend einem Anlasse nicht geschehen war, der nun tonlose Anfang wie mit Mißachtung behandelt und durch eilendes Darüberhingehen des einen oder anderen Lautes beraubt, ja gänzlich abgeworfen wurde, z. B. *apostolus* — althochd. *postul, Hispanus* — *Spân.*

Später freilich wurde durch romanische Einflüsse die echtdeutsche Betonung der Fremdwörter mehr und mehr verdrängt zu Gunsten einer anderen, welche den Ton auf den Ausgang der Wörter wirft. Es ist dies die französisch-neuhochdeutsche Betonung, die, schon im Mittelalter beginnend (s. die zahlreichen Hauptwörter auf *îe*, jetzt *ie* oder *ei*), nunmehr leider zur Herrschaft in unserer Sprache gelangt ist.

Länger als in der Schriftsprache behauptete sich jene ursprüngliche, umdeutschende Betonung im Volksmunde, besonders den fremden Eigennamen gegenüber. Bei diesen wird noch heute der Ton auf die erste Silbe zurückgezogen, was dann Kürzungen am Ende (Apokopen) zur Folge hat: *Andres, Béndix,* d. i. Benedictus, *Chrístian* (Chrísten), *Níclas*[1] usw. Oder falls diese Zurückwerfung des Tones unterblieben ist, treten vorn Verkürzungen (Aphäresen) ein: Joachim — *Achim,* Erasmus — *Rasmus, Asmus.* Häufig ist beides, Aphärese und Apokope, vereint, wie Bonifatius — *Fazi,* Dionysius — *Nis,* wo von 5 Silben nur eine, die Tonsilbe selbst, übrig geblieben ist.[2]

Aus diesen mannigfach gekürzten und umgewandelten Taufnamen ist nun eine verhältnismäßig bedeutende Zahl Familiennamen erwachsen, teils mit einer Kürzung am Ende: *Máthies* und *Mathes,* teils mit einer am Anfang: *Alexander* — *Xander.* Vielfach treten an demselben Namen wechselnd beide Erscheinungen hervor, wie von demselben Stamm eines Baumes Äste nach entgegengesetzten Richtungen ausgehen, und es entstehen Formen, die keine Ähnlichkeit mehr miteinander haben. So wird

1) Auf süddeutschen Schulen sogar *Hómer, Hóraz, Vírgil.*

2) Vgl. W. Wackernagel, Die Umdeutschung fremder Wörter. 2. Ausg. 1863. S. 32ff., 36f.

aus Ambrosius einerseits *Ambrosch*, anderseits *Brose*[1],
„ Andreas „ *Enders*, „ *Drewes*,
„ Nicolaus „ *Nickel*, „ *Claus, Klaas.*

Mitunter haben diese verschiedenen Sproßformen keinen Buchstaben des Stammes gemein, z. B. *Barthel* und *Mewes* aus Bartholomäus.

Wie das letzte Beispiel beweist, findet neben der Kürzung bisweilen Zerdehnung oder Übergang eines Selbstlautes in einen Mitlaut statt. Dies ist auch der Fall bei *Paul*, woraus sich *Pawel* und *Pagel* entwickelt hat.

Nicht selten gehen diese Kürzungen, Zusammenziehungen und Umbildungen so weit, daß die ursprüngliche Namensform vollkommen unkenntlich geworden ist. *Lex* aus Alexius, *Xander* aus Alexander ist schon ziemlich gewaltsam; doch wird auch dies noch überboten. Wer würde z. B. denken, daß der Familienname *Gille* aus Aegidius entstanden ist, daß *Grolms* (der Bauer in der bekannten Lichtwerschen Fabel), *Rohner* und *Muss* ein und derselbe Name und daß alle drei aus Hieronymus entstellt sind?[2] Und doch beweisen dies die Formen, die sich in den alten Schriften und Urkunden finden, nebst den lebenden der Volksmundarten. Bei fremdsprachigen Namen dürfen solche Erscheinungen nicht überraschen.

In betreff der genetivischen Ableitungen ist Vorsicht vonnöten; namentlich ist das *s* kein sicheres Kennzeichen, da es vielfach nur von dem Nominativ her stehen geblieben ist, z. B. *Staats* (aus Eustathius), *Mews;* auch *Marx,* aus Marcus. Das gilt besonders von der Endung *ies* (zweisilbig zu sprechen), die aus dem lat. Nominativ *ius* entstanden ist[3]: *Borries* aus Liborius, *Plönnies*, *Lönnies* aus Apollonius. Ganz unzweideutig genetivisch sind fast nur die mit fremden (lateinischen) Genetivendungen auftretenden Namen auf *i, ae, is: Pauli, Matthiae, Michaelis.*

Zusammensetzungen mit „Sohn“ sind häufig; und dabei ist mehrfach der volle Selbstlaut bewahrt: *Andersohn, Matthisson, Petersson,* während allerdings in der Mehrzahl auch hier die Abschwächung in *sen* eingetreten ist.

Verkleinerungsformen dagegen sind im ganzen seltener: *Köbke* (aus Jakob) und *Jahnke* (aus Johannes), denen *Jäckel* und *Hensel* gegenüber-

1) Die Scheidung nach den Mundarten ist hier schwierig und nicht immer streng durchzuführen. So findet sich *Nickel,* welches Vilmar, Namenbüchlein S. 6 als hochdeutsch bezeichnet, auch im Niederdeutschen, hinwieder *Klas* (wovon Klasl) auch im Oberdeutschen (Bairischen). *Jochen,* wie nach Vilmar der Hochdeutsche den Namen Joachim abkürzen soll, ist dem pommerschen Landmann die gewohnte Form.

2) Hieronymus: in Sachsen *Gruner*, in Holstein *Harms*, in der Schweiz *Ronus, Rones, Roni, Muss, Müssi,* in Hessen *Grolmann* (nach Becker S. 19). Am wenigsten hat sich von der ursprünglichen Form entfernt der Name *Kronymus*, den Fröhner aus Karlsruhe anführt.

3) Vgl. das Mittelhochdeutsche, wo die lateinische Endung *us* bei Namen regelmäßig in *es* abgeschwächt wird: *Philippes;* auch *Liborius* und *Liborghes* als Vornamen bei Klempin.

stehen, weisen die Hauptform des niederdeutschen Deminutivs (mit dem Charakterlaute *k*) und des oberdeutschen (mit *l*) auf, während *z* bei den Fremdnamen überhaupt nicht vertreten ist.

Außer dem Genetiv und der Zusammensetzung mit Sohn wird das patronymische Verhältnis auch durch Vorsetzung von Jung oder Klein bezeichnet. Hieß der Vater z. B. Andreas, so wurde der Sohn, welcher denselben Namen in der Taufe erhalten hatte, *Jungandres* genannt, oder Michel: *Kleinmichel,* und zu den Zeiten der Söhne trat eben das Festwerden der Familiennamen ein, so daß nun *Jungandres* und *Junghans, Kleinmichel* und *Kleinpaul* auch der ganzen Nachkommenschaft des eigentlichen Jungandres usw. zuteil wurden.

Aus einigen dieser Namen hat sich solchergestalt durch Kürzung, Ableitung, Zusammensetzung eine Menge Familiennamen gebildet; man sehe das Namenbuch unter *Andreas, Nikolaus, Matthaeus.*

Alle überbietet jedoch der Name *Johannes.* Wie dieser als Taufname jederzeit einer der beliebtesten gewesen ist, so hat er auch als Familienname die weiteste Verbreitung und mannigfachste Gestaltung erfahren, so daß sich mehr als 100 Familiennamen aufzählen lassen, die sämtlich aus *Johannes* gebildet sind (s. das Namenbuch). Wir haben hier wieder das Bild eines Waldes, das allmählich aus einem einzigen Baum entstanden ist.

Indessen sind es nur einzelne unter den fremdsprachigen Namen, die eine solche Fruchtbarkeit entwickeln. Im allgemeinen können sie, schon als Fremdlinge, nicht eine so vielseitige Bildsamkeit besitzen wie die einheimischen, von vornherein in deutschem Sprachgrunde wurzelnden. Es bleibt daher die Zahl der von kirchlichen Taufnamen stammenden Familiennamen im ganzen eine beschränkte im Vergleich mit den Gebilden altdeutschen Ursprunges.

11.
Familiennamen der dritten Schicht.

a) Stand und Gewerbe.

Den aus den Personennamen gebildeten Familiennamen gesellt sich eine gleich große Zahl solcher Bezeichnungen zu, die niemals Personen-(Tauf-)namen gewesen sind. Diese wurden zunächst entlehnt von der Beschäftigung. Um unter den vielen Konrad oder Johannes einen bestimmten zu bezeichnen, setzte man das Handwerk, das er trieb, oder das Amt hinzu. Solchen Zusätzen begegnen wir bereits bei den Goten, indem sich unter zwei sonst lateinisch abgefaßten Verkaufsurkunden, die sich aus der ostgotischen Zeit erhalten haben, als Zeugen neben Römern auch finden: *Merila bôkareis* (M. der Bucherer, d. i. Schreiber), *Ufitahari papa* (U. der Pfaffe), *Sunjaifrithas diakun* (S. der Diakon), *Viljarith bôkareis, Gudilub diakun.* Dies sind die ältesten germanischen Zusätze von Stand und Gewerbe zur näheren Bezeichnung einer Persönlichkeit. So finden wir denn auch in spätern Urkunden häufig solcherlei Zusätze, wie „Hermann der Perchmayster" (in einer Marburger Urkunde aus dem Jahre 1290), „Hermann der Amman", „Schechel der Mawter" (Mautner), „Nicla der Schreiber" (alle ebenda aus dem 14. Jahrhundert). „Huch de smet" und „Schrift de kremere" (im Göttinger Urkundenbuch um 1383) usw.

Eine solche Beifügung konnte nun sehr leicht auf den Sohn übergehen, so sich allmählich in einem Geschlechte befestigen und zum Namen der gesamten Familie werden, besonders wenn der Sohn, wie es doch ohne Frage häufig und häufiger als jetzt geschah, die Beschäftigung seines Vaters fortsetzte. Doch war es kaum einmal nötig: der Name des Familienhauptes wurde ohne weiteres auf die übrigen Glieder der Familie, insbesondere auf die Kinder übertragen.

Erscheinungen dieser Art zeigen sich noch heutzutage, da doch längst die feststehenden Familiennamen durchgedrungen sind, im Volksmunde gar nicht selten. So wird in Fr. Reuters „Reis' nah Belligen" der Pastorsohn nie mit dem Geschlechtsnamen, sondern immer „Heindrich Paster" genannt. Hier muß doch ein schon vorhandener Familienname verdrängt werden, damit die Amtsbezeichnung an die Stelle trete; wie viel leichter war die Sache, wenn solche Verdrängung noch nicht nötig war!

Bei dem Übergange zum Familiennamen fiel zunächst der Artikel, wenn er nicht etwa schon von vornherein gefehlt hatte, regelmäßig fort. So bietet das Göttinger Urkundenbuch neben den vorhin erwähnten Huch de smet und Schrift de kremere in demselben Schriftstück aus dem J. 1383 Eckel Smet und Hermann Kremere. Nur in ganz vereinzelten Fällen ist der Artikel stehen geblieben, z. B. in *de Pottere* (= Töpfer), *de Boer* (spr. Bûr).[1]

Eine lange, fast endlose Reihe ehrsamer Meister vom Handwerk zieht an uns in diesen Namen vorüber, die uns einen Blick in die friedliche Tätigkeit unserer Vorfahren während des 12.—16. Jahrhunderts tun lassen. Greifen wir einige Gruppen heraus — solcher Handwerke, die für jene Zeit besonders bezeichnend sind.

Auf das alte Kriegswesen, wie es vor der Erfindung und allgemeinen Anwendung des Schießpulvers war, gehen Namen wie *Harnischmacher, Harnischfeger* (der den Harnisch fegt, d. i. glänzend macht, poliert); *Armbruster, Pfeilschmidt, Bolzer, Pfeilsticker*, niederd. *Pielsticker* (Verfertiger der Stecken für die Pfeile); *Lersner* (Verfertiger der Lersen d. i. Lederhosen).

Während diese durch ihr meist geräuschvolles Handwerk dem Schwerte dienten, bewegte in stiller Klause der Bücherabschreiber unermüdlich

1) Diese Namen, die Pauli aus Hannover und Ostfriesland beibringt, beruhen auf der Einwirkung des Holländischen, wo noch häufig das *de* erscheint; man denke an *de Ruyter, de Vrient (Devrient)* u. a.

die Feder im Dienste friedlicher Kunst: *Bucher, Pucher* (der Bücherabschreiber). Ihn unterstützten der *Buchfeller* (der die Felle zu Büchern bereitet) und der *Rothmaler* (der die bunten Anfangsbuchstaben malte). Alle drei Namen stammen vorzugsweise aus Oberdeutschland, wo die Kunst des Bücherabschreibens und des Ausmalens der Titel und Anfangsbuchstaben mehr als in Niederdeutschland zu Hause war.

Begeben wir uns aus der Enge der Städte hinaus aufs Land, in die freie Natur, so sprechen uns hier besonders die Namen an, die der Jagd und Waldwirtschaft entlehnt sind. Ist doch das Jagen im schönen, grünen Walde von jeher eine Lieblingsbeschäftigung der Deutschen gewesen! Und wieviel ausgedehnter war noch im Mittelalter das Jagdgebiet, da die Wälder einen so unvergleichlich größeren Raum einnahmen, derart, daß die bewohnten Stätten in manchen Landschaften fast nur wie Inseln im Waldmeer erschienen!

Der älteste Name des Jägers ist *Waider, Weidmann;* er bedeutet denjenigen, welcher auf Weide, d. i. Nahrung ausgeht, und weist somit auf jene uralten Zustände in dem Leben unserer Vorväter hin, da die Jagdbeute den vornehmsten Teil der Speise ausmachte. Jünger ist das so häufige *Jäger* mit den Zusammensetzungen *Gambsjäger, Hasenjäger,* während ein Name wie *Bärenfänger* beweist, daß auch die wilden, starken Tiere des Waldes, die einst der Germane bekämpft hatte, noch nicht ausgestorben waren. Auf die Jagd mit Falken („Federspiel"), einen der beliebtesten Zeitvertreibe in der ritterlichen Zeit, gehen *Falkner (Felkner), Hachmeister* (s. v. a. Habichtmeister, Abrichter der Stoßvögel). Die älteste Bezeichnung des Waldverwalters dauert noch in dem Familiennamen *Widemarker* fort; derselbe bedeutet den, welcher für die Holzmark (witu Holz) zu sorgen hat. Der Name setzt das Vorhandensein einer gemeinsamen Mark voraus; in der Privatwaldung eines Fürsten oder Adligen dagegen war ein *Holzknecht* angestellt. Viel häufiger ist indes der Name *Förster* (ahd. *forstâri* Forstverwalter). Daneben sind Zeugen für die ehemalige verschwenderische Waldwirtschaft die Familiennamen *Aschenbrenner* und *Aschenbrand;* diese bezeichnen ein eigenes Gewerbe, welches darin bestand, ganze Waldstrecken niederzubrennen, bloß um Asche zu gewinnen, teils für die Glashütten, teils für die Seifensiederei.

Die zuletzt angeführten Namen sind zum Teil nicht mehr reine Handwerksnamen, sondern bezeichnen, wie Hachmeister und Förster, ein Amt. So reihen wir denn hier die Amtsnamen an.

Weltliches Amt und weltliche Würde war im Mittelalter meist erblich geworden. Somit werden wir uns nicht wundern, in unseren Namenverzeichnissen den vollständigen Hofstaat weltlicher und geistlicher Fürsten, vom Kanzler bis zum Schergen, wiederzufinden. Man vergleiche nur folgendes Verzeichnis der Hof-Verwaltungsämter eines Fürsten jener Zeit mit deutschen Familiennamen: Dapifer *Truchsess, Droste;* Pincerna *Schenk;* Marescalcus *Marschall;* Camerarius *Kämmerer;* Causidicus oder Scultetus *Schuldheiß, Schulz;* Advocatus *Vogt;* Minister *Ammann;* Villicus *Meier;* Cellarius *Keller;* Telonarius *Zoller, Zöllner;* Magister coquinae *Küchenmeister;* Monetarius *Münzer* usw. Daran reiht sich eine Menge Namen von städtischen und Klosterämtern, richterlichen, polizeilichen und militärischen Stellen wie *Fürbringer* (Advokat); *Küster, Glöckner, Sigrist* (aus Sacristan); *Stocker* und *Sulzer* (Gefängniswärter); *Venner* (Fähnrich).

Einige Schwierigkeit machen Namen wie *Kaiser, König, Herzog* und ähnliche, bei denen allerdings „gerechte Zweifel sich erheben können, ob solche Familien häufig in den Fall gekommen sind, die durch derlei Namen bezeichnete Würde als wirkliche Lebensbürde zu tragen" (Pott). Es sind jedenfalls Übernamen, welche die betreffenden Persönlichkeiten in dem sie umgebenden Kreise führten. Ähnlich ist es mit *Bischof, Probst, Mönch* und anderen geistlichen Würden, die sich freilich auch sehr wohl auf patronymischem Wege als Familiennamen festsetzen konnten — trotz dem Cölibat.[1]

Spottnamen sind: *Bratengeiger, Giegengack* (Bierfiedler), *Pinkepank* (Schmied), *Gaugengigl* (Narr, Geck)[2] u. v. a., vgl. S. 52 Anm. 2, S. 53 u. öfter.

Manche alte Bezeichnungen von Amt und Gewerben sind nur in diesen Familiennamen enthalten, da sie sonst, zugleich mit der bezeichneten Sache, erloschen sind — so *Platner, Armbruster.* Andere Gewerbe bestehen noch, aber die alten Namen sind erloschen, z. B. *Menger* = Händler, in Zusammensetzung *Eisenmenger, Pferdm., Wadm., Winkler, Käufler, Keufel, Brüchler* = Kleinverkäufer, *Preiswerk* = Posamentier. Viele werden auch Namen nicht verstehen, wie *Immler, Frischknecht, Kugler, Mulzer, Schauer, Schüßler, Wachsmann, Zerrenner, Axmacher, Bennenmacher* usw.

Beachtenswert sind auch die mundartlichen und landschaftlichen Verschiedenheiten, die sich hier geltend machen. So ist *Müller, Miller* die oberdeutsche, *Möller* die niederdeutsche Form; *Beck* (Mehrh. Becken) oberdeutsche Form statt des norddeutschen *Becker* (in Basel *Pfister* vom lat. pistor). *Leiendecker* ist (nach Vilmar) am Rhein und nach Oberhessen hinein wohl verständlich, aber schon in Niederhessen ein Fremdling: ein *Schieferdecker;* denn der Dachschiefer heißt am Mittel- und Niederrhein die Leie. Manches Handwerk hat infolgedessen die verschiedensten Be-

1) Zum Teil sind sie gewiß von Haus-, namentlich Wirtshausschildern entlehnt. Man denke auch an Schützenkönige, Schleifpfaffen (S. 52) u. dgl. Mönch konnte jemand heißen, weil er im Kloster gewesen war, aber auch spottweise wegen seines Aussehens, wie der Erzbischof in Reuters Festungstid (Bähnisch).

2) Aus älterer Zeit (niederdeutsch): ***Musekensteker*** (Mäuschenstecher), ***Duvendriver*** (Taubentreiber).

zeichnungen; so heißen die Schlächter: *Fleischhauer, Fleischhacker, Fleischer, Metzger, Metzler, Küter, Kutter, Kuttler, Sulzer, Knochenhauer, Beinhauer;* die Töpfer: *Hafner, Potter, Eulner.* Ebenso bedeuten *Binder, Küfer, Böttcher, Büttner, Scheffler* im wesentlichen dasselbe.

Manche dieser Gewerbenamen sind außerordentlich häufig, vor allen die fünf:

Müller, Schulze, Meier, Schmidt, Schneider,

die man deshalb auch die fünf Großmächte in der Namenwelt genannt hat. Den vier ersten wird man diese Stelle nicht bestreiten; doch gegen Schneider als fünften möchten mehrere andere nicht ohne gute Aussichten in die Schranken treten, als da sind: *Bauer, Becker, Richter, Weber, Lehmann.* Zu Berlin gab es im Jahre 1867 nach Ausweis des Adreßbuches 929 Familien und alleinstehende Personen des Namens *Müller* und sogar 1267 des Namens *Schulze* (Schulz); nächstdem waren die *Schmidt* mit 884, die *Meyer* mit 509 Nummern vertreten. Die *Lehmann* und die *Krüger* brachten es gleichmäßig auf 474, die *Richter* und die *Hoffmann* ebenso gleichmäßig auf 354. Alle gehören ausnahmslos in diese Klasse, ihre Häufigkeit erklärt sich aus dem häufigen Vorkommen des betreffenden Gewerbes oder Amtes, besonders auch auf dem Lande. Das trifft bei sämtlichen oben angeführten Namen zu, vor allen bei Müller und Schulze. Da jedes Dorf (in Norddeutschland) seinen Schulzen hatte, fast jedes, wenigstens größere, seinen Müller, so war eine Überfülle daher entspringender, meist gleichlautender Familiennamen unvermeidlich.[1] Obenan steht in dieser Hinsicht unleugbar der Name *Schulze (Schulz),* den man deshalb versucht wäre kaum noch als Namen gelten zu lassen.

Die hier hervortretende Einförmigkeit wird dadurch noch vermehrt, daß die Namen dieser Klasse an Sproßformen so arm sind. Koseformen sowie die Abstammung bezeichnende Bildungen fehlen fast ganz, auch genetivische, z. B. *Schiffers, Snyders, Zimmermanns* sind selten und finden sich nur in einzelnen Landschaften, besonders am Niederrhein.

Eine Ausnahme macht der Name *Schmid,* der mehrfache Ableitungen, namentlich auch Koseformen wie *Schmiedecke, Schmidel, Schmidtlein* bietet. Dies erklärt sich daher, daß der Name schon sehr früh vorkommt, schon

1) An Scherzen über diese Namen, insbesondere über Schulze und Müller, hat es nicht gefehlt. Angeblich lebten im Jahre 1880 30000 Schulzes innerhalb des Zollvereins. Lustspiele sind auf der Häufigkeit dieses Namens erbaut worden, ebenso wie auf der Verwechselung von Müller und Miller. — Um diese vielen Namensvettern zu unterscheiden, hat der Volksmund zu allerhand Zusammensetzungen seine Zuflucht genommen: *Sünden-Müller* (bedeutender hallischer Theolog, dessen Hauptschrift „Die Lehre von der Sünde“ ist), *Linden-Müller* (ein Berliner Volksredner aus dem J. 1848, der seine Vorträge „Unter den Linden“ hielt), *Flausch-Müller* (ein nach seinem Rocke benannter Student); *Blut-Schulze* (der Physiolog), *Graupen-Schulze* (ein Berliner Kaufmann), *Theater-Schulze* usw.

im 9. Jahrhundert in den Formen Smithart, Smido, Smidilo; er gehört demnach zu den altdeutschen Personennamen, welche ja eine so große Umbildungsfähigkeit im Bereich der Schmeichelformen entwickeln (s. SMITHA). Nebst *Kaufmann* (althochd. Coufman) ist Schmid wohl der einzige vom Gewerbe entlehnte Personenname der altdeutschen Zeit. Das Schmiedehandwerk ist eben das älteste Handwerk der Germanen; zugleich war es das vornehmste, da seine Aufgabe war, Waffen für den Kampf zu liefern. Mit den Namen berühmter Schwerter wurde auch der des kunstreichen Verfertigers fortgepflanzt, so die Namen Wielands (in der nordischen Wilkinasage), Mimes (in der Wölsungensage). In manchen Gegenden hat der Schmied noch einen mythischen oder heidnischen Schimmer behalten; vielleicht versteht er die Schwarzkunst; man zieht ihn zu Rate, wenn man bestohlen ist. Daher die zahlreichen Schmiedesagen (wie von dem Schmied zu Jüterbogk, der selbst den Teufel zu überlisten weiß und ihn auf dem Amboß übel zurichtet). Es liegt einmal etwas Geheimnisvolles in der Beschäftigung mit dem glühenden Stahl und Eisen.

Wenn, von Schmid abgesehen, sich Sproßformen bei dieser Namenklasse selten finden, so sind dagegen Zusammensetzungen häufiger und ersetzen zum Teil den Mangel an Sproßformen. Um manche dieser Handwerksnamen stellt sich eine überraschende Zahl solcher Zusammensetzungen; sie rühren größtenteils daher, daß das betreffende Handwerk früher in weit mehr Spielarten zerfiel als heutzutage. So finden sich in Nürnberg von 1300—1500 neben Beck: *Brodbeck, Fladenpeck, Schwarzpeck* (Schwarzbrotbäcker), *Tachspeck* (später *Täglichsbeck,* der alle Tage bäckt), *Judenpegk* (der den Juden Matzen bäckt), *Pfennigspeck* (der Pfenniglaibe bäckt), *Wasserbeck* (der Wasserwecken bäckt).

Obenan steht in betreff der Zusammensetzungen der Name *Meier* (Meyer, Maier), vom lat. major der Ältere, sodann Aufseher (eines Landgutes), Verwalter. Dieser Name, den einer der großen Sippe, Franz Meyer in Osnabrück, in einer besonderen Einzelschrift behandelt hat, zählt weit über 1000 Zusammensetzungen, so daß schwerlich ein anderer Name dieser Klasse sich darin auch nur entfernt mit ihm messen dürfte.

Werkzeuge und Kleidungsstücke.

Eine nicht unwesentliche Ergänzung erhält diese Klasse durch die von Werkzeugen und Geräten entlehnten Namen. Womit jemand hantierte, danach wurde er benannt. So konnte einen tapfern Krieger der Name *Degenkolb,* einen Schmied der Name *Boßhammer* zieren (von boßen = schwer aufschlagen), wie für einen Koch *Schaumlöffel* sehr bezeichnend war. *Pfeffersack* ist ein alter Spottname für Kaufleute, während *Knieriem* und *Leimpfann* noch heutzutage für jedermann verständlich die betreffenden Handwerke bezeichnen.

Unter den hierher gehörigen Familiennamen nehmen auf dem Gebiete der Hausgerätschaften die der Küche den größten Raum ein: *Schaumlöffel, Kessel, Wiegelmesser, Fetthake* (ein Hauptgerät der Küche des 15. Jahrhunderts), *Feuerhake, Pfannstiel, Ölhafen* u. a. — unter den Handwerksgeräten die, welche sich auf grobe Holz- und Eisenarbeit beziehen: *Axt, Breitbeil,* sowie die Zusammensetzungen mit Hammer.[1]

Geräte der Feldarbeit erscheinen beispielsweis in *Schellflegel, Pflug, (Keil-), Rollwagen, Spannagel.*

Doch dieser friedlichen Vereinigung tritt auch hier sofort ein starkes Fähnlein kriegerischer Namen gegenüber: *Eisenhut, Stahlhuth, Harnisch, Kempeisen* (die Eisenkolbe der Gottesgerichtskämpfe), *Bauerneisen,* die berüchtigten Kirmeßspieße des 15.—16. Jahrhunderts, „mit denen die Bauern sich leichtlich zur Ader ließen"; einen Reitersmann bezeichnen: *Klingspor, Holzsadel,* den altertümlichen Pfeilschützen *Armborst* und *Pfeil,* während die Feuerwaffen in dem Namen *Feuerrohr* vertreten sind. Manche dieser Namen gehen zugleich auf die Jagd.

Entsprechend dem Goetheschen „Saure Wochen, frohe Feste" schließt sich ein heiterer Reigen solcher Namen an, die von Lustbarkeiten und dabei gebrauchten Geräten entlehnt sind.

Danzglock, Schombart (Maske), *Glückrad, Kranz, Maikranz* und *Grünemay, Rosenkranz, Kuttruf* (eines der im 15.—16. Jahrhundert äußerst zahlreichen Trinkgefäße). Diese Namen stammen besonders aus Süddeutschland, wo überhaupt mehr leichtlebiger Frohsinn als im Norden herrscht und wo sich durchs Mittelalter hindurch auch ein freier Bauernstand erhielt. Einen Beleg für die Blüte des letzteren haben wir in der höfischen Dorfpoesie des bairischen Ritters Neidhart von Reuenthal.

Hierher rechnet Vilmar auch die Münznamen, deren er volle 20 aufzählt. Darunter sind freilich manche zu streichen, wie *Dreier,* welches die niederdeutsche Form für Dreher, Drechsler ist; auch *Schilling* und *Heller* sind zweifelhaft zu nennen. Zweifelhaft sind auch *Agler, Blezger, Gröschl, Helbling, Kreuzer.* Doch bleiben immer noch einige übrig, wie *Weißpfennig, Redepenning* (barer Pf.), *Wucherpfennig* und dessen Gegenteil *Schimmelpfennig, Fünfschilling,* bei denen eine Beziehung auf die betreffenden Münzen nicht abzuweisen ist.

Den Geräten mögen sich die Kleidungsstücke anreihen, wie denn schon bei Namen wie *Eisenhut, Harnisch* sich beides nicht scharf trennen ließ.

---

1) Von diesen ist jedoch ein guter Teil als nicht hergehörig auszuscheiden, da sie Ableitungen von Ortsnamen sind auf *heim,* oberbair. *ham: Mooshammer* = Moosheimer. Überhaupt ist bei dieser Klasse Vorsicht vonnöten, insofern viele Namen nur scheinbar hierher gehören, in Wahrheit aber auf andere Quellen, namentlich auf Personennamen zurückgehen, z. B. *Rost* (auch althochd. Rusto, der Gerüstete), *Kasten* (st. Karsten) auf Christian.

Eine Benennung nach einem auffälligen Kleidungsstücke, welches jemand trägt, ist auch für uns noch etwas Naheliegendes und Gewöhnliches. So sprechen wir von *Grünröcken* (Jägern)[1], *Rotröcken* (roten Husaren — englischen „Rotröcken"), *Schwarzröcken*, von *Weißmänteln* und *Rotmänteln*.[2]

Fangen wir mit der Kopfbedeckung an, so haben wir hier vor allem die Zusammensetzungen mit Hut: *Webelhut* (d. i. Wackelhut), *Weißhut, Grünhut, Spitzhut;* vereinzelter *Wittkugel* (weiße Gogel oder cucullus, eine Kapuze, an einem Kragen desselben Stoffes befestigt, der Schultern und Hals umschloß, so daß vom Kopfe nichts zu sehen blieb als das rings umrahmte Gesicht, vgl. *Kugel* im Namenbuch), *Rothkepl* u. a.

Das Leibkleid, der Rock, findet sich ebenfalls in mannigfachen Zusammensetzungen: *Blaurock, Wittrock* (auch *Weißkittel*), *Langrock, Kurzrock;* dazu Ärmel in *Rothärmel, Weißermel* (wohl Spottname für Müller); ferner der Mantel in *Wintermantel, Rothmantel.*

Die Beinbekleidung haben wir in: *Leinhose, Mehlhose* (Spottname für Müller), *Kurthose*.[3] Die scherzhaftesten unter allen sind: *Lodderhose, Schlaphose* und *Lumphose*, ein Kleeblatt, in welchem sich die unsinnige, zuerst von renommistischen Landsknechten aufgebrachte Pludertracht des 16. Jahrhunderts verewigt hat, gegen die der Brandenburger Hofprediger Andreas Musculus 1556 in gerechtem Zorn seine „Vermahnung und Warnung vom zuluderten, zucht- und ehrverwegenen Hosenteufel" schrieb.[4]

Die Fußbekleidung endlich ist vertreten durch *Schuh, Knabenschuch, Holtzschue, Rothschuh* (Tanzliebhaber), *Bundschuh* (der von den Bauern getragene Schnürschuh, der nicht nur eine sprichwörtliche Bezeichnung des Bauern überhaupt, sondern auch ein bekanntes Parteizeichen hat abgeben müssen).

---

1) Johann Rickweg, Zimmermann und kühner Schmuggler, der 1813 im Lande Wursten durch seine feurige Beredsamkeit einen Aufstand gegen die Franzosen zustande brachte, wurde nach seiner beständigen grünen Kleidung im Volke nur *Jan Grön* genannt (Allmers, Marschenbuch S. 228).

2) Bekannt ist aus Coopers amerikanischen Romanen der „Lederstrumpf", so benannt von den Moccasins, die dieser alte Jäger nach indianischer Sitte zu tragen pflegte. Wie leicht sich solche Benennungen noch jetzt bilden, möge das Beispiel jenes Kapitäns Dilger beweisen, der, ursprünglich preußischer Artillerieoffizier, 1864 nach Amerika ging und als Befehlshaber einer Batterie in das Heer der Nordstaaten trat, wo er sich durch Kühnheit und Ausdauer hervortat und unter dem Spitznamen „*Lederhose*" jedem Offizier und Soldaten bekannt war. „Während des Kampfes stand er immer da in Hemdärmeln und seinen glatt anliegenden Hosen von Hirschleder."

3) Schon im Jahre 905 in Verona ein „Johannes, qui alio nomine Braccacurta vocitabatur".

4) Rud. Schultze, Die Modenarrheiten. Ein Spiegelbild der Zeiten und Sitten für das deutsche Volk. 1868.

Speisen.

Namen von Speisen entlehnt gehören hierher, soweit sie Personen bezeichnen, welche die betreffende Speise bereiteten, sie an Gäste verabreichten, damit handelten; doch ist gewiß auch häufig jemand nach einer Speise benannt worden, die er besonders liebte.

Auf dieser Tafel stehen im Vordergrunde Brot und Fleisch, Bier und Wein, die sich in mannigfachen Zusammensetzungen finden:

Hirsebrod und *Roggenbrod, Weichbrodt* und *Truckenbrod;*
Kalbfleisch und *Rindfleisch, Gensfleisch* und *Sötefleisch;*
(*Hans Kraut und Fleisch* heißt ein Bote in Bamberg 1488).
Schweinebraten, Bratfisch, Bradenahl;
Gutbier und *Bosbier, Dünnebier* und *Zuckerbier;*
Altwein und *Gutwein, Kühlwein* und *Sauerwein.*[1]

Milch- und Mehlspeisen sind vertreten durch: *Süßmilch, Schlegelmilch* (Buttermilch), *Hafermehl, Pfannkuch, Butterweck* usw.

Mehr Vereinzeltes übergehen wir hier; doch zu erwähnen ist noch ein deutsches Nationalessen, die Wurst, wonach der deutsche Lustigmacher den Namen „Hanswurst" (Hans Wurst) erhalten hat, während der französische als „Jean Potage" (Suppe) und der englische als „John Plumpudding" auftritt. Die Wurst kommt in deutschen Familiennamen sowohl einfach vor, als auch in Zusammensetzungen wie: *Blutwurst, Knackwurst, Krautwurst, Leberwurst.*

Es ist im ganzen eine einfache Küche; man braucht sich besonders nur die häufigen Zusammensetzungen mit sauer vorzuhalten:

Sauerbier und *Sauerwein, Sauermilch* und *Sauermost,*
Sauersenft, Saueressig, Sauerbirn —

um sich mit einem Schlage an die genügsamen Tische des 15. Jahrhunderts zurückversetzt zu sehen. (Vilmar S. 48ff.)

Bisweilen zeigen sich in den Familiennamen noch Speisen und Getränke, die bereits im 16. Jahrhundert verschwinden, z. B. *Gossenbrod,* warmes Brot mit Fett begossen, eine Lieblingsspeise alter Zeit, selbst von Dichtern öfter erwähnt[2], und *Moras,* über Maulbeeren abgezogener Wein.

12.

Familiennamen der dritten Schicht.

b) Eigenschaften.

Wie aus der Geschichte bekannt ist, wurden hervorragende Personen, namentlich fürstlichen Standes, in früheren Zeiten häufig Beinamen gegeben,

1) Nicht aber *Reichwein, Trautwein* u. a., die mit dem alten *win* (nicht *wîn*) „Freund" zusammengesetzt sind. Auch *Altwein* und *Gutwein* sind schon zweifelhaft wegen altdeutsch *Aldwin* und *Godwin.*

2) Z. B. wird im „Renner" des Hugo v. Trimberg „ein wol begozzen wecke" als Leckerbissen genannt.

mit welchen der Deutsche in diesem Falle sehr freigebig war. So finden wir schon im 9. Jahrhundert unter den Karolingern einen Karl den Dicken und einen Karl den Kahlen, später unter den sächsischen Kaisern einen Otto den Roten und einen Heinrich den Heiligen. Die Geschichte kennt außerdem noch Heinrich den Stolzen, den Schwarzen, den Zänker. Und wie hieraus ersichtlich, gab man nicht immer ehrende Beinamen, sondern auch tadelnde und spottende, und das Mittelalter war darin durchaus nicht blöde. So hieß Kaiser Wenzel der „Faule", Landgraf Ludwig von Thüringen der „Unartige".[1]

Zu diesem Zwecke werden zunächst und am einfachsten verwendet Eigenschaftswörter selbst, die mit dem Artikel dem eigentlichen Namen nachgesetzt werden: Otto der Rote, Friedrich der Lange usw. Aus diesen Zusätzen entwickelten sich dann dauernde Bezeichnungen der Familie, wobei der Umstand zu Hilfe kam, daß eben die Eigenschaften des Vaters vielfach auf die Kinder vererben. Dabei fiel der Artikel vor dem Zusatze fort;[2] doch blieb trotzdem sehr oft die schwach gebogene Form des Eigenschaftswortes stehen: *Kluge* neben *Klug, Weiße* neben *Weiß, Grote (Große)* neben *Groth (Groß),* und in manchen Fällen ist es sogar die herrschende Form geblieben, wenigstens in Norddeutschland, wie in *Krause, Lange.* Daneben findet sich aber auch (wie es scheint, besonders häufig in Schlesien) die stark gebogene Form: *Langer, Weißer* und *Witter, Schwarzer, Rother, Grober.* Doch lassen sich die meisten dieser Bildungen auf -er auch anders erklären.

Die Zahl der einfachen Namen dieser Art vermindert sich übrigens bei näherer Untersuchung sehr. Einmal finden sich viele davon schon im Altdeutschen, gehören demnach — wenn auch vielleicht nicht in allen Fällen — zur ersten Schicht; so die Namen *Guth, Fromm, Jung* (schon im 6. Jahrhundert ein *Goda,* im 10. ein *Jungo*). Dann sind manche auch nur scheinbar Eigenschaftswörter, z. B. ist *Voll* schwerlich einer, der immer „voll" ist, sondern es ist das altdeutsche *Fulko* (vgl. Volkbrecht und Vollbrecht). Auch *Rohde* kann zwar die niederdeutsche Form des Eigenschaftswortes rot sein — auf das Haar bezüglich, wie schon Krause; gewiß aber

1) Wie sehr das Mittelalter zu Spott und Satire aufgelegt war, geht unter anderem daraus hervor, daß fast jede Landschaft ihr Schöppenstedt oder Schilda hatte und daß die Bewohner gar mancher Landschaft oder Stadt Beinamen führten. So hießen (und heißen) beispielsweise die Illzacher im Elsaß „Mondfänger", die zwischen Ill und Rhein Wohnenden „Rheinschnaken", die Schlesier „Eselsfresser" — in Pommern die Wolliner „Stintköppe" und die Kamminer „Flunnerköppe" (nicht „Plunderköppe", wie Riehl angibt), wegen der vielen dort gefangenen Stinte und Flundern.

2) Den Übergang stellen unter anderem in friesischen Urkunden dar die Namenformen *Kersten rike* neben *K. de rike, Floreke witte* neben *F. de witte.* Im Holländischen ist der Artikel geblieben: *de Grote, de Jonghe, de Witt;* ähnlich im Französischen: *Lebeau, Legrand, Lejeune.*

mindestens eben so häufig ist es das altdeutsche *Hrodo* (zu dem Stamme *hrod* „Schall, Ruhm").

Sicherer sind Zusammensetzungen, wie

lobend: *Gottgetreu, Unverzagt, Wolzogen* (wohlerzogen);
tadelnd: *Schadenfroh, Tollkühn, Umbscheiden, Ungefug.*

Viel seltener finden sich Hauptwörter zur Bezeichnung einer Eigenschaft oder charakteristischen Tätigkeit, wie Becker aus Köln (12. Jahrhundert) anführt: *Fraz* (Fresser), *Schad* (Räuber), *Slevere* (Schläfer); aus Zürich (13. Jahrhundert): *Manesse* (Menschenfresser), *Boneze* (Bohnenesser). Letzteren stellen sich zur Seite von neueren Namen: *Fleischfresser* nebst *Holtfreter* (niederd. = Holzfresser) und *Speckäter* — insbesondere aber gehören hierher manche Zusammensetzungen mit Mann: *Biedermann, Großmann;* auch Abstrakte wie *Frischmuth, Sanftleben*, und präpositionelle Zusammensetzungen: *Ohnesorge, Woltemate* (wohl zu Maß).

In bildlicher Weise wurden auch Namen von Tieren, an denen man bestimmte, stark hervortretende Eigenschaften fand, in diesem Sinne verwendet. Bekannt sind aus der Geschichte *Heinrich der Löwe* und *Albrecht der Bär*. Noch häufiger waren wohl spottende Zusätze der Art. So wird in der Lübecker Bürgermatrikel von dem Jahre 1322 der eine von zwei Brüdern Johannes *de rode*, der andere Richard *Vos* genannt, offenbar nach derselben Ursache.[1]

Hierher müssen wohl auch die Verwandtschaftsnamen gezogen werden, eine uralte Klasse. Schon im Jahre 754 begegnet uns ein Fater, 772 Moter, 752 Broter. Weinhold sagt von den Friesen, daß sie Verwandtschaftsnamen als Vornamen liebten, z. B. Fader, Moder, Broder, Söster, Fedder. Jetzt finden wir neben *Vater (Altvater, Kinderv.), Kind, Bruder, Bräutigam, Braut, Eidam, Tochtermann, Schwager (Lüttschwager), Vetter, Neffe* u. a.

Endlich schließe ich hier die Namen an, die von Jahres- und Tageszeiten, Monaten, Tagen und Naturerscheinungen entlehnt sind. Dahin gehören: *Sommer, Herbst* und *Winter, Mittag* und *Feierabend, Merz* und *Mai, Freitag, Charfreitag, Sontag* und *Ostertag, Bösewetter* und *Schönwetter* u. a.

Körperteile.

Die bisher angeführten Namen dieser Gattung beziehen sich, wie leicht zu erkennen, teils auf geistige, teils auf leibliche Eigenschaften. Familiennamen der letzteren Art sind nun mit Vorliebe von einem Körperteile hergenommen, der eben von hervorstechender Eigentümlichkeit sein

1) Ferner in Urkunden: Marquart der *Hunt*, 12. Jahrh. Gislebertus pro sua proceritate cognominatus *Grus* (Kranich); Hugo de Wenden dictus *Aries* (Widder); Hugo *Coturnix* (Wachtel).

muß, um Anlaß zur Benennung der ganzen Person zu geben. Darum eignen sich allgemeine und einfache Bezeichnungen wie Haar, Hand, Finger, Mund wenig zu Familiennamen, weil sie als solche meist zu nichtssagend wären.

Die Namen dieser Art, die sich dessenungeachtet finden, sind verdächtig und lassen sich teilweise anders deuten. So ist *Mund* sicher oft das altdeutsche *Munto* (von althochd. munt d. i. Schutz, vgl. Vormund), *Haar* das altdeutsche *Haro* (von hari d. i. Heer).[1] Andere bedeuten allerdings Körperteile, sind aber durch Häuserzeichen vermittelt (s. weiterhin).

Mit viel größerer Sicherheit gehören hierher die zusammengesetzten Benennungen, unter denen besonders häufig sind die Komposita mit Haupt und Kopf, mit Haar und Bart, mit Bein und Fuß. Die Beschaffenheit und Form des Kopfes, wie anderseits die des Fußes, die Farbe und Beschaffenheit des Haares und Bartes, weil ja am meisten in die Augen fallend, wurde vorzugsweise bezeichnet.

-haupt: *Breithaupt*, *Rauchhaupt* (= Rauh-), *Wollenhaupt*.
-kopf: *Großkopf*, *Breitkopf*, *Wittkopf* (halbniederd.).
-haar: *Flachshaar*, niederd. *Flashaar*, *Geelhaar* (= Gelb-), *Weißhaar*.
-bart: *Rothbart*, *Spitzbart*, *Weißbart*.
-bein: *Einbein*, *Krummbein*, *Langbein*.
-fuß: *Leichtfuß*, *Schmalfuß*, *Stolterfoth* (niederd.).

Wie sehr Bezeichnungen dieses Schlages sich zu Familiennamen eignen, geht daraus hervor, daß manche derselben noch jetzt appellativ gebraucht werden. So reden wir von einem „Flachskopf, Rotkopf", einem „Großmaul", nennen einen Invaliden mit hölzernem Bein „Stelzfuß" usw.[2]

Hier, bei den von körperlichen Eigenschaften entlehnten Namen, verrät sich eine bemerkenswerte Übereinstimmung mit der Seite 11 geschilderten römischen Namengebung, in der Art, daß die Namen beider Sprachen sich vielfach decken:

Longus: Lange, *Capito: Großkopf*,
Paullus: Klein, *Crispus: Krause*,
Niger: Schwarz, *Plautus: Platzfuß* (= Platt-) usw.

1) Doch ist bei Bacmeister, Germanistische Kleinigkeiten S. 36 aus alten Urkunden angeführt: *Heneke mit dem dumen* 1373 Braunschw., *Liebhard mit der Hand* 1383 Augsb., auch *Fridericus Mittemmunde* 1190; bei Trötscher (Die ältesten Egerer FN.): *Chunrat mit der prust*, *Endres mit dem part* — Zusätze, die doch wohl so zu verstehen sind, daß die genannten Körperteile wegen irgend einer Eigentümlichkeit auffallend waren. Auch ist zu vergleichen aus der Sage: *Bertha mit dem Fuße* = *B. mit dem großen F.*, altfranz. *Berthe as grands piés*.

2) Aus Urkunden des 11.—15. Jahrh. führt Stark S. 153 an: *Everhardus der Spizebart*, *Jacobus langenase*, *Hartwig Churzhals* — desgl. Reichel aus Marburger Urkunden: *Jacob de Chrafuez* (Krähenfuß), *Heinrich Krumnas*. — Becker aus Köln 13. Jahrh.: *Buntebart*, *Gobelin dictus Hardevust*; *Hans Schweinerüssel* (16. Jahrh.).

Doch sinkt das Deutsche auch hier nicht zu der geistlosen Einförmigkeit und Äußerlichkeit der lateinischen Namengebung hinab. Das verhindern vor allem die

Satznamen,

eine besonders anziehende und reichhaltige Gruppe.

Die Eigentümlichkeit, kurze Sätze, namentlich befehlender Art, zusammenzuschieben in uneigentlicher Komposition und daraus Hauptwörter zu bilden, erscheint innerhalb der deutschen Sprache zuerst im Mittelhochdeutschen, wo Gebilde wie *habedanc* (Danksagung), *rûmelant* (räume das Land, ein Landflüchtiger) und einige andere auftreten. Diese Bildungsweise scheint dann besonders in der volkstümlichen Literatur des 15.—16. Jahrhunderts geblüht zu haben. So finden wir unter anderem im Liederbuch der Klara Hätzlerin, das zahlreiche lyrische Stücke, größtenteils aus dem 15. Jahrhundert, enthält: „*Vergiß mein nit* das plümlein, das krautt *denck an mich*“ — in Sebastian Brants Narrenschiff: *Füll den mag, schmirwanst* (Namen von Fressern) — bei Fischart: *Hebdenmann*, ein rechter *Jag den Teuffel, Reckdendegen, Streichdenbart* (lauter Personennamen); Dörflein *Beiteinweil* (d. i. Wart ein Weilchen), *Trotzdenkaiser* (N. einer Burg), *Luginsland* (N. eines Turmes)[1] — dann besonders in Rollenhagens „Froschmeuseler“ bezeichnende Tiernamen wie *Blehebauch, Ruerdendreck, Rufflaut* (Frösche); *Beißhart, Luginsloch, Spahrkrümlein* (Mäuse). Niederdeutsche Bildungen dieser Art bietet Reineke de Vos in den Tiernamen *Merkenouwe* (Merke genau, die Krähe), nebst dem Krähensohn *Slindepier* (schlinge den Wurm); *Pluckebudel* (pflücke den Beutel, die räuberische Natur der Raben bezeichnend).

Diese Fähigkeit ist allerdings im Neuhochdeutschen, je mehr es Buchsprache wurde und an lebendiger Beweglichkeit einbüßte, desto mehr erloschen; trotzdem läßt sich auch jetzt noch eine ziemliche Reihe solcher Bildungen zusammenbringen: *Habenichts, Störenfried* (störe den Frieden), *Wagehals, Thunichtgut* — *Lebewohl, Stelldichein* u. a., wozu noch die Blumennamen *Vergißmeinnicht* und *Gedenkemein* zu rechnen sind. Auch die Büchertitel *Trösteinsamkeit, Trutznachtigall* und *Wendunmuth* erklären sich hieraus. Manche unter diesen Ausdrücken sind allerdings weniger schriftgemäß als volkstümlich, und begeben wir uns ganz von der einförmigen Landstraße des Schriftdeutschen herunter auf die Nebenpfade volkstümlicher, mundartlicher Rede, so können wir noch manches Blümchen dieser Gattung pflücken.[2]

1) In Pasewalk heißt ein alter Wartturm noch jetzt *Kiekindemark*, desgl. ein Hof in Mecklenburg.

2) *Wendehals, Streckfuß* und ähnliche Bezeichnungen bedeuteten ursprünglich so viel wie ein Hals zum Wenden, ein Fuß zum Strecken (wie Lockvogel „ein Vogel zum

In ganz besonderem Maße hat diese Zusammensetzungsweise ihren Tummelplatz im Bereiche der Personennamen. Bekannt sind unter den Vornamen *Leberecht*, *Fürchtegott*, *Traugott* — auch wohl *Kreuzwendedich* (hin und wieder einem Kinde gegeben, wenn schon mehrere vor ihm gestorben). Weit größer aber ist die Zahl unter den Familiennamen. Vilmar hat drittehalbhundert zusammengebracht, eine Zahl, die sich noch erheblich vermehren läßt.[1]

Es finden sich unter diesen Namen, die vorwiegend wohl in den Kreisen lustiger Gesellen, Waffen- und Zechbrüder[2] entstanden sind, die lebendigsten und launigsten Bezeichnungen, Scherz- und Spottnamen.

Betrachten wir nach diesen allgemeinen Vorbemerkungen die Satznamen genauer, und zwar zunächst hinsichtlich der Form, so haben wir unter ihnen

1. Zusammensetzungen aus zwei Wörtern (Zeitwort und Eigenschaftswort oder auch Umstandswort): *Bleibtreu*, *Trinkaus* — viel häufiger aber
2. Zusammensetzungen aus drei Wörtern (Zeitwort mit Objekt und davorstehendem Artikel): *Haßdenpflug* (ein Bauer, der des Pfluges überdrüssig geworden), gewöhnlich abgeschliffen *Hassenpflug*, *Jagenteufel*, später verkürzt in *Jageteufel*, so daß nun der Artikel ganz

Locken", Gießkanne „eine Kanne zum Gießen"). Diese wurden später umgedeutet, man sah in dem ersten Gliede einen Imperativ, und so entstanden die imperativen Namen. Wie kann man aber dazu aufgefordert werden, den Frieden zu stören, nicht gut zu tun usw.? Die imperativische Bedeutung rechtfertigt sich dadurch, daß dem, an welchem eine Eigenschaft oder Gewohnheit haftet, gleichsam zugerufen wird, das zu tun, was er ohnehin und immer tut, und was man an ihm wahrzunehmen gewohnt ist. Ein Friedensstörer, einer der nicht gut tut, wird ironisch aufgefordert zu tun, was er doch nicht läßt, und so erhält er den Namen Störenfried, Tunichtgut. Findet eine solche Aufforderung doch auch in Wirklichkeit öfters statt. Unvorsichtigen und Leichtsinnigen hört man im täglichen Leben zurufen: Schneide dich! Fall herunter und brich den Hals! Trotzigen: Ja trotze noch! (S. Andresen, Imperativnamen. Archiv für neuere Sprachen, Bd. XLIII, S. 296).

1) Anderseits sind freilich auch manche in Vilmars Verzeichnis als nicht hierher gehörig zu streichen, wie *Baldauf*, *Gangauf*, die richtiger als Ableitungen altdeutscher Personennamen (*Baldolf*, *Gangolf*) gefaßt werden; *Richzenhain*, *Rollenhagen*, *Stemshorn*, die ursprünglich Ortsnamen sind und daher in die folgende Klasse c) gehören. Auch Andresen beachtet das Hereinspielen der Ortsnamen nicht immer genügend.

2) Beim Gesellenmachen hält der Schleifpfaffe (die Gesellenweihe ahmt die Taufe nach; Schleifen bedeutet die Beförderung eines Lehrjungen zum Gesellen) die Taufrede und fordert den zu machenden Gesellen auf, sich einen Handwerksnamen zu wählen. Vorgeschlagen werden Namen wie: *Hans Springinsfeld*, *Hans Saufaus*, *Hans Frißumsonst*, *Hans Seltenfröhlich*, *Urban Machleimwarm*, *Valentin Stemmshorn*. Waren es zunächst auch nur Necknamen, so sind doch gewiß manche haften geblieben und zu Familiennamen geworden. (Otto, Das deutsche Handwerk, S. 125 nach Frisius, Zeremoniell der Böttcher 1705.)

ausgefallen ist, auch *Wieswell* (= wie es wolle, geh es wie es wolle, Bezeichnung eines gelassenen Gemütes).

3. Sogar Zusammenschiebungen aus vier Wörtern finden sich, am deutlichsten in *Haltanderheide* (ein Ritter oder Reisiger, der an der Heide hält, um Vorüberziehende anzugreifen); aber auch Namen wie *Fleugimtanz* (flotter Tänzer), *Griepentrog* (niederd. = greif in den Trog), von einem, der unbescheiden zulangt), *Springsfeld* (spring in das Feld) und der Gegensatz *Bleibimhaus* gehören hierher; ferner *Feuerimdach* (ein Jähzorniger).

Dem innern Gehalte nach bezeichnen diese Namen zum Teil gute, rühmliche Eigenschaften, überwiegend aber, wie nicht anders zu erwarten, Schwächen und Untugenden. Unter den ersteren steht auch hier wie bei den altdeutschen Namen obenan die Tapferkeit in Namen wie *Hauenschild* (Hauschild), *Klubeschedel* (klöbe d. i. spalte Schädel), *Schüttesper* (schüttle den Speer, englisch Shakespeare), *Zuckseisen* (zücke das Eisen), wohin auch die Zusammensetzungen mit Teufel gehören: *Fressenteufel, Jageteuffel, Schlagenteufel, Bitdendüwel* (niederd. = beiße den Teufel) — Leute, die sich selbst vor dem Gottseibeiuns nicht fürchten.[1]

Einzelne dieser Namen mögen auch schon ein gewisses Übermaß von Tapferkeit, eine übermäßige Kampfbegier, Streit- und Raufsucht bezeichnen. Deutlich tritt letzteres hervor in Namen wie *Raufseisen, Haberecht, Hebenstreit* (der den Streit anhebt). Unter solchen Spottnamen ragen vor allen diejenigen hervor, welche den übermäßigen Durst, die leidige Trunksucht der Deutschen geißeln: *Kehrein, Suchenwirth, Findekeller* (der den Keller zu finden weiß), *Schmeckebier* und *Schluckebier* und manche andere, denen nur vereinzelt ein *Haßenkrug* gegenübersteht.

Kann es nun wohl bezeichnendere Namen geben als diese imperativischen? Kräftigere als Hauenschild und Schüttesper, neckischere als Findekeller und Greifentrog, schwungvollere als Fleugimtanz?

---

1) Eine hübsche Illustration zu den letztaufgeführten Namen bietet jene höchst bezeichnende plattdeutsche Grabschrift eines mecklenburgischen Junkers (v. Bülow) in der Kirche zu Dobberan:

Wiek, Düwel, wiek wiet van my!
Ick scher my nich en Haar um dy;
Ick bin en Meckelbörgsch Edelmann,
Wat geit dy, Düwel, min Supen an?
Ick sup mit mim Herrn Jesu Christ,
Wenn du Düwel ewig dösten müst;
Ick sup mit em ne söte Kolleschal,
Wenn du sittst in de Höllenqual.
Drum rad ick: wiek, lop, renn un gah,
Eh, by dem Düwel! ick toschlah!

13.

Familiennamen der dritten Schicht.

c) Herkunft und Wohnstätte.

Die von Örtlichkeiten entlehnten Familiennamen gehören zu den ältesten, da diejenigen Personen und Geschlechter, welche Grundbesitz hatten, sich schon sehr früh danach benannten. So finden wir unter den ritterlichen Sängern und Dichtern der Hohenstaufenzeit einen *Heinrich von Veldeke,* einen *Hartmann von Aue* (Ouwe), einen *Walther von der Vogelweide* u. a. Doch war dieser Zuname ursprünglich noch nicht so befestigt, daß bei einem Wechsel des Besitzes die Familie ihn beibehalten hätte; vielmehr wurde in solchem Fall auch der Name vertauscht. So führten z. B. die Freiherren *von Attinghausen* diesen Namen erst seit ihrer Übersiedelung nach Uri; vorher hießen sie nach ihrer Stammburg im Emmental die Freien *von Schweinsberg.* So hießen die *von Löwenstein* früher *Bischofshausen,* von Bischofshausen, jetzt Bischhausen an der Schwalm; als sie aber im 13. Jahrhundert ihre neue Burg erbauten, nahmen sie ebenfalls die neumodische Benennung an.

Diese Weise wurde aber auch von Leuten nicht ritterlichen Standes frühzeitig befolgt, indem sie sich nach ihrem Stammorte oder ihrem Wohnsitze benannten. So begegnen wir unter den hervorragenden Dichtern des 13. Jahrhunderts einem bürgerlichen „meister" Konrad, der sich selbst *Konrad von Würzburg* nennt.[1]

Daß solche Zusätze sich allmählich befestigten, war naturgemäß, ja fast unvermeidlich, sobald eine Familie längere Zeit in demselben Besitze blieb oder an derselben Stelle wohnte.

Die aus dieser Quelle geflossenen zahlreichen Namen zerfallen in zwei Hauptgattungen, je nachdem sie im allgemeinen die Herkunft bezeichnen oder von bestimmten Ortsnamen herrühren. Zu den ersteren rechne ich die Angabe des Volkes, des Stammes, der Landschaft, der Örtlichkeit. Da finden wir: *Deutsch, Allgäuer, Baier, Däne, Franke, Friese, Holland, Holste, Kaschube, Mecklenburg, Oldenburg, Österreich, Pole, Pommer, Saamland, Sachs, Sauerland, Schlesing, Schotte, Schwabe, Schweizer, Thüring, Voigtländer, Westfal* u. v. a. (zum Teil alte Stammes-Personennamen, s. S. 16 Anm.).

Uns klingen jetzt die Namen mancher Landleute in Schillers Tell auffällig und fremdartig: (Hans) *auf der Mauer,* (Jörg) *im Hofe,* (Burkhart) *am Bühel* u. a. Solcher Benennungen aber, wie sie hier Schiller im Anschluß an die Schweizer-Chronik von Tschudi gewählt hat, gab es ursprünglich sehr viele, von den verschiedensten Örtlichkeiten entlehnt und

1) „Von Würzeburc ich Kuonrât" im „Otto mit dem Barte", Z. 760.

mit den mannigfachsten Verhältniswörtern: *von der Aue; am Ende* (der am Ende des Ortes Wohnende); *aus dem Werd* (Werder, Insel); *beim Born, vor dem Baum; achterm Boil* (hinter dem Bühel d. i. Hügel); *unter den Weiden; zum Steg* usf.[1]

Später fiel dann das Verhältniswort meist ab, eine Familie aus dem Werd nannte sich einfach *Werth*, ter Varrentrap (zu der Ochsenspur) *Varrentrap* — oder es wurde eng an das Hauptwort herangezogen und mit ihm vereinigt. So ist eine Anzahl Familiennamen entstanden, die man nur nach ihren Bestandteilen auseinander zu schneiden braucht, um sie sofort zu verstehen:

Ambach: am Bach;
Imhove: im Hofe;
Zumbusch: zum Busch;
Vormbaum: vor dem Baum;
Auffenberg: auf dem Berg usw.

Bisweilen sind dabei allerdings Entstellungen eingedrungen: *Tremöhlen* statt *ter Möhlen* (hochd. zur Mühlen), *Austermühle* statt *aus der Mühle, Amthauer* statt *Amthor*.

Nur selten hat die ursprüngliche Form, Hauptwort und Verhältniswort getrennt, sich erhalten, wie in: *aus der Ohe, aus'm Werth, ten Brink* (niederd. = zum Hügel), *zum Bild*, ganz vereinzelt *Zur-Linde*.

In entsprechender Weise werden Familiennamen von bestimmten Ortsnamen (Stadt- oder Dorfnamen) abgeleitet. Wer aus einem fremden Orte zuzog, wurde beim Eintragen in die Bürgerrollen am einfachsten nach dem Orte bezeichnet, aus welchem er kam. So ist in den Bürgerrollen von Nordhausen aus dem 13. und 14. Jahrhundert ein Personenname aus von (oder lateinisch de) und einem Ortsnamen gebildet die gewöhnlichste Bezeichnung, z. B. *Henricus de Erfordia, Ludovicus de Molhusen*. Das von fiel später weg, zumal der Adel es mehr und mehr als sein

1) Becker stellt mehrere Reihen alter Namen dieser Art zusammen, aus Köln (12. Jahrh.) die Geschlechter: *vom Neumarkt, de Monticulo* (vom Bühel); aus Zürich: *zer Linden, im Hof, am Thor;* vom Lande aus der Umgegend des Vierwaldstätter Sees: *in der Ouwe* (Aue), *in der Matta, bim Schechen, ze dem Brunnen* u. a. — Pott führt aus Ehrentrauts friesischem Archive Bd. 1 H. 3 an: *Wilken thom dyke, Oltman bi der muren, eylerd mank den schuren* u. a.; aber auch schon ohne Verhältniswort: *Robeke bakhus, borcherd netelhorst, Godeke stengrauen.* — Aus der Kölner Universitätsmatrikel (15. Jahrh.) füge ich hinzu: *Henricus in der sunnen, Henricus super lapidem, Everhardus uff dem Velde, Conradus van der Lynden.* — Brasse berichtet über Gladbach: „Heute noch ist die Zahl solcher FN nicht unbeträchtlich, und nur wenige Landschaften innerhalb des deutschen Sprachgebiets können sich in dieser Hinsicht mit unserer Gegend vergleichen"; *in* steht meist bei Hausnamen, *von* und *van* gewöhnlich bei Ortschaftsnamen; *to* bezeichnet im allgemeinen den Hof, daher ist es oft in Verbindung mit Rufnamen zu finden, z. B. *tho Ehlers, to Hansenis;* außerdem werden *an, auf, achter, über, vor* gebraucht.

Kennzeichen und Sonderrecht hinstellte. Dieser allmähliche Wegfall ergibt sich deutlich aus einer Zusammenstellung Förstemanns (Programm S. 11), wonach von 27 Mitgliedern des Rates zu Nordhausen im Jahre 1385 noch 13 das von mit einem Ortsnamen haben, dagegen 1401 nur 7, 1421 nur 2, 1475 noch einer, endlich 1484 keiner, obgleich nicht weniger als sieben einen Ortsnamen als Familiennamen führen.

Daher stammt nun eine außerordentliche Menge von Familiennamen, die einfach aus einem Ortsnamen bestehen. Besonders leicht zu erkennen sind die zusammengesetzten, bei denen etwa folgende Ausgänge die häufigsten sind:

-au: *Fürstenau;*
-bach: *Blumenbach* — niederd. -beck (spr. bäk): *Möllenbeck;*
-baum: *Birnbaum* — niederd. -bohm: *Nottebohm;*
-berg: *Lichtenberg;*
-brück: *Delbrück;* — niederd. -brügge: *Delbrügge;*
-burg: *Homburg;*
-dorf: *Holtzendorf, Bernstorff* — niederd. -dorp: *Oldendorp;*
-eck: *Viereck* — südd. -egg: *Hohenegg;*
-feld: *Birkenfeld;*
-hagen: *Hundeshagen* — zsgz. -hain: *Rosenhain,* -hahn: *Langenhahn;*
-haus: *Brockhaus* — im Dat. Plur. -husen (aus altd. husum): *Wachenhusen*, mit neuhochd. Vokal -hausen: *Möllhausen;*
-heim: *Freinsheim;*
-hof: *Blumhof* — im Dat. Plur. -hofen: *Altenhoven;*
-holz: *Buchholz;*
-horst: *Scharnhorst;*
-leben: *Alsleben;*
-reut: *Bärenreuth;*
-rode: *Benterode* — mit Abfall des e -roth: *Almeroth,* -rath: *Beckerath;*
-stadt: *Karlstadt* — mit den Nebenf. -stedt (eig. Dativ): *Bodenstedt;*
-stein: *Lauenstein;*
-thal: *Friedenthal* — niederd. -dahl: *Küchendahl;*
-walde: *Schwachenwalde* — gew. gekürzt -wald: *Arnswald;*

Dazu die Endung

-ingen (eig. Dat. Plur. von dem Patronymikum s. Namenbuch): *Ehingen,* gekürzt -ing: *Bisping.*

Diesen schließen sich in der Häufigkeit zunächst an die auf

-born, -busch, -fels, -furt, -horn.

Im ganzen ist der Ortsnamen, die zugleich als Familiennamen dienen, eine unzählige Menge, da es kaum einen größeren Ort in Deutschland gibt, dessen Name sich nicht auch als Familienbezeichnung fände. Viele Familiennamen, die sonst fast als unlösbare Rätsel erscheinen, werden ohne weiteres klar, sobald man ein erdkundliches Namenbuch zur Hand nimmt.[1]

Freilich wird anderseits auch die sichere Deutung und Heimweisung vieler Familiennamen durch das Hereinspielen der Ortsnamen erschwert, da nicht wenige der letzteren mit Personennamen buchstäblich übereinstimmen. Z. B. ist *Seeger* eine Weiterbildung des altdeutschen Personennamens *Sigher*, zugleich aber auch ein Ort in Pommern, 3. ist es = *Säger, Sägemüller*, 4. in Oberdeutschland = *Sager*, nd. *Segger*; *Roth*, für welches schon eine doppelte Quelle nachgewiesen (S. 48), findet sich auch häufig als Ortsbenennung, von rode abzuleiten (s. oben). Außerdem tragen viele Orte Namen von Gegenständen der Natur, sei es durch zufälliges Zusammentreffen, wie in *Hahn*, welches hier doch nur Zusammenziehung aus Hagen ist, oder indem der Name eines Tieres, einer Pflanze ohne weiteres, ohne Anhängung einer Endung, auf einen Ort übertragen wurde. Es tritt an diesem Punkte ein Mangel in der Namengebung hervor, da viele Bezeichnungen unterschiedslos als Personen- wie als Ortsnamen dienen, z. B. *Baum, Habicht, Kranz, Nagel, Wohlgemuth*. Daher ist hier besondere Vorsicht geboten, und es ist in solchen zweifelhaften Fällen jeder Name möglichst durch Einzeluntersuchung klarzustellen.

Leichter sind diejenigen Familiennamen zu erkennen, welche durch Ableitung von allgemeinen Ortsbezeichnungen und bestimmten Ortsnamen gebildet sind, und zwar mittels der Endung *er* wie *Allgäuer, Baier, Holländer, Pommer, Schweizer, Bühler, Gruber, Hofer, Steger, Winkler, Eppinger, Meißner*.[2] Diese Bildungsweise ist hauptsächlich ober- und mitteldeutsch. So gehören bei Fröhner (Karlsruher Namenbuch) unter etwa 100 von Orten hergeleiteten Familiennamen zwei Drittel hierher, während in Hoffmanns hannöverschem Namenbuche unter etwa 300 derartigen Namen sich (abgesehen von den neueren jüdischen) kaum 10 finden, und diese erklären sich durch oberdeutschen Zuzug.[3]

Die meisten der auf S. 56 aufgeführten Endungen bilden Familiennamen dieser Art, wobei sich durch Hinzutreten des Umlautes (zunächst bei oberdeutschen Namen) aus manchen zwei Formen entwickeln, so aus

1) Das Verhältnis der Familiennamen zu den Ortsnamen und das bedeutende Hereinspielen der letzteren ist von manchen nicht genügend in Betracht gezogen worden, namentlich nicht von Vilmar, der, zu sehr nach dem äußeren Schein und Klang urteilend, viele Namen falsch einreiht. Ähnlich verfährt Steub, der allzuviel auf altdeutsche Personennamen zurückführen will.

2) Stark S. 156: Rudolfus *Strubingar* (Straubinger) 12. Jahrh.; Heinrich der *Wiener* 14. Jahrh. — Henricus dictus *Mijssener* (Meißner) Köln. Univ.-Matrikel 1390.

3) In Klempins Pommerschen Namenverzeichnissen aus dem Ende des 15. Jahrh. findet sich kein einziger Name dieser Art; immer ist die Ortsbenennung unverändert, mit Weglassung des Verhältniswortes, verwendet: *Arnstorp, Paswalck, Rosendal, Schenkenbergh* usw.

-dorf: -dorfer und -dörfer, aus -bach: -bacher und -becher. Demnach haben wir

-auer: *Kronauer;*
-bacher (-becher): *Speckbacher* — *Isselbecher;*
-berger: *Frankenberger* — *Reichensperger;*
-brücker (-brugger): *Haarbrücker* — *Moosbrugger;*
-burger (-bürger): *Waldburger* — *Waldbürger;*
-dorfer (-dörfer): *Rudorfer* — *Harsdörfer;*
-ecker (-egger): *Bernecker* — *Buchegger;*
-felder: *Hirschfelder;*
-hauser (-häuser): *Steinhauser* — *Steinhäuser;*
-heimer: *Sinsheimer;*
-hofer (-höfer): *Frauenhofer* — *Sandhöfer;*
-inger: *Ehinger;*
-reuter: *Vogelreuter;*
-röder: *Blumröder;*
-städter: *Hochstädter;*
-steiner: *Buchsteiner;*
-thaler (-thäler): *Reinthaler* — *Lichtenthäler.*

Dagegen erweisen sich -hagen, -leben, -see, -wald u. a. für Bildungen dieser Art wenig fruchtbar, was sich zum Teil daher erklärt, daß die betreffenden Ortsnamen in Süddeutschland nicht üblich sind. So ist -leben auf Thüringen und das nördliche Schleswig beschränkt, -borstel und -bostel auf das nordwestliche Deutschland (Hannover).

In die Lücke treten dafür einige andere Endungen, welche Süddeutschland eigentümlich sind, namentlich

-kofer: *Zollikofer;*
-öder (-eder): *Ameisöder* — *Hocheder* (Leute, die in einer „Öde" wohnen).

Die nur in zweisilbigen Wörtern vorkommende Endung -ner scheint sich hauptsächlich in Mittel- und Norddeutschland zu finden und auf allgemeine Ortsbezeichnungen beschränkt zu sein; ich stelle hierher: *Birkner, Brückner, Buchner, Elsner, Eschner, Fichtner, Kempner, Lindner, Marschner, Pfützner, Weidner.* Einige davon lassen sich freilich auch anders erklären.

Dagegen werden außerordentlich viele Familiennamen von Ortsbezeichnungen jeder Art im niedersächsischen und niederrheinischen Gebiet durch Zusammensetzung mit -mann gebildet; sie sind nie länger als dreisilbig und kommen von den Ortsnamen, deren Endungen auf S. 56 aufgeführt sind, nicht vor. Beispiele sind: *Bachmann, Beckm., Bornem., Brückm., Brüggem., Puttm., Wasserm.; Birkm., Buschm., Eichm., Eschm., Holzm., Horstm., Hulssm., Lindem., Waldm.; Drieschm., Weidem.; Scheuerm., Winkelm.; Casselm., Gellerm.* (aus Geldern), *Hamelm.* (aus Hameln), *Kietzm., Lünem., Nörtem., Trierm.; Leinem., Weserm., Wipperm.* (Tilen von der Wipper 1434).

So haben wir denn eine vierfache Weise, Familiennamen von Ortsnamen zu bilden; drei davon finden sich z. B. in dem berühmten Baseler Drucker- und Gelehrtengeschlechte der Amerbach, die in den alten Zunftlisten auftreten als *von Amorbach*, *Amerbach*, *Amerbacher*.

Für viele Familiennamen, die offenbar Ortsnamen sind, läßt sich der entsprechende Ort nicht mehr nachweisen. Gar viele Ortschaften sind in den Stürmen der Zeiten untergegangen; so nach Förstemann in der Umgegend von Nordhausen an hundert im Umkreise weniger Stunden, und Hoffmann von Fallersleben bezeichnet in dem „Kasseler Namenbüchlein" unter 120 hessischen Ortschaften 30, also den vierten Teil, als nicht mehr vorhanden (auf Grund der „Historisch-topographischen Beschreibung der wüsten Ortschaften im Kurfürstentum Hessen" von Dr. Landau). Die großen Seuchen des Mittelalters, die verheerenden Kriege früherer Zeiten erklären dies zum großen Teile. Doch gingen auch vielfach kleine Ortschaften in eine große Stadtgemeinde auf, die sie mehr zu schützen vermochte.[1]

Wenn aber auch der Ort noch vorhanden ist, so decken sich doch dessen Name und der daher entlehnte Familienname heutzutage keineswegs immer. Das darf nicht überraschen; denn indem beide jahrhundertelang selbständig und meist ohne gegenseitigen Zusammenhang fortbestanden und sich entwickelten, konnte es nicht ausbleiben, daß hin und wieder der eine Wandlungen erfuhr, die der andere nicht mitmachte. So weist für die Familiennamen *Birkenhagen* und *Eschenhagen* auch Rudolphs „Vollständigstes Ortslexikon" keine vollkommen entsprechenden Ortsnamen nach, sondern nur Birkenhain und Eschenhahn; beides aber, hain und hahn, sind Zusammenziehungen aus hagen (s. Förstemann, Die deutschen Ortsnamen S. 57). Es hätten somit in diesem Falle die Familiennamen die ältere, ursprüngliche Form bewahrt. Dasselbe gilt von *Meixner* statt Meißner, von *Zollikofer* (aus Zollikon am Züricher See, urspr. Zollinc hovun „zu den Höfen des Zollinc").

Sehr viel Familiennamen, besonders im östlichen Deutschland, sind von slawischen Ortsnamen entlehnt und sollen später eine genauere Darstellung finden (s. Beilage 3 und das Namenbuch).

Eine besondere Abteilung in dieser Klasse bilden die

Adelsnamen,

die ja, soweit ursprünglich und echt, fast sämtlich von Ortsnamen abgeleitet sind, z. B. *von Falkenstein*, *von der Asseburg*. Doch ebenso alt ist die schon erwähnte Ableitung auf er: *der Bodensteiner*, *der Toggenburger*. So nennt sich Hartmann (im 13. Jahrhundert) bald *„der von Ouwe"*, bald

---

1) Kleemann zählt in der großen Feldmark von Quedlinburg 15 ehemalige, jetzt verschwundene Dörfer auf.

„*der Ouwaere*". So wird noch im Tell der Freiherr von *Attinghausen* von dem Hirten in der ersten Szene „der *Attinghäuser*" genannt, und Joh. Graf *Aldringen* heißt in Schillers „Wallenstein" immer *Altringer.*

Jetzt ist die präpositionale Bezeichnung allgemein durchgedrungen, und zwar die mittels des Verhältniswortes *von,* welche die andern in den Hintergrund gedrängt hat und als Kennzeichen des Adels schlechthin gilt.

Wie aus obiger Darstellung erhellt, hat dieses *von* einen Sinn nur vor Ortsbezeichnungen, und es ist eine Verirrung, es auch Namen anderer Art, ursprünglichen Personennamen, Handwerksnamen usw. vorzusetzen. *Von Hermann, von Schmidt, von Schultz* u. dgl. ist sprachlich entschiedener Unsinn, und daß man in hunderten von Fällen ein *von* so ganz äußerlich anheften konnte, ist ein unleugbarer Beweis von erloschenem Sprachgefühl.

Ein Rest dieses Gefühles hat sich in Österreich erhalten; aber wie hilft man sich dort? Man bildet (wie schon in den Zeiten des alten deutschen Reiches)[1] aus dem bisherigen Familiennamen des zu Adelnden durch Anhängung von -feld, -burg, -thal usw. einen Ortsnamen, den es in Österreich nicht gibt, also: *Kuhn von Kuhnenfeld, Planck Edler von Planckburg, Braun von Braunthal* — lauter Namen, denen man es sofort ansieht, daß sie nichts als Phantasiegebilde sind.

Besser ist in dieser Hinsicht eine Namengebung wie: *Schubert,* Edler *von dem Kleefelde* (wegen seiner Verdienste um den Kleebau geadelt, Pott, Personennamen S. 3), und *Escher von der Linth,* wie der Staatsrat Escher wegen Regelung des Laufes der Linth und Austrocknung der durch diesen Fluß gebildeten Sümpfe auf Beschluß des kleinen Rates von Zürich genannt wurde. („Die Staatskanzlei sei beauftragt, künftig in allen betreffenden öffentlichen Schriften den verewigten hochverehrten Herrn Staatsrat Hans Konrad Escher und dessen männliche Nachkommen als „Escher von der Linth" zu benennen, eine Bezeichnung, die jetzt urkundlich um so begründeter festgesetzt wird, da sie schon, während das Vaterland sich noch des lebendigen Wirkens des Vollendeten erfreute, von der öffentlichen Meinung aufgefaßt und von Mitbürgern und Eidgenossen übereinstimmend geübt ward.")

Häusernamen.

Wenn in manchen Geschlechtsnamen, z. B. *Amthor,* die Bezeichnung der Lage des Hauses entnommen ist, so entspringt sie auch sehr häufig aus dem Namen des Hauses selbst. Denn jene alte Zeit war, wie Becker S. 20 treffend bemerkt, so jugendfrisch, daß sie allen Dingen, wie Adam im Paradiese, gleich einen lebendigen Namen zu geben wußte, nicht nur

1) Z. B. *Opitz von Boberfeld, Hoffmann von Hoffmannswaldau.* Auch Abstrakta würden und werden verwendet wie: *Löllhöfel von Löwensprung, Adler von Adlerskampf, Riebel von Festertreu, Tengg von Lanzensieg.*

Burgen, Höfen und Straßen, sondern auch den Häusern.[1] Wir begnügen uns jetzt mit einer toten Nummer und Littera, während nur die Straßennamen noch fortdauern. An einzelnen Orten sind freilich auch diese wenigstens vorübergehend abgeschafft, z. B. in Mannheim, wo es statt dessen bis vor kurzem armselige Häuserquadrate A, B, C usw. gab, und jenseit des Ozeans bei den nüchternen, poesielosen Yankees, die da bloß zählen 1. 2. 3. . . . . Avenue.

Im Mittelalter dagegen entstand mit dem Aufblühen des Bürgertums in den Städten die Sitte, den Häusern Namen zu geben, hauptsächlich der Rechtsgeschäfte wegen. Sie begann am Rhein und in Süddeutschland im 12. Jahrhundert und breitete sich allmählich über West-, Süd- und Mitteldeutschland aus; in Norddeutschland findet sie sich fast nur in den größeren Handelsstädten. Die ältesten Hausnamen beruhen auf natürlichen Kennzeichen des Hauses oder Grundstücks, wie sie Bäume, Brunnen, Stadtteile, Gassen und bauliche Besonderheiten bieten (*zur Birke, Holderstock, zum Nußbaum, zum Söde, zum Sacke, das gelbe Haus*). Weiter wird der Name dem Gewerbe des Besitzers entlehnt, dem Handwerk oder dem Handwerkszeug (*zu dem Bliedecker, van dem Blasebalg, zum grünen Kranze*), dem Standbild oder Gemälde des Schutzheiligen oder irgend welchen religiösen Darstellungen an dem Hause (*zur Megede* = Maria, *zum Christoph, z. Einhorn*), ferner dem Namen oder der Heimat, endlich Sonderlichkeiten des Besitzers (*zum Mailand, zur Hasenschart, von der langen Nasen*) und Wappenzeichen (*zum goldenen Frosch, zum roten Beren, zum Bremer Schlüssel*).[2]

Reste dieser Sitte sind die noch jetzt üblichen besonderen Benennungen und Bezeichnungen der Gasthäuser und Apotheken, auch der Logierhäuser in Bädern. Im übrigen haben sich nur einzelne dieser Namen und Bilder bis in die Gegenwart erhalten. So heißt in Leipzig noch jetzt ein schönes, hohes Haus auf dem Neumarkte „*die hohe Lilie*“ (Pröhle),

---

1) Daß in noch früherer Zeit auch die Waffen der Helden, namentlich die Schwerter Namen hatten (Altekläre = hoher Glanz, Preciosa), ist aus den Epen des Mittelalters bekannt.

2) Ähnlich war es in England noch zu Ende des 17. Jahrhunderts: „Die Häuser (in London) waren nicht numeriert. Es würde in der Tat von geringem Nutzen gewesen sein sie zu numerieren; denn von den Kutschern, Sänftenträgern, Lastträgern und Laufburschen Londons konnte nur ein sehr kleiner Teil lesen. Es war nötig, Zeichen zu gebrauchen, die der Unwissendste verstehen konnte. Die Läden unterschieden sich daher durch gemalte Zeichen, welche der Straße ein heiteres und groteskes Ansehen gaben. Der Weg von Charingcross nach Whitechapel ging durch eine unendliche Folge von Sarazenenköpfen, Königseichen, blauen Bären und goldenen Lämmern, welche verschwanden, wie sie nicht mehr als Leitfaden der gemeinen Leute nötig waren.“ (Macaulay, Gesch. Englands seit dem Regierungsantritt Jakobs II., Bd. 2 in dem Kapitel: Zustand Englands im Jahre 1685.)

ein Haus in Erfurt[1] „*zum Rebstocke*“, ein anderes in Stettin „*die weiße Taube*“.

An diese Benennungen knüpfen sich häufig sagenhafte Erzählungen, welche die Veranlassung und Bedeutung derselben zu erklären suchen. Einige teilt Pröhle in seinen „Deutschen Sagen“ mit:

„Zu Erfurt sah einst ein Schäfer in seinem Garten einen Bock und ein Schaf an einem Rosenstocke stehn. Das Schäfchen aber scharrte mit seinem Fuß etwas Geld aus der Erde. Da grub der Schäfer nach und fand so viel Geld, daß er davon drei schöne Häuser bauen konnte. Er nannte aber das erste Haus „zum güldenen Schafe“, und es ist daran auch ein Schaf in Stein zu sehen, das andere „zum Rosenstock“ und das dritte „zum schwarzen Bock“.

Geschichtlicher sind nach allem Anscheine die Angaben über das oben erwähnte Haus „zum Rebstock“, welches von Otto v. Ziegler im 15. Jahrhundert erbaut wurde. „Dieser reiste 1447 zum heiligen Grabe und in die 18 Königreiche. Er brachte aus dem heiligen Lande einen großen merkwürdigen Rebstock mit, und als er 1451 zu Erfurt in der Futtergasse ein schönes Haus als Stammhaus erbaute, nannte er es „zum Rebstock“. Oben an dem Hause standen auf steinernen Platten die Wappen der 18 Königreiche gemalt,[2] wodurch der Otto v. Ziegler gereiset. Auch ward der Rebstock, den er mitgebracht hatte, daran abgebildet und außerdem in seiner Familie aufbewahrt“ (Pröhle, Deutsche Sagen neue Ausg. S. 248ff.).

Ähnlich über ein Haus in Würzburg in der Dominikanergasse, welches den Namen „*zum roten Hahn*“ führt: Auf das Dach desselben wurde von den Leuten des Wilh. Grumbach nach Überrumpelung der Stadt Würzburg ein roter Hahn gesetzt und das Haus angezündet. Der rote Hahn krähte (d. h. die Flamme prasselte) und flog von einem Dach zum andern. Nach seiner Wiedererbauung erhielt das Haus den Namen „zum roten Hahn“ (Pröhle a. a. O. S. 237).

Aus diesen Hausnamen und -Bildern sind nun eine Menge Familiennamen entstanden, doch ist ihre Zahl nicht zu überschätzen. In Mainz gehen um 1332 von 130 Familiennamen zwar 65 auf Hausnamen zurück, also 50 %, in Köln 1392 von 262 etwa 100, in Basel und Worms 25 bis 30 %, in Frankfurt a. M. 1330—1400 etwa 17 %, aber in Straßburg um dieselbe Zeit nur vielleicht 2 %, und ähnliche kleine Zahlen ergeben sich außer Erfurt für Mittel- und Norddeutschland (Grohne). Als zuverlässige

1) Einen lehrreichen Einblick in die überreiche bildliche Fülle der Hausnamen gibt Grohne S. 182—196 mit einer sachlich geordneten Übersicht über die Erfurter Hausnamen aus dem 16. und 17. Jahrhundert.

2) Schiller im Tell I, 2 von Stauffachers Hause:

„Mit bunten Wappenschildern ist's bemalt
Und weisen Sprüchen.“

Beispiele der Übertragung des Hausnamens auf die Familie führt Grohne unter andern folgende an: aus Köln 1197 *Ger. de Aquila*, 1288 *Henr. de Aquila*, 1267 *Conr. Aquila;* 1286 *Petrus de Clare*, 1435 *zem Slüssel* und *Meister Slüssel;* 1333 *Joh. vom Struijsse*, 1490 *Henr. Struijsse*, 1513 *Hieron. Struysse;* aus Mainz 1283 *Eberh. ad Vitem*, 1306 *Heinr. dict. zûme Rebestocke*, 1332 *E. zûm Rebstock*, 1410 *Peter Rebstock;* aus Worms 1356 *zû dem Guldenschafe*, 1397 *Henne Guldenschaff;* 1249 *Conr. de arbore Rosarum*, 1318 *zûm Rosenboyme*, 1392 *zum Rosebäumer*, 1294 *Conr. Rosabaum*, 1338 *Joh. dict. Rosebäumer;* aus Basel 1300 *Bertha zem Krebse*, 1500 *Krebs;* 1281 *Ulr. dictus zim Nuzpoume*, 1500 *Wilh. Nussbaum;* aus Freiburg 1460 *zum Pfau*, 1654 *Christ. Pfau;* aus Breslau *Arnold de sancto Spiritu*, 1372 *A. Heylgegeist;* 1400 ein erbe, daz da heysit *dy Kaldeherberge*, 1387 *Niklas Kaldeherberge* und *Kaldeherberger.*

Der Hausname wurde auf den Besitzer übertragen, ursprünglich wie andere Ortsbenennungen mit einem Verhältnisworte: *von* (besonders in Nordwestdeutschland) oder *zu* (besonders in Oberdeutschland), das später abfiel. Einen Beweis für diese Entwickelung bietet auch der Familienname *Molfenter* aus *zum Olfenter* (Kamel), wo das *m* von der Vorsetzsilbe noch stehen geblieben ist.

Besonders reichliche Beiträge zur Bezeichnung menschlicher Geschlechter haben unter den vierfüßigen Tieren gegeben: *Schaf* und *Ziege, Rind, Wolf, Fuchs* und *Hase*, nächstdem *Hirsch* und *Reh* — unter den Vögeln außer dem allgemeinen *Vogel* nebst seinen Zusammensetzungen *(Brachvogel, Schreivogel)* die Raubvögel: *Adler, Geier, Falk*, außerdem *Gans* und *Hahn*. Von Fischen sind besonders zu nennen: *Fisch* mit mehreren Zusammensetzungen, *Hering* und *Kaulbars.* Innerhalb des Pflanzenreichs überragt die Königin der Blumen, die *Rose*, die anderen auch hier, zumal in mannigfachen Zusammensetzungen *(Rosenblüt, Rosenstiel, Rosenstock, Rosenzweig).*

Jedoch ist wiederholt darauf hinzuweisen, daß wir uns hier auf einem sehr trügerischen Gebiete bewegen, in einer Welt, die großenteils eine Welt des Scheines ist. Wie bei den Gerätschaften und Körperteilen kann auch hier ein gut Teil anderen Ursprungs sein und nur zufällig, oft infolge von Umdeutung und Entstellung, mit neueren Tier- und Pflanzennamen zusammentreffen. So ist der Name *Strauß*[1] auch eine regelmäßige Weiterentwickelung vom althochd. *Struz*, der Schmeichelform von *Strudolf*, *Appel* ist auch Zusammenziehung und Verkürzung aus *Adalbold*, *Hering* auch Patronymikum von *Hero*, *Bock* meist wohl aus *Bucco*, Kürzung von *Burkhart.* Andere bezeichnen wirklich Tiere, stammen aber meistens schon

1) In Braunschweig gehörte ein Haus zum Strauße von 1461 ab Cord von Scheppenstede. Im Jahre 1467 nennt sich dieser nach seinem Hause Cord Struß, und der folgende Besitzer, doch wohl sein Sohn, heißt Hans Struß (Schütte).

aus der ersten Periode, wie *Bär, Roß, Schwan,* oder sie gehen auf Eigenschaften (s. S. 49).

* * *

Hiermit schließen wir diese Übersicht. Wie uns die Personennamen unserer germanischen Altvordern das kampfdurchtobte, waffenfreudige Leben und Treiben derselben vor Augen führen, so spiegeln die dem spätern Mittelalter entsprossenen Familiennamen die bunten Erscheinungen mittelalterlichen Lebens wieder. Die Bilder der Raubritter, der „frummen" Landsknechte, der teils gedrückten, teils übermütigen Bauern, besonders aber der ehrsamen Bürger in Werkstatt und Rat, in Singschule und Trinkstube werden durch diese Namen vor unsere Augen gezaubert.

Wenn die Geduld des freundlichen Lesers uns bis hierher gefolgt ist, so wird er wenigstens in den Grundzügen ein Bild der deutschen Familiennamen erhalten haben. Es mag dieses einem buntgewirkten Teppich gleichen, in dem die altdeutschen und die kirchlichen Namen den Aufzug, die bürgerlichen Bezeichnungen den Einschlag bilden. Damit ist im wesentlichen die Sache abgeschlossen; was später etwa noch hinzukommt, kann den Grundcharakter der deutschen Namengebung nicht ändern, es dient nur dazu, hie und da noch einen neuen Faden in das Gewebe einzufügen, es noch ein wenig bunter zu machen.

14.
Würdigung der deutschen Familiennamen nach Gehalt und Form.

Nach ihrem Gehalt ist die deutsche Namengebung alles Lobes würdig.

Die Grundlage bilden die altdeutschen Heldennamen mit ihrem schönen, idealen Gepräge und in ihrer reichen Fülle, mit einer verhältnismäßig nicht bedeutenden Beimischung fremdsprachig kirchlicher Namen, die von Glaubenshelden entlehnt sind. An diese schließt sich dann, entsprechend der gesellschaftlichen Entwickelung, in durchaus gesunder Weise eine fast ebenso große Fülle bürgerlicher Namen, hergenommen von Amt und Handwerk, von Geburts- und Wohnort. Freilich hat sich der Schwung des heroischen Zeitalters ermäßigt, der poetische Blütenstaub ist abgestreift. Dafür tritt zum Ersatz der Witz, die scherzende und spottende Laune ein, die sich am glänzendsten in den Satznamen offenbart.

Ein Mangel allerdings gibt sich hier sehr bald kund: die zu häufige Wiederkehr mancher Namen, besonders der vom Handwerk entlehnten, wogegen anderseits auch ein Fernhalten von leerem Prunk anzuerkennen ist.[1]

1) Man vergleiche schwedische Namen wie *von Tigerström* (ein Strom, an dem Tiger hausen, in Skandinavien!), *Gyllenstorm* (goldner Sturm) u. a. — auch die jüdischen Familiennamen (s. weiterhin).

Nicht so günstig kann das Urteil in betreff der Form ausfallen.

Hier ist vor allem zu beklagen, daß die klangvollen Namen der ersten Schicht, wie *Hildebrand, Rüdiger, Landolf* durch spätere Verkürzungen und Verkleinerungen doch sehr gelitten haben, so daß eine Menge überkurzer, einsilbiger, klangloser Namen entstanden ist: *Eck, Sietz, Lemm, Thie, Deetz* usw. Hierher gehören auch viele zweisilbige, insbesondere die niederdeutschen auf *ke: Gefke, Gehrke, Reetzke, Zielke,* denen die süddeutschen auf *l* entsprechen: *Dietl, Atzl, Datzl, Hutzl.*

Voller tönende Namen finden sich unter den von Ortsbezeichnungen entlehnten: *Frankenstein, Reinthaler, Rudinger* u. a. — und diese bilden jetzt die Hauptmasse der längeren, mindestens dreisilbigen Familiennamen. Manche, vier- und fünfsilbige, haben sogar zuviel Gewicht und etwas Schleppendes, wie: *Albrechtsberger, Adelwandsteiner.*

Außerdem fällt eine Härte in den konsonantischen Verbindungen, z. B. in *Hitzke, Kratzke, Nitzschke,* vielfach unangenehm ins Ohr.

15.
Latinisierungen.

Unter den auf S. 64 erwähnten späteren Zutaten treten hervor die Latinisierungen.

Im Ausgange des Mittelalters und besonders nach der sonst so erfreulichen Wiederbelebung der klassischen Studien im 15. und 16. Jahrhundert wurde es Sitte bei den Gelehrten und studierten Fürstendienern, auch ihre Namen in das Antike zu übersetzen. Ein Beispiel haben wir unter anderm an dem Dr. juris Olearius in Goethes Götz in der Tafelszene des ersten Aufzuges:

Liebetraut: Ihr seid von Frankfurt? Ich bin da wohlbekannt. — Euer Name ist Olearius? Ich kenne so niemanden.

Olearius: Mein Vater hieß Ölmann. Nur den Mißstand auf dem Titel meiner lateinischen Schriften zu vermeiden, nennt' ich mich nach dem Beispiel und auf Anraten würdiger Rechtslehrer Olearius.

Liebetraut: Ihr tatet wohl, daß ihr euch übersetztet. Ein Prophet gilt nichts in seinem Vaterlande; es hätt' euch in eurer Muttersprache auch so gehen können.

Olearius: Es war nicht darum.

Liebetraut: Alle Dinge haben ein paar Ursachen.

Die Grundursache war eben die leidige Nachahmung oder vielmehr Nachäffung des Fremden. Es sollte das alte Römertum wieder erweckt und alles möglichst auf römischen Fuß gebracht werden. So wurde das heimische Recht durch das römische Corpus juris verdrängt, und auch die deutsche Muttersprache suchte man als eine barbarische, wofür sie den Gelehrten galt, möglichst zu verdrängen und auszurotten, zunächst in den gelehrten Schulen, damit die lateinische ganz an ihre Stelle träte. Man betrachtete es als einen großen Vorzug der römischen Kinder, daß sie von kleinauf Latein sprachen und mit Lateinsprechenden umgingen, und bedauerte die armen deutschen Kinder, die nicht schon von den Ammen und beim Spielen auf den Gassen lauter Latein hörten. Den Lehrern wie den Schülern war darum alles Deutschsprechen untersagt; Spielen ward nur unter der Bedingung erlaubt, daß auch dabei nur Latein gesprochen würde. So hoffte man die „barbarische" Muttersprache wenigstens aus den Schulen auszutreiben. In diesen traurigen Anschauungen und Bestrebungen kamen der Straßburger Lehrplan des Joh. Sturm, der württembergische des Herzogs Christoph und der der Jesuiten überein. Es war eben allgemeine Zeitrichtung.

Daher darf es nun nicht wundernehmen, wenn im Kreise der Gelehrten die Namen so eifrig verlateint wurden und man sich wenigstens hierin zu Römern zu lügen suchte. Ein Lutz nannte sich *Lucius,* ein Kurz: *Curtius,* ein Köpflin *Capito,* ein Crachenberger: *Pierius Gracchus* — ein Fischer übersetzte sich *Piscator,* ein Habermann: *Avenarius* — mit Zuhilfenahme des Griechischen ein Holzmann: *Xylander,* ein Becker: *Artopoeus,* ein Hausschein: *Oecolampadius.*

Während die vergriechten Namen, fast ausnahmslos zusammengesetzt, durch ihre Länge ins Ohr fielen, indem sie mindestens dreisilbig, oft aber vier-, fünf-, ja sechssilbig sind, erschienen die einfachen lateinischen Namen in ihrer Kürze noch zu kahl; mindestens mußte den zweisilbigen wie Sartor, Pistor noch eine Endung gleichsam als Schleppe angehängt werden, um die Würde ihrer pedantischen Träger recht zu bezeichnen, also: *Sartorius, Pistorius.*

In jenen Zeiten bestimmte zuweilen der unreife und phantastische Einfall eines unbärtigen Literaten auf Jahrhunderte den Familiennamen seines Geschlechtes. So war, nach Vilmar, ein gewisser Mosmann der Sohn eines Schmiedes zu Gemünden an der Wohra; da ihm aber einige lateinische Verse gelungen waren, so konnte er nicht mehr Mosmann heißen, sondern nahm den lateinischen Namen für das Gewerbe seines Vaters an: Faber. Indes das drückte doch nicht den poetischen Schwung aus, den der angehende Virgil in sich fühlte, und so nannte er sich denn *Fabronius,* welches bedeuten sollte Faber Aonius, d. i. Musenschmied, und diesen Namen behielten seine Nachkommen bei. Seine Landsleute waren *Helius Eobanus Hessus* und *Euricius Cordus,* von denen bei ihren hochpoetisch klingenden Namen niemand mehr weiß, wie sie recht geheißen haben.

So entstanden die wunderlichsten und abenteuerlichsten Namengebilde, z. B. *Osiander* aus Hosemann, *Chiomusus* aus Schneesing, *Eucharius* aus Eckhard, *Chelopoeus* aus Kistemaker, Namen, die jetzt schwer zu enträtseln sind oder gar nicht mehr, wie *Chesnecophorus.*

Auch übellautende Mißbildungen, wie *Gueinzius, Heineccius, Cocceji*[1] setzten sich fest.

Diese Latinisierungen wucherten am meisten da, wo eben die vorhin geschilderte, sog. humanistische Richtung besonders blühte, also namentlich in Sachsen, in der Pfalz, in Basel, vor allem aber am Hofe des hessischen Landgrafen Philipps des Großmütigen.

Manche kehrten von den Pistorius, Episcopius, Melissander ihrer Väter zu den Becker, Bischoff, Bienemann ihrer Großväter zurück; andere aber behielten die bunten lateinischen und griechischen Namen bei, wenn sie sich auch nicht auf der wissenschaftlichen Höhe ihrer Vorfahren behaupten konnten, und so finden wir diese Fremdnamen gegenwärtig noch überall in Deutschland.[2]

Jetzt bekommt diese Namenklasse glücklicherweise keinen Zuwachs mehr. Nur einige Stockphilologen haben es in neuerer Zeit noch nicht lassen können, Namen in dieser Weise für ihre Zwecke zu antikisieren: *Öhler* in Olearius, *Sillig* in Siligius. Doch gründlicher verfuhr hierin Reisig. Dieser Gelehrte, der jedesmal, wenn er glaubte eine glückliche Konjektur gemacht zu haben, dies der Welt durch Trompetenstoß von dem Boden seiner Wohnung aus verkündete, leistete auch Entsprechendes auf dem Gebiete der Antikisierung, besser gesagt, Entstellung der Namen. So verwandelte er *Wunderlich* in Vunderilicus, *Poppo* ganz unnötigerweise in Pomponius, *Mitscherlich* gar in Midoscherilix, als wäre dieser Horazerklärer des 19. Jahrhunderts einer von den Keltenhäuptlingen des alten Galliens, gleich den Viridovix und Vercingetorix.

---

1) Ursp. bloßer *Koch*, aber anmaßlicherweise eingedrungen in die römische Gens Cocceja (Pott).

2) Friedrich der Große hat gelegentlich darüber seinen Spott ausgegossen, siehe den Bericht über seinen Besuch im Rhin- und Dossebruch (1779), verfaßt vom Oberamtmann Fromme, der den König durch den Fehrbelliner Amtsbezirk begleiten mußte und alles aufgezeichnet hat, was er an diesem denkwürdigen Tage erlebt und aus des Königs Munde vernommen.

König: Wie heißt Ihr?

Amtsrat (des Amtes Neustadt): Klausius.

König: Klau-si-us. — — Was ist das für ein Mensch, der da rechts?

Fromme: Der Bauinspektor Menzelius, der hier die Bauten in Aufsicht gehabt hat.

König: Bin ich hier in Rom? Es sind ja lauter lateinische Namen! — — Wie heißt die Kolonie?

Fromme: Klausiushof.

Amtsrat: Ihro Majestät, sie kann auch Klaushof heißen.

König: Sie heißt Klau-si-ushof. Wie heißt da die andere Kolonie?

Fromme: Brenkenhof.

König: So heißt sie nicht.

Fromme: Ja, Ihro Majestät! Ich weiß es nicht anders!

König: Sie heißt Brenkenhofi-ushof.

16.
Jüdische Namen.

Am spätesten haben die Juden sich dazu verstanden, Familiennamen anzunehmen; meist wurden sie erst durch die Gesetzgebung[1], in Österreich unter Joseph II, in Preußen durch Hardenbergs Edikt vom 11. März 1812, in Baiern 1813 dazu genötigt. Sie hatten nun die Wahl und wählten, was auch am nächsten lag, zum großen Teil hebräische, alttestamentliche Namen, wobei einfach die bis dahin geführten Personennamen zu Familiennamen gestempelt wurden: *Abraham, Jakob, Moses, Simon;* auch patronymische Ableitungen hebräischer Namen: *Jakoby, Jakobson* (entsprechend dem hebräischen *ben,* welches in *Benary* „Löwensohn" erscheint), desgl. Mutternamen, wie *Jeitteles* „Sohn der Jettel" (Koseform für Henriette).

Doch in der Mehrzahl wurden neuhochdeutsche Namen gewählt, zunächst Bezeichnungen von Eigenschaften, natürlich guten: *Edel, Freundlich, Treu* — sodann Tierbenennungen: *Hirsch, Wolf, Adler,* meist wohl mit Rücksicht auf die Bedeutung, welche denselben im Alten Testamente beigelegt wird[2] — jedoch mit besonderer Vorliebe Ortsbezeichnungen: *Cassel, Falkenstein, Speyer;* häufig mit der Ableitungsendung *er: Friedländer, Wronker, Exiner, Hildesheimer, Meseritzer.* Diese Namen weisen großenteils nach dem Osten, nach Westpreußen und Posen, viele nach Bischofstädten.

Eigentümlich ist hierbei die Vorliebe für schönklingende Namen, Zusammensetzungen nicht nur mit Gold[3] und Silber — sondern auch mit Löwen, mit Rosen, Lilien und Veilchen: *Löwenstamm* und *Löwenthal* (aus Levy), *Rosendorf* und *Rosenberg, Lilienthal, Veilchenfeld* u. ähnl. Woher diese prächtig klingenden Namen, welche zu den die jüdische Namengebung beherrschenden gehören? Ist es noch ein Nachklang jenes poetischen Sinnes, der sich einst in den Dichtungen des Alten Testamentes kundgegeben, ein Stück von dem Farbenreichtum des Morgenlandes nach dem Abendlande verpflanzt?

---

1) „Nach einem königlichen Befehle [Gesetzbulletin 28] sollen sich die sämtlichen Mitglieder der jüdischen Glaubensgenossen (so!) im Königreich Westfalen einen eigenen Familiennamen beilegen. Ich habe mir den Namen Hahlo gewählt und nenne mich also, statt Heinemann Salomon, künftig Heinemann Salomon Hahlo, welches ich meinen Freunden hierdurch bekannt mache. Münden, am 1. Julius 1808. Heinemann Salomon Hahlo." Mündensches Wochenblatt, 5. Jahrg., 1808, Nr. 27.

2) Im Segen Jakobs (1. Mos. 49) wird Juda ein junger Löwe, Naphthali ein Hirsch, Benjamin ein Wolf genannt. Der Adler ist ein Bild sich erneuernder Jugend (Ps. 103, 5 u. a.). Aber Katz ist = *Kahenzedek,* Priester der Gerechtigkeit.

3) *Gold, Golde, Feingold, Goldader, Goldbach, Goldbaum, Goldberger, Goldenberg, Goldenkranz, Goldfaden, Goldfarb, Goldfinger, Goldmann, Goldmark, Goldreich, Goldstein, Goldstrom, Goldtreu, Goldziher usw.*

Dabei wird nun nicht gefragt, ob derlei Ortsbezeichnungen auch in Wirklichkeit vorkommen; diese *Lilienthal*, *Veilchenfeld* usw. sind großenteils rein erdachte Namen, wie auch *Cohnfeld* und *Cohnheim*, *Aronsbach*, *Lewinthal* — denn wo gäbe es in Deutschland Orte dieses Namens? Es gleichen diese scheinbaren Ortsnamen trügenden Luftspiegelungen, die bei der Annäherung zerrinnen.

Hingegen treten zurück die altdeutschen Namen und begreiflicherweise die kirchlichen und die Handwerksnamen. Auf Standes- und Berufsbezeichnungen beruhen Namen wie *Cohn*, *Cohen* = Priester, *Doktor*, *Kassierer*, *Reinwascher*, *Schulklopfer*. Der Reinwascher hat bei den rituellen Leichenwaschungen, die als frommes Werk von den Männern der Gemeinde an Verstorbenen geübt werden, zu bedienen; der Schulklopfer hat morgens die Gemeindemitglieder durch Anklopfen an die Türe zum Gottesdienst zu rufen (Schule = Synagoge).

Von Hausnamen ist der berühmteste *Rothschild*. Im Jahre 1779 kaufte sich der Jude Maier Anselm in Frankfurt ein Haus Judengasse Nr. 26 und machte darin ein Bankgeschäft auf. Es hatte ein rotes Schild, auf dem die Bestimmung des Ladens verzeichnet stand. Als nun kurze Zeit darauf Kaiser Joseph II. den Juden befahl Familiennamen anzunehmen, nannte Maier Anselm sich Rothschild.

Im ganzen hat die jüdische Namengebung etwas Gemachtes, Künstliches, was allerdings mit der Art ihrer Entstehung zusammenhängt.

In Österreich standen zu Ende des 18. Jahrhunderts besonders die Juden Ungarns, Galiziens und der Bukowina auf einer tiefen Stufe, sie kannten das Bedürfnis nach Familiennamen gar nicht und hielten an dem alten orientalischen Brauche fest, nach dem jeder bloß mit dem eigenen Personennamen (und dem des Vaters) benannt wurde. Rücksichten der Verwaltung, der Steuererhebung und Rechtspflege forderten Beseitigung solcher Zustände. Darum beauftragte Joseph II. seinen Hofkriegsrat, binnen zweier Jahre die nötigen Maßregeln durchzuführen. Zu dem Ende wurden nun Kommissionen von Offizieren ernannt. Ein panischer Schreck fuhr in die Juden, die besonders vor dem Militärdienste wahre Todesangst empfanden und einen Abscheu vor den „heidnischen“ Namen hatten, die sie neben ihren „heiligen“ hebräischen tragen sollten.

Zunächst konnten die Juden ihre Familiennamen selbst wählen. Da sie sich aber vielfach hartnäckig ablehnend verhielten, so blieb den Kommissionen nichts anderes übrig, als selber ihnen Namen zu erteilen. Dabei war vorgeschrieben, solche Namen zu wählen, die möglichst große Besonderheit hätten; auch sollten die Kommissionen viele Familiengruppen bilden und wiederholte Wahl desselben Namens in ihrem Bezirk vermeiden. Außerdem spielten Soldatenwitz und Schneid, auch wohl der Ärger über mißglückte Erpressungsversuche eine große Rolle. So kamen denn wunderbare Namengebilde zum Vorschein, als da sind: *Wohlgeruch, Veilchenduft, Schöndufter; Armenfreund, Wohlthäter, Weisheitsborn, Geldschrank, Smaragd; Singmirwas, Küssemich* — *Ladstockschwinger, Pulverbestandtheil, Maschinendraht, Nußknacker, Temperaturwechsel, Maulwurf, Nachtkäfer, Rebenwurzel* — *Notleider, Hungerleider; Schnapser; Eselskopf, Ochsenschwanz, Drachenblut; Stinker, Kanalgeruch; Galgenvogel, Galgenstrick, Taschengreifer, Hirschtödter, Wanzenknicker, Saumagen, Groberklotz* u. a. m.[1]

17.
Französierungen, Polonisierungen und andere Namenänderungen der Neuzeit.

Die in Kap. 15 geschilderten Latinisierungen fanden eine bemerkenswerte Fortsetzung in der neuesten Zeit. Das infolge der traurigen staatlichen Verhältnisse gesunkene Nationalgefühl der Deutschen hatte schon seit dem Dreißigjährigen Kriege eine bei andern Völkern unerhörte Schwäche hervortreten lassen, die sich in Mißachtung des Heimischen und Überschätzung alles Fremden kundgab.[2] Daher in der Literatur die sklavische Nachahmung fremder Muster, in der Sprache die Überschwemmung mit fremden, namentlich französischen Wörtern. Auf einzelnen Gebieten überwunden trat diese einmal vorhandene Schwäche und Krankheit wieder in andern Symptomen hervor — neuerdings in der Unsitte, in fremden Landen seinen deutschen Namen zu entdeutschen, zu französieren, polonisieren, madjarisieren, wie es gerade kommt.

So werden denn in Frankreich die Namen verfranzöselt:[3] ein Solger nennt sich *Saulier,* ein Nagler — *Naguiller,* ein Witzel — *Ficelle,* ein Kleemann — *Clément* und ein Vogler schämt sich seines schönen deutschen Namens, nicht Vogler mehr — er wohnt ja in Paris — nein, *Fouclair!* mag auch das Französisch, welches er spricht, noch recht sehr seine Abstammung aus Deutschland, vielleicht speziell aus Thüringen verraten.

Besonders ungerechtfertigt und tadelnswert ist es, wenn dergleichen in Deutschland selbst geschieht, wenn sich z. B. ein Dessauer — *Dessoir* nennt, um durch diesen aufgehefteten französischen Lappen seinem Namen ein vornehmes Aussehen zu geben, oder wenn echt deutsche Namen mit

1) Andree, Zur Volkskunde der Juden. S. 125ff.

2) Früher beseelte die Deutschen ein stolzes Selbstgefühl, über welches als die „*Teutonicis innata superbia*“ Schriftsteller anderer Nationen klagen. „Seit jenem unseligen Kriege“, ruft Gfrörer bitter aus, „sind die Deutschen ein Volk von Bedienten geworden!“

„Ich bin Franzos!“ „Engländer!“ „Ich Russe!“ — Und Sie, mein Verehrter?
„Schulze aus Meiningen, Herr! Dero ergebener Knecht!“ (Glaßbrenner und Sanders, Xenien der Gegenwart, Hamburg 1856.)

3) Schon lange vor dem letzten Kriege.

französischen Akzenten versehen werden: *Nägelé*, *Schultsé* (!), *Salingré*, *Ledérer*. (Vgl. darüber Hildebrandt in der Zeitschrift für den deutschen Unterricht, 6. Jahrg., S. 585.)

Während diese Französelei sich häufig bei Schauspielern findet, veritalienern sich Sänger und Sängerinnen: der Schwabe Stiegele in *Stighelli*, die Sängerinnen Crüwell in *Cruvelli*, Röder in *Rodani* (!) — als ob Deutsche nicht singen könnten und alles, was gut singt, aus Italien herstammen müßte.

Wie im Westen die Namen französiert werden, so werden sie im Osten polonisiert. Ein Feldmann benamset sich klangvoller *Feldmanowski*, ein Krauthofer zunächst Krauthofski, dann aber, damit doch ja nicht eine Faser einer deutschen Kohlrübe an ihm hängen bleibe: *Krótowski*. Wird keine polnische Endung angehängt, so muß wenigstens die Schreibung eine polnische sein: *Szuman* (Schumann), *Szrajber* (Schreiber), *Szulc* (Schulz).[1]

Man sollte dergleichen nicht für möglich halten, da die polnische Nation doch in geringerer Achtung steht (s. „polnische Wirtschaft", „polnischer Reichstag") und die deutsche sich stets überlegen gezeigt hat, und doch geschieht es. Hieraus erklärt sich zum Teil das erneute Vordringen des Slawischen in den preußischen Ostmarken. Es wäre nicht möglich gewesen, wenn die Deutschen in polnischer Umgebung die Fahne ihrer Nationalität immer hochgehalten hätten, wenn sie nicht in jämmerlicher Schwäche ihr Deutschtum verleugnet, ja zum Teil sich den Polen im Kampfe gegen ihr Vaterland, gegen deutsche Sprache und Nationalität angeschlossen hätten. So weigerte sich ein Gutsbesitzer Arndt (!) bei Gnesen, an einer in deutscher Sprache geführten Gerichtsverhandlung teilzunehmen, weil er — ein Pole sei. Entartete Deutsche sind vielfach gerade die Vorkämpfer der Polen und Tschechen.

In Österreich schließen sich an die Slawisierungen deutscher Namen in den slawischen Landstrichen Madjarisierungen in Ungarn. Die öffentlichen Blätter haben in neuerer Zeit häufig lange Listen österreichischer

1) Diese lächerlichen Schreibungen finden ein Gegenstück nur in den Entstellungen deutscher Namen auf Häuserschildern in Metz (vor 1870): *Chemit* (Schmidt), *Quoinze* (Kuntz), *Choultse* (Schulze) u. a. — Über die Polonisierungen früherer Jahrhunderte spricht Winkler, „Die Nationalitäten Pommerellens" S. 4f., der dort ein Verzeichnis der während der polnischen Herrschaft polonisierten Adelsgeschlechter gibt. So wurde aus Ahlebeck gemacht *Alebitzki*, aus Behme — *Bem*, aus Hutten = *Czapski*, aus Kochenstein — *Kochanski*, aus Schönborn — *Szumborski* usw. Noch häufiger jedoch wurde den deutschen ein polnischer, vom Besitz entlehnter Name hinzugefügt, so daß nun diese merkwürdigen Zwitter entstanden wie *Stein von Kaminski*, *Otterfeld-Rybinski*. Doch diese Maskierungen werden durch den Druck der mehr als dreihundertjährigen polnischen Gewaltherrschaft in Westpreußen einigermaßen entschuldigt. Welche Entschuldigung aber haben diejenigen, die in der Gegenwart unter einer deutschen Regierung ihre Nationalität verleugnen und mit den Feinden des Vaterlandes gemeinsame Sache machen?

Staatsbürger gebracht, denen auf ihren Antrag Madjarisierung ihres Namens bewilligt worden. Am bekanntesten unter den Talmi-Madjaren ist der berühmte Reisende *Vambéry*, dessen Name nichts weiter ist als eine Verdrehung aus Bamberger. Ähnlich hat sich ein Hundsdörfer in *Hunfalvy*, ein Benkert in *Kertbeny*, ein Schedel in *Toldy* umgewandelt, der dann als Sekretär der ungarischen Akademie der Wissenschaften im ungarischen Unterrichtsrate gegen seine Muttersprache wütete und die nichtmadjarischen Nationalitäten Knall und Fall zu Madjaren zu machen suchte.

In Amerika endlich werden die Namen anglisiert: Schmid in *Smith*, Grünbaum in *Greenbaum*.

Diese Umwandlung ist übrigens verhältnismäßig am unschuldigsten, da es mehr nur Umsetzung aus einer Mundart in die andere, aus der hochdeutschen in die angelsächsische ist. Wenn aber auf diesem Wege ein so schöner Name wie Rosenkranz in *Rosecrans* entstellt wird, so tritt auch hier wiederum das Widerwärtige dieser Erscheinung hervor.

Alles in allem — es ist eine sehr betrübende Erscheinung. Daß auf diese Weise echtdeutsche Namen verhunzt werden, ist noch das Geringere. Schlimmer ist, was damit unvermeidlich zusammenhängt. Wer sich seines ehrlichen deutschen Namens schämt, der schämt sich auch seiner Sprache, seiner Nationalität, seines Vaterlandes und sucht sie sobald wie möglich abzustreifen, er wird Franzose, Pole, Madjare, Slowene, Slowake, was es sei — nur ja nicht Deutscher bleiben![1] Einem Franzosen, einem Engländer, Italiener würde es nicht einfallen, seinen Namen einer fremden Sprache zuliebe zu entstellen — dem Deutschen war es vorbehalten, sich so wegzuwerfen! Ein edler Stolz — das ist es, was dem Deutschen in den letzten Jahrhunderten nur zu sehr gefehlt hat. Und doch hätte er wohl Ursache, auf sein Vaterland stolz zu sein! auf das Land der Guttenberg und Luther, der Leibniz und Humboldt, der Goethe und Schiller, der Scharnhorst, Stein und Bismarck!

18.

Geographische Verbreitung der deutschen Familiennamen.

Nachdem wir die geschichtliche Entwickelung der deutschen Familiennamen in den Grundzügen verfolgt haben, wird es nunmehr an der Zeit

1) Rüstow in seinen „Erinnerungen aus dem italienischen Feldzuge von 1860“: „Die ungarische Legion bestand aus allen Nationen; besonders waren auch viele Norddeutsche darin. Die deutschen Offiziere in derselben hatten sich ungarische Namen gegeben“ — wozu das Magazin für Literatur des Auslandes (1862, Nr. 7) bemerkt: „Es ist wirklich rührend und für jeden echten Deutschen erhebend. Man möchte glauben, wenn einmal ein Freiheitskrieg der Kongoneger ausbricht, und deutsche Landsknechte dahin kommen, so lassen sie sich, abgesehen von den schwarzen Namen, die sie natürlich annehmen, mit echtem Kienruß färben, um den Negern ihre Farbe und Nationalität nicht mißliebig zu machen.“

sein, auch in geographischer Beziehung einen prüfenden Blick auf sie zu werfen.

Stellen wir zu dem Ende vorerst die Grenzen des deutschen Sprachgebietes fest, welche im wesentlichen ja auch die der deutschen Familiennamen sind!

Wenn wir im Nordwesten beginnen, so folgt die Grenze zwischen Deutsch und Niederländisch vom Dollart aus im ganzen der politischen Grenze zwischen Deutschland und Holland.

Bei Eupen setzt das Französische ein, und die Grenze zwischen Deutsch und Französisch fällt nun seit Rückgewinnung des Elsasses meist wieder mit der politischen zusammen, indem nur bei Malmedy und Metz das deutsche Sprachgebiet zurückweicht, während es anderseits bei Luxemburg bis nach Arlon in Belgien hinübergreift.

Von der Schweiz ist der Norden und die Mitte deutsch, derart, daß etwa Solothurn, Freiburg, Gsteig (Kanton Bern) und Leuk (Kanton Wallis) die äußersten deutschen Punkte nach Westen sind.

Am Rosaberge bildet Issime den südlichsten Vorsprung in das romanische — westlich französische, östlich italienische Sprachgebiet. Von hier geht die Grenze nordöstlich über den St. Gotthard, Chur, Martinsbruck, die Ortlerspitze, Salurn (Tirol), Brunecken bis Pontafel in Kärnten, wo drei Sprachen: Deutsch, Italienisch, Slawisch zusammenstoßen.

Von Pontafel zieht sich die Grenze zwischen Deutsch und Slawisch, im ganzen der Drau folgend, ostwärts bis Radkersburg an der Mur, von da nordwärts bis zur Mündung der Feistritz in die Raab, wo wir zuerst auf das Madjarische stoßen.

Weiterhin bis Preßburg ist die Sprachgrenze — zwischen Madjarisch und Deutsch —, in die sich überdies slawische Sprachinseln eindrängen, vielfach zerrissen; doch greift das Deutsche bedeutend nach Ungarn hinüber bis Körmönd, Güns, Wieselburg und bildet auch im eigentlichen Ungarn viele Sprachinseln, besonders in der westlichen Hälfte und im Banat.

Bei Preßburg stoßen wir wieder auf das Slawische (Westslawen). Durch das mährische Tor zwischen Olmütz und Znaym haben sich die Tschechen tief hinein ergossen bis Budweis, Pilsen, Leitmeritz, Turnau, Josephstadt, so daß nur die inneren Abhänge der Grenzgebirge Böhmens deutsche Landbevölkerung bewahrt haben.

In Preußen ist der ganze Ostrand von Pleß bis Oletzko überwiegend slawisch (polnisch), also der Südosten von Schlesien etwa bis Ratibor, Zülz, Namslau, die größere östliche Hälfte von Posen, das mittlere Drittel von Westpreußen, nördlich von Bromberg bis zur Ostsee (Kassubei), der Süden von Ostpreußen (Masuren). Doch sind auch diese als überwiegend slawisch bezeichneten Landschaften von vielen deutschen Sprachinseln durchsetzt und zeigen in dieser Hinsicht ein sehr buntes Bild.

Noch ist eine slawische Sprachinsel zu erwähnen: die Sorbenwenden in der Lausitz, zwischen Bautzen, Muskau, Senftenberg, Peitz.

Östlich von Goldap beginnt die Grenze zwischen Deutsch und Litauisch, die zuerst fast ganz mit der politischen Grenze gegen Rußland übereinstimmt, dann nördlich von Pillkallen sich westwärts wendet und an der Mündung der Gilge ins Kurische Haff die Küste trifft.

Endlich im Norden die Grenze gegen das Dänische! Diese wird ungefähr durch eine Linie von Hoyer an der Nordsee über Tondern nach Gravenstein bezeichnet; aber nördlicher gelegene Orte, namentlich Apenrade, Hadersleben, Christianfeld sind noch deutsch.

Außerhalb dieses Hauptgebietes finden sich noch mannigfache deutsche Inseln, besonders an dem ganzen Südost- und Ostrande: so Gottschee in Krain, viele Kolonien in Ungarn (Arad, Weißkirchen, die Zips), in Siebenbürgen (Hermannstadt, Kronstadt, Bistritz), in Russisch-Polen (Lodz), in den russischen Ostsee-Provinzen Kurland, Livland, Estland, an der Wolga, endlich jenseit des Ozeans in Amerika und Australien.

Innerhalb des zusammenhängenden deutschen Gebietes sind nun zwei sich kreuzende Linien zu ziehen: eine von Nord nach Süd, um die Grenze zu bezeichnen, bis zu der sich slawische Einflüsse infolge früherer Besiedelung (s. Beilage 3) noch heutzutage in der Namengebung bemerklich machen — eine zweite von West nach Ost, um die Scheide zwischen Ober- und Niederdeutsch[1] festzustellen.

Die Scheidelinie zwischen Deutsch und Slawisch (Wendisch) wird im allgemeinen gebildet durch Elbe, Saale, Böhmerwald. Das Genauere ist, daß eine Linie von der Kieler Bucht in einigen Windungen, doch im ganzen nach Südost verlaufend (zwischen dem 28. und 32. Längengrad), über Lüneburg, Oschersleben, Naumburg, Koburg, Waldmünchen (im Böhmerwalde), Windisch Garsten (in Österreich ob der Enns), Pontafel die äußerste Westgrenze der slawischen Eroberungen im 6.—9. Jahrhundert bezeichnet.

Die Scheidelinie zwischen Oberdeutsch und Niederdeutsch geht über Bonn, den Harz, die Niederlausitz — genauer: von Eschweiler (an der holländischen Grenze) über Bonn, Siegen, Münden, Aschersleben, Wittenberg, Lübben bis Birnbaum (Posen), wo das Polnische beginnt.

Doch ist diese Linie natürlich nicht haarscharf zu ziehen; denn Übersiedelung, gegenseitiger Verkehr, Unterjochung des einen Stammes durch den andern, Vermischungen aller Art haben beide Mundarten — besonders an der Grenze — oft durcheinander geworfen. Daher finden sich südlich jener Linie noch an manchen Orten niederdeutsche Elemente, nördlich oberdeutsche, ja beträchtliche Sprachinseln am Oberharz (um Klausthal) und in Ostpreußen (um Wormditt und Guttstadt), letztere wohl durch Einwanderer

1) Nach der üblichen geographischen Zweiteilung des deutschen Landes.

entstanden, die im Anfange des 17. Jahrhunderts aus Oberdeutschland in das pestverheerte Litauen zogen.

Durch Ziehung dieser beiden sich kreuzenden Linien wird das ganze Gebiet in vier Viertel zerschnitten: Nordwest, Nordost, Südwest, Südost, die wir nach dem Grundcharakter der Familiennamen bezeichnen als: niederdeutsch, niederdeutsch-wendisch — oberdeutsch, oberdeutsch-wendisch.

Im folgenden soll nun für das deutsche Reich eine genauere Charakteristik der geographischen Verteilung der Familiennamen versucht werden.

19.
Genauere Angabe der Verteilung der Familiennamen.
a) Niederdeutschland.

Nordwest.

An der Nordseeküste sitzen seit Urzeiten in einem schmalen Streifen von der Scheldemündung ostwärts — soweit es Marschen und Inseln gibt — die Friesen, „der deutsche Seestamm, zäh und spröde im Festhalten des Alten, im Verteidigen der Freiheit, ein kerniges Geschlecht.“

Die Sprache ist erst allmählich durch das nahverwandte Niederdeutsch zurückgedrängt worden und behauptet sich gegenwärtig östlich der Ems, besonders noch im Saterlande (Oldenburg), in der Gegend von Husum und Tondern und auf den Inseln.[1]

In diesen vom Weltverkehr abgelegenen Gauen bildeten sich, den einfachen bäuerlichen Verhältnissen entsprechend, vorzugsweise patronymische Geschlechtsnamen aus.

Beginnen wir mit Ostfriesland! Hier bilden die genetivischen Namen wie *Reiners*, *Gerdes*, *Gerjets*, *Dirks* — *Focken*, *Rippen*, *Tjaden*, *Ufken*, mit Anschluß der seltneren auf *-sen* *(Bohlsen)* in den Kreisen Aurich und Emden die Hälfte aller Namen, in Leer noch ein Drittel. Als ganz besonders charakteristisch, nur hier vorkommend, sind dabei die Namen auf *a* (Gen. Plur.) hervorzuheben: *Wiarda*, *Ebbinga*, *Ukena* — außerdem die Zusammensetzungen mit *ma* (mann): *Bolema*.

Von Gewerben finden sich nur die einfachsten (ländlichen): *Smidt*, *Müller*, *Fischer*, *Schipper*, *Bakker*, *Kramer*.

Die Lautverhältnisse haben manches Eigentümliche: *sm* *(Smidt* neben Schmidt), *tj* *(Warntjes)*, *kk* *(Dekker)*, *ui* = *ü* *(Luitjens)*, *ou* = *au* *(Wildebouer)*. Wie hieraus ersichtlich, weisen sie zum Teil auf das Holländische hin, dessen Einfluß sich an der ganzen westlichen Sprachgrenze von Ostfriesland bis zum Niederrhein geltend macht.

---

1) Ein Beispiel dieser sehr abweichenden Mundart ist das saterländische „*Skippers sankje*“ (Schiffers Gesang), mitgeteilt von Poppe, Globus 1872 Nr. 12. Daß übrigens in diesem ganzen Kapitel nur die Landbevölkerung in Betracht kommen konnte, ist wohl selbstverständlich.

Auch im Oldenburgischen treten die patronymischen Namen wie *Redlefs, Oltmanns, Rieniets, Taddiken, Knutzen* (= Knudsen) am nördlichen Küstenrande stark hervor, am stärksten (mit 80 v. H.) im Kreise Jever. Überhaupt findet große Übereinstimmung mit den ostfriesischen Namen statt, nur daß die auf *a* und *ma* fehlen, wie auch die Anklänge an das Holländische.

Kommen wir nach Hannover, so treten hier, selbst in den Marschen zwischen Weser und Elbe, die genetivischen Namen merklich zurück. Ihre Zahl wächst erst wieder in Holstein (Ditmarschen: mindestens 40 v. H.) — und hier, an der schleswig-holsteinischen Küste, treten die bis dahin mehr vereinzelten Zusammensetzungen auf *-sen*, je weiter nach Norden, desto stärker hervor, namentlich im Herzogtum Schleswig, bis in den Kreisen Husum und Tondern die *Hansen, Thomsen* und *Nissen, Christiansen* und *Gidionsen, Detlefsen* und *Hinrichsen* usw. alles so überwuchern, daß sie fast 90 v. H. aller Familiennamen füllen. Doch diese Bildungen greifen auch nach der Ostseite des meerumschlungenen Landes hinüber, zum Stamme der Angeln, und bilden dort ebenfalls die Mehrheit, im Kreise Flensburg wiederum 90 v. H., im Kr. Schleswig noch die Hälfte, bis sie im daran grenzenden Kr. Eckernförde plötzlich nahezu verschwinden.

Gehen wir wieder nach unserem Ausgangspunkte, Ostfriesland, zurück, so schließen sich an dieses in der Namengebung die südlicher gelegenen hannöverschen Bezirke, namentlich Papenburg, wo die genetivischen (ungerechnet einige auf *ing*) wieder die Hälfte aller Namen bilden.

In Lingen machen diese nur noch etwa ein Fünftel aus, und anderseits treten als Namenelemente Bezeichnungen von Örtlichkeiten wie *brink, horst,* auch *hoff,* desgleichen Zusammensetzungen mit *Meyer* hervor — die Vorläufer der eigentümlich westfälischen Namengebung.

Patronymika (auf ing und genet. Bildungen) finden sich durch das ganze preußische Westfalen mit Einschluß Osnabrücks — am stärksten an der holländischen Grenze.

Patronymika und zwar genetivische *(Wienands, Ludwigs, Gompertz, Giesen, Otten* — selbst Namen der dritten Schicht wie *Schippers, Schmitz, Kox)* bilden das Charakteristische auch am preußischen Niederrhein, ganz besonders auf der linken Seite des Flusses von Kleve nach Aachen, wo sie ungefähr die Hälfte aller Namen ausmachen (Höhenpunkt mit mindestens 60 v. H. im nördlichsten Teile des Regierungsbezirks Aachen).

Dann aber gibt sich das spezifisch Eigentümliche der westfälischen Namengebung in den zahlreichen an die Besonderheiten der Örtlichkeit angelehnten Namen kund. Die Landschaft hat hier nicht mehr die Einförmigkeit des Küstenrandes, der Marschen an der Nordsee; Berge und Hügel *(hövel)*, hochliegende Grasflächen *(brink)* treten in ihr hervor: anderseits Teiche *(diek)*, Brücher *(brok)*, häufig ein Wald oder Gebüsch *(loh, holt, horst)*, dann das Feld in abgeschlossene, umhegte Kämpe geschieden. Alles dies spiegelt sich auch in den Familiennamen, in welchen demnach *brink, brock, horst, kamp*, demnächst *beck* (Bach), *diek, holt, loh* Hauptelemente sind, in Namen wie: *Windhövel, Hasenbrink, Uhlenbrock, Hasselhorst, Lohkamp, Möllenbeck, Buddendieck, Eickholt*, und abgeleitet mit der Endung *er*: *Steinbrinker, Hüttebräuker, Behrhörster, Roggenkämper* — oder präpositional: *auf dem Brauke, Tenberge, Terbeck*.

Eine solche Bezeichnungsweise konnte um so eher Platz greifen, da die Ansiedelung in diesen Gegenden nach altgermanischer Weise eine zerstreute ist. Münster und die nördlichen Teile von Minden und Arnsberg gehören zu denjenigen Gegenden, wo das Land nicht in geschlossenen Dörfern, sondern durch einzelne Höfe angebaut ist, die erst für staatliche Zwecke zu Bauernschaften zusammengefaßt werden. Dazu stimmen auch die vielen Namen auf *hof (Lohoff)* und *haus* (im Münsterschen auch *hues*: *Grothues*).

Auf die Abstufung nach dem Grundbesitz gehen *Meyer* und *Kötter*, die in außerordentlich vielen Zusammensetzungen erscheinen. Insbesondere tritt *Meyer* mit seiner Sippe im Mindenschen hervor, bis zu 25 v. H. aller Namen.

Rechnen wir nun noch dazu, daß auch andere Namen, mit denen man in andern Gegenden an sich zufrieden sein würde, hier gern durch Zusammensetzungen noch näher bestimmt werden (wie *Bowenschulte, Brinkschröder, Oberste-Kampmann, Hemkensamkenschnieder*), daß ferner in Sproßformen der ersten Schicht das altertümliche *o* sich häufiger behauptet hat (*Danco, Teuto*): so werden wir zugeben müssen, daß hier auf echt deutschem Boden, wo deutsche Bevölkerung und Sitte sich verhältnismäßig ungeschwächt erhalten hat, auch die Namengebung eine ureigene und höchst bezeichnende ist, wie sie sich kaum in einem andern Teile Deutschlands findet.

Das oldenburgische Binnenland schließt sich an den Küstenrand an, es bietet bei entschieden niederdeutschem Gepräge (sogar *-borg* statt burg) wieder eine Fülle genetivischer Namen, in Rastede und Westerstede noch an 50 v. H., doch nach Osten hin stark abnehmend, während der Süden (Vechta) nebst den hannöverschen Kreisen Diepholz und Hoya schon zum westfälischen Charakter überleitet.

Auch im östlichen Hannover zwischen Weser und Elbe, dem alten Ostfalen, finden sich noch bedeutende Anklänge an die westfälische Namengebung, indem die örtlichen Elemente, namentlich *brink, brock, horst, kamp* noch weithin ausgestreut sind, östlich bis an die ehemalige slawische, südlich bis an die hochdeutsche Sprachgrenze.[1] Indessen sind sie doch ent-

1) Westlich durch die niederrheinische Landschaft (besonders Reg.-Bez. Düsseldorf), wenn auch in stark verminderter Menge.

schieden weniger zahlreich, und die Ableitungen *brinker, kämper* usw., sowie die etwas langatmigen Zusammensetzungen (auch auf *kötter*) fehlen. Dasselbe tritt bei dem Namen *Meyer* hervor, der auch hier außerordentlich häufig erscheint, jedoch überwiegend einfach, während in Westfalen die Zusammensetzungen auf *-meyer* vorherrschen.

So bietet diese Namengebung trotz vielfacher Verwandtschaft doch nur ein sehr abgeblaßtes Bild der westfälischen.

Dagegen gehen die Patronymika in wesentlich unverminderter Häufigkeit hindurch. Als neu treten hinzu eigentümliche Ortsbezeichnungen auf *-bostel, -horn, -sen* (Abkürzung aus *-sheim*), z. B. *Rodenbostel, Ehrhorn, Bellersen* (wie diese schon unter den Kreisstädten durch *Fallingbostel, Gifhorn, Wennigsen* vertreten sind).

Als Verkleinerungsform begegnet hier zuerst häufiger *ke* (wofür bisher das friesische *je* und das genet. *ken* oder *gen,* dieses besonders häufig im Niederrheinischen), insbesondere nach dem Wendlande und der Altmark hin.

Im Kreise Dannenberg erinnern Ortsnamen wie *Lüchow, Liepe* daran, daß wir nunmehr die Linie überschritten haben, welche die slawischen Eroberungen vor dem 9. Jahrhundert bezeichnet, daß wir uns in dem hannöverschen Wendlande befinden, wo (in den Ämtern Lüchow und Gartow) bis ins 18. Jahrhundert hinein wendisch gesprochen wurde und in der Volksmundart noch jetzt einzelne dem Wendischen entlehnte Ausdrücke sich erhalten haben.

Hier stoßen nun auch unter den Familiennamen wendische Formen wie *Bausnick, Wiebelitz, Glabbatz, Gramüsch* auf.

Und so kommen wir zu dem Nordosten Deutschlands, dessen Charakter im allgemeinen als niederdeutsch-wendisch zu bezeichnen ist.

Nordost.

Der Nordost umfaßt die weitausgedehnten Ebenen östlich der Elbe, die seit Gründung der Nordmark in jahrhundertelangem Ringen den Slawen (Wenden) wieder abgewonnen wurden, d. h. das östliche Holstein, Mecklenburg, Brandenburg, Pommern, West- und Ostpreußen, bis zur polnischen beziehungsweise litauischen Sprachgrenze im Osten und Südosten (s. S. 73f.) und bis zur Grenze des Hochdeutschen im Süden.

Hier, in der Heimat Fritz Reuters, wird man auch in den Familiennamen noch den niederdeutschen Charakter ausgeprägt erwarten.

Derselbe zeigt sich in Namen wie *Schröder* und *Schrader, Pieper, Voß,* woneben die hochdeutschen Formen (Schröter, Pfeifer, Fuchs) weit seltener vorkommen, ferner in Namen wie *Kruse* (besonders in Holstein, Mecklenburg, Vorpommern), *Niemann, Grote (Groth), Möller, Schütte* u. a.,[1] ebenso in den von Ortsnamen entlehnten auf *-beck* (st. -bach), *-husen*

1) In Mecklenburg auch *Kröger, Köster, Schriewer.*

(st. -hausen). Selbst der ursprüngliche niederdeutsche Name von Salzwedel: *Soltwedel*, als Ortsbezeichnung längst verhochdeutscht, hat sich noch als Familienname erhalten.

Dazu treten die Verkleinerungen auf *-ke* (*Lüdicke, Lemke, Wilke, Jahnke*), welche hier so recht ihre Heimat und Geburtsstätte haben.

Doch überwiegt das Niederdeutsche hier im Osten, von Holstein und Mecklenburg abgesehen, nicht so wie im Westen. Es ist gerade in den Namen nicht mit solcher Entschiedenheit festgehalten worden, der Übergang in das Hochdeutsche ist merklich weiter vorgeschritten. Als ein auffallender Beweis bietet sich der Name Schulz, der in Westfalen meist noch *Schulte* lautet (auch in Mecklenburg häufig *Schult*), während dies in Brandenburg und Pommern eine seltene Form ist.

Anderseits sind entschieden hochdeutsche Formen hier nicht selten, namentlich die Demunitivbildungen mit *z* und *l*: wie *Barz, Kunze, Wetzel, Neitzel*, zu denen Zwitterformen wie *Neitzke* den Übergang bilden.

Solche Namen auch in der Landbevölkerung weisen wohl darauf hin, daß die deutsche Einwanderung in diese dem Slawentum allmählich wieder abgewonnenen Gaue, wenn auch überwiegend aus Niederdeutschland, doch teilweis auch aus oberdeutschem Sprachgebiet erfolgt ist.

Patronymische Bildungen, die in Ostholstein noch beinahe 20 v. H., in Mecklenburg aber nicht mehr 10 v. H. betragen, verschwinden weiterhin fast ganz.

Von der schwedischen Herrschaft sind einige Familien, besonders in Neuvorpommern, das bis 1815 schwedisch war, sitzen geblieben. Doch sind diese „alten Schweden" schon sehr dünn geworden. Zu ihnen gehören: *von Klinkowström* (früher Klinkow), *Lindgren, von Rosenstedt* (früher Gangius), *Sjöborg, von Sodenstern* (früher Sodemann), *Rosengreen* (seit 1593, früher Jacobsson, mit einem Rosenzweig im Wappen; seit dem Ende des 16. Jahrhunderts tritt vielfach das Schildzeichen an Stelle der patronymischen Formen auf -son; daher stammen die vielen Namen auf *-blad, -green, -quist, -ström*). Aus *Sjömann* (Seemann) ist *Schömann* geworden.

Nun aber ist die wendische Beimischung festzustellen. Daß in diesen Landschaften außerordentlich viel wendische Ortsbezeichnungen auch nach der Rückgermanisierung in meist wenig veränderter Form stehen geblieben sind, ist schon in der Einleitung angemerkt worden (Genaueres darüber in Beilage 3). Dies beeinflußt nun auch die Familiennamen, die ja zum guten Teile einfach übertragene Ortsnamen sind. Unter ihnen schlagen vor die auf *ow*, demnächst die auf *in* (betont) und *witz (itz)*, wie *Bütow, Ladenthin, Pentzien, Gerwitz, Bublitz.*[1]

1) Damit sind die Familien noch nicht als urspr. wendisch gekennzeichnet. Der Name besagt ja nur, daß der Ahnherr des Geschlechtes aus dem bezügl. Orte stammte; er kann also sehr wohl und wird in Wirklichkeit meistens deutscher Abkunft gewesen sein.

Neben diesen halbschlechtigen Namen, die, auf dem linken Elbufer (Altmark), auch noch in Ostholstein vereinzelt, auf dem rechten sich bis zu 10, ja in Pommern in manchen Kreisen fast bis zu 20 v. H. steigern, treten nun, zuerst in der Priegnitz, vollgültige wendische Personennamen auf, als da sind: *Noack, Mitzlaff, Petrick, Nimz, Peschek.*[1]

Doch bleiben auch hier die deutschen Namen ganz überwiegend in der Mehrheit, derart, daß, alles zusammengerechnet, die wendischen kaum irgendwo ein Drittel der gesamten Zahl erreichen.

Ihre Zahl wächst allerdings überall nach der slawischen Sprachgrenze hin, so in Brandenburg nach der Niederlausitz, in Pommern nach der Kassubei hin. In Pommern bezeichnet der Küstenfluß Lupow etwa die Grenze, hinter der erst das Übergewicht der slawischen Namengebung hervortritt. Wunderlich klingende Gebilde wie *Gromoll, Pigorsch, Pioraschke, Quardux* beherrschen hier das Gebiet, während südöstlich, hinter Bütow, die sich vordrängenden *-ski* an die Nähe der polnischen Sprachgrenze gemahnen.

Überspringen wir die Kassubei, so kommen wir zu dem schönen deutschen Stücke zwischen den beiden Angelpunkten Danzig und Königsberg. Hier an der nördlichen Ostmark deutschen Wesens, wo drei Sprachen: deutsch, slawisch (in Masuren), litauisch zusammentreffen, zeigt sich eine sehr bunte Mischung auch im Bereiche der Familiennamen. Die Grenze gegen diese beiden Sprachen ist im vorigen Kapitel angegeben; aber auch in den verbleibenden deutschen Teil sind häufig slawische und litauische Namen (s. Beilage 3) eingesprengt. Doch können diese weniger auffallen, als eine eigentümliche Klasse unter den deutschen Namen, nämlich die mit entschieden süddeutschem Gepräge wie: *Fischöder, Scharfetter, Rohrmoser, Obersperger.* Diese Namen, die auf Österreich (und Baiern) hinweisen, sind durch die 1724 aufgenommenen Salzburger hierher verpflanzt.

b) Oberdeutschland.

Südwest.

Südlich der Linie, die von Bonn am Rhein über den Harz bis zur Nordgrenze der Niederlausitz (Lübben) geht, beginnt das oberdeutsche Gebiet. Diese kennzeichnet sich im Bereich der Familiennamen zunächst durch den Wegfall des eigentümlich Niederdeutschen in Lautverhältnissen und Wortformen. Namentlich gilt dies auch von den Bildungselementen der Ver-

---

1) Aus *-ek* entwickelte sich *-ke*, wie in *Pawelke* aus *Pawelek, Mardschinke* aus *Marcinek.* In anderen Fällen wurden volle Vokale (*a, i*) abgeschwächt, wie in *Jütersonke* aus *Jutrzenka, Palbitzke* aus *-ki.* Dadurch haben die Namen auf *ke*, aus mehreren Quellen fließend, solchen Zuwachs erhalten, daß sie in Hinterpommern (etwa 15 v. H.) dreimal so zahlreich wie in Vorpommern sind.

kleinerungsformen: an Stelle des *k* *(g, j)* tritt *l* in seinen mannigfaltigen Gestaltungen (s. Seite 33) und *z*.[1]

Beginnen wir am Rhein, mit der preußischen Rheinprovinz, so handelt es sich besonders um die Regierungsbezirke Koblenz und Trier.

Die genetivischen Namen, die in dem nördlichen linksrheinischen Teile der Provinz überwogen *(Henrichs, Reichartz, Caspers, Eckes, Hoppen)*, bilden auch hier im Nordwesten (Kr. Daun, Prüm) fast noch die Hälfte der Familiennamen, sie nehmen aber je weiter nach Osten und Süden desto mehr ab, bis sie in den Kreisen Saarbrücken und St. Wendel sowie Altenkirchen (auf dem rechten Ufer) nahezu verschwinden.

Das bisherige Verkleinerungssuffix *k* *(Hünnekes, Wilkens, Klömpges, Nüßgen, Büschgens)* weicht den *l* und *z* *(Eckel, Thiel — Heinz, Lutz)*, die hier zum erstenmal im Westen erscheinen.

Was die von Ortsnamen stammenden Familiennamen betrifft, so treten *-ich (nich), -rath, -scheid* zurück, besonders südlich der Mosel. Statt *-rath* erscheint auf dem rechten Rheinufer (schon im Regierungsbezirk Köln) *-roth* (Wilmeroth), das bis zur Ostgrenze von Thüringen hindurchgeht.

Wichtiger aber ist, daß die Ortsnamen, um Familiennamen zu werden, nunmehr häufig die Endung *-er* annehmen: *-bacher, -burger, -heimer, -inger*, z. B. *Morschbacher, Straßburger, Weinsheimer, Dillinger* — mit Umlaut: *-becher, -häuser, -thäler: Dörrenbecher, Oppenhäuser, Lichtenthäler*.

Die Nähe der französischen Sprachgrenze (Kr. Malmedy) verrät sich im Namen wie *Dieudonné, Dollibois* u. a.[2]

Überschreiten wir den Rhein ostwärts, so finden wir in dem Nassauischen (Regb. Wiesbaden) den allgemein oberdeutschen Charakter, ohne stark hervortretende Besonderheiten. Derselbe setzt sich auch in Hessen und Thüringen fort, so daß wir diese Landschaften bis zur Saale hier zusammenfassen können.

Genetivische Namen können hier kaum noch in Betracht kommen; sie bilden schon im Nassauischen nur etwa 2 v. H. und verlieren sich weiter nach Osten so gut wie ganz. Dagegen gehen die Patronymika auf *ing*, wenn auch in geringem Hundertsatz, durch bis zur Saale.

Verkleinerungsformen werden auf *-el* gebildet (bisweilen in Thüringen verstärkt durch *n*: *-lein*, z. B. *Gäbelein*) und auf *z*, für das mitunter das vergröberte *tsch* eintritt: *Fritsch, Götsch* neben *Fritze, Götze*. Da jedoch die Dialektgrenze nicht fern ist und diese Scheidelinie sogar durch das ehemalige Kurfürstentum geht, somit ein, wenn auch nur kleiner Teil

1) Die altdeutschen Vollnamen und ihre ein- oder zweistämmigen Kürzungen ohne Verkleinerungssuffix, welche die allgemeine Grundlage auch hier bilden, werden nicht weiter hervorgehoben. Nur die Eigentümlichkeiten der einzelnen Landschaften sollen hier möglichst ins Licht gestellt werden.

2) Im Luxemburgischen bisweilen in französischer Schreibung: *Bouchholzer, Bourggraff, Brandenbourg — Nitschké.*

desselben (Kr. Hofgeismar, Wolfhagen) in den Bereich des Niederdeutschen fällt, so ist es nicht verwunderlich, daß auch südlich von dieser Linie niederdeutsche Formen öfters begegnen, besonders in Hessen und Thüringen: *Gerke, Heinicke, Meinecke, Fricke.*

Von den Handwerksnamen sind am häufigsten *Schmidt* und *Müller* nebst einigen Zusammensetzungen und in den Hannover benachbarten Landschaften *Meyer,* einfach und in Zusammensetzungen, *Schulz* dagegen findet sich nur sehr vereinzelt. Auch in dieser Klasse zeigen sich niederdeutsche Formen, so auffallend häufig in Hessen *Möller* neben *Müller.*

Die Ortsnamen werden überwiegend ohne Ableitungsendung übertragen: *Lauterbach* (bach hier das häufigste Grundwort), *Henneberg, Sonnefeld* usw., dabei wird *-rode* meist in *-roth* gekürzt *(Germeroth),* auch in *-rott (Ascherott),* ähnlich das eigentümlich thüringisch-sächsische *-leben (Hallensleben)* häufig in *-leb*: *Rinkleb, Witzleb.* Viel seltener (in Nassau etwa $^1/_3$, in Hessen und im nördlichen Thüringen noch weit weniger zahlreich) sind die Ableitungen auf *-er*: *Reichenbächer, Dillenburger, Henneberger, Saalfelder, Staudinger, Herchenröder.*

Die Annäherung an die ehemals slawische Ostgrenze macht sich bemerklich in Bildungen wie *Stiebritz, Löbnitz — Gölitzer.*

Gehen wir wieder zurück an den Rhein, um nach dem eigentlichen Süddeutschland — südlich vom Main — zu gelangen!

Dieser Übergang markiert sich in Hessen-Darmstadt (Starkenburg, Rheinhessen) durch das Auftreten des *ai, ay* (statt *ei*): *Hainz, Mayer* neben *Meyer,* sodann dadurch, daß die Ableitungen auf *-er* von Ortsnamen gegenüber den einfach übertragenen Ortsnamen häufiger werden und diesen nunmehr schon das Gleichgewicht halten.

In Baden tritt auf dem Gebiete der Schmeichelformen das *z* (vergröbert *tsch*: *Fritz; Dietz — Fritsch, Dietsche, Bertsch*) entschieden in den Hintergrund gegen das andere Suffix *l.* Dieses nimmt hier die eigentümliche Form *-le* an, welche im Unterrheinkreis (auf fränkischem Boden) noch gegen *-el* zurückstehend, je weiter nach Süden desto mehr an Zahl wächst, so daß südlich von der Murg (auf alemannischem Boden) namentlich aber im Seekreise die *Merkle* und *Bürkle,* die *Enderle* und *Eberle* eine fast unbestrittene Alleinherrschaft üben. Selbst Namen der dritten Schicht müssen sich dieser Herrschaft fügen: *Kränzle, Drechsle* (statt *Drechsel* = *Drechsler*), *Sütterle* (von Sutter, Schuhmacher). Nur im Oberrheinkreise tritt daneben ziemlich häufig *-lin* auf: *Bürklin, Brendlin, Sütterlin,* wie dieses auch auf der andern Seite des Rheines, im Elsaß, nicht selten ist, man denke an *Oberlin, Köchlin.* Nach der Schweiz weisen einige Formen auf *i* wie *Erni, Bläsi, Rudy* (bisweilen verstärkt durch *n*: *Lüttin, Wältin, Willin*). Unter den Vollnamen sind eigentümlich einzelne Verkürzungen des *-hart* in *et* wie *Bernet, Ehret, Werneth.*

Unter den von Örtern entlehnten Familiennamen gewinnen die Ableitungen auf *-er* nunmehr schon im Unterrheinkreise die Oberhand und verdrängen weiter nach Süden die einfache Übertragung der Ortsnamen fast vollständig. Den Reigen führt *-inger*: *Götzinger, Hottinger, Zähringer*, demnächst *-berger*. Beide zusammen bilden $^2/_3$ aller bezüglichen Namen. Während *-ingen* und *-berg* abgesehen von Adelsnamen wohl immer umbiegen, verhält sich *-bach* wie auch sonst auffallend spröde dagegen und bildet nur in der Minderzahl der Fälle weiter: *-bacher*, seltner *-becher*.

Wie hieraus hervorgeht, schwankt der Umlaut; so auch in *-hauser* und *-häuser*, *-hofer* und *-höfer;* doch herrschen im allgemeinen in dieser Klasse die nicht umgelauteten Formen vor, wie auch unter den Namen, die von der Beschäftigung hergenommen sind, *Kammerer* und *Kuster (Kusterer)* und *Kohler* auffallen.

Ähnliche Verhältnisse wie im Badischen herrschen wesentlich in Württemberg mit Einschluß von Hohenzollern. Auch hier überwiegt als Verkleinerungsform *-le*. Schon im Nordosten, im Jagstkreise (auf fränkischem Boden) mindestens die Hälfte der Verkleinerungsformen mit dem Kern *l* bildend, füllt es im südlichen Württemberg (auf schwäbisch-alemannischem Boden) über 75 v. H. Schier endlos ist die Reihe dieser *Schmelze* und *Schwämmle*, *Bäuerle* und *Mayerle*, *Endele* und *Bendele*, *Dügele*, *Hägele*, *Nägele*, *Wegele*. Daneben kommt nur noch *-el* einigermaßen in Betracht *(Denzel, Immel)*, da *-lin (Hölderlin)*, *-len (Enßlen)* und *-lein (Merklein)* nur vereinzelt auftreten. Hingegen gehen die Verkleinerungen auf *z* in mäßiger Zahl durch alle Kreise, ohne die badische Vergröberung in *tsch*.

Patronymika auf *-ing (Schilling, Gehring, Scheuring)* sind hier häufiger als im Badischen. Unter den von der Beschäftigung entlehnten Namen sind besonders häufig *Müller* und *Maier (Mayer* — immer mit *a)*, beide, namentlich letzterer auch in vielfachen Zusammensetzungen wie: *Steinmaier, Burkardsmaier, Katzenmaier, Stegmayer*. Ihnen ziemlich gleich an Zahl kommen *Schmid*[1] und *Schneider*, die aber die Zusammensetzungen fast ganz entbehren.

Eigentümlich süddeutsche Handwerks- und Amtsbezeichnungen sind: *Beck* (in Baden meist noch *Becker*), auch in Zusammensetzungen wie *Brodbeck*, *Pfister* und *Pfisterer* (aus lat. *pistor*), *Sautter* (aus lat. *sutor*), *Hafner*, *Forstner*, *Sigrist*.

Was die Ortsnamen betrifft, so herrschen wie in Baden die Ableitungen auf *-er* von der Tauber bis zum Bodensee ganz entschieden vor. Unter ihnen stehen, entsprechend der großen Zahl württembergischer Ortsnamen auf *-ingen*, die *-inger* obenan: *Breitinger, Griesinger, Junginger, Sickinger*.

1) Fast immer in dieser einfachsten Schreibung.

Als eigentümlich süddeutsche Formen (auf alemannisch-schwäbischem Boden) schließen sich an: *Allgöwer, Ellwanger, Beißwänger, Winterhalter, Dannegger, Moosbrugger, Sonnenmoser, Bogenrieder.*

In lautlicher Hinsicht ist anzumerken, daß häufig *ai* für *ei* eintritt: *Aichele, Sailer, Stainer, Schnaithmann,* wie dieses *ai* sich auch schon in den Ortsnamen bemerklich macht (*Waiblingen, Spaichingen, Crailsheim* u. a.) — sodann hin und wieder *uo* statt *u*: *Ruof, Schraishuon.* Konsonantisch fällt eine gewisse Einfachheit der Schreibung auf. Ganz entgegen der sonstigen Orthographie der Familiennamen, die mit Vorliebe soviel Buchstaben als möglich setzt, stimmt hier die Schreibung im allgemeinen mit den gewöhnlichen Regeln überein und enthält sich besonders der unnötigen Häufungen *ck, tz, dt, ll.*

Über Baiern können hier nur einige Beobachtungen mitgeteilt werden, meist im Anschluß an Steub, da zu eingehender Darstellung ausreichende Unterlagen fehlen.[1] Auch hier finden wir *ai* statt *ei* (vgl. Meier im Namenbuche). Im Anlaut steht oft *p* statt *b*: *Paintner, Prucker, Puchner.* Unter den Schmeichelformen erscheint wie im Schwäbischen in gewaltigen Mengen das Suffix *-l,* hier ohne e: *Atzl, Hutzl, Märkl, Merl, Pötzl, Seißl, Simmerl.* Die zahlreichen Ableitungen von Ortsnamen haben die Endung *-er* außer einigen auf *-beck, -böck, -päck, -pöck,* für *-bacher* oder *-becher.* Besonders fallen auf die *-bichler (= bühler) (Aichbichler, Moosb.),* die *-hammer* und *-hamer (amer, kamer, samer) = heimer (Heilhamer, Attensamer, Klinkamer, Frohschammer),* ferner die meist nicht umgelauteten *Hofer, Ganghofer, Gsellhofer, Hüttenkofer,* die *Huber, Pointner* und *Paindner* mit ihren Zusammensetzungen; dazu die *Buchner, Fichtner, Larcher, Lindner, Tanner* (die Leute vom Buchenhofe usw.), die vielen *-ler*: *Deisler, Denzler, Haßler, Ritzler, Sitzler, Rumpler* (die vom Rumpelhofe, aus Hrombald, Koseform Hrumpilo), die Zusammensetzungen mit *-ent* (tirol. *-enne*), = jenseits: *Enthofer* (der jenseits des Hofes hausende), *Entmooser, Ennemooser, Entstraßer, Entleutner* und viele andre *Leiter, Leitner* und *Leutner* (Leite = Bergabhang). Ganz Baiern eigentümlich sind die vielen *-eder,* Leute, die einst in der Öde wohnten. In München selbst schreiben sich alle die einfachen *Eder* mit *e,* in den zusammengesetzten Namen streiten sich noch *e* und *ö* (der richtige Altbaier kann ein gerundetes *ö* überhaupt nicht sprechen; so schrieb man denn auch *Böck, Förg, Schörg* für *Beck, Ferg, Scherge,* selbst *Höcht, Höß, Köck, Schnöll,* und umgekehrt *Esterhammer* für *Österheimer*), z. B. *Ameisöder, Schusteröder, Hocheder, Hauzeneder, Engleder, Kantensieder* (= Kantensöder), *Geißelsieder, Empfenzeder, Lempenzeder, Manzeneder, Manznetter, Obernetter, Panzetter, Scharfetter* usw.

1) Leider mußte deshalb hier von Elsaß-Lothringen, der Rheinpfalz, Schweiz, Österreich u. a. ganz abgesehen werden; Schnellers Innsbrucker Namenbuch habe ich nicht einsehen können.

Südost.

Das thüringisch-sächsische Gepräge der Familiennamen setzt sich auch noch östlich der Saale in den dorthin sich erstreckenden Teilen der preußischen Provinz Sachsen (den Kreisen Delitzsch, Bitterfeld, Torgau, Schweinitz, Liebenwerda) sowie in dem Königreich Sachsen im allgemeinen fort.

Die häufigste Verkleinerungsendung ist *-el* in Namen wie *Göthel, Hähnel, Neydel, Seidel, Siegel, Weigel; Barthel, Jäckel.* Den oberdeutschen Formen auf *l* und *z* (häufig vergröbert *tsch*) tritt in den nördlichen Gegenden ziemlich oft das niederdeutsche *k* zur Seite; so finden sich nebeneinander *Heinze* und *Heinecke, Dietze* und *Diecke.* In den südlichen Landschaften (dem Königreich Sachsen) tritt an Stelle des *ke (-icke)* das mehr hochdeutsche *-ig (-ich)*: *Heinig (Heinich), Theurig, Uhlig, Gerbig.*

Ableitungen auf *-er* von Ortsnamen *(Straßberger, Schönfelder, Clausnitzer)* treten hier zurück, mit Ausnahme der nicht seltenen zweisilbigen, wie *Berger, Langer* (von Ortsnamen Berg, Lang), *Birkner, Jeßner, Klingner, Ließner, Lindner, Meißner, Ölsner* (von Ortsnamen auf -en: Birken, Jessen usw.).

Durch das Zusammentreffen von Oberdeutsch und Slawisch werden in Namen deutschen wie auch slawischen Ursprungs harte Zischlautverbindungen erzeugt: *zsch, tzsch,* nicht allein im Auslaut: *Fritzsche, Klotzsch, Pietzsch, Roitzsch,* sondern (im Königreich Sachsen) auch im Anlaut: *Zschweigert, Zschinsky, Tschucke, Tzschachel.*

Überhaupt blickt der slawische Untergrund, wenn auch die deutschen Namen, von der Lausitz abgesehen, ganz bedeutend überwiegen, doch noch hie und da durch in Namen wie *Gaudlitz, Muschwitz* (von den entsprechenden Ortsnamen), *Nowak, Noack* (= Neumann), *Schunak, Hannusch.*

Die südlichen Kreise des Regierungsbezirks Frankfurt a. d. O., die den größten Teil der Lausitz mit ihrer urspr. sorben-wendischen Bevölkerung in sich schließen, haben zwar ebenfalls die deutschen Verkleinerungsformen auf *l* und *z (tsch)*, doch häufiger das aus zwei Quellen (niederdeutsch und wendisch) fließende Suffix *k*: *Janke, Paulke, Hannuske, Dammaschk, Scholtka, Hanko.* Bisweilen sind *l* oder *z* mit *k* in deutschen Zwitterformen wie *Henkel, Kunzke* vereinigt.

Ortsnamen werden fast immer unmittelbar übertragen: *Goldbach, Hanstein, Wollenberg — Ukrow, Schillow, Matzkow, Dubrau; -ow* und daraus verdeutscht *-au* (wie in den Städtenamen Kalau, Luckau, Sorau usw.) sind hier die gewöhnlichen Endungen slawischer Ortsnamen. Das Wendische tritt natürlich stark hervor, bis zu 40 v. H. und drüber, in Gebilden wie (außer den schon erwähnten): *Kuba, Koalick, Mudrak, Woitschach, Natusch, Nawotnik.*

Eine ebenfalls starke wendische Beimischung zeigt die Oberlausitz, am stärksten im Kreis Hoyerswerda. Im übrigen leitet die Oberlausitz (wie auch schon Sachsen) durch das Vorschlagen der Verkleinerungsform *-el* und die Ableitungen auf *-er* von Ortsnamen, wie *Elsner, Wiesner*, nach Schlesien hinüber.

Da Schlesien wie eine langgestreckte Halbinsel in das slawische Sprachmeer, zwischen Tschechenland und Polen, hinausragt, so ist es natürlich, daß fast überall slawische Elemente auch in den Familiennamen hervortreten. Im Innern der Provinz ist dies freilich nur in geringem Maße der Fall, in desto größerem aber an den Rändern, besonders im Osten, wo Preußisch-Schlesien unmittelbar an das Polnische (in Posen und Russisch-Polen) und im Südosten, wo es an das sogenannte Wasserpolnische (in Oberschlesien) stößt, während im Westen noch ein Streifen deutscher Bevölkerung (in Österreich) vorgelagert ist. Am stärksten ist diese slawische Beimischung in der Ecke zwischen dem Posenschen (Rawitsch) und Oberschlesien (Kreuzburg), besonders in den Kreisen Namslau und Wartenberg,[1] wo die *-ek (Adamek)* und *-ak (Stepaniak)*, die *-owski* und *-inski* usw. 40—50 v.H. ausmachen. Dagegen ist in den oberschlesischen sprachlichen Grenzkreisen Leobschütz, Neustadt, Falkenberg, Neiße, Grottkau nur etwa $^1/_5$ der Familiennamen slawisch.[2] In der deutschen Namengebung fehlen die Patronymika (Genetiv, Ableitungen auf *-ing*, Zusammensetzungen auf *-sen*). Von den Verkleinerungsendungen ist *-ke* wohl meist dem Slawischen zuzuweisen, *z* begegnet fast nur in den bekannten „*Hinz* und *Kunz*" *(Heinze* und *Kunze)*, häufiger in der breiteren Form *tsch*: *Bartsch, Fritsch, Nitsche* — bisweilen *sch*: *Kunsch* — mit *k* verbunden: *Nitschke*. Obenan steht jedoch wie in Sachsen *-el*: *Göbel, Menzel, Riedel, Seydel, Thiel* (aus *Thiedel*) — *Hensel, Jäckel* — *Henschel*.

Ortsnamen werden meist einfach übertragen: *Steinberg, Kunzendorf, Süßenbach, Baumgart*, wobei *-berg, -dorf, -bach* voranstehen, während die urspr. slawischen Ortsnamen überwiegend auf *-witz* und *-itz* endigen: *Plagwitz, Nittritz*. Doch wird die Endung *-er* an Ortsnamen auf *-berg* häufig gehängt: *Grünberger, Riesenberger, Rosenberger*, und einsilbige Ortsnamen erfahren gewöhnlich diese Verlängerung: *Brieger, Glatzer*. Ganz besonders aber sind zweisilbige Ortsnamen auf *-en* anscheinend immer nur in dieser Weiterbildung verwendet, so daß sich hieraus eine lange Reihe solcher Familiennamen ergibt: *Elsner, Ilgner, Kösner, Kutzner, Klingner, Langner, Lindner, Moschner, Wiedner, Wiesner* usw. von den Ortsnamen Elsen, Ilgen, Kösen usw.

---

1) Hier ragt ja auch das Polnische in die Provinz herein.

2) Anderseits begegnen auch viele deutsche Namen (bis zu 25 v. H.) in den überwiegend polnischen Kreisen.

Unter den von Amt und Handwerk entlehnten Namen sind als eigentümlich schlesisch hervorzuheben: *Scholz* (vgl. auch „Erbscholtisei") — slawisch *Woita* (=Vogt) und *Kretschmer*[1] vom slaw. Kretscham (Dorfkrug).

20.

Stillstand oder Bewegung in der Namenwelt?

Der Vorgang des Festwerdens der Familiennamen ist, nachdem auch die letzten Nachzügler (s. S. 29 und 67) sich ihm haben anbequemen müssen, nunmehr seit beinah einem Jahrhundert zum Abschluß gelangt. Es fragt sich aber, ob damit ein völliger Stillstand auf diesem Gebiete eingetreten, ob nicht auch hier bei genauerer Betrachtung eine Bewegung zu erkennen ist, gleichwie der Spiegel eines scheinbar still und tot daliegenden Gewässers doch eine leichte Bewegung auf der Oberfläche verrät.

Diese Frage ist zu bejahen; einen völligen Stillstand gibt es auch auf diesem Gebiete nicht.

1. Es sterben Familien aus und damit auch Familiennamen.

2. Vorhandene Namen werden geändert. Besonders häufig ist der Übergang aus der mundartlichen in die hochdeutsche Form, namentlich auf niederdeutschem Sprachgebiete: *Möller* in *Müller*, *Röwenhagen* in *Rübenhagen* u. a. noch in neuester Zeit (s. Beilage 2). Johann Valentin *Buhle*, Sohn von Christoph B. (1688) in Wahnhausen an der Fulda, wird noch 1729 in Martinhagen Buhle genannt, dann zieht er nach Kassel und wird im Garnisonkirchenbuch als J. V. *Paul* 1730 eingetragen, wohl vermeintlich verhochdeutscht. Sein Sohn wurde Pfarrer 1767 und nannte sich *Paulus*, und so heißt die Familie seitdem. Vereinzelte Namen werden aus den mannigfachsten Gründen geändert: *Czech* in *Echt*, *Kamphaus* in *Kamphausen*, *Laabs* in *Labes*, *Schwein* in *Klein*.

3. Es bilden sich neue Namen — zunächst durch Zusammensetzung zweier: bei adeligen Geschlechtern infolge Verschmelzung zweier Familien, deren eine bis auf eine Erbtochter erloschen ist: *von Kleist-Retzow*, *Henckel von Donnersmarck* — bei Schauspielerinnen, die im Fall einer Verheiratung den Namen, unter dem sie berühmt geworden sind, gern beibehalten: *Hendel-Schütz*, *Birchpfeiffer*. In einzelnen Fällen ist ein solcher Doppelname gestattet worden, um das Aussterben eines berühmten Namens zu verhindern, so *Bessert-Nettelbeck* (des Kolberger N. Schwiegersohn), *Krupp von Bohlen und Halbach*.

In einigen Gegenden ist es Sitte, den Vaternamen der Frau mit dem eigenen zu verbinden. Beispielsweise nannte sich *Hollweg* nach Frankfurter Sitte *Bethmann-Hollweg;* bei dem Sohne kam dieser Doppelname bald in alleinigen Gebrauch und wurde auch 1840 von Friedrich Wilhelm IV.

1) Nach Weise auch in Obersachsen und im Osterlande häufig.

geadelt. Diese Sitte ist besonders in der Schweiz verbreitet. Aus den Namen des Mannes (*Meyer*) und der Frau (*Bodenbender*) wurde 1907 der neue Name *Meyboden* zusammengezogen.

Endlich entstehen Namen, wenn auch nur ganz vereinzelt, durch völlige Neubildung. Dies wird hauptsächlich der Fall sein bei Findlingen und bei Proselyten. So hat ein dem Verfasser persönlich bekannter Proselyt sich *Bufsin* genannt, von dem Hauptwort „Buße“ mit Anlehnung an die Ortsnamen auf *-in*.

Beilage 1.

Godeberaht.[1]

a) Die im Altdeutschen möglichen Bildungen (s. S. 22f.).

Einstämmig gekürzte Form *Godo,*[2] zweistämmig gekürzt *Godbo*[3] mit den Nebenformen *Gobbo*[4] und *Gobo.*[5]

Hieraus als einfach verkleinerte Formen mittels der Endung *-ilo*: *Godilo*[6] mit den Nebenff. *Godlo,*[7] *Gollo*[8] und *Golo,*[9] sowie *Godbilo*[10] mit den Nebenff. *Gobbilo*[11] und *Gobilo*[12] — mittels der Endung *izo*: *Godizo*[13] nebst *Godzo,*[14] *Gozzo,*[15] *Gozo,*[16] sowie *Godbizo*[17] nebst *Gobbizo*[18] und *Gobizo*[19] — mittels der Endung *iko*: *Godiko*[20] nebst *Godko,*[21] *Gokko,*[22] *Goko,*[23] sowie *Godbiko*[24] nebst *Gobbiko*[25] und *Gobiko.*[26]

Daraus wieder als doppelt verkleinerte Formen ($l + n$) *Godilin*[27] nebst *Godlin,*[28] *Gollin,*[29] *Golin*[30] sowie *Godbilin*[31] nebst *Gobbilin*[32] und *Gobilin*[33] — ferner ($l + k$) *Godiliko*[34] nebst *Godliko,*[35] *Golliko*[36] und *Goliko,*[37] sowie *Godbiliko*[38] nebst *Gobbiliko*[39] und *Gobiliko*[40] — ferner ($z + n$) *Godizin*[41] nebst *Godzin,*[42] *Gozzin,*[43] *Gozin,*[44] sowie *Godbizin*[45] nebst *Gobbizin*[46] und *Gobizin*[47] — ferner ($z + l$) *Godizilo*[48] nebst *Godzilo,*[49] *Gozzilo,*[50] *Gozilo,*[51] sowie *Godbizilo*[52] nebst *Gobbizilo*[53] und *Gobizilo*[54] — ferner ($z + k$) *Godiziko*[55] nebst *Godziko,*[56] *Gozziko,*[57] *Goziko,*[58] sowie *Godbiziko*[59] nebst *Gobbiziko*[60] und *Gobiziko*[61] — ferner ($k + n$) *Godikin*[62] nebst *Godkin,*[63] *Gokkin,*[64] *Gokin,*[65] sowie *Godbikin*[66] nebst *Gobbikin*[67] und *Gobikin*[68] — endlich ($k + l$) *Godikilo*[69] nebst *Godkilo,*[70] *Gokkilo,*[71] *Gokilo,*[72] sowie *Godbikilo*[73] nebst *Gobbikilo*[74] und *Gobikilo.*[75]

b) Die wirklich vorhandenen neudeutschen Familiennamen.

1. a) *Gottbrecht.*
   b) *Gottbraht.*
   c) *Gobbert.*
   d) *Joppert.*
   e) *Göppert; Göpper.*
   f) *Juppert.*
   g) *Gobert.*
   Gen. *Goverts.*
2. a) *Gohde.*
   Gen. *Gohdes* — patr. A.
   Goding.

b) *Göde.*
Gen. *Göden; Gödens; Göens.*
c) *Gödde.*
d) *Gäde.*
e) *Gude.*
f) Gen. *Gudden.*
g) *Gothe; Goth.*
h) *Goethe; Göth.*
i) *Köth.*
k) *Gotte; Gott (Gottmann).*
l) *Götte; Gött.*
Gen. *Götten* — patr. A. *Götting.*
m) *Kott.*
n) *Gute (Guthe); Gut (Gutmann).*
Patr. A. *Guting.*
o) *Güte; Güth.*
Patr. A. *Güting.*
p) *Gutte (Guttmann).*
q) *Jütte.*
4. a) *Gubbe.*
b) *Kopp.*
Gen. *Köppen.*
Patr. A. *Köpping.*
5. a) *Göb.*
Gen. *Goeben.*
b) *Gube.*
6. a) *Godel (Godelmann).*
b) *Gödel.*
c) *Göthel.*
Patr. A. *Göthling.*
d) *Gottel.*
e) *Göttel (Göttelmann).*
f) *Güttel; Gütl.*
7. a) *Gättle; Göttl.*
Patr. A. *Göttling.*
b) Patr. A. *Güthling.*
8. a) *Golle; Goll (Gollmann).*
Patr. A. *Golling.*
b) *Göll.*
c) *Kölle.*
d) *Güll.*
9. a) *Gohl.*
b) *Johl.*
c) *Göhle; Göhl.*
Patr. A. *Göhling.*
11. a) *Gobbel.*
b) *Göbbel.*
c) *Köppel.*
12. a) *Göbel.*
b) *Göpel.*
15. a) *Gotz (Gottheis, Gotzmann).*
Gen. *Gotzens.*
b) *Kotz.*
c) *Gotsch.*
d) *Gosse; Goss (Gossmann).*
Goos.
e) *Götze; Götz (Götzmann).*
Gen. *Götzen.*
f) *Gödsche; Götsch.*
g) *Gutz (Gutzmann).*
h) *Gütz.*
i) *Gutsch.*
16. *Göz.*
20. a) *Gödike; Gödeke.*
Gen. *Gödeken* — Patr. A. *Gödeking; Göker* (1536 *de Godeker*, 1488 *Godekinck*, Preuß).
b) *Jödike.*
c) *Göttig; Göttich.*
d) *Gädeke.*
e) *Gedicke; Gädje.*
f) *Güttich.*
21. a) *Gödtke.*
Gen. *Gödkens. Gädjens.*
b) *Göthge.*
Gen. *Götjes; Göttjens.*
c) *Gottke.*
d) *Gottge.*
e) *Gädtke.*
f) *Guthke.*
g) *Guttke.*
h) *Güttke.*
22. a) *Gocke.*
Patr. A. *Göckingk.*
b) *Göcke.*
Gen. *Göcks.*
23. *Göke.*
Gen. *Göken.*
37. a) *Gohlke.*
b) *Göhlke.*
50. a) *Gotzel.*
b) *Götzel (Götzlmann).*
c) *Kötzel.*
d) *Gossel.*
Gen. *Gossels.*
e) *Gössel.*
Patr. A. *Gösling.*
f) *Kössel.*
g) *Götschel; Götschl.*
h) *Gützel.*
57. a) *Götzke.*
b) *Götschke.*
c) *Göschke.*
d) *Gottschick.*
62. *Godeken.*
64. *Göcken.*
71. a) *Gockel.*
b) *Göckel.*
c) *Göggl; Göggelein.*
d) *Gückel.*

Beilage 2.

Entwickelung einer Namenreihe während der Neuzeit.[1]

1600	1650	1700	1750	1800	1850
Arend	Arendt, Arnd	Arndt	Arndt	Arndt	Arndt
Bardenflet, -fleit	Bardenfleth	Barenfleth	Bahrenflebt, Bahne-	Bahnfleth	Bornfleth
Bellin	Bellin	Bellin, Bellihn	Bellin	Bellin	Bellin
Bolemann	Boleman	Boleman	Bohlmann	Bohlmann	Bohlmann
Brandt	Brandt	Brand	Brandt	Brandt	Brandt
Donner	Donner	Donner	Donner	Donner	Donner
Ertman	Ertman	Erdmann	Erdmann	Erdmann	Erdmann
Goyer	Gojar, Goyar	Gojar	Gojar	Gauger	Gauger
Hake	Hake	Haacke	Haack	Haak (ck)	Haak
Knolle	Knolle	Knolle	Knoll	Knoll	Knoll
Köne	Köne	Köhne	Köhne, Koine	Köhn	Köhn
Köpe	Köpe	Köpe	Koipe	Keupe	Keup
Kröger	Kröger	Krüger	Krüger	Krüger	Krüger
Krossin	Krossin, Krössin	Krössihn	Krössin	Krössin Kressin	Kressin
Labes	Labes	Labeß	Labs, Laabs	Labs, Laabs	Laabs
Landtbrecht	Landtbrecht	Landbrecht	Landbrecht		Lamprecht
Loitzin	Loitzin	Löyssihn, Lössin	Lössin	Lössin	Lössin
Lubbeke	Lübbecke	Lübbeke	Lübbeke, Lübke	Lübke	Lübke
Moller, Möller	Möller	Möller	Möller	Möller	Müller
Nieman	Nieman, Neu-	Niemann, Neu-	Niemann, Neu-	Niemann	Niemann
Oldehaue, -hoff	Oldehave, Olhaf	Oldhoff, Olhoff	Olhoff	Olhof, Ollhoff	Ollhoff
Pagenkop	Pagenkop	Pagenkop, -pf	Pagenkop	Pagenkop	Pagenkopf
Placke	Placke	Placke, Plack	Plack	Plack	Plack
Rham	Rham	Rhamm	Ramm	Ramm	Ramm
Ribe	Rybe	Riebe	Riebe	Riebe	Riebe
Ruchel	Ruchel	Rüchel	Rüchel	Rüchel	Rüchel
Steffen	Steffen	Steffen	Steffen	Steffen	Steffen
Stekelinck	Stekelinck	Steckeling	Stekeling	Steckling	Stekling
Timme	Timme	Timme	Timm	Timm	Timm
Witte	Witte	Witte	Witte	Witt	Witt

An diesen hier durch dritthalb Jahrhunderte verfolgten Namen zeigt sich 1. ein allmähliches Schwinden der Form, besonders durch Wegfall eines *e*, so daß dreisilbige Namen zweisilbig, zweisilbige einsilbig werden (s. Bardenfleth, Bolemann, Lubbecke, Oldehoff, Stekelinck — Arend, Hake, Knolle, Köne, Köpe, Labes, Placke, Timme, Witte);

1) Zusammengestellt nach den Kirchenbüchern der Gemeinde Wachholzhagen (Kreis Greifenberg, Pommern), die in den Konfirmanden-Verzeichnissen bis 1586, im übrigen bis 1619 zurückgehen.

2. ein allmählich stärkeres Hervortreten des Umlautes (s. Krossin, Lubbeke, Moller, Ruchel);
3. ein zum Teil schon früher, zum Teil aber auch sehr später Übergang aus der niederdeutschen in die hochdeutsche Form: Kröger schon ums Jahr 1700 Krüger, dagegen Möller erst seit 1850 Müller — während andere Namen standhaft die niederdeutsche Form behaupten (s. namentlich Ollhoff, Stekling), oder nach einigem Schwanken wenigstens schließlich bei ihr beharren (s. Niemann).

Im ganzen ist die Entwickelung eine naturgemäße, der sprachlichen Entwickelung gleichlaufend; nur zwei Namen weisen eine Entstellung auf: Kressin (st. des richtigeren Krössin) und Bornfleth (st. Bardenfleth, O. im Oldenburgischen).

Beilage 3.

Fremdsprachige Namen in Deutschland.

a) Slawische.

Schon bei der ersten Festsetzung der Familiennamen mischten sich in bedeutendem Maße fremde Sprachelemente ein, und zwar slawische. Als die Hauptmasse der Germanen in der Völkerwanderung nach Westen und Süden zog, wurde der Osten Deutschlands fast ganz entleert, und die aus dem fernen Osteuropa hervordringenden Slawen rückten über Weichsel und Oder in die Lücke ein. Die wenigen Germanen, welche etwa in der ursprünglichen Heimat geblieben waren, konnten der Slawenflut nicht Widerstand leisten, sie mußten sich unterwerfen und verschmolzen mit den neuen Einwanderern. Erst an der Elbe staute sich die Flut, und so füllten seitdem die Slawen in ihren verschiedenen Stämmen den Osten Deutschlands bis zur Elbe und Saale, ja zum Teil noch darüber hinaus. In Mecklenburg saßen die Obotriten, in Brandenburg die Wilzen, Heveller u. a., in Pommern die Pomoren, im Meißnischen die Dalemincier, in Schlesien die Belochrobaten usw. Jahrhundertelang sah die Elbe auf ihren beiden Ufern ganz verschiedene Völker: links die Deutschen (Sachsen und Thüringer), rechts die Slawen (Wenden), die sich in unaufhörlichen Fehden und Beutezügen bekämpften. Mit den Karolingern begann der Rückschlag; doch erst seit der Hohenstaufenzeit drang die deutsche Nation wieder mit Stetigkeit vor. Im Süden wurde durch die Stiftung des Bistums Bamberg und im Norden durch die Gründung der Nordmark an der unteren Elbe die Grundlage gewonnen zu weiterem Vorschreiten. Von da ab mußten die Wenden immer weiter nach Osten zurückweichen, und in jahrhundertelangen blutigen Kämpfen wurden die ausgedehnten Landschaften zwischen Elbe und Oder, sodann zwischen Oder und Weichsel größtenteils dem Deutschtum wiedergewonnen.

So gewaltsam man auch gegen die Wenden verfuhr, es verblieben doch viele in ihrer seit Jahrhunderten eingenommenen Heimat, mischten sich zum Teil mit den Deutschen und wurden allmählich germanisiert, oder wo sie in größerer Masse zusammensaßen, behaupteten sie sogar ihre Volkstümlichkeit, ihre Sprache. So gab es in Hannover ein Wendland (im Lüneburgischen), ebenso in Altenburg, wo die höchst eigentümliche wendische Tracht sich bis zur Stunde erhalten hat; in Westpreußen bilden die Kassuben, in der Lausitz die Sorben noch jetzt bedeutende, wenn auch immer mehr zusammenschmelzende Inseln im germanischen Sprachmeer; Oberschlesien ist überwiegend slawisch, und von Südost dringen die Tschechen in Böhmen wie eine Halbinsel fast bis in die Mitte Deutschlands vor.

Diese ursprüngliche Grundlage des Slawischen auch in längst rückgermanisierten Landschaften bekunden noch jetzt die Ortsnamen, die entweder slawisch oder neudeutsch sind. Alle Städtenamen auf *-gard,* z. B. *Naugard* (Nowgorod = Neuenburg), alle Ortsnamen auf *-ow, -itz, -in* — und deren ist Legion — sind slawisch. Wie eine Sündflut hat sich das Slawentum auf die Spuren unserer Altvordern gelegt.

Daher nun so vielfache slawische Elemente auch in den Familiennamen, besonders des östlichen Deutschlands!

Zunächst sind die von slawischen Ortsnamen abgeleiteten FN. hervorzuheben, unter denen vorherrschen die auf

-in (betont): *Cammin, v. Schwerin, Stojentin;*

-itz: *Bublitz, v. Dewitz, Nemitz;*

-ow (mit stummem *w*): *v. Flotow, Grabow, Vangerow.*

Doch sind diese nebst vielen mehr vereinzelten Bildungen, wie *Balfanz, Laabs* (O. Labes), *Roggatz, v. Woběser,* nur bedingt hierher zu ziehen; denn wenn auch die Ortsnamen, die hier zu Grunde liegen, slawisch sind, so ist doch die Art, wie dieselben mit Ergänzung eines Verhältniswortes oder auch durch einfache Übertragung (s. Kap. 13) zu Familiennamen gestempelt werden, nicht slawisch, sondern deutsch, und sie treten also zu den deutschen Familiennamen. (Näheres über diese ganze Namenklasse in dem Namenbuch unter den Endungen *in, itz, ow.*).

Nach slawischer Art wird von den Ortsnamen eine Ableitung gebildet mit der Endung *ski* (häufig im Deutschen *sky* geschrieben), z. B. *Grabowski* „der Mann aus Grabow“, *Kaminsky* „der aus Kammin“. So entsprechen sich ferner Lassan — *Lassansky,* Loschitz — *Loschitzki,* Poblotz — *Poblotzki* usw. Nur diese also sind als wirkliche und vollgültige slawische Bezeichnungen anzusehen (wenn auch vielfach in halbdeutscher Schreibung).

Den adligen Namen ist im Deutschen dann noch das *von* vorgesetzt, welches streng genommen doch nur zu dem Ortsnamen selber paßt: *von Gostkowski* (O. Gustkow), *von Lisiecki* (sprich Lisiëtzki), *von Zelasinski.*

Zu diesen eigentlichen slawischen Bezeichnungen treten nun, ähnlich wie im Deutschen, Personennamen mit ihren mannigfachen Sproßformen:

a) ursprünglich slawische, z. B. die auf *-slaw* (Ruhm): *Mieczyslaw* „Schwertruhm"; *Bogislaw*, Bugslaff, zuletzt *Butzlaff* (mit lang zu sprechendem *u*) „Gottesruhm"; auf *-mir* (Ruhm): *Dalomir, Kasimir, Venzmer;*

b) kirchliche: *Pawelek* (von Paulus); *Piotr* (Petrus) nebst *Petrik, Pechatschek, Pjatrask* u. a.;

c) Amts- und Handwerksnamen: *Woita* (Schulze), *Pahnke* (Panek kleiner Herr, Junker), *Koschnik* (Mäher), *Pigorsch* (piekarz Bäcker) usw.

In überwiegend deutschen Gegenden sind diese Namen großenteils so umgewandelt, daß sie ein mehr deutsches Gepräge angenommen haben: *Mitzlaff, Pawelke*[1], *Woith* — in überwiegend slawischen bestehen sie in unveränderter slawischer Fassung fort.

b) Littauische.

Littauisch Redende finden sich unter deutscher Herrschaft hauptsächlich nur noch in den nördlichsten Teilen des preußischen Regierungsbezirkes Gumbinnen, nördlich von Insterburg und Pillkallen, doch auch hier vielfach durch deutsche Ansiedelungen unterbrochen. Erst die Spitze nördlich von Tilsit, die alte Landschaft Schalauen, ist überwiegend littauisch, so daß hier die deutschen Orte als Inseln (auf Böckhs Karte gelb im littauischen Blau) erscheinen.

In den Familiennamen tritt der ursprünglich littauische Bestandteil natürlich noch in größerem Maße hervor, da auch in den deutsch gewordenen Gegenden viele Einwohner littauischen Stammes leben und die alten Namen, wenn auch teilweis entstellt, fortführen. Doch macht sich überall das Eindringen des Deutschen bemerklich, und so überwiegen littauische Familiennamen selbst unter der Landbevölkerung nur noch etwa in den Kreisen Heidekrug und Tilsit, halten den deutschen das Gleichgewicht in Memel, Ragnit, Pillkallen, bleiben aber in allen übrigen Kreisen in der Minderzahl.

Unter den littauischen Familiennamen stehen im Vordergrunde die ursprünglich patronymischen Bildungen auf *-atis* und *-aitis*, welche dann auch verkleinernd gebraucht werden — z. B. *Baltratis* von Baltras (Balthasar), *Obramaitis* von Obramas (Abraham). Gewöhnlich haben sie die Endung *is* abgeworfen und erscheinen in den Formen *at, eit*: *Balzuweit,*

---

1) An dieser Stelle fließen Slawisch und Deutsch teilweis zusammen, und es ist keine strenge Grenze zu ziehen, da manche Namen auf *ke* sowohl deutschen als slawischen Ursprunges sein können, z. B. *Janke* deutsche Verkleinerungsform von *Johannes* und auch slawische, durch *Janek* vermittelt.

Balschuweit, Baltzuweit (von Balthasar oder Blasius), *Peterat* (von Peter), *Josupeit* (Joseph); *keit, igkeit*: *Jonigkeit, Jonischkeit* von Jons (Johannes), *Urbigkeit* (Urban). Endlich gehören hierhin die Namen auf *-un, -uhn*, wie *Janku(h)n* (Johannes) und *Steppuhn* (Stephan). Am deutlichsten erkennbar sind nach ihrem Sinne die Ableitungen von Vornamen, wie die obigen; doch gibt es auch vielfache Ableitungen von Gattungsnamen, wie *Kaprolatis* von Kaprolas (Korporal), selbst von deutschen Stämmen: *Schneidereit, Schulmeistrat, Kuschnereit* (Kürschner).

Zu ihnen treten die Bildungen auf *ies* (*i-es*): *Stachulies*, und auf *us*: *Schimkus*, die mit jenen zusammen gegen 80 v. H. der littauischen Familiennamen ausmachen. Dadurch erhält die Namengebung etwas Eintöniges, wenn auch nicht zu leugnen ist, daß manche dieser Namen, wie *Adomaitis, Rodatis, Laugallies* recht vollen Klang haben.

Auf ihrer Wanderung nach Westen erleiden diese fremdartig klingenden Namen, von ihrer Heimat abgetrennt, manche Entstellungen: *atis* wird abgeschwächt in *ates (Norekates), Obromeit* abgeschliffen in *Obermeit*, die Endung *at* erscheint in schlechter Schreibung als *adt, ath, aat*.

c) Romanische.

1. Französisch. Hier kommen weniger in Betracht die 10000 Wallonen im rheinpreußischen Kreise Malmedy und die im Reichslande Elsaß-Lothringen verbliebenen Franzosen (gegen 250000), als die Waldenser, die im 17. Jahrhundert in Württemberg aufgenommen wurden, und vor allen die Hugenotten, welche Ludwig XIV. durch seine Bedrückungen zur Auswanderung veranlaßte. Namentlich als durch den Widerruf des Ediktes von Nantes (1685) der Protestantismus in Frankreich für aufgehoben erklärt und auf die Ausübung dieses Kultus Todesstrafe gesetzt ward, verließen nach und nach, trotz strenger Grenzbewachung und Androhung der Galerenstrafe, viele tausend gewerbfleißige Menschen ihr Vaterland und fanden teils in den Niederlanden und in England, teils in Deutschland Aufnahme. Hier siedelten sie sich an in den Landen von Ansbach und Baireuth, z. B. in Schwabach, auch in Württemberg, ferner in Friedrichsdorf bei Homburg vor der Höhe, im Gebiet der ehemaligen Kurpfalz, wo auch Wallonen aus Lüttich und Verviers einwanderten, besonders in der Rheinpfalz, in Gewissensruh, Gottstreu und Mariendorf in Hessen und in Brandenburg, wo Friedrich Wilhelm der große Kurfürst den Flüchtigen (Réfugiés) bereitwillig eine neue Heimat gewährte. Seit 1672 wurden in Brandenburg an 25000 Hugenotten aufgenommen, vorwiegend in den Städten. Daher noch jetzt die französisch-reformierten Gemeinden an vielen Orten in Preußen, z. B. in Berlin, Magdeburg, Stettin u. a., aber auch in Süddeutschland, z. B. Erlangen. Die in Württemberg 1699 aufgenommenen Waldenser wanderten zum Teil nach rund 20 Jahren weiter nach Preußen,

doch blieben 40 Familien davon in Hessen, nur 9 kamen nach Littauen; von dem Verbleib der übrigen weiß man nichts Sicheres.

Zu Ende des 18. Jahrhunderts sind in den Stürmen der Revolution auch viele geflüchtet (Emigranten), und wenngleich die meisten später wieder nach Frankreich zurückgekehrt sind, so haben doch auch manche es vorgezogen, in der inzwischen liebgewonnenen neuen Heimat zu verbleiben, wie der Dichter *Adalbert von Chamisso* (mit vollständigem Namen: Louis Charles Adelaïde de Chamisso de Boncourt, von dem Schlosse B. in der Champagne).

Daher nun häufig französische Namen in Deutschland, wie *Palmier*, *Bétac*, *du Mesnil*, besonders im Heere: *Loucadou*, *de Courbière* (der „König von Graudenz" 1806), *Forcade*, *de la Motte-Fouqué* und viele andere, darunter manche berühmte Namen auch von Gelehrten: *Savigny*, *Michelet*, *Carrière*, *du Bois-Reymond*.

Fast immer sind diese Namen unverändert erhalten, wenn sie auch im Volksmunde manchmal wunderlich entstellt werden: *Boitelet* in Budlee, *Génëola* in Schellak; *Junier* ist zu *Schinge* (in Speele bei Münden), *Leclair* zu *Leckler* (in Münden), *Arbenson* über Arbenzung zu *Arbenz* (in Andelfingen in der Schweiz), *Regnier* zu *Ringier* (in Zofingen in der Schweiz) geworden, mit deutscher Aussprache. Nur in vereinzelten Fällen ist eine Verdeutschung erfolgt; so hat sich *Buttmann*, der bekannte griechische Grammatiker, aus franz. *Boudemont* germanisiert (s. Namenbuch); *Frédéric* ist wieder *Friedrich* geworden.

2. Italienisch. Italiener sind über die Alpen gezogen besonders als Kunsthändler und Konditoren.

Die italienischen Familiennamen enden auf *a*: *Sala*, *Bonewendura* (entstellt aus Bonaventura) — auf *o*: *Delmanzo* — meist aber und in großer Einförmigkeit auf *i*: *Bentivegni*, *Marsegli*, *Sparagnapani*, *Bertinetti*. Dieses *i* erklärt sich als Pluralform, „einer aus der Familie so und so", z. B. der *Cittadini*, während der Gattungsname im Sing. *cittadino* lautet. Nach Socin ist es Genitiv; er führt als Beispiel an: *Visconti* = *Guido Vicecomitis Mediolanensis civis* 1142). Verdeutscht hat seinen Namen Achilles *della Porta di Vertemate* (Flecken im Mailändischen), 1587 Bürger in Basel; anfangs schrieb er sich di Vertema, dann *Werthemann*.

Ganz vereinzelt erscheinen, damit doch alle Nationalitäten Europas in Deutschland vertreten seien, selbst im Norden, am Gestade der Ostsee madjarische Familiennamen: *Böszörmeny*, *Kedesdy*. Ja dem Verfasser ist ein Nachkomme eines Kosaken bekannt, mit dem klangvollen Namen *Nawitainuk*, dessen Nachkommen sich freilich *Iwan* (russisch = Johann) nennen.

II.

Namen-Buch.

Vorbemerkungen.

Adelslex.	bedeutet	Frhr. von Ledebur, Adelslexikon der preußischen Monarchie.
ahd.	„	althochdeutsch.
angels.	„	angelsächsisch.
Baem.	„	Bacmeister, Germanistische Kleinigkeiten (I. Alte, meist oberdeutsche Familiennamen).
Bed.	„	Bedeutung.
Buck	„	Buck, Oberdeutsches Flurnamenbuch.
DW.	„	Grimm, Deutsches Wörterbuch.
einst. K.	„	einstämmige Kürzung.
EN.	„	Eigenname.
F.	„	Form.
FN.	„	Familienname.
Gen.	„	Genetiv.
got.	„	gotisch.
Gött. UB.	„	Göttinger Urkundenbuch.
Jh.	„	Jahrhundert.
Kal.	„	Kalendertag.
KB.	„	pommersche Kirchenbücher.
Klemp.	„	Klempin, Diplomatische Beiträge.
Lipp. Reg.	bedeutet	Preuß und Falkmann, Lippische Regesten.
mhd.	„	mittelhochdeutsch.
N.	„	Name.
niederd.	„	niederdeutsch.
O.	„	Ort.
oberd.	„	oberdeutsch.
ON.	„	Ortsname.
patr. A.	„	patronymische Ableitung.
patr. Zss.	„	patronymische Zusammensetzung.
PN.	„	Personenname.
Rud.	„	Rudolphs Vollständigstes Ortslexikon von Deutschland und Österreich.
südd.	„	süddeutsch (südlich vom Main).
V.	„	Vollname.
Vklf.	„	Verkleinerungsform.
VN.	„	Vorname.
westf.	„	westfälisch.
zsgz.	„	zusammengezogen.
Zss.	„	Zusammensetzung.
zweist. K.	„	zweistämmige Kürzung.
I. II. III.	„	die drei Schichten innerhalb der FN. (Abhandlung Kap. 1).

Bei der ersten Schicht beachte man, daß die Aufeinanderfolge der an zweiter Stelle befindlichen Zusammensetzungselemente diese ist: *bald, beraht, bod, brand, brord — dag — frith, funs — gang, gar, gard, gast, grim — hard, hari, helm, hraban, hroc, hrod — laic, laif, land — man, mar, mod, mund — nanth, nod — rad, ric — scalc, stain — thanc, thiu — wald, ward, wig, win, wulf.*

Den neuhochdeutschen Familiennamen sind die ad. Vollnamen vorangestellt — wenn nicht urkundlich nachgewiesen und nur vorausgesetzt, in Klammer, z. B. unter *Bandu: Bandhard,* aber *(Bandheri).* Die gekürzten altdeutschen Formen dagegen sind, wenn auch nachweisbar, der Raumersparnis wegen nicht durchgängig aufgeführt worden. Eine Zahl bei einem altdeutschen Namen, z. B. *Arnust* 8., bezeichnet das Jahrhundert, in dem er zuerst nachweislich wird.

Die von Ortsbezeichnungen abgeleiteten zusammengesetzten Familiennamen suche man unter dem Grundwort, z. B. *Bärenreuth, Vogelreuter* unter *Reut.* (Die wichtigsten dieser Grundwörter siehe auf S. 56f.; vgl. auch die Endungen *-a, -ach, -eder, -er, -eter, -etter, -in, -itz, -mann, -o, -ow.*)

A.

A III. got. ahwa, ahd. aha, mhd. ahe „fließendes Wasser“ (urverwandt mit lat. aqua) — bildet schon in der ahd. Zeit unzählige Namen auf *-aha*, wie *Fuldaha*, neben denen seltnere Formen auf *-aa, -ach, -a* hergehen. *-ach* ist mehr oberdeutsch, *-a* mehr mittel- und niederdeutsch. Heutzutage ist die häufigste F. *-ach*. Solche Flußnamen sind dann auch auf daran liegende Orte und von diesen auf Familien übertragen worden.

FN. *Altena* (= zur alten A); *Berka; von Bibra* (aus Biberaha, Biberfluß); *Fulda;* abgeschwächt *Fulde; von Erffa* (9. Jh., Stammhaus lag bei Gotha).

Aalderk s. Aþala (V. Adalric).

Aalfs s. Aþa (V. Aþaulf).

Aapken s. Aþa (zweist. K.).

Aar s. Aran.

Abben s. Aþa (zweist. K.).

Abbrecht s. Aþa (V.).

Abbt s. Abt.

Abderhalden III. (schweiz.) „der von der Halde“ (vgl. „Heinrich von der Halden“ Schiller, Tell 1, 4).

Abe, Abek- s. Aþa (zweist. K.).

Abel a) I. s. Aþa (zweist. K.). b) II. hebr. Hebel, Habel „Hauch“.

Abele, -ing s. Aþa (zweist. K.).

Aben s. Aþa (zweist. K.).

Abend III. in mehreren Zusammensetzungen: *Braunabend, Faßlabend, Feierabend.* — Auch *Abendroth* und *Abenroth* (doch auch ON. Abbenrode).

Aberell III. „April“, auch *Aberill* — der F. nach aus dem 12.—14. Jh. Aus späterer Zeit *Aprill; Aprell.*

Aberle, Äberli s. Aþa (V.).

Abesser III. einer aus Abes (Baiern), Abesser (Baiern).

Abich, Abick s. Aþa (zweist. K.).

Äbli; Abo s. Aþa (zweist. K.).

Abraham II. hebr. „Vater der Menge“ (s. 1. Mos. 17, 5).

FN. (meist jüdisch): *Abraham*, zsgz. *Abram* (mit der ursprünglichen Form des N. wieder zusammenfallend). Gen. *Abrahams; Abrams* (beide ostfries.). Patr. Zss.: *Abrahamsohn; Abrahamson.*

Vorn verkürzt: *Brahms.*

Abram s. Abraham.

Abrecht s. Aþa (V.).

Abt III. ahd. abbât, mhd. abbet (aus dem syrischen abba „Vater“, welches in die kirchliche Sprache aufgenommen wurde) der „meister über die münche“. Auch *Apt* (Breslau).

-ach III. 1) vom ahd. aha (s. A). *Steinach.*

2) vom ahd. -ahi (= lat. -etum), bes. wenn der erste Teil der Zss. eine Baumgattung bezeichnet, wie z. B. in Weidach (Weidicht), Ahornach, Dornach.

FN. *von Erlach.*

3) nicht deutsch, aus der keltischen Endung -acum, -acus entstanden, wie in Andernach aus Antunnacum u. vielen andern rheinischen Städtenamen.

FN. *Echternach; Eisenach; Gappenach; Creizenach* (wohl = Kreuznach).

Ableitung von ON. auf *-ach* (oberd.):

FN. 1) *-acher*: *Brettnacher* (O. Brettenach in Lothringen); *Breis.; Hayn.; Heid.; Rein.; Staud.; Weid.;*

2) *-ächer* (-echer): *Eisenächer; Holecher* (O. Holach in Mittelfranken).

achter III. ahd. aftar, mhd. after, niederd. achter „hinter“ — in manchen Zss.: *Achterfeld* (ON.); *Achterholt; Achterkirchen; Achtermeyer.*

Achternbosch III. niederdeutsch (niederrhein.) „hinter dem Busch“ (S. 55). So auch wohl *Agternkamp* „hinter dem Kamp“.

Achtsnicht III. Satz-N. Auch *Achtsnit* (Wien). *Achtnich.* Entstellt *Achzenicht, Achtzig* (Cämmerer, thüring. FN. S. 16).

Acke s. Aþa (einst. K.).

-acker a) I. aus ahd. wacar „wachsam".
FN. *Gonnacker; Heinacker; Rothacker.*
b) III. aus „Acker", zunächst Ortsbezeichnungen, dann durch Übertragung Familien-N. bildend, „am A. wohnend, ihn besitzend".
FN. *Dreysigacker* (O. Dreißigacker); *Dinkela.; Eicha.; Golda.; Hofa.; Hohena.; Korna.; Rothena.; Steina.; Thala.; Übelacker* (aus Überacker? = freies eigenes Gut neben dem Lehen).
Mit Umlaut: *Gerstäcker; Weizsäcker.*

Ackermann III. mhd. ackerman „Ackersmann". Verlateint *Agricola.*

Adä s. Adam.

Adam II. hebr., als N. des ersten Menschen vielfach zum Vornamen verwendet.
FN. *Adam*, mit der eigentümlichen Zss. *Karrenadam; Hadam.* — Gen. (lat.) *Adä; Adami, Adamy* — (deutsch) *Adams.* Slaw. Vklf. *Adamek.*

Adden, Ade s. Aþa (einst. K.).

Adebahr III. mhd. mniederd. adebar (jetzt nur noch niederd. Adebar) „Storch".

Adel- s. Aþala (V., einst. K.).

Adelt s. Aþa (V.).

Adena s. Aþa (einst. K.).

Adeneuer III. „einer aus Adenau".

Ader s. Aþar.

Aderjahn s. Hadrianus.

Adiekes, Adix s. Aþa (einst. K.).

Adl- s. Aþala (V.) — doch

Adloff s. Aþa (V.).

Adler a) I. s. Aþala (V.). b) III. der „Adler", der König der Vögel, als Wappen- und Häuserzeichen beliebt. Zss. *Steinadler, Güldenadler.*

Adnot, Adolf, -ph s. Aþa (V.).

Adrian s. Hadrianus.

Adt s. Aþa (einst. K.).

Aegidius II. griech. von der Ägis, dem Schilde des Zeus: der „Beschildete", ein seinerzeit berühmter Augustinermönch, Erzieher des nachherigen Königs von Frankreich, Philipps des Schönen, gest. 1316, einer der 14 Nothelfer.
FN.: *Ägidi* (aus dem Gen. Aegidii zsgz., wie die Monats-N. Juni, Juli aus Junii, Julii), *Egidy.* — Volkstümlich gekürzte F.: *Gilles* (Gilius = Aegidius 1186 Socin, vgl. auch holl. Gillis, franz. Gilles); *Gille; Güll; Gillessen.*

Aemilius II. lat., N. der bekannten römischen Familie der Aemilier, vermischt mit dem deutschen Emilo (s. Amal).
FN.: *Millies; Mellies* (S. 38). Zss. *Westermillies* (westf.). Vklf. *Mielke.*

AG- (AH-), I. davon agî und agjô, ahd. ecka, mhd. ecke, egge (vgl. lat. acies) „Ecke", Kante, bes. in dem Sinne von „Schneide, Schwertesschärfe; Schwert".
FN. Agebald: *Eibold.*
Agabert: *Eggebrecht; Eggebert; Eckebrecht; Eckenbrecht; Eckbert; Eibert; Egber.* Gen. *Egberts.*
Agafrid: *Eiffert.*
Agihard: *Eggard; Eggert; Egert; Eckhard; Eckard; Eccardt; Eckert; Ekert; Eichhardt; Eichert; Eiert.* Gen. *Agartz; Egts; Edzardi* (fries., latin.). Patr. A. *Eggerding; Eckarter* (südd.).
Agihari: *Egger; Eckher; Ecker (Eckermann); Eier.* Gen. *Eggers (Eggersmann* westf.); *Egers.* Patr. A. *Eggering; Eyring.*
Vklf. (l): *Eckerle; Aierle.* (l + n): *Eckerlin.*
Egiman: *Eckmann; Eimann.*
Agemar: *Eimer.* Gen. *Eimers.*
Agarich: *Eyerich; Eirich.* Gen. *Eggerichs; Eggericks* (ostfries.).
Agiovald: *Egold; Eckold; Eckhold; Eckgold; Eckelt.* Gen. *Eckholz.*
Egward: *Eckwert.*
Agiolf: *Egolf; Egloff; Eckwolf.*
Einstämmige Kürzung Ag-.
Eggo, Ecko, Aio: *Egge; Ege; Ecke; Eck; Aye; Ey.* Gen. *Aggen; Eggen; Eggens (Kleinegges* westf.); *Ecks; Ecken; Agena* (ostfries.); *Eggena* (ostfries.). Patr. A. *Egging; Eying.* Patr. Zss. *Axen* (aus Aggesen vom ostfries. VN. Agge).
Vklf. (i) Egi: *Eckei.* (l): *Eckel; Egli* (schweiz.). Gen. *Eckels.* (k) Agico: *Eicke; Eyk.* Gen. *Aiken.* (z) Eizo: *Eitze.*
Zweist. K. Agab-.
Agibo, Eibo: *Eyb.*
Vklf. (l): *Aibl* (bair).

Zweist. K. Agam-.
(Agimo): Gen. *Eymeß.*
Vklf. (k): *Eimicke.*
Zweist. K. Agaf-.
(Agifo), Affo, Effo: *Aff* (aber auch v. Hausnamen; 1526 Haus tom Apen in Braunschweig); *Eiff.*

Aggen s. Ag (einst. K.).

AGIL- I. Deutsche Weiterbildung von Ag (berührt sich z. T. mit Aþala in Formen ohne i in der ersten Silbe, wie Ehlert, s. Andresen S. 23).
FN. Agilperht: *Eilebrecht; Ellbrecht; Elbracht; Elbert.* Patr. A. *Elberding, Elperting.*
Egilger: *Elger.* Patr. A. *Elgering.*
Agilard: *Eilhard; Eylert; Elard; Ehlert.* Gen. *Eilderts* (ostfries.). Patr. A. *Eilerding; Ehlerding.*
Agelhar: *Ailer; Egeler; Eckler; Ehler.* Gen. *Ehlers; Eilers.*
Aiglimann: *Eilmann.*
Agilrich: *Eilrich.*
Agilward: *Elwert.*
Einstämmige Kürzung Agil-.
Agilo, Egilo, Eilo: *Agel; Egel; Eyle; Ehle.* Gen. *Egells; Eils.* Patr. A. *Egeling; Eyling.* Patr. Zss. *Eilsen.*
Vklf. (i): *Egli* (schweiz.). (k): *Eileck.*

AGIN- I. Deutsche Weiterbildung von Ag.
FN. Aganbert: Gen. *Eigenberts.*
Aginard (Eginhard, Karls des Großen Schreiber und Biograph): *Ahnert; Eginard; Einhard; Einert; Enet.* Gen. *Ehnders* (ostfries.); *Eints* (ostfries.).
Agenar: *Agner; Ahner; Egner; Eigener; Eigner.*
Aginald: *Ahnelt; Ähnelt; Einold.*
Aginulf: *Egenolf.*
Einstämmige Kürzung Agin-.
Agino, Egino, Eino: *Egen; Eine; Ehne.* Gen. *Eins; Ennen* (vgl. ostfries. VN. Enno). Patr. A. *Eining; Enning.*
Vklf. (k): *Einicke; Enigk; Eneich; Enke.* Patr. A. *Enking.*

AGIS I. got. agis, ahd. agiso, ekiso „Schrecken".
FN. Egisrik: *Eisrich;* (umgedeutet) *Eisenreich.*
(Agisold): *Eiswaldt; Eisold; Eiselt.*
Einstämmige Kürzung: Agis-.
Agiso: Patr. A. *Eising* (1585 Eigesinck, 1315 Eghesing); *Eissing.*

Aglaster III. ahd. agalastra, mhd. agelster „Elster".

Agner s. Agin (V.).

Agricola III. Latinisierung für *Ackermann, Bauer* und *Baumann* — auch für *Schnitter* (Joh. Schnitter aus Eisleben, hervorragender märkischer Theolog des 16. Jh., von welchem auch die bekannte Sprichwörtersammlung herrührt). Aus Agricola wieder *Grickel* (s. Tschiersch, Formwandlungen deutscher Geschlechtsnamen S. 6).

Agternkamp s. Achternbosch.

Ahl-, Ähl- s. Aþala (V., einst. K.).

Ahlff s. Aþa (V.).

Ahm- s. Aþa (V., zweist. K.).

Ahn- s. Agin (V.).

Ähnelt s Agin (V.).

Ahr s. Aran.

Ahren-, Ahrn- s. Aran (V., einst. K.).

Aiken s. Ag (einst. K.).

AISÔ I. ahd. êra, mhd. êre „Schutz, Gnade, Ehre". (Harjaz spielt hinein, in die Formen mit n auch Aran, so daß eine genaue Sonderung sehr schwierig ist).
FN. ohne n (Eraberht): *Ehrbrecht; Erbrecht.*
Erhart: *Ehrhard; Ehret* (bad.); *Erhard.* Gen. *Eerts* (ostfries.).
Erolt: *Erold; Ehrhold.*
Einstämmige Kürzung Er-.
Ero: Patr. A. *Ehring.*
Vklf. (l) Eralo: *Ehrle.* (k) Erico: *Ericke; Ehrke; Erich.* Gen. *Eerkes* (ostfries.).
FN. mit n (Erinbot): *Ehrenbot.*
Erindrud w.: *Ehrentraut.*
Erinfrid: *Ehrenfried.*
Erenricus: *Ehrenreich; Ernreich.*
Ernwin: *Ernewin.*

AIWI I. westgermanisch, in got. aiws, angels. êo, ahd. êwa, mhd. êwe, ê „uralte Zeit; altherkömmliches Gesetz". (Lat. aevum; nach Kluge dagegen zu lat. aequum zu stellen.)
FN. Eubert: *Eupert.*
Eumund: *Emund.* Gen. *Emundts; Emons.*
Euarix: *Eurich; Erich.*
Ewald: *Ewald.* Gen. *Ewolds.*
Eowig: *Ewig.*

Einstämmige Kürzung Ew-.

Ewo, Euo: *Ewe; Eue.* Gen. *Ewes; Euen.*

Akemeyer s. Aþa (einst. K.) und Meier.

Alb- s. a) Aþala (V.) b) Albh (V., einst. K.).

ALBH- I. ahd. mhd. alp (Mehrheit elbe), angels. älf, altnord. álfr „Elf" (S. 18).

FN. Alfhard: *Elfert.*

Alpheri: Gen. *Albers; Elbers; Ahlvers.* Patr. A. *Elfering.*

Alberad (Alfred): *Elfrath; Elfroth.*

Albarich: *Alberich; Elfreich.* Gen. *Alverichs.*

Einstämmige Kürzung Alb-.

Albo, Alpho: *Albe; Elbe; Alf; Elfe.* Gen. *Albes; Alben; Alves; Elben; Elven.* Vklf. (l) Albila: *Albel; Elbel.* Patr. A. *Elfling.* (k): *Albeke; Albig.* (k + n): *Elpken; Elfgen* (Köln.).

Albinus III. lat. für *Weiß(e).* (Allgem. deutsche Biographie.) Albinus als Leibarzt der Königin Christine in den (schwedischen) Adelstand erhoben: *Weiß von Weißenfels.* Auch *Albus* ist FN. (latein. für Weiß).

ALDHAS, auch **ALÞIAS** I. got. alþeis, ahd. alt, altsächs. ald „alt".

FN. Altduom: *Altum.*

Aldhard: *Aldthardt.*

Althar: *Alder; Alter; Altherr.* Gen. *Olders.*

Altroch: *Altrock; Altrogge; Altroggen.*

Aldman: *Altmann; Oltmann; Ollmann; Ohlmann.* Gen. *Altmanns; Oltmanns.*

Alderich: *Alderich; Oltrich; Oldrig; Haltrich; Eltrich.*

Alduig: *Altwig; Oltwig; Olwig.*

Aldwin: *Altwein.*

Einstämmige Kürzung Ald-.

Aldo, Halto: *Alde; Alte; Alt; Halte; Olde; Olle; Ohle.* Gen. *Altes.* Patr. A. Alding: *Alting.* Patr. Zss. *Ohlsen.*

Vklf. (k) Aldico: *Aldick.* Gen. *Ellges* (Grevenbroich).

Aleff, Alefs s. Aþa (V.).

Alexander II. griech. „männerabwehrend"; außer Alexander d. Gr. Name mehrerer Päpste.

FN. *Alexander.* Patr. Zss. *Alexandersen* (Schleswig). Mit Kürzung im Anlaut: *Xander — Zander* (s. Pott S. 111, wonach in Elbing Alexander als VN. in Zander gekürzt wird). Gen. *Zanders* (niederrhein.). — *Sander* (Schütt, Braunschweiger PN. 8); Gen. *Sanders.*

Alexius II. griech. „Helfer", N. vieler oströmischer Kaiser.

FN. Gen. *Alexi.* Gekürzte FF.: *Allex — Lex.* Patr. A. *Lexer* (südd. s. S. 38).

Alf- s. a) Albh b) Aþa (V.) c) Aþala (V.).

Alger, Alheid, Alhelm s. Aþala (V.).

ALH- I. davon algôn „wehren, wahren" und got. alhs, ahd. alah „Tempel, Heiligtum"; Alahfrid usw.

FN. (Alahleip): *Elchlepp.*

Alitz s. Aþala (einst. K.).

Aljets s. Aþala (V.).

Alk- s. Aþala (V., einst. K.).

Allard s. Aþala (V.).

Alle s. Aþala (einst. K.).

Allebracht, Allerd- s. Aþala (V.).

Allerheiligen III. verkürzt aus „Tag aller Heiligen", Festtag in der katholischen Kirche — auch mehrfach als ON. vorkommend.

Allers, Alletag s. Aþala (V.).

Allewelt a) I. s. Aþala b) III. Ausruf, vgl. Petr. Johannis Tout le monde (Köln. Univ.-Matr.). Auch *Allwelt.*

Allex s. Alexius.

Allgäuer III. „einer aus dem Allgau" in Vorarlberg und Baiern.

FN. *Allgäuer; Allgeier; Allgayr; Allgöwer* (worin noch das urspr. w — ahd. gawi — erhalten ist).

Allm-, Allram, Almer, Alrich s. Aþala (V.).

Allwörden s. Werth.

Alt a) I. s. Alðaz b) III. „der Alte".

FN. *Alt.* Zss. *Altherr; Altmann — Althans, -hansel, -henne, -nickel, -peter; -schwager, -sohn, -vater.*

Alt- s. Alðaz (V., einst. K.).

Altbüßer III. „Schuhflicker". Niederd. *Olböter* — niederl. *Ouboter* (Kleve).

Alten III. aus dem Dorfe Ahlten (Hannover).

FN. *von Alten* (Eberhard v. A. 1183).

Altherr a) I. s. Alðaz b) III. mhd. altherre „alter, angesehener Herr", insbesondere „Vorsteher einer Gemeinde".

Altreuß III. mhd. altriuze „Schuhflicker".

Alv- s. Albh.

Alw- s. Aþala (V.).

Am in Zss. wie *Ambach* s. An III.

AMAL- I. wohl zu altnord. ama „plagen, sich belasten“. Ostgot. Königsgeschlecht der Amaler.
FN. Amalhari: *Amler; Emeler; Emmler.*
Einstämmige Kürzung Amal-.
Amala, Emilo: *Emele.* Gen. *Amels.*
Patr. A. Amalung 5: *Amelung; Amelong; Amelang* (auch *Amerlang*); *Ambelang; Ammeling; Amling.* Gen. *Amelings* (ostfries.).

Amann s. Ammann.

Ameblang s. Amal.

Ambrosius II. griech. „der Unsterbliche“; der berühmte Kirchenlehrer, geb. zu Trier, gest. 397 als Bischof zu Mailand, ein Hauptbegründer des Kirchenliedes in der abendländischen Kirche, nach welchem auch der „ambrosianische Lobgesang“ (Te Deum laudamus) benannt ist.
FN. *Ambrosius.* Gen. *Ambrosy; Ambrosay.*
Mit Kürzung im Auslaut: *Ambros; Ambrosch* (oberdeutsch).
Mit Kürzung im Anlaut: *Brosius* (erweitert *Brosenius*); *Brose* (s. S. 38); *Broos.* Gen. *Brosi.*
Vklf. (l): *Brösel.* (k): *Brösicke; Bröske; Brösgen; Brosig* (schles.).
Die Vklf. können auch zu Brord gestellt werden.

Ameis III. das wegen seines „emsigen“ (von der Nebenf. Ämse) Fleißes sprichwörtlich gewordene Insekt (s. Sprüche Sal. 6, 6). Doch ebensogut zu altd. Amizo 9. Jh.
FN. *Ameis — Omeis.*

Amel- s. Amal.

-amer s. Heim.

Amke s. Aþa (zweist. K.).

Aml- s. Amal (V., einst. K.).

Ammann III. ahd. ambahtman, mhd. ambetman, ambtman, amman „niederer Beamter; (in den Reichsstädten die höchste) urteilsprechende Gerichtsperson“.
FN. *Ammann; Amann; Ammon.*

Amme s. Aþa (zweist. K.).

Ammeling s. Amal.

Ammer s. Aþa (V.).

-ammer s. Heim.

AN- I. in anôn „hauchen“, ahd. ando „Schnauben“, altnord. andi „Geist“, bedeutet in PN. wohl „seelische Anregung, zorniger Mut“.
FN. Andahari: *Ender.*
Andarich: *Andrich; Entrich.*
Andualt: *Entholt.*
Einstämmige Kürzung And-.
Ando: *Ante; Anthe; Ente.* Gen. *Anthes.*
Patr. A. *Anding; Anting; Anthingk.*
Vklf. (z): *Anz; Entz; Enß.*

An III. als Verhältniswort in Zss. zur Bezeichnung des Wohnortes einer Person (S. 55).
FN. 1) Einzahl männl. und sächl. mit dem Artikel in eins gezogen (*am*): *Ambach; Ambeck; Ambergk* (aber auch ON.); *Ambronn; Ambühl; Amende, am Ende, Ament* (Speyer); *Amkreutz; Am Rhyn* (schweiz., am Rhein); *Amthor*, entstellt *Amthauer*, niederd. *Amdohr.*
2) Einzahl weibl. (*an der*): *Anderbrügg; Anderegg* (schweiz.); *Anderheit, Anderheiden; Anderkul* (Gottschee), *an der Kull* (Grube); *Andermahr* (Erdrutsch, Moräne); *Andermatten* (1300 Johannes an der Matten); *Andermauer* (vgl. Hans auf der Mauer in Schillers Tell); *An der Meulen* (Geldern, an der Mühle).
Entstellt (niederrhein. g = d): *Angendohr, -feld, -heister* (Buche); *Angewisch* (Wiese).

Anacker III. „ohne Acker (ahd. âna, mhd. âne „ohne“). Vgl. franz. Santerre. Dieselbe Zss. findet sich in *Anhelm, Anhuth* (Hut), *Ansinn, Anesorge, Ansorg.*

Anastasius II. griech. „auferstanden“, Name von 2 byzantin. Kaisern und 4 Päpsten. (Kal. 27. Apr., 21. Aug.).
FN. Gen. *Staßen.*

Andreas II. griech. „der Mannhafte“; der Apostel, Bruder des Petrus (Kal. 30. Nov.).
FN. *Andreas; Andrea; Andres* (mit langem e); *Andrieß; Anders,* in breiter oberd. Ausspr. *Andersch; Ander (Andermann).* Gen. *Andreä; Andrä; Andree* (Andrée); *Andre* (André). Diese Akzente deuten schwerlich auf franz. Ursprung, sondern sind leidiger Vornehmtuerei und Ausländerei entsprungen. Patr. Zss. *Andresen* (mit langem e in der mitt-

leren Silbe); *Andreessen; Andriessen; Andersohn; Anderson; Andersen.*

Vklf. (l) *Anderl* (bair.). Patr. A. *Anderler.*

Mit Umlautung des a in e (oberd.): *Endres; Entres; Endriß; Endraß; Enders; Endre.* Patr. A. *Endresser* (österr.).

Vklf. (l): *Enderle* (schwäb.). (l+n): *Enderlin; Enderlein.*

Mit Kürzung im Anlaut: *Drees; Dreese; Dreis* — mit den Zss. *Dreesmann; Dräsemann; Driesemann.* Patr. Zss. *Dreassen; Dreessen; Driessen.*

Vklf. (k): *Drüseke; Dreske* (doch s. auch Thrasa).

Zerdehnt: *Drewes; Drews; Dreefs* (vgl. Andrewes Ebelingk 1480 Ilsenburg; Drewes als VN. in KBB, z. B. Drewes Köster); *Drebes.* Patr. A. *Drewing; Drebing.* Patr. Zss. *Drewsen.*

Vklf. (k): *Drewke.*

Drevermann. Zss. *Oberdrevermann* (Wattenscheid).

Aneshensel s. Johannes.

Anesorge s. Ohnesorge und Anacker.

Anger III. „grasbewachsenes Land"; Fr. of dem angir 1389 (Breslau).

FN. *Anger; Angermann.*

ANGIL I. gemischten Ursprungs: der aus Ing (vgl. Ingwe) erweiterte Stamm ingel, engil traf mit dem christlichen Lehnworte angil (angelus, Bote Gottes, Engel) zusammen und bildete so die Doppelquelle dieses zwitterhaften Angil. Auch der Volksname der Angeln kommt dabei in Betracht.

FN. Angilberht: *Engelbrecht; Engelbert; Engelbrett.* Gen. *Engelbertz; Engelbarts.* Patr. A. *Engelbrecher.*

Ingilbodo: *Engelboth.*

Angilfrid: *Engelfried.*

Angilhart: *Engelhard; Englert.* Gen. *Engelarts* (ostfries.). Patr. A. *Englerding.*

Angelher: *Engeler, Engler.*

Angilman: *Engelmann, Englmann.*

Angelmar: *Angelmar.*

Ingalrad: *Angelrath.* (Doch vgl. ON. Angelroda.)

Engilscalc: *Engelschall.*

Angilthiu, Hengildeo: *Hinckeldey; Hinckelthey.*

Einstämmige Kürzung Angil-.

Angilo, Engilo, Ingilo: *Angell; Engel; Ingel.* Gen. *Engels (Engelsmann).* Patr. A *Engling.*

Vklf. (k): *Engelke* (Vorname Engelke Mandüvel 1362). Zss. *Engelkemeyer.* Gen. *Engelken; Engelkes; Engelkens.* Patr. A. *Engelking.* (n): *Engelien; Engelein.* (z): *Entz; Ensz.*

Anhelm, Anhuth s. Anacker.

Anker III. wohl Hausname, wie noch bei Gasthöfen („Goldner Anker").

ANS- I. zu altnord. âss, angels. ôs „Gott" (S. 17); die Ansis (Jordanes). Die N. mit Os- gehören freilich sicher nicht alle hierher, sondern zum Teil zu der german. Wurzel aus- (im altnord. usli „Feuer" enthalten) = leuchtend, z. T. auch zu a. Stämmen.

FN. Ansobert: *Asberth; Asbahr; Osbarth; Osbahr; Osper.*

Ansiprand: *Asbrand; Aspern.*

Ansher: *Anser; Asser; Öser.*

Anshalm: *Anselm; Ashelm.*

Osman: *Aßmann* (VN. in den Akener Schöffenbüchern); *Osmann.*

Ansmar: *Oßmer.*

Ansmod: *Assemuth; Asmuth.*

Ansemund: *Osmund.*

Ansovald: *Osewaldt; Oswald.*

Ansoin: *Eswein.*

Einstämmige Kürzung Ans-.

Anso, Aso: *Anse; Ass; Ose; Öhse.* Patr. A. *Assing; Ösing.*

Vklf. (l) Ansilo, Ensilo, Asilo: *Ansel; Ensle; Assel; Asel.* (l+n): *Enslin.* (k) Ansich: *Oske.*

Ansinn s. Anacker.

Ansorg s. Ohnesorge und Anacker.

Ant- s. An-.

Antenbrink III. niederd. „Entenbrink".

Antonius II. 1) der h. Antonius, der im 4. Jh. als Einsiedler in der thebaischen Wüste Ägyptens lebte. 2) Antonius von Padua, berühmter Prediger im 13. Jh., der auch den Fischen gepredigt haben soll.

FN. *Antonius; Anton.* Gen. *Antoni, Antony;* (deutsch) *Antons.*

Mit Kürzung im Anlaut: *Tonius, Tönnies* (VN. in KB.): *Tönges; Tönniges* (Thonyghes van dem borne 1458 Pomm.

Urk.); mit j ostfriesisch: *Tonjes; Tönjes; Doniges; Dönniges; Dönges; Thönnes; Thönis; Thüns.* Patr. A. *Tönnießen* (Vechta); *Thönsen; Thönissen; Tönessen; Theunissen; Niessen; Thöni* (Tirol); *Thöne; Theune.*

Apel- s. Aþa (V., zweist. K.).

Apfel III. als FN. in den Zss.: *Eichapfel; Güldenapfel; Kühnapfel; Holzapfel.*

Apitz, Apitzsch, Apley s. Aþa (zweist. K.).

Apollonius II. griech. „der Apollonische", nach dem Gotte Apollo; Märtyrer unter Kaiser Commodus im 2. Jh.

FN.: *Plönnies; Lönnies* (dreisilbig zu sprechen: Plönni-es, oder Plönjes, s. S. 38); *Löns.*

Apostel II. griech. „der Gesandte (Gottes)". Die kathol. Kirche feiert die Apostelteilung am 15. Juli, den Ehrentag aller 12 Apostel am 30. November, Matthias Ap. 24. Februar, Thomas Ap. 21. Dezember.

App- s. Aþa (V., zweist. K.).

Äppli s. Aþa (zweist. K.).

Aprill, Aprell s. Aberell.

ARAN, ARNUS I. got. ara, ahd. aro, mhd. ar, daneben ahd. mhd. arn, niederländ. arend, angels. earn „der Aar".

FN. ohne n Arawald: *Arold; Arhold; Arelt; Arlet; Arlitt;* Zsgz. *Arlt.*

Arulf: *Arloff.*

Einstämmige Kürzungen Ara: *Aar; Ahr.*

FN. mit n Arnbreht: *Armbrecht; Arrenbrecht.*

(Arinhart): *Arnhard; Arnert; Ernert.*

Arnheri: *Erner.*

(Arnric): *Arnrich.*

Arnoald: *Arnwaldt; Arnold; Arnholdt* (zerdehnt *Arenhold, Arendhold, Arnthold); Arnal; Arneth; Arendt* mit der Zss. *Meierarend; Arnd; Ornold.* Gen. *Arnolds; Arnholds; Ahrnholtz; Arenz; Ahrens; Arndts, Arntz* (lat. *Arnoldi*). Patr. Zss. *Arndsen; Arendsen; Arntzen.*

Mit Kürzung im Anlaut (S. 23): *Noldt; Nolte* (Abkürzung für Arnold in Elbing, s. Pott S. 111). Zss. *Branolte* (= Nolte Brandes); *Nölte; Nolle; Noll.* Gen. *Nolden;* Zss. *Kleine-Nolten* (westf.); latinis. *Noltenius.* Patr. A. *Nolting; Nölting.*

Vklf. (k): *Nöldecke.* (k + n): *Nöldechen; Nölken.* (z): *Noltze.*

Arnuwin: *Ernwein.*

Einstämmige Kürzung Arn-.

Arno: *Arnemann; Ahren; Erno (Ernemann).* Zss. *Arnotte.* Gen. *Ahrens* (Zss. *Marahrens*). Patr. A. *Arning; Ahrning.* Patr. Zss. *Arnsen.*

Vklf. (k): *Arnecke; Arnke.* Gen. *Arenkens* (ostfries.). (i): *Ärni, Erni* (schweiz.).

ARBIA I. got. arbi, ahd. arbi, erbi, mhd. erbe „das Erbe, hinterlassene Stammgut".

FN. Arbogastes 4.: *Arbogast.*

Erbhart: *Arbert; Arpert; Erbert.*

Erphari: *Erber.*

Erfman: *Arfmann.*

Arbrih: *Erbrich; Erbreich.*

Erpold: *Erpold; Erbt.* Patr. A. *Erpelding.*

Erpward: *Arpurt.*

Einstämmige Kürzung Arb-.

Arbio, Erbo: *Arp* (niederd. Taufname noch 1770 Brem. Wörterb.); *Arf; Erbe; Erre.* Gen. *Arps (Arbesmann); Erbs; Erbsch; Erben.* Patr. A. *Erbeling; Erpling; Erfling* (Lippe).

Archenh- s. Erkniaz.

Arcularius III. latein. für Kästner.

Ardelt s. Harðus (V.).

Aren- s. Aran (V., einst. K.).

Arf- s. Arbja.

Argelander s. Lehmann.

Arl- s. Aran.

Armborst s. Armbrust.

Armbrecht s. Aran.

Armbriester s. Armbruster.

Armbrust III. vor dem 12. Jh. nicht erscheinend, durch Eindeutschung aus dem mlat. arcubalista entstanden.

FN. *Armbrust; Armborst.*

Armbruster III. mhd. armbruster. 1) „Verfertiger von Armbrüsten"; 2) „Armbrustschütze".

FN. *Armbruster; Armbröster; Armbriester;* von Armst (zsgz. aus Armbrust): *Armster* (doch ist dies urkundlich auch „einer aus Armstroff").

Ärmel s. Ermel und -ermel.

Armengaud, Armerding, Armgard s. Irmin (V.)

Armster s. Armbruster, **Armuth** s. Harjaz.
Arn- s. Aran (V., einst. K.).
Ärni s. Aran (einst. K.).
ARNUST I. ahd. ernust, mhd. ernest, ernst „Ernst“, d. i. urspr. der ernsthafte, entschlossene Kampf, angels. eornost „Zweikampf“.
FN. (Zsgesetzte N. bisher nicht nachgewiesen)
Arnust 8.: *Arnst; Ernest; Ernst.* Patr. A. *Ernsting.* Lat. (Gen.) *Ernesti.*
Arp- s. Arbja.
Arrenbrecht s. Aran.
Art- s. Harðuz (V., einst. K.).
As- s. Ans.
Asch-, Äsch- s. Aska.
Aschenbrand, -brenner III. s. S. 41.
Ascher a) I. s. Aska b) III. (jüd.) „Glücklicher“.
ASKA I. ahd. asc, mhd. asch „die Esche“, deren Holz zu Lanzenschäften und Schiffen verwendet wurde, daher auch „Eschenspeer; Boot“. Im Mhd. heißt die Esche geradezu sperboum.
FN. (Aschard): *Aschert; Eschert.*
Aschari: *Ascher (Aschermann); Escher.*
Asceman: *Aschmann; Eschmann.*
Ascarich: *Eschrich; Escherig.*
Ascolt: *Aschhold.* Gen. *Eschholtz.*
Asculf: *Eschloff.*
Einstämmige Kürzung Asc-.
Asco: *Asche; Asch; Esche.*
Vklf. (l): *Eschel; Eschle; Äschlimann* (schweiz.). (k): *Aschke; Eschke.*
Asmus s. Erasmus.
Asper III. (schweiz.) vom Hofe Asp bei Wollishofen, wo das Geschlecht noch heute wie schon vor 500 Jahren (Heinrich Asper uf Aspen) sitzt. (Tobler-Meyer, Deutsche Familiennamen.)
Aß-, Ass- s. Ans — doch
Aßmy s. Erasmus.
Assemacher, Assenmacher III. halbniederd. „Achsenmacher“.
Ast III. Im Hildesheimschen heißt nach Wanders Sprichwörterlexikon ein Grobian „growe Ast“.
AÞA I. „inneres Wesen, gute Abstammung“, davon abgeleitet Aþala, mit dem es mehrfach zusammenfließt. (Aþaulf, Gotenkönig, Schwager des Alarich 5. Jh.)
FN. Adabald: *Appold; Appelt; Apelt.*
Aþuberaht: *Abbrecht; Appricht; Appert; Abrecht; Abert.*
Vklf. (l): *Aberle* (württ.); *Äberli* (schweiz.).
Adamar: *Ammer (Ammermann); Ahmer.*
(Adanot): *Adnot.*
Aþald: *Adelt.*
Aþaulf 5.: *Adolph; Adloff; Aleff,* zsgz. *Ahlff; Alf.* Gen. *Adolfs; Alefs; Aalfs* (ostfries.). Patr. A. *Alfing.* Patr. Zss. *Adolphsen* (schlesw.).
Mit Kürzung im Anlaut: *Dolf.* Gen. *Dolffs.*
Einstämmige Kürzung Aþ-.
Ado, Atto: *Ade; Adt.* Gen. *Adden; Atten; Adena* (ostfries.); *Atsma* (ostfries.).
Vklf. (k) Aþacho, Acco: *Atich; Acke.* Gen. *Adickes; Adix.* (k + l) *Ackel.* (z) Azo: *Atze.*
Zweistämmige Kürzung Aþb-.
Abbo, Abo: *Appe; Abo; Abe.* Gen. *Abben.*
Vklf. (l): *Appel (Appelmann); Abele; Abel (Abelmann); Apel.* Gen. *Abels.* Patr. A. *Abeling.* (l + i): *Äppli; Apley.* (l + n): *Abelein.* (k): *Abich; Abick.* Gen. *Abeken; Apeken* (1488 Abeking, Preuß); *Aapken; Abekena* (ostfries.). Patr. A. *Abeking.* (z): *Apitz; Apitzsch* (Kgr. Sachsen); *Opitz* (Schles.). Diese drei Formen gehören urkundlich auch zu Albrecht.
Zweistämmige Kürzung Aþm-.
Amo: *Amme; Ahm.*
Vklf. (k): Amico: *Amke.*
AÞALA I. ahd. adal, mhd. adel „Geschlecht, Adel“; dazu Eigenschaftswort aþaljaz, ahd. edili „edel“; ein in FN. nur anlautend, aber außerordentlich häufig gebrauchter Stamm.
FN. Aþalbald: *Albold.*
Aþalberaht: *Albrecht; Albracht; Albert,* Zss. *Alberternst* (München); *Olbricht, Olbrich* (schles.); *Allebracht; Ahlbrecht; Ehlebracht.* Gen. *Alberts, Albertz, Albers* (lat. *Alberti,* erweitert *Albertini*); *Elbregts* (ostfries.). Patr. A. *Elperting; Albrink* (1538 Alberding, Preuß). Patr. Zss. *Albertsen.*

Adalbrand: *Albrand; Ahlbrand; Ellbrandt.*
Aþaldag: *Altag; Alletag; Aldag; Aldey.*
Aþalfrid: *Alfert (Alfermann).* Patr. A. *Alfring.*
Adalgar: *Alger; Alker.*
Adalgis: *Adelgeiß;* (umgedeutet) *Adelgeist.*
Adalgoz: *Adlgos.*
Adalgrim: *Ahlgrimm.*
Adalhaid f.: *Alheid.* Gen. *Aljets* (ostfries. von dem weibl. VN. Aljet = Adelheid, s. Ruprecht S. 7).
Adalhard: *Adelhardt; Allard; Allerdt; Ahlert; Edelhardt; Ehlert* (doch auch zu Agil). Patr. A. *Allerding.*
Adalhari: *Adeler; Adler; Ahler (Allermann); Edeler.* Gen. *Allers; Ahlers; Ählers.* Patr. Zss. *Allerssen.*
Adalhalm: *Adelhelm; Alhelm.*
Adalhoh: *Adlhoch.*
Adalraban: *Allram.*
Adalhrod: *Ahlroth.*
Adalman: *Adelmann; Allmann; Ahlmann.*
Adalmar: *Almer.* Gen. *Allmers.*
Adalric: *Alrich; Aalderk* (fries.).
Adelstein: *Adelstein.*
Adalwalt: *Allwelt.*
Aþalwart: *Adlwerth; Allwardt; Allwert; Ahlwardt; Edelwerth; Edelwirth.*
Adalwich: *Alwich.*
Aþaluin: *Allwein.*
Einstämmige Kürzung Aþal-.
Adalo, Allo, Edilo: *Adel; Alle; Ahle; Edele; Edel; Elle; Ähle; Ehl.* Gen. *Adels; Allen; Ahlen; Edels; Ehlen.* Patr. A. Adalunc: *Adelung; Adlung; Edeling; Eddeling; Ehling.*
Vklf. (k) Alico: *Ahlig; Ahlke; Ahlich.* Gen. *Alken.* (z) Alizo: *Alitz.*
Zweistämmige Kürzung Aþalm-.
Almo: *Alm.* Gen. *Alms.*

AÞAR, erweiterte Form von aþa; „daneben mag ein Anteil von ahd. atar („scharf, rasch") nicht geleugnet werden" (Förstemann).
FN. Adravold: *Aderhold.*
Einstämmige Kürzung Adar-.
(Adaro): *Ader; Adermann.* Gen. *Aders.*

Atsma, Atten, Atze s. Aþa (einst. K.).

Au III. 1) deutsch vom ahd. awá, ouwa, mhd. ouwe, urspr. „Wasser, Fluß" (vgl. Königsau in Schleswig); diese Bed. tritt aber im Laufe der Zeit immer mehr zurück und die eines „bewässerten Wiesengrundes" immer mehr hervor. Nhd. Aue, Au — dänisch ö (Insel) — friesisch og (Wangeroog u. a.).
Au in vielen ON. zweites Glied der Zss.
FN. *Buchenau; von Bünau* (Rudolfus de Bunowe 1166, j. Büna bei Greiz); *Neidhardt von Gneisenau* (nach dem Gute Gn. in Österreich nannte sich die Familie N. in Ulm, urspr. wohl schweizerisch); *Kronau; von Lindenau* (Dietrich v. L 1181, L. bei Leipzig); *von Rabenau* (Burkhard v. R. 1235, R. bei Dresden); *Adenaw* (O. Adenau, Rgb. Koblenz).
2) slawisch, aus ow verdeutscht (s. ow).
FN. *Bülau* neben *v. Bülow, v. Rantzau* neben *Ranzow* (Marquard R. 1203, R. bei Plön); *Stremlau* neben *Stremlow.*
3) Hierher gehören wohl auch einige FN. auf -auge (falsch verhochdeutscht aus mittelniederd. ôge, fries. ôg, mittellatein. augia): *Ganzauge* u. *Gansauge; Weinauge.*
Ableitung auf *-er* (oberd.):
FN. 1) -auer: *Auer; Blumauer; Eichen.; Eipeld.; Kron.; Rhein.; Wiesen.; Helms.* (Helmsau); *Hilsens.* (Hilsens-au). (Meist jedenfalls von 1) und oberdeutsch; aus Niederdeutschland nur in modern jüdischen N. wie *Warschauer*). Umgedeutet: *Hasenhauer* (O. Hasenau); *Schwarzenh.* (O. -nau).
2) -euer: *Adeneuer; Gersteuer.* Entstellt -eier; *Haseneier; Horneyer* (O. Hornau); *Morgen.; Rams.; Waldeyer.*

Aubel s. Auðaz (zweist. K.).

AUDHAZ I. got. aud- (in audags), altsächs. ôd, ahd. ôt- (in ôtag reich), „reicher Erbbesitz, Erbgut". Noch in Allod (= Allbesitz, freies Eigen).
FN. Autbald: *Oppold; Oppelt; Opelt; Opet.*
Audoberht: *Audebert; Aubricht; Odebrecht; Odebrett; Odenbrett; Oppert (Oppermann, Obbermann); Obrecht; Obert; Ober.* Gen. *Aupers; Öppers.*

Vklf. (l): *Oberle.* (l + n): *Auberlen; Oberlin.*
Autfrid: *Auffermann; Auffahrt; Uffert; Offer.* Gen. *Offers; Ofers.*
Audagar: *Ottiger; Ötiker; Ötker; Ocker-(mann); Öcker.*
Autgart: *Ockardt; Ökert; Uckert.*
Audchar (Hothar): *Oder; Otter (Ottermann); Hotter.* Gen. *Ohters; Öters.* Patr. A. *Ötterling.* Patr. Zss. *Otersen.*
Otleip: *Otlepp; Uhleb.*
Autman: *Odemann; Othemann; Ottmann.*
Audomar: *Othmer; Öhmer; Ommer.* Patr. A. *Ömering.*
Audericus: *Odrich; Öttrich.*
Audowald: *Odewald.*
Audulf: *Oloff,* zsgz. *Ohlf.* Gen. *Olfen.* Patr. Zss. *Olfsen.*

Einstämmige Kürzung Aud-.
Audo, Odo, Hoto: *Audt; Ode; Otto; Otte; Ott* (mit den Zss. *Meierotto, Feldotto, Brunotte, Janotte, Schwarzott*); *Ötte; Hotho; Hoth; Hotto; Hotte; Uhde; Uth.* Gen. *Oden; Ottes; Otten* (Zss. *Ottenjan*); *Ottens* (Zss. *Ottensmeyer*). Patr. A. *Öding; Otting; Odinga* (ostfries.); *Uhder.* Patr. Zss. *Ottsen.*
Vklf. (l) Audila: *Aul; Öddel; Öttle; Öhle.* Patr. A. *Auling.* (l + k): *Aulike.* (k) Audac, Occo: *Otke; Öck.* Gen. *Oetken; Oetjen* (ostfries. oe = ô); *Ottjes* (ostfries.). *Ocken.* Patr. A. *Ockinga* (ostfries.). (k + l) Ochilo: *Ockel, Ockhl (Ockelmann).* (z) Auzo: *Autze; Ötzmann; Utz.* (z + l) Ozilo: *Ötzel.*

Zweistämmige Kürzung 1) Audb-.
Oppo, Opo, Ubo, Uppo (Stark 118): *Oppe.* Gen. *Oppen; Öppen; Öben.* Patr. A. *Übbinck, Üpping.*
Vklf. (l): *Aubel; Oppel; Opel; Obel.* Gen. *Öbels.* (k): *Öbbecke; Öpke.* (z) Opizo (Stark 145): *Oppitz; Opitz; Obitz.*

Zweistämmige Kürzung 2) Audf-.
Offo: *Offe; Öff.* Gen. *Offen; Ohfen.*
Vklf. (l): *Offel; Öfele.*

Zweistämmige Kürzung 3) Audm-.
Ommo, Omo: *Ohme; Ohm; Öhme.* Gen. *Ohmen; Öhms; Ommen* (Norderney); *Ommena* (ostfries.). Patr. Zss. *Ohmssen.*
Vklf. (k): *Ohmich; Ohmcke; Öhmigke; Öhmke.* (k + n): *Öhmichen.*

-auer s. Au.

Auerhahn III. s. Hahn.

Auerochs III. s. S. 62.

Auf III. als Verhältniswort in Zss. zur Bezeichnung des Wohnortes einer Person (S. 54).
FN. *Auf dem Garten; Aufdermauer* (schweiz.); *Auffenberg* (= auf dem Berge, Martinus Updenberge bei Klempin); *Aufenacker; Aufmkolk* (Wasserloch); *Aufm Ordt* (Spitze, Grenze).

Auffahrt a) I. s. Auðaz (V.).
b) III. = Himmelfahrt(stag).

Auffermann s. Auðaz (V.).

Auge III. in Zss. nach der Farbe (wie Wernher der Grünaug 1404): *Rothauge, Rodaug.* Doch vgl. Au 3.

Augustus II. lat. „der Erhabene", Beiname des ersten römischen Kaisers Octavian.
FN. *August; Augst; Aust;* Vklf. *Austel.* Gen. *Augusti.*

Augustinus II. Ableitung von Augustus; der h. Augustinus, der große Kirchenlehrer, Bischof zu Hippo (jetzt Bona) in Afrika, gest. 430.
FN. *Augustin;* entstellt *Augstein, Augsten, Auxten.* Gen. *Augustiny.*
Mit Kürzung im Anlaut: *Stinus; Stinnes.*

Aul s. Auðaz (einst. K.).

Aupers s. Auðaz (V.).

Aus III. als Verhältniswort in Zss. zur Bezeichnung des Wohnortes einer Person (S. 54).
FN. *Ausderau; aus'm Werth* (Insel); *aus dem Winkel; Austermühle* (aus der M.); *Austerwischen, Aus der Wischen* (Wiese).

AUSTA- I. zu ahd. ôstan, mhd. ôsten „der Osten"; scheint (wie west, nord, sund) solche Personen zu bezeichnen, die aus den genannten Weltgegenden herstammen, deshalb nach Förstemanns Beobachtungen bes. häufig bei den so weit nach Westen vorgedrungenen Franken. Da der Zug deutscher Stämme in der Völkerwanderung wesentlich die Richtung von Osten und Norden her hatte, erklärt es sich auch, warum diese beiden Himmelsgegenden in den altdeutschen PN. an Häufigkeit der

Verwendung den Westen und Süden so sehr überragen. Doch haben mythologische Beziehungen mitgewirkt (Ostara, Gottheit des aufsteigenden Lichtes) — bei diesem Stamme auch christliche (Ostern), s. Austar.

FN. Ostold: *Osthold.*

Austoricus 8: *Osterich.*

Einstämmige Kürzung: *Ohst; Öste (Östmann).* Vklf. (k) Ostekin: *Austgen.* Patr. A. *Oosting* (ostfries.).

AUSTAR I. Erweiterung von Aust.

FN. (Austarlaic): *Österley.*

(Austreman): *Austermann; Ostermann.*

(Austarmod): *Austermuth.*

Austrouald: *Osterwald* (auch ON); *Osterhold.*

Austrulf: *Osterloff.*

Einstämmige Kürzung Austar-.

Oster: *Auster; Oster; Öster.*

Vklf. (l): *Österle.* Patr. A. *Austerling; Osterling; Österling.* (l + n) Austrolenus: *Österlin; Österlein; Österlen.*

Autze s. Auðaz (einst. K.).

Avemarg III. = Ave Maria (Hermann Avemarie 1434 Lipp. Reg.).

Avenarius III. Latinisierung für Habermann.

Averdieck III. (niederd.) „oberhalb des Teiches". Auch *Aewerdiek.* Vgl. *Averbeck; Averhoff.*

Axt III. Gerätname. Dazu *Axtmann* und *Axmann* (mhd. ackes „die Axt").

Axen, Aye s. Ag- (einst. K).

B.

Baader s. a) I. Baðwô (V.) b) III. Bader.

Baake s. 1) Bâg 2) Balþaz (einst. K.).

Baar- s. Beron (V., einst. K.).

Baath, Baatz s. Baðwô (einst. K.).

Babbe s. Baðwô (zweist. K.)

Babendererde III. niederd. (Mecklenb.) „über der Erde", vgl. Chonradus uf der Erde 1194 u. Bovenerde in Quedlinburg um 1300.

Babst s. Pabst.

Bach s. a) I. Bâg b) III. Bach.

Bach III. ahd. pah, bah, mhd. bach, altsächs. biki bildet urspr. Flußnamen, dann auch Benennungen von Orten, die an den Flüssen liegen — heutzutage hochd. *-bach* in Tausenden von Namen, niederd. *-beck* (spr. bäk, mit gedehntem, offenem e, daher auch in der Schreibung) *-bek, -beek, -becke.* Häufig elliptisch: *Weißenbach* = zum weißen Bach, halbniederd. *Wyttenbach; Langenbeck.*

EN. *Bach* (= am Bach, s. Lubbeke bi der beke fries. Urk. Pott 543 — Bach auch häufiger ON.), *Pach* (österreich.); *Zumbach.* — *Bachmann; Anspach; Hilspach; Perkhausen von Aiglspach* (wie auch *Pachmayr* Münch.); *Achenbach; Aschenb.; von Baumb.* (bei Rotenburg a. F.); *Erlebach*, niederd. *Ellerbeck; Feuerbach; Fischbach*, niederd. *Fischbeck; Grumbach; Hagenb.; Hattenb.; Heidelb.; Kallenb.* (Kaltenb. i. Thüring.); *Kaulbach; von Kirchb.* (geadelt 1663, Dorf bei Öderau); *Klingelb.; Klingenb.; von u. zu Mansb.* (Kr. Hünfeld, Rupert v. M. 1239); *Marb.; von Mirb.* (Dorf b. Hillesheim in d. Eifel, Heinrich v. M. um 1200); *Palmb.; Raup.* (O. Raub.); *Roßb.; von Seebach* (bei Langensalza, Ekkehardus de Sebege 1206); *Süßenbach.*

Niederdeutsch: *van der Beek, Beeck* (Bek niederd. weiblich), *Terbeck.* — *Billerbeck; Düsterb.; Einb.; von Esbeck* (bei Marsberg, Konstantin v. E. 1235); *Goldb.* (Klempin: Goltbeke 1369); *Haberbeck, Haverb.* (O. Haferb.); *Heilb.; Heimb.; Langenb.* (O. in Hannover, hochd. Langenbach in Baiern u. Nassau); *Lilienb.; Lutterb.* (O. Lutterbeck u. -bek); *Mühlenbeck*, ganz niederd. *Möllenb.* (westf.); *Müseb.* (Mäusebach; Andreas Musebeke 1415 Köln. Univ.-Matr.); *Nettelb.; Nordbeck* (O. Nordenbeck); *Overb.; Rohrb.; Schwaneb.; Schwarzenb.* (neben hochd. *Schwarzenbach*); *Seebeck; Steinbeck; Westerb.; von dem Knesebeck* (Kn. Dorf in Hannover, Wasmod v. d. K. 1248).

Selten *-becke*: *Harbecke* (O. im Regb. Arnsberg); *Thorbecke* (flämisch, deutsch Thorbeck O. in Mecklenb., Hannov.).

Ableitung auf *-er* (oberd.):

1) *-pacher* (bes. nach s): *Dürenpacher* (neben *Durnbacher*, O. Dürnbach in Gottschee); *Gersp.; Rindersp.; Rummelsp.; Überp.* (Wien, O. -bach).

2) *-bacher*: *Embacher; Föhrenb.; Kuchelbacher; Speckb.; Steinb.*

Daneben ist bemerkenswert eine F. mit Umlaut:

3) *-bächer*, gew. *-becher* (wo dann der Schein einer Zss. mit dem Hauptw. Becher entsteht). Während im Hochdeutschen die umlautfreie F. bei solchen Ableitungen von ON. auf -bach jetzt alleinige Geltung hat, z. B. „das Hambacher Fest“, „Weilbacher Brunnen“, weisen oberdeutsche Mundarten den Umlaut auf, z. B. die alemannische (Hebel: „'s Mam becher Hätteli“ von Mambach im Oberrheinkreis). Demnach finden sich:

Arzbächer; Offenb.; Vogelb.; Weilb.; Dörrenb., auch *Dörrenbecher; Reichenbächer*, auch *-becher; Isselbächer*, auch *-becher* (s. Verlustliste Nr. 91: Isselbecher aus Isselbach, wo demnach die Zusammengehörigkeit recht in die Augen springt). *Eberspecher* neben *Eberspacher* (München). — *Cumbecher; Eschenb.; Kohlb.; Leutb.; Merschb.; Nußb.; Odenb.; Rohrb.; Schneckenb.; Seidenb.; Steinb.; Stürzelb.; Weidenb.; Wittenbecher.*

Zu diesen sämtlichen N. finden sich entsprechende ON. auf *-bach* in Rudolphs Lex. Dementsprechend wird auch *Holzbecher* abzuleiten sein, da es mehrere O. Holzbach gibt, obwohl der N. auch von einem Geräte abgeleitet, „(der mit dem) Holzbecher“, einen guten Sinn ergäbe.

(In Baiern und Österreich begegnet mitunter -beck, -böck für -bach (-bacher) als FN., so *Hotzbeck, Adenböck, Deisb.; Mühlb.; Rohrbeck* und *-böck; Steinpöck; Waitzenböck*, siehe Steub S. 146).

-bacher, -bächer s. Bach.

Bachmann III. „Am Bache wohnend“. *Pachmann* (österr.).

Bäck s. Beck.

Backe s. a) Baðwô (einst. K.) b) Bâg c) Balþaz (einst. K.).

Backer s. Becker.

Backfisch III. „Fisch zum Backen d. i. Bratfisch“.

Backhaus III. „der am (oder im) Backhause wohnt“. Niederd. *Backhus* (S. 55, Anm. 1). Doch gibt es auch ein Dorf Backhaus (im Rbz. Koblenz).

Backmeister III. auch *Bacmeister*, mhd. bachmeister „Aufseher der Bäckerei“, Oberbäcker. („Lütke oder Lüdeke, d. i. Ludwig Willens war oberster Bäcker bei dem Herzog von Braunschweig zu Lüneburg, und da er hiernach aller andern Bäcker Meister war, so wurde er von den Hofleuten gemeiniglich „Lütke Backmeister“ genannt. Sein Fürst, als er dies hörte, befahl, daß er und seine Nachkommen diesen N. immer als einen Geschlechts- und Zunamen führen sollten.“ Adolf Bacmeister, Germanistische Kleinigkeiten).

Badenheuer s. Bardenheuer.

Bader a) I. s. Baðwô (V.) b) III. urspr. der, welcher den Badenden bedient, dann „Besitzer einer Badestube“. (Hans Paders Padstuben 1437 Bacm.). Derselbe schor auch den Bart. (Vgl. Badstüber).

Bäder s. Baðwô (V.).

Badstüber III. Die öffentliche Badestube (ahd. stuba, mhd. stube aus lat. stupa „heizbares Zimmer“), wo auch zur Ader gelassen und geschröpft wurde, spielte früher eine große Rolle im städtischen Leben; sie war vielfach der Mittelpunkt, an welchem sich Bürger zur Besprechung städtischer Angelegenheiten versammelten. Daher zahlreiche FN., die auf Besitzer solcher Badestuben zurückgehen:

Badstuber (Wien); *Badstüber* (wie es auch „Badstüberstraßen“ gibt — merkwürdig entstellt (sächs.) *Patſchdieber*.

Dann geteilt 1) *Bader*. 2) *Stüber; Stieber; Steuber; Stoiber* (österr.). Niederd.: *Stöber; Stöwer* (Gött. UB. 1383: Stovere).

Mit dem n der schwachen Bildung: *Badstübner; Stübener; Stöbener.*

BADHWÔ I. zu altnord. bodh, angels. beadu „Kampf“, die ein ahd. batu voraussetzen (S. 14).

FN. (Badebreht): *Bappert; Pappert.*

Patager: *Bagger; Bättger; Betger.*

Bathari: *Bader, Baader; Bäder; Päder; Better (Battermann).*
(Baduman): *Battmann; Bahmann; Bethmann.*
Badomar: *Battmer; Bammer; Pammer.*
Badwig: *Bawey.*
(Badold): *Badelt; Bathelt.*
Einstämmige Kürzung Bad-.
Bado, Pato: *Bade; Baade; Pahde; Bathe; Baath; Pathe; Beede; Bethe; Päthe.* Patr. A. *Bading.*
Vklf. (i): *Bady.* (l) Patilo: *Padell; Pätel; Bathel; Battel.* (k) Baducho: *Badeke; Bahtke; Battig; Backe; Bätke; Bethge; Pethke; Büdje; Bethje.* (z) Pazzo, Bezo: *Batz; Patze; Batsch; Baatz.* (z + l) Bezilo: *Batzel.* z + k) Bezeco: *Patzke; Patzig.*
Zweistämmige Kürzung Badb-.
Babo, Papo: *Babe; Pape* (doch s. auch Pfaffe); *Babbe.* Patr. A. *Papinga* (ostfries.).
Vklf. (l) Babilo: *Bebel.* (k): *Papke; Päpke.*

BÂG- I. zu ahd. bâgan „streiten". Bagodeo.
FN. (Bagarih): *Beyrich.*
Einstämmige Kürzung Bag-.
Bago, Bacco: *Bage; Bagge; Backe; Baacke; Back; Bach; Pach; Bäge.* Gen. *Backes; Backens; Bax.* (Doch s. auch Balþaz u. Baðwô).

Bagger s. Baðwô (V.).
Bahl- s. Balþaz (V., einst. K.).
Bahmann s. Baðwô (V.).
Bähnisch s. Benedictus.
Bähr- s. Beron (V., einst. K.).
Bahr- s. Beron (einst. K.).
Baier III. „der Baier". Auch *Bayer, Beyer; Peyer.*
Vklf. *Beierle; Beyerlein.*
Baintner s. Bünd.
Bakker s. Becker.

BALÞAZ I. got. balþs, ahd. pald, bald, mhd. balt „kühn, kräftig, trotzig" (jetzt nur noch Umstandsw. „bald"); altnord. baldr „Fürst"; vom deutschen entlehnt ital. baldo.
FN. Baldhard: *Ballert; Bollert; Pollart; Pollert; Bohlert.*
Baldher: *Balter; Baller; Bolder; Boller; Poller; Böller.* Patr. A. *Baldring.*
Paldhram: (latin.) *Paldramus; Peldram.*
Baldroh: *Poltrock.*
Baldmann: *Baldemann; Bahlmann; Boldemann; Boldtmann; Bollmann; Pollmann; Bohlmann; Bellmann.*
Baldemar: *Ballmer; Palmer; Pollmar; Bellmer.*
Baldrat: *Bollrath.*
Baldarich: *Baldrich; Bullrich.*
Paldewart: *Bollward.*
Baldwig: *Ballweg; Balwey; Bollwöck; Pulwey.*
Baldavin: *Baldewein; Bolwin, Bollwien; Pollwein; Bullwein.*
Baldulf: *Baldauf; Balluf; Ballauf; Pallauf* (bair.); *Waldauf* (Gottschee, wo b u. w mundartl. wechseln); *Bolluf.*
(Baldawan): *Bollwahn; Bolduan* (Boldewan 17. Jh.).
Einstämmige Kürzung Bald-.
Baldo, Ballo: *Balde; Bald; Ball; Bahl; Pahl; Bolde; Bolte; Bölte; Bolle; Poll; Bohle; Bohl; Böhl.* Gen. *Baldes; Bahls; Bolten; Bohlen* (latin. *Bohlenius*). Patr. A. Baldung: *Belting; Böltink; Balling; Bolling; Bölling; Böhling.* Patr. Zss. *Bahlsen.*
Vklf. (k) Baldiko, Bolko: *Balke; Bahleke; Backe; Baake* (s. Stark S. 73; nordfries. Backe = Baldicke); *Bolke; Böldicke; Böldge; Böhlke; Bölk; Bülck; Bock* (s. auch Burg). Patr. A. *Böcking.* (k + l): *Bockel, Böckel.* (z) Balzo: *Balze; Balleis; Boltze; Bolz (Boltzmann); Polz.* (z + l): *Pölzl.*
Auslautend (199 mal Först.):
-bald: Sebald.
-bold: Siebold.
-pold: Seypold — selten *-polt: Seepolt.*
-blot: Humblot.
-belt: Liebelt.
-pelt: Leipelt.
-ball: Niedball.
-bol: Sambol.
-bel: Sybel.
-pel: Seyppel.
-bet: Gerbet; Siebeth.
-bt: Seibt.

Balke s. Balþaz (einst. K.).
Ball- s. Balþaz (V., einst. K.).

Ballester III. „Armbrustschütze". (Vgl. altfranz. arbalestrier.)

Ballschmieter III. niederd. (Rügen) „Ballwerfer". Auch *Balschmieder; Ballschmiede.*

Balster s. Balthasar.

Balter s. Balþaz (V.).

Balthasar II. Beltschazar, Belsazar (babylon.), „sein Leben schirme", einer der h. drei Könige, wozu die Legende die Weisen aus dem Morgenlande gemacht hat (Kal. 6. Jan.).

FN. *Balthasar.* Zsgz. *Balzer* (als VN. noch im 18. Jh: Baltzer Bruswitz KB.); *Balster.* Gen. *Balsters* (ostfries.).

Mit Kürzung im Anlaut: *Hauser* (bair.).

Balwey s. Balþaz (V.).

Balze s. Balþaz (einst. K.).

Balzer s. Balthasar.

Bammer s. Baðwô (V.).

Bammert III. mhd. banwart „Feldhüter" (Socin).

BANAN I. „Tötung" in angels. bana, altnord. bani, fries. bona „Mörder", ahd. bana „Mord".

FN. Banager: *Banger.*

Banhart: *Böhnert; Bonnert; Bühnert.*

Einstämmige Kürzung Ban-.

Panno: *Bonne; Bohne; Bohn; Bohen.*

Patr. A. *Böhning; von Bönigk* (seit 1726).

Vklf. (k): *Bonecke; Bönicke; Pönicke.*

(z): *Bonix; Bonx; Bons; Bönsch; Ponx.*

Manche Namen unter Bandu können auch hierher gestellt werden.

BANDU I. zu langobard. bandu „Kriegsbanner", got. bandwa „Zeichen".

Bei manchen N. kommt auch der Stamm Banan in Frage.

FN. Bandhard: *Bannert; Bendert.* Gen. *Pannertx.*

(Bandheri): *Pander; Bender.* Gen. *Benters.*

(Bandmar): *Bandemer.* Vklf. *Pemmerl.*

(Bandold): *Bandhold.*

Einstämmige Kürzung Band-.

Bando: *Bando; Bante; Bente; Bandt.*

Patr. A. *Banning; Panning; Bentinck.*

Vklf. (l): *Bandel (Bandelmann); Bandle; Pandel; Pantell; Bantel; Pendele; Bendel.* (l+n): *Bandelin.* (k): *Bandich; Bantke; Panneke.* Gen. *Bantjes* (ostfries.). (z) Panzo, Benze: *Pantx; Pantsch; Banse; Benx; Bense (Bensemann).* (z+l) Patr. A. *Benzler; Benseler.*

Banger s. Banan.

Bangert III. (elsäss.) = Bammert; doch s. auch Gart.

Bann-, Banse, Bant- s. Bandu, **Bänsch** s. Benedictus.

Baptista II. griech. „der Täufer"; St. Johannes der Täufer.

FN. *Battist.*

Bar-, Bär- s. Beron (V., einst. K.).

BHARDHA I. „Rand, Saum, Kante"; davon adh. mhd. bart, angels. beard „der Bart" und ahd. barta, mhd. barte „die Barte" (Streitaxt; die Axt ist die Bärtige). In manchen Namen mischt es sich mit Berhtaz.

FN. Bartholf: *Bardolph.*

Einstämmige Kürzung Bard-.

Bardo: *Barde; Bahrdt.*

Vklf. (l) Bardilo: *Bardel.*

Bardelmes s. Bartholomäus.

Bardenheuer III. „der Barten (ahd. parta, mhd. barte, Beil, Streitaxt) zuhaut", anfertigt. Entstellt: *Bardenheier; Badenheuer.*

Bardoph s. a) Berhtaz (V.) b) Bharða.

Barends s. Beron (V.).

Bärenfänger III. s. S. 41 — auch allgem. „Bärenjäger", da Bärenfang nicht bloß die angelegte Grube, in der sich B. fangen sollen, sondern auch überhaupt die Bärenjagd bedeutet.

Bärens s. Beron (einst. K.).

Barfuß III. (schon im 12. Jh.); *Parfuß* (österr.). *Barfüßer.* Niederd. barft aus barfot, daher *Barfknecht.*

-barg, -bargen s. Berg.

Bargmann s. Bergmann.

Barn- s. Beron (V.).

Bart III. der „Bart". Chonrad Mitembart, Ch. cum barba 13. Jh. Vgl. auch Eberhard *im Barte*, H. Ludwig *mit dem Barte.*

Seit dem 12. Jahrh. ward (nach Schultze Modenarrheiten S. 43) das glatte Gesicht die Regel, und alle Bartformen waren Ausnahmen, besonders bei hohem Alter und hoher Würde (der Fürsten) sich findend. Daher mußte ein bärtiges Gesicht um so mehr auffallen und konnte um so eher zu einem Beinamen Veranlassung geben.

Erst während der Reformationszeit begann man allgemeiner den Bart wachsen zu lassen, und während des dreißigjährigen Krieges war derselbe in den mannigfachsten Formen Mode. Als solche zählt Moscherosch auf: Zirkelbärtel, Schneckenbärtel, Jungfrauenbärtel, Dellerbärtel, Spitzbärtel, Entenwädele, Schmalbärtel, Zuckerbärtel, Türkenbärtel, spanisch Bärtel, italienisch Bärtel, Sonntagsbärtel, Osterbärtel, Lillbärtel, Spill-, Drill-, Schmutzbärtel, Stutz-, Trutzbärtel usw.

FN. *Bart, Barth.* — Zss. *Breitbart. Buntebarth. Flachsbart. Judenbart. Rauschbart* (vgl. Eberhard der Rauschebart). *Rothbart. Schlitzbart. Schmalbart. Schweizerbarth. Spitzbart* („Everhardus der Spizebart" Stark S. 153). *Weißbart.*

Bart- s. Berhtaz (V., einst. K.).

-bart s. a) I. Berhtaz b) III. Bart.

Bartel s. a) I. Berhtaz (einst. K.) b) II. Bartholomäus.

Bartenwerffer III. 1539 Bardewerper (Braunschweig). „Er warf nach dem Hasen mit einer Barten" Kirchhof, Wendunmut. Vgl. Bardenheuer.

Barth a) I. s. Bharða b) I. s. Berhtaz c) III. „der mit dem (langen) Barte" (Golz mit dem Barte 1327) — auch ON. Ebenso doppeldeutig ist *Bartmann.*

Barthol s. a) I. Berhtaz b) II. Bartholomäus.

Bartholomäus II. hebr. „Sohn des Tolmai"; Apostel. (Kal. 24. Aug.)

FN. *Bartholomäus; Bartholmes; Bartelmaeus; Bartelmus; Barthelmeß; Bardelmes; Bartlme.* Gen. *Bartholomä; Bartholomaei; Bartholmey; Bartholmae.*

Gewöhnlich wegen seiner Länge in zwei Hälften zerschnitten: 1) *Barthol; Bartel* (vgl. schweiz. Bartli, bair. Bartl). 2) *Meuß; Mewes* (mit eingeschobenem w, vgl. niederd. Bartelmeews, Meewsdag: 24. Aug., up ollen Bartelmeiwes: 5. Sept. nach dem alten, julianischen Kal. Berghaus, Sprachschatz der Sassen); *Mews; Möwes; Möws* — das w in b verhärtet: *Mebus; Mebes; Möbus; Möbes.* Latinis.: *Mevius; Möbius.* Patr. A. *Meving.* Patr. Zss. *Mewissen.*

Bartsch a) I. s. Beron (einst. K.) b) II. = Bartosch, slaw.-deutsche Vklf. von Bartholomaeus; dass. *Partsch, Pratsch, Bartscht* (schles.) c) III. ON.

Bartscheer s. Scheer.

Bärtschi s. Beron (einst. K.).

Barz a) I. s. Beron (einst. K.). b) III. ON. (in Mecklenb.).

Basilius II. griech. „der Königliche"; B. der Große, Bischof von Caesarea, † 379 (Kal. 14. Juni).

Basler III. Albrecht der Basiler 12. Jahrh. „einer aus Basel". Auch *Bäsler; Beseler.*

Bassüner III. mhd. busûnaere, mittelniederd. basûner „Posaunenbläser".

Bast- s. Sebastianus.

Bastineller III. (Tirol) „einer aus Bastianello".

Bat- s. Baðwô.

Bauch III. in einigen Zss.: *Breitenbauch* (der mit dem br. B.). *Gutschebauch* (s. d.); *Kuchenbuck* (niederd.); *Schmerbauch.* Eine Familie *Schmalbauch* hat 1913 die Erlaubnis erhalten, sich *Schmalbach* zu nennen. Die Familie von *Breitenbuch* (1147 in Thüringen) nannte sich seit dem 1. Drittel des 16. Jh. *Breitenbauch,* seit 1906 wieder *v. Breitenbuch.*

Vklf. *Beuchel.*

Bauck s. Bauga.

Baudissin, von III. altes lausitzisches Adelsgeschlecht, Stammort Bautzen (früher Baudissin).

Bauer III. mhd. bûr (auch bûwaere, ahd. pûâri, bûâri) „der den Acker baut", Gegensatz zu herre (Ritter), später auch zu burgaere.

FN. *Bauer,* in älterer F. *Baur.* Südd. *Paur; Pauer.* Niederd. *Buhr* — in Ostfriesland mit Artikel *de Buhr,* in holländischer Schreibung *de Boer* (S. 40). Gen. *Bauers* (Cuxhaven).

Vklf. (l): *Bäuerle* (schwäb.); *Bäuerlein.*

Zss. (bes. zahlreich im eigentlichen Baiern): mit Vornamen: *Christbauer; Kasparb.* — mit Eigenschaften: *Jungbauer; Neub.; -pauer;* niederd. *Niebuhr* — nach der Beschaffenheit des Hofes: *Großbauer; Hallb.,* niederd. *Halbuer* (Halb-) — nach der Lage: *Bruckbauer; Klamb.; Kreuzb.;*

Oberb.; Oberpaur; Mitterbauer; Holzb., niederd. *Holtbuer; Ledebur* (auf der Lehde, niederd. = wüste Niederung mit Wildwachs); *Moosbauer* (Moor-); *Seeb.* — nach den Erzeugnissen: *Rosenbauer*; *Rubenb.* (Rüben-); *Gerstb.*; *Waitzenb.; Molkenbuhr* — nach der Zugehörigkeit und Verpflichtung: *Hoffbauer*, *Hofp.; Kirchenp.; Königsb.* — *Bauerbeck; Bauerhans; Bauersachs.*

Bauerfeind s. Baurenfeind.

Bauermann (ostfries.) *Boerma* III. „Bauer".

Bauermeister III. von mhd. bûr Wohnung, eine städtische Obrigkeit = „Bürgermeister", auch auf ländliche Gemeinden angewandt (z. B. in der Umgegend von Münden in Hannover, Pauli II, 27).

FN. *Burmeister; Baurmeister; Bauermeister.* Niederd. *Burmester* (mit langem e in der mittleren Silbe); *Bormeister.*

Baufink s. Fink.

BAUGA I. ahd. pouc, mhd. bouc „Ring", Spange für Hals, Haupt oder Arm, von biugan „biegen". Die bouge waren ein sehr begehrter Schmuck für Frauen und auch Männer. Baugulf 8.

FN. Bougrat: *Peukert.*

Einstämmige Kürzung Baug-.

Bauco: *Bauke; Bauck; Pauck.* Gen. *Baukes; Bauken.*

Baum III. ahd. poum, boum, mhd. boum, altsächs. bôm, mittels dativischer Ellipse zu ON. verwendet, zuerst im 11. Jh. in Budenbomen — gegenwärtig nicht viel unter 200 bewohnte O. auf *-baum* in Deutschland (außerhalb Deutschlands z. B. Oranienbaum).

Andere FN. sind durch Häusernamen vermittelt, wie ein Haus „zum Mulboum" 1315 zu Mainz, im 12. Jh. zu Basel war (s. Buck, S. 176 unter Maulbeerbaum) — noch andere sind unmittelbar von den Baumnamen abgeleitet; eine Scheidung ist schwer durchzuführen.

Vgl. Uolricus dict. zim Nuȥpoume 1281. Henr. Nuzboum 1223. Hinrik Heisterbom 1413 (Franz. Cerisier, Poirier).

FN. *Baum.* — Zss. *Apfelbaum; Birnb.; Dörrb.* (Thür.); *Eichb., Eichelb.; Eschb.; Grünb.; Holderb.; Hollinderb.; Honigb.; Kienb.; Kirschb.; Krähenb.; Kriechenb.; Nußb.; Pappelb.; Pflaumb.; Quittenb.; Rosenb.; Schlöhb.; Weidenb.* —

halbniederd. *Appelbaum; Beerb.; Blöb.; Busenb.; Dannenb.; Kasseb.; Kreikenb.; Notteb.; Nutteb.* —

ganz niederd. *Bohm; Beerboom; Cassebohm; Dannenbohm; Lindeboom; Nottebohm; Plumb.; Rosenb.*

Ableitung auf *-er* (Conrad Holdenbäumer 1285. Heinr. dict. Kirsbaumer 1297).

1) *Baumer* (z. B. von dem O. Bauma im Tößtal, Schweiz. Tobler-Meyer). *Bierbaumer; Eschb.* (Münch.); *Kerschb.* (tirol.); *Nußb.*

2) *Bäumer; Altenb.; Brinkb.; Hägerb.; Hasenb.; Hollinderb.; Strothb.* — alle in Westfalen, wo auch mehr vereinzelt,

3) niederd. *-bömer: Burgböhmer; Steinböhmer.*

Baum III. zur Bildung von Gerät-N. im Sinne von „Stange, Balken" — bes. „Schlagbaum" (Lipp. Reg.).

FN. *Heubaum; Leiterb.; Maib.*, niederd. *v. Meibom; Schierb.; Schurb.* (wenn = Schürbaum); *Schnitzelb.; Wallb.; Wiesb.; Zugb.*

Baumann III. mhd. bûman „Ackerbauer, Pächter". (In manchen Gegenden Pommerns die Formel: „der ehr- und achtbare Baumann und Wirt" in Grabschriften bis in die Gegenwart herein die stehende Bezeichnung des bäuerlichen Besitzers.) Buman schon im 9. Jahrh. als N.

FN. *Baumann.* Niederd. *Bumann* (Eutin). *Paumann* (südd.).

Bäumer III. „Inhaber oder Anwohner eines Schlagbaums an der Grenze oder Zollstätte." Niederd. *Böhmer* (Preuß). Gen. *Beumers* (niederrh.). Zss. *Schuckenbäumer* (Johann vor dem Schuckenbome 1507). Vgl. Baum.

Baumgart s. Gart.

Baumhacker, Baumhauer III. Gewerbsn.

Baumstark III. „stark wie ein Baum".

Baurenfeind III. der „Bauernfeind", vgl. Joh. Purenfint 1348. Heintz v. Redwitz, Bawrnfeind genannt 15. Jh.

FN. *Baurenfeind; Paurnfeindt* (vermutlich daraus des übeln Sinnes wegen umgeändert: *Bauernfreund*); *Bauerfeind.*

Bax s. a) Badwô (einst. K.) b) Bâg (einst. K.).

Bayer III. der *Baier*, mit dem altertümlichen y, welches auch in der amtlichen Schreibung des Volks- und Landesnamens in Baiern immer noch festgehalten wird; s. auch Baier. (Vgl. aber auch beier, baier = Eber Grimm DW.)

Bebel s. Baðwô (zweist. K.); doch ist Ableitung von poln. Beblo wahrscheinlicher.

-becher s. Bach.

Becherer III. Verfertiger hölzerner Trinkgefäße, der Becher (ahd. bechar) und der Schleifkannen. Förstemann, Progr. S. 4 (der hinzufügt, daß die Nordhäuser Gilde der Becherer im 15. Jh. verschwunden sei, vermutlich weil nun die metallenen und gläsernen Trinkgefäße mehr in Gebrauch gekommen).

Bechler III. „Pechbereiter".

Becht- s. Berhtaz (V., einst. K.).

Beck III. ahd. peccho, mhd. becke, aus der Schriftsprache durch „Bäcker" verdrängt; in oberdeutschen Mundarten noch jetzt der „Beck", Mehrh. die „Becken".

FN. *Beck, Beckh, Bäck* (München 1876: 49mal Beck, nur 17mal Becker).

Zss. (S. 44): *Bauerbeck; Brodbeck* (mhd. brôtbecke); *Fesenb.; Hofb.; Jungb.; Kleinb.; Kornb.* („Korn" hier wohl in dem engeren Sinne von Roggen); *Sauerb.; Täglichsb.; Wasserbäch* (Württ. — vgl. Bertram der Waterbeck 1379 Lipp. Reg.).

-beck s. 1) Bach 2) Beck.

Beckenhube III. „Pickelhaube", vgl. Peckelhub 1434. Übrigens 1610 in Waldsee eine Wirtschaft „zur Beckelhaube".

Becker III. ahd. bakâri, mhd. becker der „Bäcker".

FN. *Becker* (mit seltenen Ausnahmen noch in der alten Schreibung mit e), hin und wieder *Bekker*, welches auf niederländische Einflüsse zurückzugehen scheint (s. Dekker). In Ostfriesland auch ohne Umlaut: *Backer, Bakker* (Borkum), vgl. neuniederl. bakker. *Bäckermann* (Plauen). Gen. *Beckers* (niederrhein.).

Zss. 1) nach der Art des Gebäckes: *Kuchenb; Platzb.* (placenta = Kuchen); *Semmelb.; Stollenb.; Weckb.; Weißb.* —

2) nach der Art des Backens und dem dabei verwendeten Geräte: *Kohlenb.; Pfannenb.; Waterb.* —

3) nach Unterschieden, die in der Person des Bäckers selbst liegen: *Jungb.; Neub.*, niederd. *Nieb.*

-becker s. a) Becker b) von ON. auf -beck, z. B. *Grobecker; Walbecker.*

Beckert, Beckhardt s. Big.

Beede s. Baðwô (einst. K.).

Beelke s. Billa.

Beer- s. Beron (V., einst. K.).

Beerboom III. niederd. „Birnbaum". Halbniederd. *Beerbaum.*

von Beeren III. O. im Teltow; Theodorich v. B. 1267.

Beethoven III. (flam.) „Rübengarten". *Ludwig van B.*

Begemann, Begemeyer III. „An der Bega" in Lippe wohnend.

Behaghel III. mittelniederländisch „behaglich, freudig, kühn".

Behl- s. Billa.

Behm s. Böhme.

Behn- s. Beron (V., einst. K.).

Behr- s. Beron (V., einst K.).

Bei III. als Verhältniswort in Zss. zur Bezeichnung des Wohnortes einer Person (S. 54).

FN. *Beiderbecke* (halbniederd.): *Beiderlinden* (Conradus apud tiliam 1313, Andreas unter der Linden); *Beiderwiden* (Weide); *Beimgraben; Biederkarken* (niederd., beid. Kirche); dass. *Bydekarken.*

Beider s. Beutner.

Beierle s. Baier.

Beifuß III. Pflanzenname.

FN. *Beifuß; Peyfuß* (öst.).

Beil a) I. s. Billa b) III. mhd. bîl das Werkzeug, mit den Zss. *Breitbeil; Eisenbeil; Hackebeil; Klingbeil* (Klemp. Klinckebil).

Beilhardt, Beiling s. Billa.

Bein a) I. s. 1) Win: *Widebein* 2) Beron. b) III. das Körperglied, in mannigfachen Zss.: *Dünnebein; Einb.: Hochb.; Hob.; Holb., Hohlb.; Huckelb.; Klapperb.; Krummb.; Langb.; Löffelb.; Schönb.; Streckb.* — besonders auch nach Tieren: *Hasenbein; Hühnerb.; Kuhb.* (vgl. Kuhfuß); *Otterb.; Vosb.; Ziegenb.*

(Doch *Schiefelbein* ist ON., Städtchen in einem früher zur Neumark gehörigen Teile Pommerns — und in süddeutschen ON. tritt nach Bacmeister S. 23 bisweilen bein an Stelle von -beund = bünd.)

Beinhauer III. der „Fleischer" (Knochenhauer).

Beink- s. Beron (einst K.).

Beis- s. Bis.

Beißenhirz III. Satz-N. „beiß den Hirsch", wohl einen eifrigen Jäger bezeichnend. Auch *Beißenherz*.

Beitz- s. Bîd.

Beke III. niederd. „Bach", in *Bekemeyer* u. a. N.

Bell- s. 1) Billa (V., einst. K.) 2) Balþaz (V.).

Bellachini, Zauberkünstler aus dem Posenschen, namens *Bellach*, der sich — durch bloße Geschwindigkeit, ohne Hexerei! — in Bellachini veritalienert hat.

Bellmer s. Balþaz (V.).

Benck s. Beron (einst. K.).

Bend- s. Bandu.

Bender s. a) I. Bandu b) III. Binder.

Benditt, Bendix s. Benedictus.

Benecke s. Beron (einst. K.).

Benedictus II. lat. „der Gesegnete"; Benedict von Nursia, Stifter des Benedictiner-Ordens im 6. Jahrh.

FN. *Benedict; Benditt; Benedick — Benedix; Bendix.* Gen. *Benedicti; Bendixen* (Emsbüttel). — Südd. Patr. *Benedicter.* Slaw. Vklf. *Bähnisch; Benisch; Bönisch; Bänsch.*

Mit Kürzung im Anlaut: *Dictus; Diktes; Diet; Dix.*

Benfey III. hebr. „Sohn des Phoebus".

Bengel III. urspr. ein Knüttel; vgl. Goethes Götz: Solange ich einen B. habe, fürchte ich der Reiter Bratspieße nicht. Dann ein derber oder grober Mensch.

Benhelm s. Beron (V.).

Bening s. Beron (einst. K.); **Benisch** s. Benedictus.

Benk- s. Beron (einst. K.).

Benn- s. Beron (V. einst. K.).

Bennenmacher III. „Korbmacher".

Bens-, Benz- s. 1) Bandu (einst. K.) 2) Beron (einst. K.).

Bercht- s. Berhtaz.

Beren- s. Beron (V., einst. K.).

Berg III. ahd. berc, mhd. berc(g) — neuhochd. ist -berg in ON. die vieltausendfach belegbare F. Daneben die dativische F. *-berge* mit ursprünglichem Verhältniswort *zu* (ze): ze dem witten (weißen) berge, daraus Wittenberge.

FN. *Van dem Berghe* (van deme Berghe 1383. Gött. UB. I. Vgl. franz. Dumont). *Zum Berge*, auch *Zumberge;* dass. *Berge; Berg, Bergk.* Zss. *Bergemann; Bergmann* (doch dies natürlich auch Gewerbs-N.).

Die zusammenges. FN. auf *-berg* überbieten selbst in Niederdeutschland die von andern Ortsbezeichnungen abgeleiteten an Häufigkeit, so zählt Hoffmanns hannöversches Namenbuch über 100 FN auf -berg, während -dorf nur 38 mal, -feld 35, -hof 29, -bach 19 mal vertreten ist.

v. Auersperg; Blumb.; Chlingensp. (Münch.); *Dannenb.; von Eckartsberg* (bei Weimar, Henricus de Eckirsberg 1221); *von Fahnenberg* (Adelsn. für Franz Ferd. Mayer 1715); *von Festenberg* (b. Poln. Wartenberg, Heinczo v. F. 1321); *von Frankenberg* (b. Frankenstein i. Schl., Bernoldus v. Fr. 1280); *von Gottberg; Henn von Henneb.* (Adelsn. für Friedrich Hän 1650); *von Hertzb.* (b. Neustettin, Hartwig v. H. 1230); *von Hessb.* (b. Hildburghausen, Heinrich v. H. 1168); *Lindenb.; Nürnb.; von Schönb.* (j. Schönburg b. Naumburg, Volkmar 1166); *von Schaumb.* (i. Sachs.-Mein., Heinrich 1161); *von Stromberg* (Meinardus de Str. 1194); *von Wartenb.* (i. Kr. Stendal, Fridericus de Wardenberg 1239); *Wittenb.*

Das -e der dativischen F. fällt in den FN. regelmäßig ab, so daß nur die Biegung des Eigenschaftswortes (Witten-, Schwarzen-) noch den ursprünglichen Dativ des ON. verrät. Nur vereinzelt findet es sich hier noch, namentlich in loserer Zusammenfügung, wie *Schulze-Overberge* (westf.).

Dagegen bleibt die dativische Mehrheit auf *-en* unverändert: *Gandesbergen.*

Niederd. *-barg* (vereinzelt): *Morbarg; Wienb.; Witteb.* — *Hasbargen* (O. -bergen in Hannover, Oldenburg).

Ableitung auf *-er* (oberd.):

1) *-berger*: *Berger.* — *Albrechtsb.; Arxb.;*

Dillenb.; Erzb.; Frankenb.; Henneb.; Hornb.; Nirnb. (Wien); *Würtemb.*
2) *-perger* (nach s): *Baltensperger* (Hof Baltsberg, Schweiz); *Güntersperger; Madlsp.* (O. Madelsberg, Steiermark); *Hersp.; Hettmannssp.; Reichensp.; Wolfensp.*

Bergamenter III. „Bereiter von Pergament" mhd. perminter. Bes. in Süddeutschland (früher eine „Permentergasse" in Nürnberg, Augsburg, Reutlingen), doch auch in Braunschweig: Hinrike de permenterer 1406. FN. *Bergamenter — Bermenter; Berminter.*

Bergemann s. Berg.

Berger, -berger s. Berg.

Bergmann III. 1) s. Berg 2) der „Bergmann". Niederd. *Bargmann.*

Bergt s. Berhtaz (einst. K.).

Bergundthal III. (Zürich 1886).

BERHTAZ I. got. baírhts, ahd. beraht, mhd. berht, engl. bright „glänzend, erlaucht".
FN. Perahtgar: *Prächtker.*
Berhthari: *Brechter; Prächter; Berchter; Bechter; Bertermann.*
Berahthoh: *Bertog; Bertuch.* Gen. *Berdux.*
Berahtram: *Bertram; Bertrab; Bertram.* Gen. *Bertrams* (niederrhein.). Mit Kürzung im Anlaut (S. 23): *Tramm.*
Berehtmar: *Bartmer.*
Bertrand: *Bertrand.*
Berahtold: *Berchtold; Berthold; Perthold* (öst.); *Berthelt; Bechtold; Pechtold; Barthold; Bartelt; Barthlott; Barthol; Bartel.* Gen. *Bartholz; Bartheldes;* latinis. *Bartholdy.*
Perahtolf: *Bertleff; Bechtolf; Bechdolf; Bardolph.*
Berahtwin: *Bergwein.*
Einstämmige Kürzung Beraht-.
Perhto, Berto: *Bercht; Bergt; Brecht; Precht; Berthe; Bert; Becht; Pecht; Bracht; Pracht; Barthe; Bardt* (Brecht, Bracht auch ON. s. Brach). Gen. *Brachten; Berthes; Perthes; Bartens.*
Vklf. (l) Pirahtilo: *Brechtel; Berthele; Bertl; Bechtel; Brachtl; Prächtel; Bartel.* Gen. *Bartels* (Zss. *Langebartels*); *Bertelsmann; Bartela* (ostfries.). Patr. A. *Bertling; Bartling, Barttlingck.* (k) *Bartke; Barttig.* Gen. *Bertges.* Patr. A. *Brechtker* (Preuß).

Auslautend (389 mal Först.):
-brecht: Albrecht. Gen. *-brechts: Lambrechts.*
-precht: Lamprecht.
-pricht: Limpricht.
-prich: Dapprich.
-bracht: Allebracht.
-berath: Hilberath.
-brath: Hilbrath.
-brod: Milbrodt.
-bert: Albert. Gen. *-berts: Egberts,* in anderer Schreibung *-z* (tz): *Limbertz.*
-pert: Ruppert. Gen. *-pertz: Roppertz.*
-brett: Odebrett.
-bart: Herbart; Segebarth.
-ber: Egber. Gen. *-bers: Dübbers.*
-per: Lemper.
-bahr: Osbahr.

Berk-, Berl- s. Beron (V., einst. K.).

Berken- = Birken, in N. wie *Berkenkemper, -kötter, Berkemeyer — Berkenbusch.*

Berlepsch s. Haus.

Bermann s. Beron (V.).

Bermenter, Berminter s. Bergamenter.

Bern- s. Beron (V., einst. K.).

Berner a) I. s. Beron (V.) b) III. „einer aus Bern", Cuonrad der Berner 1295.

Bernklau, auch *v. Bernclau* III. „Bärenklaue".

Bernstein III. häufiger ON. (urspr. meist Berinstein) — *v. B.,* Stammort Bärenstein im Erzgebirge.

BERON I. ahd. bero, mhd. ber, angels. bera, altnord. björn „Bär".
FN. ohne n Berhard: *Berardt.*
Berachar: *Behrer.*
Perlaic, Berlah: *Berlich, Berleck, Berlach; Barlach; Bierlich; Bierlick.*
Berman: *Bermann, Behrmann, Bärmann; Baarmann.*
Bernot: *Bernot; Biernoth.*
Paradeo: *Bardey; Parthey.*
Beroald: *Bärwald; Berold; Beerhold; Börold; Berrelt; Berlet* mit der Zss. *Gutberlet; Berlitt; Berlt; Perlett; Biehrhold; Pyroldt.* Gen. *Berholz; Bierholz; Bierhals.*
Beroward: *Berward; Beerwarth; Bierwerth; Bierwirth* (Preuß 8).
Beriwich: *Berwig; Barwig.*

Berewin: *Berwin; Bärwein.*
Berulf: *Bärwolf.*
Einstämmige Kürzung Ber-.
Bero: *Behre; von Behr* (Hugold Behr 1158); *Bär, Bähr; Bier, Birr;* niederd. *Bahre; Baar; Bahr; von Bar* (Hugo Bare oder Ursus 1204 in Niedersachsen); *Paar.* Gen. *Behrs; Bahrs.* Patr. A. *Bering; Bähring; Pering; Berring; Baring; Bierung.*
Vklf. (i) Biri: *Bierey(e).* (l) Berilo: *Bährle; Berle; Perl; Bierl; Birle; Birla.* Patr. A. *Berling; Perling; Bierling.* (l+n) *Bärlein.* (k) Berico: *Berke; Bährecke; Bierig.* Patr. A. *Berking.* (z) Berzo, Bezzo (Stark S. 86 — doch auch für beraht S. 84. 87): *Bertz; Pertz; Pertſch; Betz* (Zss. *Schmidtbetz*); *Petz* (daher Beiname des Bären); *Pätſch; Barz; Bartsch; Bärtſchi* (schweiz.). (z+l): *Betzel; Petzel; Bessel.* Neubildung: *Petzold.*
FN. mit n Beringar: *Beringer; Berenger; Böhringer.*
Berinhard: *Bernhard; Pernhart; Bernert; Bernet* (im „Etat der Bürgerschaft von St. Gallen" 1854 ist ausdrücklich angegeben, daß die dortige Familie Bernet früher Bernhardt, auch Bernath geheißen. Steub S. 17); *Pernet; Bennert; Behnert; Barnert.*
Zsgz. *Bährendt, Behrend* (entstellt *Bierente*); *Berndt* (Zss. *Großberndt; Möllenbernd; Schöneberndt*). Gen. *Bernhards* (lat. *Bernhardi*); *Berendes; Berends; Behrenz; Behrens; Berns; Barends; Bierentz.*
Berinher: *Berner; Perner; Barner; Benner.*
Bernhelm: *Benhelm.*
Bernold: *Bernhold; Bennold; Benhold.*
Einstämmige Kürzung Beron-.
Berno, Benno (Stark S. 25): *Beren, Bähren; Benne; Behn* (Zss. *Langbehn*); *Beine* (Preuß). Gen. *Bärens* (Zss. *Braunbehrens*); *Berns (Berensmann).* Patr. A. *Berning; Benning; Penning* (1590 Bening, Preuß); *Bening.* Gen. *Bennenga; Beninga* (beides ostfries.). Patr. Zss. *Beerensson; Bernsen.*
Vklf. (i): *Berni.* (k): *Bernicke; Pennecke; Benecke; Penke; Benck; Barnicke.* Gen. *Behnken.* Patr. A. *Beinker* (= Benekingk 1507, Preuß). (k+l): *Barnickel.* (z): *Berntz; Benze; Benz* (Zss. *Kleinbenz*); *Bense (Bensemann).* (z+l): *Benzel.* Patr. A. *Benzler; Benseler.*

Berring s. Beron (einst. K.).
Bert-, Berth- s. Berhtaz (V., einst. K.).
Berward s. Beron (V.).
Beschoren III. ein Mönch; auch *Beschorner.*
Bessel s. Beron (einst. K.).
Besser III. Komparativ. Patr. A. *Besserer.*
Besserdich III. Satzname.
Beth- s. Baðwô (V., einst. K.).
Better s. Baðwô (V.).
Betulejus III. latinis. für *Berckmann* (betula die Birke).
Betz- s. Beron (einst. K.).
Beuermann s. Büren.
Beust III. O. Büste bei Stendal.
FN. *von Beust* (Henricus de Buziz 1208).
Beutler III. „Beutelmacher". *Peutler* (Gottschee).
Beutner III. „Bienenzüchter". Auch *Beuder; Beutmann; Beider* (thüring.).
Beyer s. Baier.
Beyrich s. Bâg.
Beyschlag III. uneheliches Kind (eines Fürsten).
Biber III. zu den Tiernamen (S. 49. 61). Joh. Biber 1278.
Biehl, Biehler, -biehler s. Bühel.
Bick-, Bieck- s. Big.
BÎD- I. got. beidan, ahd. bîtan „aushalten (im Kampf)".
FN. Bitbert: *Peiper.* Gen. *Peipers.*
Bidheri: *Bitter.* Patr. A. *Bitterling.*
(Bitrih): *Bittrich; Pittreich.*
Einstämmige Kürzung Bid-.
Bito, Bitto: *Pito; Pitto.*
Vklf. (l): *Bittl.* (k): *Bittig.* (z): Gen. *Beitzens.*
Biedenkapp III. „einer aus Biedenkopf".
Biederkarken s. Bei.
Biedermann III. mhd. biderman ein „unbescholtener Mann, Ehrenmann". Biderbeman 1262; *von Biedermann* (seit 1802).
Biegel, -biegel, -biegler s. Bühel.

Biegholdt s. Big.
Biehl- s. a) I. Billa b) III. Bühel.
Biehrhold s. Beron (V.).
Biel- s. a) I. Billa b) III. Bühel.
Bien(en)gräber III. der „Bienen aus hohlen Bäumen ausgräbt“.
Bier III. ahd. pior, mhd. bier, das bekannte Getränk (S. 47). Marquart Gutpier 1450.
FN. *Bösbier; Dünneb.* (Schwachbier); *Frischb.; Gutb.; Haferb.; Mengelb.; Sauerb.; Strengb.; Süßb.*, niederd. *Sötbeer; Warmb.; Zuckerb.* Doch *Gießenbier* Umdeutung aus Gisembert (Preuß); *Käsebier* wohl = Kassebeere, Kirsche.
Bier- soweit I. s. Beron (V., einst. K.).
Bierbaum III. „Birnbaum“, mhd. birboum (ahd. pira, mhd. bir Birne). Henr. de Piro, gen. vanme Birboeme (Köln). Vgl. *Bierkamp* (unter Kamp), *Biersack.*
Bierente III. „Bierbruder, Zecher“. Vgl. Bieramsel, -fink, -igel, *-gans* (doch s. auch Berinhard).
Biermann a) I. s. Beron b) III. = *Bierwirth* u. *Bierhake*, vgl. Haak. Dagegen *Biereye* = Biereigner, der eigenes Bier ausschenkt, ein brauberechtigter Bürger; (die Zurückführung auf Beron ist weniger wahrscheinlich).
Bietendüwel III. s. Bitdendüvel.
Biffart s. Billa.
BIG- I. ahd. pichan, mhd. bicken „hauen, stechen“.
FN. (Bighard): *Pichert; Pickhardt; Pickert; Bickart, Bickert; Beckhardt; Beckert; Peikert.*
(Bigerih): *Bickerich.*
Bigwalt: *Biegholdt.*
Einstämmige Kürzung Big-.
Bigo: *Pigge; Pick; Bieck; Beike.*
Vklf. (l): *Pickl; Bickel.* Patr. A. *Beichling; Bichling.*
Bila III. O. j. Bielen i. Thüringen.
FN. *von Bila, v. Biela, v. Byla* (Albertus de Belo 1224).
BILLA I. „spaltende Waffe, Axt“, altsächs. bil, angels. bill „Schwert“, adh. mhd. bil „Steinhaue“.
FN. Bilifrid: *Biffart.*
(Biligar): *Billger.*
Biligrim (zsgeflossen mit lat. peregrinus): *Pilgrim.*
(Bilhard): *Bilhardt; Billert; Bielert; Beilhard; Peilert; Beulert; Bellert.* Gen. *Bilharz; Pilartz; Beilharz.*
Bilihar: *Biller; Biehler; Pieler; Behler; Pehler; Beller.* Gen. *Bellers.*
Biliram: *Pilgram.*
(Biliman): *Billmann; Bellmann; Pellmann; Pehlemann.*
Belimar: *Bilmer.*
Einstämmige Kürzung Bil-.
Bilo: *Bille; Biel; Piele; Behl; Beil* (teilweis) Patr. A. *Billing; Pilling; Billung; Bieling; Belling; Bellinga* (ostfries.); *Beling; Beiling.*
Vklf. (k) Pilicho: *Billig; Pillig* (öst.); *Bielicke; Pielke; Beelke; Beilicke; Beilig; Beulich.* (z): *Biltz; Pilz.* Patr. A. *Piltzing; Bilzing.*
-biller s. Bühl.
Billger s. a) I. Billa b) III. Pilger.
Biltz s. Billa (einst. K.).
Binder III. mhd. binder der „Faßbinder, Bötticher“ („Bindergasse“ in Nürnberg).
FN. *Binder; Pinder; Pinther* (oberd., vgl. „Pinter“ in Marburger Urk., Reichel S. 31) — mit Abstumpfung des *i*: *Bender.* Zss. *Faßbinder, Vasbender; Bittenbinder, Büdenbänder; Buchbinder, Buchbender; Bürstenbinder; Rehbinder.*
Bindschuh III. = Bundschuh (S. 46).
Bindseil III. zu den Gerät-N. Vgl. auch Cunrad cognom bintriemo 1339.
Bir- s. Beron.
Birchpfeiffer Doppel-N. (S. 87): Charlotte *Pfeiffer*, Tochter des Kriegsrates Pf. in München, verheiratet (1825) mit Dr. Birch, die bekannte dramatische Dichterin.
Birkner III. „einer aus Birken“, auch „an Birken wohnend“. Dass. *Birker.*
Birnbaum III. s. Baum und Bierbaum.
BIS- I. vgl. altnord. bisa „sich tüchtig anstrengen“. Bismod.
FN. (Bisold): *Piesold; Biesold; Bieselt.*
Einstämmige Kürzung Bis-.
Biso: *Biese (Biesemann); Beise.* Patr. A. *Bissing.* Vklf. (l): *Beisel.*
Bifchof III. aus griech.-lat. episcopus (Aufseher), im Mhd. jeder höhere, auch nichtchristliche Priester (S. 42); nach dem DW. auch spottweise ein „Bierbischof“.

Rudolphus (ein Bauer) dictus episcopus 1270. FN. *Bischof, Bischoff; Pifchof* (Wien). Gen. *Bischofs.* Eigentüml. F. *Bischkop* (wohl durch Vermittlung des slaw. biscup). Patr. A. *Bischopink* (Westf.).

v. Bismarck III. von der zum ehemaligen Bistum Magdeburg gehörigen Stadt Bismark d. i. Bischofsmark (= Bistumsgrenze) im Kr. Stendal. Herbordus de B. † um 1280.

Bitdendüvel III. Satz-N. niederd. „beiß den Teufel" (S. 53). Auch *Biedendüvel.* Ähnlich *Schietdendüvel.*

Bitt- s. Bîd; **Bittel** s. Büttel.

Bittenbinder III. „Büttenbinder".

Bittner s. Büttner.

BLANKAZ I. ahd. blanch, mhd. blanc (von blinken) „blank, weiß".
FN. Blanchard: *Blankart.* Gen. *Blankarts* — umgedeutet *Blankertz.*
(Blanchar): *Blenker.*
Einstämmige Kürzung Blanc-.
Blancho: *Blancke; Blanc; Planck; Blencke.*

Blasius II. Bischof u. Märtyrer unter Diokletian; einer der 14 Nothelfer.
FN. *Plaß (Plaßmann); Blaß; Bläß; Bläsi* (schweiz.). Patr. A. *Bläsing.*

Blatner, Blattner s. a) Platner b) vom O. Blatten.

Blatt III. in den Zss. *Kleeblatt; Lindenblatt; Rosenblatt.*

BLÂWÔ I. ahd. blâo, mhd. blâ (gebogen blâwer) „blau", doch hier wohl = lat. flavus.
FN. (Blawihart): *Blauert; Plauert.*
Einst. K. (Blawo): *Blau (Blaumann); Blaue.*
Vklf. (l): *Blauel.*

Bled- s. Blîþa.

Blei III. Der Fisch in Norddeutschland, nicht das Metall.

Bleibimhaus III. Satz-N. „bleib im Haus" — Bezeichnung eines Häuslichen. Gegensatz: *Fleuchaus.*

Bleibnichtlang III. Satz-N., wohl Bezeichnung eines, der nirgend lange bleibt.

Bleibtreu III. Satz-N. (S. 51).

Bleichert, Bleick- s. Blek.

Bleich III. „der Bleiche".

Bleicher III. Besitzer einer Bleiche.

BLEK I. ahd. blich, mhd. blic „Lichtglanz, Blitz".
FN. (Blichard): *Blicchert; Bleickhardt; Bleichert.*
Blieger: *Blicker.* Gen. *Bleickers.*
Einstämmige Kürzung Blic-: *Blicke.*

Bleidt, Beimer, Bleitz s. Blîþa.

Blenker s. Blankaʒ.

Bletzger III. Münzn. Bletzger oder Blutzger, auch Pletzer und Plötzer bezeichnete eine silberne Scheidemünze, namentlich in Graubünden.

Bleudorn III. niederd. „Blühdorn" s. Dorn.

Bliechert s. Blek.

Blied- s. Blîþa.

Bliedner III. „der die Steinschleudern (mhd. blîden) bedient".

Blievernicht III. niederd. = bliev dar nicht, „ein Unsteter".

Blind III. „der Blinde". Otto cecus 1287.

BLÎÞA I. got. bleiths, ahd. blîdi, mhd. blîde „froh, heiter, freundlich".
FN. (Blidefrid): *Bliefert.*
Blidegar: *Blediger.*
Blidheri: *Bleyer.*
Blithart: *Bleyert.*
Blidmar: *Bleimer.*
Einstämmige Kürzung Blid-.
Blido: *Blied; Blitt; Plitt; Blede; Bleidt.*
Patr. A. *Bliedung; Pleiting.*
Vklf. (l): *Pledl* (öst.); *Bleil.* (k): Gen. *Bleicken.* (z): *Bleitz.*

Block III. „vierschrötiger, plumper Mensch". Auch *Blochmann; Plochmann.*

BLÔMA I. got. blôma, ahd. blômo, mhd. bluome „Blume", wohl auf Jugend und Kraft deutend. Blumarit.
FN. (Blomhard): *Bluhmhard; Blümert.*
(Blomheri): *Blömer; Blumer; Blühmer; Plümer; Plümmer.*
(Blomrich): *Blumrich.*
Einstämmige Kürzung Blum-.
(Pluomo): *Blohm; Blume; Bluhm; Bloem* (ô Kleve, aber ö bei Walter Bloem); *Blüm.* Gen. *Bloems* (ostfries.).
Vklf. (l): *Blümel.* (l + n): *Blümlein.* (k): *Blömke; Blühmke; Plümicke.*

Blücher III. O. bei Boizenburg a. d. Elbe (Mecklenb.) Ulrich v. Blücher 1214.

Blühdorn III. zu den Pflanzen-N. Niederd. *Blöhdorn; Bleudorn,* entstellt *Bleidorn.*

Bluhm-, Blühm- s. Blôma.

Blume a) I. s. Blôma b) III. Nicolaus dictus zem Bluomen 1289; bes. in Zss. wie *Kornblum; Schlüsselblum.* — *Blumenstiel; Blumenstengel; Blumenschein, Blumschein.* — *Plumenkron* (öst.); *von Blumencron* (Adelsn. für Max Adam Ludwig 1690). Bl. ist auch ON.

Blumenschein III. mhd. bluomen schîn „der Blumen Glanz und Schmelz". (Nach Buck S. 32 hübscher, leuchtender Blumenstrauß als Wirtshausschild.)

Blumenschmied III. der Schmied gegenüber dem Gasthof „zur Blume" (Becker).

Blumentritt III. vgl. Rosentreter. Auch *Blumtritt.*

Bob- s. Buð (V., zweist. K.).

Bock a) I. s. Balþaz (einst. K.) — Buð (einst. K.) — Burgi (einst. K.) b) III. zu den Tiernamen, vgl. Cunrat der Bock 1387, zu den Häusernamen (domus dicta zem Bocke 12. Jh.). *von Bock* (Ulricus de Pack 1203 im Meißn.)

Böcker s. Bötticher.

Bockhard s. Burgi (V.).

Böckel, Böcking s. Bock a).

Böckler III. „der einen Schild (buckel) führt". Her Johannes der Bukelerc 1274.

FN. *Böckler; Pückler.*

Böcklin III. dict. Boclin 1284. „Böcklein". vgl. Bock u. S. 33 Anm. 2.

Bod-, Böd- s. Buð (V., einst. K.).

Böddiker, Bödeker s. Bötticher.

Bodelschwing III. O. bei Dortmund.

FN. *von Bodelschwingh* (Gisbert v. B. 1275); *von Bolschwing.*

Bodenbinder III. „der einen Bretterboden legt" (s. Bodmer).

FN. *Bodenbender, Bodenbänder,* niederd. *Boddenbender.*

Bodmer a) I. s. Buð b) III. von „bodmen", d. i. einen Boden (ahd. podam, mhd. bodem, das m noch bis ins 17. Jh. erhalten) von Brettern zusammenschlagen: ein Faß, ein Zimmer, ein Schiff bodmen.

Boer s. Bauer.

Boffert s. Buð (V.).

BOG- I. ahd. bogo, mhd. boge „Bogen" (als Waffe), durch Gräberfunde schon für die älteste Zeit als germanische Waffe erwiesen. Kaum von Baug zu trennen.

FN. (Boghari): Patr. A. *Böggerink.*

(Bogehard): *Bogenhard.*

(Bogold): *Bögehold; Bögenhold.*

Einstämmige Kürzung Bog-.

Bogo: *Boge; Böge; Pöge; Boje; Boi; Boye.* Gen. *Boyens; Bojens* (Rendsburg). *Bogena* (ostfries.). Patr. Zss. *Boysen.* Patr. A *Böing.* Vklf. (l): *Bögel.*

Boge, Böge s. Bog.

Bogen III. in ON. auf eine Biegung, in der Regel eines Flusses oder Baches, gehend.

FN. *Bogen; Elbogen; Lederbogen.*

Ableitung auf *-er* (oberd.):

Bogner (der Bogenaere = der von Katzenellenbogen, Walther 180 Pfeiff.); *Bögner.*

Bogner III. 1) einer aus Bogen, s. das Vorhergehende 2) „Bogenmacher" DW. (eine „Bognergasse" in Wien; Marburger Gewerbe-Verz. Pogner).

FN. *Bogner; Pogner* (Gottschee); *Bögner.* Auch *Bogenschneider.*

In Schaffhausen, wo die Bogenschützen auf ihrer eigenen Schießstätte den Sommer hindurch die alte Waffe noch handhaben, übt auch ein „Bogner" sein Amt — Instandhaltung der Armbrust — noch heute aus (Tobler-Meyer 1894).

Bohl-, Böhl- s. Balþaz (V., einst. K.).

Böhme III. einer aus „Böhmen". Conrad Bohemus 1281.

FN. *Böhme; Böhm; Behm* (Hans Behem 1476, vgl. Behaim, mhd. Bêheim neben Böheim, den alten N. des Landes). Auch *Böheim; Böhaimb; Beheimb.*

Böhmer s. Baum — bes. „Inhaber oder Anwohner eines Schlagbaumes".

Bohn- s. Banan.

Bohnenbluest III. (schweiz.) „Bohnenblüte" (vgl. mhd. bluost Blüte). *Bohnenstengel.*

Böhringer s. Beron (V.).

Bohse s. Bôsi.

Boi, Boj s. Bog.

Böke niederd. Buche, in *Bökenkamp; Bökemeyer* usw. — *Hohenböken* (ON.).

Böker s. Bödicker.

Bol-, Böl- s Balþaz.

Bolte, Joachim. B., Bürgermeister zu Wolgast, 1675 von dem schwed. Könige Karl XI. geadelt: *Bolte von Boltenstern.*

Bolz- s. Balþaz (einst. K.).
Bömack III. slawisch: ein „Böhme".
-bömer s. Baum.
Bomheuer III. niederd. „Baumhauer" (s. -hauer).
Bommer s. Buð (V.) — aber auch einer aus Bommen (Schweiz).
Bon, Bön s. Banan.
Boneß III. Wernerus Bonezzo 12. Jh. „Bohnenesser". Vgl. Fleischfresser.
Bonewendura III. (Ottweiler) aus ital. Bonaventura.
Bongratz s. Pankratius, doch **Bongart** s. Gart.
Bönisch s. Benedictus.
Boos s. Bôsi.
Bopp, Böpp- s. Buð (zweist. K.).
Borch-, Börch-, Borg- s. Burgi (V.).
-borg s. Burg.
Borgers, Börger s. Bürger.
Borges s. Liborius.
Borggreve s. Burggraf.
Bork- s. Burgi (V., einst. K.).
Borkenbrecher III. „der die Rinde von den Bäumen schält".
Bormann s. Burgi (V.).
Born, -born s. Brunn.
Bornſcheuer III. Ernst Burneschüre 12. Jh.; Scheune am Brunnen?
Bornschlegel III. „Abdecker".
Bornträger III. entstellt aus Borndreger = Bernsteindreher; vgl. Dreher.
Börold s. Beron.
Borries, Börries s. Liborius.
Borstel s. Burgstall.
Borz s. Burgi (einst. K.).
Boſch s. Busch.
Böse a) I. s. Bôsi b) III. vgl. Hinricus de Bose 1325 (Ilsenburg).
BÔSI I. ahd. bôsi „böse" (feindlich), berührt sich mit Buð. Bosulf.

Einstämmige Kürzung Bos-.

Boso 6.: *Bohse; Boos; Pohse; Böse; Bause; Büse; Büss.* Gen. *Busen.* Patr. A. *Bösing.*

Vklf. (l) Poasilo: *Bösel.* (k): *Böske.*

Bosse s. Buð (einst. K.), Burgi (einst. K.).
Bostel s. Burgstall.
Bot-, Both- s. Buð (V., einst. K.).
Böteführ III. (Süderditmarschen) niederd. Satz-N. „zünde Feuer an" (Heizer in Schmelzöfen u. dgl. — doch auch Spottname für einen „Rotkopf"). Auch *Büteführ;* verderbt *Bettführ.*
Bötel s. Buð (einst K.).
Böter a) I. s. Buð b) III. ostfries. „Heizer", holl. „Kesselflicker".
Böthelt s. Buð (V.).
Bott s. Buð (einst. K.).
Bött- s. Buð (V., einst. K.).
Bötticher III. von Bottich, ahd. potacha, mhd. boteche, botege, großes Holzfaß, zumal in Brauereien der „Bötticher"; altniederd. Bödeker.

FN. 1) hochd. *Bötticher; Böttcher; Böttiger; Böttger; Bottger; Pöttcher* (oberd.); *Bettcher; Bätcher; Bittcher* (schles.).

2) niederd. (bes. im Nordwesten): *Böddiker; Böddeker; Bödeker* — zsgz. *Böcker* (mit langem *ö*).

Böttner s. Büttner.
Böttrich s. Buð (V.).
Botz, Bötzel s. Buð (einst. K.).
Bovenkerk III. (westf.) „(der) oberhalb der Kirche (wohnt)". Auch *Bovenkerken.* Vgl. *Bovensiepen, Bovenstein.*
Bowenschulte III. (westf.) „der Schulze oben" (s. Schulze).
Boy- s. Bog.
Brabandt III. „einer aus Brabant". Auch *Brabänder.*
Brach III. ahd. brâche, mhd. brâche „das erste Umbrechen eines zum Anbau bestimmten Landes". Seit dem 8. Jh. in ON. Jetzt hochd. *Bruch, -brach, -brechen* — doch viel häufiger niederd. *Braak, -brack, -braken, -breck.*

FN. *Ellerbracke. von Heidebreck.*

Nebenf. Bracht seit d. 9. Jahrh., und dem entsprechend neuere ON. wie *Bracht, Brecht,* die auch zu FN. geworden.

Brachel III. aus Brachelen b. Geilenkirchen.

NF. *von Brachel, von Brackel* (Immo v. Brackeln 1218).

Bracht s. a) I. Berhtaz (einst. K.) b) III. Brach.
Brachvogel III. numenius arquatus. Niederd. *Brakvogel.*

Bradenahl III. niederd. (Mecklenb.) „gebratener Aal"; vgl. Frideric. cognomento Bradegans 13. Jh.; altniederd. Bradherink. Auch *Bratenaal.*

Brahms s. Abraham.

Brambeer III. mhd. brâmber die „Brombeere".

Brammer s. Brandaȥ (V.).

Brancke s. Brandaȥ (einst. K.).

Brand III. als ON. eine Waldstelle, welche durch Feuer gerodet ward. Jetzt nicht bloß einfaches *Brand, Brande* häufig, sondern auch über ein halbhundert Zss. auf *-brand, -brenda.* Doch vgl. Hebenbrand u. Löschebrand.

FN. *Brand; Altenbrand; Höllenbrand.*

Bränd- s. Brandaȥ.

BRANDAZ I. „Brand, Brennstock" ahd. prant, brant, mhd. brant „Feuerbrand; flammendes, blitzendes Schwert" (davon ital. brando Schwertklinge, altfranz. brandon Schwert; das Schwert des span. Cid heißt Tizona d. i. Feuerbrand vom lat. titio).

FN. (Brandiger): *Brandiker; Brenker.*
(Brandhard): *Brennert.*
(Brandmar): *Brammer.*
Brandold: *Brandholdt.*

Einstämmige Kürzung Brand-.

Prando: *Brandt* (VN. bei Klemp.). Gen. *Brandes;* latinis. *Brandis* (*Brandsma* ostfries.). Patr. A. *Branding; Brenning.*

Vklf. (l) Brandila: *Brandel; Prantl; Brendel; Brändle* (schwäb.); *Prändl* (bair.). (l + n): *Brändlein; Brendlin.* (k) Brandico: *Braneke; Pranckh; Brendicke; Brentke; Brennecke; Brenck.* Patr. A. *Breinker* (Preuß). (z) Brantio: *Branz; Prantz; Brentz; Brenneis.* Patr. A. *Brensing.* (z + l): *Prentzel.*

Auslautend (81 mal Först.):
-brand: Hildebrand. Dittebrandt. Gen. *brands: Zybrands.*
-brahn: Roþrahn.
-barn: Dettbarn.
-bern (s. Stark S. 187): *Dibbern.*

Brandner III. „einer aus Branden" (Baden, Tirol).

Branolte I. = Nolte (Arnold) Brandes (Preuß).

Branz s. Brandaȥ (einst. K.).

Braten III. ahd. brâto, mhd. brâte. In der Zss. FN. *Hafenbrädl* („Topfbrätchen"). *Schweinebrade.* (In andern Zss. dürfte *-brat* eher eine zsgz. F. von -beraht sein, z. B. Mundbrat, wie deutlich in Hilbrath.)

Bratenaal s. Bradenahl.

Bratengeiger III. „der um den Braten geigt", Spottname = Bierfiedler.

Brauer III. mhd. briuwer, brouwer der „Bierbrauer"; mit Umlaut Bräuer (eine „Bräuergasse" in Dresden, auch „Bierbräuer" im Münch. Adreßb.).

FN. *Brauer; Bräuer; Breuer; Braumann; Braumandl* (Wien). Gen. *Brauers; Breuers* (niederrhein.). Niederd. *Brüwer* (Bruwere 1483 Gött. UB.); *Brouwer* (Jever). *Bruer; Brohmann.* Gen. *Browers; Broyers* (beides ostfries.). Entstellt *Breyer; Wienbreyer* (1635: Weinbrewer); *Breier; Breymann.* Zss. *Bierbrauer;* niederrhein. sind *Hoppenbreuer* und *Keutenbreuer* (Keuten, ein helles Bier aus Weizen und Hafer); *Mumbrauer* (Mumme, das seit Ende des 15. Jhs. in Braunschweig gebraute Bier).

Zu der kürzeren mhd. und mitteldeutschen Form briuwe „Brauer" gehören die FN. *Breu, Brey; Prey; Preyherr; Breuherr; Preu.* Zss. *Sauerbrey* (mittelniederdeutsch sûrbrouwer „Essigbrauer".)

Bräuer s. Brauer.

Brauk, -brauk s. Bruch.

Braun a) I. s. Brunja b) III. von der Farbe: ahd. mhd. brûn, prûn „braun, brünett" (vgl. franz. Lebrun).

FN. *Braune; Braun;* (südd.) *Praun; Brauner.*

Bräun- s. Brunja (V., einst. K.).

Braunabend III. der „braune Abend", eine Floskel der 2. schlesischen Dichterschule, also nicht vor 1650 (Vilmar). Auch *Brunabend.*

Braunbehrens I. 1661: Heinrich Braun oder Berendts (Kleemann).

Brauner 1) s. Braun a und b 2) „einer aus Braunau", wie *Bräuner* „aus Bräuna".

Brausewetter III. ein „stürmischer Mensch" (s. Wetter).

Bräutigam III. zu den Verwandtschafts-N. Niederd. *Brüdigam.* Auch *Braut.* Vgl. S. 49.

Braxator III. latein., „Brauer".

Brechenmacher s. -macher.

Brecht- s. a) Berhtaz (V., einst. K.) b) ON. vgl. Brach.

-breck s. Brach.

Brede, Brei- s. Brit; **Brei** s. Brauer.

Breinker s. Brandaz.

Breiser III. „Schnürriemenmacher, Posamentier" (mhd. brîsen schnüren) vgl. Preiswerk. Auch *Preiser; Preißler.*

Bremer III. „einer aus Bremen". Auch *Brämer.*

Brend- s. Brandaz (einst. K.).

Brenk- s. Brandaz (V., einst. K.).

-brenker s. Brink.

Brenn- s. Brandaz.

Brenner, Otte gen. der brenner 1338 „der den Wald durch Brennen ausrodet" (s. aber die ff. Zss.).

FN. *Brenner; Prenner* (Gottschee). Zss. *Aschenbrenner; Kalkbr.; Neubr.; Steinbrenner; Weinbr.*

Brennessel III. deutlicher Pflanzen-N.

Brent-, Brentz s. Brandaz.

Bressler III. „einer aus Breslau (oder Bressel)". Auch *Breßlau; Breßlauer.*

Brett- s. Brit.

Brettschneider III. Auch *Bretschneider.*

Breuer s. Brauer.

Breuhahn III. ein Bier.

Breuker, -breuker s. Bruch.

Breun- s. Brunja (einst. K.).

Brey- s. Brauer.

Brick-, Brie- s. Brit, doch *Briehl* s. Brühl.

Briesen III. O. b. Schievelbein i. Pom., *von Briesen* (Burchardus de Briezcene 1219).

Brill s. Brit.

-bring s. Brink.

Bringewath III. Satz-N. niederd. „bringe was". Ähnlich *Bringezu.*

Brink III. „(hochliegender) Grasplan" — ein in niederdeutschen Mundarten weit verbreitetes Wort. Dahin gehört mehr als ein halbes Hundert ON. auf *-brink* in der Linie Hannover — Utrecht, mit der Hauptstärke in Westfalen.

FN. *Brink* (Dorf in Oldenburgischen, Münsterschen, Kalenbergischen): *ten Brink*, auch *Tombrink* (= zu dem Br.); *von den Brinken.* — *Brinkmann, Bringmann;* (fries.) *Brinkama.* Vgl. „die Brinkfrau zu Morsbecke, Inhaberin des Brinkhofes", nachher genannt „Ilse Brinkfrau" (Lipp. Reg.).

Bes. häufig in Zusammensetzungen, die meist jedoch nicht Städte oder Dörfer, sondern in mehr appellativer Art einzelne Örtlichkeiten einer Dorflage oder Feldflur bezeichnen — als FN. demnach der daselbst Wohnende, der „Brinksitzer", vgl. Gerd uppe dem Brinke 1406 (Lipp. Reg.).

— *Antenbrink; Berenbr.; Excernbr.; Fahrenbr.; Gantenbr.; Hasenbr.; Holtzbrink; Klockenbr.; Mühlenbr.; Osterbr.; Steinbr.; Unterbr.; Lüsebrink* und *Musebrink* (offenbar niederdeutsche Spottnamen für die bezeichneten Örtlichkeiten, vgl. pommerisch „Flöhenbrink"). — *Oberbrinkmann.*

Bisweilen in der Schreibung *-bring: Finkenbring* neben *Finkenbrinck; Hasselbring; Igelbring; Kregenbring* neben *Krägenbrinck* und *Krähenbrink; Kreidebring* neben *Kreidebrink; Lehmbring; Piepenbring.*

Ableitungen auf *-er* (westf.):

-brinker: Brinker; Berenbr.; Steinbr.

-brenker: Brenker (auch = Brendeker Preuß); *Brembrenker* (Bram, Bräme = Brombeerstrauch).

Alle diese Bildungen mit großenteils noch nicht verwischtem niederdeutschem Gepräge sind als FN. bes. häufig in Westfalen und den angrenzenden Landschaften (Lippe, Osnabrück), wo sie zu den die Namengebung beherrschenden gehören.

-brink, -brinker s. Brink.

Brinkkötter III. „Brinksitzer, Häusler auf dem Brink", s. Brink und Köther.

Brinkoch III. 1530: Brinkkort = Kord am brinke (Preuß).

Brising s. Brit.

BRIT- I. wohl zu angels. bridel, ahd. brîdel „Zügel", Britharius 6.

Einstämmige Kürzung Brid-.

Briddo: *Britt; Briede; Priede* (österr.); *Brede; Brett.* Patr. A. *Britting; Breitung; Breiting; Bretting.*

Vklf. Bridilo: *Breidel; Brill.* Patr. A. *Breiling.* (k): *Bricke; Briecke.* Gen. *Brix* (Rendsburg). (k + l): *Brickel.* (z): *Britze; Briese.* Patr. A. *Brising.*

Brix s. Brit.

Brock-, -brock s. Bruch.

Bröcker s. Bruch.

Brod-, Bröd s. Brord und Brot.

Bröhl s. Brühl.

Broicher, -broich, -broick s. Bruch.

Broichsitter III. (niederrhein.) „Bruchsitzer“.

Brok-, -brok s. Bruch.

Bröker s. Bruch.

Brom-, Bröm- s. Brunja (V., zweist. K.).

Brongers s. Brunja (V.).

Bronn-, -bronn, -bronner s. Brunn.

Brons-, Bronzema s. Brunja.

Broos s. Ambrosius.

BRORD I. „Spitze eines Spießes, Geschosses, Waffenrand, Schiffsrand, Spieß, Geschoß“; angels. brord, altnord. broddr, ahd. brort, brart, mhd. brort. Zumeist im Sächsischen u. Angelsächs. zu N. verwendet. (Willibrord).

FN. (Brodbert): *Proppert.*

Brothar: *Broder; Bröder (Brödermann);* doch vgl. Bruder. Gen. *Brors.* Patr. A. *Bröring.* Patr. Zss. *Brodersen.*

Einstämmige Kürzung Brord-.

Prodo 9.: *Brode; Protte; Prott.*

Vklf. (l): *Brödel; Prottel; Prodle* (Hameln). Gen. *Prölss.* (k): *Brodke.* (z) Brozo: *Broos; Bross; Bröse; Brusch; Brüsch.* (z + k): *Bruske; Brüske; Bruschke; von Brösigke* (Broseko, auch Brosekinus genannt, pincerna 1307—22). (z + l): *Protzel; Brötzel.*

Zweistämmige Kürzung Brordb-.

Patr. A. *Propping.*

Bröring, Brors s. Brord.

Bros-, Brös- s. Ambrosius.

Brot III. zu den Speisen (S. 47) in mancherlei Zss.

FN. *Brodkorb; Brodbeck; Bierbrot; von Casembrod* (holländ. „Käse und Brot“); *Eigenbrod; Gutbrod; Herrenbrod; Hirsebrod; Roggenbrod* (Gernod ruckenbrot 1235); *Sommerbrod; Sparbrod; Truckenbrod, Druckenbrodt; Warmbrod; Weichbrodt; Weißbrod.*

Einige dieser FF. sind zweifelhaft, da möglicherweise altd. brord, brod — oder auch eine Verderbung aus -beraht (brat) in ihnen steckt, wie offenbar in *Heimbrodt* aus Haginbert, *Milbrod* aus Mildebrath (s. Meldiaz); auch wohl *Treubrodt* altd. Truprat aus Drudperaht.

Browers, Bröyers s. Brauer.

Brûch III. ahd. bruoch, der allgemeinste und durch viele Mundarten verbreitete Ausdruck für „Sumpf“. Neben den gewöhnlichen FF. auf *-bruch* findet sich in ON. niederdeutsches *-brook, -brôck* (bes. in Westfalen), niederrheinisches *-broich.*

FN. 1) *Bruch; Besenbr.; Eschenbr.; Hackenbr.; Hambr.; von Heimbr.* (Stammhaus in Buxtehude, Comes Henricus de Hembroke kurz nach 1197); *Hucklenbr.; Nonnenbr.; Ottenbr.; Vahlbr.; Wildenbr.; Hoensbroech* (spr. hûnsbrûch).

2) *Imbruck; Uhlenbr.*

3) *Brook, Brock; v. Buddenbrock* (Stammhaus Brock bei Buer i. W., Godescalcus Budde de Burc 1289 baute die Buddenburg); *Deipenbr.; v. Diepenbr.; Ellerbr.; Kahlbr.; Papenbr.; Rosenbr.; Schmalbr.; Stuckenbr.; Uhlenbr.*

4) *Broich; Aschenbr.* (Eschen-); *Hucklenbr.; Kleinherzbr.*

5) *v. Kerssenbroick* (Johannes von Kerssebroke 1262).

Großenteils sind die Benennungen dieser Art, ebenso wie die auf -brink, nicht Namen für Ortschaften, sondern sie bezeichneten, als sie auf die Personen übertragen wurden, wirklich noch ein Bruch (Moor). So die nachfolgenden, die wenigstens in Rudolphs Lex. sich nicht finden.

Vom Bruch; zum Bruch; Erlbr., Elsenbr.; Gosebr.; Hasselbr.; Mühlenbr.

Vom Brocke; Zum Brook; Edelbrock; Griesenbr.; Kerkenbr.; Kordenbr.; Kreyenbr.; Möhlenbr.; Nottebr.; Piepenbr.; Wiesbr.

Auf dem Brauke; Vom Brauck; Mecklenbrauk; Osterbr.; Uhlenbr. Möhlenbruck.

Zss. mit -mann:

Bruchmann; Brochmann, Brokmann, Brookmann; Braukmann.

Zss. mit -Müller:

Brockmüller; Braukmüller.

Ableitung auf *-er* (westf.):

Brücher; Broicher; Bröker; Bröcker, urspr. Hans im Broke (Preuß). — *Breucker; Hüttebräucker; Bredenbr.*

Alle diese niederd. Bildungen mit k sind vorzugsweis häufig in Westfalen und gehören zu den dort die Namengebung beherrschenden.

Brücher s. Bruch.

Brüchler III. „Kleinhändler mit Leinwand und Garn, vielleicht auch Hosenmacher."

FN. *Brücheler; Brüchler; Pregler* (Landshut).

-bruck s. 1) Bruch 2) Brück.

Brück III. ahd. prucca, mhd. brucke, brücke, brügge. An der Spitze der davon abgeleiteten ON. steht Brügge in Flandern (schon im 7. Jh. Brugae); jetzt außerordentlich viele N. auf *-brück, -bruck, -brücken* (Dat. Plur.); *-brügge, -brugg, -bruggen.*

FN. 1) *-bruck: von Wydenbrugk* (O. -brugge).

2) *Brück: Delbr.; Geutebr.; Steinbr.; Wiedenbr.; Zweibr.* (O. -brücken).

3) *-brügge: Brügge; Delbr.; Esselbr.* (Westf.); *Steenebr.*

4) *-brücken: v. Zweibrücken.*

5) *-brüggen: Osenbrüggen.*

Ableitung auf *-er* (oberd. und westf.):

1) *-brucker: Brucker* (Baden); *Prucker* (bair.); *Haarbr.* (Salzb.); *Tiefenbr.*

2) *-brücker: Brücker; Haarbr.*

3) *-brugger: Brugger* (Baden); *Prugger* (österr.).

4) *-brügger: Erdbrügger; Ibr.* (Westf.).

Bruckhei III. „Brückenaufseher" (s. Hei). Auch *Bruggey.*

Brückmann III. „Brückenmann" d. i. Brückenaufseher; doch auch wie bei Brinkmann, Brockmann u. a. nur den Wohnort bezeichnend: einer, der auf oder bei einer Brücke wohnt. *Brüggemann* = tor Brügge (Strackerjan). Heinrich von der Brücke 17. Jh.

FN. *Brückmann; Brüggemann; Brüggmann.*

Brückner III. schwerlich ein Brückenaufseher (Reichel), eher ein „Brückenbauer" (s. Öffner, Büttner u. a.), am einfachsten, da der ON. Brücken wiederholt vorkommt, „einer aus Brücken", wie *Bruckner* „einer aus Brucken". *Prückner; Pruckner* (beide bair. österr.).

Bruckschlägl III. (öst.) „Brückenschläger". Vgl. Burcard de Bliensowe dict. Bruggenschlegel 1265.

Bruder III. zu den Verwandtschafts-N. S. 49 Burkardus dict. Bruodir.

Brüel s. Brühl.

-brügge, -brüggen, -brugger, -brügger s. Brück.

Brüggemeyer III. 1380: Henne up der Brucken (Preuß).

Bruggey s. Bruckhei.

Brühl III. ahd. pruohil, Vklf. von bruoh „Bruch, Sumpf", mhd. brüel (mittellat. brogilus, ital. broglio, franz. breuil), „bewässerter, mit Gras und Gebüsch bewachsener Platz, buschige Wiese". Jetzt in ON. *Brühl, -brühl, Brüel; Prühl; -bröhl; Briel, -briel.*

FN. 1) *Brühl; Waldbrühl; Brühlmann.* 2) *Brüel.* 3) *Bröhl.* 4) *Briehl, Briel.* 5) *Brügel; Brügl.* 6) *Brüll.*

Bruhn-, Bruins s. Brunja (einst. K.).

Brum-, Brüm- s. Brunja (V. einst. K.).

Brun-, Brün- s. Brunja.

Brunabend III. s. Braunabend.

BRUNJA I. got. brunjô, ahd. brunja, brunna, mhd. brünne „Brustharnisch". Daß daneben brûn „funkelnd dunkelfarbig, braun" hineinspielt, ist nicht zweifelhaft.

FN. Brunger: *Brunger; Brünger; Braunger; Bräuniger.* Gen. *Brungers; Brongers.*

(Brungard): *Braungardt.*

Brunhard: *Brunnert; Braunhardt; Braunert.* Gen. *Bronnerts.*

Brunheri: *Brunner; Braunher; Brauner; Bräuner.*

(Brunmar): *Brummer; Prummer* (bair.); *Brümmer; Brommer.*

Brunomund: *Brummund.*
Brunold: *Brunold; Brauneivald; Braunwald.* Gen. *Braunholz.*
Brunwart: *Braunwarth.*
(Brunwig): *Brunweg; Brunwey.*
Einstämmige Kürzung Brun-.
Bruno: *Bruno; Brune; Bruhn (Lütjebrune* Lippe); *Brüne; Brünne; Braune; Braun; Praun.* Gen. *Bruhns; Brunen; Pruns; Brauns; Brons; Bruins* (ui = ü ostfries.); *Brunis, Breunis, Brungs, Bruyns, Brons* (niederrhein.); *Bronsema* (ostfries.). Patr. A. *Brüning; Breuning; Bruninga* (ostfries.). Patr. Zss. *Brunssen; Bruhnsen.*
Vklf. (l): *Bräunle.* Patr. A. *Bräunling.* (l + n): *Breunlein; Bräunlein.* (k): *Brunko; Bruhnke; Brünicke; Brönneke; Bräunig.* Gen. *Brunken; Brünjes* (fries.); *Brüntjen.* (z): *Brauneis.*
Zweistämmige Kürzung Brunm-.
(Brummo): *Brumme; Brume; Bruhm; Bromme; Brömme.*
Vklf. (l): *Brömmel; Prömmel; Brömel.* (z): *Bromeis.*

Brunn III. got. brunna, ahd. prunno, mhd. brunne (niederd. born) „Quelle", im Nhd. durch eben dieses Wort zurückgedrängt, so daß es nur noch eine künstlich angelegte und eingefaßte Quelle bezeichnet. In ON. schon seit dem 7. Jh. häufig nachweisbar (Baldobrunno) — bei neueren N. in drei Formen: *-brunn, -bronn, -born.* „By deme Borne" 1383 Gött. UB. I., 1316 lat. „apud fontem". Dietricus dict. zem Brunnen 1286.
FN. 1) *Brunn* (vgl. franz. Lafontaine); *von Brunn* (Stammhaus im Havellande, 1237); *Kaltenbr.; Saltzbr.; Steinbr.; v. Schönprunn* (bair.). *Brunnquell.*
2) *Bronn, Heilbr.; Neubr.*
3) *von dem Borne* (Roloff van deme Borne Klemp.). *Born; Breitenb.; Erlenb.; Eschb.; Kelterb.; Sauerb.; Schönb.; Sonneb.* (O. Sonnborn); *Tettenb.; von T.* (O. bei Nordhausen, Heinrich u. Bertold v. T. 1237); *Trimborn* (Flurbezeichnung bei Schleiden, Grevenbroich); *Weißenb.*
Ableitung auf *-er* (oberd.):
1) *Brunner; Prunner* (bair.); *Prünner* (öst.). *Diestlbrunner; Kaltenbr.; Laichbr.* (O. Leichbrunn); *Schönbr.; Schwarzenbr.*
2) *Bronner; Diefenbr.; Neubr.*
Zss. *Brunnemann; Bornemann* „der an der Quelle, am Brunnen wohnt".

Brünne s. Brunja (einst. K.).

Brunner, Bronner a) I. s. Brunja b) III. s. Brunn.

Brust III. zu den Körperteilen (S. 49).
Vklf. *Brüstlein.* Vgl. Ruodeger Brüstelin 1287.

Brüwer s. Brauer.

Bscherer III. (bair.) „Barbier". Auch *Pscherer.*

Bschlagengaul III. wohl imperat. = „Hufschmied". Auch *Schlagngaul.*

Bube s. Buð.

Buccardt s. Burgi (V.).

Buch III. kollektiv für „Buchwald", mhd. das buoch.
FN. *Buch; Willenbuch; Buchmann.*
Ableitung auf *-er* (oberd.):
1) *-bucher: Bucher; Hagenbucher; Heimb.* (salzb.); *Langenb.; Oberb.*
2) *-bücher: Klotzbücher* (württ.); *Rothenb.* (württ.); *Willenb.*

Buch- s. Burgi.

Buche III. ahd. puocha, mhd. „Buche" — in Zss. wie *Buchmann, Buchmeyer,* südd. *Puchmayr.* Niederd. *Bokemeyer.*

-büchel s. Bühl.

Bucher III. a) schon got. bôkareis, ahd. puochâri, mhd. buochaere „Bücherabschreiber, Schreiber, Gelehrter", b) einer aus Buch.
FN. *Bucher; Pucher* (doch auch zu Buch und Buche).

-bucher, -bücher s. Buch.

Buchfeller III. mhd. buochveller von buochvel „Pergament", „der die Felle zu Büchern, das Pergament, bereitet".

Buchfink III. deutlicher Vogel-N.

Buchholtz III. von dem sehr häufigen ON. Buchholz. Auch *Bucholtz.*

-büchler s. Bühel.

Buchner III. 1) „einer aus Buchen" (O. 40 mal Rud.) 2) „am oder im Buchenwalde, bei einer Buche (Hagebuche) wohnend."
FN. *Buchner; Büchner* (südd.); *Puchner;* Zss. *Hagenbuchner.*

Buchsbaum III. mittelalterlicher Schmeichelname (Grimm, Kleine Schr. II., 400). *Puxbaum* (Wien). Niederd. *Busboom.*

Buck, Bück- s. Burgi (einst. K.).

BUDH I. zu got. biudan, ahd. biotan, mhd. bieten, angels. beodan im Sinne von „gebieten, entbieten".
FN. (Bodebert): *Bobardt; Popert; Poppert; Bödert.* Gen. *Bobertz.*
Bodfrid: *Boffert.*
Botthar: *Boder; Böder; Böter; Buder; Butter; Büder.*
Bodemar: *Bodemer; Bothmer; v. B.* (Ulricus de Botmere 1174; B. am Zusammenfluß der Aller und der Leine); *Bommer; Pütmer.*
Poterich: *Bödrich; Böttrich; Puttrich; Püttrich.*
(Bodoald): *Böthelt.*
(Bodewig): *Bodewig; Budwig.*
Bodwin: *Bodewien.*
Botolf: *Puttloff.*
Einstämmige Kürzung Bod-.
Poto, Buddo (VN. Bodo): *Bode (Bodmann); Bothe; Pothe; Poth; Bott; Pott; Bude; Budde* (Zss. *Großbudde*); *Butte.* Gen. *Boden; Bots; Boten; Botens; Poten; Budden.* Patr. A. *Böding; Büding; Bütting.*
Vklf. (i) Bodi: *Body.* (l) Bodilo: *Potel; Bötel; Budel.* (l + n) Budelin: *Bodelin.* (k) Poticho: *Bodeck; Poddig; Pottke; Botje* (Eutin); *Bödke; Böttge; Budig; Buddeke; Bock.* Gen. *Böttges.* (z) Bozo: *Botz; Bohtz; Buhtz; Butze; Putſche; Busso* (VN. Klemp.); *Busse (Bußmann); Bosse.* Patr. A. *Bussing.* (z + l): *Bötxel; Bossel.*
Zweistämmige Kürzung 1) Bodb-.
Poppo (nach Andresen): *Bobbe; Bopp; Bobe; Poppo; Poppe* (Zss. *Popma* ostfries.); *Pöppe; Puppe.* Gen. *Poppen* (Zss. *Kleinpoppen*). Patr. A. *Pöpping; Poppinga* (ostfries.).
Vklf. (l): *Poppel; Bobel; Pobel; Böppli; Pöppl* (bair.) *(Pöppelmann); Puppel.* (k): *Bobeck; Pöppig; Puppke.* Gen. *Popken; Puppkes.*
Zweistämmige Kürzung 2) Bodf-.
Boffo (Stark S. 120): *Buff; Puffe; Puff.*
Zweistämmige Kürzung 3) Bodm-.
(Bommo): *Pomme.*
Auslautend (114 mal Först.).
-bode: Gerbode.
-bothe: Gerbothe; -both: Gerboth.
-poth: Niepoth.
-bott: Meerbott.
-pott: Gerpott.
-bade (niederd.): *Garbade.*

Büddenklepper III. niederd. „Büttenklopfer" Spottname für Bötticher.

Büdenbänder III. niederd. „Büttenbinder" s. Binder. Auch *Buddenbender.*

Buff s. Buð (zweist. K.).

Bügel-, -bügel s. Bühel.

Bugg- s. Burgi.

Bühel III. ahd. puhil, buhil, mhd. bühel „Hügel" („Gansbühel" Stadtgegend in München) — nhd. in den mannigfachsten FF. ON. bildend: *Bühl, Biehl, Büchel, Bichl, Piehl, Bügel, Buckel, Beul* u. a.
FN. 1) *Bühl; Guggenb.; Lugenb.; Münzb.*
2) *Biel, Biel* (doch s. auch Billa, einst. K.); *Krehbiel; Windbiel* (Baden).
3) *Rafflenbeul.*
4) *Büchel, Büchl* (bair.); *Fallenbüchl; Steinbüchel.*
5) *Bichl* (bair.).
6) *Klingsbügel; Krumb.* (in Köln eine Straße „Krummenbüchel").
7) *Krumbiegel; Nußb.* (vgl. O. Nußbühl); *Fallenbigl.*
8) zuweilen noch mit p (nach s): *Dinkelspiel* (ON. Dinkelsbühl); *Walterspiel* (Baden).
Ableitung auf *-er* (oberd.):
1) *-bühler: Bühler* (Hans von Bühel, auch „der Büheler" Elsaß 15. Jh.); *Steinb.; Ungerb.* (salzb); *Varnb.* (= Farn-); *Weißenb.; Pühler* (bair.).
2) *-biehler: Biehler.*
3) *-büchler: Bücheler; Büchler; Bürckb.; Seyb.; Steinb.; Püchler.*

4) *-bichler* (bes. bairisch); *Bichler; Aichb.; Emetsb.; Friedb.; Fuchsb.; Guggenb.* (salzb.); *Hirschb.; Lochb.; Moosb.; Steinb.*

5) *-pichler: Pichler; Laup.; Oberp.; Rafchp.* (salzb. — sämtlich noch jetzt in Ostpreußen).

6) *-biegler: Eisenbiegler; Oberbiegler.*

7) *-(s)pieler: Radspieler; Singlspieler.*

8) *Biller; Millbiller* nach Steub S. 141 = Mühlbühler; *Ganzbiller* (Wien, vgl. O. Gansbühl).

9) *-spiller: Hackspiller.*

Buhl III. mhd. buole „Liebster, naher Verwandter"; nur letztere Bedeutung hat mittelniederdeutsch bôle; ahd. Buolo erscheint nur als Eigenname. Die Landgräfin von Hessen redet ihren Schwager „herzeliebe bule" an (um 1371).

FN. *Buhl; Buhle; Buol.*

Buhr s. Bauer.

Bull- s. Balþaz (V. einst. K.).

Bülte III. „Hügelchen im Sumpfe".

Bültemeier (1507: Johann upper Bulten). *Bultmann* (Bremerhaven); *Bültmann* (Oldenb.).

v. Bülzingslöwen III. Stammort Bülzingsleben in Thüringen (s. -leben) — im Wappen fälschlich ein Löwe. (Adelslex.).

Bumann s. Baumann.

Bünd III. ahd. piunt (zu „bauen"), seit dem 8. Jh. in ON. Jetzt in den FF. *-bünd, -boind, -peunt* (-point), *paint* (Adelpaint). Conrat in der Pewnt 1376. Grasbiunder 1319 Augsb.

FN. Ableitung auf *-er* (oberd., bes. bair. österr.):

1) *-pointner: Pointner; Hirschp.; Kreuzp.; Mühlp.*

2) *-paintner: Paintner; Haarp., Lindp.; Baintner.*

Bundschuh III. s. S. 46.

Bungart s. Gart.

Bunge III. „Trommel". Zss. *Bungenstab.*

Bungener III. altniederd. bungener „Trommler" von bunge = Trommel, bungen = trommeln.

FN. *Bungener; Büngener; Büngeler.*

Mit der starken Bildung: *Bunger; Bünger.*

Buol s. Buhl.

Burch-, Burck- s. Burgi.

Büren III. ahd. bur „Wohnung, Haus — in vielen ON. (einfach u. zsgesetzt).

FN. *v. Büren. Bürmann; Beurmann, Beuermann.*

Burg III. got. baúrgs, ahd. burg, mhd. burc befestigter Ort, „Burg, Stadt". Schon im 1. Jh. Teutoburgium und Asciburgium; einfaches *Burg* erst aus dem 8. Jh. nachweislich und in derselben F. in tausend heutigen N. Niederd. *-borg* (so immer bei Klempin, z. B. Brandenborgh).

FN. *v. Aichelburg* (seit 1507); *v. Blankenb.* (seit 1253, O. b. Prenzlau); *v. Boineburg, v. Boyneburgk, v. Boemelburg* (O. Bomeneburg i. Thür.); *Brandenb.; Dillenb.; v. Ehrenb.* (Adelsn. für Melchior Erbe 1626); *v. Eulenb.* (früher Eylenb., Ilenb., von der Stadt Eilenburg in Sachsen); *v. Heimb.* (O. am Fuße des Harzes, Anno v. H. 1146); *Mecklenb.; v. d. Malsb.* (O. b. Wolfhagen i. Hessen, Stephan auf der M. 1124); *v. Rothenb.*, auch *Rottenb.* u. *Rotburg* (O. b. Grünberg a. d. O., 1264); *Trendelenb.* (aber O. Trendelb.); *v. Wickenburg* (deutscher Adelsn. des italien. Geschlechts Capellini gen. Stechinelli 1709, nach dem D. Wickenberg b. Wietze).

Das ahd. p noch in: *Marpurg; Regenspurg.* Niederd. *v. d. Borg; Drieborg* (O. Driburg); *Humb.* (O. -burg); *Osb.* (O. -burg); *Tecklenb.* (O. -burg); *Wieb.; Winzenb.* (O. -burg) — bes. in dem nordwestlichen Deutschland, während es in den ON. fast durchweg in -burg verhochdeutscht zu sein scheint.

Ableitung auf *-er* (oberd.):

1) *-burger: Brandenburger; Dillenb.; Luxemb.; Naumb.; — Regensp.*

2) *-bürger; Heimbürger; Lüneb.; Oldenb.; Würzb.*

3) *-borger: Dillenborger* (Elberfeld).

4) *Sieborger.*

Burger s. a) Burgi (V.) b) Bürger.

Bürger III. ahd. purgâri, mhd. burgaere, später burger „Bewohner einer Burg", sodann „Bewohner einer (befestigten) Stadt", im Gegensatz zu dem Landbewohner.

FN. *Bürger; Burger* (in Wien häufiger als Bürger). Gen. *Bürgers.* Niederd. *Börger.* Gen. *Borgers.*

-bürger s. Burg. Doch *Siebenbürger* „aus Siebenbürgen".

Bürgermeister III. mhd. burgermeister „Vorsteher einer Stadtgemeinde, Bürgerschaft"; auch übertragen auf den Vorsteher einer Dorfgemeinde (in Schwaben und am Rhein) — Im Schwabenspiegel burcmeister, daher „Burgemeister" (wie noch bei Goethe); neuniederl. burgemeester.
FN. *Bürgermeister; Burgemeister.*

Burggraf III. mhd. burcgrâve „Burggraf, Stadtrichter" („Er was lantgrâve überz lant, burcgrâve in der stat genant" Rudolf v. Ems, Guter Gerhard V. 1452). Niederd. *Borggreve.*

BURGI I. got. baúrgs, ahd. burg, mhd. burc „Burg" (ital. borgo, span. burgo — Stadt Burgos in Altkastilien).
FN. Burghard: *Burghardt; Burgard; Burgerth; Burckhard; Burkert; Purkhart; Purkart; Burchardt; Buccardt; Buggert; Buchard; Bürkert; Pürkerth* (bair.); *Büchert; Borghard; Borgert; Borchardt; Borchert; Bockhard; Bochert.* Gen. *Burghartz; Burgartz; Borcherts* — latinis. *Burchardi.* Patr. A. *Borcherding; Borkerding.*
Burghar: *Burger.* Gen. *Borchers; Börchers.*
Burgman: *Burgmann; Borchmann; Bormann.*
Burgmar: *Burgmer.*
Burgoald: *Burgold; Purgold; Burghold; Borgwaldt; Bucholt; Buchelt.* Gen. *Burgholtz.*
Burcward: *Burgwardt; Borgwardt.*
Einstämmige Kürzung Burg-.
Burgio, Bucco: *Bürge; Burck; Bugge; Buck; Borge; Borck; Bock.* Gen. *Burgs.* Patr. A. *Bücking; Böcking.* Vklf. (i): *Burki; Bürgi* (schweiz.). (i+n): *Bürgin.* (l): *Bürgel; Bürgle; Bürkle; Bückel; Böckel.* (l+i): *Buggli.* (l+n): *Bürklin; Bürcklein; Bücklein.* (z): *Burtz; Borz; Bosse; Busse.* (z+l): *Bürzel; Pörzel.*
Auslautend in 179 Namen (FörST.), die sämtlich weiblich sind.

Burgmann a) I. s. Burgi b) III. mhd. burcman „auf der Burg wohnender Vasall des Burgherrn".

Burgstall III. angels. burhstal, noch jetzt in Österreich gebräuchlich, sinnverwandt mit „Burg". Im südöstlichen Deutschland sind Orte namens Burgstall sehr häufig; im nordwestlichen dagegen treten zwei abgeschliffene FF. zahlreich auf: *Borstel, -borstel* und *Bostel, -bostel.*
FN. 1) *v. Hammer-Purgstall.*
2) *v. d. Borstell* (O. b. Stade, Nicolaus de Borstele 1312).
3) *Bestenbostel; Döhnb.; Hornb.* (O. in der Landdrostei Lüneburg); *Ohlenb.; Rodenb.* — Auch *Bostelmann* (hannöv.).
Ableitung auf *-er* (oberd.); *Purgstaller* (öst.).

Burk-, Bürk- s. Burgi.

Bürmann s. Büren.

Burmeister-, mester s. Bauermeister.

Burtz, Bürzel s. Burgi.

Busboom III. niederd. „Buchsbaum", aus lat. buxus, s. Busenbaum.

Busch III. ahd. busc, mhd. busch, pusch das gewöhnlichste deutsche Wort für „niedriges Gehölz, Buschwerk". Niederländ. *Bosch.* In manchen der folg. Namen gewiß appellativ, wie -brink, -bruch u. a.
FN. 1) *von dem Bussche; Busch; Pusch* (schles.) — *Buschmann; Puschmann; Berkenbusch; Dornb., Dohrenb.; Ellerbusch; Evertsb.; Finsterb.; Gadeb.; Hagenb.; Hasselb.; Holderb.; Kattenb.* (Katzen-); *Kieckeb., Kyckb.* (O. in Brandenburg); *Knappertsb.* (O. Knapperzb.); *Näteb.* (Nuß-); *Packb.; Schleb.; Vahlb.; Wiedeb.* (Weiden-).
2) *von der Bosch; Achternbosch.* — *Boschmanns* (niederrhein.).
Ableitung auf *-er* (oberd. — aber auch westf. von Flurnamen):
1) *Buscher* (Münch.)
2) *-büscher: Büscher; Königsb.; Telgenb.; Tellbüscher.*

Busenbaum III. nach Vilmar „Stammbaum", was aber nicht belegbar. Besser mit Andresen = „Buchsbaum" (s. d.). Dafür sprechen auch die Nebenformen *Busebaum* und (niederd.) *Busboom.*

Buss- s. Buß (einst. K.), Burgi (einst. K.).

Bußin III. N. eines Proselyten, abgeleitet von „Buße", mit Anklang an die ON. auf -in.

Büteführ s. Böteführ.

Butendieck III. niederd. „der am Außendeich". Halbniederd. *Butendeich*.

Butenop III. niederd. „außenauf" (Finkenwerder).

Butenschön III. niederd. „(nur) außen schön".

Büttel III. 1) „der Bote, Gerichtsdiener". Auch FN. *Bittel* (Speyer).

2) in ON. zu altsächs. bodl, angels. botl „Haus" (9. Jh.: Dallangibudli).

FN. *Aneboddil* (O. Adenbüttel); *Edelbüttel*, auch *Eddelbüttel; Oldenb.; Sießenb.* (Rendsburg).

Butterbrod III. vgl. Kese-unde-brot um 1530 (Lübben), altniederd. Wekebrôd.

Butterfaß III. deutlicher Gerät-N.

Buttermann III ein „Butterhändler, -träger", Niederd. *Bottermann*.

Butterweck III. ein aus Butterteig gebackener Weck. Halbfranzösiert in barbarischer Schreibung *Bouterwek*, „um der unästhetischen Butterwecke zu entgehen" (Pott). Auch *Butterwegge*.

Bütting s. Buð (einst. K.).

Buttler III. „Inhaber eines Dorfkruges".

Buttmann III. Pott S. 596: „Möglicherweise aus Butte für Bütte. Oder Verkäufer von Butten (Butt, Platteise, Rhombus piscis). Oder vom hamburg. Adj. butt, von kleinen Kindern, vgl. verbuttet, auch grob, plump." Alle diese Vermutungen sind in die Luft gebaut, wenigstens soweit es sich um den N. des bekannten Gräcisten handelt; denn dieser ist ursprünglich gar nicht deutsch, sondern französisch, von Réfugiés stammend, *Boudemont*, woraus nur Buttmann verdeutscht worden ist (s. Allg. deutsche Biographie S. 656).

Büttner III. mhd. bütenaere (vom ahd. putin, mhd. büten, bütte) „Bötticher" („Büttnerstraße" in Breslau).

FN. *Büttner; Böttner;* verderbt *Bittner* (schles.), *Pittner* (bair.).

Butze s. Buð (einst. K.).

Bydekarken s. Bei.

C.

Calixtus II. Name mehrerer Päpste (C. I. 217—222, C. II. 1119—1124).

FN. *Klix.*

Calvör III. „aus Calvörde" (b. Helmstedt).

Cammerer s. Kämmerer.

Camp- s. Kamp I.

Cannegieter s. Kannegießer.

Capelle III. mehrfacher ON.

FN. *Capelle; von Capellen.*

Ableitung von *-er*: *Capeller, Kappeller.*

Cardinahl III. vgl. S. 42.

Carels, Carl- s. Karala.

Carst- s. Christianus d).

Cascorbi III. Gerätn., seit 1768 über Cascorb, Cascorbius, Casecorbius aus Käßkorb 1695 (Kesekorb 1607, Käskorp 1398).

Casp- s. Kaspar.

Caßebohm III. niederd. „Kirschbaum" (vgl. Kassebaum).

Cassuben s. Kaschub.

Cauer III. gekürzt aus Krakauer.

Cattepoel III. „Katzenpfuhl".

Cellarius s. Keller.

Chalybaeus III. vergriecht für Stahl.

Charfreytag III. zu den Zeitnamen gehörig (s. Tag).

Chel- s. Kistmacher.

CHRIST I. Christus. Christomer 7. (Christold): *Kersthold* (Altona).

Christel, Christen s. Christianus.

Christianus II. griech.-lat. Ableitung von Christus: „ein Christ" (noch mhd. Christen); der N. zuerst in Antiochien, Apostelgesch. 11, 26.

FN. a) *Christian; Christann; Christen; Kriesten; Kristen* — gleich dem Appellativum bis zur Einsilbigkeit verkürzt: *Christ, Krist* nebst *Christmann*, ostfries. *Christma*. Gen. *Christiani; Christians; Krystians.* Patr. A. *Christinck — Christeller* (Schles.). Patr. Zss. *Christiansen; Christensen* (Schlesw.).

Vklf. (l): *Christel; Christl* (bair.); *Krestel.* Patr. A. *Kristler.* (l + n): *Kristlin.* (k): *Christeinicke.*

b) Mit Umstellung des r (Kirst = Krist zuerst belegt im Lorscher Bienensegen 10. Jh.): *Kirstan, Kirsten* (Elbing. Urk. Kirsten Heyncze 1487); *Kürsten; Kirschten*, woraus durch Umdeutung *Kirstein; Kirschstein; Kerschstein* (Hessen). — Verkürzt: *Kirste; Kirst.*

Patr. A. *Kirsting.* Gen. *Körschen* (niederrhein.). Vklf. Gen. *Kürstgens* und *Corstgen* (niederrhein.); in breiterer Aussprache *Kirscht* — mit Ausstoßung des r: *Kist.* Zss. *Klugkist.* Vklf. (k) *Kirschke.*

c) Mit Umstellung des r und Brechung des i in e: *Kerstan* (im Gött. UB. I. schon ums J. 1251 Kerstianus als VN.); *Kersten; Kerstein* — verkürzt *Kerst.* Patr. A. *Kersting.*

Mit Ausstoßung des r: *Kesten; Kestein; Kest.* Patr. A. *Kesting* (1590: Kersting Preuß). Zss. *Richterkesting* (Lippe).

d) Mit Umstellung des r und Verbreiterung des e in a (niederd.): *Karsten, Carstenn* (Carsten Manteuffel KB.); *Karstein; Karst.* (Zss. *Grotkarst*). Gen. *Carstens;* (ostfries.) *Karsjens.* Patr. Zss. *Carstensen.*

Vklf. (k): *Karsteineke; Carstanjen* (niederrhein.).

Mit Ausstoßung des r: *Kasten* als VN. 17. Jh. KB.); *Kastein; Kast.* Patr. Zss. *Kastensen.*

Mit Rückangleichung des t: *Kassens.*

Christophorus II. griech. „Christusträger" (S. 25); die betreffende Legende unter anderen bei Kind: „Offerus war ein Lanzenknecht" usw. Einer der 14 Nothelfer.

FN. *Christopher; Christoffel; Christoph.* Gen. *Christophory; Christophers; Christoffels.*

Mit Kürzung im Anlaut: *Stoffer; Stoffel; Stoff; Stoppel.* Gen. *Stoffers* (Stoffer VN., Stoffer Prochel 1644 KB.); *Stoffels.* Patr. A. *Stöffler.*

Chrysander III. vergriecht = *Goldmann.*

Ciliax, Ciriaks, Cirks s. Cyriacus.

Claaß-, Clabs, Claes, Clas-, Claß- s. Nicolaus.

Claud- s. Hluda (einst. K.).

Claus- s. Nicolaus.

Clauth s. Hluda (einst. K.).

Claw- s. Nicolaus.

Clemens II. lat. „milde, gütig" — N. zweier bedeutender Lehrer und Schriftsteller der christlichen Kirche der ersten beiden Jh.

FN. *Clemens; Klemens; Klement.*

Clericus III. lat. Übers. von Pape, in dem Sinne des mhd. pfaffe „Geistlicher (siehe Klempin, Matrikeln der pommerschen Ritterschaft S. 11).

Zsgz. *Klerx.*

Cloos s. Nicolaus, **Clodius** u. **Cludius** s. Hluda.

Cnyrim s. Knieriem.

Coccejus s. Koch.

Coers s. Kunja (V., Chunrad).

Cohn a) christlicher N. s. Kunja (einst. K.). b) häufiger jüdischer N. zsgz. aus Cohen „Priester".

Cohnfeld, -heim, -stein III. jüdische Phantasie-N. (S. 69).

Colhrs s. Kunja (Kunrad).

Cöllen III. Ortsname.

FN. *von Cöllen.*

Con- s. Kunja (V., einst. K.).

Cord- s. Kunja (Kunrad).

Corleis s. Kyrieleis.

Cornelius II. berühmtes römisches Geschlecht, zu welchem auch der Hauptmann Cornelius, Apostelgesch. 10, als Nachkomme eines Freigelassenen des L. Cornelius Sulla, gehört haben mag. Auch ein Papst.

FN. *Cornelius; Corneljes* (friesisch; Genetiv? s. Ruprecht S. 9); *Cornils, Cornill* (urspr. Corneille, französ.); *Cornel, Cornehl.* Gen. *Corneli.* Patr. Zss. *Korneliussen; Cornelissen.*

Mit Kürzung im Anlaut: *Nelius; Nelies, Neljes, Nellies* (die drei letzten im Fries. auch VN.); *Neels, Nehls; Niels.* Patr. Zss. *Nellessen; Nehlsen; Nielsen.*

Corrodi I. „älter Koradi = Konrads" s. Kunja.

Corßen s. Kunja (V.), **Corstgen** s. Christianus b).

Corvinus III. verlateint aus *Rabe, Raab.*

Cosmar s. Goz.

Coster, Cöster s. Küster.

Crabathi III. „Kroat" (Fröhner S. 36).

Cramer s. Krämer.

Cranach III. ON. (S. 30).

Cremer s. Krämer.

Cretzschmar s. Kretschmer.

v. Creytz III. O. j. Kreutzen bei Altenburg; *v. Creytz* (seit 1207).

Crobath III. „Kroat".

Cruse s. Krause.

Cun- s. Kunja (V., einst. K.).

Curdes, Curt, -curt s. Kunja (V.).

Curtius III. verlateint aus *Kurtz, Korte.*

Cuypers s. Küfer.

Cyprianus II. griech.-lat. „der Mann aus Cypern“, Bischof von Karthago u. Märtyrer unter Valerian 3. Jh. (Kal. 26. Sept.).
FN. *Supprian.*

Cyriacus II. griech. „dem Herrn gehörig“; Patriarch von Konstantinopel um 600 n. Chr., einer der 14 Nothelfer.
FN. *Cyriacks.* Gen. *Cyriaci.*
Zsgz. *Cirks* (fries.), davon Gen. Plur. *Cirksena,* das einheimische Fürstengeschlecht in Ostfriesland, welches mit Karl Edzard 1744 ausstarb; doch dauert der N. anderweitig in Ostfr. fort, als der einzige noch lebende N. auf sena (sna) s. Ruprecht S. 14 — aber nach Stark S. 135 von Sigerik, Sirck, indem fries. für s ein z eintritt: Zirkzena, wie *Zicke = Sicke.*
Mannigfache, z. T. sehr entstellte Formen: *Ciriakz; Ciriak; Zieriacks; Siriax; Silljacks; Ciliax; Zilias; Zilges; Silges; Zillekens* (niederrhein.) u. a.

Czech III. ein „Tscheche“; auch in der Schreibung *Tschech, Zschech.* (In der Kassubei von einigen Familien nach dem Attentat des Bürgermeisters Czech auf Friedrich Wilhelm IV. in *Echt* umgewandelt, indem der König, um Verleihung eines andern N. angegangen, das Cz vorn strich und ein t am Ende zusetzte).

D.

Daab s. Dagaʒ (zweist. K.).

Daacke s. Dagaʒ (einst. K.).

Dabbert, Dabert s. Dâdi und Dagaʒ (V.).

DÂDI (DÊDI) I. got. dêds, ahd. mhd. tât „Tat, Werk“. Fließt z. T. mit Dagaʒ zs.
FN. Tadebert: *Dabbert; Tabbert.*
Thetald: *Thadewald.*
Einstämmige Kürzung Dade.
Tatto: *Dato; Dathe; Dade; Thate.*
Vklf. (l): *Taddel.* (k): *Tatje.*

Daffert s. Dagaʒ (V.).

DAGAZ I. got. dags, ahd. tac, tag, mhd. tac „Tag“ (wohl in Hinsicht auf Licht und Glanz). Seit dem 4. Jh. in N. nachweisbar.
FN. Tagebold: *Tabold.*
Dagaperht: *Dapprich; Dabbert; Tabbert; Tappert; Dapper.* Gen. *Dappers.*
Tagibod: *Taboth.*
Dagafrid: *Daffert.*
Dagaher: *Täger.* Patr. A. *Degerink.*
Dagaleif 4.: *Taglieb.*
Tagamar: *Daimer; Dahmer.*
Tagarat: *Tagart; Tägert.*
Dagarich: *Teirich.*
Tagadeo: *Tadey* (spr. -dē, Eutin); *Taddey.*
Dagoald: *Dagott.*
Mit Erweiterung (Dagin-):
Dagimpald: *Damboldt.*
Taginbert: *Dammert; Dember.*
Einstämmige Kürzung Dag-.
Dago, Tacco: *Daacke; Tag; Tack (Tackmann); Däge; Täge; Deg; Tegge; Dey.* Gen. *Tägen.*
Vklf. (l) Dagalo: *Degel; Tägel.* Patr. A. *Dägling; Dahling; Dehling.* (k) Dagiko: *Deicke.* Gen. *Deycks.* (z) Tagizo, Tayso: *Deitz; Deiß (Deißmann); Theise; Theis.*
Zweistämmige Kürzung Dagb-.
Dapp; Tapp; Daab.
Zweistämmige Kürzung Dagm-.
Damo: *Dahm.* Gen. *Dahms.*
Vklf. (l): *Dehmel.* (k): *Dahmke.*
Auslautend (53 mal Först.):
-tag: Heiligtag.
-dach: Hildach.
-dey: Alldey.

Däg- s. Dagaʒ (einst. K.).

Dahinten III. Vgl. Wernher Dadhinder 12. Jh.

Dahl-, -dahl s. Thal.

Dahling s. Dagaʒ (einst. K.).

Dahm- s. Dagaʒ (V., zweist. K.).

Dahn s. Dana.

Dähn- s. 1) Dana 2) Þegnaʒ.

Dalmer I. slaw., aus dalŭ (Gabe) und mirŭ (Ruhm).

Damcke s. Þank (zweist. K.).

Damm a) I. s. Þank b) III. „der am oder auf dem Damm Wohnende“ vgl. Henning vamme Damme (Drübecker Urk. 1525). Zss. *Dammann, Dammeier, Damköhler.*

Dän- s. 1) Dana 2) Þegnaʒ.

DANA I. der „Däne“ — seit dem 7. Jh. in N. nachweisbar (Danoald).
FN. Denihart: *Dannert; Tannert; Tennhardt; Denhard; Dähnert; Dennert.*
Thanolf: *Denifle; Denöffl.*

Einstämmige Kürzung Dan-.
Dano, Tenno: *Dann; Dahn; Dähne; Dehn.* Patr. A. *Dening.*
Vklf. (l) Danilo 7.: *Dähnel, Dänell.* (k): *Dahnke; Denicke; Dähnke.* (Fließt zusammen mit Thegnaz).

Dank- s. Þank.
Danehl s. Daniel.
Danhauer III. „Waldhauer, Holzfäller" (s. Tann). Dannenhauwer 1471.
Daniel II. hebr. „mein Richter ist Gott", der bekannte Prophet.
FN. (zum Teil jüdisch): *Daniel (Danigel); Danehl; Dannöhl; Danneil.* Latinis. *Danelius.* Gen. (lat.) *Danielis* — (deutsch) *Daniels.* Patr. Zss. *Danielsohn; Danielson; Danielsen.*

Dank s. Þank.
Dankegott III. deutlicher Satz-N.
Dann, Dannert s. Dana.
Dannehl, -eil, -öhl s. Daniel.
Danz s. Þank.
Danzglock III. s. S. 45.
Dapp- s. Dagaz (V., zweist. K.).
Däschler, Däschner s. Täschner.
Dato, Dathe s. Dâdi.
Daubenspeck III. s. Zeitschr. des Allgem. Deutschen Sprachvereins 1906, S. 198ff. u. 1908, S. 361ff. Danach ist es urspr. N. eines Hofes bei Mörs.
Daud- s. Þeuda (V., einst. K.).
Daum III. s. S. 49. Heneke mit dem dumen 1373. Chunrat vnd Friedrich die Dovmen; Frideric. Pollex 13. Jh.
Dautert s. Þeuda (V.).
Däuwel s. Þeuda (V.).
David II. hebr. „geliebt"; der König und Psalmendichter des A. T.
FN. (z. T. jüdisch): *David; Dawid.* Gen. (lat.) *Davidis;* (deutsch) *Davids.* Patr. Zss. *Davidson; Davison.*

DAWA I. ahd. dau, angels. þeav, altsächs. þau „Sitte".
FN. Dawipert: *Daubert.*
Daumerus: *Daumer.*
Tawold: *Dauwald.*
Einstämmige Kürzung Daw-.
Dawo: *Daue; Dewe.*

de in niederländ. Namen der Artikel: *de Boer, de Vrient* (S. 40), *de Ruyter* (Emden).

Deb- s. Þeuda (V.).
Debbelin s. Þeuda (zweist. K.).
Debus s. Matthäus.
Dechant III. ahd. techant, mhd. dechân (aus lat. decanus „der über zehn gesetzt ist"), ein Vorgesetzter in verschiedenen, nicht bloß geistlichen Ämtern.
FN. *Dechant; Dechend.*

Decken III. O. j. Alt-Decken a. d. Oste.
FN. *von der Decken* (Herewart von Deca 1250).

Decker a) I. = Dietger (s. Preuß) b) III. „Dachdecker".
FN. *Decker,* in ostfriesischer Schreibung *Dekker.* Gen. *Deckers* (niederrhein.).

Ded- s. Þeuda (V., einst. K.)
Deeken, Deet- s. Þeuda (einst. K.).
Defert s. Þeuda (V.).
Defregger III. „einer aus dem Teferegger Tale" (Tirol).
Deg- s. Dagaz (einst. K.).
Degen-, Degner s. Þegnaz
Degreff s. Graf.
Dehling s. Dagaz (einst. K.).
Dehmel s. Dagaz (zweist. K.).
Dehn s. 1) Dana 2) Þegnaz.
Dehrholtz s. Deurja.
-dei s. a) Dagaz b) Þiwa.
Deib- s. Þeuda (V., zweist. K.).
Deich III. „der am Deiche Wohnende".
Deichhardt s. Þenh.
Deichmann III. „Aufseher eines Deiches" d. i. Schutzdammes gegen das Wasser. (Da mit der Erdausgrabung zugleich eine Erdaufschüttung verbunden ist, so hat die Sprache dasselbe Wort einmal in der hochd. Form „Teich" für lacus, sodann in der halbniederd. F. „Deich" für agger verwendet).
FN. *Deichmann.* — Niederd. *Dieckmann.* Gen. *Diekmanns* (Geldern) — s. auch *Teichmann.*

Deick- s. Dagaz (einst. K.).
Dein- s. Þegnaz.
Deiß s. 1) Dagaz (einst. K.) 2) Þeuda (einst. K.).
Deit- s. Þeuda (V., einst. K.).
Deitz s. 1) Dagaz (einst. K.) 2) Þeuda (einst. K.).
Delff, Delfs s. Þeuda (V.).
Delker, Delkener III. „einer aus Dalbke" in Lippe-Detmold (Preuß).

Demant III. „Diamant". Auch *Jaspis* findet sich als christlicher FN.
Dember s. Dagaz̨ (V.).
Demming s. Þank.
Dempewolf III. Satzn. (halbniederd.) „dämpfe (würge) den Wolf!" Auch *Dempwolf.*
Demut s. a) I. Þiwa (V.) b) III. ahd. diumuoti, deomuoti, mhd. diemüete, demuot „demütig", bescheiden.
Denant s. Þeuda (V.).
Denecke s. Þegnaz̨.
Dengel s. Þank.
Dengler s. Dingler.
Denhard s. 1) Dana 2) Þegnaz̨.
Denis s. Dionysius.
Denk- s. Þank.
Denn- s. 1) Dana 2) Þegnaz̨.
Denys s. Dionysius.
Denz- s. Þank.
Depping s. Þeuda (zweist. K.).
Dereich, Derix s. Þeuda (V.).
Descher s. Taschner.
Dessaller III. (romanisch-deutsch) „einer aus de Sala".
Dessoir III. aus Dessauer verfranzöselt (S. 70).
Det-, Deth- s. Þeuda (V., einst. K.).
Dett- s. Þeuda (V.).
Deub- s. Þeuda (V., zweist. K.).
Deubner III. einer aus Deuben (O. 6mal in Sachsen).
Deudeloff s. Þeuda (V.).
Deuerling s. Deurja.
DEURJA I. zu ahd. tiuri, alts. diuri, mhd. tiure „teuer".

FN. Diurleic: *Thierley; Thurlei.*

Deorovald: *Dörwald; Dürholdt; Tyrolt.* Gen. *Dehrholtz.*

Deorulf: *Dierolf; Thierolf; Dürolf; Thyrolf; Türloff; Diruff; Tiroff; Thierauf.*

Einstämmige Kürzung Diur-.

Dioro: *Diehr; Dirr; Theuer; Duhr; Dür; Dörr.*

Patr. A. *Dierink.* Patr. Zss. *Diersen.* Vklf. (l): Patr. A. *Deuerling.* (k): *Diericke; Thierich; Theurich; Dürrich; Dörrich.* (k+n): *Dürichen.* Patr. Zss. *Dührsen; Dürsen.*

Deuß s. Þeuda (einst. K.).
Deut- s. Þeuda (V., einst. K.).
Deutsch III. Theotischus 12. Jh., auch *Teutsch.* Abgeleitet *Teutscher.* Auch *Deutschländer. Deutschmann.*
Devrient III. urspr. flämisch: de Vrient „der Freund" (S. 40).
Devulder III. holländ. „der Tuchbereiter, Walker". Auch *Devolder* (De ist der Artikel).
Dew-, Deybaldt s. Þeuda (V.).
Deycks s. Dagaz̨ (einst. K.).
Deyhl s. Þeuda (einst. K.).
Dibbern s. Þeuda (V.)
-dick s. Teich.
Dict- s. Benedictus.
Didden, Didtchen s. Þeuda (einst. K.).
Didolf s. Þeuda (V.).
Dieb- s. Þeuda (V., zweist. K.).
Dieck-, -dieck s. Teich; **Dieckhort** s. Þenh.
Dieckmann s. Deichmann.
Died- s. Þeuda (V., einst. K.).
Dief- s. Þeuda (V.).
Diehr s. Deurja.
Dieken s. Þeuda (einst. K.).
Diekgräber III. niederd. „Teichgräber".
Diekgräwe, -grebe III. niederd. „Deichgraf" d. i. Aufseher eines Deiches.
Diel- s. Þeuda (einst K.).
Dieler III. „Tischler".
Diem- s. Þeuda (V., zweist. K.).
Dienegott III. Satzn. Vgl. Lobgott.
Dienhart s. Þegnaz̨.
Diepolt s. Þeuda (V.).
Dier- s. 1) Deurja 2) Þeuda (V.).
Dieringer III. „Thüringer". Dasselbe kann in Schlesien *Dierich, Dierig* bedeuten.
Dießl s. Þeuda (einst. K.).
Diet-, Dieth- s. Þeuda (V., einst. K.).
Dietsch, Dietz- s. Þeuda (einst K.).
Diewald s. Þeuda (V.).
Dihle, Dik-, Dill s. Þeuda (einst. K.).
Dillschneider III. „Dielschneider", vom mhd. dille Diele.
Dimmel s. Þeuda (zweist. K.).
-ding, -dink aus ing entstanden bei Anfügung an Vollnamen, die auf einen T-Laut ausgehen:

Helmerding (Helmhard). *Vollbeding* (Volkbert). *Humperdinck* (Hunipreht, Humpert).

Dingler III. „der etwas dengelt, Kaltschmied".

Dinkeler III. „der Dinkelbauer".

Dinter III. Weber oder Verkäufer von dimit, einem mit doppeltem Faden gewebten Stoff. (Ältere Formen: Dimter, Dimiter.)

Dionysius II. griech. „der Dionysische", von dem Gotte Dionysus (Bacchus).
FN. *Dionysius; Denys, Denis.* Mit Kürzung im Anlaut *Nisius; Nys; Nieß; Niese.* Gen. *Niessen, Nissen.* Vklf. *Niesel, Nissl, Nissel.*

Dip- s. Þeuda (V., zweist. K.).

Direk-, Dirk- s. Þeuda (V.).

Diruff, Dirr s. Deurja.

Diß s. Þeuda (einst. K.).

Dit-, Ditt- s. Þeuda (V., einst. K.).

Ditz s. Theuda (einst. K.).

Dix s. Benedictus.

Djuren s. Georgius.

Dob- s. Þeuda (V.).

Döb-, Döbb- s. Þeuda (V., zweist. K.).

Docke, Dod- s. Þeuda (einst. K.).

Död- s. Þeuda (V.).

Dohm s. Dôma.

Dolf s. Aþa (V.).

Dolfus s. Fuß a).

Doll s. Þeuda (einst. K.).

Dollfuß s. Fuß a).

Dollmetsch III. gegen Ende des 13. Jh. aus dem Slawischen (poln. tlumacz, russ. tolmatsch) aufgenommen „Dollmetscher".

DÔMA I. got. dôms, ahd. mhd. tuom „Urteil, Gericht" (auch Macht, Ansehen).
FN. Dombert: *Dombert; Tombert.*
Domard: *Domhardt; Dommert; Dühmert; Dummert; Thumhart; Dümmert.*
Domarius: *Thomer; Dommer; Thümer.*
Tuomrih: *Domrich; Dommerich.*
Einstämmige Kürzung Dom-.
(Domo): *Dom, Dohm; Thum; Thym (Domann, Thumann).*
Gen. *Dohmen; Dommes; Thümen.*
Vklf. (l) Duomelo: *Dommel; Tömmel; Dummel; Dümmel; Thümmel.* Patr. A. *Dömling; Dümling; Thümling.* (l+n): *Dümlein.* (k): *Domke; Dömich; Däumig; Dühmke.* (k+n): *Dümichen.*
Auslautend -tum: *Altum.*

Dominicus II. latein. „dem Herrn angehörig" (vgl. Cyriacus); der h. D., ein Spanier, stiftete 1216 den Orden der Dominikaner.
FN. *Dominicus; Dominick; Domnick — Minikus* (Zürich). Gen. *Dominici.*

Don-, Dön- s. Antonius.

Donatus II. lat. „der Geschenkte"; ein Bischof von Arezzo um 350.
FN. *Donat, Donath.*

Donaubauer III. „einer aus der Einöde Donaubau"(er) in Niederbaiern. Auch *Donebauer, Donnabauer.*

-donk s. Dung.

Donner s. Þonaraz.

Donnersmark III. im Zipserlande (Ober-Ungarn) gelegener Marktflecken, wonach das jetzt schlesische Grafengeschlecht *Henckel von Donnersmarck* seinen Namen hat, während der N. Henckel durch eine Erbtochter „v. Henckel" hinzugebracht ist (S. 87).

Donop III. O. b. Kirchdonop in Lippe.
von Donop (Johann von Donepe 1227).

Döp- s. Þeuda.

Dopp s. Þeuda (zweist. K. I).

Doppler III. mhd. topelaere, mnd. dobbeler, dopeler „Würfelspieler".

Dordenbusch III. Satz-N. „durch den Busch". Durbdenpusch (Hugo v. Trimberg).

Dorf III. ahd. dorf, thorf, mhd. dorf, altsächs. thorp, niederd. dorp (dän. torp) — in ON. aus dem 7. Jh. zuerst nachweislich; neuere FF.: *-dorf, -torf* — niederd. *-dorp* (z. B. Oldendorp), *-drup, -trup, -trop.*
FN. a) hochdeutsch:
1) *-dorf; v. Beneckendorff* (O. b. Salzwedel, Johannes de Benekendorpe 1280); *Borsdorf; Blasendorff; von Brockdorff* (O. in der Wilster Marsch i. Holst., Hildelevus Br. 1220); *v. Burgsdorff* (Henning de Burchardisdorp 1334); *v. Eichendorff* (aus d. Magdeburg., Conradus de Eikendorp 1237); *v. Erdmannsdorff* (O. b. Augustusburg, Wernherus de Ertmarisdorf 1206); *v. Graeffendorff* (O. b. Ziegenrück, Cunradus de Grevendorph 1302); *v. Helldorf; v. Holtzendorff* (O. b. Prenzlau, Otto de Holtzendorpe 1297); *v. Issendorf* (O. b. Horneburg, Hermannus de Etze-

lenthorpe 1170); *v. Möllendorff* (O. b. Osterburg, Gerhard v. Molndorf 1264); *Müllendorf; Pufendorf; von Schenkendorff* (O. b. Guben, Heinrich v. Sch. 1313); *von Watzdorf* (O. bei Rudolstadt, Konrad v. W. 1137); *v. Wolfersdorff* (O. b. Weida, Bruno de Wolfinsdorf 1282); *von Wolfframsdorff* (O. b. Neustadt a. d. O., j. Teichw., Jenechinus de W. 1320).

2) *-dorpf* (-torpf): *Teßdorpf;* Graf *Sierstorpff* (O. Siersdorf).

3) *-torf* (nach s und t): *v. Arenstorff* (O. Ahrensdorf in der Uckermark, Ludolf de Arndesdorp 1306); *Armstorff; v. Bernstorff; Bittorf; Estorff; Gottorf; Reinstorf; v. Lattorf* (O. b. Bernburg, Conradus de L. 1182). *Wolterstorff* neben *Woltersdorff* (während als ON. nur Woltersdorf).

4) *troff*: *Bartroff* (O. Bardorf); *Hermestroff; Langstroff* (O. Langsdorf).

b) niederdeutsch:

1) *-dorp: vom Dorp; von Hogend.; Oldend.* (neben *Ollendorff*); *Oostend.* (O. Ostendorf). So immer bei Klempin: *Benekendorp, Teskend.* (j. *Teschendorf*) — nach s torp: *Beygerstorp* (j. *Beyersdorf*). *-dörp*: *Oldörp* (O. Oldorf).

2) *-drop: Daldrop; Sönderop.*

3) *-drup: Brandrup* (O. Branderup in Nordschleswig); *Sandrup.*

4) *-torp: Quistorp* (O. Quisdorf im Eutinischen).

5) *-trop: Gastrop; Ribbentrop* (O. Ribbentrup in Lippe-Detmold). — *Aschentropp.*

6) *trup: Mentrup; Sentr.; Wentr.; Westr.; Eistrupp* (O. Eistrup im Osnabrückischen); *Schachtrupp* (O. -trup).

Ableitung auf *-er* (oberd.):

1) *-dorfer* (-torfer): *Bilsdorfer; Freund.; Herrmannsd.; Helfersd.* — *Aiglstorfer* (bair.). *Altorffer* (O. Altdorf).

2) *-dörfer: Herrendörfer; Hundsd.; Neud.; Erdmannsdörffer.* — *Herrmannstörfer.*

-dorfer -dörfer s. Dorf.

Dörfer III. „vom Dorfe“. Gen. *Dörfers.*

Dörfler III. „einer aus Dörfel“ (O. 54mal); auch *Dörfel.*

Döring s. Þuring.

Dorn III. ahd. mhd. dorn „Dorn, Dornbusch“. Auch häufiger ON.

FN. *Dorn; Blühdorn,* niederd. *Bleudorn* (entstellt *Bleidorn*); *Hagedorn,* zsgz. *Heidorn, Hadorn; Hartdorn; Hogendorn, Hoogendoorn* (Elberfeld); *Maidorn* (niederländ. = Weißd.); *Schleedorn* (Heinric. dict. Sleedorn 1266).

Dornblüth III. auch *Dornblud.*

-dorp -dorpf s. Dorf.

Dörries s. Isidorus, **Dörr** s. Deurja.

Dörwald s. Deurja.

Dörwand III. niederd. = dör(ch) de Wand (Catharina Dördewant 1651 Eutiner Urk.) „ein unbesonnener, tollkühner Mensch“.

Döscher III. niederd. = *Drescher.*

Döschner s. Taschner.

Dost III. (Dost ist wilder Thymian) „Kräutersammler“.

FN. *Dost, Dostler, Dostmann.*

Dotter, Döttloff s. Þeuda (V.).

Doxie II. aus Eudoxia (Fröhn.).

Drabant s. Trabant.

Drabsanft III. Satz-N. „trabe sanft“.

Drächsle s. Drechsler.

Dräs- s. Andreas.

Draudt s. Drûdaz (einst. K.).

Dreassen s. Andreas.

Drebes s. Andreas.

Drechsler III. von „drechseln“, dem Frequentativ von „drehen“.

FN. *Drechsler, Drexler; Träxler, Trexler; Dressler; Trössler* — dem mhd. draehsel entsprechend *Drechsel,* in schwäbischer F. *Drächsle.*

Dreefs, Drees- s. Andreas.

Dreger III. niederd. = Dreher.

Dreher III. von „drehen“, mhd. draejen, der „Drechsler“.

FN. *Dreher.* Zss. *Stockdreher.*

Niederd. *Dreier, Dreyer* von niederd. drejen. Zss. *Schötteldreyer* (Bückeburg) „Verfertiger hölzerner Schüsseln“. *Stuhldreier* (Westf.). (So werden auch die Bernstein-Arbeiter, die früher in Danzig, Stolp usw. eine besondere Zunft bildeten, in dem Stolper KB. noch im 17. Jh. „Bernsteindreier" genannt). Vgl. Bornträger.

Dreier, Dreiher s. Dreher.

Dreis s. Andreas.

Dreizehner III. wohl mit Bezug auf den alten Aberglauben, daß, wenn gerade 13 Personen sich in einer Gesellschaft zusammenfinden, einer von ihnen bald sterben muß.

Drescher III. „der Getreide ausdrischt". Auch *Dröscher.* Niederd. *Döscher.*

Dressel s. Þrasa.

Dreuttel s. Drûdaʒ (einst. K.).

Drew- s. Andreas.

Dreyer s. Dreher.

DRIBHAN I. „sich schnell bewegen, treiben", got. dreiban, ahd. trîban, mhd. trîben. Tripimir. Trebwin.

FN. (Tribher): *Trieber.*

Einstämmige Kürzung Trib-.

(Tribo): *Triebe; Trieb; Trübe; Driebe.* Vklf. (k): *Treibich.* (l): *Triebel; Treibel; Triepel.*

Driekes = Hendricus (Haga).

Driesch III. „unbebaut liegen bleibender Acker".

FN. *Van den Driesche,* holländ. Gelehrter des 16. Jh. *Von den Driesch.*

Driesemann s. Andreas.

Drischaus III. Satz-N. „drisch aus".

Drodtloff, Dröder s. Drûdaʒ.

DROG- I. zu got. driugan, angels. dreógan „Kriegsdienste tun, kämpfen". Trucholt. Drogo.

FN. Truogheri: *Tröger; Dröger.*

Einstämmige Kürzung Drog-.

Drogo: *Dröge.*

Drommeter s. Trompeter.

-drop s. Dorf.

Droste III. „Amtmann, Schösser" in Friesland, Westfalen u. a. (s. Truchseß). In mehreren Adelsfamilien des Münsterlandes: *Dr. zu Hülshoff; Dr. zu Vischering.*

Drube s. Drûdaʒ (zweist. K.).

DRUDAZ I. „traut, geliebt", ahd., mhd. trût, ahd. auch drût. Daneben kommt in Betracht þrûþis „Kraft, Stärke", angels. þryþ, im N. der Walküre Þrûðr (altnord.), wozu vielleicht auch die Drude = Hexe gehört.

FN. Drudpraht, Truprat: *Treubrodt; Dreybrodt.*

(Drudbod): *Trauboth.*

Trudhari: *Dröder; Trüter; Treutter.*

Trutmann: *Trutmann; Drumann; Trumann; Trautmann; Traumann.*

Drutmar: *Trummer; Trumer; Drümmer; Trümmer; Traumer.*

Drudwih w.: *Trautwig.*

Drudwin: *Trautwein.*

Trudulf: *Drodtloff; Trüloff; Trautloff;* zsgz. *Trolf.*

Einstämmige Kürzung Drud-.

Drudo: *Drude; Trude; Drue; Truc; Draudt; Traute; Traut; Treude.* Patr. A. *Druding; Druiding* (spr. Drüding, ostfries.); *Drüing* (westf.); *Treuding; Drüner* (s. S. 36 Anmerk. 2).

Vklf. (l) Drudilo: *Dreuttel; Treutel;* zsgz. *Drühl.* (l + n): *Treutlein.* (k) (Drudico): *Drüke; Treucke; Treuge.* (z) Truzo: *Trautz* (mit der unorgan. Bildung *Trautschold*). (z + l): *Trutzel; Troschel.*

Zweistämmige Kürzung Drudb-.

Trubo: *Drube; Trube; Drobe; Droop; Druwe; Traube.* Gen. *Drubes, Drubiss, Drugbis* (niederrhein.).

Vklf. (l): *Trupel; Trüpel; Triepel.*

Auslautend (173 mal Först., doch anscheinend nur in weiblichen N.).

-trut: Liebetruth.

-traut: Liebetraut.

Drue, Drühl, Druiding, Drüke s. Drûdaʒ (einst. K.).

Drumann, Drümmer s. Drûdaʒ (V.).

Drüner s. Drûdaʒ (einst. K.).

-drup s. Dorf.

Druwe s. Drûdaʒ (zweist. K.).

Dryander III. vergriecht, = *Eichmann.*

Dubb- s. Þeuda (V., zweist. K.).

Dübbort s. Þeuda (V.).

Dübel s. Þeuda (V., Theudobald).

Dudd-, Duden s. Þeuda (einst. K.).

Düfert s. Þeuda (V.).

Dühm- s. Dôma.

Duhr, Dührsen s. Deurja.

Dührkoff s. Theuerkauf.

Dulk, Duller, Dultz s. Þuldi.

Düm-, Dumm-, Dümm- s. Dôma.

Dumrauff III. Satzn. „tu mir auf!" 1487 war Hans Tuemirauff Pförtner auf der Altenburg. Vgl. Thugut und Thudichum.

DUN- I. wohl zu altnord. duni „Feuer", oder duna „donnern". Dunswint 9.
FN. Einst. K. Duno — Patr. A. *Düning*. Vklf. (z + l): *Dünzelmann*. (z): *Duntze; Dunz*.

Dunger III. 1) = Dunker 2) Arbeiter in einem zu winterlicher Webarbeit mit Dung überdeckten Raume (Tac. German cp. 6) 3) „einer aus Dung".

Dung, Donk III. wahrscheinlich eine kleine Bodenerhebung, bes. zwischen Sümpfen (Förstemann ON. S. 75). Alte N.: Dung, Megmedung; neuere bes. in der Gegend von Düsseldorf und in Flandern.
FN. 1) -dunk: *Averdunk; Averdung*.
2) -donk: *Berendonk; Germend.; Wenekend.; Wesend.*

Dunker III. wohl „Tüncher". (Früher eine Dunkerstraße in Reval).

Dünnebacke III. zu den Körperteilen.

Düpper III. „Duppengießer, Kupfergießer" (niederrhein.).

Dür- s. Deurja.

Düring a) I. s. Thuring b) III. ein „Thüringer". *v. Düring* (Theodericus de Thuringen 1144) Auch in neuerer F.: *Thüringer; Dieringer*.

Dürre III. französiert Durré s. S. 71. Albrecht der Dürre 1325.

Dürrich s. Deurja.

Dusendtüfel III. „Tausendteufel" (wohl weil der Ahnherr diesen Fluch im Munde führte).

Dutschke, Duttke s. Þeuda (einst. K.).

Dütt- s. Þeuda (V., einst. K.).

Düwel s. Teufel (doch *Düvelhenke* = Dietbold Henke s. Hagan).

Dux s. Þeuda (einst. K.).

-dyk s. Teich.

E.

Eb- s. Ebura.

Ebener III. „einer aus Eben" (häufiger ON. in Süddeutschland) — doch auch mhd. ebenaere „Schiedsrichter".

Ebentheuer III. „Abenteuer", früher auch persönlich gebraucht (s. Goethe, Mitschuldige 1, 1).

EBURA I. zu ahd. ebur, mhd. eber „der Eber" (S. 16), für Männernamen um so passender, als in der nord. Dichtung sogar jöfurr = Fürst, Herr.
FN. Eburhard: *Eberhard; Everhart; Ebrard; Ebhard; Ebart; Ebert; Evert; Ebbert*. Zss. *Meiereverth*. Gen. *Eberhards; Eberts; Evertz*. Patr. A. *Everding*.
Ewurman: *Ebermann; Evermann*.
Eburwin: *Eberwein; Everwien* (niederd.).
Einstämmige Kürzung Ebur-.
Ebaro, Ebo, Eppo (Stark S. 40): *Eber; Eebe; Ebbe; Epp*. Gen. *Ebers; Evers; Ewers; Ebs; Eben; Eppen*. Patr. A. *Eppink; Ebbinga* (ostfries.).
Vklf. (l): *Ebel; Eble; Epple*. Patr. A. *Eberling; Everling; Ebeling*. (l + n): *Eberlein; Eppelein; Eblen; Epplen*. (k): *Ebbecke; Ebke* (*Ebkema* ostfries.); *Eppich; Eppeich* (Gottschee). Patr. A. *Ebker* (Preuß).

Ecc-, Eck- s. Ag- (V., einst. K.).

Echt s. Czech.

Ecke III. ahd. ekka, mhd. ecke, egge „Ecke, Winkel". Sehr zahlreich in ON.: *-eck;* daneben *-egg* (süddeutsch).
FN. 1) *Eck; Honeck* (O. Hoheneck); *v. Nordeck; v. Poseck* (aus Posseck bei Ölsnitz, Henrich Pazeke oder Possecke 1328); *Viereck; Waldeck*.
2) *v. Aichenegg; v. Bieberegg; v. Cronegg* (O. Kronegg); *Hohenegg; v. Königsegg; v. Lichtenegg, Lichtnack*.
Ableitung auf *-er* (oberd.):
1) *-ecker: Bernecker, Pern.* (öst.); *Heid.; Pilz.* (ostpreuß., O. Pilzegg, Salzburg); *Vils.; Wald.; Wiesen.* Bisweilen in der Schreibung *-äcker: Rienäcker* neben *Rienecker*, von Rieneck in Unterfranken, ehem. Grafschaft, s. Goethes Götz 2, 8: „Reineckische Bauern", nach Götzens Lebensbeschreibung. So auch *Steinäcker; Wiesenäcker*.
2) *-egger* (südd.): *Bernegger; Buchegger* (O. Buchegg in der Schweiz); *Heidegger* (vgl. Heideck, Oberpfalz); *Kaltenegger* (O. Kalteneck in Steiermark); *Lichtnegger* (O. Lichtenegg in Österreich) neben *Lichtenecker* und *Lichtenöcker; Rauchenegger* neben *-ecker; Rosegger* (Höfe zum Rossegger bei Krieglach in Steiermark und mehrere Dörfer und

Weiler in Steiermark); *Scheidegger* (Scheidegg in Baiern, Bezirk Lindau); *Steinegger* (Steinegg in Baden); *Tronegger; Wolfsegger. Hohenögger* (O. -egg); *Zinnögger* (O -egg.).

-ecker s. Ecke.

Eddeling s. Aþala (einst. K.).

Edel- s. Aþala (K., einst. K.).

Edelmann III. „Adliger".

-eder s. Öd.

Edigkaufer s. Hof.

Eebe s. Ebura (einst. K.).

Eerkes, Eerts s. Aisô.

Egbert s. Ag- (V.).

Ege s. Ag- (einst. K.).

Egel- s. Agil (V., einst. K.).

Egen- s. Agin (V., einst. K.).

Egers, Egert s. Ag (V.).

Egidy s. Aegidius.

Egg- s. Ag (V., einst. K.).

-egg, -egger s. Ecke.

Eginard s. Agin (V.).

Egli s. Ag (einst. K.) und Agil (einst. K.).

Egloff s. Ag (V.).

Egner s. Agin (V.).

Egold, Egolf, Egts s. Ag (V.).

Ehl- s. 1) Agil (V., einst. K.) 2) Aþala (V., einst. K.).

Ehmich s. Irmin.

Ehn- s. Agin (V., einst. K.).

Ehr- s. Aisô.

Eib- s. 1) Ag (V.) 2) Jw.

Eich III. Chuonradus dictus zer Eiche 1298 (Domus zer Eiche am Kilchrein). In ON. von „Eiche" in kollektivem Sinne = „Eichwald": Eich, Aich, -aich.

FN. *Eich, von Schönaich;* Ableitung auf *-er* (oberd.): *Eicher; Breiteneicher; Siebeneicher* (O. Siebeneichen).

Eichhard, Eichert s. Ag (V.).

Eichholtz III. vgl. R. im Eichholtz 1330. Auch häufiger ON.

Eichhorn III. Hausname.

Eichmann III. „der bei einer Eiche wohnt". *Dreieichmann* „der bei den drei Eichen". Dasselbe bedeutet *Eichler*.

Eick- s. Ag (einst. K.); **von Eicke** (Janusch an der Ecke [in acie] 1280).

Eidam III. nebst *Kleineidam* und *Eidem*. Zu den Verwandtschafts-N.

-eier s. Au.

Eier, Eiert, Eif- s. Ag; aber **Eiermann** ist der Eierhändler.

Eigenbertz s. Agin (V.).

Eik- s. Ag (einst. K.).

Eike III. niederd. „Eiche", in *Eikenkötter, Eickemeyer* u. a.

Eil- s. Agil (V., einst. K.).

Eim- s. Ag (V., zweist. K.).

Ein- s. Agin (V., einst. K.).

Einenkel III. ahd. eninchil „Enkel".

Einerhand III. elliptischer N.: „der mit einer Hand" (S. 49).

Einhorn III. Hausname, hergenommen von dem sagenhaften und sagenreichen Tiere. Chunradus zem Einhorn 1325. Arm. van me Eenhorn (Köln. Un. Matr. 1423).

Einsiedel III. ahd. einsidilo, mhd. einsidele „Einsiedler".

FN. *Einsiedel, Einsiedl;* auch *Einsiedler; v. Einsiedel* (Heinrich de E. 1265).

Einspenner III. „der mit einem Pferde fährt".

Eipeldauer, Eypeltauer III. (Wien) „einer aus Eipoldau (Leopoldau)".

Eirich s. Ag (V.).

Eis- s. Agis und Îsarna.

-eisen a) I. entstanden, wohl durch Umdeutung, aus *eis* (ahd. izo [S. 23, 34]).

FN. *Grimmeisen* neben *Grimeis* (ad. Grimizo); *Grüneisen* (Gronizo); *Helmeisen* (Helmizo); *Lotheisen, Lotheißen* (Hlodizo); *Notheisen* (Notizo). — *Gerdeißen* (Gardizo).

b) III. Zus. mit „Eisen", Geräte bezeichnend.

FN. *Bauerneisen* (S. 45); *Feuereisen; Hufeisen* (mhd. huofîsen); *Spereisen*.

c) III. in *Thurneisen* entstellt aus urspr. Thurnhäuser 1220, Thurneyser 1500 (Bacm.).

Eisenblätter III. = Eisenplätter, wie Dratplätter vom Plattmachen des Drates zwischen zwei stählernon Bolzen.

Eisner a) I. = Isanhari b) III. „Eisenhändler" c) III. „einer aus dem Orte Eisen".

Eisenhut s. Hut.

Eisenmann III. „Büttel am Gefängnis" (Miedel). Dass. *Eisenmeister*.

Eisenmenger III. „Eisenhändler" (s. Manger).

Eisenreich s. Agis.

Eitze s. Ag (einst. K.).

Elb- s. 1) Alb 2) Aþala (V.) 3) Agil (V.).
Elf- s. Alb (V., einst. K.).
Elger- s. Agil (V.).
Elias II. hebr. „mein Gott (ist) Jehova"; der Prophet 1. Kön. 17 ff.
FN. *Elias*. Patr. Zss. *Eliassen*.
Ell- s. 1) Agil 2) Aþala (V., einst. K.).
Ellend III. ahd. alilanti „von der Heimat (dem Lande) fern; fremd".
FN. *Ellendt* — *Ehlend*.
Eller III. landschaftl. „Erle" — in *Ellerbrock*, *-busch*, *-kamp* u. a.
Elp- s. Alb, doch
Elperting s. Aþala.
Elsen III. ON. (Westf., Rheinpr.).
FN. *Elsen; Elsner;* doch kann *Elsner* auch den an Elsen (Erlen) Wohnenden und den aus Öls (= Ölsner, i. Schles.) bedeuten. Den N. *Elsen* legte sich eine jüdische Familie bei, als sie 1733 in der Pfarrkirche zu Elsen zum Christentum übertrat.
Eltester III. s. S. 48: Eigenschafts-N.
Eltrich s. Alðaʒ (V.).
Elven s. Alb (einst. K.)
Elwert s. Agil (V.).
Em- s. Aiwi.
-em s. Heim.
Emanuel II. hebr. Immanuel „Gott mit uns" vgl. Jes. 7, 14. Matth. 1, 23.
FN. *Manuel* — daraus jüdisch: *Mendel* mit den patr. Zss. *Mendelssohn; Mendelson.*
Emel- s. Amal.
-emer s. Heim.
Emich, Emm- s. Irmin.
Emmermacher III. (halbniederd.) „Eimermacher".
Emund, Emons s. Aiwi.
Ender-, Endr- s. Andreas.
Eneich, Enet s. Agin.
Eng- s. Ingwe.
Engel a) I. s. Angil b) III. Hausname. Billungus zem Engel 13. Jh.
Engel-, Engl s. Angil (V., einst. K.).
Enigk s. Agin (einst. K.).
Enke a) I. s. Agin (einst. K.) — b) III. ahd. encho „Knecht", bes. der dem Großknecht untergeordnete jüngere Kleinknecht.
Enking, Ennen s. Agin (einst. K.).
Enne III. tirol., ennet, ent bair., schweiz. = jenseits zur Bezeichnung des Wohnorts einer Person (S. 84) in FN. wie: *Ennemooser; Entmooser; Enthofer; Entleutner; Entstraßer.*
Ensle, -in s. Ans (einst. K.).
Ens-, Ent- s. 1) An- 2) Angil.
Enzian III. Die Pflanze Gentiana „Bitterwurz", s. S. 60.
Ep- s. Ebura.
-er a) I. s. Harjaʒ.
b) III. ahd. -âri, mhd. -aere, hauptsächlich Tätigkeitswörter bildend, z. B. Fischer. (Entlehnung aus latein. -arius; in einigen Fällen steckt ein altes -war dahinter, so in Baier.)
c) III. Gen. der Mehrzahl an N. von Orten, Gegenden, Ländern, z. B. Jener = aus Jena, überwiegend ober- und mitteldeutsch.
d) III. Patronymika bildend, z. B. Rumpler = der vom Rumpelhofe, oberdeutsch; doch auch in Lippe und in Schlesien nachgewiesen.
Erasmus II. griech. „der Liebenswürdige"; einer der 14 Nothelfer.
FN. Gen. *Erasmy*.
Mit Kürzung im Anlaut: *Rasmus*. Patr. Zss. *Rasmussen*. — *Asmus*. Gen. *Aßmy*. Patr. Zss. *Asmussen*.
Erb- s. Arbja und Aisô.
Erbsmehl III. deutlicher Name aus der Pflanzenwelt; vgl. Mehl.
Erd- s. Harðuʒ (V., einst. K.).
Erfling s. Arbja (einst. K.).
Erich s. Aiwi und Aisô.
Erkelenz III. Stadt in der Rheinprovinz.
FN. *van Erkelens*.
ERKNIAZ I. got. aírkneis „rein, heilig", ahd. ercan „echt, rein, vollkommen". Arcambald.
FN. Ercanberaht: *Erkenbrecht*. Patr. A. *Erkenbrecher*.
Ercanheri: *Herkner; Herchner* (doch auch O. Herchen).
Erchanoald: *Archenhold*. Gen. *Archenholtz*.
Einstämmige Kürzung Ercan-.
Herchan: Gen. *Erckens*.
ERALAZ I. altsächs. erl „freier Mann", angels. eorl „Edelmann", altnord. jarl Edelmann, Gaugraf.
FN. Erlman: *Erlemann*.
Erlachar: *Erler*.

Erliwin: *Erlewein; Erlwein; Erlenwein.*

Einstämmige Kürzung Erl-.

Erlo: *Erle.* Patr. A. *Erling.*

Vklf. (k): *Erlecke; Erleck.*

Erm- s. Irmin (V., einst. K.).

-ermel III. in *Rothermel; Weißermel* (Spottname für Müller [S. 46]).

Ern- s. 1) Arin (V., einst. K.) 2) Aisô.

Ernest, Ernst- s. Arnust.

Erp- s. Arbja.

Ert- s. Harðuz (V., einst. K.).

Erve s. Arbja (einst. K.).

Erxmeyer III. = Erichsmeyer (s. Aisô).

Erythropel III. Vergriechung aus „Rothut". Rupertus Rothuet, stud. theol., nannte sich 1577 auf Betreiben des Prof. Selneccerus in Leipzig Erythropilus, und so blieb der Name bis etwa 1700.

Esch- s. Aska.

Eschner III. 1) „der Aschenbrenner"; 2) der bei Eschen Wohnende. Dass. *Esche; Eschmann.*

Esel III. vgl. Lambertus asinus 1136, Berhtold der esel 1297.

FN. *Esel; Essel* (elsäss.); *Lutenesel* (E., der die Laute schlägt); *v. Riedesel* — *Eselkopf.*

Esser III. 1) ein „Vielessender". Zss. *Brodesser.* Vgl. *Fresser* (Zürich 1839), niederdeutsch *Freter* 2) „einer aus Essen" 3) „der Achsen-, Assenmacher" (niederrhein.). Unter „Esser" verstand man noch im 16. Jh. in der Gladbacher Gegend die Wagenbauer (Zumbusch). Dazu Gen. *Essers.*

-eter, -etter s. Öd.

Eue s. Aiwi.

Eulenburg, von, früher Eylenburg, Ilenburg, von der Stadt Eilenburg in Sachsen. (Adelslex.)

Euler III. der „Töpfer", von aul Topf (aus lat. olla).

FN. *Euler.* Gen. *Eulers.* Mit dem n der schwachen Bildung: *Eulner.* Zss. *Ohlenmacher.*

(Vgl. Albrecht Ewlnsmid 15. Jh. Nürnberg; noch heute begegnen in der Wetterau die EN. Aulenpfad, Aulenweg u. a. und Eulner gilt allgemein für Töpfer DW.).

Eupert, Eurich s. Aiwi.

Eustachius II. griech. „der Ährenreiche".

FN. *Stach (Stachmann); Stache.* Vklf. *Stachel.* Gen. *Stachels.*

Eustathius II. griech. „der Standhafte, Gesunde".

FN. *Statius. Staats (Staatsmann); Stets.* Patr. Zss. *Staassen* (fries. Staats VN.).

Euteneuer III. „einer aus Euteneuen" (Rheinprovinz).

Evangelist II. griech. „der Verkünder der frohen Botschaft, Verfasser eines Evangeliums" (Matthäus Ev. 21. Sept., Markus Ev. 25. Apr., Lukas Ev. 18. Okt., Johannes Ev. 27. Dez.).

Ever- s. Ebura (V.).

Ew- s. 1) Ebura 2) Aiwi.

Exner s. Ochsner.

Exter III. aus Agelster, ahd. agalastra „Elster". Auch wohl in *Exernbrink* („Elsternbrink").

Ey- s. Ag (V., einst. K.).

-eyer s. Au.

Eyl- s. Agil (V., einst. K.).

Eymeß s. Ag (zweist. K.).

Eyßen- s. Îsarna.

F.

Faber III. Latinisierung für Schmid.

FN. *Faber.* Gen. *Fabri.* Patronymisch weiter gebildet: *Fabricius* (um dadurch in die Namenverwandtschaft dieses berühmten altrömischen Geschlechts hineinzukommen — so Magister Phil. Fabricius, der 1561 als Zeuge unterzeichnet: D. philips Smidt, s. Gesch. d. Gymnas. zu Dortmund Progr. 1875 S. 5) — daraus verkürzt: *Fabrix. v. Fabrice.* (Adelsn. für Fabricius um 1700).

Fabianus II. christlicher Märtyrer unter dem röm. Kaiser Decius.

FN. *Fabian; Fabigan;* auch *Pfabian* (Wien). Gen. *Fabiani.*

Fabr- s. Faber.

Fach-, Fack- s. Fag.

Facius II. Abkürzung von Bonifatius. (Als Vorn. noch 1532 in Quedlinburg).

Faes s. Servatius.

FAG- I. mit der Erweiterung **Fagin-** zu got. fahêds „Freude", got. und ahd. faginôn sich freuen.

FN. (Faghard): *Fackert; Fahnert.*
Fagenold: Gen. *Feinholtz.*
Einstämmige Kürzung Fag-.
Facho: *Fache; Fach (Fachmann) — Vack.*

Fahland III. mhd. vâlant der „Teufel“, auch von Menschen gebraucht; so wird der wilde Hagen des Gudrunliedes „Vâlant aller künege“ genannt.
FN. *Fahland, Valand; Falland; Vohland; Volland.*

Fahlen III. niederd. „Füllen“ — in *Fahlenkamp — Vahlbruch, Fahlbusch, -kampf, -teich.*

Fähnrich III. urspr. der „Fahnenträger“.
FN. *Fähnrich; Fähndrich; Fahndrich; Fenrich.*

Fahr- s. Fara.

Fahre III. niederd. „Föhre“ — in *Fahrenbruch, Fahrendorf, Fahrenholz* (teilw.), *Fahrenhorst, Fahrenkamp, Fahrenkrug — Fahrenbauer.*

Fährmann a) I. s. Fara b) III. „Fährmann, Ferge“.

Fahrner III. „einer aus Fahren“.

Fahrübel III. Satzn. „ein Pechvogel, Unglücksmensch“.

Fait, Faith s. Widu (einst. K.).

Falchner s. Falkner.

Fälgenmacher s. Felgenhauer.

Falke III. ahd. falco, falcho, mhd. valke, der „Falk“, beliebt in der ritterlichen Zeit als Stoßvogel auf der Jagd, bes. der Reiherbeize; in der mhd. Dichtung ein Bild des Geliebten.
FN. *Falke; Falk; Falch.* Zss. *Güldenfalk. Praunfalk.*

Falkner III. mhd. valkenaere „der Falken abrichtet“, bes. zur Reiherbeize.
FN. *Falkner;* oberd. *Falchner.* Mit Umlaut *Felkner.*

Fallmerayer III. von dem ehemals romanischen Hofe Valmarei (vallis Mariae), der früher im Besitze der Familie war (Steub).

FANDJA I. ahd. fendo „Fußgänger“.
FN. Einst. K.: *Fendt; Fante.*
Vklf. (l): *Fanderl; Fendl.*

-fänger III. in mehreren Zss.: *Aalfänger. Bärenfänger.*

FARA- I. zu dem burgund. und langobard. fara, angels. faru „Geschlecht, Familie“.
FN. Faraman: *Fährmann, Fehrmann.*
Einst. Kürzung Faro: *Fahre — Fehre.* Gen. *Vehrs; Vehrens.* Patron. A. *Fehring — Firing.* Patr. Zss. *Fehrensen.*
Vklf. (l): *Fehrle.* Patr. A. *Ferling.*
(k) Farago: *Farrach; Fahrke; Fehrecke.* Gen. *Ferges.*

Färber III. „der Färber“. Auch *Ferber.* Niederd. *Ferwer.* Gen. *Fervers* (niederrhein.).

Farrach s. Fara.

Fasold I. zu ahd. fasal, mhd. vasel „Nachkommenschaft“. Auch *Vasold; Vasel.*

Faßbänder s. Binder.

Faßhauer s. -hauer.

Faßlabend III. zu den Zeitnamen gehörig. Petrus Fastelavent 1561. So auch *Faßnacht* vgl. Ulrich Vaznacht 1367; mhd. vastnaht und vasnaht der Vorabend vor den großen Fasten.

Fäßler III. „Faßbinder“. Auch *Fesseler; Feßler.*

FASTUZ (Fastjaz) I. ahd. festi, mhd. veste „fest, standhaft“.
Fastheri: *Faster.* Gen. *Vasters.* Patr. A. *Fastring. Vesterling.*
Fastman: *Fastmann.*
Fastrad: *Fastert.* Patr. A. *Fasterding.*
Fastrih: *Fastrich.*
Fastwig: *Vestewieg.*
Einstämmige Kürzung Fast-.
(Fasto): *Fast; Fest; Föste.* Patr. A. *Fasting; Festing.* Patr. Zss. *Festesen* (Flensburg).
Vklf. (l): *Fastl.* (bair.). (k): *Fastje* (fries. Oldenb.).

Fauk s. Fulka (einst. K.).

Faust II. III. a) lat. Faustus „der Glückliche“ b) das Körperglied. Peyne mit der Vust 1366 (Drübeck). Niederd. *Fust.* Vklf. *Feustel; Füsting.*

Fechner III. der mit „Fech“, mhd. vêch buntem Pelzwerk, bes. Hermelin, handelt.

Fedd- s. Friþu (V., einst. K.).

Federwisch III. ein bis ins 13. Jh. zurückgehender N. (Embricho Federwisch 1213) = *Gosewisch.*

Fegebank III. Satz-N. „einer, der nicht stillsitzen kann.“

Feghelm III. „Waffenschmied“. Auch *Feger.* Vgl. Harnisch- u. Schwertfeger.

Fehmer III. „einer von der Insel Fehmarn" (Henricus de Vemeren = H. de Vemer 1290).

Fehr- s. Fara.

Feichte ahd. fiehta „Fichte", in *Feichtmayr*; vgl. Fichtner.

Feierabend III. Zeitname; Burchardus dict. Virabint 13. Jh.

Feig- s. Friþu (einst. K.).

Feiler III. „der Feilenhauer". Auch *Feilner*.

Feinaigle III. „Feinäuglein", mit schönen Augen (schwäb. Fröhn.).

Feinholtz s. Fag.

Feise III. mhd. veiʒ, veiʒe „feist, fett." Johannes der Feise (pinguis) im 14. Jh. in Schreibers Freiburger Urk. II, 153.

Feith s. Widu (einst. K.).

Feld III. ahd. feld, mhd. velt „freies, flaches, unbewaldetes Land; bebauter Acker". Ist Asfeld bei Paulus Diaconus (I, 20) wirklich aus dem 5. Jh. überliefert, so gehört -feld zu den ältesten deutschen Ausgängen in ON.; das 8. Jh. bietet schon eine große Menge.

Mit dativischer Ellipse alt -felda, -feldum, neu *-felde*, *-felden*; doch dieses e des Sing. fällt in FN. fast immer ab, ebenso wie in -berge.

FN. *vom Felde; van den Velden; von Beerfelde. — von Ahlefeldt, Ahlfeld* (O. Alfeld in Hannover); *Hirschfeld* (O. H. u. Hirschfelde); *Hossfeld* (wohl zum Hosgau zu stellen, dem Felde der Hosinger, der ehemal. Bewohner der Mansfelder Gegend); *Kleinf.; Langef.; Lengsf.; Lichterf.* (O. L. u. Lichterfelde); *Ihlef., Ihlenfeldt* (O. Ilfeld); *Saalf.; Steinf.; von Winterf.* (O. b. Salzwedel, Adam de W. 1291); Marienfeldt (O. meist -felde); *Mucksf.* (O. Muggesfelde in Holstein); *Neuf.; v. Meerv.; Staff.*

Ableitung auf -er (oberd.):

1) *Hirschfelder; Obstf.; Schönf.; Schwengfelder; Weidenf.*
2) *Heidefeller, Heidenfeller* (O. Heidefeld, Heidenfeld); *Hinkfeller*.
3) *Feldner; Seef.* (O. -felden).
4) *Fellner* (O. Felden); *Langfelner* (O. -felden); *Leinfellner* (O. -felden); *Neuf.* (O. -felden).

Feldgen III. ON.

Feldigel III. wohl Scherzn.; vgl. Staudigel.

Felgenhauer III. mhd. velgenhouwer „der die Radfelgen zuhaut", Radmacher, Wagner. Auch *Feilgenhauer; Felgner*.

Felkner s. Falkner.

Fellner III. „einer aus Fellen oder Felden".

-feller, -fellner s. Feld.

Fels III. ahd. fels, mhd. vels, in alten N. wie Rotenvels weit seltener als -stein; neue N. wie Drachenfels, Weißenfels verhältnismäßig häufiger.

FN. *Fels* (vgl. franz. La Roche); *Hartenfels; Lichtenf.; Neuenf.; v. Ehrenfels* (Adelsn. f. Michael Judtmann, vor 1790); *v. Risenfels* (Adels. f. Matthias Riß [Riss] 1636).

Ableitung auf -er (oberd.): *Dannenfelser; Steinf.*

Felsch s. Fulka (einst. K.).

Felten s. Valentin.

FELU I. got. ahd. filu, mhd. vil „viel"; es verstärkt den folgenden Hauptbegriff.

FN. Filibert: *Filbert; Vielbert.*
Filiman: *Fillmann; Fielmann.*
Filmar: *Vilmar; Fillmer.*

Femmer s. Frithu (V.).

Fend III. ahd. fendo, mhd. vende „Fußknecht, Fußkämpfer". Rudolfus dictus Vende.

FN. *Fendt; Fent.* Zss. *Grotefend.*

Fenner III. mhd. venre, verkürzt aus vanaere, ahd. fanâri „Fähnrich".

Fenrich s. Fähnrich.

Ferber s. Färber.

Ferd- s. Friþu (V.).

Ferg III. ahd. farjo, mhd. verge „der Ferge" d. i. Fährmann.

FN. *Ferg; Förg; Vörg.*

Ferling s. Fara.

Fernand s. Friþu (V.); **Fernau, Ferno** s. Firnhaber.

Fernkorn III. „altes Korn" (vgl. Firnhaber).

Ferwer s. Färber.

Fesenbeck III. der aus „Fese" d. i. Spelt backt.

Fessel III. mhd. veʒʒel „Fäßchen". Hausn. nach dem Wirtshausschild oder Spottn. wegen der Gestalt. Vgl. Methfessel.

Fesseler, Feßler s. Fäßler.

Fetkenheuer s. Pfettenhauer.

Fett III. „der Fette". Albrecht der Fette 1286 Stifter der Göttinger Linie in Braunschweig. Zss. *Fornefett* (schon 1437 in Göttingen).

Fett- s. Friþu (einst. K.).

Fettback III. zu den Eigenschaften, s. S. 49.

Fetthake III. zu den Küchengeräten, s. S. 45.

Fetzer III. „Der Spötter, Zänker“.

Feucht- s. Fichtner.

Feuerrohr III. (S. 45).

Feuerstacke III. „Feuerstange“ zum Einreißen und Wegziehen brennender Balken. Niederd. *Fürstake* 1484.

Fichtner III. 1) „einer aus Fichten“ (Baiern, Österr.), wie *Feuchtner* u. *Feuchter* (O. Feuchten u. Feucht) und *Feichtner* (O. Feichten).

2) alle vier auch „bei Fichten wohnend“; vom mhd. viehte, ahd. fiohta und fiuhta, steierm. feichte „die Fichte“. Dasselbe bedeutet *Fichte, Fichtel, Fichtler.*

Fick s. Friþu (einst. K.).

Fickelscherer III. „Beutelscheider“. Auch *Fickenscher* und *Fickenwirt* (aus -würhte).

Fidicin III. abgekürzt aus fidicinus, einer Weiterbildung des lat. fidicen „Lautenschläger“.

Fidrich s. Friþu (V.).

Fiebig a) I. s. Friþu (zweist. K.) b) III. der am „Viehweg, Viehweide“ (schles.).

FN. *Fiebig; Fiebich; Viehweg; Viebeg.* Ableitung auf -er: *Fieweger.*

Fiedler III. mhd. videlaere „der Geiger“.

FN. *Fiedeler; Fiedler,* selten *Viedler.*

Fieg-, Fietz, Figge s. Friþu (einst. K.).

Fildhut III. niederd., wohl nicht = Filzhut, sondern Satzn. „fille de Hut“ = zieh das Fell ab! Filler ist niederd. = Abdecker.

Filter III. niederd. „Filzer, Hutmacher“.

Fimmen s. Friþu (zweist. K.).

Findekeller III. Satz-N.: einer, der den Keller zu finden weiß, ein guter „Zechbruder“ (S. 53).

Findeklee III. Satzname: glücklicher Finder von (vierblättrigem) Klee.

Finger III. s. S. 50.

Vklf. *Fingerlin* (schwäb.); *Fingerli* (schweiz.).

Fingerhuth III. der „mit dem Fingerhut“, etwa = Schneider.

Finke III. ahd. finco, mhd. vinke der „Fink“, ein lustiger Mensch. Wernherus dict. Vinch 1252.

FN. *Finke, Vincke; Finckh; Finck. Fink v. Finkenstein. Geelvink. Finkennest* (O. in Sachsen). Gen. *Finken* (niederrhein.).

Finkler III. der „Finkler“ d. i. Vogelfänger, von finkeln Finken, dann allg. Vögel fangen.

Firnhaber III. „alter Hafer“, vom ahd. firni, mhd. virne alt (wie auch in „Firnewein“). Aber auch „einer aus Viernau“ (O. in Thüringen). (1694 Fürnau oder Fürnhaber, zwischen 1511—1522 Fyrrenawer und Firnawer). Vgl. Fischhaber. Andere Formen dieses FN. sind *Fernau, Ferno.*

Fisch III. Auch in mannigfachen Zss.: *Backfisch = Bratf.; Buckf.* (vgl. Bückling, gepökelter Fisch); *Faulf.; Maif.; Seef.* Vklf. *Fischli; Fischlein.*

Fischer III. ahd. fiskâri, mhd. vischaere.

FN. *Fischer, Vischer.* Gen. *Fischers* (niederrhein.).

Zss.: *Deichfischer, Teichf.; Hechtf.* — Gen. *Fischermanns* (Gladbach).

Friesisch: *Fisser, Visser* (vgl. holländ. Visser) — auf Norderney sehr häufig.

Fischhaber III. „einer aus Fischau“ — (alt Fischhauer und Fischower Buck).

Fischnaller III. (romanisch-deutsch) „einer aus Vischinal“ (vicinala „Gemeinweide“).

Fisser s. Fischer.

Fittighauer s. Pfettenhauer.

Fitz- s. Friþu (einst. K.), **-fitz** s. -itz.

Flachsmann III. „Flachsbauer, -händler“. Niederd. *Flaßmann.*

Flacke s. Flêdi.

Flammenkamp III. 1517 Hermann im Flamenkampe (niederländische Ansiedelung Preuß).

Flas III. niederd. „Flachs“ — in Zss. wie *Flashaar — Flaßkamp; Flaßdieck.*

Fläschner III. „Flaschenmacher“.

Flatt- s. Flêdi.

Fleckeisen III. „ungeschmeidiges Eisen“.

FLÊDI I. mhd. vlât „Sauberkeit, Reinheit, Glanz“ (vgl. den Gegensatz im nhd. „Unflat“). Fladebert 7. u. a.

FN. (Fladher): *Flader.*

(Fladerich): *Fladerich; Flädrich.*

Einst. Kürzung: *Flade; Flatt.* Gen. *Flatten.* Patr. A. *Fladung.*

Vklf. (k): *Flacke; Flege* (Preuß).

Flege s. Flêdi.

Flegel III. Dreschflegel, bildlich ein derber, grober Mensch.

Fleichaus s. Fliegauf.

Fleisch III. In mehrfachen Zss. (vgl. Eggihart Sulzeflaiske 1180): *Gensfleisch* (der ursprüngliche FN. Gutenbergs); *Kalbfl.; Jungfl.; Klopffl.; Rindfl.* (vgl. ital. Delmanzo); *Sötefl.* (niederd. = Süßfleisch).

Fleischfresser III. Spottname, der Seitenstücke findet in *Brodesser* und *Holtfreter* „Holzfresser". Auch Verkenesser in Kölner Urkunden.

Fleischhacker, Fleischhauer III. = „Fleischer"; dagegen *Fleischhack* s. Hake.

Fleischmann III. „Fleischverkäufer". Vergriecht *Sarkander*.

Flemisch III. „ein Vlame".

Flemming III. mhd. Vlaeming „ein Flamänder, Vlame".

FN. *Flemming; Flemmig; von Flemming* (Henricus Flemmigus 1209).

-fleth s. Fließ.

Fleuchaus III. Satz-N. „flieh aus" (wohl urspr. Fleugaus).

Fleugimtanz III. Satz-N. „flieg im Tanz", ein flotter Tänzer.

Fliedner III. „einer aus Flieden" (in Hessen).

Fliegauf III. Satz-N. Ähnlich *Fliegaus* (der immer „ausfliegt"?). *Fleuchaus; Fleichaus.*

Fließ III. mhd. vliez, altfries. flet (niederl. fleete) „Bach". Hochdeutsch *Fließ, -fließ*, doch vorherrschend in niederd. Gestalt: *Fleeth, -fleth* (bes. an Elb- und Wesermündung).

FN. *Schönflies.* Niederd. *Bardenfleth*, daraus entstellt *Bahnfleth, Bornfleth* (S. 90); *Stockfleth* (ehem. O. Stocflethe in der Wilstermarsch).

FLOD I. mundartliche Nebenf. von Hlod.

FN. Flodeger: *Flöckher.*

Flothar: *Floder; Fluder; Flöter.*

Patr. A. *Floderer.*

Flodomar: *Flömer.*

Flodoric: Gen. *Florichs.*

Einstämmige Kürzung Flod-.

(Flodo): *Flude.*

Vklf. (k): *Flöck.* (k + n) *Flötgen.*

Zweistämmige Kürzung Flodm-.

Flume.

Flohrschütz s. Flurschütz.

Florianus II. von Florus abgeleitet; Name eines Heiligen und Märtyrers, † 230; Patron von Oberöstereich und gegen Feuersgefahr. (4. Mai.)

FN. *Florian.*

Florus II. lat. „blühend". Schon ins Altdeutsche aufgenommen, wo sich Florebert u. a. findet.

FN. *Flohr.* Patr. A. *Flöring.*

Vklf. (l): *Flörl.* (k): *Flöricke; Flörke.*

Flöter a) I. s. Flod b) III. „Flötenspieler".

Flüh III. ahd. fluoh, mhd. vluo „Felswand", Fluh (schweiz.). Niklas von der Flühe.

FN. *Zurflüh* (schweiz.). *Fluhmann; Flühmann.*

Flurschütz III. mhd. vluorschütze „der Feldhüter".

FN. *Flurschütz; Flohrschütz.*

Fobbe s. Fulka (zweist. K.).

Fock-, Föck- s. Fulka (einst. K.).

Fokes s. Fulka (einst. K.).

Fol-, Föl- s. Fulka (V., einst. K.).

Fopp- s. Fulka (zweist K.).

-förde s. Furt.

Förg s. Ferg.

Forst III. „aus Forst (O.) oder aus dem Forst".

FN. *Forst, Ohlenforst.*

Förster III. ahd. forstâri, mhd. vorstaere „Aufseher, Verwalter" der Forst.

FN. *Förster; Ferster* (österr.). Zss. *Holzförster; Waldf., Wildf.* (Wolfram wiltforstere 1211).

Ohne Umlaut (wie noch heutzutage in Schwaben und Baiern „der Forster"): *Forster, Vorster.*

Mit dem n der schwachen Bildung *Förstner; Forstner.*

Forstmann, Forstmeister III. = Förster.

Föse s. Funsa.

Foss s. Fuchs.

Föste s. Fastuz (einst K.).

Foth s. Fuß.

FRA- I. davon Eigenschaftsw. framaz „voranstehend, tapfer", ahd. mhd. frum „fromm", d. i. „tüchtig, wacker", ahd. fruma das „Frommen".

FN. (Frumihard): *Frommert.*

Frumiher: *Frommer; Frömmer; Fröhmer.*

Frumirih: *Frömmerich.*
Frumold: *Frommelt; Frommhold; Frömmelt.* Gen. *Frommholz.*
Einstämmige Kürzung Frum-.
(Frumo): *Frumm; Fromme; Fromm; Frohme.* Patr. A. Fruming: *Frömming.*
Vklf. (l): *Frommel; Frömmel; Frömel.*
(k): *Fromke; Frömcke.*

Fräd- s. Friþu (V.).

Frahn- s. Frawaz̧.

Franciscus II. latinis. aus dem Vorigen; der h. Franciscus von Assisi.
FN. *Franz* (Zss. *Franzmann* und *Schäferfranz; Franzmeyer*); *Frentze.* Gen. *Franzen* (niederrhein.); *Frentzen.* Patr. Zss. *Frenssen.* Wieder latinis.: *Frantzius.*
Vklf. (l): *Frenzel* (Zss. *Mühlfrenzel*). Latinis. *Frenzelius.* (z + l): *Franzelin.*
(k): *Franzke.*

Frank- a) I. s. Frankaz̧ b) III. als N. des Stammes vgl. „Bentz der frank" 1373. *Franke; Frank.*

FRANKAZ I. zum Volksnamen der „Franken" (ahd. Franko, mhd. Vranke) gehörig, „die Kühnen, Frechen, Freien". Franka heißt aber auch die Lieblingswaffe des Stammes, der eigentümlich gebildete Wurfspeer. Francobert 8., Francard 6.
FN. (Francolf): *Frankloff.*
Einstämmige Kürzung Franc-.
Franco, Frenko: *Franke; Franck; Frenk.* Gen. *Franken; Frenken* (niederrhein.). Patr. A. *Frenking.* Patr. Zss. *Franksen.*
Vklf. (l): *Frankl; Frenkel.* (l + n) Francolin: *Franklin.*

Franz- s. Franciscus.

Fraß III. mhd. vrâz̧ „ein Fresser, Schlemmer", so Heinrich der Fraz 1292 (Bacm.), s. S. 49. Johann Hambsterfraß, Hans Ziegenfraß 16. Jh.

Fratscher III. „Kleinhändler" (österr.-bair.). Auch *Fratzer; Pfretzschner; Pfrötzschner.*

Fraude s. Frôda.

Frauer s. Frawaz̧.

Frautz s. Frôda.

FRAWAZ I. „vorwärts dringend, rasch", zu got. frauja, ahd. frô „Herr", ahd. frouwa „Herrin, Frau", bes. in ihrer mythologischen Beziehung auf Fro und Frouwa (altnord. Freyr und Freyja) und zum Eigensch. ahd. frô, mhd. vrô, Gen. vrôwes „froh".
FN. Frawibald: *Fröbel.*
Frawipreht: *Frobarth.*
(Frawiher): *Frauer; Freuer.*
Frauirat: *Frorath.*
Frorich: *Froreich.*
Frowin: *Frohwein; Froben;* (latinis.) *Frobenius.*
Mit dem durch n erweiterten Stamme (vgl. Frowinlint u. a. Förstemann).
(Frowinhart): *Frohnert;* (niederd.) *Frahnert.*
Einstämmige Kürzung: *Frohne; Frahne* (niederd.). Patr. A. *Froning; Fröhning.*
Vklf. (k): *Frohncke.*
Zweistämmige Kürzung Frob-.
Patr. A. *Fröbing.*

Fred-, Freed-, Freel- s. Friþu (V., einst. K.).

Freerks s. Friþu (V.).

Frees- s. Frisa.

Freier, Freiert s. Frîja.

Freimann III. mhd. vrîman 1) ein „Freigelassener", libertus 2) „Freiknecht", carnifex.

Freins s. Severinus.

Freischmidt III. ein „unzünftiger Schmied", wie „Freifleischer", „Freischuster" (DW.), ferner „Freischlächter", „Freischneider" (KB.)
FN. auch *Freimüller* (Landshut).

Freitag III. schon 1197 Sifridus Vrietak s. Tag. (Doch findet sich schon ahd. Frittag, zu Friþu gehörig, und Frigdag, zu Frîja gehörig.)
Als FN. meist *Freytag.* Niederd. *Friedag.*

Frenk- s. Frankaz̧.

Frenssen, Frenz- s. Franciscus.

Frer- s. Friþu (V.).

Fressenteufel III. Satz-N.: „friß den Teufel". Vretenduvel 1383 Gött. Urk.-Buch. (S. 53).

Fresser III. „ein Schlemmer". Vgl. Fraß und Fleischfresser. Niederd. *Freter.* (Speckfreter 1423.)

Fretwurst III. Satzname, niederd. (in Ribnitz).

Freuer s. Frawaz̧.

Freund I. III. schon im 8. Jh. Friunt. Niederdeutsch *Fründt.* Zss. *Bierfreund. Tausendfreund.* (Vgl. franz. Bonami.)

Frevert s. Friþu.

Frey- s. Frîja.

Freyboth a) I. s. Frîja und Friþu b) III. „Gerichtsdiener".

Frick-, Frieb-, Fried- s. Friþu (V., einst. K., zweist. K.).
Friel s. Friþu (einst. K.).
FRÎJA I. got. freis, ahd. frî, mhd. vrî „frei".
FN. Frigbod: *Freyboth.*
(Frigang): *Freygang.*
Friard: *Freiert.*
Friher: *Freier, Freyer.*
(Friolt): *Freyhold.*
Einstämmige Kürzung: *Frey.*
Fries a) I. s. Frisa b) III. deutlich in *de Fries, de Vries* (s. S. 40 mit Anm.).
Frille s. Friþu (einst. K.).
Frimmer s. Friþu (V.).
FRISA I. zu dem Volksnamen der „Friesen", ahd. Friaso, Friso, niederd. Frêse. Friskaer, Fresger 9.
FN. Friaso: *Friese; Fries; Frese; Freese; Frees; Freise;* (lat.) *Frisius.* Gen. *Friesen* (doch auch ahd. Friasini); *Fresen* (lat. *Fresenius*); *Freisen.* Patr. A. *Friesenga* (ostfries.).
Vklf. (k): *Friesicke; Frisecke.*
Frischauf III. Satz-N., s. S. 50.
Frischknecht III. s. Knecht.
Frischmuth III. s. S. 49.
FRIÞU I. ahd. fridu, mhd. vride, altsächs. friþu „Friede", bes. in dem Sinne von „Sicherheit, Schutz". Nachweislich in N. seit dem 4. Jh. (Gotenfürst Friþigern).
FN. Friþubarn: *Friedeborn* (wenn nicht gleich Frithubrand).
Friþuber: *Frieber; Fieber; Fipper.*
Friþubodo: *Freyboth.*
Friþubrand: Gen. *Fiebrantz.*
Friþuger: *Fricker.*
Fridehere: *Frieder; Fräder; Fedder* (Jever). Gen. *Frieders.* Patr. A. *Frederling.* Patr. Zss. *Feddersen* (Hamb.). Verkleinert: *Feddercke.*
Friduleib: *Friedlieb.*
Fridumar: *Frimmer; Femmer* (fries.).
Fridenand: *Ferdinand; Fernand* (wenn nicht zu Harja).
Friþareiks (got. Kalend.): *Friederich; Friedrich; Fräderich; Fredereck; Frerk*(Stade); *Frerick*(westf.); *Frerichmann; Fidrich.* Gen. *Fried(e)richs; Frerichs; Frericks* (Papenburg). — Latinis. *Friederici.* Patr. A. *Frederking; Frerking.* Patr. Zss. *Friedrichsen; Freerksen.*
Fridwald: *Friedewald; Friedewold.*
Friþuward: *Frevert* (Preuß).
Friduwin: *Friedwein.*
Fridulf: Gen. *Freelfs* (ostfries.).
Einstämmige Kürzung Frith-.
Frido, Feddo (aus Ferdo s. Stark 27): *Friede* (Zss. *Friedjung*); *Frede; Fedde* (Oldenb.); *Fette.* Gen. *Frieden.* Patr. A. *Freding; Fitting.*
Vklf. (l) Fridilo, Frillo: *Friedel (Mühlfriedel); Friedle; Frille; Friel; Friedli* (schweiz.). Patr. A. *Frieling.* Gen. *Freels.* (l + n) Fridulin: *Friedlein.* (k) Frideco, Fricco, Feddeco, Ficcho: *Fredike; Fricke* (lat. *Friccius*); *Fettke; Ficke;* (häufiger VN. Klemp.) *Vieck; Figge; Fiege; Feige.* Gen. *Ficken; Feix.* Patr. A. *Fiener* (1380 Fygen, 1410 Fyginck, 1488 de Fygener, Preuß). (k + l): *Frickel; Fickel; Fiegel; Figl* (öst.); *Feigl.* (z) Friþezo: *Fritze; Fritz* (Zss. *Langfritz*); *Fritzsch; Fritsche; Fritschi* (schweiz.); *Fitze; Fietz.* Gen. *Fritzen; Fritschen; Fitzen.* (z + l): *Fritzel.* (z + k): *Fritzke; Fitzke.*
Zweistämmige Kürzung Friþb-.
(Fribo): *Friebe; Frieb.*
Vklf. (l): *Friebel.* (k): *Fiebke; Fiebig.*
Patr. A. *Fiebing.*
Zweistämmige Kürzung Friþm-.
Gen. *Fimmen* (Jever).
Auslautend (220 mal Först.)
-fried: Siegfried. Gen. *-fritz* (st. frids): *Seifritz.*
-fert: Siefert. Gen. *-ferts: Nieferz.*
-fart: Seifart. Herrfahrdt. Gen. *-fartz: Hoffartz.*
-fer: Diefer.
Fritsch-, Fritz- s. Friþu (einst. K.).
Frobarth s. Frawaz.
Froböß s. Frühbuß.
FRÔDA I. got. frôþs, ahd. fruot, mhd. vruot, altsächs. frôd (lat. prudens) „verständig, weise".
FN. Frothar: *Frodermann.*
Frodrich: *Frödrich.*
Frodulf: *Froloff.*

Einstämmige Kürzung Frod-.

Fruoto: *Frohde; Fröde; Fruth; Fraude.* Gen. *Frödden.*

Vklf. (l): *Frodl.* Gen. *Fröhls.* (k): *Frutig.* (l+k) (Vrolicus VN. Klemp.): *Fröhlich.* Patr. A. *Fröhlking.* (z): *Frutz; Frautz.*

Fröd-, Frohde s. Frôda.

Fröhlich a) I. s. Frôda (einst. K.) b) III. schon 1373 der frölich.

Fröhls s. Frôda.

Frohm-, From-, Fröm- s. Fra.

Frohn-, Froning, Frohwein s. Frawaz.

Frommann a) I. s. Fra b) III. mhd. vrumman „Ehrenmann, Biedermann".

Frosch III. zu den Tiernamen. Vklf. *Fröschl.*

Früchtenicht III. Satz-N. „fürchte nichts".

Frühauf III. „ein Frühaufsteher". Fruuf (Schweidnitz 1508).

Frühbuß III. O. Frühbuß in Böhmen, Friebus in Böhmen und Sachsen.

FN. *Frühbuß; Froböß; Froböse; Frobusch.*

Fründt s. Freund.

Frut- s. Frôda.

Fuchs III. meist nach der Farbe des Haares; so wird in der Lübecker Bürgerrolle für das Jahr 1322 der eine von zwei Brüdern Richard Vos, der andere Johannes de rode genannt, offenbar nach derselben Ursache. Peter der fuhs 1360. Emercho dictus de Jungefos 1298. Auch Hausname: Nicolaus Vulpes de domo zem Fuchse 1269.

FN. *Fuchs, Fux* — latinis. *Fuchsius* und *Vulpius.* Verkleinert: *Füchsel.*

Zss. *Rotfuchs; Sandfuchs; Schreckenfuchs* (imperat.). Niederd. *de Vos; Voß; Foß.* Gen. *Vossen* (niederrhein.). Patr. A. *Vössing.* Zss. *Rothfos; Sandvoß. Voszal* (vgl. Jäck fuchsschwantz 1466 Bacm.). — *Voßwinkel.*

Fuck- s. Fulka (V.).

-fues s. Fuß.

Fuglsang s. Vogelsang.

Fuhr III. mhd. vuore „Fahrt, Weg" — in ON. -fuhr, -führ.

FN. *Fuhr; Wasserfuhr; Windfuhr.*

Aber *Wagenführ* s. d.

Fuhrmann III. Auch Gen. *Fuhrmanns* (niederrhein.).

Fuhse s. Funsa.

Ful- s. Fulka (V.); **Fuljahn** s. Johannes 3b).

FULKA I. ahd. folc, mhd. volc „Volk" (Kriegsvolk).

FN. Folcberaht: *Fulbrecht; Fulpracht; Volbrecht; Volprecht; Vollbrich; Volbert; Vollbracht; Vollborth; Vollbrod Vollbehr; Follebier; Füllebier; Völber.* Gen. *Volbers; Folpts* (ostfries. Ruprecht S. 7: Folpt = Volcbert). Patr. A. *Vollbring; Vollbeding.*

Fulbrand: *Volbrand.*

Folhker: *Volger.*

Fulchard: *Fuckart; Volkhart; Volckardt; Volkert; Folchert; Folgert; Volhardt; Vollard; Vollert.* Gen. *Folkerts.*

Fulchar: *Volcker; Völcker; Föller.* Gen. *Folkers; Völkers; Vollers.* Patr. A. *Völkerling.*

Folcleih: *Volley.*

Folcman: *Volkmann; Volgmann.*

Folcmar: *Volkmar; Volkmer; Vollmar; Folmer; Föllmer.* Patr. A. *Vollmering.*

Folmuot: *Volkmuth; Vollmuth.*

Folcnand: *Volkenand; Volland.*

Fulcrad: *Vollrath; Vollrad.*

Fulcrich: Gen. *Folrichs.*

Fulcuald, Volcold: *Vollgold; Volkelt.* Gen. *Volkholtz.*

Folcward: *Volkwarth; Volquardt.* Gen. *Vollquards, Vollquarz.* Patr. Zss. *Volquardsen* (schlesw.).

Folcwin: *Folkwein.*

Folculf: Gen. *Fulfs* (ostfries.).

Einstämmige Kürzung Fulc-.

Fulco, Focko: *Volke; Volk; Folg; Völk; Voll; Fulle; Föll; Vocke; Fücke; Fock; Fauk.* Gen. *Volkens; Fölks; Fokes* (ostfries.); *Fockena* (ostfries.). Patr. A. *Fölling; Fülling; Föcking; Fockenga* (ostfries.). Patr. Zss. *Fockema* (ostfries.).

Vklf. (l): *Fölkel; Völkle; Föckel.* (l+n): *Völklein.* (z) Folzo: *Volz; Fölz.* (z+l): *Völzel.* (z+k): *Völzke* (daraus *Fölsch, Felsch* in Pomm.).

Zweistämmige Kürzung Fulcb-.

Foppo: *Fobbe; Fopp.* Gen. *Foppen.*

Zweistämmige Kürzung Fulcm-.

Fulmo: *Völm.*

Vklf. (l): *Völmle.* (k): *Völlmicke; Volmich.*

Füllebier a) I. s. Fulka b) III. Satz-N.

Füllekrus III. Satz-N. „fülle den Krug" (s. Kraus); auch *Füllkruß.*

Füllgraf = Vollgraff s. Graf.

Füllkrug III. Satz-N. „fülle den Krug" (s. Füllekrus).

Funke III. „ein unsteter, leichtfertiger Mensch". Auch *Funk, Funck;* (lat.) *Funccius.*

FUNSA I. ahd. funs, altsäch., altfries. fûs „bereit, willig" (bei den Goten beliebt, vgl. Alfons).

FN. Einstämmige Kürzung Fuso: *Fuhse; Föse.* Gen. *Fusen.*

Auslautend (27 mal Först.).

-fus (Aldefus S., Garifus), umgedeutet in *-fuß: Siefuß* (Sigifuns); *Beilfuß* (Bilifuns?); *Gailfuß* (Gailfuns); *Heidfuß, Heitefuß* (Heidfuns?); *Pernfuß* (Bernefuns).

Fürbringer III. der eine Sache vorbringt, „Rechtsanwalt".

Fürchtegott III. Satz-N. „fürchte Gott!" Auch *Förchtegott.*

Fürchtenicht III. Satz-N. „fürchte nichts". Niederd. *Früchtenicht* (Hamburg).

Fürst III. Heinricus dictus Furste 1291.

Furt III. ahd. furt, mhd. vurt „Furt, Bahn". In ON. *Furth, -furt, -forth* — niederd. *-ford, -forde, -förde.*

FN. 1) *Steinfurt; Dittfurth; Herfurth; Schweinfurth; Erfurdt.*

2) *Haßforth* (O. -furt); *Reckforth; Sandfort; Steinforth.*

3) *Herford.*

4) *v. Beverförde; Böckenförde.*

Ableitung auf -er (oberd.): *Weinfurter; Frankfurter. Hasenforter.*

Fusen s. Funsa.

Fuß a) I. von Funs, woher der altd. PN. Fuso — namentlich in den Zss. *Gailfuß, Siefuß* u. a. (s. Funsa).

Auch Umdeutung aus latinisierten N.: *Dolfus* aus Dolf, Abkürzung für Adolf (als PN. in Köln Dolfes, s. Andresen S. 23), dann *Dollfuß* geschrieben. Ebenso *Rolfus, Rollfuß* aus Rudolf zsgz. Rolf.

b) III. den Körperteil bezeichnend, vgl. Otto Vuoz 1212. Vklf. (l) *Füßel; Fuißel* (Wien). *Füßli* (schweiz.) und *Füeslin* (oder zu a) gehörig?).

Bes. in vielen Zss. *Barfuß* (niederd. Barfot, Barfft 1511 Klemp.); *Blauf.* (älterer N. des Fuchses); *Breitf.* (vgl. Henricus dict. Breytfuz 1306); *Drehf.; Gelbf.; Großf.; Gugelf.* (württ.); *Holzf.; Kaulf.; Knackf.; Krumf.; Leichtf.,* halbniederd. *Lichtf.; Platzf.; Rauchf.,* halbniederd. *Ruhf.; Scharrf.; Schmalf.; Schneef.; Schönf.* — Niederd. *Kliefoth; Stolterf.; Wittf.* (Mecklenb.); *Holtfoeth* (oe = ô Viersen).

Sehr häufig sind Zss. mit Tiernamen, wie schon im J. 1212 Hartlieb Gensevuz (z. T. Häusernamen, Johannes zem Rindesfuos, 13. Jh.):

Hasenfues (vgl. das Appellat. „Hasenfuß"); *Hühnerfuß; Kalbfus; Kranefuß, Krohnfuß; Kuhfuß, Kühfuß* (eine württ. Familie d. N. ließ sich vor 30 J. in Reiff umtaufen); *Lammsfuß; Muckenfuß, Muggenfuß; Rehfues* (wohl wegen der Zierlichkeit); *Rindsfuß; Schweinefuß; Ziegenfuß.*

Imperativisch: *Regenfuß; Streckfuß.*

Fütterer III. mhd. fuoteraere „Futterhändler" (in Halle früher eine besondere Zunft bildend. Kleemann). Dagegen nach Joachim der Knecht, der das Vieh besorgt. FN. *Futterer* (Landshut).

Futtermenger s. Manger.

Futterschneider III. „der Viehfutter, Häckerling schneidet; dass. *Futterhecker.*

G.

Gaab s. Geb.

Gab-, Gäb- s. Geb (V., einst. K.).

Gabbe s. Geb (einst. K.).

Gabelentz III. O. b. Krimmitschau. Daher *von der G.* (Godescalcus u. Badericus de Gabelenze 1117). Dagegen *v. Gablenz* aus G. b. Sorau (Ekkehardus de Gabelitze 1315).

Gaberler südd. Patronym. von Gabriel.

Gabler III. „einer aus Gabel" (O. in Brandenburg, Schlesien, Baiern, Österreich). FN. *Gabler; Gäbler.*

Gacke s. Jacobus.

GADA- I. „passend, seinesgleichen"; mhd. gate „Genosse", spätmhd. „Gatte", ahd. gatuling „Vetter", alts. gigato „seinesgleichen". Gadafrid.

Einstämmige Kürzung Gad-.

FN. Gaddo: *Gade; Gad; Gähde; Jäde.*

Vklf. (k): *Gädike.* (l + k): *Gadlich.* (z): *Gadsch (Gätzschmann).*
Manche dieser N. können auch von Guđa abgeleitet werden.

Gafner III. ein Berner Geschlecht = „Hüttenmann", vgl. in Wallis das Geschlecht *zen Gafinen* „bei den Hütten" aus capanna, in der lingua rustica = Bauernhütte, Sennhütte — daher franz. cabane, engl. cabine, (Gatschet, Ortsetymolog. Forschungen).

GAIDU I. langobard. gaida, angels. gâdu „Lanzenspitze".
FN. Gaiduald: *Keudell; Keutel; Keitel.*
Einstämmige Kürzung Gaid-.
Gaido: *Geide; Geith; Keith.*
Vklf. (z): *Keitz; Gaitzsch.*
Zweistämmige Kürzung Gaidb-.
(Geibo): *Geib.*
Vklf. (l): *Geibel; Kaibel; Keibel.* (Oder zu Geb.)
Zweistämmige Kürzung Gaidm-.
(Geimo): *Geim.* Vklf. (k): *Geimecke.*

GAILA- I. ahd. gail, keil, mhd. geil „mutwillig, übermütig, lustig" (Stammwort für ital. gala, franz. galon Borte und galant).
FN. (Gailfuns): *Geilfuß.*
Geilhard: *Keilert; Geiler, Gayler.*
Einstämmige Kürzung Geil-.
Gailo, Keilo, Gelo: *Gayle; Geil; Keil; Gehl; Jehle.* Patr. A. *Geiling; Keiling.*
Vklf. Gailin: *Gehlen.* (k): *Geilich; Keilig.*

GAISAZ I. ahd. kêr, gêr, mhd. gêr, altnord. geirr, angels. gâr „Ger, Wurfspeer".
FN. Garibald: *Gerbald; Gerbet; Gerbel.*
Garibert: *Garber; Gerbracht; Gerbert.* Gen. *Garbers.* Patr. A. *Gerberding.*
Gerbodo: *Garbade; Gerbode; Gerboth; Gerpott.*
Gerbrand: *Gerbrandt.* Gen. *Garbrands.*
Gairfrid: Gen. *Gerfertz.*
Garehard: *Gerhard; Gerard; Görhardt;* zsgz. *Gehret; Gehrt (Geertmann).* Gen. *Gerhards; Gerards;. Gärdes, Gerdes; Geerdts; Gerriets* (fries.); *Geraets, Geratz* (niederrhein.). Zss. *Gerdesmeyer; Gertönis* (Gerhard Antonius). Patr. A. *Gerding.* Patr. Zss. *Gerdsen* (ostfries.); *Gerritzen* (Kleve); *Görritzen* (schlesw.); *Geertsema, Gerzema, Gersema* (ostfries.).
Gerhoh: *Gerock.*
Gerland: *Gerland.*
Gerleip: *Carlepp; Garleb; Garlipp; Karlipp;* umgedeutet *Garlieb.*
Gerolah (s. Laic): *Garlich; Garlach; Garlei; Gerlich; Gerlach; Görlich; Görlach.* Gen. *Görlichs.* Patr. A. *Gerlacher.*
Garaman: *Garmann; Karmann; Jahrmann; Gehrmann; Germann; Jerrmann.*
Garimar: *Garmer; Jarmer; Germar; Germer.* Gen. *Garmers.*
Germuot: *Jarmuth.* Vklf. *Germotl* (Gottschee).
Garimund: *Germund.*
Gernand: *Gernant; Görnandt.*
Gernot: *Gernoth; Giernoth.* Vklf. *Gerntke.*
Garivald: *Gerold; Gerhold; Jerrold; Göraldt;* zsgz. *Gerlt.* Gen. *Garrelts* (ostfries.); *Gerholz; Gerrelts; Gerlts.*
Gerawig: *Gerwig; Garwig; Garweg.*
Garuin: *Gerwin* (lat. *Gervinus*); *Jerwien; Kerwien.* Gen. *Gerves* (Preuß).
Garulf: *Garleff; Karlauf; Gerloff; Gerlhoff; Grolf* (Gottschee). Gen. *Garrelfs; Graalfs* (beide ostfries.).
Einstämmige Kürzung Ger-.
Gero, Kero: *Gehre; Kehr.* Gen. *Geers; Geeren; Kahrs; Kehren; Gören.* Patr. A. *Gehring, Jhering; Gehrung; Göring; Göhring.*
Vklf. (l): *Gerle.* Gen. *Gehrels* (Oldenb.). Patr. K. *Garling; Jarling; Gerling.* (k): *Garcke; Gericke; Jericke; Gehrke; Gehrigk; Gehrich; Görcke.* Gen. *Gerekens.* Patr. A. *Gerking.* (z): *Gareis, Gareisen; Jahreis; Geerz* (auch Gen. zu Gehrt); *Garsche; Gersch; Görtz, Geurtz, Gehrisch* (niederrhein.). Patr. A. *Gersching.*
Zweistämmige Kürzung Gerb-.
(Gerbo): *Garbe; Gerb; Kerp.* Gen. *Garben; Garbs; Gerwes.* Patr. A. *Gerwing.*
Vklf.: (l): *Gerbel.* (k): *Gerbig* (z): *Gerbitz.*

Zweistämmige Kürzung Germ-.
Germo: *Gärme; Germ.* Gen. *Germs; Kerms.*
Auslautend (195mal Först.).
-ger: Hilger.
-cher: Röttcher.
-ker: Hilker.
Gaißer III. ahd. geizâri „Ziegenhirt“.
Gallus II. lat. der „Gallier“; d. h. Gallus, Irländer von Geburt, Gründer der Abtei St. Gallen in der Schweiz, gest. 646.
FN. *Galle; Gall.*
GAMAL- I. zu nord. gamal, angels. gamol „alt“.
FN. Gamalheri: *Gammler; Kammler; Kämmler.*
Einstämmige Kürzung Gamal-.
(Gamalo): *Gammel; Kammel.*
Gambsjäger- III. süddeutsch „Gemsenjäger“.
Gamm III. O. in Mecklenburg.
FN. *v. Gamm* (Heinricus de Gamma 1218).
GANDI- I. vielleicht auf altnord. gandr „Werwolf“ zu beziehen.
FN. Gandibert: *Gembert.*
Ganthar: *Ganter; Genther.* Gen. *Genters; Kanters.*
Gandaricus: *Gandrich; Genderich; Gennerich; Jennrich.*
(Gandawin): *Jennewein.*
Gandulf: *Gandolf.*
Einstämmige Kürzung Gand-.
Ganto, Canto, Gento: *Gante; Kant; Jentho; Genthe (Gentemann).* Patr. A. *Jenting.*
Vklf. (l) Cantulo: *Gendele; Gentel; Kentel.* (k): *Gantke;* Gen. *Gentges, Jentgens* (niederrhein.). (z): *Gantz; Kantz; Genz; Gentzsch* (Kgr. Sachsen). Gen. *Gentzen.* Patr. Zss. *Genzensohn.*
(z + l): *Ganzel; Gentzel; Gensel.*
(z + k): *Ganzke.*
Zweistämmige Kürzung Gandb-.
(Gampo): *Gamp.*
Vklf. (l): *Gempel.*
GANG- I. zu got. gaggan, ahd. gangan „gehen“, angels. gang, altnord. gangr „Gang, Wandern“.
FN. Gangerih: *Gengerich.*
Gangulf: *Gangwolf; Gangeloff; Gangloff; Gangauf.*
Einstämmige Kürzung Gang-.
Gango: *Genge; Güng.*
Vklf. (i) Gangi: *Gangei.* (l): *Gangel.*
Auslautend (18mal Först.).
-gang: Wittgang.
Gans III. zu den Tiernamen. Frideric. cognom. Bradegans 13. Jh. Klempin: Valegoeß.
FN. *Gans.—Riedgans; Schneeg.; Wildeg.* — *Gansmann. Gänswürger.* Doch *Ganßauge* s. Au; *Gansmüller* ist der M. aus der Jahnsmühle (Matthias).
Ganser III. Gänsehändler.
Gant- s. Gandi.
Gantenbrink III. der „Gänserichsbrink“, vom niederd. Gant, ahd. ganazo, mhd. ganze Gänserich.
Gantz-, Ganz- s. Gandi.
Gapp- s. Geb (einst. K.).
Garb- s. Gaisaz (V., zweist. K.).
GARDA I. „eingefriedigter Raum“ in got. gards „Hof, Familie“, ahd. gart „Kreis“; got. garda „Stall“, ahd. garto, mhd. garte „Garten“. In manchen N. der I. Schicht steckt aber der germanische Stamm gasda, ahd. garta, gerta, mhd. gerte, alts. gerda „Gerte, Stab“, vielleicht ursp. Bezeichnung einer Angriffswaffe. Gardulf.
Einstämmige Kürzung Gard-.
Patr. A. Garding: *Gerting: Gertung.*
Vklf. (l): Gardila: *Gerdtell.* Gen. *Gardels.* Patr. A. *Gertling.*
Auslautend (143mal, meist w. Först.).
-gardt s. Gart.
Gareis s. Gaisaz (einst. K.).
Garl-, Garm- s. Gaisaz (V.).
Garnjost II. III. s. Jodocus. Vgl. Gereke Gorenköper 1590 = Garnaufkäufer.
Garr- s. Gaisaz (V., einst. K.).
Gart III. vgl. Garda. Jetzt nicht bloß in zahllosen Garten-N., sondern auch für Städte und Dörfer gebräuchlich: in der älteren F. *-gart,* in der neueren *-garten.*
FN. 1) *Rosengart; Weing.; Baumgardt, Baumgart* (Bernhardus dictus de Boumgart [in Pomerio] 1192); (up den Bungart, ihm Bungartt, am Bongart in niederrhein. Urk., daher auch) *Bongart; Bangert* (aus mhd. bâmgart, bângart). Gen. *Bungartz, Baumgartz. Schön-*

gardt; Thierg. (auch *Dierg.*). — Vereinzelt *Baumgarte.*
Vklf. *Baumgärtel.*
2) *Baumgarten; v. Paumg.* (österr.); *von Hopfg.* (O. bei Weimar, Ditmar v. H. 1154); *Roseng.; Weing.*
3) *-gaard* (dänisch): *Hoffgaard; Knudsg.; Möllg.* (beide in Nordschleswig).
Ableitung auf *-er* (oberd.):
1) *-garter: Stuttgardter.*
2) *-gartner: Baumgartner; Hirschgartner* (O. Hirsgarten).

-garten, -gartner s. Gart.

Gärtner III. ahd. gartinâri, mhd. gartenaere, später auch gertenaere (doch noch im 15. bis 17. Jh. auch „gartner") „Gärtner" d. i. 1) einer, der den Gartenbau kunst- und zunftmäßig übt 2) Besitzer eines Hauses nebst kleinem Grundstück, aber ohne Feld (im östlichen Deutschland, bes. Sachsen, Schlesien).
FN. *Gärtner; Gartner.* Zss. *Baumgärtner; Hopfeng.; Weing.*

Gaspers s. Kaspar.

Gasser s. Gaß.

Gassert s. Gastiz.

GASTIZ I. got. gasts, ahd. alts. gast, mhd. gast „Fremdling, Gast", bes. „fremder Krieger, landfahrender Recke".
FN. Gastrad: *Gaster; Jaster; Gassert; Kastert.* Patr. A. *Gesterding.*
(Gastram): *Gastram; Jesstram.*
Castricus: *Gestrich; Göstrich.*
(Gastolf): *Gastolph.*
Einstämmige Kürzung Gast-.
Gasto: *Gaste; Gast.* Gen. *Gasten.*
Vklf. (l): *Gastel; Jestel.*
Auslautend (44 mal Först.):
Liudigast: *Leidgast.*

Gaß III. ahd. gazza, mhd. gazza „Gasse". Sicher in Ortsbezeichnungen seit dem 10. Jh.; jetzt „Gassen" in fast allen deutschen Städten, aber auch etwa 100 ganze bewohnte Örter auf *-gasse, -gaß.* Wernher der Mittelgasser 1285.
FN. *Gasse; Gass; Steingaß; Rotheng.* — *Gassmann; Gatzemeyer* (niederd.). — *Windgassen.*
Ableitung auf *-er* (oberd.):
1) *-gasser: Gasser* (vgl. Joh. in der gassun 1330); *Adelg.* (bair.); *Breiteng.; Langg.; Meing.* (Salzb.).
2) *Gaßner.*
3) *-gesser: Borngesser* (bair.); *Nung.; Querengässer* (alt Querngesser und Querchgesser — Koch, Saalfeld. FN.)
4) *-geßner: Kirchgeßner.*

Gätzschmann s. Gadaz.

Gau s. Gawja.

Gaubisch III. „Kiebitz" (bair.).

Gauch III. „Kuckuck". Auch *Gauck.* Dazu

Gauckstert III. niederd. „Kuckucksschwanz".

Gaud- s. Gauta; **Gaudian** s. Johannes 3b.

Gaue s. Gawja.

Gaugengigl III. mhd. gugelgige, guckengegel „Narr, Geck".

Gauke s. Gawja.

Gaukler III. ahd. gougulâri, mhd. gougelaere zusammenfassender N. für mancherlei wandernde Künstler: „Zauberer, Taschenspieler; auch Schauspieler".

Gaum s. Gunþ (zweist. K.).

Gaumer, Gausrapp s. Goz.

Gausepohl III. niederd. „Gänsepfuhl".

GAUTA I. auf den Volksnamen der „Goten" (Gut-, später Got-) zu beziehen (Grimm, Geschichte der deutschen Sprache S. 308). Vgl. Gôz.
FN. Gauter: *Gauder.*
Gaudomar: *Gaumer.*
Einstämmige Kürzung: Gaud-.
Gaudo: *Gaude; Gaut.* Gen. *Gaudes.*
Vklf. (k): *Gaudig.*

GAWJA I. got. gawi, ahd. gawi, mhd. gou „Gau", die uralte, auf Staats-, Gerichts- und Heerwesen bezügliche Unterabteilung der deutschen Volksstämme. Got. gauja „der Gaubewohner".
FN. Gawibert: *Kaupert.*
Gawiman: *Kaumann; Goymann; Göhmann.*
(Gawiwart): Gen. *Kauwertz.*
Einstämmige Kürzung Gau-.
Gawo: *Gaue; Gau.*
Vklf. (l): *Gaul.* (k): *Gauke; Kauke.*
Gen. *Jaukens.*

Gayer s. Geier.

Gayl- s. Gaila.

GEB- I. got. giban, angels. gifan, ahd. kepan, mhd. geben „geben". Freigebigkeit, bes.

auch als Gastfreundschaft, ein schöner Zug des altgermanischen Lebens.

FN. (Gebeberaht): *Gabrecht.*

Gibfrid: *Giebfried; Gepfert; Geffert.* Gen. *Giefers; Geffers.*

Gebahard: *Gebhard; Gebert; Geppert; Gewert; Giebert; Kiepert; Gippert.* Patr. A *Geberding; Gebhardter* (Wien).

Gibaheri: *Geber; Keber.* Gen. *Gebbers; Gevers.*

Geberad: *Gebrat.*

Giperich: *Gipperich.*

Gebald: *Gabold; Gebelt; Geppelt.*

Einstämmige Kürzung Gab-.

Gabo, Gebo, Gibo: *Gabe; Jaap; Gabbe; Gappe; Gapp; Gebbe; Geeb; Jeep; Gewe; Giebe; Kiepe; Jipp; Kipp.* Gen. *Jabes; Jabben; Keben; Jebens; Jippen.* Patr. A. *Kaping; Japping; Giebing.*

Vklf. (i) Gebi: *Giffey.* (l): *Gabel; Gäbele; Gebell; Gäpell; Geppel; Giebel.* Gen. *Gibels.* (l+n): *Gäbelein.* (k): *Gabcke; Gebecke; Gäwecke, Gewecke; Geffke; Kiepke.* Gen. *Gebken; Geffken.*

Gebauer III. (Ton auf der zweiten Silbe) 1) mhd. gebûr „Nachbar" 2) mhd. gebûre „Bauer". Cunrad Gebur 1304.

FN. *Gebauer; Gebauhr.* Zss. *Großgebauer; Halbg.; Neug.*, verderbt *Neigcbaur* (Nygebüre 1385).

Ged- s. 1) Guđa 2) Gadaz.

Geeb s. Geb (einst. K.).

Geelhaar III. vgl. Gelhaar.

Geelhood s. Hut.

Geer- s. Gaisaz (V., einst. K.).

Geff- s. Geb (V., einst. K.).

Gehl- s. Gaila.

Gehr- s. Gaisaz (V., einst. K.).

Geib-, Geide s. Gaidu.

Geier III. zu den Tiernamen. „Die v. Geyer stammen von einem altkölnischen Geschlechte, das von seinem Hause „zum Geyer" de Vulture in der Rheingasse den N. Gyr angenommen, auch einen Geier im Wappen führte. Sie erkauften 1716 die Schweppenburg von den von Loen, daher Geyr von Schweppenburg." (Rheinischer Antiquarius.)

FN. *Geier, Gayer; Geyr.*

Geiger III. vgl. Fiedler und Bratengeiger.

Geil- s. Gaila.

Geim- s. Gaidu (zweist. K.).

Geiß, Geis- s. Gis.

Geisel-, Geißel-, Geisl- s. Gîsalas.

Geiser III. „Ziegenhalter, -hüter." Doch vgl. Gis.

Geisler III. „ein Metzger geringerer Art", der nur kleineres Vieh, z. B. Geisen schlachtet (im Osten und Nordosten).

Geith s. Gaidu.

Geldmacher III. sehr modern klingender N., an das amerikanische make money erinnernd; jedoch wohl = „Münzer", bes. Falschmünzer.

Geleitsmann III. „bewaffneter Reiter, der den Fuhrleuten für bestimmte Strecken gegen eine Abgabe das Geleit zu geben hatte". Auch *Gleitsmann.*

Gelf- s. Gelpa.

Gelhaar III. „Gelbhaar". Gelbe, blonde Haare galten bes. auch in der ritterlichen Zeit als Schönheit.

Gelke s. Gildja.

Gell- s. a) Gildja b) Gîsalaz.

GELPA I. ahd. gelf „lautes Schallen"; altsächs. gelp „trotzige Rede" dem Feinde gegenüber. (Vgl. Hildebrandslied und Nibelung.)

FN. Gelfrât: *Gelfrat; Gelfert; Gölfert.*

Einstämmige Kürzung Gelf-.

Vklf. (k): *Gelpke.*

Gelzer III. „Viehverschneider" (von gelzen). Auch *Gölzer; Gelzenleuchter; Gölzenleichter* (in Mitteldeutschl.).

Gemeinhardt III. „Gemeindehirt".

Gembert, Gempel s. Gandi (zweist. K.).

Gen- s. Gandi.

Geng- s. Gang.

Gensfleisch III. eine alte angesehene Patrizierfamilie zu Mainz. Frielo G. hatte im 14. Jh. die Erbtochter Elsa, von dem alten Geschlechte derer *zum Guttenberge,* geheiratet und dessen Güter den seinigen hinzugefügt. Sie wohnten im Hofe zum Guttenberge am St. Christoffels-Kirchhofe, und hier wurden ihnen zwei Söhne geboren: Frielo und Henne (Johannes), der letztere, der berühmte Erfinder der Buchdruckerkunst, wahrscheinlich 1397.

Gensterblom III. (Mainz) „Ginsterblume".

Gent- s. Gandi.

Georgius II. griech. der „Landbauer"; der h. Georg, welcher angeblich unter Diocletian gelebt hat, Patron der Ritterschaft (S. 25).

FN. *Georgius; Jorgius.* Gen. (lat.) *Georgii,* gewöhnl. zsgz. *Georgi.*

Mit Kürzung im Auslaut: *Georges; Jorges* (od. Genet.?); *George;* Georg (Zss. *Kirchgeorg*); *Görg; Jörg* (Zss. *Eiteljörge*); *Jerg; Jürge, Jürg; Gerg; Girg* (Wien). Gen. *Georgens; Görgen (Domgörgen); Gürgen; Görges; Görgens; Jorgas; Jürgaß* (Jurges 1434); *Jürgs; Jürst; Jürries; Jürgens; Jürriens; Jürrens; Jürns; Djuren* (fries.). Patr. A. *Görger* (Karlsruhe, Fröhn.); *Jörger.* Patr. Zss. *Georgensohn; Görgensen; Jürgensen; Jirgensohn.*

Vklf. (l): *Görgel.*

Gep- s. Geb (V., einst. K.).

Ger- s. Gaisaz (V., einst. K. — bei *Gerb-* und *Germ-* auch zweist. K.).

Gerathewohl III. Satz-N. „gerate wohl".

FN. *Geratwohl; Gerotwohl; Grothwohl.*

Gerber III. mhd. garwer, gerwer „der das Leder gar macht, zubereitet".

FN. *Gerber.* Zss. *Rothgerber; Weißg.* (mhd. wîzgerwer); *Splittg.,* in älterer F. *Splittegarb.*

Gereut III. mhd. geriute „durch Reuten urbar gemachtes Stück Land". Häufiger ON. s. auch Kreith und Reut.

FN. *Vom Greuth; Am Grüth. Greuter; Grüter. Greutmann.*

GERNAZ I. got. gaírns, ahd. mhd. gern „begierig", mit Bezug auf die ungestüme Kampflust der Germanen. Gernolt.

FN. (Gernhard): *Gernerth; Gernet.* Vklf. *Gerntke.*

(Gernheri): *Gerner.*

Gern- s. Gaisaz und Gernaz.

Gerngroß III. Cunrad Gerengroz 1333. Noch jetzt appellativ: ein „Gernegroß".

Gerock s. Gaisaz.

Gerr- s. Gaisaz (V.).

Gerstner III. „einer aus Gersten", aber auch „Gerstenhändler oder -müller". Dass. *Gerschler; Gerschner.*

Gert- s. Garda.

Gerw- s. Gaisaz (V., zweist. K.).

Ges- s. Gis.

Geselbracht s. Gîsalaz.

Geselle III. ahd. gisello mhd. geselle urspr. „Hausgenosse" (von sal Haus), dann „Gefährte, Freund", auch „Gehilfe" bei einer Arbeit. Heinrich Geselle 1300.

FN. *Gesell; Gsell* (südd.; Peter Gsell 1492 Augsb.). *Gsöll* (Wien). Lat. *Gsellius.* Zss. *Frischgesell; Gutg.; Herg.; Lieberg.; Taggeselle; Obergsell* (südd.).

-gesser s. Gaß.

Geßler s. Gîsalaz.

Geßmer s. Gis.

Geßner III. „Ziegenhirt". Doch vgl. Gaß.

Gest- s. Gastiz.

Geßwein s. Gis.

Gevatter III. zu den Verwandtschafts-N. (S. 49).

Gevers s. Geb (V.).

Gew- s. Geb (V., einst. K.).

Geyr s. Geier.

Geys s. Gis.

Gieb- s. Geb (V., einst. K.).

Giefers s. Geb (V.).

Giegengack III. Spottname für „Bierfiedler".

Giehl-, Giel s. a) Gildja b) Gîsalaz.

Gier- s. Gir.

Gies- s. Gis.

Giesel-, Gießel- s. Gîsalaz.

Gießenbier s. Bier.

Gießner III. „einer aus Gießen".

Giffey s. Geb (einst. K.).

GIG- I. zu altnord. gyggr „Riese, Riesin"? Gigobard 7.

FN. (Gigold): *Giegold.*

Vklf. (l): *Gigel, Gigl.*

Gigas s. Riese

Gilb- s. a) Gildja b) Gîsalaz.

Gilberich III. „Goldammer"; s. d.

Gildemeister III. „Vorsteher einer Gilde". Auch *Gillmeister.*

GILDIA I. vom german. sächl. Hauptwort gelda Bezahlung, Vergeltung, Opferfest, Opfergabe; Zeitwort geldan entgelten, opfern. In N. bezeichnet es den, der etwas wert ist oder gilt. Viele der folgenden FN. können auch zu Gîsalaz gezogen werden.

FN. Giltbert: *Gilbert.* Gen. *Gilbers.*

Gildard: *Gillert; Gellert.*

Gelther: *Giller; Geller.*
Gildomeris: *Gilmer.*
Gelderik: *Gellrich.*
Einstämmige Kürzung Gild-.
Gildo: *Giel; Gell.* Vklf. (i): *Gilli.*
(k) Geldiko: *Gillich; Gilke; Gelke.*

Gilke s. Gildja.

Gill- s. a) I. Gildja u. Gîsalaz̧ b) II. Aegidius.

Gilmer s. a) Gildja b) Gîsalaz̧.

Gilsa III. O. bei Kassel.
FN. *von und zu Gilsa* (Wigand v. G. 1224).

Gipp- s. Geb (V.).

GIR- I. ahd. girî, kirî, mhd. gir „Begehren, Verlangen (nach Kampf?)" nicht sicher von gaisaz̧ zu trennen.
FN. Girart: *Gierhardt;* zsgz. *Girth.*
Girannus: *Gieram.*
Giroald: *Kirwald.*
Girulf: *Gierloff; Kierulff.*
Einstämmige Kürzung Gir-.
Giro: *Giere; Kier.* Gen. *Gieren; Giers; Kiers; Giersch.* Patr. A. *Giering.*
Vklf. (l): *Girl; Gierl.* Patr. A. *Gierling.* Gen. *Girlings.* (k): *Giercke; Gierig; Gierach.* (z): *Giertz.*

Girg s. Georgius.

Girschner s. Kürschner.

GIS- I. wohl mit Gaisaz̧ „Speer" verwandt; langobard. gisil „Pfeil".
FN. Gisbert: *Giesebrecht; Gisbrecht; Gisbert.* Gen. *Gisbertz.* Erweitert Gisembert: *Giesenbrecht; Kissenberth* (Mittelfranken); *Gießenbier.*
Gisibrand: *Gisebrandt.*
(Gishart): *Geishart; Geissert.*
Gisher: *Gieser; Kieser; Geiser.*
Gisaleicus: *Kieslich.*
(Gisemann): *Giesmann.*
Gisemar: *Geysmer; Geßmer.*
Gissold: *Gieswald; Gieshold.*
Gisoin: *Gieswein; Geßwein; Gehswein.*
Gisulf: *Geislauff.*
Einstämmige Kürzung Gis-.
Giso, Kiso: *Giese; Kiese; Kieß; Kiß; Geyso; Geiß; Gese (Gesemann).* Gen. *Geisen.* Patr. A. *Giesing; Gissing.*
Vklf. (i): *Gisi; Gysi* (schweiz.). (k): *Giesecke; Geske.* Patr. A. *Gieseking.* (l+n): *Kißlin.* (l): Patr. A. *Kaißling; Kießling.*
Auslautend (143mal Först.).
-gis: Maingis.
-gies: Ortgies.
-geiß: Adelgeiß.

GÎSALAZ I. ahd. gîsal, kîsal, mhd. gîsel „Geisel" (Kriegsgefangener). Da man zu Geiseln nur Kinder vornehmer Eltern nahm, erhielt es auch die Bedeutung „Kind edler Abkunft", die in N. anzunehmen ist. Gisal zsgz. Gill- (so Gilla = Gisila im Polypt. Irmin. S. 50, Gillebert für Gislebert Pertz Monum. VIII). Vgl. Gildja.
FN. Gisalbreht, Gilpreht: *Gießelbrecht; Gisselbrecht; Geißelbrecht; Geselbracht; Gilbrecht; Gilbert; Kilbert.* Gen. *Gilbers.*
Gisalhart: *Geiselhardt; Geißelhard; Gillert; Gellert.*
Gisilhar: *Gieseler; Kieseler; Geiseler; Geisler; Geßler; Giehler; Giller; Geller.*
Gisalmar, Gilmar: *Gilmer; Killmer; Küllmer.*
Gisalrich: *Gellrich.*
Gisalolf: *Geislauff; Giehloff.*
Einstämmige Kürzung Gisal-.
Gisilo: *Giesel; Kiesel; Kießel; Gissel; Gischel; Geisel; Geisle; Geißel; Giel.* Gen. *Gielen* (niederrhein.). Patr. A. *Kieseling; Kießling; Keseling.*

Gissel- s. Gîsalaz̧.

Glasenapp III. „aus Glasenau" (j. Wendhagen b. Schlawe). Henning v. Gl. 1108.

Glaser III. mhd. glaser — auch mit Umlaut (so im KB. noch im 17. Jh. öfters der Gläser, weibl. Gläserinne).
FN. *Glaser; Glasser; Gläser; Glöser.*
Mit dem n der schwachen Bildung „gleßner" (in einer hessischen Urk. von 1537 Hoffm.). FN. *Glaßner; Gläßner.*

Gläser, Gläßner s. Glaser.

Glau- s. Glawaz̧.

GLAWAZ I. got. glaggwô, ahd. alts. glau „scharfsichtig, einsichtsvoll".

FN. *Glauperaht, Glaubrecht; Glaubrech; Klauprecht; Glubrecht.* Gen. *Klubertz.*
(Glauhart): *Glauert.*
(Glawold): *Klauhold.*
Einstämmige Kürzung: *Glawe; Glaue; Klaue.*

Glöckner III. mhd. glockenaere.
FN. *Glöckner; Glockner.* Auch *Glocker; Glöckler.* Niederd. *Klöckner; Kloekner.*

Glöde, Gloth s. Hloda (einst. K.).

Gloger III. „aus Glogau".

Glubrecht s. Glawaz.

Gluth s. Hluda (einst. K.).

Gnörich s. Knôdi.

Göb-, Gobb- s. Guða (V., zweist. K.).

Göbbel s. Guða (zweist. K.).

Gobert s. Guða (V.).

Gock-, Göck- s. Guða (einst. K.).

God-, Göd- s. Guða (V., einst. K.).

Göddertz s. Guða (V.).

Göens s. Guða (einst. K.).

Goethe I. s. Guða (einst. K.).

Goff- s. Guða (V.).

Gögg- s. Guða (einst. K).

Gogrewe III. „Gaugraf" s. Graf.

Gohl-, Göhl- s. Guða (einst. K.).

Göhmann s. Gawja.

Gohrt s. Guða (V., Gotahard).

Göhrung s. Gaisaz (einst. K.).

Gök- s. Guða (einst. K.).

Göker s. Guða, Beilage 1, 20.

Goldammer III., auch *Goltdammer* zu den Vogel-N. (emberiza citrinella). Vgl. *Gilberich.*

Goldfinger III. der vierte Finger der Hand, an welchem der Goldring getragen wird.

Goldfuß III. Schmeicheln des Wolfes.

Göldner III. „Vergolder" (Reichel, Gewerbe im steirischen Marburg 13. — 15. Jh. Goldner).

Goldschmied III.

Goldsticker III. einer der „mit Gold stickt". Verderbt: *Goldstücker.*

Gölfert s. Gelpa.

Goll- s. Guða (einst. K., erweit. V.).

Göll s. Guða (einst. K.).

Golz-, Gölz- s. Gelzer.

Gom-, Gon-, Gön- s. Gunþ (V.).

Göpel s. Guða (zweist. K.).

Göpfert, Göpp-, Goppelt s. Guða (V.).

Gör- s. Gaisaz (V., einst. K.).

Gorath, Gördt s. Guða (V.).

Gorg-, Görg-, Gorius s. Georgius.

Görres, Gorrissen s. Gregorius.

Gos-, Gös- s. Goz.

Gos III. niederd. „Gans", in Zss. wie *Gosebruch* (halbverhochdeutscht) = Gänsebruch, *Gosemeyer* u. a.

Gosch-, Göschke s. Guða (einst. K.).

Goss-, Gössel s. Guða (einst. K.).

Gossenbrod III. „warmes Brot mit Fett begossen", eine Lieblingsspeise alter Zeit (S. 47). Marquard Begozzenbrot 1321.

Gösser, Gossert s. Goz.

Göstrich s. Gastiz.

Goth-, Göt-, Gotsch, Götsch- s. Guða (einst. K.).

Gott-, Gött- s. Guða (V., einst. K.).

Gottbehüt III. Satz-N. „Gott behüte!"

Gottgetreu III. deutliche eigenschaftswörtliche Zss.

Gottschey III. (Wien) „einer aus Gottschee".

Gottwalts III. Satz-N.: „Gott walte es!" Auch *Waltigott.* Vgl. Simmergott; Wißkott.

Gotz-, Götz- s. 1) Guða (einst. K.). 2) Goz.

Gowin s. Guða (V.).

Goymann s. Gawja.

GÔZ I. mit Gauta zusammengehörig und auf den Volksnamen der Goten zu beziehen.
FN. Gaosbod: *Gosboth; Kosbothe.*
Gauzfrid: *Götzfried.*
Gozger: *Götzger.*
Gozhart: *Gossert.*
Gozheri: *Kotzer; Kosser; Gösser.*
Caozhram: *Gausrapp.*
Gozleib: *Kutzleb.*
Gozleih: *Goslich.*
Cozman: *Goßmann; Kosman; Goosmann.*
Cosmar: *Cosmar; Gotzmer; Götzmer.*
Kozolt: *Kotzolt.*
Gozwin: *Goßwein; Göswein; Güßwein.*
Gozolf: *Gotzlof; Götzlof.*
Die Sproßformen fallen mit denen von Guða (durch z verkleinert) zusammen.

Graalfs s. Gaisaz (V.).

-gräbe s. Graf.

Gräber III. ein „Grabender", als FN. einfach (bes. „Totengräber") und in Zss.: *Bien-*

gräber; Borngr., Brunngr.; Diekgr.; Erzgr.; Teuchgr.

Grabisch III. slaw. „der Harkner“ v. grabič „harken“. Auch *Gräbisch; Grabs.*

Grabner III. „einer aus Graben“.

GRÂD- I. altnord. grād „Begier“, ahd. grâtag „begierig“ — mhd. grât (Pfeil-, Lanzen-) Spitze.

FN. Gradulf: *Gratopp.*

Einstämmige Kürzung Grad-.

Grado: *Grad.*

Vklf. (l): *Gradel.* (k): Gen. *Graedtges* (niederrhein.).

Gradwohl s. Gerathewohl.

Graf III. mittellat. graphio, ahd. grâvo, mhd. grâve, „höherer weltlicher Richter, Vorsteher“.

FN. *Grafe* (Joh. Grave 1516 Köln. Univ.-Matrikel); *Graf; Graff;* auch mit Art. *de Graaff* (niederländ.).

Niederd. (in Nordwest-D. weit verbreitet) *Grewe; Greve, Gräfe; Gräf (Gräff; Greff;* mit Art. *Degreff); Grebe; Greb* — auch Vorsteher ländlicher Gemeinden, z. B. in Hannover (in der Gegend von Münden, Pauli II, S. 27).

Mit dem leidigen franz. Accent: *Grevé.* Gen. *Graven; Grefen, Greeven; Grewen.* Patr. A. *Greving* (Oldenb.).

Zss. *Burggraf,* niederd. *Borggreve; Diekgrebe, Dickgräwe; Fluthgraf; Gogrewe* (Gaugraf); *Hochgrefe; Hogrefe, Hogrebe; Holzgrebe; Holzgrewe,* niederd. *Holtgreve; Kleegraf; Landgräbe; Pfalzgraff; Steingräbe; Vollgraff, Vollgrebe,* auch *Fullgraf, Füllgraf, Fielgraf; Woldgrebe.*

Gräfe, Graff s. Graf.

Gräger s. Gregorius.

Grah, Gramann s. Grâwa.

Granold s. Hraban.

Grapengießer III. vom niederd. „Grapen“ d. i. dreifüßiger Kochtopf aus Gußeisen (eine „Grapengießer-Straße“ in Stettin). Ludeke Gropenghetere 1416 (Braunschw.).

FN. *Grapengießer; Gropengießer; Grobengießer.* Niederd. *Grapengeter.*

Gräper s. Gröper.

Gräser III. ein „Grasmäher“ (für Wiesen, bes. Stadtwiesen, angestellter Beamter). Dasselbe wohl *Graßmann.*

Grasmuck III. zu den Vogel-N., „Grasmücke“. Die bekannte Opernsängerin *Grossi* hat sich aus Grosmuck veritalieniert.

Grathwohl s. Gerathewohl.

Grau a) I. s. Grâwa b) III. Wernher der Grawe 13. Jh. „der Graue“.

Graupner, Gräupner III. 1) „einer aus Graupen“ (in Böhmen) 2) „Händler mit Graupen“ (Hülsenfrüchten). Eine Gräupnergasse gibt es in Breslau.

GRÂWA I. ahd. grâo, mhd. grâ „grau“ (wohl von der dunkeln Waffenfarbe).

FN. Graobard: *Grabert.*

Graman: *Gramann; Graumann.*

Einstämmige Kürzung Gra-.

Grawo: *Grah; Grau.*

Vklf. (l) Grawilo: *Greul.*

Grebe, Greff s Graf.

Greem s. Grîma.

Green III. in schwedischen N., „Ast, Zweig“ (s. S. 79).

FN. *Holmgren; Lindgren; Wallengreen.*

Greger s. Gregorius.

Gregorius II. griech. der „Wachsame“; der h. Gregorius, den großen Kirchenlehrern Ambrosius, Augustinus, Hieronymus als der vierte doctor ecclesiae zugezählt, gest. als Bischof von Rom, Gregor I. oder d. Große 604.

FN. *Gregorius.* Gen. *Gregory.*

Mit Kürzung im Auslaut: *Gregor; Greger, Gräger; Grögor; Gröger; Grüger, Grieger* (schles.). Gen. *Greggers.*

Mit Kürzung im Anlaut: *Gorius; Gories; Gorges; Görries; Görres.* Patr. Zss. *Gorrissen* (ostfries.); *Jürissen* (Aachen).

Greifentrog III. Satz-N. „greif in den Trog“, von einem, der etwas unbescheiden zulangt.

FN. *Greifentroch.* Niederd. *Griepentrog.*

Greiffenklau III. seit 1192 genanntes mittelrheinisches Geschlecht.

Greifzu III. Satz-N. Vgl. Dr. Grypto Rein. Vos 4156.

Greim-, Gremm- s. Grîma.

Greiner III. „Zänker, mürrischer Mensch“.

Grempler III. „Trödler“, namentlich in Südwestdeutschland. Auch *Grempe.*

Greuth III. s. Gereuth.

Grev-, Grew- s. Graf.

Griehbaum s. Kriechenbaum.

Grickel s. Agricola.

Griem- s. Grîma.

Griepentrog s. Greifentrog; vgl. *Gripenkerl.*

Gries III. ahd. grioȥ, mhd. grieȥ „Kiessand, sandiges Ufer“. Joh. dictus an dem griese. Auch häufiger ON.
FN. *Gries. Obergrieser.*

Grieshaar III. niederd. „Grauhaar“.

Grillparzer III. „einer aus Grillparz“ (O. 3mal im Erzherz. Österreich).

GRÎMA I. altnord. und angels. grîma „Maske, Gesicht und Kopf schützender Helm“, mischt sich vielleicht z. T. mit ahd. mhd. grim „grimm“.
FN. Grimhard: *Griemert; Grimmert.*
Grimhar: *Grimmer; Greimer.* Gen. *Gremmers.*
Grimoald: *Grimmelt; Grimaul* (Gottschee).
Einstämmige Kürzung Grim-.
Grimo: *Griem; Grimme; Grimm; Krimme; Gremme; Greem; Greim.* Patr. A. *Grimming.*
Vklf. (l): *Griemel; Grimmel; Krimmel; Greimel.* (l + k): *Krimelke.* (z) Grimizo: *Grimeis; Grimeisen.*
Auslautend (74mal Först.).
-grimm: Ahlgrimm.

Gripenkerl III. Satz-N. niederd. „greif den Kerl“, Beiname von Gerichtsdienern und Bettelvögten. Vgl. *Greifzu.*

Gröben III. O. b. Calbe a. d. S.
FN. *von der Gröben* (Nobilis Linderus de Grobene 1140).

Grobengießer, Gröber s. Grapengießer.

Gröger s. Gregorius.

Grohnert s. Grônja.

Grolf s. Gaisaȥ (V.).

Grolms, Grommes s. Hieronymus.

Grone III. O. b. Göttingen. Vgl. aber auch Gronja.
FN. *Grone. von Grone* (Dietrich v. Grona, 1. Hälfte des 13. Jh.). *Gronemann.*

GRÔNJA I. ahd. gruoni, mhd. grüene, altsächs. grôni „grün“ (wohl in dem Sinne von lebensfrisch).
FN. Cronhart: *Grohnert; Grunert; Krunert; Grünert; Krünert; Kreunert.* Gen. *Gronartz.*
(Gronhari): *Groner, Kroner; Kröner; Gruner; Grüner; Krüner.*
(Gronmar): *Grümmer.*
(Gruonrih): *Grönrich.*
(Gronwald): *Grünhold.*
Einstämmige Kürzung Gron-.
Grun: *Grone (Gronemann); Krohn; Grun (Grunemann); Grüne; Grün.* Gen. *Gronen.* Patr. A. *Gröning; Gräning; Kröning; Krönung; Grüning; Krüning.*
Vklf. (k): *Grunicke; Grünke; Grünig; Grönig; Krönig.* (z): *Grunz;* (z + k): *Grünzig.*

Grön- s. Grônja.

Gröning a) I. s. Grônja b) III. „aus Gröningen“ c) III. „die Goldammer“ (Mecklenb.).

Gropengießer s. Grapengießer.

Gröper III. „Grapengießer“ („Gröpergasse“ in Halberstadt). Auch *Gräper; Gröber* (rhein.).

Gröppel s. Hrôþi (zweist. K.).

Grosch III. Zu den Münzn. Auch *Krosch.* Vklf. *Gröschel; Kröschel.*

Groß III. ahd. mhd. grôȥ, altsächs. grôt.
FN. *Große; Groß; Grosse* (mit kurzem o). Niederd. *de Groote; Grothe; Groth.*
In mannigfachen Zss.: *Großmann; Großkopff; Großschedel; Großschädl; Großschopf, -schupf; Großgott; Großstück; Großkreuz; Grospietsch; Groshennig; -klaß, -klaus; -kurth; Großgebauer; Großlohmann; Großwendt* — niederd. *Grotjan, Grotrian* (großer Johannes), *Grotehenn; -wendt; -hey* (in Göttingen, zw. 1500 u. 1600 Groteheine, 1788 Grotehein, also = Heinrich); *-karst* (Christian).

Großkurz III. I. 1567: Grotecordes (Braunschweig, Schütte).

Grotefend III. „großer Knecht“ s. Fend.

Grotegut s. Hroþis (V.).

Grothe s. Groß.

Grothwohl s. Gerathewohl.

Grotjan s. Groß.

Grott- s. Hroþis (einst. K.).

Grube III. meist auf ein Bergwerk bezüglich; doch auch Stein-, Sand- usw. Grube, Grube zum Wildfangen. ON. einfach und in Zss. FN. *Grube*.
Ableitung auf *-er* (oberd.):
1) *Gruber*. Zss. *Anzengruber; Baumgr.; Frauengr.; Hartmannsgr.; Holzgr.; Kalchgr.; Obergr.; Reingr.; Steingr.; Wolfsgr.* (Mechtiled ob der Wolfsgruben 1300).
2) *Grueber* (Gottschee). *Kohlgrüber*.
Gruit- s. Grüter.
Grulms s. Hieronymus.
Grün a) I. s. Grônja b) von der Farbe der Kleidung (S. 46 Anm. 1 Jan Grön).
Grun-, Grün- s. Grônja.
Grundt, Grundmann III. einer „der im Grunde wohnt", Gegensatz zu *Berg, Bergmann*. (So wurden in einem dem Verf. bekannten Falle zwei bäuerliche Besitzer in demselben Dorfe, die beide Runge hießen, unterschieden als „Bergrunge" und „Grundrunge".) So auch *Grundkötter; Grundmeyer. Lindegrund*.
Grüter III. „Brauer" (mit Grut, d. i. Porst u. a. Pflanzen statt mit Hopfen). Die folg. N. sind meist niederrhein od. niedersächs.
FN. *Grüter; Grütter; Greuter; Gruyter; Grutmeister; von Grüter* (Grafschaft Mark, Bernhardus dictus Grütere 1336); *von Gruttschreiber* (Adelsname für die Brüder Grotzenschreiber in Liegnitz 1453).
Gen. *Gruiters*.
Grüth- s. Gereuth.
Grütter s. Grüter und Grützner.
Gruttke s. Hrôthis (einst. K.).
Grützner III. „Grützmüller".
FN. *Grützner*. Niederd. *Grüttner, Grütter*. — Auch *Grützmacher; Grützmüller; Kritzmöller*.
Gschwandtner III. „einer aus Gschwand" (Baiern, Österr.); vgl. Schwend.
Gsell, Gsöll s. Geselle.
Gubbe, Gube s. Guða (zweist. K.).
Gückel s. Guða (einst. K.).
GUDHA I. got. guþ, alts., angels. god, ahd. got, mhd. got „Gott".
FN. Godebald: *Goppelt; Koppold; Kobbelt; Kobelt.*
Godabert: *Gottbrecht; Gottbrath; Gobbert; Gobert; Göppert.* Patr. A. *Godbersen.*
Godafrid: *Gottfried; Göttfried; Goffarth; Goffrey; Göpfert; Göbfardt; Göfert.*
Gotahard: *Godehard; Goddard; Gotthardt; Gottert; Gödert; Göttert;* zsgz. *Gohrt; Gördt.* Gen. *Gödderz.*
Godehar: *Goder; Gotter; Göder; Göther.*
Godolef: *Gottlieb* (umgedeutet). Gen. (zsgz.) *Jolfs.*
Godolec: *Gottlack; Gottlick; Gottlich; Göttlich.*
Godoman: *Göttmann.*
Gotrat: *Gorath.*
Godoscalcus: *Gottschalck; Gottschalch (g); Gottschall; Gottschaldt.* Patr. A. *Gosker* (1507 Goschalkingk, 1590 Goseling. Preuss.) *Gottschling; Gottschlich* (schles.).
Godedanc: *Goddang.*
Gotadeo: *Kodei* (oder aus Kodag).
Godovald: *Gottwald; Gotthold* (soweit aus Godold umgedeutet); *Godelt; Godet; Gödelt.*
Goduin: *Gottwein; Guttwein; Gowin; Jowien.*
Godulf: *Kottlof; Kolloff.*
Mit Erweiterung durch l:
Godalhard: *Gollhardt; Gollert.*
Godelmar: *Gollmer; Kollmer; Gaulmer.*
Sämtliche Sproßformen s. Beilage 1, S. 88 ff.
Guderjahn s. Johannes 3b.
Guerle s. War (einst. K.).
Gugelfuß III. „Kugelfuß" d. i. Klumpfuß. Auch *Kaulfuß*.
Guggimoos III. „Moor, wo sich die rote Wasserkröte (Guggi) häufig findet". (Buck.) Davon auch: *Guggimoser, Guckemus.*
Güldner III. „einer aus Gülden" (in Hannover).
Gümbel, Gumb- s. Gunþ (V.).
Gumm-, Gump- s. Gunþ (V., einst. K.).
Günd- s. Gunþ (einst. K.).
Günnewig s. Gunþ (V.).
Güns-, Gunschke s. Gunþ (einst. K.).
GUNÞ, Gunþî, Gunþjô I. ahd. gund, alts. gûdea, angels. gûþ (gyþ), altnord. gûðr, gunnr „Krieg" (noch im ital. gonfalone aus gundfano Kriegsfahne). Seit dem 3. Jh.

in N. nachweislich. Die mit K anlautenden N. lassen sich auch aus Kunja erklären.

FN. Gundobald: *Gumpold; Jumpelt; Güntbel; Gumpel; Gumbel; Gümbel; Gümpel; Gummel; Gombold.*

Gundobert: *Gumprecht; Gumprich; Gumpert; Gumbert; Gumbart; Gumper; Gummert; Gompart; Gombert; Kompert; Gommert.* Gen. *Gompertz; Kümpers.*

Gundefred: *Gumpfer.*

Gundhart: *Gundert; Günthert; Gontard; Gönnert.*

Gundachar: *Gunder (Gundermann); Kunter; Günther* (Zss. *Kleingünther*); (entstellt) *Ginthör* (Tirol); *(Guntermann; Gondermann; Gonnermann).* Gen. *Gunthers.* Patr. A. *Gondring.*

Guntchramnus: *Guntram; Guntrum; Gontrum.*

Gundalah: *Gundelach; Gundlach; Gundlack.*

Gundemar: *Gummer; Kummer.* Vklf. (l): *Kümmerle.*

Gunderad: *Günthrat.*

Gundericus: *Gönrich.*

Gundivic: *Günnewig.*

Gundulf: *Gundwolf; Gundolf; Gondolf.*

Einstämmige Kürzung Gund-.

Gundo: *Gund; Kunth; Günth.* Vklf. (l): *Gundel; Gündell; Günthel.* Patr. A. *Gundling.* (k): *Kuntke.* (k+l): *Gunkel.* (z): *Guntz; Güntz; Güntsch.* Unorg. *Günzert.* Patr. A. *Günsing.* (z+l): *Günzel; Künzel; Günsel; Günschel.* (z+k): *Gunschke; Günzke.*

Zweistämmige Kürzung Gundb-.

Gumpo: *Gump; Gumme; Gaum.* Vklf. (l): *Gumpel; Kümpel; Kimbel* (s. auch Gundobald). (k): *Gummich.*

Güßwein s. Goz.

Gürtler III. „Verfertiger von Gürteln". Auch *Girtler* (Wien).

Gut III. auch *Guth,* vgl. Frid. der gute 1304. — In mancherlei Zss.: *Gutbier; Gutgesell; Guthknecht; Gutkind; Gutsjahr* (Gutjar 1295); *Gutzeit. Gutsmuths. Gutberlet; Guthans, -han, -heins; Guderjahn; Gutekunst* (= kunz) u. a.

Gut-, Güt-, Gutsch s. Guða (einst. K.).

Gutentag III. auch *Guttentag* und *Gutenmorgen.*

Gutschebauch III. wohl von schwäb. „gautschen", d. i. wiegen, schaukeln. Auch *Gutzschbauch; Kutschb.; Kutzschb.*

Gutsmuths III. Gen. „guten Mutes" (mit dem urspr. und richtigeren Gen. der starken Biegung).

Auch im Nom. *Guthermuth,* vgl. Tvmmermuot 1327).

Gutz-, Gütz- s. Guða (einst. K.).

Gygas III. lat. gigas „Riese".

Gysi s. Gis.

H.

Haab- s. Haðu (zweist. K.).

Haack- s. Haga (V., einst. K.).

Haag s. Haga (einst. K.).

Haak a) I. s. Haga b) III. niederd. „Höker, Kleinhändler mit Lebensmitteln" (so z. B. noch in dem Stralsunder Kataster von 1845). — Zss. *Bierhake; Fleischhack; Semmelhaack.*

Haan s. Hahn.

Haape s. Haðu (zweist. K.).

Haar- s. Harjaz (V., einst. K.).

Haar III. als Körperteil in mannigfachen Zss. Vgl. nord. König Harald Harfagr (Haarschön).

FN. *Flachshaar,* niederd. *Flash.; Gelbh.* — *Geelh.; Glatth.; Griesh.; Kraush.; Schlichth.; Straubh.; Weißh.*

Haarnagel s. Harðuz.

Haas III. s. 1) Hase 2) Hose.

Hab-, Habb- s. Haðu (V., zweist. K.).

Habedank III. Satzname (schon bei Walther v. d. Vogelweide als Appellativum: „Swelch schoene wip mir denne gaebe ir habedanc"). Als FN. auch gekürzt *Hadank.*

Habekost III. aus Haveckhorst („Habichtshorst") 1484, Havekost 1532. Auch *Havekost; Hafekost; Haffekost. Hawickhorst* (Oldenb.).

Habenicht III. Satzname „habe nichts" (ein „Herr von Habenichts").

Habenschaden III. Satzname „habe den Schaden", für jemand, der sich unvorsichtig in Gefahr begeben hat.

Haber III. die eig. hochdeutsche F. (mhd. haber), wofür jetzt in der Schriftsprache das niederd. „Hafer" durchgedrungen ist.

FN. *Faulhaber* (Werner dict. vulhaber 1299); *Firnh.*; *Frischh.*; *Kiffhaber* 1450, jetzt entstellt *Kühfaber* (Bacm.); niederd. *Ohlhaver*, *Oldehaver* = *Althaber* (1292 Oldehauere); *Schlichthaber*; *Wiesenhafer*. — *Haberbruch*; *Haberkorn*; *Habermann*; *Habersaath*; *Haberstroh*; *Haferkamp*; *Haferstroh*.

Haberecht III. Satzname „habe Recht", ein rechthaberischer Mensch (doch s. auch Haðu).

Haberer III. „einer, der Hafer anbaut". Auch *Häberer*; *Habermann*; *Hafermann*.

Häberlein s. Haðu (V.).

Haberstolz III. entstellt aus *Oberstoltz* (Overstolz altes Patrizier-Geschlecht aus Köln). S. Andresen, Konkurrenzen.

Habicht III. der bekannte Raubvogel, mhd. habich (könnte aber als FN. aus ad. Habicho entstanden sein, s. Haðu (zweist. K.).

Hablützel III. Satzname „habe wenig", vgl. Habenicht. Auch *Hablitzel*.

Hach- s. Haga (V., einst. K.).

Hachmeister III. nach Vilm. aus „Habichtmeister" d. i. Abrichter der Stoßvögel zur Jagd. (Ahd. hapuh, mhd. habech zsgz. in Hach s. Buck, S. 69.)

Hack-, Häck- s. Haga (V., einst. K.).

Hadam s. Adam.

Hadank s. Habedank.

Hadd- s. Haðu (einst. K.).

Hadrianus II. lat. „einer aus der italienischen Stadt Hadria", N. eines römischen Kaisers, dessen Vorfahren daher stammten, und mehrerer Päpste.

FN. *Hadrian*. *Adrian*; *Aderjahn*. Gen. *Adrians*.

HADHU I. ahd. hadu, angels. heaðu „Kampf". Schon im 1. Jh. (Catualda).

FN. Haþubald: *Hadeball*; *Happold*; *Habold*; *Habelt*; *Hebold*.

Hadaperht: *Habbert*; *Happert*; *Happrich*; *Haprecht*; *Habricht*; *Habert*; *Hebert*. Gen. *Habberts*. Patr. A. *Haberding*; *Hebbering*. Vklf. (l): *Heberle*; *Häberlein*. Patr. A. *Heberling*.

Hadufrid: *Haffert*; *Haffer*; zsgz. *Haft*.

(Haduhart): *Hadert*.

(Hadheri): *Hadder* (*Hedermann*). Gen. *Hedders*.

Hadaleih: *Hadlich*; *Hedlich*.

Hadamar: *Hattemer*; *Hammer*; *Hamer*.

Hadarih: *Hederich*; *Hädrich*; *Hetterich*; *Heddrich*.

Catualda I.: *Hewald*.

Haþuward: *Hettwer*.

Haþuwic (w.): *Hadwig*; *Hattwich*; *Hawig*; *Hedewig*; *Hedwig*; *Hettwig*; *Heewig*. Patr. A. *Hadwiger*.

Haþovulf: *Haleff*; *Hedloff*.

Einstämmige Kürzung Haþ-.

Hatte, Hetto: *Had*; *Hatt*; *Hedde* (*Hettema* ostfries.). Gen. *Hadden*; *Hatts*. Patr. A. *Hattinga* (ostfries.); *Heddenga* (ostfries.).

Vklf. (l): *Hedel*. Patr. A. *Hettling*. (k): *Hattig*; *Hatje* (fries.); *Hädicke*; *Hettig*. Gen. *Hettgen*. (z): *Hatz*; *Hetz*; *Hetsch*; *Hasse*. (z+l): *Hatzel*. Unorg. *Hatzold*.

Zweistämmige Kürzung Hadb-.

Happo, Habo, Heppo: *Happe*; *Haape*; *Haabe*; *Häpe*; *Heppe*. Gen. *Habben*; *Haabes*. Gen. Plur. *Habena* (ostfries.). Patr. A. *Hebing*; *Habbinga* (ostfries.).

Vklf. (l): *Happel*; *Habel* (*Habelmann*); *Hebbel*; *Heppel*; *Hebel*. Patr. A. *Heveling*. (k): *Hapke*; *Habich*; *Hebich*.

Hafekost s. Habekost.

Hafemann nicht mit Pott zu Hafen, sondern niederd. „Hofmann", vgl. Klempin, Diplom. Beitr. S. 623: Hauelude (Hofgesinde); Hauemarschalk (spr. Have-), Hauemeisterinne.

Hafenbrädl s. Braten.

Hafer s. Haber.

Haff- s. Haðu (V.) und Habekost.

Hafner III. ahd. hafanâri, mhd. havenaere „Töpfer" — die süddeutsche Bezeichnung, wie z. B. in München die Innung der „Hafner", auch ein „Hofhafnermeister", in Augsburg ein „Hafnerberg", während Töpfer mitteldeutsch ist.

FN. *Hafner*, *Haffner*; *Häfner*.

HAGA I. ahd. hag, hac, mhd. hac „Einhegung, Hag, umhegter Ort" und HAGAN ahd. hagan „Dornbusch", mhd. hagen „Hagen, durch Dornb. umhegter Wohnplatz" (s. Tac. Germ. 16).

FN. 1. ohne n. Hagabald: *Heckebold*; *Heybold*; zsgz. *Heipt*.

Hagibert: *Hackebracht; Hackbarth; Hegebart; Heibert; Heiber.* Gen. *Heypertz.*

Hahkis: *Haigis, Heigis.*

Hechard: *Hagart; Hackert; Haackert; Hegert; Heckert.* Gen. *Heiartz.*

Hagihar: *Hager; Hacker; Hacher; Haker; Hecker (Häckermann); Häger (Hägermann); Heyer (Heiermann).* Vklf. (l): *Heckerle.*

(Hagiman): *Hagemann; Hamann; Hegmann; Heckmann; Heimann.* Gen. *Heimanns.*

(Hagimar): *Hagemer; Hechemer; Hegemer; Heymer.* Vklf. *Heymerle.*

Hachirat: *Hackrath; Heckrath.*

Hecgirih: *Hagerich; Hährich; Heyrich.*

Hagoald: *Hegewald.*

Einstämmige Kürzung Hag-.

Hago, Hako, Heio: *Hagê; Haag; Hagge; Hake; Haack; Hege; Heye; Hay.* Gen. *Hayen.* Patr. A. *Hecking.* Gen. *Hayungs* (jeverl.). Patr. Zss. *Hajessen.* Vklf. (i): *Hägi* (schweiz.). (l): *Hagel; Hachel; Hakl; Hackel;* zsgz. *Hahl; Hegel; Häckel; Hechele; Hechel;* zsgz. *Hehl.* Patr. A. *Hegeling.* (l + n): *Hägelin; Hegelein.* (k): *Hageck; Hayeck; Heicke.* Gen. *Heyken.* (k + l): *Heyckel; Heighele.*

2. mit n. Haginbert: *Hambrecht; Hagenbarth; Hegenbarth (Heger-); Heimbrecht; Heimbert; Heimbrodt; Hemper.* Patr. A. *Hemmerding.* Vklf. (l): *Hemberle.*

Heinfrid: *Hennefahrt.*

Heinhard: *Hanhardt; Heinhardt; Haynard; Hähnert; Heinert; Hennert.*

Haginher: *Hagner; Hägner; Hanner; Hahner; Hähner; Hayner, Heiner; Henner* mit den Zss. *Hofhenner; Schmitthenner.* Gen. *Heiners.*

Hainarad: *Hanrath; Hahnrath.*

Haganrih: *Handrick; Hanreich; Heinrich; Heinreich; Henrich; Hendrich; Hentrich; Hinrich; Hinnerk.*
Zss. *Langheinrich; Tiekenheinrich; Westheinrich; Großhenrich; Möhlhenrich* (Mühlheinrich); *Osthushenrich* (westf.); *Lockenhinnerk.* Gen. *Heinrichs* (Zss. *Hillenheinrichs); Heinderichs; Hendrichs; Hendrix* (Kempen); *Hinrichs; Hinderks* (ostfries.). Latinis. *Heinrici; Henrici.* Patr. A. *Heinricher* (Cilli). Patr. Zss. *Heinrichsen* (Zss. *Gerdheinrichsen); Hinrichsen; Hindrichsohn; Hinderksen.*

(Haginachar): *Hanewacker; Hannwacker; Heinacker.*

Haginold: *Hannewald; Hanewald; Hanold; Hanelt; Hänelt; Hänet; Haynald; Heinold; Heinhold; Heinelt; Heinloth; Heinleth.*

Einstämmige Kürzung Hagen-.

Hagano, Hanno, Heino: *Hagen, Hagn; Haagn* (Salzb.); *Hanno* (Dithmarschen); *Hanne; Hahne; Hahn; Heino; Haine; Heyne; Hayn (Heinemann; Heinevetter); Henne; Henn; Hehn.* Gen. *Hagens; Hagena* (ostfries.); *Heinen; Heins (Gutheins).* Patr. A. *Hanning; Heining; Henning* (noch im 17. Jh. Vorname, z. B. Henning Woyke, 1681 Bürgermeister zu Neustettin). Patr. Zss. *Heinsohn; Heinekind; Henningsen.*
Vklf. (l): *Heinel; Heindl; Hähnel (Junghähnel); Henle.* (l + n): *Hainlin; Hänlein; Hänlen.* (k): *Hanke; Heinicke (Marheineke); Heinke; Haink; Heinich; Hennicke; Hennig* (doch auch gekürzt aus Henning); *Henke (Bierhenke; Düvelhenke; Grotehenke; Manhenke; Marhenke; Schäferhenke; Strothenke); Hink* (Stark S. 71) mit der Zss. *Brokhinke.* Gen. *Hainken* (ostfries.); *Heinks; Hennickens; Henniges; Hennigs; Hennies; Hinken; Hinkens.* Patr. A. *Henking.* Patr. Zss. *Hinksen.* (k + l): *Hankel; Heinkel; Henckel* (Zss. *Wegehenkel; Kampfenkel); Hinkel (Hinkelmann).* (k + l + k): *Henkelke.* Patr. A. *Henkelking; Henkler* (Preuß). (k + n): *Hänichen; Heineken (Langheinecken); Heinichen.* (z): *Hanzo; Heintze; Heinz, Hainz* (bair.) *(Heinzmann; Emmelheinz; Hoffheinz; Kleinheintz; Langheinz; Schönheinz); Heinitz; Heinse* (lat. *Heinsius;* auch der Dichter Wilh.

Heinse hieß eigentlich Heintze, siehe Lessing, Wieland, Heinse von H. Pröhle S. 129); *Heinss; Henze; Hense* (Stark S. 76); *Häntzsche* (Kgr. Sachsen); *Hinze; Hientzsch; Hinse; Hinsche.* Gen. *Heinzen; Hinzen.* Patr. A. *Henzing; Hensing.* (z + i): *Hentzi* (schweiz.). (z+l): *Heinzel (Heinzelmann); Henzel; Hensel; Henschel; Häntzschel* (Sachsen); *Hintzel, Hinselmann.* Patr. A. *Henzler; Hinzler,* unorgan. *Heinzerling.* (z + k): *Heinzke; Hinzke; Henschke.*

Zweistämmige Kürzung Haganb-.

Hampo: *Hampe.* Vklf. (l): *Hampel; Hempel (Kleinhempel).*

(Mehrere Formen, namentlich die mit Han-, Hen- beginnenden, treffen mit entsprechenden von Johannes zusammen).

Hag III. vgl. Haga. In ON. *-hag, -haag, -heeg.*

FN. 1) *-hage* (bes. in Westf. — elliptischer Dativ?): *Brakhage; Glash.; Grünh.; Heisterh.; Hoh.; Kohlh.; Kreuzh.; Nieh.* (Neu-); *Osth.; Overh.; Reh.; Sandh.; Schneeh.; Vosh.*

2) *-hege: Dornhege; Feldh.; Hundeh.; Osth.*

-hage s. Hag.

Hagedorn III. mhd. hagendorn, hagdorn.

FN. *Hagedorn* (auch ON.); *Heidorn.*

Hagemeister III. „Hegemeister, Förster". Niederd. *Hagemester.*

Hagen- s. Haga (einst. K.).

Hagen III. ahd. hagan, mhd. hagen der „zum Einhegen bes. passende Dornstrauch", aber ursprünglicher das Buschwerk überhaupt. In ON. seit dem 9. Jh. nachweislich. Jetzt Tausende von Örtern auf *-hagen* (so an der mecklenburgischen und pommerschen Küste in langer Folge von Mecklenburg bis zur Kassubei); doch läßt sich kaum nachweisen, welche davon hierher und welche als Dativ Plur. zu Hag zu setzen sind (der Umstand, daß die bezeichneten mecklenburgischen und pommerschen Ö. meist langgestreckte Dörfer — bis zur Länge einer halben Meile — sind, dürfte wenigstens bei diesen für den Plural sprechen = „zu den Gehegen"). Hagen findet sich auch als Straßenbezeichnung, z. B. in Stralsund: Flachshagen, Reperhagen, Zipollenhagen u. a.

FN. *vom Hagen, von Hagen; Bollhagen; von Buggenh.; Eschenh.; Falkenh.; Hundesh.; Kohlh.; Starenh.*

Ableitung auf *-er:*

-hager: Gerhager; Hinterh. (O. -hagen, oder auch zu -hag?).

-häger: Poppenhäger (O. -hagen).

Aus -hagen wird durch Zusammenziehung *-hain* (wie auch der Gattungsname „Hain" daraus entstanden ist), woneben noch eine F. auf *-hahn* herläuft. Den FF.-Übergang zeigt u. a. ein hessischer Ort, der 1264 Glimenhagen, 1297 Glimenhahn, im 15. Jh. Glimenhain, jetzt Gleimenhain heißt.

1) -hain: *Espenhain; von Falckenh.; Mückenh.; Probsth.; Rosenheyn* (O. Rosenhain).

2) -hahn: *Bauerhahn; Dammh.* (O. nur Dammhagen Rud.); *Espenh.* (s. oben Espenhain); *Falkenh.* (O. -hagen und -hain), *v. Falkenhayn* (O. b. Wurzen, Rudolfus de F. 1216); *Friesenhahn* (O. -hagen); *Gräfenhan* (O. -hain und -hagen); *Hergenhahn* (O. Herchenhain); *Krähahn* neben *Krehain* (vgl. O. Kreyenhagen); *Langenhahn, Langenhan* (O. Langenhahn neben -hagen und -hain); *Lindenhahn* (O. -hain); *Neuhahn, Neuenhahn* (O. -hagen, -hain); *Probsthan* (O. -hagen u. -hain); *Rosenhahn* (O. -hagen, -hain); *Tautenhahn* (O. -hain); *Wildenh.* (O. -hagen, -hain); *Ziegenh.* (O. -hagen, -hain).

Ableitung auf *-er* (oberd.):

-hainer: Geysenheyner (O. Geisenhain in Sachsen); *Liebeneiner* (O. Liebenhain).

Hägenbarth zu Haga (V.).

-hager, -häger s. Hagen III.

Hagn s. Haga (einst. K.).

Hagner s. Haga (V.).

Hahl s. 1) Haga 2) Hal (einst. K.).

Hahn a) I. s. Haga (einst. K.) b) III. 1) ON. (über 30mal Rud.), s. auch Hagen. 2) Tier-N.: *de Haan* (Düren); auch in einigen Zss. meist zweifelhafter Art: *Berkhan; Kaphahn* (Kapaun); *Kreh.; Urh.*

(Auerhahn, welches mehrfach N. von Forsthäusern).

-hahn s. a) Hagen b) Hahn c) Heim.

Hahn-, Hähn- s. Haga (V., einst. K.).

Hährich s. Haga (V.).

-hai s. Hei.

HAIDHUZ I. got. haidus, ahd. mhd. heit „Art, Wesen" (auch Rang und Stand); bes. häufig in westfränk. N.

FN. (Heidbreht): *Heidebrecht.*
(Heitfuns): *Heidefuß.*
Heitkär: *Heitger.*
Heidher: *Heider, Hayder; Heiter.*
Haidrich: *Heidrich; Heidreich; Heitrich.*
Haidulf: *Heydwolff; Heidolf; Heideloff; Heidelauf.*

Einstämmige Kürzung Heit-.
Haido: *Heyde (Heydemann); Haid, Heyd* (doch s. auch Heide). Gen. *Heyden; Heits.*
Vklf. (l): *Heydel.* Patr. A. *Heitling.* (l + n): *Haidlen.* (l + k): *Heidelk.* (k): *Heideke.* (k + n): *Heitchen; Heitgen.* (z): *Heitz; Heise* (urkundlich = *Heidenreich*); *Heis.* Patr. A. *Heising; Heiser.* (z + k): *Heiseke.* (z + l): *Heisel.*

Haigis s. Haga (V.).

HAILA- I. got. hails, ahd. mhd. heil „gesund, unverletzt"; ahd. mhd. heil „das Heil".

FN. (Heilbod): *Heilbut.*
Heilker: Gen. *Heilgers.*
(Heilher): *Heyler (Heilermann).*
Heilman: *Heilmann.*

Einstämmige Kürzung Heil-.
Heilo: *Heile; Heyl.* Patr. A. *Heiling.*

Partizipiale Bildung Hailant 8.: *Heiland.*

HAILAGA I. ahd. heilag, mhd. heilic, altsächs. hêlag, hâlag „unverletzlich, heilig" (von „Heil").

FN. Halegdag: *Heiligtag.*

Einstämmige Kürzung Heilig-.
Halicho: *Heilig; Hallich; Halke.*

HAIMI I. got. haims Dorf, alts., altfränk. hêm, ahd., mhd. heim „Haus, Heim".

FN. Haimperht: *Heimbrecht; Heimbrodt.*
Heimard: *Heimert; Heimer.*
Haimrich: *Heimrich; Heimreich; Himmrich;* auch durch Abschwächung des m: *Heinrich,* wo dann die FF. mit Hagen- ineinanderfließen.
Heimoald: *Heimhold.*

Einstämmige Kürzung Heim-.
Haimo: *Heime; Heym, Haim.* Gen. *Heimes.*
Vklf. (l): *Heimle.* (k): *Heimke; Hiemke.*

Bem. Mischt sich mit Hagen (Hein), bes. in den Vollnamen, deren zweiter Teil mit b anlautet.

Hain s. Haga (einst. K.).

-hain s. Hagen.

Hak- s. Haga (V., einst. K.).

Hake III. 1) „Höker" s. Haak 2) Gerät. Zss. *Fetthake; Feuerhake.*

HAL I. altnord. halr, angels. haele „Mann".

FN. Heliperaht: Zss. (fries.) *Helbertsma.*
Halfrid: Gen. *Hellfritz.*

Einstämmige Kürzung Halo: *Hallo; Hall; Hahl; Hehl.* Patr. A. *Halling; Hallung; Helling.*

Halbrehder III. doch wohl = *Halbritter,* vgl. Halbritter 14. Jh., Halfridder proconsul in Grifenbergh (Kalendarium des Karteuser-Klosters Marienkron bei Rügenwalde — seit 1430 zu nekrologischen Aufzeichnungen benutzt).

Halbuer s. Hallbauer.

Halbwachs III. „halberwachsen". Michel Halbgewachsen Zürich 1504. Schon 1388 Cunrad Halbwahs. Auch *Hallwachs.*

Halde III. ahd. halda, mhd. halde „Abhang eines Berges" (bes. im südwestl. Deutschl.).

FN. auf *-er* (oberd.): *Halder. Sonnenhalter; Winterhalter, auch Winterhalder* (von der „Winterhalde" = Nordhalde, z. B. bei Stuttgart Bacm.) — daraus *Winterholler; Spiegelhalter.*

Haleff s. Haðu (V.).

HALIÞ I. ahd. helid der „Held". Haldagastes 3. Halidrich.

FN. Helido: *Held* usw. — mit Hild zusammengeflossen, so daß eine sichere Scheidung nicht durchzuführen ist.

Hallbauer III. 1) „Halbbauer", der nur einen halben Hof besitzt, im Gegensatze zum Vollbauer. Niederd. *Halbuer.* 2) „einer aus Hallbau".

Haller III. 1) „aus Hall o. Halle" 2) = Halder.
Hallich, Halke s. Hailaga.
Hallwachs s. Halbwachs.
Hals III. als Körperteil in den Zss.
FN. *Kurzhals*, niederd. *Korth.*; *Langh.*; *Schönh.* (-hals öfters auch in ON.).
Halt- s. Alðaz (V., einst. K.).
Haltanderheide III. Satz-N., ein Reisiger, der an der Heide hält (doch wohl, um Vorüberziehende anzugreifen). Auch *Haltaufderheide*.
-halter s. Halde.
HAMA- I. Kleid, got. hamôn „bedecken, bekleiden", altnord. hamr „Hülle, Haut, äußere Gestalt". Hamadeo 5.
FN. Hamerich: *Hammerich*.
Einstämmige Kürzung Ham-.
Hamo: *Hamme; Hemme*.
Vklf. (l) Hamilo: *Hamel*. (k) Hamuko: Gen. *Hemken*. Patr. A. *Hemmenga* (ostfries.).
HAMAR I. ahd. hamar, mhd. hamer „Hammer" — wohl mit Bezug auf den Hammer des Donar, den Miölnir, mit welchem dieser Gott die Riesen zerschmettert (Blitzstrahl). Hamerard. Hamarolf.
FN. Hamar 8.: *Hammer*.
Vklf. (l): *Hammerl; Hämmerle; Hämmerli*.
Hambrecht s. Haga (V.).
Hamel, Hamm- s. Hama; doch *Hamel* auch niederd. = Hammel. Zss. *Rothamel*.
Hammacher III. „Verfertiger der Hamen" (Halsgeschirre für Zugtiere, niederd. haame). Am Niederrhein häufiger N. Auch *Hamacher; Hamecher; Hamecker*.
Hammer I. s. 1) Haðu (V.) 2) Hamar.
Hammer III. 1) als Werkzeug 2) in ON., ein Hammerwerk bezeichnend; hat auch vielen O. den Namen gegeben, wo längst kein solches Werk mehr besteht, z. B. Silberhammer bei Danzig.
FN. *Hammer; Boßh.; Klingh.; Pochh.; Schellh.; Streith.* u. a., doch meist zweifelhaft, da hier die Ableitungen von ON. auf -heim, oberbair. *-ham* hereinspielen (s. Heim).
-hammer s. 1) Hammer III., bes. Werkzeug 2) Heim.
Hampe s. Haga (zweist. K.).
Hampfstengel III. deutlicher Pfanzen-N.
Han-, Hän- s. Haga (V., einst. K.).
Hanbut III. die „Hagebutte" oder Hainbutte (wilde Rose und deren Frucht).
Hand III. der Körperteil. Liebhard mit der Hand 1383.
FN. *Hand*. — *Geradehand; Luchterh.; Weichh.; Wolfh.*
Händel s. Handu.
Handrick s. Haga (V.).
Handschuh III. zu den Kleidungsstücken (S. 46). Auch *Handschug*.
HANDU I. got. handus, ahd. mhd. hant „Hand". Handolf. Hantker.
FN. (Handrich): *Handrich*.
Hantwin: *Handwein*.
Einstämmige Kürzung Hand-.
Hanto: *Handt (Handtmann); Hentc*. Gen. *Handten*.
Vklf. (l): *Hantel; Händel*. (k): *Handtke*.
Hane- s. Haga (V.).
Hanffstengel III. zu den Pflanzen-N. Auch *Hanf; Hanfmann* finden sich als FN.
Hanke s. a) I. Haga (einst. K.) b) Johannes 5.
Hann- s. a) I. Haga (V., einst. K.) b) II. Johannes 4.
Hannes, Hans s. Johannes 5.
Hansjakob II. urspr. Doppelrufname, vgl. Hinzpeter.
Hantel s. Handu.
Hanusch s. Johannes 5 a).
Hanxleden III. O. b. Meschede.
FN. *von Hanxleden* (Siegfried v. H. 1216).
Häntzsche, Hanzo s. Haga (einst. K.).
Hap-, Häp-, Happ- s. Haðu (V., zweist. K.).
Happenmacher III. „Sichelmacher". Auch *Hapmacher*.
Här- s. Harjaz (einst. K.).
Harb- s. Harjaz (V.),
Harder s. a) I. Harðuz b) III. Herter.
HARDHUZ I. got. hardus, ahd. mhd. hart „hart, fest, stark" (vgl. das urverwandte griech. κρατύς und das von dem deutschen abgeleitete franz. hardi). Schon seit dem 3. Jh. in EN. nachweisbar.
FN. Hardher: *Harder; Herder* (VN. bei Klemp.); *Herter*. Gen. *Harders*.
Hartleip: *Hartleib; Hartleb; Hartlepp*.
(Hardeland): *Hardeland*.

Hartmann (Ardemann): *Hartmann; Hertmann; Artmann; Erdmann* (auch als VN.: E. Laabs KB. 1845). Gen. *Hartmanns.*
Hartmar: *Ertmer.*
Hardmod: *Hartmuth.*
Hartomund: *Hartmond.*
Hartnagel: *Härtnagel; Haarnagel.*
Hartnid: *Harney; Horney* (Schütte, Braunschweiger PN. S. 5).
Hardarat: *Hartrath; Hartert.*
Harderich: *Hartrig; Herterich; Härttrich.*
Artald: *Hartelt; Hertelt; Ardelt; Artelt; Erdelt; Erteld.*
Hardulf: *Hertwolf.*
(Hardewart): *Hardewardt.*
Harduwich: *Hartewig; Hartwig; Hartweg; Hardeweg; Hertwig; Hertweck; Erdwig.* Patr. A. *Hartwiger.* Patr. Zss. *Hartwichsen.*

Einstämmige Kürzung Hart-.
(Harto), Ardo: *Harte; Hart; Herthe.* Gen. *Harden; Harten; Herden.* Patr. A. *Hardung; Harting; Hartung; Hartong; Herding; Herting.*
Vklf. (l): *Hardell; Hartel; Herdel; Hertel; Hertell; Artel; Erdel; Ertle.* Patr. A. *Hertling; Hartler.* (l + n): *Hertlin; Hertlein.* (k): *Hartig; Hartke; Härtje* (ostfries.); *Haartje; Harke; Hertig.* Gen. *Hardges* (niederrhein.). (z): *Hartz.*

Auslautend (überaus häufig, 295 mal Först., wodurch der Übergang in eine bedeutungslose Endung vorbereitet wird).
-hard: Eberhard; Einhardt. Gen. *-harts, -harz: Reinharz; Burghartz.*
-ard: Eckard. Gen. *-arts, -arz: Blankarts; Reinartz.*
-at: Morat, -aht.
-ert: Eilert. Gen. *-erz: Reicherz* — daraus durch Umdeutung *-herz: Liebherz, Lebherz* neben *Lieberz.*
-er: Bicker.
-et: Bernet.

Haren s. Harjaz (einst. K.).

Hareng III. franz. Familie aus der Bretagne, nannte sich in Deutschland *Häring* (so in Soldin) — daher der Romandichter Wilhelm H. (Willibald Alexis).

Hargens s. Harjaz (einst. K.).

HARJAZ I. got. harjis, ahd. hari, heri, mhd. her „Heer". Seit dem 1. Jh. in EN. nachweisbar (Chariowalda Bataverfürst).
FN. Haribald: *Herbold; Hörbelt.*
Hariberaht: *Harprecht; Harbert; Harbart; Herbrecht (Herbrechtsmeyer); Herbert; Herbart; Herborth; Herber.* Gen. *Harbers; Heribertz; Herberz; Herpers.* Patr. A. *Harberding; Harbring.*
Hariobaudes: *Harboth; Herbothe; Herboth.*
Haribrand: *Haarbrandt; Herbrand.*
Harifrid: *Herfart; Herrfahrdt.*
Herigaud: *Herrguth; Herget; Herkt.*
Harigaoz: *Herrgoß; Hergaß.*
Hariger: *Herriger; Herger; Hercher; Herker.*
Harigis: *Heergeist; Herrgeist.*
Hariard: *Herhard.* Gen. *Heerhartz.*
Harilaip: *Harlepp; Harlieb; Herlepp; Herlieb.*
Charilaigus: *Herlach; Herrlich.*
Hariman 7.: *Harmen; Haarmann; Hermann, Herrman* (*Mannes, Manes* aus Hermánnus); *Heermann; Hörmann.* Gen. *Harmans; Harms; Harrems* (ostfries.); *Hermanns* (lat. *Hermanni*) *Hermens; Herms.* Patr. A. *Harmening.* Patr. Zss. *Harmanssen; Hermanssen.*
Harimot: *Harmuth; Herrmuth; Hormut; Armuth.*
Haririh: *Harrich; Herrig.*
Heridegan: *Hardegen; Herdegen; Heerdegen; Herden* (schles.).
Chariowalda 1.: *Harold; Herwalt; Herrwald; Herold; Herholdt; Herlet; Herlt; Hörold.* Gen. *Herholz; Hörholz.*
Hariward: *Harward; Herwarth* (Die Augsburger Patrizierfamilie dieses N. teilte sich in die nach ihrem Besitz genannten Fam. *H. v. Bittenfeld* und *H. v. Hohenburg*); *Herwath; Heerwarth.*
Hariwich: *Harwig; Herwig; Harbig; Herbig; Herwegh.*
Hariulf: *Heerwolf; Harloff; Herloff; Herleff.*

Einstämmige Kürzung Her-.

Haro, Hero: *Haar; Herr; Her; Heere; Heer.* Gen. *Hars; Haren; Heers; Heeren.* Patr. A. Herinc: *Haring; Harring; Häring; Hering; Herring; Höring.* Gen. *Harringa; Heringa* (beide ostfries.).

Vklf. (l) Herilo: *Herel; Härle; Hörl* (1388 Herel). Patr. A. *Harling; Herrling; Hörling.* (k) Haricho: *Harke; Harig; Häricke; Herke.* Gen. *Harken; Harrjes; Hargens; Hergens; Heerkes.* Patr. A. *Herking.* (z) Harizo: *Hareis.*

Zweistämmige Kürzung Harib-.

Herbo: *Herb, Herpp.*

Vklf. (k): *Herbich.*

Zweistämmige Kürzung Harim-.

Patr. A. *Hermeler* (1597 Hermler, 1595 Hermeling, 1530 Hermens, 1410 Hermen. Preuß); *Herming.*

Auslautend (372 mal Först.).

-her (doch h nicht mehr lautbar): *Muther.*
-er: Deuter. Gen. *-ers: Deiters.*
-herr: Dietherr.

Harig, Haring, Hark- s. Harjaȥ (einst. K.).

Harl- I. s. Harjaȥ (V., einst. K.); doch **Harling** auch III. „einer aus dem Harlinger Lande". *v. Harling* (Theodericus Herlege 1243).

Harm- s. Harjaȥ (V.).

Harnack III. aus Hartnack, niederd. Hardenack „der Mann mit hartem Nacken". Vgl. Hartfaust.

Harnisch III. mhd. harnas, harnasch, harnisch, aus dem keltischen haiarnaez Eisengeräte — später eingeführtes Wort statt des deutschen brünne (s. Brunja). Wernher dict. Harnasch 1362.

FN. *Harnasch; Harnisch.*

Harnischfeger III. „der den Harnisch fegt" d. i. poliert, blank macht, reinigt; dann = *Harnischmacher.*

FN. *Härnischfeger;* auch *Harnisfeger* (mit dem urspr. s, mhd. harnas).

Harnischmacher III. S. 40.

Harprecht s. Harjaȥ.

Harr- s. Harjaȥ (V., einst. K.).

Harras III. „Stallmeister", zugleich Aufseher über Harnisch und Waffen (von haracium Stuterei). Vgl. Schillers Tell: Rudolf der Harras. Auch ON.

FN. *Harras; Harrasser.*

Hart- s. Harðuȥ (V., einst. K.) und Lew (Kürz.).

Härt- s. Harðuȥ (V.).

Hartfaust III. Zss. mit Faust (geballte Hand), niederd. Hardevust (Klemp.). Vgl. Harnack.

Hartog s. Herzog.

Hartz s. Harðuȥ (einst. K.).

Harw- s. Harjaȥ (V.).

Härzer III. „einer aus dem Harz". Andreas vom Harz 1598. Doch vielleicht auch „der Harz sammelt und zu Pech kocht".

HAS- I. wohl zu ahd. hasan, mhd. hasen „glatt, schön". Hasbert 8.

FN. (Hashart): *Hasert.*
(Hasher): *Haser.*
Hasulf: *Haselof.*

Einst. K. Haso: *Hase; Haas; Häse.*

Vklf. (l) Hasili: *Haselei.*

Hase a) I. zu verschiedenen Stämmen: Haðu, Has. b) III. das bekannte Tier (in der Tierfabel: Lampe) vgl. franz. FN. Liepvre, Lelièvre. Thomas der Hase 14. Jh. Henricus dictus Hase (wohnte im Hause zum Hasen) 1293 (Socin).

FN. *de Haas; Hase; Haas* (die mehr süddeutsche Form, in Wien im J. 1875 Haas 137 mal, Haase 16 mal, Hase 1 mal). Vklf. *Häslein.* Zss. *Dunkhase; Feldhase; Kohlhaas* (Conrad dict. Kolhase 1317); *Lauerhase; Schellhase; Schnuphase; Spörhase.* Dagegen *Kniehase, Lederhas, Leinhaas* und einige andere zu Hose.

Die Zusammensetzungen, in denen Hase den ersten Teil bildet, sind ziemlich zahlreich:

Hasenbalg (conrad dict. Hasenbalg 1291); *Hasenbein* (Cvnrad. dict. Hasenbein 1279); *Hasenfuß; Hasenfratz; Hasenohr, Hasenöhrl; Hasenschart; Hasenschlaf; Hasenzagel, Hasenzahl.* (Aber Hasenpoth ist ON., Stadt in Kurland). *Hasenjäger* (1389 Köln. Un. Matr.).

Hasenclever III. niederd. „Hasenklee", vermutlich = Sauerklee, auch Hasenkohl genannt — doch da es in der Rheinprovinz einen Ort Hasenclev gibt, besser darauf bezogen.

Hasenschlaf III. der einen „sehr leisen Schlaf“ hat, ähnlich den Hasen, die, wie man sagt, mit offenen Augen schlafen.

HASS- I. zum Volksnamen der Hessen*.
FN. (Hassomar): *Hessemer*.
(Hassolt): *Hassold*.
Einstämmige Kürzung Hass-.
Hasso (noch Vorname), Hesso: *Hasse; Haß; Hesse*. Gen. *Hessen*. Patr. A. *Hessing*. Vklf. (l): *Hassel; Hessel; Hössel*. Gen. *Hessels*. Patr. A. *Heßling*. (l+n): *Heßlein*. (k): *Hessig*.

Haßdenpflug III. Satz-N. „hasse den Pflug“ (ein Bauer, der des Pfluges überdrüssig ist).
FN. *Haßdenpflug; Hastenpflug; Hassenpflug;* entstellt: *Hasenflug*.

Haßdenteufel III. Satz-N. „hasse den Teufel“ (s. Teufel).
FN. *Hassdenteufel; Haßendeibel;* entstellt: *Hassenteifel*.

Hassel- III. niederd. „Hasel“ corylus, in Zss. wie *Hasselbrink, -horst, -kamp, -meyer*.

Hassenkrug III. Satz-N. „hasse den Krug“, ein Wirtshausfeind.

Hassenpflug s. Haßdenpflug.

Hassenteifel s. Haßdenteufel.

Hassenwein III. Satz-N. „hasse den Wein“, ein Wassertrinker.

Hassesang III. Satz-N. „hasse den Sang“, ein Sangesfeind.

Hastenpflug s. Haßdenpflug.

Häterich s. Haðu (V.).

Hatje s. Haðu (einst. K.).

Hatt- s. Haðu (V., einst. K.).

Hatz- s. Haðu (einst. K.).

Haub- s. Hugu (V., zweist. K.).

Haube III. zu den Kleidungsstücken (Waffen, vgl. Sturmhaube).
FN. *Haube*. Vklf. *Häublein*. Zss. *Beckenhube*.

Haubenschmidt III. „Verfertiger von Sturmhauben“, vgl. Joh. faber galearum 1347.

Hauber III. „Verfertiger von Sturmhauben“. Auch *Heuber; Haubner; Heubner*.

Haueisen III. Satz-N. „hau das Eisen“. Auch *Haueis*.

Hauenhut III. Satz-N. „hau (in) den Hut“; verkürzt *Hauhut*.

Hauenrand III. Satz-N. „hau den Rand“ s. Haurand.

Hauenschild III. Satz-N. „hau den Schild“, Bezeichnung eines tapfern Kriegers.
FN. *Hauenschild; Haunschild; Hauschild*. Auch wohl *Hauffschild, Hoffschild*, worin dann das ursprüngliche w (ahd. altsächs. hauwan) noch erhalten wäre, vgl. Howeschild 14. Jh.

Hauenstein III. Satz-N. „hau (in) den Stein“, Scherzn. für einen Steinmetzen. Auch *Haustein*.

Hauer, Hauert s. Hugu (V.).

-hauer III. der etwas „haut“ (niederhaut, zuhaut, verfertigt), in einer Menge Zss., die sich meist von selbst erklären.
FN. *Baumhauer* (doch auch O. Baumhau in Oberbaiern); *Beinh.; Breth.; Danh.; Eichenh.; Eisenh.; Felgenh.; Fleischh.; Holzh.; Lattenh.; Moldenh., Moldenhawer; Pfettenhauer; Radh.; Scheidh.* (Scheit-); *Schiffh.; Schildh.; Schloth., Schlotzh.; Schopenh.; Spornh.; Staudenh.; Stubenh.; Steinh.; Telgenh.; Vaßh.; Waldh.*
Mit Umlaut *-heuer: Bardenheuer; Bomheuer*, entstellt *Baumheier* (Wien); *Holzheuer; Krummh.; Scharfh.; Steinh.; Vath.; Waldh.*

Hauffe s. Hugu (zweist. K.).

Hauffschild s. Hauenschild.

Haug s. Hugu.

HAUHAZ I. got. hauhs, ahd. mhd. hôh „hoch, stolz“ (in FN. schwer von hugu zu trennen).
FN. Hochbert: *Hobrecht; Hobert*.
Hoffred: *Hoffert*; Gen. *Hoffartz*.
Homan: *Hohmann; Homann*.
Hohmout: *Hochmuth, Homuth*.
Einstämmige Kürzung Hoh-.
Hoho: *Hohe; Hoche; Hoch*.

Hauhardt s. Hugu (V.).

Hauk- s. Hugu (einst. K.).

Haumersen s. Hugu (V.).

Haun- s. Huni (V., einst. K.).

Haupers s. Hugu (V.).

Haupt a) I. s. Hugu (Hugibald, -bodo) b) III. got. haubith, ahd. haubit, mhd. houbet:
1) als Körperteil, auch in mannigfachen Zss. — Piscator, qui vocatur Durrehoubith 1256. Joh. Hoybit 1339. z. T. durch Häuserzeichen vermittelt (S. 61).

FN. *Haupt; Breithaupt; Dünnh.; Guldenh.; Kraush.; Rauchh.; Rothh.; Schönh.; Schwarzh.; Weißh ; Wollenh.*

2) in Bergnamen und für Quelle (z. B. Brunhoibet 13. Jh.), ON. bildend auf *-haupt*, *-haupten.*

FN. *Weidenhaupt; Mühlhaupt.*

Niederd. *-höft* (mit langem ö), in mancherlei Zss., die wohl meist Ortsbezeichnungen sind.

FN. *Hövet; Höft; Bernhöft* (vgl. Conrad. Berenhoufed 1278 — wohl ein ON., vgl. z. B. Bernhaupten in Baiern); *Bornhöfft* (O. Bornhöved); *Bredeh.* (Breithaupt); *Düsterh.; Düvelsh.* (halbhochd. *Düvelshaupt;* hochd. *Teufelskopf); Lamshöft; Musschenh.* (Sperlingskopf); *Schönh.; Wiedenh.; Witth.*

Hauptmann III. „Burghauptmann".

Haurand III. Satz-N. „zerhaue den Rand" d. i. den Schild (mhd. rant), älterer Ausdruck als Hauschild.

Haus-, Häus- s. Hûsa.

Haus III. ahd. mhd. altsächs. hûs. Schon bis zum J. 1100 sind nicht viel weniger als tausend ON., die dies Wort enthalten, überliefert. Neuhochd. *-haus,* niederd. *-hus,* in anderer Schreibung *-huus, -hues.* Hierher gehören eine Menge FN., die auf westfäl. Hofnamen zurückgehen.

FN. 1) *Althaus* (1347 Nikil A.); *Backhaus* (auch ON.), *Backhus; Berninghaus; Neuhaus, Neuenh.* (elliptische Dativform), halbhochd. *Niehaus, Nienh.; Schmalh.; Steinh.; Sudh.; Thielenh.; Wirmingh.* (O. -hausen Westfalen); niederd. *Brockhus, Brockenhuus.*

2) *Düsterhues; Groth.; Heidh., Heithus; Lieckhues; Oldehus, Ohlhues; Overholthus* (Papenb.); *Overhues; Osth.; Westh.* — *Steins* (1590 Steinhues).

3) An der holländischen Grenze (von Aurich bis Rees) findet sich die F. *-huis* (Joh. Steenhuys 1488 Köln. Univ.-Matr.): *Beckhuis; Bülth.* (Emden); *Grooth.; Nyh., Nyenh.; Veenh.*

Häufig tritt Haus im elliptischen Dativ Plur. auf: (diu stat) ze den nordhusen „(die Stadt) zu den Nordhäusern", daraus gekürzt: Nordhusen. Daher nhd. die ON. auf *-husen, -hausen* (die auf -hus, -husen endigenden sind in der Schriftsprache jetzt sehr beschränkt, wohl eigentlich nur noch niederd.).

FN. 1) *v. Hausen* (O. b. Kindelbrück a. d. Unstrut, j. verschwunden, 1216); *v. Bodenhausen* (O. b. Göttingen, Ardimarus v. B. 1109); *Camph.; v. Ernsth.; Holzhausen* neben *Holthausen* und *Holthusen* (alle drei FF. auch als ON.; Holzhausen 92mal in den verschiedensten Gegenden Deutschlands, Holthausen 32mal auf niederdeutschem Gebiet, Holthusen dagegen nur 4mal Rud.); *v. Hundelshausen* (O. b. Witzenhausen, Heinrich v. Hunoldesh. 1242); *v. Münchh.* (O. b. Loccum i. Hannover, Gottfried v. M. 1149); *v. Pöppinghauß (-hausen)* (O. b. Hohensyburg in Westf., Gobel de Popinchusen 1347); *Schaffhausen; Seeh.; Steinh.; v. Stockh.; Thannh.; Westerh.* — *v. Gillhaußen; Ballhause* (O. -hausen).

2) *v. Brockhusen* (vgl. hochd. Bruchhausen); *Nieh.; Riepenh.; Wachenh.* (O. -hausen).

3) An der holländ. Grenze *-huysen* (in vollständig holländischer Schreibung -huyzen): *Geesthuysen; Groeth.; Nienh.; Wardhuisen.*

Merkwürdig sind die Abkürzungen, die bei der Länge dieser Bildungen auf -hausen (häufig fünfsilbig: Mengeringhausen, Eddigehausen) hier in besonderem Maße Platz gegriffen haben. Hunderte von N. zeigen jetzt nur noch ein *-sen,* wie Evereshusen jetzt Eversen, Elidagshusen — Eldagsen, Otinhusen — Ottensen, Amelungshusen — Amelunxen, während in andern Fällen beide Formen, die vollständige und die zusammengezogene, nebeneinander stehen: Holzen neben Holthausen (Kreis Iserlohn).

FN. *v. Adelebsen; Algermissen* (O. in Hannover, alt Alegremishusen); *v. Amelunxen; v. Bennigsen* (O. b. Springe in Hannover, Burchard v. Bennekessen 1311); *Dangersen; Elligsen; Hovedissen* (ursp. Hohwartinghusen); *Mackensen; Mengersen* (neben ON. Mengershausen); *Rohrsen.* — *v. Berlepsch* (O. 1442 noch: Berleibessen, j. Barlissen b. Göttingen, Cunradus de Berleibisin 1233).

Ableitung auf *-er* (oberd.):

1) *-hauser: Neuhauser; Rotth.* (O. -haus und -hausen); *Steinh.*

2) *-häuser* (im südlichen Teil der Rheinprovinz, Nassau, Hessen, Thüringen, Schlesien): *Häuser, Häusser* (O. Haus, Hauß mehrfach); *Ernsthäuser; Frankenh.; Froschh.; Kaltenh.; Niederh.; Rothenh.* (O. -haus und -hausen); *Steinhäuser* und *-häußer; Tannhäuser; Windh.* — bisweilen in der Schreibung *-heuser: Heuser; Anheuser, Anheißer* (O. Anhausen); *Oppenheuser.*

Entstellt *-heiser: Packheiser* (O. -hausen); *Tannheiser; Dannheißer.*

3) niederd. *-hüser* (westfälisch, selten): *Hüser; Bergh.; Nieh.; Rodeh.*

Hauschild s. Hauenschild.

Hauschke s. Hûsa (einst. K.).

-hause s. Hose.

-hausen s. Haus.

Hauser s. a) II. Balthasar b) III. „einer aus Hausen".

-hauser, -häuser s. Haus.

Haushalter III. wacht über Einnahme und Ausgabe des Haushalts. Auch *Haushälter.*

Häusler III. im östlichen Mitteldeutschland 1) ein Landmann, der ein eigenes Haus, aber wenig oder gar keinen Acker besitzt, 2) ein Dörfler, der im fremden Hause zur Miete wohnt, Tagelöhner. Dasselbe bedeuten wohl *Hausner, Häußner,* doch können sie auch zum ON. Hausen gestellt werden.

Hausmann III. mhd. hûsman 1) „Vorstand einer Haushaltung", bes. einer ländlichen, 2) „Hausbewohner, Mietsmann", 3) „Wächter und Schließer eines Hauses", bes. Burgwart. Vgl. das mittelalt. lat. husimanni im 12. Jh. „zinspflichtige Hofleute".

FN. *Hausmann, Haußmann.* Gen. *Huismanns* (ostfries.).

-haußen s. Haus.

Haustein s. Hauenstein.

Hauto III. niederd. Satz-N. „hau zu" — auch *Hautau.*

Hautop s. Hotopp.

Hautz s. Hugu (einst. K.).

Havemeister s. Hofmeister.

Hawickhorst s. Habekost.

Hawig s. Haðu (V.).

Hay- s. 1) Haga (V., einst. K.) 2) Haiðuȥ (V.).

Hayduck s. Heyduck.

Hayn- s. Haga (V., einst. K.).

Haza v. Radlicz III. ein jetzt westpreußisches Geschlecht, urspr. Hase, aus Radlitz bei Steinau stammend, änderte seinen Namen so in Polen um (Winckler, Nationalitäten Pommerellens S. 91).

Heb- s. Haðu (zweist. K.).

Hebbel s. Haðu (zweist. K.).

Hebebrand III. Satz-N. „einer, der den Feuerbrand oder das Schwert hebt". Auch *Hebenbrand.*

Hebenkrieg III. Satz-N. „einer, der den Krieg anhebt".

Hebenschimpf III. Satz-N. „der den Scherz anhebt", Spaßmacher.

Hebenstreit III. Satz-N. „der den Streit anhebt" (Michel Hebdenstreit 1591) — auch *Hebestreit; Höbestreit.*

Hebetanz III. Satz-N. „Vortänzer". Auch *Hebentanz.*

Hech-, Heck- s. Haga (V., einst. K.).

Hecht III. „Hecht" Wienand Heketh 1316 (Lipp. Reg.). Schon im 8. Jh. Hahit, 859 Hehith.

Hecker a) I. s. Haga b) III. „Gärtner".

Hed- s. Haðu (V., einst. K.).

Hedd- s. Haðu (einst. K.).

Heer- s. Harjaȥ (V., einst. K.).

Heg- s. Haga (V., einst. K.).

-hege s. Hag.

Hehl s. a) Haga b) Hal (einst. K.)

Heger a) I. s. Haga b) III. „Forstaufseher".

Hehn s. Haga (einst. K.).

Hehrlin s. Harjaȥ (einst. K.).

Hei III. ahd. heio, mhd. heie der „Heger, Aufseher, Hüter".

FN. *Hey.* Zss. *Bruckhei, Bruggey, Prugghai* (bair.); *Fischhei; Grashei* (Cunrad Grashay 1318), umgedeutet *Grasheu; Halmhei, Halmheu; Holzhei, Holtzhey,* gewöhnlich jetzt *Holzheu; Kerkhei; Öschey; Wieshei, Wiesheu.*

Heiartz, Heib- s. Haga (V.).

Heicke s. Haga (einst. K.).

Heid- s. Haiðuȥ.

Heide III. got. haiþi, ahd. heida, mhd. heide ein mit Strauchwerk und Dornen bewachsenes „unbebautes Feld". In ON. *Haid, -haid; Heide, -heide.*

FN. *Auf der Heyde* (westf.); *Anderheit; Anderheiden; Vonderheydt,* auch getrennt *von der Heidt, von der Heyden; v. Heyden* (O. b. Borken; W., Alard v. Heithen 1177); *Holzheide; Kirchh.; Knapph.; Krähenh.; Öllh.; Ordelheyde; Schlingheide* (sämtlich in Westfalen, meist appellativ zu fassen: Personen, die auf der betr. Heide wohnten). *Westheide. Kleinheidt.*

Ableitung auf *er: Heider; Steinheider* (O. Steinheide, auch -heid genannt, in Sachsen-Meiningen). — *Heidemann; -müller; Heitschmidt.*

-heide, -heider, heidt s. Heide.

Heidenbluth III. „Heideblüte“ (mhd. bluot Blüte).

Heidner III. „einer, der auf der Heide wohnt“.

Heidorn s. Hagedorn.

Heier, Heigis- s. Haga (V.).

-heier s. Hauer.

Heil- s. Haila.

Heilbutt a) I. s. Haila b) III. ein Fisch.

Heiligensetzer III. „der Heiligenbilder aufstellt“.

Heilmeyer III. „M., der ein heiles Erbe hat“, Vollhüfner.

Heim- s. 1) Haga (V.) 2) Haimi.

-heim, -heimb s. Heim.

Heim III. got. haims „Dorf, Flecken“, ahd. mhd. heim „Haus, Heim“ (altsächs. hêm, angelsächs. hâm, daher engl. -ham). An ehrwürdigem Alter können sich die hiermit gebildeten ON. denen auf -burg an die Seite stellen: *Βουίαιμον* 1. Jh., *Τευριοχαίμαι* 2. Jh. Der sich schon in alter Zeit entwickelnden Formenfülle steht eine gleiche in den neueren ON. gegenüber.

Die gewöhnliche, tausendfach wiederkehrende Gestalt (in dem Elsaß und der Schweiz die einzige) ist *-heim,* demnächst ziemlich häufig *-ham* (bes. in Oberbaiern, in merkwürdiger Übereinstimmung mit den englischen ON. auf -ham, derart, daß ganz unbedeutende bairische und österreichische Dörfer mit berühmten englischen O. im Namen zusammenfallen, wie Durham, Graham) — selten *-hem.* Mit Schwinden des anlautenden h: *-am, -em, -im; -um, -om* (nordwestdeutsch und flandrisch z. B. Dahlum, älter Dalehêm). Zuletzt abgeschliffen in *-en* (Holzen aus Holzheim).

Aus -heim (ham) mit vorausgehendem K-Laut (-incheim) entwickelt sich *-kam* (z. B. Zeiskam in Rheinbaiern, 1109 Ceizencheim).

FN. 1) *-heim: Stach v. Goltzheim* (O. b. Jülich, Johannes Stache 1263); *v. Griesheim* (O. a. d. Ilm, Widelo de Gr. 1133); *Heidenheim* (auch *Heidenhain,* O.-heim); *v. Kunheim* (O. Künheim b. Colmar i. Els., Cüntze v. K. 1263); *v. Pappenheim; v. Schellersheim* (Adelsn. für die Brüder Schellhaß 1732); *v. Stralenheim* (schwed. Adelsn. f. Michael Vieth 1685); *v. Stutterheim* (O. Stotternheim b. Erfurt, Albertus v. St. 1184); *Thalheim; v. Veltheim* (1225); *v. Wangenh.; Werth.* — zuweilen im Auslaut mit b: *v. Edlhaimb; v. Gilgenheimb; Meerheimb* (Stammort Merheim (Rheinpr.); *v. Quernheimb* (O. Quernheim); *Aronheim* jüdischer Phantasie-N.; *Flürscheim* (O. Flörsheim).

2) *-ham: Langham* (Wien, neben -heim).

3) *-hem: Berghem; v. Beughem.*

4) *-em: v. Medem* (Gött. UB. 1390: Thylo v. Medeheym; derselbe 1394 Thile v. Medehem, 1383 Tile v. Medem genannt); *Auss.; Bach.; Berch.; Holz.; Koch.* (Kochem, eigentlich Kochheim a. d. Mosel); *Liess.; Lux.; Olx.* (O. Olzheim); *v. Ein.; Yx.* (O. Ixheim in Baiern); *Vonvolx.* (Trier) = von Volxheim (O. in Hessen); *Zings.* (O. -heim).

5) *-im: Arnim, v. Arnim* (Arnheim, -hem in den Niederlanden; Arnim Dorf in der Altmark; Alardus de A. 1204).

6) *-um: v. Altenbockum* (O. Altenbochum); *v. Ankum; v. Bockum-Dollfs* (O. b. Meschede, Adolfus de Boychem 1322); *Borsum; Deck.; Derc.; v. Holt.; Schlick.* (O. Schliekum); *Stock.*

7) *-en: Meeden.*

Vereinzelt erscheinen *Krauthahn* (O. -heim) und *Trettenhahn* (Wien; O. Trittenheim).

Ableitung auf *-er* (oberd.):

1) *-heimer: Bastheimer, Pasth.* (O. Bastheim); *Dahlh.; Dexh.; Gennh., Gönnh.*

(O. Gönnh.); *Hargesh.* (O. Harxh.); *Meisenh.; Sonth.; Weinh.*

2) *-hamer, -hammer* (schon 1342 Ulr. Heilhamer Augsburg = Heilheimer Bacm.): *Berghammer* (Bergheim häufiger ON., auch in Baiern); *Bockh.; Buschh.; Esterh.* (= Österheimer Steub S. 85); *Forchh.* (O. Forchheim); *Froschh.; Frohsch.; Grah.; Griesh.; Haush.; Hundhamer; Klughammer; Kohlh.; Langh.; Lindh., -hamer; Mooshamer* (O. Moosham); *Mühlhammer; Oberh.; Pertenh.; Rosenh.; Rothh.; Schellh.* (= Schelchheimer); *Schönh.; Schwingh.; Thalh.* (O. Thalham 38 mal Rud.); *Weilh.; Werthh.*

3) *-amer, -ammer: Holzamer, Holzammer* (O. Holzheim, Holzem); *Rügamer, Rigamer* (O. Rügheim);

-kamer, -kammer („ich Klaus Langenlohr den man nempt Cleinkamer" — sonst auch Klinghamer, -haimer Augsburg): *Bergkammer; Langk.; Volckamer, Vollkamer.*

-samer: Attens. (Attensheimer); *Reits., Reiz.* (Reizheimer); *Tuffens.* (Tuffensheimer); *Uls.* (Ulzheimer). — *Hexamer.*

4) *-emer: Bullemer* (O. Bullenheim); *Herxemer* (O. Herxheim); *Hessemer; Hundemer* (O. Hundheim); *Leid.; Lend.; Rüg., Rügmer; Stockemer.* (Siehe über alle diese Bildungen auf -hamer usw. Steub S. 148f.).

5) *-omer: Herkomer* (O. Herkheim in Baiern).

Heimbürge III. „Gemeindevorsteher". Vgl. über das Amt Arnold, Freistädte I 293—296 und die Zeitschrift des Allg. D. Sprachvereins 1911 Sp. 26. Auch *Heimbürger.*

-heimer s. Heim.

Hein- s. Haga (V., einst. K.).

Heinevetter III. „Vetter Heinrich" vgl. niederdeutsch Jacobohm, Trinatante.

Heinitz a) I. s. Haga b) III. ON.

Heipt s. Haga (V.).

Heis- s. Haiðuz.

-heiser s. Haus.

Heister III. junger Buchenstamm (davon franz. hêtre).

FN. *Heister* (O. 6 m.); *von Heister* (niederrhein.). In Zss. wie *Heisterkamp — Hestermeyer. Buchheister.*

Heit- s. Haiðuz.

Helb- s. Heldi (V., zweist. K.).

Helbling III. Münzname.

Held s. Halida.

HELDI I. (s. S. 14) zu ahd. hiltja, altsächs. hild „Kampf" (vgl. die altnord. Walküre Hildr). Sowohl anlautend als auslautend einer der häufigsten Wortstämme. Die fränkischen N. mit scharfem Hauch im Anlaut: Childerich.

FN. Hildibald: *Helbold.*

Hildibert: *Hildebrecht; Hillebrecht; Hilbrecht; Hilprecht; Hilbert; Hilberath; Hilbraht; Hippert; Hipper.* Gen. *Hilbers.* Patr. A. *Hipperling.*

Hildibrand: *Hildebrand; Hiltebrandt; Hillebrand; Hilbrand; Hildenbrand; Hillenbrand; Hillerbrand; Hüllerbrand.* Gen. *Hildebrands; Hilbrands; Hilberns; Hellebrandts.* Patr. A. *Hillebrenner* (Preuß); *Hilbrink* (1488 Hilbrant, 1650 Hilbern. Preuß).

Hildidag: *Hildach.*

Hildifrid: *Hilfert; Hilfer.* Gen. *Helfritz; Hellfritzsch.* Patr. A. *Helferding* (oder auch zu Helpan).

Hildigar: *Hilliger; Hilger; Hilker.* Gen. *Hilgers.*

Hildigard: *Hildgard; Hilgert; Hülgerth.*

Childard: *Hillardt; Hillert; Illhardt.*

Hildier: *Hilder; Hiller; Heller (Hellermann).* Gen. *Hillers; Hillerns* (ostfriesisch).

Hildeman: *Hildemann; Hillemann; Hiltmann; Hillmann; Heldmann* (auch zu Held, vgl. Halida); *Hellmann; Hiddemann; Hiddema* (ostfries.); *Hittmann; Hiedemann; Illmann.*

Hildimar: *Hillmar; Hilmer; Hellmar; Illmer.* Gen. *Hillmers; Hellmers* (auch zu Helma).

Hildimod: *Hellmuth.*

Hiltimund: *Hellmundt.*

Hildiric: *Hillrich; Heldrich; Hellerich; Illerich.* Gen. *Hilrichs.*

Hildiward: *Hildewerth; Hellewart; Helwert.*

Hiltiwic: *Hildewig; Hillwich; Helwig, Hellwieg; Helweg; Höllwig.*
Hildiwin: *Hildwein; Heldwein; Hellwein.*
Hildulf, Iltolf: *Ilwof; Ihloff.*
Einstämmige Kürzung Hilt-.
Hildo, Hillo, Ilo, Hiddo: *Hild; Hilt; Hield; Hielte; Hille (Hillemeyer); Helle; Hidde; Ihle.* Gen. *Hils; Hillen.* Patr. A. *Hilling; Hidding; Hitting; Illing; Ihling.*
Vklf. (i): *Hilti* (schweiz.). (l) Hildulo: *Hildel; Hiltl* (bair.); *Hillel; Hittel; Hiedel.* (k) Hildico, Hicko (Stark 73): *Hillig; Hilke (Hilkmann); Helke; Hicke; Hiecke (Hiekmann).* Gen. *Hilliges; Hilges; Hilkes* (niederrhein.); *Illies; Ilges* (Kleve); *Ilgen.* (k + l): *Hickel.* (k + n) Hildikin: *Hilcken; Hicken; Iltgen.* (z) Hildizo, Hizo: *Hiltz; Hitze; Hietsch; Hiss; Ihlsch.* (k + z): *Hitzke; Hitzschke.* Unorg. Bildung: *Hietzschold* (Kgr. Sachsen).
Zweistämmige Kürzung Hildeb-.
Hilbo, Hibbo, Hibo, Ibo: *Hilb; Hilbe; Hibbe; Hippe; Hibo; Hieb; Ibe.* Gen. *Hibben; Hippen; Hieben.* Patr. A. *Helbing; Hibbing.*
Vklf. (l): *Hippel; Hiebl.* (k): *Hilbig; Helbig; Ilbig; Ibig.*

Helf- s. 1) Heldi (V.) 2) Helpan.

Helgenmacher III. „Verfertiger von Heiligenbildern“.

Hell s. Heldi (V., einst. K.).

Helle III. „Hölle“; häufiger Flurname „wilde Gegend mit Abgründen“.

Hellenbrecht, Hellm- s. Helma.

Heller a) I. s. Heldi b) III. zu den Münzn.

HELMA I. got. hilms, ahd. mhd. helm „Helm“ (von helan „hehlen“ d. i. bergen, schützen), beliebt in westgerm. N.
FN. Helmbald: *Helmbold.*
Helmperht: *Helmbrecht; Hellenbrecht;* (zerdehnt, vgl. Hellebarte aus Helmbarte).
Helmdag: *Helmentag.*
Helmhart: *Helmert; Helmer.* Gen. *Hellmers.* Patr. A. *Helmerding.*
Hilmerad: *Helmrath.*
Helmirich: *Hellmrich; Helmreich.* Gen. *Helmerichs.*
Helmold: *Helmold; Helmet.* Gen. *Helmholtz.*
Einstämmige Kürzung Helm-.
(Helmo): *Helm.* Gen. *Helms.* Patr. A. *Helming.*
Vklf. (l): *Helmle.* Patr. A. *Helmling.* (k): *Helmcke; Helmich.* (k+n): *Helmchen.* Gen. *Helmgens.*
Auslautend (103 mal Först.).
-helm: Reichhelm.

HELPAN I. got. hilpan, ahd. helfan „helfen“.
FN. Helpfrid: *Hilfert; Helfert;* zsgz. *Helft.* Patr. A. *Hülferding.*
Hilpericus: *Hilfrich; Helferich; Helfrich.*
Einstämmige Kürzung Hilp-.
Helpo: *Hilfe; Helff.*

Heltscher s. Holzschuher.

Helwert s. Heldi (V.).

-helm s. Heim.

Hemberle s. Haga (V.).

Hemme s. Hama.

Hemmerling, Hemper s. Haga (V.).

Hempel s. Haga (zweist. K.).

Hemptenmacher III. „der Himten macht“, mittelniederd. hemete ein Getreidemaß. Himptenmacher 1667.

Hend- s. Haga (V.).

Henk-, Henle s. Haga (einst. K.).

Henkord = Henne Kordes (Preuß).

Henn- s. a) I. Haga (V., einst. K.) b) II. Johannes 5.

Henold, Henrich s. Haga (V.).

Hens- s. a) Haga (einst. K.) b) Johannes 4.

Henschel s. Haga (einst. K.).

Hente s. Handu.

Hentrich s. Haga (V.).

Henz- s. Haga (einst. K).

Hepp- s. Hadu (zweist. K.).

Her- s. Harjaȥ (V., einst. K.).

Herb- s. Harjaȥ (zweist. K.).

Herbst III. ahd. herbist, mhd. herbest eigentlich die Jahreszeit der Früchte (vgl. griech. καρπός, lat. carpo). Jacob dict. Herbist 1315.

Herchn-, Herckn- s. Erkniaȥ.

Herd- s. Harduȥ (V., einst. K.) — doch

Herde- s. Harjaȥ.

Herder s. a) I. Harjaȥ (V.) b) III. Herter.

Hergesell s. Geselle.

Hering a) s Harjaʒ (einst. K.) b) III. der bekannte Fisch, altniederd. Harink. Zss. *Vollhering*.
Herkomer s. Heim 5).
Hermeler s. Harjaʒ (zweist. K.).
Herold a) I. s. Harjaʒ (V.) b) III. der „Herold".
Herpp s. Harjaʒ (zweist. K.).
Herpffer III. mhd. harpfaere, härpfer „Harfner".
Herr- s. Harjaʒ (V., einst. K.).
Herrgott III. von gewohnheitsmäßigem Ausruf (vgl. Simmergott u. a.) — wenn nicht von Herigaud (s. Harjaʒ).
Herrnschwager III. „Hahnrei eines Vornehmen" (Vilm.).
Herschel s. Hirsch.
Hert- s. Harðuʒ (V., einst. K.).
Herter a) I. s. Harðuʒ (V.) b) III. mhd. hertaere „Hüter der Gemeindeherde" DW.
FN. *Herter; Herder*. Zss. *Schapherder*. Niederd. auch *Harder* (vgl. holl. harder, herder).
HERUT I. ahd. hiruʒ, mhd. hirʒ, hirz der „Hirsch". Hiriʒpero 11.
FN. (Hiriʒleip): *Hirschleb; Hirschlaff* (niederd.).
Einstämmige Kürzung Hirz-.
Hiruʒ: *Hirtz; Hirsche; Hirsch*. Patr. A. *Hirsing*. Vklf. (l) Hirzil: *Hirzel; Hirschel (Hirschelmann)*.
Herz III. 1) ahd. herza, mhd. herze das „Herz", bes. wohl in Zss. wie *Gutherz*. 2) Hirsch s. Herut.
FN. *Herzberg; Herzfeld*.
-herz a) I. Gen. von -hart, -hert (s. Harðuʒ auslautend) b) III. Zss. mit „Herz" (s. das Vorhergehende).
Herzog III. mhd. herzoge „Heerführer" (wie magezoge „Knabenführer, Erzieher") s. übrigens S. 42. Hermen de Hertoge 1330.
FN. *Herzog*. Niederd. *Hartog*. (Franz. *Leduc*.)
Hespe III. „einer aus Hesepe oder Hespe" (in Hannover).
Hess-, Heß s. Hass.
Hesse a) I. s. Hass b) III. „Hesse".
Hester- s. Heister.
Hett- s. Haðu (V., einst. K.).
Hetsch, Hetz s. Haðu (einst. K.).
-heu s. Hei.
Heubald s. Hugu (V.).
Heubaum III. „Baum" (Balken), der oben über den beladenen Heuwagen gelegt wird.
Heuber, Heubner s. Hauber.
Heubes s. Hugu (zweist. K.).
-heuer s. Hauer.
Heug- s. Hugu (einst. K.).
Heun- s. Huni (V., einst. K.).
Heus- s. Hûsa.
-heuser s. Haus.
Heuschner III. „der bei einer Heuscheune wohnt".
Heuwald s. Hugu (V.).
Hey s. a) I. Haga (einst. K.) b) III. Hei.
Heybold s. Haga (V.).
Heyckel s. Haga (einst. K.).
Heyd- s. a) I. Haiðuʒ (V., einst. K.) b) III. Heide.
Heydorn s. Hagedorn.
Heyduck III. N. eines „ungarischen Volksstammes"; „Bedienter" (Läufer). Auch *Heuduck*.
Heyer s. Haga (V.).
Heyken s. Haga (einst. K.).
Heyl- s. Haila.
Heym s. Haimi.
Heymann a) I. s. Haga (V.) b) II. jüdischer N. („treu").
Heymer s. Haga (V.).
Heyne s. Haga (einst. K.).
Heypertz, Heyrich s. Haga (V.).
Hib-, Hibb- s. Heldi (zweist. K.).
Hick- s. Heldi (einst. K.).
Hidd- s. Heldi (V., einst. K.).
Hieb- s. Heldi (zweist. K.).
Hiecke s. Heldi (einst. K.).
Hied- s. Heldi (V., einst. K.).
Hientzsch s. Haga (einst. K.).
Hieronymus II. griech. „einen heiligen Namen führend"; der h. Hieronymus, der gelehrteste unter den Kirchenvätern des Abendlandes, gest. in einer Zelle bei Bethlehem 430 n. Chr.
FN. *Hieronymus*. Gen. *Hieronymi*. — *Kronymus* (S. 38 Anm. 2); *Grulms; Grolms; Grommes; Grummes; Krummes*.
Hies- s. Matthias.
Hiet- s. Heldi (einst. K.).
Hil- s. Heldi (V., einst. K.) — bei Hilf- s. zugleich Helpan.

Hiller s. Heldi. Eine F. Hiller wurde 1628 geadelt; der Enkel nannte sich 1703 nach seinem Gute *Hiller von Gärtringen*.

Himmelfahrt III. zu den Zeitnamen, ahd. himilfart. Dagegen *Himmelreich* häufiger ON. (32mal Rud.). Himmelreich u. Hölle kommen auch oft als Hausnamen vor; sie waren wohl an ihnen bildlich dargestellt.

Himmrich s. Haimi.

Hin- s. Haga (V., einst. K.).

Hinckeldey, Hinckelthey s. Angil.

Hingst III. niederd. „Hengst".

Hinnen III. urspr. Dahinden (Tobler-M.).

Hinzpeter II. urspr. Doppelrufname.

Hipp- s. Heldi (V., zweist. K.).

-hirn s. Horn III.

Hirsch a) I. s. Herut b) III. wohl meist durch Vermittelung von Häuser-N. Hugo dict. zum Hirze 1265 — in jüdischen FN. besonders beliebt, nach dem Segen Jakobs (1. Mos. 49, 21). Auch *Hersch*. Franz. *Cerf*. Zss. *Rohrhirsch* (der röhrt). Vklf. *Hirschel; Herschel*.

Hirschkorn III. vergröbert aus *Hirsekorn*. Frater Hirsekorn 1269.

Hirschsprung III. ON. (im Kgr. Sachsen).

Hirsing s. Herut.

Hirte III. got. hairdeis, ahd. hirti, mhd. hirte. FN. *Hirth*. Zss. *Geißhirt* (mhd. geiȥhirte); *Kuhhirt; Lämmerh.; Ochsenh.; Roßh.; Schafh.; Ziegenh.*

HIRU I. got. hairus, altsäch. heru „Schwert". Hiribert. Hiriger.

FN. Einstämmige Kürzung Hir-.

Hiro: *Ihr*. Patr. A. *Hiering*. Vklf. (k): *Irig*. Gen. *Hirkes*. (l): Patr. A. *Hierling*.

Hiß, Hitschke s. Heldi (einst. K.).

Hitt- s. Heldi (V., einst. K.).

Hitz- s. Heldi (einst. K.).

Hitzig III. der getaufte Sohn des Hofbankiers Itzig in Berlin nannte sich *Hitzig*.

HLUÞA-, HLUDA- I. zur Wurzel hlu hören (ahd. hlût „laut") — doch mit dem Sinne des griech. κλυτός, lat. (in)clytus „berühmt", welche sich nach dem Gesetze der Lautverschiebung mit hluþa decken. (Berührt sich schon früh so nahe mit Leudu, daß eine sichere Scheidung in den wenigsten Fällen, hauptsächlich nur bei den mit K und G anlautenden FF, die nur zu Hluþa gehören, stattfinden kann). Im 9. Jh. schwand das anlautende ch, eine spätere Zeit nahm es zuweilen wieder auf.

FN. Chlodobert: *Löpert; Kohlbrey* (1488 Koldebrig. Preuß).

Chlodochar: *Klöter; Klüter; Clauder, Klauder; Loder; Lotter; Löther; Lauter*. Gen. *Kluiters* (niederrhein.); *Lodders; Lötters*.

Lotfrid: zsgz. *Lufft, Luft, Luff*.

Hlodmar: *Lotmar; Luthmer; Lohmar; Lommer; Löhmer; Laumer*. Gen. *Lottmers; Lutmers; Lüttmers*.

Chloderich: *Lorich; Lorey; Lörick; Laurich*.

Clodowald: *Lothal*. Gen. *Lothholz*.

Chlodowich 5. (zs.geflossen mit Hlodewic): *Ludowieg; Ludwig, Ludwich*; niederd. *Ladewig*. Gen. *Ludowigs; Ludwigs* (latinis. *Ludowici*); *Lodewyks* (ostfries.).

Chlodulf: *Ludolf; Ludloff; Löloff*; zsgz. *Lülf; Looff; Löff; Lauff*. Gen. *Lulfs; Lüdelfs; Lühves*. Patr. A. *Lülfing*.

Einstämmige Kürzung Hlod-.

Chlodio, Hludio, Lotto: *Klode; Kloth; Gloth; Klott; Klute; Gluth; Klutt; Klutmann; Klütmann; Glöde; Claude; Clauth* (latinis. *Clodius, Cludius, Claudius*).

Lode; Loth; Lott; Löhde; Luth; Laute; Lauth. Gen. *Lottes; Looden* (ostfries.); *Lotinga* (ostfries.). Patr. A. *Löding*.

Vklf. (i): *Klöthi* (schweiz.). (l) Lullo: *Ludl; Loll*. Patr. A. *Lolling*. (k) Claodicus: *Klocke; Kluck; Löttge* (latinis. *Lotichius*). (k+n): *Kleudgen* (Montabaur). Gen. *Kloudgens* (niederrhein.). (z) Hludizo, Lozo: *Klotz; Klotsch; Klötsch; Klautzsch; Lotze* (Zss. *Langelotz*); *Lotsche; Lutze (Lutzemann); Lutsche; Loutsch* (Luxemb.); *Lautz; Lautsch; Lose; Losse; Loos; Lösch; Löse; Lossmann*. Gen. *Lutets* (ostfries.). Patr. A. *Lotzing*. (z+l): *Klötzel*. (k+z): *Klötzke*.

Zweistämmige Kürzung Hlodf-.

Patr. A. *Löhdefink; Lohfink; Loffing*.

Ho- aus *Hoch* abgeschliffen in *Hobaum, Hobusch, Homeier* u. a. (vgl. Elbinger Urk.: Pauwel von Rusdorff homeister 1431 d. i. Hochmeister). Doch wird auch Hof- mitunter in Ho- abgeschliffen (s. Hofmeister).

Hob- s. Hauhaz.

Hobb- s. Hugu (zweist. K.).

Hobein III. = *Hochbein*.

Höbel, -höbel s. Hübel.

Höbenstreit s. Hebenstreit.

Hoch- s. Hauhaz.

Hochgemuth III. s. S. 47.

Hocker, Höcker s. Hugu (V.).

Hodemacher III. rein niederd. Hodemaker „Hutmacher“.

Hof III. jetzt wie in alter Zeit ein eingehegter oder eingezäunter Raum — in hunderten von alten und tausenden von neueren ON.: *Hof, -hof, -hofen* (elliptischer Dat. der Mehrzahl, ahd. hovum, abhängig zu denken von einem Verhältniswort). Diese N. auf -hof sind meist niedersächsisch.

FN. *auf dem Hofe; Uphoff; van Hove; Baumhove, Oldenhove* (ellipt. Dat.); *Hoff; Berghoff; Berkh.; Bienh.; Blumhof; Eckhoff; Eickh.; Graßh.; Grönh.; Grooth.; Grünh.; Herdieckerh.; Holth.; Kirchhof; Kruithof* (Emden); *Middelhoff; Nordhof; Osthof; Sudhof; v. Vietinghoff* (O. b. Essen; Henricus de Vittinghove 1230); *Westhof, Westerhof, Westerhove* — in vielen dieser N. mehr appellativ, indem Nordhof „den von dem Nordhofe“, Sudhof „den vom Südhofe“ bezeichnet.

Eschhofen; Frohnh.; Himmigh.; von Richthofen s. Praetorius; *Udelh.* (O. Udelhoven); *v. Westh.* — *v. Hoven; Aldenh.* — *v. Morenhoffen* (O. -hoven); *v. Pfaffenh.*

Ableitung auf *-er* (oberd.):

1) *-hofer: Hofer; Blumh.; Duttenh.; Gangh.; Gsellh.* (bair.); *Palmesh., Palmetzh.* (O. Palmeshof = Pallmannshof); *Rittersh.; Schweigh.; Stadelh.; Kirchhoffer* (O. Kirchhof u. -hofen); *Westenhoffer.*

2) *-höfer: Höfer; Berghöfer; Fronh.; Sandh.; Schweigh.; Steinh.; Dörnhöffer; Klingelh.; Neuh.; Kirchhefer.*

3) *-hofner: Ganghofner; Bachofner* (O. Bachhofen).

Bemerkenswert ist die schweizerische Zusammenziehung *-kon*, abgestumpft *-ken*, aus ursprünglichem inc-hovun, z. B. Zollikon aus Zollinc hovun, (zu) „den Höfen des Zollinc“; Hüttikon aus Huntinchovun, Luderetikon aus Ludretinchovun; auch Leutmerken aus Liutmarinchova. — Vor 1100 nicht in einer Urkunde gefunden, auch im 12. Jh. noch sehr vereinzelt, ist diese F. -kon das ganze 13. Jh. hindurch fast schon die allein herrschende. Die ältere F., allerdings mit Ausstoßung des h, ist erhalten in Baiern (Gangkofen, Mattenkofen), den preußischen Rheinlanden (Diepenkofen, mehr vereinzelt: Impekofen).

Die FN. nun bewahren die alte F., auch wenn die ON. jetzt nur die jüngere, zusammengezogene aufzeigen, ein Beweis, daß die Ableitung der FN. schon früh, mindestens im 12. Jh. stattgefunden hat. So steht

Zollikofer neben Zollikon (Zürich),
Mörikofer neben Möriken (Aargau),
Oppikofer neben Oppikon (Thurgau),
Puppikofer neben Puppikon (Thurgau) —
Ganghofer neben Gangkofen (Niederbaiern)

hat sogar das h bewahrt. Dagegen entsprechen sich Orts- und Fam.-N. in den bairischen

Hüttenkofer (O. Hüttenkofen Niederbaiern), *Hittenkofer; Pangkofer* (Pangkofen Niederbaiern); *Radlkofer* (Radelkofen Niederbaiern); *Pettenkofer* (Pettenhofen).

Dändliker (O. Dändlikon); *Kölliker* (Kölliken Aargau).

Vereinzelte FF. sind: *Edigkaufer* (München); *Messikomer* aus Messikon = Messinghofen.

-höfel s. Hübel.

-hofen, -hofer, -höfer s. Hof.

Höfener s. Huber.

Hofer III. 1) ein „zu einem Herrenhofe gehöriger Untertan“ vgl. Eberhard von dem Houe 1287. Fridrich und Otte die Hofer 1291 2) Ableitung von dem ON. Hof.

FN. *Hofer; Höfer; Höfrer.*

Hoffartz s. 1) Hauhaz 2) Hugu.

Hoffendrunk III. Satz-N. „hoffe einen Trunk“, ein Spielmann, der auf einen Trunk hofft.

-höffer s. Hof.

Hoffert s. Haubaz.

Hoffmann s. Hofmann; **Hoffschild** s. Hauenschild.

Hofmann III. ahd. hovaman, mhd. hoveman 1) jemand, der als „Ingesinde“ am Hofe eines Fürsten lebt (in diesem Sinne auch *Höfling*, welches ebenfalls FN.) 2) der einen Hof (Gehöft) bewohnende Bauer, „colonus; rusticus, qui colit fundos“ = *Hofsäß*.

FN. *Hofmann*, gew. *Hoffmann* geschrieben (Hoffmann von Fallersleben). Vereinzelt: *Hovemann*. Gen. *Hoffmanns*. Niederd. *Hafemann*.

(Daß Hoffmann trotz dem ff nichts mit „hoffen“, niederd. hapen, hapeninge zu tun hat, demnach nur im Scherze mit dem griech. Elpenor übersetzt werden kann, beweisen die niederd. FF., die das f (v) bewahren: Houeman d. i. Hoveman, Hoffmann Klemp.).

Hofmeister III. mhd. hovemeister 1) hochgestellter Beamter bei Hofe, „Aufseher über die Hofdienerschaft“, Ceremonienmeister 2) „Aufseher über die Knechte eines Gutes“ (in Vorpommern und Mecklenburg „Statthalter“).

FN. *Hofmeister, Hoffmeister* — daraus abgeschliffen *Homeister* (vgl. Hômêster im Osnabrückischen). Niederd. *Havemeister*.

Hofschläger III. „Schmidt, der die Hufe der Pferde beschlägt“.

Höft s. Haupt.

Hög s. Hugu (V., einst. K.).

Hoge, Hög- s. Hugu (einst. K.).

Hogenkamp III. niederd. „(auf dem) hohen Kamp“. Abgekürzt *Hokamp*.

Hogevel III. Hausname 1358 de Hogevel „der hohe Giebel“.

Hogrebe, -fe = Hochgrebe s. Graf.

Hoh- s. Hauhaz und Huni.

Hohlweg s. Weg.

Hohlwein s. Holwein.

Hohn III. got. hauns, ahd. hôni „niedrig“ (woher nhd. Hauptwort „Hohn“). In ON. Hohn, -hohn; Hohne.

FN. *Hohn; Wippenhohn.*

Hierher gehören wohl mehrere in Westfalen vorkommende FN. auf -höhner, außer dem einfachen

Höhner — Diekhöner; Großh.; Strangh.; Traph.; Wellh. und einige andere — auch *Siebenhüner*.

Höhn- s. Huni (einst. K.).

Hohnschop III. niederd. „mit hohem Haarschopfe“ (Pott S. 592).

Hokamp s. Hogenkamp.

Hoke III. „Kleinhändler“. Vgl. Haak.

FN. *Hock; Hoke; Hocker; Höcker; Höker; Höckner; Hökner* (mit langem Selbstlaut der 1. Silbe).

Holaus III. Satz-N. „hole aus zum Hieb, Schlag, Stoß“!

Holb- s. Hulþa.

Holbein III. Arnoldus dict. Holbein 13. Jh. Bedeutung?

FN. *Holbein; Hohlbein.*

Hold-, Höld- s. Hulþa.

Holderbaum s. Hollunder.

Hölger, Holk, Holl- s. Hulþa.

Holland III. Ländername (S. 54); davon *Hollander; Holländer*. Gen. *Hollenders* (Bocholt).

Hölle s. Himmelreich und Helle.

Hollenweger III. (Zürich) „der am Hohlweg“.

v. Holleuffer III. aus Hohenlauft b. Roßwein. Ripert v. H. 1223.

Hollinderbaum s. Hollunder.

Höllriegl III. mhd. hellerigel (der die Rückkehr aus der Hölle versperrt) „Höllriegel“ (Teufel).

Hollunder III. ahd. holuntar, von hol und tar d. i. triu = „Hohlbaum“; oberdeutsche Nebenform holder; davon Vklf. *Hölderlin.*

Höllwarth s. Hulþa.

Holm III. in Niederdeutschland „kleine Insel, Werder“ — häufig in ON.

Holscher, Hölscher s. Holzschuher.

Holsch(en)macher III. = Holzschuhmacher, vgl. Holtscomekere 1380 (Braunschw.).

Holste III. zsgz. aus Holtsate „ein im Holz Ansässiger“, entstellt Holstein (aus der Mehrheit Holtsaten, Holsten), Holsteiner. Altertümlich und dichterisch noch jetzt „Holste, Holstengau“.

FN. *Holste; Holst. Holstein; von Holstein* (Hugo de Holsatia 1170).

Holt niederd. = Holz, in *Holtmann, Tenholte;* vgl. Holz.

Holt-, Hölt- s. Hulþa.

-hölter s. Holz.

Holtfreter III. niederd. (Vorpommern) „Holzfresser", Spottname vgl. Fleischfresser.

Holwein a) I. s. Hulþa b) III. Satz-N. „hol Wein!" Auch *Hohlwein.*

Holz a) I. durch Umdeutung aus dem für niederd. Gattungsnamen gehaltenen *holt* und aus *olds* entstanden. Helmholtz aus Helmolt und Gen. Helmolds s. Waldan.

b) III. Holz im Sinne von „Wald", nach dem Stoffe, woraus derselbe besteht. In ON. seit dem 8. Jh. nachweislich: *Holz, -holz;* niederd. *-holt.*

FN. *Holtz* (Ulr. im holtz 1404 — vgl. franz. du Bois, Dubois). Zss. *Buchholz; Eichholtz; Erlenholz — Elsholtz; Fahrenholtz* (sechsmal ON. in Niederdeutschland, außerdem Vahrenholz in Lippe-Detmold, Vahrholz in Provinz Sachsen; daher nicht als imperativischer PN. zu fassen = „fahr in das Holz", sondern einmal aus „Vorm Holte, Vornholte" = vor dem Holz, sonst = „Föhrenwald"); *Nordenholz; Rebholz; von Wachholtz* (Reimar v. Wacholt 1220).

Niederd. (bes. westfälisch): *Bockholt* (= Buchholz, daher eig. mit gedehntem o, wie bei Klempin Bokholt neben Bockholt); *Eickholt* (Eichholz); Graf *zu Westerholt.*

Ableitung auf *-er: Banholzer; Bohnh.; Buchh.; Eichh.* Niederd. *-hölter* (westf.): *Echterhölter; Heith.; Südh.; Bergholter* (Mecklenb.).

c) III. Geräte bezeichnend:

FN. *Keilholz; Krumbholz; Nabholz.*

Holzapfel III. die Frucht des wilden Apfelbaumes. Henricus cognom. Holzapphel 1210.

Holzer III. „Holzhauer". Auch *Hölzer; Hölzel.*

Holzfuß s. Fuß.

Holzheuer = Holzhauer s. -hauer.

Holzhey III. „Holzhüter, -aufseher". Auch *Holzheu.*

Holzmann III. ahd. mhd. holzman „Holzhauer, Holzhändler". — Niederd. *Holtmann.* (Vergriecht *Xylander.*)

Holzmüller III.

Holzadel III. halbniederd. „Holzsattel".

Holzschuher III. „Verfertiger von Holzschuhen", die niederd. gekürzt Holtschen, Holschen heißen (wie die Handschuhe — Hanschen). Holtschuher, Holschuer 1250.

FN. *Holzschuher.* Niederd. zsgz. *Hultscher; Holscher; Hölscher* (letzteres bes. häufig in West.); *Heltscher* (thür.).

Holzwart III. = Holzhey.

Holzweißig III. „einer aus H."

Homann s. Hauhaz.

Homeister s. Hofmeister.

Homuth s. Hauhaz.

Homm- s. Huni (V.).

Hon-, Hön- s. Huni (V., einst. K.).

-höner s. Hohn.

Hönerkopf III. halbniederd. = „Hühnerkopf" (s. Kopf).

Honerla III. 1507: Honderlage (Honder = Hunrich. Preuß). S. Lage.

Honn- s. Huni (V., einst. K.).

Höpfner III. der „Hopfenbauer, -händler".

FN. *Höpfner.* — Niederd. *Höppener, Höppner* (Klemp. Hoppener). Dasselbe bedeuten wohl auch

Hopf; Hopfe; Höpfel; Hopfer; Hopfmann; Hoppe.

Hopkes, Höpken, Hopp- s. Hugu (zweist. K.).

Höppener, Höppner s. Höpfner.

Hor, Hör- s. Harjaz (V., einst. K.).

Horn a) I. s. das folgende. b) III. „Spitze, Vorsprung" (des Feldes in den Wald, des Landes ins Wasser, eines Besitztums in die benachbarten Güter). Domus zem Horne, am Horne. In neuerer Zeit in ON. meist die F. *Horn, -horn* selbst, ferner *-hörn, -hörne* (die „Hörne" in Stolp Bezeichnung einer vorspringenden Häusermasse), am seltensten *-hirn.*

FN. 1) *Horn* (O. 32 mal Rud.). — Zss. (bes. in Nordwest-Deutschland): *Ahlhorn; Ballh.; Bargh.* (Emden); *Buschh.; Dannh.; Giffh.; Hirschh.; Schierh.; Segh.* (O. Seggehorn Oldenburg); *Stemsh.; Uhlh.; Weißenh.; Windhorn.*

Ableitung auf *-er:*

Oberhorner (bair.).

2) *-hirn: Dirmhirn* (Cilli); *Spinnhirn* (Salzb.).

c) III. Geräte: FN. *Gellhorn; Löschh.; Schellh.* (wenn s. v. a. „Schallhorn"); *Silberh.* — *Mohorn* (Schlesien, der Mohnhornbäcker, s. Stölzel, Grenzboten 1914 März).

HORNA I. got. haurn, ahd. mhd. horn „Horn" als Blasinstrument, wozu urspr. Tierhörner verwendet werden.

FN. (Hornhart): *Hornhardt.*
(Hornman): *Hornemann.*
(Hornher): *Hörner.*
(Hornulf): *Hornulf.*

Einstämmige Kürzung Horn-.
(Horno): *Horne; Horn.* Patr. A. Hornung: *Hornung; Horning; Hörning.*
Vklf. (l): *Hörnle; Hörndl.* (k): *Hornicke; Hornig; Hörnigk.* (k + l): *Hornikel; Hornigel.*

Horn-, Hörn- s. Horna.

Horney I. aus Hartnid, 1539 noch Harneith.

Hörndlimann III. (Zürich), *Hürlimann* vom Berge Hörnli (Tobler).

Hornschuh s. Schuh.

Horst III. ahd. hurst, mhd. horst „Busch, Gesträuch" (in dieser Bed. noch in Hebels allemannischen Ged.). In ON. seit dem 9. Jh. nachweislich.

FN. *von der Horst; Terhorst* (zur H.); *Horst.* Zss. *Brandhorst; Brunkh.; Buchenh.; Burh.* (Jever); *Diestelh.; Eichh.; Fahrenh.* (Joh. Vahrenhorst Köln. Univ. Matr. 1477); *Gravenh.; Hasselh.; Hohnh.* (O. Hohnhorst und -hurst); *Langenh.; Lindh.; Mordh.; von Petersh.; Quellh.; Rabenh.; Scharnh.* (= Elsternh.); *Windh.* (In manchen wohl appellativ, wie auch in *Horstmann* = Buschmann, der im Busche Wohnende).

Ableitung auf *-er: Hörster. Behrh.; Hanh.* (alle drei in Westf.).

-hörster s. Horst.

Hose III. ahd. hosa, mhd. hose „Beinbekleidung" (Hose oder Strumpf). Vgl. S. 46. In mancherlei Zss. — Grawehose 1370.

FN. *Hosius* (latinis.); *Hösle; Hosemann* — alle drei zweifelhaft, da auch ad. Hozo, Hozeman begegnen. Deutlicher die Zss. (auch in den FF. *-hase* und *-hause*):

Kniehase; Kurthose; Lederhose, Ledderhose (Conrad. dictus Lederhose 14. Jh.) — auch *Lederhaas* und *Lederhause,* zsgz. *Lerse; Leinhose,* auch *Linnhos* — *Leinhaas; Lodderhose; Lumphose; Mehlhose,* auch *Mehlhase* und *Mehlhause* (Spottname für Müller); *Schlaphose; Schlotterhose; Trillhose, Trillhaas.*

Hosius (Osius) III. griech. Übersetzung von *Hilliger,* das man = Heiliger nahm, während es durch Rückangleichung aus Hildiger entstanden ist. Doch s. auch Hose.

Hoth s. Auðaz (einst. K.).

Hotopp III. Satz-N. niederd. „Hut auf"! Auch *Hautop; Hotopf* (letzteres unrichtig verhochdeutscht, wie *Middeldorpf* u. a.). Vgl. *Kappauf.*

Hott- s. Auðaz (V., einst. K.).

Houwald s. Hugu (V.).

Hövel, -hövel, Höwel s. Hübel.

-hoven s. Hof.

Hoy s. Hugu (einst. K.).

Hoyer s. Hugu (V.).

HRABAN I. ahd. hraban, hrabo, hram, mhd. raben „Rabe", der heilige Vogel Wuotans (S. 17), daher bei den Franken in N. besonders beliebt — zsgz. hram, ram, ran. Manche N. können auch zu Ragina gestellt werden.

FN. Hrabanolt, Grannold: *Kranold; Granold; Rabenold; Rabenhold; Rabenalt.*

Einstämmige Kürzung Hraban-.
Hrabano, Rabo, Ramo: *Raben; Raven; Rabe; Rave; Rabbe; Rappe; Rapp; Raap; Ramm.* Gen. *Rabens; Rabben; Rahms.* Patr. A. *Ramming.* Vklf. (l): *Räbel; Rebel; Rammel.* Patr. A. *Rebbeling.* (k): *Rabig.* (z): *Kraneis.*

Auslautend (125 mal Först.):
-ram: Bertram. Wolframm.
-rab: Bertrab.
-rapp: Gausrapp.

HRINGA I. ahd. hring, mhd. rinc „Ring", bes. „Panzerring" (die Ringpanzer, aus Eisendraht gehäkelt, wurden bis zu Anfang des 14. Jh. getragen, wo der Plattenpanzer sie verdrängte); „zum Kampfe abgesteckter Kreis".

FN. (Hringhart): *Ringhard; Ringert;* mit Ableitung *Ringelhardt.* Gen. *Ringhartz.*
Rincar: *Rinker; Ringger* (Zürich).
(Hringleip): *Ringlepp.*
(Rincman): *Ringmann.*
Ringolt: *Ringewald; Ringwald.*

Einstämmige Kürzung Hring-.
Rincho: *Kring; Ringe; Ring; Rinke.* Gen. *Krings; Ringes; Ringens; Ringena* (ostfries.).
Vklf. (l) Hringilo: *Ringel; Rinkel.* (l + i): *Ringli* (schweiz.). (l + n): *Rinklin.* Patr. A. *Ringling; Ringeling.* (l + k): *Ringelke.*

HROC I. wohl zu got. hrukjan, ahd. rohôn, mhd. rohen — auf den Schlachtruf gehend. Vgl. barditus Tac. Germ. 3.
FN. Hrohhart: *Rochard; Rückart; Rückert; Räckert* (siebenbürg.).
Rochold: *Rocholl; Rokohl; Rohenkohl.* Gen. *Rocholtz.*
Hrocculf: *Reukauf* (Ruckoff und Rukuff 1592, Rukop 1598).
Einstämmige Kürzung Hroc-.
Hroggo: *Kruck; Rogge; Roche; Rocke; Roh; Röcke; Ruge; Ruhe; Rücke; Rüge; Rühe.* (Mit Hrodg- zusammenfließend).
Vklf. (l): *Röckel; Rüchel.* Patr. A. *Röchling.*
Auslautend (38mal Först.):
-rock: Poltrock.

HRÔMA I. altsächs. hrôm, ahd. hruom, mhd. ruom „Ruhm".
FN. Ruombald: *Rumbold; Rumpelt; Rumpel; Rümpel.*
Rumpraht: *Romprecht; Rummert.*
Hrumker: *Kromker; Krömker; Rümcker.*
Romard: *Rommerdt; Römert; Römmert.* Patr. A. *Römerding.*
Hromheri: *Krömer; Romer; Römer; Ruhmer; Raumer.*
Romarich: *Kromrey; Krumreich; Krumrey.*
Romoald: *Römhold; Röhmelt; Römhelt; Reumelt.*
Einstämmige Kürzung Hrom-.
Hruam: *Krome; Kromme; Kraume; Rohm; Röhm; Ruhm; Rumm; Reum.* Patr. A. *Röming; Romming; Kromminga* (ostfries.).
Vklf. (i): *Romey.* (l): *Rommel; Rummel; Rümmele.* (l + n): *Rümelin.* Patr. A. *Römeling; Rühmling.* (k): *Krömecke; Rühmke; Romig.* Gen. *Rümckens.* (z): *Romeiß.*

Zweistämmige Kürzung Hromb-.
(Hrumbo): *Rump; Rumpf; Rompe.* Patr. A. *Rümping.* Vklf. (l): *Rumpel; Rompel.* Patr. A. *Rumpler.*

HRÔÞIS I. zu got. hrôtheigs „ruhmvoll", angels. hrêth „Ruhm" (vgl. griech. κρότος). Im Namen seit dem 5. Jh. nachweislich. Die alemann., fränk., bair. N. zeigen Rut, Rud, die sächs.-nord. Rod.
FN. Hrodbald: *Roppelt; Ruppolt; Ruppelt; Raubold.*
Hrodebert: *Kruberth; Rodbert(us); Robrecht; Robert; Röpert; Röber; Ruprecht; Rubrecht; Rubert; Rubarth; Rupprecht; Ruppert; Rubbert; Rauprich; Rupprich* (schles.); *Raubert.* Gen. *Robertz; Roppertz; Roppers; Robbers; Rovers; Röbers; Raupers.* Patr. A. *Rupprechter* (Baden).
Rotprand: *Robrahn.*
Hrotfrid: *Röfer; Ruffert; Rüffert.* Gen. *Roffers.*
Hrodegang: *Rothgang.*
Hrodgar: *Rogger; Rocker; Roger; Rödiger; Röttger; Röttcher; Röger; Rudigier; Rugger; Rucker; Rüdiger; Rüttiger; Riediger; Rüger; Rücker.* Gen. *Rötgers.*
Hruadgast: *Rodigast.*
Hrodgaud: *Grotegut* (Preuß).
Hrodhard: *Rothhardt; Rohthardt; Rothert; Rödert; Rudhardt; Rudert; Ruthat; Rautert.* Gen. *Röhrden* (von der zsgz. F. Röhrd.)
Chrodhari: *Kröter; Roder; Rother; Rotter; Röder* (zsgz. *Röhr*); *Rötter; Ruder; Rüder; Rüter; Rauter.* Gen. *Röders; Röhrs.* Patr. A. *Rötering; Röhring; Rohring.*
Rodleich: *Rodley; Rothlach; Rolack; Rödlich.*
Hrodleif: *Rohtlieb;* (niederd.) *Rodlaff; Roleff; Rudlaff.*
Hrodlant (wenn nicht aus Rutnand verwelscht): *Roland; Ruland; Rühland.*
Hrodman: *Rodemann; Rottmann; Rothmann; Romann; Ruttmann; Rumann.*
Hrotmar: *Rodemer; Rohmer; Röhmer; Rumer; Raumer.*

Hrodmund: *Rodemund; Rothmund* (erweitert *Rothermund, Rottermund*); *Romundt.*
Hrodric: *Grüderich; Rothreich; Rorich; Röhrig; Rüdrich.*
Hrodstein: *Rothstein.*
Rodacar: *Rothacker.*
Hrodowald: *Rohdewald; Rothwald; Rohwald; Rowold, Rohwoldt; Rohwohl; Rudelt; Ruwoldt.* Gen. *Rothholtz.*
Hrodwig: *Krudewig; Krutwig; Krautwig; Rodewig; Rodewyk; Roddewig.*
Hrodulf: *Krolof; Krudup* (Preuß); *Krudop* (Vegesack); *Rodloff; Rothlauf; Roloff; Rohlhoff; Rolauf; Roleff;* zsgz. *Rolf* (latinis. Rolfus, umgedeutet in *Rollfuß*); *Rudolf, Rudolph; Rudloff; Rudlauf; Ruttlof; Ruloff;* zsgz. *Rolf; Rulff.* Gen. *Rudolfs* (latinis. *Rudolphi*); *Rolffs; Rulffes; Roelfsema* (ostfries.). Patr. A. *Rohlfing; Rudolfer* (Münch.). Patr. Zss. *Roeloffzen.*

Einstämmige Kürzung Hrod-.
Hrodo, Ruodo: *Rode, Rohde, Rhode; Roddo; Rodde; Rothe; Roth; Rotte; Röde; Röth; Rud; Ruth; Rutte; Rütte; Rauth.* Gen. *Roden; Rüden; Rüths.* Zss. *Rüedisühli* (Basel). Patr. A. *Grotting; Krüding; Roding; Röding; Röthing; Rüding; Rüthing.*
Vklf. (i): *Rody, Rudy* (schweiz.). (l) Hruodilo, Rollo: *Krödel; Rodel; Rödel; Röthel; Rudel; Rüdel; Rottel; Rüttel; Räudel.* Zsgz. Formen: *Kroll; Krull; Rolle (Rollmann); Röhle; Rölle; Ruhle; Rühle (Rühlemann); Rullmann.* Gen. *Rottels; Roels* (fries., = Rôls); *Rölen.* Patr. A. *Rolinck; Röhling; Rüdling; Rüthling; Rühling.* Patr. Zss. *Rohlsen.* (l + n) Hrodelin: *Röthlin.* (l + k) Roleko: *Rolcke; Röhlicke; Röllig; Reuleke.* (k) Hruodicho: *Grottke; Gruttke; Kruttge; Rohdich; Rotteck; Rottig; Röthke; Röttig; Rudeck; Ruttig; Ruck (Ruckmann); Rüdig; Rüegg* (schweiz.); *Rücke; Rügge; Röck.* Gen. *Groedges, Grotges* (niederrhein.). (k + n) Rutechin: *Rötteken.* (k + l) Rukelo: *Rockel; Röckel; Rückel; Rückhl.* (z) Rozzo, Ruozo: *Rudisch* (aus Ruodizo, in den Ratsbüchern von Eger oft = Rüedeger); *Rotz; Rotsch; Rötsch; Rutz; Rusch; Rausch; Rütz; Reutsch;* z erweicht in s: *Ruß; Rose* (Förstemann, Progr. S. 4); *Roos.* Unorganisch gebildet: *Rützer.* (z + l) Rozelo: *Rossel; Rözel; Rösel; Ritzel; Rützel; Rüssel; Rüsel; Rütschle; Räuzel; Räußel.* Patr. A. *Rützler; Ritzler; Rüßler* (Steub). (z + k) Roziko, Rosico: *Roseck* (Roseke VN. Akener Schöffenb.); *Röseke; Röske; Rutschke; Rösig.* Patr. A. *Rösing.*

Zweistämmige Kürzung Hrodb-.
Robbo, Rubo, Ruppo: *Kropp; Robbe; Röbe; Röpe; Röve* (Preuß); *Rubo; Rupe; Rupp; Rübe; Raupp.* Gen. *Röben; Ruben* (ostfries., vgl. VN. Röbe); *Rubbens.* Patr. A. *Rüping.*
Vklf. (i): *Rubi* (schweiz.); *Robey.* (l) Rupilo: *Gröppel; Robel; Robbel; Röbel; Röpell; Rubel; Ruppel; Rüpel; Rüppele; Rüppli* (schweiz.). Patr. A. *Röbbeling.* (l + n): *Röbbelin; Rüpplin.* (k) Robico: *Robeck; Röpke; Rübig; Reupke.* Gen. *Röpkes.* Patr. A. *Röpking.* (z) Robizo: *Robitzsch.*

Zweistämmige Kürzung Hrodf-.
Ruffo: *Ruf; Ruoff* (württ.); *Ruff.*

Zweistämmige Kürzung Hrodg-.
Roggo, Rugo: *Roge; Rogge; Ruge; Rüge; Rügge; Rauch.* Gen. *Roges.*
Vklf. (l): *Rügel; Rauchel.* (l + n): *Räuchlin.* (S. auch Hroc).

Auslautend (20mal Först.):
-roth: Allroth (aus Adalhrod).

HRUSSA I. ahd. hros, hors „Roß". Horserat. Mischt sich mit Hrôþis.
FN. Horsa 5: *Roß (Roßmann).*
Vklf. (l): *Hörsel; Rossel; Rössel.*

HRUÞAN I. schmücken, in ahd. hrustan, rusten, mhd. rüsten „rüsten".
FN. (Rusthart): *Rostert.*
Einstämmige Kürzung Rusto 9.: *Rust; Rüst; Rost.* Vklf. (l): *Röstel.*

Hub-, Hüb- s. Hugu (V., zweist. K.).

Hübel III. ahd. hubil, mhd. hübel (von „heben") „Hügel". In ON. hochd. *Hübel, -hübel;* niederd. *Hövel, -hövel* (auf der Linie Münster-Antwerpen).

FN. *Hubel; Hübel. Hübler. Hirschhübel; Kirchhübel; Sturmhöbel* (O. -hübel Ostpreuß.); *Hörelmann; von Hövel; Altenhövel; Langenhöfel; Meinhövel; Steinhöfel; Sturmhöfel; Windhövel; van Heuvel* (ostfries.).

Huber a) I. s. Hugu (Hugubert) b) III. mhd. hubaere (auch mittellat. hubarius) „Inhaber einer Hufe", ahd. huoba, mhd. huobe, altsächs. hôva (im allgemeinen = 30 Morgen).
FN. *Huber* (selten *Hüber*: im Münchener Adreßbuch Huber 180 mal, Hüber nur 7 mal) mit vielen Zss. (bes. in Baiern):
1) nach der Größe des Besitztums: *Halbhuber; Drittelh.;*
2) nach der Lage: *Angerh.; Bachh.; Brunnh.; Hinterh.; Kreuzh.; Mitterh.; Niederh.; Osterh.; Sommerhuber;*
3) nach dem, was auf der Hufe in bemerkenswerter Weise wächst oder überhaupt sich befindet: *Blumenh.; Holzh.; Kohlh.; Rosenh.; Schleeh.; Salzh.; Fuchsh.;*
4) nach dem Vornamen des Besitzers: *Märtlh.; Paulh.;*
5) nach der Beschäftigung: *Jägerh.; Schmidh.*
Mit dem n der schwachen Bildung, mhd. huobenaere: *Hubner; Hübener, Hübner;* niederd. (selten) *Hüfner* mit der Zss. *Niederhüfner; Hüffner; Höfener* (vgl. mittelniederl. hoevener; doch österreich. *Höfner* von dem häufigen ON. Hofen).
(Während in der Schriftsprache die niederdeutsche F. „Hufe" die hochdeutsche mit *b* fast ganz verdrängt hat, herrschen, wie obige Aufzählung beweist, in den FN. die hochdeutschen Lautverhältnisse durchaus vor.)

Hübner s. Huber.

Hübsch III. mhd. hövisch, hübsch „dem Hofe gemäß, fein gebildet, galant". Burchardus dict. Hubescher 1273. Cuonradus dict. Huobeschman 1283. („Kurmacher".)
FN. *Hübsch. Hübschmann.*

Huchel, Hückel s. Hugu (einst. K.).

Hucker s. Hugu (V.).

HUD- I. zu ahd. hutta „Hütte" oder hûd „Wache, Hut". Hudipert.
FN. Huteman: *Hudemann; Hutmann.*
Einst. K. Hudo: *Haudi; Hauth; Hoedt.*
Patr. A. *Hoting.*
Vklf. (k): *Hüdig; Hüttig.* (z): *Hautz.*

Hudtwalcker III. „Hutwalker".

Hue s. Hugu (einst. K.).

-hues s. Haus.

Huff- s. Hugu (V.).

Hüff- s. Hugu (V., zweist. K.).

Hüfner s. Huber.

HUGU I. got. hugs, ahd. hugu, mhd. huge, hüge „denkender Geist". Manche N. gehören wohl richtiger zu Hauhaz, z. B. Hugo.
FN. Hugibald: *Huppold; Haubold; Häubold; Heubald.*
Hugubert: *Hubrecht; Hubert; Huber; Hupprecht; Huppert; Hübert; Hüper; Hüpper; Huprich; Haubrich; Haubert; Hauber; Hobbert.* Gen. *Huppertz; Hubers* (ostfries., also nicht zu Huber III); *Hübbers; Hübers; Haupers.*
Hugifrid: *Huffert; Huffer; Hüffer; Hoffert.*
Hueger: *Hugger; Hucker; Hüger; Hocker; Höcker; Hoyer.*
Hugihart: *Hugart; Hauhardt; Hauert; Hauer.*
Hugiher: *Huger; Höger; Hauer.*
(Hugilant): *Huland.*
(Hugiman): *Hugemann; Huchmann; Humann.*
Hugimar: *Humer; Hummer; Hümer.*
Patr. Zss. *Haumersen.*
Hugold: *Hugold; Huhold; Huwald (Houwald); Heuwald; Haukohl.*
Einstämmige Kürzung Hug-.
Hugo, Hogo: *Hugo; Huge; Hüge (Hügemann); Hoge; Höge; Haug; Hauke; Hue; Huch; Huck; Hoy.*
Vklf. (i) Hugi 8: *Hugi* (schweiz.).
Patr. A. *Hüging; Höing.* (k): *Hoyke.*
(l) Hukili: *Hugel; Huggle; Huchel; Hügel; Hügle; Hückel; Högele; Hauckel; Heugel.* (l + n): *Hüglin; Heuglin.* (z) Hugizo, Huzo (Stark 89): *Hutze; Hautz.* (z + l): *Hutzel.*

Zweistämmige Kürzung Hugb-.

Hubo: *Hube; Hupe; Huppe; Hübbe; Hoppe; Höppe; Hobbe; Haube.* Gen. *Hoppen; Heubes; Heuves.* Patr. A. *Hobbing.*

Vklf. (l): *Hubel; Hüppel; Heupel.* Gen. *Hobbels.* (l+i): *Höppli* (schweiz.). (k): *Huppke; Hobbie* (jeverl.); *Hupje.* Gen. *Hopkes; Hubkes.* (k+n) Hupichin: *Höpken.* Gen. *Hupgens.*

Zweistämmige Kürzung Hugf-.

Hufo: *Hüffmann; Hauffe; Hauff.* Patr. A. *Hüfing.* Vklf. (l): *Hüffel.*

Huhold s. Hugu (V.).

Huhn III. ahd. mhd. huon „das Huhn“. FN. *Huhn* (zweifelhaft, da auch zu Huni). Sicherer sind die Zss. *Brathuhn; Brodh.; Haselh.; Kluckh.; Rebh., Repph.; Wasserh.; Weißh.,* halbniederd. *Witthuhn.*

Huhn-, Hühn- s. Huni (V., einst. K.).

-huis s. Haus.

Hül- s. Heldi.

Huland s. Hugu (V.).

Hülferding s. Helpan.

Huller III. „Mützenmacher“ (Socin).

HULÞA I. got. hulths, ahd. hold, mhd. holt „hold“, urspr. auf das Verhältnis zwischen Lehnsherrn und Gefolgsmann gehend: „gnädig — treu ergeben“.

FN. (Huldbert): *Holbert; Holber.*

Huldear: *Holder (Holdermann); Holler; Hölder.*

(Huldger): *Hölger.*

Holtman: *Holdmann.*

Hulderic: *Hölderich; Höllerich.*

(Huldward): *Höllwarth.*

(Huldwin): *Holwein.*

Einstämmige Kürzung Huld-.

(Holdo): *Hulde; Hold; Holle* (so ist ja auch die Göttin Hulda im Volksmärchen zur „Frau Holle“ geworden). Gen. *Holden.* Patr. A. *Holding.*

Vklf. (i): *Hölty; Holtei.* (k): *Holk; Höltge, Höltje.* (z): *Hultsch.*

Hultsch s. Hulþa (einst. K.).

Hultscher s. Holzschuher.

Hum-, Hüm- s. 1) Hugu (V.) 2) Huni.

Hun-, Hün- s. Huni (V., einst. K.).

Hund a) I. Hundo, Hundpreht u. a. vielleicht zu ahd. hunda „Beute“ — daher vermutlich FN. *Hundert* (ahd. Honthard) — *Hundt* (doch schon im 12. Jh. Marquart der Hund). Dagegen b) III. zu „Hund“ canis in Zss. wie FN. *Hundskopf, Hundbiß* (1344 huntbiss).

Hundemann III. Aufseher über die Jagdhunde, „Rüdenmeister“.

Hunderlage III. Ortsname. Vgl. Honerla. (Hondelage Dorf in Braunschweig.)

Hundertmark III. von mhd. marke, ein halbes Pfund betragend. Schon 1350 ein Gevert Hundertmark u. 1389 Joh. Nünzigmark (Köln. Un.-Matr.).

Hunger a) I. s. Huni b) III. „der Ungar“.

Hungerland III. „einer aus Ungerland“ vgl. S. 54.

HUNI I. zu dem Volksnamen der „Hunnen“, ahd. Hûn, mhd. Hiune, der mit dem eines frühzeitig verschwundenen Stammes verwechselt wurde. Siegfried heißt in der Edda der „hunnische“. Auch an hûn „braun, dunkel“, Bezeichnung wohl der Römer, oder an das altnordische hûnn „Bär“ ist gedacht worden.

FN. Hunibald: *Humboldt; Humblot; Humbel; Humpel; Hummelt; Hummel; Hommel.* Gen. *Hommels.*

Hunbraht: *Humbracht; Humbert; Humpert; Umbrecht; Hümpert.* Patr. A. *Humperdinck.*

Hungar: *Hüniger; Hungar; Hunger; Hunker; Huonker* (württ.); *Höniger.*

Hunard: *Hühnert; Honert; Heunert.*

Hunher: *Hühner; Honer; Höner; Hauner.*

Hunimund: *Hünermund.*

Hunmar: *Hummer; Hümmer; Hommer.* Gen. *Hommers.* Patr. A. *Hömmerling.*

Hunrad: *Hunrath; Honrath.*

Hunrich: *Huhnrich; Hundrich; Honnrich.*

Hunwald: *Hunold; Huhnholdt; Hünold; Honold; Honnold.* Gen. *Huhnholtz.*

Einstämmige Kürzung Hun-.

Huno: *Huhne; Huhn; Hühne; Hunn; Hünn; Hohn; Honn; Höhne (Höhnemann); Haun; Heune (Heunemann); Heun.* Gen. *Hüns; Honens; Hönes.* Patr. A. *Höning.* Gen. *Hönings.*

Vklf. (i): *Hüni.* (l): *Höhnel; Hünnel.* (l+n): *Hühnlein.* (k) Hunico:

Huncke; Hunke; Hünicke; Honecke (auch *Honig?*); *Hönicke; Hönig; Heunicke.* Gen. *Hünnickes.* (k + l): *Hunkel.* (k + n) Hunichin: *Hünecken; Hünichen; Hühnchen.*

Zweistämmige Kürzung Humb-.

Hummo: *Humme; Homm.*

Vklf. (l): *Hummel; Humpl.* (k): *Humke.*

Hunn, Hünn- s. Huni (einst. K.).

Hunvalfy III. aus Hundsdörfer madjarisiert (S. 72).

Huonker s. Huni (V.).

Hup-, Hüp- s. Hugu (V., zweist. K.).

Hürdler III. „Fuhrmann" (schles.).

Hürlimann s. Hörndlimann.

HÛSA I. got. ahd. mhd. hûs „Haus". Husimunt.

FN. (Husbrand): *Haußbrandt.*

(Husher): *Häuser, Heuser;* niederd. *Hüser.*

Einstämmige Kürzung Hus-.

Huso: *Haus.* Patr. A. *Hüsing; Heusing; Husung.*

Vklf. (k) Husicho: *Hauschke.* Gen. *Huyskens* (westf.).

-hus, -husen, Hüser, -hüser s. Haus.

Hüser, Hüsing s. Hûsa.

Hut III. ahd. mhd. huot „Hut" (auch in dem Sinne von Helm). Vgl. S. 46.

FN. *Anhuth; Breithuth; Eisenhut,* niederdeutsch *Iserhot* (mhd. îsenhuot „Helm"); *Gelhut,* niederd. *Geelhood; Grünhut; Hochhut* mit seinem Gegensatz *Nedderhut; Schönhut; Spitzhut; Stahlhuth* (mhd. stahelhuot „Stahlhelm"); *Webelhut; Weißhut,* halbniederd. *Witthut.*

Huter III. „Hutmacher". Auch *Hutter; Hutterer* (südd.).

Hütte III. ahd. hutta, mhd. hütte „Hütte, Zelt".

FN. *Erdhütte; Erdhütter.*

Hüttner III. „einer aus Hütten" (66 mal Rud.).

Huttuff III. Satz-N. Vgl. Hotopp. Ähnlich *Kappauf; Kapauf.*

Hutz- s. Hugu (einst. K.).

Huwald- s. Hugu (V.).

-huysen s. Haus.

Huyskens s. Hûsa.

I.

-i I. zur Bildung von Verkleinerungsff. verwendet: *Litti* aus Liudi (s. S. 23) — auch -y geschrieben: *Luty, Ludy* (aus Hludio). (In italienischen N. s. S. 95).

Ib- s. Heldi (zweist. K.).

-ich a) I. Verkleinerungsendung: Dedich (zu Theuda), Rodich (zu Hrôþis).

b) III. Endung v. ON., teils aus ahd. ahi, wie in Lindich, Weidich (s. -ach) — teils aus römischem iacum, wie in Jülich, Kessenich (am Rhein in großer Menge).

FN. (zu b) *Elvenich; Fischen.; Gymn.; Himmer.; Jül.; Kessen.; Lechn.* (O. Lechenich); *Longer.; v. Mettern.; Münden.; Sinzen.; Virn.*

Ableitung auf *-er* (oberd.):

Bibricher (O. Biberich); *Gimn.; Zür.*

-ig a) I. Verkleinerungsendung, andere Schreibung für -ich: *Lüttig* (zu Leudu), *Rüdig* (zu Hrôþis).

b) III. in Ortsnamen neben -ich (s. dieses): Linnig, Breisig, Espig u. a. — aber auch in slawisch-deutschen ON. wie Danzig aus Gdansk, Dolzig, Lanzig (neben Lanzke).

Ihl- s. Heldi (V., einst. K.).

Ihm- s. Irmin.

Ihne s. Ingwe.

Ihr s. Hiru.

-ikon s. Hof.

Ilbig s. Heldi (zweist. K.).

Ilgen a) I. s. Heldi b) II. s. Aegidius c) III. „einer aus Ilgen"; hierzu auch *Ilgner.*

Ill- s. Heldi (V., einst. K.).

Illo III. der wallensteinische Feldmarschall im dreißigjährigen Kriege, nicht etwa ein Kroat oder Böhme, oder ein Italiener gleich den Piccolomini, sondern ein Märker, eig. *Ihlow,* der Familie von Ihlow angehörig, die in Barnim, dem Lebusischen und in der Neumark angesessen war und seit Anfang des 19. Jh. ausgestorben ist. Das Dorf Ihlow, welches der Familie mutmaßlich den N. gab, liegt an der Grenze von Barnim und Lebus.

Ilsebey II. von dem (weibl.) N. Ilsabe (= Elisabeth, hebr. Elischeba).

Ilten III. O. in Hannover.

FN. *von Ilten* (Jordanus de Ilten 1227).

Iltgen, **Iltz** s. Heldi (einst. K.).

Ilwof s. Heldi (V.).

Im = in dem, in Zss. wie *Imbusch*, s. In.

-im s. Heim.

Immer s. Ingwi.

Immler III. „Bienenzüchter".

In III. als Verhältniswort in Zss. zur Bezeichnung des Wohnortes einer Person (S. 55).

FN. 1) Einz. männlich und sächlich mit dem Artikel in eins gezogen *(im): Imbaumgarten; Imbruck; Imbusch; Imdahl* (niederd. = Imthal); *Imgart* (Erni im Garten 1330); *Imgrund; Imhove, Imhoff* (Waltherus dictus imme Hofe 13. Jh.); *Imholz; Imkamp; Imobersteig; Imthurn; Imwalle.*

2) Einz. weiblich *(in der): Inderau = In der Au; Inderfurth; Inderheide; Indermauer.*

3) Mehrz. *(in den): Indenbirken.*

Inhetveen (Kempen) offenbar holländisch = in dem Moor; *Intveen.*

Entstellt (niederrhein. g = d): *v. Ingenhaeff* (Sander Ingenhove 1338); *Ingenkamp; Ingendörnen; Ingenohl* (= in dem Ohl, einer häufig vorkommenden Bezeichnung besonders guter Striche der Feldmark in Westfalen); *Ingenried.*

-in I. altdeutsch.

Die FN., welche als hierher gehörig aufgezählt werden, gehören z. T. als undeutsch gar nicht hierher, z. T. sind sie mindestens zweifelhaft.

So ist *Bodin*, latinis. Bodinus, französisch (Bodin Lehrer des Staatsrechtes, Herausgeber eines theatrum universae naturae 1590 Lyon).

Viele andere sind von slawischen ON. abzuleiten, z. B. *v. Bonin* (O. b. Köslin, Tessemarus miles dictus de B. 1301); *v. Ramin* (O. b. Penkun i. Brand., Otto de Rambyn 1297); *v. Weltzien* (O. b. Schwerin, Denecke de W. 1270).

Als deutsch erscheinen (hauptsächl. süddeutsch) unter anderen: *Liedin, Luthin, Lüttin* (aus altd. Liudin); *Bürgin; Höldin; Weltin.*

-in III. in ON. slawisch: urspr. besitzanzeigendes Eigenschaftswort auf inu, ina, ino von Stämmen auf a und i, z. B. Babin von PN. Baba, Gostin von Gosti = der Babasche, der Gostische Ort (vgl. lat. Flavia d. i. urbs, von Flavus).

FN. (häufig im nordöstl. Deutschl.) *Berlin; Cörlin; Ladenthin; von Pressentin* (Stammort Prestin, früher Pressentin in Mecklenb., Hencze de Priscentin 1275); *von Schwerin.* Bisweilen *-ien* geschrieben: *Gellentien; Leppien; Scholwien* (O. Leppin, Scholwin).

Ableitung auf *-er:*

Berliner; Dobriner; Exiner (alle drei jüdisch).

Ing- s. Ingwe.

-ing a) I. auch *-ung*, patronymische Endung, wie im Angels. Vulf Vonrêdes auch Vulf Vonrêding genannt wird. In sehr vielen Personen-N., die Abstammung von einem Vater oder Ahnherrn bezeichnend; am bekanntesten in der Geschichte die Merovingi, Charalingi (Karolinger), auch die Agilolfinger in Baiern und die Capetinger in Frankreich. Jetzt in vielen FN., ohne daß die patronymische Bedeutung noch gefühlt würde. (Aus der patronymischen Bed. hat sich später eine verkleinernde entwickelt, namentlich in Mecklenburg und Vorpommern in Formen wie: Männing, Hüsing, Wiesing (Luise), in denen aber ng gesprochen wird wie in lang', bang'.)

FN. 1) *Götting* (eigentl. Sohn oder Nachkomme des Gotto); *Kuning; Rüding* — selten *ink* geschrieben (nach der Aussprache): *Eppink; Gerdink; Immink.*

2) *Hartung.*

b) III. in ON., und daher auf Familien übertragen s. -ingen.

Ingel s. Angil (einst. K.).

-ingen III. seit dem 8. Jh. in ON., Dativ Plur. von dem Patronymikum auf *ing* (s. vorhin), abhängig von einem Verhältnisworte, z. B. zu den Eppingen „zu den Söhnen (Nachkommen) des Eppo" (Eberhard). Verhältniswort nebst Artikel fällt dann fort, und so entsteht der N. *Eppingen.*

Heutzutage ist das volle *ingen* bes. in Schwaben einheimisch, während in Altbaiern östlich vom Lech und in Österreich meist die Kürzung *ing* an die Stelle getreten ist.

In einzelnen Fällen ist ingen Abkürzung aus -ingheim: Sickingen aus Sickingheim.

FN. 1) *-ingen: v. Berlichingen; Eh.; Grün.; Hün.; v. Knöringen* (O. b. Burgau in Schwaben, Konrad v. Knörringen 1268); *v. Linsingen* (O. b. Ziegenhain, Ludovicus de L. 1232); *Menningen.*

2) *-ing: Bisping; v. Rössing; v. Schöning* (Stammort Schöningen in Pommern); *v. Meltzing* (O. b. Ebstorf, Heinrich v. M. 1300); *v. Tümpling* (O. b. Camburg a. d. S., Cuno v. T. 1337); *v. Winning* (O. b. Aschersleben, Otto de W. 1278).

Da diese ON. sich zum allergrößten Teile in Oberdeutschland finden, so ist auch die oberdeutsche Bildungsform *-inger* in den FN. viel häufiger, wo dann ingen und ing zusammenfließen.

FN. *Bähringer, Beringer* (O. Behringen); *Benzinger, Binzinger* (O. Benzingen u. Benzing); *Bermeitinger* (O. Bermatingen Fröhner S. 37); *Bilf.* (O. Bilfingen [1105 Binolfingen] in Baden); *Böhr.; Eh.; Gundelf.; Haßl.; Heimerd.; Offterd.; Sick.; Wassertrüd.* (von ON. auf -ingen). *Aibl.; Derfl.* (O. Derfling in Ober-Österr.); *Eberhart.; Fell.; Hörmand.* (Hörmading in Ober-Österr.); *Mall.; Oitz.; Stain.* (öst.); *Standhart.; Stock.; Straub.; Witt.* (sämtlich von ON. auf -ing).

Ingen- s. In III. (am Ende).

INGWE, INGE I. schon frühzeitig in N. auftretend (1. Jh. Ingomar, Armins Oheim); von dem Stammgott Ingwio; die Bedeutung dieses Namens ist unsicher.

FN. Ingobert: Gen. *Engberts.* Patr. Zss. *Ingwersen.*
Inghard: *Inghardt; Enghardt; Engert.*
Inguheri: *Enger.*
Ingiram: *Ingram.*
(Ingman): *Ingemann; Engmann.* Gen. *Ingmanns.*
Ingomar: *Immer.*
Ingold: *Ingwald; Engwald.*

Einstämmige Kürzung Ing-.
Ingo, Engo: *Enge.*

Int- s. In III.

Irm- s. Irmin (V., einst. K.).

IRMIN I. Der Stammgott der Herminonen, der Binnengermanen, urspr. Beiname des alten Himmelsgottes Tiwaz (Eru). I. steht im Ablautverhältnis zu german. erman, das in Zusammensetzungen das Große, Gewaltige bezeichnet. In PN. seit dem 1. Jh., wenn Armin hierher gehört.

FN. Irmindrud w.: *Irmtraut; Irmgedruth.*
Irmingar: *Irminger.*
Irmingard (Armingardis) w.: *Armgardt.* Gen. *Irmgartz.*
Ermingaud: *Armengaud.*
Irminhard, Emehard: *Irmert; Immert; Ermert.* Patr. A. *Armerding.*
Irminher: *Irmer; Immer; Ermer.*
Ermanrih: *Ermrich; Emmrich.*
Irminold: *Ermold.*

Einstämmige Kürzung Irmin-.
Irmino, Irmo, Immo (Stark 24): *Imme; Im; Ihm.* Patr A. *Immink; Emming; Immenga* (ostfries.).
Vklf. (l) Imilo, Ermilo: *Immelmann; Imelmann; Ermel; Emmelmann.* Gen. *Ihmels.* Patr. A. *Ermeling.* (l+n): *Imlin.* (k) Imico: *Immig; Ermke; Emmich; Emich.*

Irrgang III. ein alter Spielmannsname, der die ziellose Wanderlust des Sängers ausdrücken soll; doch findet es sich auch als Ortsname. Auch *Ergang.*

ÎSA I. altnord. îss, angels. ahd. mhd. îs „Eis".

FN. Isabert, Isbert: *Ispert.*
Isheri: *Isser; Eiser.*
Isman: *Ißmann; Eisemann; Eismann.*
Isuwarth: *Eisert.*

Einstämmige Kürzung Is-.
Vklf. (l) Islo: *Isele; Eisele.* (l+n): *Iselin.* (k) Isico: *Isecke; Iske; Ische.* Gen. *Ischen.*

ÎSARNA I. got. eisarn, frühahd. îsarn, ahd. îsan, mhd. îsen „Eisen".

FN. Isanperaht: *Isenbart; Eisenbarth.*
Isanbrand: *Isenbrand; Eisenbrand.*
Isindrut w.: *Eisentraut.*
Isangart w.: *Isengarth; Eißengarthen.*
Isangrim: *Eisengrein;* (verstümmelt) *Isegrei.*
Isanhard: *Eisenhart; Eyssenhardt.*
Isanman: *Eisenmann.*
Isanrich: *Eisenreich.*

Einstämmige Kürzung Isan: *Isen; Eisen; Eyßen.*

Isen- s. Îsarna.

Isenschmid III. „Eisenschmid“ (s. Schmid).

Iserhot s. Hut.

Isidorus II. griech. „Gabe der Isis“, der ägyptischen Göttin.

FN. *Dörries* (wegen der Aussprache s. S. 38).

Ißleib I. nicht imperativisch, sondern ahd., zu îs „Eis“ = Sohn des Eises, altnord. Isleif (Andresen); auch *Ißleb*, wenn es nicht zum ON. Eisleben in Beziehung zu setzen ist.

-itsch s. das Folgende.

-itz III. in ON., slawischen Ursprungs. Im Slawischen bilden *-ice* und *-owice* Patronymika im Plur., z. B. Bobolice, Plur. von bobolić d. i. Sohn des Bobola (Rundbauch), also deutsch etwa die „Bobolingen“ wie Eppingen u. a. — jetzt *Bublitz*. Daher nun im Osten Deutschlands sehr viele deutsche FN. auf *-itz* und *-witz* (in Vorpommern auch *-fitz* und *-vitz*), die von den entsprechenden slawischen ON. übertragen sind.

FN. *Bonitz; Bublitz; v. Debschitz* (O. j. Döbschitz, Hugo de Dobswicz 1280); *v. Graevenitz* (O. Grev. b. Stendal); *v. Heynitz* (O. b. Meißen, 1250); *v. Kittlitz* (O. b. Löbau, Henricus de Chidelitz 1160); *v. Köckritz* (O. b. Weida, Popo u. Henricus de Kokeritz 1209); *v. Maltitz* (O. im Meißn., Ulricus de M. 1224); *v. Miltitz* (b. Dresden, Theoderich v. M. 1186); *v. Nostiz* (O. b. Weißenberg in Sachsen, 1267); *v. Obernitz* (O. b. Saalfeld, Heinrich v. O. 1258); *v. der Ölsnitz* (O. wahrsch. im Erzgebirge, Reinbertus de O. 1219); *v. der Planitz* (O. i. Vogtland, Ludwig v. d. Plavnitz 1192); *Pieritz* (O. Pyritz, gesprochen Pîr-); *v. Reibnitz* (O. b. Hirschberg?, Henricus de Rybnitz 1288); *v. Schweinitz* (O. Swentz, jetzt Klein-Schweinitz i. Schl., Jacobus de S. 1304); *von Seydlitz* (Apecz de Silicz 1288 i. Schlesien, Günzel Sidlitz 1294); *v. Zabeltitz, v. Zobeltitz* (O. b. Großenhain, Henricus de Zabulotez 1207); *v. Beulwitz* (O. b. Saalfeld, Erwin de B. 1117); *v. Dallwitz* (Heinricus de Talw. 1260); *v. Dewitz* (O. b. Stargard, Eckert v. D. 1261); *v. Haugwitz* (O. im Erzgeb., Andreas Hugovizt 1257); *v. Kottwitz* (O. b. Breslau, Hugo de K. 1216); *v. der Marwitz* (O. b. Landsberg a. d. W., Theodoricus de M. 1259); *v. Seydewitz* (Albertus de S. 1299); *v. Zezschwitz* (O. b. Leipzig, Otto v. Z 1228); *v. Zitzewitz* (b. Stolp i. P., 1313).

Vergröbert *-itsch, -itzsch* (bes. im Königr. Sachsen): *v. Brauchitsch* (O. jetzt Brauchitschdorf b. Lüben, 1259); *Delitsch; Kötteritzsch; v. Metzsch* (O. Miesitz, 1314); *Palitzsch; v. Pentz* (O. Paniz 1194 b. Wittenburg in Mecklenb. erwähnt, bald verschwunden; Walterus de P. 1221); *Triddelfitz, -vitz; Thesenvitz* (Rügen).

Ableitung auf *-er* (oberd.):

Clausnitzer; Göl.; Jesn.; Loßn. (Kgr. Sachsen); *Thalw.;* im nordöstlichen Deutschland jüd.: *Meseritzer.*

Iv- s. Iw.

IW- I. ahd. îwa, mhd. îwe, ybe „Eibe“ (Taxus), deren Holz wegen seiner Zähigkeit und Schnellkraft bes. geeignet für Bogen war.

Einstämmige Kürzung Iw-.

FN. Ivo, Ibo: *Iwe; Ibe.* (*Eybe* VN. Swinemünde). Gen. *Iven; Iben; Eiben.*

Vklf. (k): *Ibbcken* (Oldenb.).

J.

Jaap s. Geb (einst. K.).

Jab- s. Geb (einst. K.).

Jack-, Jäck- s. Jacobus.

Jacobus II. hebr. Jaakob „der Fersenhalter“ d. i. Nachgeborene (als jüngerer Zwillingsbruder des Esau); im N. Testamente die beiden Apostel Jacobus (Kal. 25. Juli).

FN. (zum Teil jüdisch). *Jacobus; Jacob.* Zss. *Quadejacob; Schlingjacob; Venjacob.* Gen. (lat.) *Jacobi, Jacoby;* (deutsch) *Jacobs, Jakobs* (oder zsgz. aus dem Nom. Jacobus). Patr. A. *Jacober.* Patr. Zss. *Jacobsohn; Jacobson; Jacobsen.*

Verkürzt am Ende: *Jack; Gacke.* Gen. *Jacks; Jock* (schweiz.).

Vklf. (i): *Jäggi* (schweiz.). (l, oberdeutsch): *Jackl; Jäckel; Jeckel; Jäckel;*

Jockel; Jöckl (bair.). (l + i): *Jäggli* (schweiz.). (l + n): *Jäcklin; Jäcklein.* Verkürzt am Anfang: *Kobus* (Gen. *Kobi*); *Köbi; Kob.* Gen. *Kobes; Kobs, Koops* (oder aus dem Nom.).

Vklf. (niederd.): *Köbcke, Köpke* (doch ist bei diesen mit k anlautenden FF. auch der altdeutsche Stamm Guða in Betracht zu ziehen).

Jäde s. Gada.

Jaffé II. Japhet in französ. Form.

Jagdenfuchs III. Satz-N. „eifriger Fuchsjäger".

Jagendeubel s. Jageteufel.

Jäger III. mhd. jagaere, jeger.

FN. *Jager* (Gottschee); *Jäger.* Zss. *Gambsjäger; Hasenjäger; Hühnerjäger* (Herzog Otto I. von Pommern hatte unter seinem Jagdstaat „duos falconarios et duos, qui dicuntur hönrejeger equitantes". Balt. Stud. XXIX S. 404). Latinis. *Venator.* Gen. *Jägers* (niederrheinisch).

Jageteufel III. Satz-N. = „jage den Teufel" (S. 52). *Jagenteufel* 1580.

Jägg- s. Jacobus.

Jähde s. Gada.

Jahn-, Jähn- s. Johannes 3.

Jahr III. in einzelnen Zss.: *Langjahr* (= Schaltjahr Fröhn.). Vgl. Gutjahr 1295.

Jahreis s. Gaisaʒ (einst. K.).

Jäkel s. Jacobus.

Jan-, Jän- s. Johannes 3.

Japping s. Geb (einst. K.).

Jar- s. Gaisaʒ (V., einst. K.).

Jasp- s. Kaspar.

Jaspis III. vgl. Demant.

Jaster s. Gastiʒ.

Jatho III. „einer aus Gatow". Auch *Jatow.*

Jaukens s. Gawja.

Jebens s. Geb (einst. K.).

Jeck- s. Jacobus.

Jeffke s. Geb (einst. K.).

Jehle s. Gaila.

Jehn-, Jen- s. Johannes 3b; aber **Jener** III. „einer aus Jena".

Jenn-, Jent- s. Gandi.

Jenner III. zu den Monatsn.; vgl. S. 49.

Jer-, Jerr- s. Gaisaʒ (V., einst. K.).

Jerusalem III. häufiger ON. in Deutschland und Österreich.

Jesp- s. Kaspar.

Jhering s. Gaisaʒ (einst. K.).

Jipp- s. Geb (einst. K.).

Jirgensohn s. Georgius.

Joachim III. hebr. Jehojakim „Jehova richtet auf".

FN. *Joachim.* Gen. *Joachimi;* (deutsch) *Joachims.* Abgeschliffen: *Jochen; Jochum; Juchem* (Köln). Gen. *Jochens; Jochums.* Verkürzt im Anlaut: *Achim.* Vgl. bei Klemp. z. B. Achim (Jochim) Dewitz; sonst ist Achim auch ON.

Jobst, Jöbstl s. Jodocus.

Joch- s. Joachim.

Jock-, Jöck- s. Jacobus.

Jöd- s. Guða (einst. K.).

Jodocus II. griech. etwa „Pfeile enthaltend"; St. Jodocus.

FN. *Jobst; Jost* (vgl. bair. VN. Jobst); Zss. *Jostarndt* (doch s. auch Justus). *Garnjost.* Gen. *Josten.* Patr. A. *Jösting.* Vklf. (l): *Jöbstl.*

Johannes II. hebr. Jehochanan „Gott ist gnädig"; Johannes der Täufer (24. Juni); Johannes d. Apostel u. Evangelist (27. Dez.). Dieser als VN. sehr beliebte Name hat eine fast unübersehbare Menge von FN. hervorgerufen.

FN. 1) *Johannes* (selten); *Johanns.* Gen. *Johannis; Joanni.* Zss. *Vogtsjohanns* (Oldenb.). Patr. Zss. *Johannessohn; Johannesson.*

2) Verkürzt im Auslaut: *Johann* — mit den Zss. (bes. westf.) *Aldejohann; Engelj.; Godj.; Großj.; Jungj.; Kochj.; Lüttj.; Meyerj.; Ortj.; Schmalj.; Stammerj.; Wittj.* — *Johannpötter* (westf.); *Johannsmann.* Patr. A. *Johanning; Joanning.* Gen. *Johannings* (ostfries.). Zss. *Johanningmeyer* (westf.). Patr. Zss. *Johannssohn, Johannson, Johannsen, Johannzen*

Vklf. (k): Gen. *Johäntjes.*

3) Zusammengezogen a) mit Hervorhebung des Vokals der ersten Silbe: *John.* Gen. *Johns; Johnen; Jonen* (niederrhein.). Patr. A. *Johner* (Baden).

Vklf. (k): *Johnke; Jöhnke; Joontjes* (ostfries.).

b) mit Hervorhebung des Vokals der zweiten Silbe:

Jahn. Gen. *Jahns; Jans. Jähn; Jehn;* Gen. *Jähns; Jehnen.* Zss. *Endejann; Fuhljahn* (der faule J.); *Gaudian* (niederd., der gute J.) *Grotjan, Grotrian; Guderian, Guderjahn; Ottenjan; Schmidtjan; Schönjahn* (auch *Schönian*, älter Schönejan, Schönergan); *Smalian* (niederd.); *Strackerjan* (d. i. schlanker J.); *Wiesjahn; Janotte* (Johann Otto). Patr. A. *Janning; Jähning, Jänning; Jahner* (Wien). Patr. Zss. *Janson, Jansen, Janssen, Janzohn, Janzon, Janzen.*

Vklf. (l): *Jahnel; Jähnl.* (k): *Janecke; Janeck; Jahnke; Janeke; Jank; Jänicke; Jähnig; Jehnig; Jäneke; Jänke; Jencke;* (hochd.) *Jänichen; Jenichen; Jänigen; Jähnchen.* Slawische Vklf.: *Janisch; Jenisch; Jentsch; Jentzsch; Jaschke; Jäschke; Jeschke.*

4) Verkürzt im Anlaut:

a) *Hannes; Hans* mit den Zss.: *Althans; Großhanß; Guthans; Jungh.; Kleinh.; Langh, Langerh.; Magerh.; Schwarzh.*

Fritzehans, Fritschh.; Elsenh.; Ilkenh.; Josenh. (Hans, Sohn der Else, Ilke oder Eilika, Josepha); *Petersh.*

Fuhrhans; Guldenh.; Meisterh.; Speckh.; Speerh.; Stallh.; Timmerh. (westf.).

Hanselle (= Hans Selle, Preuß); *Hansemann, Hansmann; Hansgirg* (Hans Georg). Patr. A. *Hansing; Hanser* (südd. Fröhn., Reichel). Patr. Zss. *Hanson; Hannesen; Hansen* (schlesw.); *Hanssen.*

b) *Hennes.* Patr. Zss. *Hennessen; Hensen; Henssen. — Hensmanns.*

Vklf. (l): *Hansel (Hanselmann); Hensel; Hänsle.* Zss. *Aneshensel* (der H. des Ahni, Großvaters), *Anishänsli* (Basel); *Oberhänsli* (Thurgau); *Peterhensel.* Patr. A. *Hansler, Henseler.* Niederd. (k): *Henske, Hensken, Hänsgen — Hansken* (ostfries.).

5) Verkürzt im Anlaut und Auslaut (zusammenfließend mit Hagan).

a) *Hanne; Hann (Hannemann).* Zss. *Junghann; Junghäni* (schweiz.). *Hanotte.* Vklf. (niederd. k): *Hannicke; Hannig; Hannecken; Hanke;* (slawisch): *Hanusch.*

b) *Henne, Henn* (Henne VN., z. B. Henne Vagedes Lipp. Reg.) in mannigf. Zss. *Bauerhenne,* niederd. *Burhenne; Kleinh.; Opperh.; Weberh.; Wiesenh.; Großhenn,* niederd. *Grotehen; Junghenn; Hartmannshenn.*

Johl s. Guða (einst. K.).

John-, Jöhn- s. Johannes 3.

Jolfs s. Guða (V.).

Jonas II. hebr. „die Taube"; der Prophet. FN. auch jüdisch.

Joontjes s. Johannes 3.

Joosten s. Justus.

Jordan II. Jordanes 5. Jh., vermutlich aus altd. Jornandes, womit es wechselt, unter Einwirkung des Namens des heiligen Flusses umgebildet. Im Gött. UB. als Vorname im J. 1229.

FN. *Jordan* (auch jüdisch). Gen. *Jordans; Jordens; Jördens; Jörrens; Jorns.*

Jörg, Jorges s. Georgius.

Jörrens s. Jordan.

Joseph II. hebr. „er fügt hinzu" (1. Mos. 30, 24); als christlicher N. von Joseph, dem Manne der Maria, stammend (Kal. 19. März).

FN. *Joseph, Josef.* Gen. *Josephs* (Jever); lat. *Josephi.* Patr. A. *Josepher.* Patr. Zss. *Josephson.*

Verkürzt im Anlaut: *Sepp* (südd.).

Jost s. a) Jodocus b) Justus.

Jowien s. Guða (V.).

Juchem s. Joachim.

Jump- s. Gunþ (V.).

Jung a) I. s. Junga b) III. (vgl. Hellenbrecht de Junghe 1383 Gött. UB. I.; auch franz. Lejeune); *de Jonge* (Emden). Zss. *Jungermann; Kleinjung.* In vielen Zss. mit Vornamen als FN.: *Jungandreas; -claus; -curt; -glas, -glaß* (= claus), *-glaus; -gunst* (entstellt aus Kunz); *-hähnel; -hann; -hans; -hein; -heinrich; -henn; -johann; -klaaß, -klaus; -kunst* (= dem folg.), *-kunz; -märten, -martin; -nickel, -nitz, -nitsch.*

JUNGA I. got. guggs, ahd. jung, mhd. junc „jung". In altd. EN. weit seltener als alt.
FN. Jungman: *Jungmann, Junkmann.*
Jungarat: *Junkert.*
Jungeric: *Jungerich.*
Einstämmige Kürzung Jungo: *Junge; Junck; Jung* (latinis. Jungius); *Jungk; Jünge.*
Vklf. (l): *Jüngel.* (k); *Jüngken.*

Jungbluth III. auch *Jungesblut;* niederd. *Jungeblodt* (holl. Jongebloed).

Jüngel s. Junga.

Jungfer III. Abkürzung aus Jungfrau (vgl. Johannes dictus Virgo 1390 Köln. Univ.-Matr.).

Jüngling III.

Junker III. aus mhd. juncherre „junger Herr" (herre Bezeichnung des ritterlichen Standes).
FN. *Junker.* Gen. *Junkers. Junkermann.*

Junkert s. Junga.

Jür-, Jürr- s. Georgius.

Justus II. lat. „der Gerechte".
FN. *Justus; Just; Jost.* Gen. (lat.) *Justi;* (deutsch) *Justen; Joosten, Joesten* (oe = ô, ostfries.).

K.

Kaat s. Kothe.

Kabelmacher III. „Verfertiger von Schiffstauen".

Kächler III. „Kachelmacher, Töpfer", vom ahd. chachala, mhd. kachele irdenes Geschirr („Kachel" noch schweizerisch, tirolisch in diesem Sinne).

Kahle III. „Kahlkopf". Hans de Kale 1430 (Lipp. Reg.). Auch *Kahl.*

Kahler, Kähler s. Köhler.

Kahrs s. Gaisaʒ (einst. K.).

Kaiser III. s. S. 42. Albertus dictus Keiser (ein Bauer) 13. Jh. Auch in der Schreibung *Kayser, Keiser.* — Selten in der ursprünglichen lat. F. *Caesar.*

Kalb III. zu den Tiernamen (S. 49. 61); vgl. Cuonrad calf, calp vitulus 1219. Cuonrad dict. Kelbelin.
FN. *Kalb.* Niederd. *Kalff.* Vklf. *Kälble.* Zss. *Sommerkalb* (Barthold genannt Sumerkalf 1358 — Lipp. Reg.); *Sonnenkalb; Kalbskopf.* Aber *von Kalben* „aus Calbe" (E. de C. 1207).

Kalff s. Kalb.

Kaltschmidt III. ahd. chaltsmit, mhd. kaltsmit „Schmied, der ohne Feuer arbeitet, Kesselschmied".

kam- s. Kamp III.

v. Kamecke III. Stammort Camminke auf der Insel Usedom.

-kamer s. Heim.

Kamm-, Kämm- s. Gamal.

Kämmer III. „Wollkämmer". Auch *Kammer.*

-kammer s. Heim.

Kämmerer III. ahd. chamarâri, mhd. kameraere, nach dem mittellat. camerarius 1) „Hofbeamter, der die Aufsicht hat über die fürstlichen Gemächer", namentlich über die Schatzkammer, auch sonst aufwartet und auf Ordnung hält 2) in Klöstern und Gemeinden „Verwalter der Einkünfte".
FN. *Cammerer; Kämmerer.*

Kämmerling III. ahd. chamarlinc, mhd. kemerlinc „Kammerdiener". (Das Wort noch im ital. camerlengo).

KAMP I. ahd. champh, mhd. kampf „Kampf" (urspr. Eifer, Wetteifer).
FN. Kamphard: *Kempert; Kempfert.*
Einstämmige Kürzung Camp-.
Campo (noch fries. VN.), Chempho: *Campo; Campe; Kampf; Kempe; Kämpffe; Kempf.* Gen. *Kamps; Kampen.* Patr. A. *Overkämping* (westf.).
Vklf. (k): *Kempke.* Gen. *Kempkens.*

Kamp III. aus dem lat. campus, welches schon früh in das Niederdeutsche und Friesische herübergenommen ist, namentlich ein eingeschlossenes, umhegtes Feld bezeichnend, das einem einzelnen Bebauer zusteht. Alte ON. auf -camp aus dem 9.—11. Jh.; heutige auf *-kamp,* auch verhochdeutscht *-kampfen, -kämpfen.*

Eine große Menge FN. auf *-kamp* finden sich in Westfalen, hergenommen von einzelnen solchen Kämpen, an denen dieser Landstrich so reich ist (S. 77). Dabei tritt auch das niederdeutsche Sprachelement hier sehr in den Vordergrund.
FN. *Von dem Kampe; van Kampen* (Kleve; Kampen Stadt in Holland); *Ingenkamp, Imkamp.*

Zss. 1) nach dem, was auf dem Kampe wächst: *Appelkamp* (Äpfel-); *Birkenk.*, *Berkenk.*; *Bierk.* (Birnen); *Bohnenk.*; *Bökenk.* (Buchen-); *Buschk.*; *Distelk.*; *Eichelk.*; *Ellerk.*, *Erlenk.*; *Flaßk.*; *Füchtenk.*; *Graßk.*; *Haverk.*, *Haberk.*; *Hasselk.*; *Heisterk.*; *Holtk.*; *Horstk.*; *Kirschk.*; *Kleek.*; *Lihnk.* (Lein-); *Lohk.*; *Nettelk.*; *Roggenk.*; *Röbek.*, *Röwek.*; *Schleenk.*; *Wiedenk.* —

oder sich dort aufhält (Tiere): *Ahlkamp*; *Beutek.* (Bienen-); *Hasenk.*; *Immenk.*; *Kreienk.*; *Uhlenk.*; *Voßk.*; *Wolfk.* —

oder überhaupt sich dort befindet: *Brüggenk.* (Brücken-); *Gallenk.* (aus Galgen-); *Katenk.*; *Kiesek.*; *Kleinemoork.*; *Kottenk.*; *Kreutzk.*; *Kulenk.*; *Moork.*; *Mühlenk.*; *Pohlk.* (Pfuhl-); *Sandk.* (auch Dorf in Hannover); *Seek.*; *Steink.*; *Wasserk.*

2) Nach der Lage und Beschaffenheit des Kampes: *Altkamp*, *Altenk.*; *Bredenk.* (auf dem breiten K.); *Hoffk.*; *Hok.*; *Hogenk.* (elliptisch: auf dem hohen K.); *Kortenk.*; *Langenk.*; *Ostk.*, *Osterk.*; *Surk.*; *Veltk.*; *Wellenk.* (quelliger K.); *Westerk.*

3) Nach dem Besitzer: *Nonnenkamp.*

Verhochdeutscht in *-kampf*: *Erlekampf*; *v. Heidek.* (vgl. O. Heidekamp in Holstein); *Flaßk.*; *Lindenk.*; *Lohkampff*; *Mühlenkampf*; *Oberk.*; *Siedenk.*; *Tellk.*; *Weidek.*

Abgestumpft in *-kam*: *Bornkamm*; *Breitenkam*; *Gerstenkamm*; *Kleekam*; *Kreuzkamm*; *Osterkam.*

Ableitung auf *-er* (westf.): *Kämper*, *Kemper*; *Kempner.* Gen. *Kempers.* Zss. *Bennekämper*; *Berkenkemper*; *Elfenkämper*; *Engelkemper*; *Fahlenkemper*; *Haarkämper* (Haar = Anhöhe auf einer Heide); *Hasenk.*; *Heidk.*; *Hennek.*; *Holtk.*; *Kiesk.*; *Kortenk.*; *Kottenk.*; *Krützk.* (Kreuz-); *Lehmkämper*; *Lohkemper*; *Nordkämper*; *Ossenk.*; *Pagenkämper* (Page = Pferd); *Pierenkemper* (Regenwürmer-?); *Roggenkämper*; *Stegk*; *Strotkemper*; *Stutenk.*; *Südk.*; *Weidenkämper.*

Auch als erster Teil der Zusammensetzung findet sich Kamp in: *Kampmann*; *Oberste Kampm.*; *Kampmeyer*; *Kampfm.*; *Kamm*; *Kampfmüller*; *Kampfwirth*; *Kampfschulte*. *Kampfranz.*

Kamp- s. a) Kamp I. b) Kamp III.

-kamp s. Kamp III.

Kämp- s. Kamp I.

Kampe a) s. Kamp I. b) Ortsbezeichnung s. Kamp III.

-kämper s. Kamp III.

Kampf- s. a) Kamp I. b) Kamp III.

-kampf s. Kamp III.

Kämpf- s. Kamp I.

Kampfenkel I. III. der „Henkel vom Kampe" (s. Hagau).

Kamphaus III. Fleischermeister in St., nennt sich, seit es einen Finanzminister Camphausen in Preußen gegeben: *Kamphausen.*

Kändler III. (bair.), mhd. kandeler „Kannengießer". Auch *Kandler*; *Kendler.*

Kanne III. zu den Gerät- oder Hausnamen.

Kannengießer III. „Zinngießer"; man sieht aus dem N., daß das Gießen von Kannen einst die wichtigste Arbeit in diesem Handwerke war („Kannengießer-Straße" in Braunschweig).

FN. *Kannegießer*; *Kanngießer*, *Canngießer.* Niederd. *Cannegieter* (Klemp. Kannegeter).

Kannewurff III. „einer aus Kannawurf" in Thür. *v. Kannewurff* (Albert de K. 1245).

Kant, Kantz s. Gandi; doch ist *Kant* auch ON. (Canth b. Breslau).

Kanzler III. ahd. chancilâri, mhd. kanzelaere aus mittellat. cancellarius „Vorgesetzter der Kanzlei".

FN. *Kanzler*, *Cantzler.* Mit Umlaut *Kentzler.*

Käpernick III. „aus Köppernig b. Oppeln; lat. *Kopernicus* (aus Koppernigk, Coppernicus).

Kapeter III. (Württ.) eig. Hausname casa Petri, wie Cahannes, Capaul (Buck).

Kaphengst III. vom mhd. kappen „verschneiden".

Kappauff s. Hotopp.

Kappell- s. Capelle.

Kapper s. Kaspar.

Kapphammel III. vom mhd. kappen „verschneiden".

KARALA I. ahd. charal, karl, altnord. karl, niederd. kerl „Mann", urspr. der gereifte M., später der einfache freie M. im Gegensatz zum Edling.

FN. Karlman: *Karlmann.*

Einstämmige Kürzung Karal-.

Carol: *Karel; Karle; Karl, Carl;* (zerdehnt) *Kardel; Kerl; Keerl.* Gen. *Carels; Karls; Kerlen.* Latinis. Gen. *Karoli.* Patr. A. *Kerling.* Patr. Zss. *Carlsohn.*

Vklf. (i): *Karli* (schweiz.).

Kärcher III. oberd. „Kärrner", von Karch „Karren", ahd. karruh aus lat. carruca Reisewagen. Petrus dict. Karrecher 1285. FN. *Kärcher; Karcher.*

Kardel s. Karala.

Karge III. Wernerus dict. Karge 1217. „Der Karge". Auch *Karger.*

Karges, Karius s. Macarius.

Karlauf s. Gaisaz (V.).

Karmann s. Gaisaz.

Karrer III. „Kärrner". Auch *Karner.*

Karsjens, Karst- s. Christianus.

Kaschube III. ein „Kassube" (S. 79). Auch verkürzt *Kaschub.*

Käsebier entstellt aus Kassebeer.

Kasemeier III. umgestaltet aus Kasimir (1788 Detmold).

Kaspar II. persisch Kansbar „Schatzmeister", nach der Legende einer der h. drei Könige (Kal. 6. Jan.).

FN. *Kaspar, Caspar; Casper* — süddeutsch *Kapper* (s Melchior Meyr, Erzählungen aus dem Ries); *Kaps.* Gen. *Caspary* (auch jüdisch); *Caspers; Kespers.*

Vklf. *Kasperl* (bair.). Zss. *Kasparbauer.*

Mit Erweichung des k (schon bei Klemp. nebeneinander Kaspar, Gaspar, Jaspar): *Jasper.* Gen. *Gaspers; Jaspers* (ostfries. u. niederrhein.). Patr. Zss. *Jaspersen; Jespersen.*

Kassebaum III. halbniederd. statt karseboom „Kirschbaum". Auch *Kessebohm.* (*Kassebohm* O. in Mecklenb.).

Kassebeer III. niederd. statt Karsebeere „Kirsche" (lat. cerasum), auch „Vogelbeere".

Kasseroller III. „Kasserollen-Verfertiger".

Kassens, Kast- s. Christian.

Kassner III. „einer aus Kassen" (Kassan in Mähren).

Kastner III. „Verwalter des Kornkastens" d. i. Getreidespeichers, dann, weil aus den Getreide- und Fruchtzinsen sich die Steuern entwickelten, hie und da = Amtmann über alle Einkünfte „Rentmeister". So an Höfen ein Hofkastner, in Klöstern ein Pater Kastner.

FN. *Kastner; Kästner, Kestner; Khöstner* (Gottschee).

Kathmann, Käthner s. Köther.

Kathreiner III. „einer aus (St.) Kathrein". Auch *Cathrein.*

Katz s. S. 68 Anm. 2.

Katzemich III. O. i. d. Rheinprov.

Kauer- s. Kunja (V.).

Käufler III. s Keufel.

Kaufmann III. ahd. choufman, mhd. koufman „Handelsmann" (s. Krämer).

FN. *Kaufmann,* häufig *Kauffmann.* Niederdeutsch *Kopmann, Koopmann.* Gen. *Koopmanns.*

Kaulbars III. deutlicher Fischname (1421 Hans Culbars in Stettin).

Kaulfuß III. „Klumpfuß", von Kaule = Kugel, schon mhd. kugele zsgz. kûle.

Kaunert s. Kunja (V.).

Kaupert, Kauwertz s. Gawja.

Keb- s. Geb (V., einst. K.).

Keck III. Joh. Keche 1289. Mhd. kec, Nebenf. zu quec „munter, kräftig".

Keerl s. Karala.

Kehr- s. Gaisaz (einst. K.).

Kehrein III. Satz-N. „kehr ein".

Keibel s. Gaidu.

Keil s. Gaila (V., einst. K.).

Keilhack III. „Keilaxt", Bezeichnung für einen Waldarbeiter. Dass. wohl *Keilholz.*

Keimreucher III. „einer, der Kienrauch, -ruß aus Harz gewinnt".

Keiper III. „Fischmeister", Aufseher über Fischereien (ostpreuß.).

Keiser s. Kaiser.

Keit- s. Gaidu.

Keller III. mhd. kellaere aus lat. cellarius 1) „Kellermeister", Schaffner 2) Kammer-

beamter; wie vom herrschaftlichen Kasten ein Kastner, so bekam vom herrschaftlichen Keller ein Keller (Kellner) als Rentbeamter seinen Namen (cellarii am Hofe Karls d. Gr.), welcher urspr. die Weinberge u. Weingülten samt den andern Einkünften, die in die Keller einzuliefern waren, zu verwalten hatte; bei geistlichen Stiftern der Beamte, welcher die Einkünfte verwaltet, die für den Tisch geordnet sind — oft mit dem Kastner eins 3) Inhaber eines „Kellerhofes", einer Art Hofgüter in einigen Teilen Schwabens und der Schweiz. (Walter der Kellaer 1288).
FN. *Keller.* Gen. *Kellers* (niederrhein.). Lat. (rücklatinis.) *Cellarius.* Auch *Kellerer. Kellermann.*

Kellermann s. Keller.

Kellner III. mittellat. cellenarius, ahd. kelnâri, mhd. kelnaere = keller (Conrade Kelner, auch C. Keller genannt 1379 Bacm.).

Kelterer III. „der den Wein keltert".

Kemenade III. ON. (Kemnade, Kemnat u. a. Formen). — FN. *van Kemenade.*

Kemmerling s. Kämmerling.

Kemp- s. Kamp I und III.

-kemper s. Kamp III.

Kendler s. Kändler.

KENÞA I. ahd. chind, mhd. kint „kind", seit dem 7. Jahrh. in Namen vorkommend.
FN. Einstämmige Kürzung Chind-.
Vklf. (l) Chintila: *Kindel.*
Auslautend (15 mal Först.): *-kind.* Wittekind.

Kentel s. Gandi.

Kentzler s. Kanzler.

Kepler III. „Der Kappenmacher oder -träger, Mönch". Auch *Keppler.*

Kerber s. Körber.

Kercher s. Kircher.

Kerke III. niederd. „Kirche", in Zss. wie *Kerkenbrock* (Kirchenbruch); *Kerkhei.*

Kerl- s. Karala.

Kerms s. Gaisaz (zweist. K.).

Kern a) I. s Gernaz b) III. „Kern" Uodalricus dict. Kern 1280.

Kerner III. 1) = *Körner* 2) „Kärrner".

Kerschstein s. Christianus.

Kerse III. „Kirsche", aus lat. cerasum, in Zss. wie *Kersenbrock* (-bruch), *Kerßenbroick; Kersemeyer.*

Kerst- s. Christianus.

Kespers s. Kaspar.

Kessebohm III. „Kirschbaum".

Kessel III. der Kessel als bedeutsames Hausgerät, das zu sinnbildlichen Rechtshandlungen und abergläubigen Gebräuchen diente. Vgl. H. de Eschenowe dictus Brukezzel (Braukessel) 1263. Zss. *Bornkessel* (= Brennk.). Dagegen *v. Kessel* = aus Keßlar i. Thür. (Klaus v. Kesselar † 1443).

Kesseler III. „Kesselschmied". Auch *Keßler* und *Kesselschmied.*

Kesselhake III. Haken, an welchem der Kessel über dem Feuer aufgehängt wird.

Kesselhut III. eine „Pickelhaube in Kesselform". Auch niederd. *Ketelhod.*

Kesselring III. Ring, woran der Kessel über dem Herde hängt. Als Name schon im 12. Jh.

Kest- s. Christianus.

Kestner s. Kastner.

Ketelböter III. niederd. „Kesselflicker" (böten = hd. büßen, d. i. urspr. bessern).

Ketelhod s. Kesselhut.

Kettler III. „Handwerker, der kleine Ketten macht, bes. Drahtketten". Auch *Kettner.* Die Familie *von Kettler* führt ihren N. wohl nach dem Wappenbilde, einem roten Kesselhaken (Johann der Ketteler in Melrich 1271).

Keudel s. Gaidu.

Keufel III. „Kleinhändler, Unterhändler" Auch *Käufler.*

Keun- s. Kunja (V., einst. K.).

Keutel s. Gaidu.

Kieckebusch III. ON. (in Brandenb.). Auch *Kickbusch.*

Kiefer s. Küfer.

Kiehne s. Kunja (einst. K.).

Kiekuth III. niederd. Satz-N. „schau aus" — doch zunächst wohl ON. (auf Rügen) und von daher übertragen.

Kienast III. ON. (Ober-Österr.).
FN. *Kienast; Kinast;* (entstellt) *Kynaß.*

Kienbaum III. mhd. kinboum „Kiefer". Auch ON.

Kienle s. Kunja (einst. K.).

Kiep- s. Geb (V., einst. K.).

Kier- s. Gir.

Kierschner s. Kürschner.

Kies- s. Gis.

Kiesel- s. Gîsalaz̧.

Kieser III. „Prüfer"; in den Städten Deutschlands waren solche K. besonders für Getränke und andere Lebensmittel angestellt.

Kiesewetter III. Satz-N. „der das Wetter prüft, Wetterspäher" (Gudrun 903: Fruote bî dem lufte kiesen dô began). Entstellt *Küssewetter* (Wien); *Giesewetter* (Sachs.). Nach andern ist K. = Kiesel-, d. i. Hagelwetter.

Kieß- s. Gis (Gîsalaz̧).

Kiewitt III. niederd. der Kiebitz, sprichwörtl. wegen seines Zickzackfluges; daher „Kiebitzgang". (Everhardus Kyvith Köln. Univ.-Matr. 1390.)

Kilbert s. Gisalaz̧.

Kilcher s. Kircher.

Kilian II. ein Schotte, Apostel der Franken im 7. Jh.

FN. *Kilian; Killian; Kilgan.* Gen. *Kiliani.*

Killmer s. Gîsalaz̧.

Kimmerle s. Kunja.

Kind III. Vgl. S. 49 und Kenþa.

Vklf. *Kindgen* (Niederrhein).

Kindervater III. Vgl. Vater.

Kipp s. Geb (einst. K.).

Kirchartz s. Kirchmann.

Kirche III. ahd. kiricha, mhd. kirche, altsächs. kirika, kerika, altfries. kerke, karke (wohl aus griech. κυριακόν „Haus des Herrn, Gotteshaus"). In ON. *-kirch, -kirchen* (elliptischer Dativ); niederd. *-kerk.*

FN. 1) *Kirch; Altenkirch; Neuk.; Taufk.* (O. -en 8mal Rud.); *v. Tippelsk.*

2) *Giesenkirchen; Herrenk.; Kaldenk.; Odenk.; Rodenk.; Rommersk.*

Halbniederd. *Nienkirchen* (Mecklenburg); hochd. *Neunkirchen* (häufig ON., wohl aus Neuenkirchen zsgz., zumal bei Dörfen, wo eine solche Menge von Kirchen doch nicht anzunehmen).

3) *Bovenkerk.*

Ableitung auf *-er* (oberd.):

1) *-er: Feldkircher* (O. -kirch).

2) *-ner: Feldkirchner* (O. -kirchen); *Neuk.; Seek.; Steink.*

Andere Zss. *Kirchgeorg; Kirchenpaur.*

Kircher III. mhd. kirchaere „Küster" 2) gekürzt aus Kirchherr, d. i. „Pfarrer". Auch *Kilcher; Kercher.*

Kirchhoff III. „der am Kirchhofe" vgl. fries. Urkund.: roleff bi den kerkhoue (Pott S. 549). Auch *Kirchhofer.*

Kirchmann a) I. ahd. Kirihman (aus dem 9. Jh. als PN. nachgewiesen durch Förstemann, vgl. auch den rhein. Namen *Kirchartz,* der auf einen altd. Nomin. Kirihhart zurückweist) b) III. mhd. kirchman Eingesessener einer Gemeinde, „Gemeindeglied", im Gegensatz zum Ausmann, ûz̧man.

Kirchner III. mhd. kirchenaere „Küster, Mesner", bes im sächs. Vogtlande üblich.

-kirchner s. Kirche.

Kirieleis II. aus dem kirchlichen Rufe (griech.) kyrie eleïson „Herr, erbarme dich", vgl. Bechtold Kyrieleyson 1366 (Weistümer 3, 419). Noch weiter verkürzt *Cyrlis; Corleis.*

Kirmes III. aus mhd. kirchmesse, „Fest zum Andenken an die Einweihung einer Kirche" — (Zeitname, vgl. Tag).

FN. *Kirmes; Kirmis; Kirmß.*

Kirner s. Körner.

Kirschner s. Kürschner.

Kirsch-, Kirst- s. Christianus.

Kirsebom III. niederd. „Kirschbaum". Vgl. Baum.

Kirspel III. = Kirchspiel.

Kirwald s. Gir.

Kiß- s. Gis.

Kist s. Christianus.

Kistenfeger III. der „Kisten fegt d. i. ausräumt", plündert.

Kistenmacher III. der „Kisten macht", Tischler; auch *Kistmacher.* Niederd. *Kistemaker;* latinis. *Chelius, Chelopoeus.* Entstellt *Küstenmacher.* Auch *Kistner.*

Kittel III. mhd. Kittel, ein Kleidungsstück — mit der Zss. *Weißkittel.*

Klaas, Klafs, Klag-, Klas-, Klaß- s. Nicolaus.

Klamm III. „enges Tal".

FN. *Klambauer.*

Klau- s. Glawaz̧; doch **Klaucke** s. Kluge.

Klaus-, Kläusli s. Nicolaus.

Kleber III. „Maurer".

FN. *Kleber; Kleiber; Kloiber; Klaiber.*

Klebsattel III. „kühner, mit dem Sattel eng verbundener Reiter" (Andresen). Daraus

Kleesattel. Auch *Klevesahl.* (Vgl. Hermann Clevesadel 1419 Köln. Un.-Matr.).

Klee III. früher volkstümlich auch der mit Kleeblumen bunt gezierte Rasen (Kleemeister = Wasenmeister) — mit der Zss. *Grüneklee.* Auch *Kleeblatt* (vielleicht mit mystischer Beziehung als Sinnbild der Dreieinigkeit, wie in Irland, wo es sogar in diesem Sinne Nationalzeichen ist). *Kleemann; Kleemeyer. Schubert Edler von dem Kleefelde* (S. 60). Niederd. *Klewer.*

Kleiber s. Kleber.

Kleienstäuber III. nach Hoffmann, Kasseler Namenb. S. 69, Bezeichnung des „Müllers". FN. *Kleyenstäuber,* zsgz. *Kleinstäuber;* auch *Kleyenstüber; Kleinstüber.* Vgl. Joh. Fäsenstaub, Müller 1408 (Tobler-Meyer), von Fese = Hülse. Im 2. Teile des Redentiner Osterspiels (15. Jh.) wirft der Teufel dem Müller vor, daß ihm „die Kleie aus der Nasen stäube".

Klein, Kleine III. der „Kleine". Doch weisen FN. wie *Kleinhard, Kleinert* (Gen. *Kleinertz*), *Kleinlein, Kleinecke* darauf hin, daß dieser Stamm schon im Altdeutschen zur Namenbildung verwendet worden ist, dann im Sinne von „fein, sauber". Neue Zss.: *Kleingünther; -hans; -hempel; -henn; -michel; -nickel; -paul; -peter. Kleineibst; -eidam; -geist; -gung; -kopf; -mann; -vogel; -wächter.*

Kleinknecht III. „unterer Knecht" gegenüber dem Großknecht. Dasselbe ist *Kleindienst.*

Kleinschmidt III. Gegensatz zum Grobschmied: ein Schmied, der kleine, d. i. feine Arbeiten macht; bez. hauptsächlich den „Schlosser", dann den Büchsenschmied, Sporer, Uhrmacher. Gen. *Kleinschmitz.*

Kleinsorge III. der sich wenig d. i. (bes. nach mhd. Ausdrucksweise) gar keine Sorge macht.

Kleisl, Kleißl s. Nicolaus.

Klemens, -t s. Clemens.

Kliebenschedel s. Klubeschedel; ähnlich *Kliebenstein,* vgl. Haustein.

Kliefoth III. niederd. statt Kliefuß, vom ad. cliuwa Kugel, Knäuel, also = Klumpfuß.

v. Klinckowström III. Martin Klinckows Söhne wurden im 17. Jh. von der schwedischen Regierung geadelt. (Adelslex.)

Kling III. ahd. chlinga, mhd. klinge „Gebirgsbach, rauschender Bergstrom", ON. und in Zss. wie *Klingmüller.* Auch *Klingel,* wie in der Pfalz viele Bäche heißen. Daher FN. *Klincke, Kling* mit der Ableit. *Klinger.* Zss. *Klingelhage.*

Klingbeil III. Satz-N. urspr. Klinckebyl „laß das Beil klingen!" Niederd. *Klingebiel.*

Klinger III. „Klingenschmied". S. auch Kling. Auch *Klingner.*

Klingspor III. „mit klingendem Sporn". Klingspar 1571. Auch *Klinkenspor; Klingsporn.*

Klix s. Calixtus.

Klobelauch III. ahd. klobelouh, mhd. clobelouch von kliuban spalten, entstellt knobelouch „Knoblauch" (auch ON.). Burkardus Clobelouch 1197. Vgl. Snitelouch 1238. Auch *Knobloch; Knoblich; Knoblauch; Knoblach; Knöblauch; Knublauch. Von Knoblauch* vermutlich aus dem Dorf Kn. b. Ketzin a. d. Havel (Fritze v. Kn. 1375).

Klocke III. a) I. s. Hluda (einst. K.) b) niederdeutsch „Glocke" in *Klockemeyer.*

Klockgeter III. (Bremerhaven) niederd. „Glockengießer".

Klöckner s. Glöckner.

Klode s. Hluda (einst. K.).

Klöden III. O. b. Stendal. FN. *v. Kläden; v. Klöden* (Peter de Cl. 1162).

Kloiber s. Kleber.

Kloos, Klos-, Kloss- s. Nicolaus.

Klostermann III. mhd. klôsterman „Mönch". Oder der Mann des Klosters, der seinen Besitz vom Kl. hat.
FN. ist auch *Kloster.*

Klöter s. Hluda (V.).

Kloth, Klöthi s Hluda (einst. K.)

Klötsch, Klott s. Hluda (einst. K.).

Klotz a) I. s. Hluda b) III. „vierschrötiger, plumper Mensch". Vgl. Marquardus dictus Block (Truncus). Doch auch Gerät-N.

Klüber III. „Holzspalter". (Nach Mancke „Gerichtsbote"). Auch *Klüver.*

Klubertz s. Glawaz.

Klubeschedel III. Satz-N., „ein Schädelspalter" (S. 53), von „klöben" ahd. klioban, mhd. klieben und klûben spalten. Auch *Kluibenschädel* (Tirol); *Kliebenschedel.*

Klubescheit III. Satz-N. „der Scheite spaltet".

Klug III. „Der Kluge" (s. S. 48). Auch *Kluge; Kluger;* niederd. *Klook, Kloke, Klaucke.* Zss. *Klugmann. Klugkist* (Kist = Kristian).
Kluß- s. Nicolaus b).
Klute, Klüt- s. Hluda (einst. K.).
Klüter s. Hluda (V.).
Klutendreter III. (Aachen) der „Erdklöße tritt", Spottname für einen Landbauer.
Klutt s. Hluda (einst. K.).
Klüver s. Klüber.
Knabe III. ahd. chnabe, mhd. knabe „Knabe, junger Bursche", bes. ein im Dienste eines Höheren stehender; mit knappe, kneht mehrfach gleichbedeutend. Auch *Knape.* Gen. *Knabben* (niederrhein.).
Knappe III. Nebenf. zu Knabe (wie Rappe zu Rabe) ahd. chnappo, mhd. knappe 1) Knabe, Jüngling, bes. der „Ritter werden will" 2) „Diener, Lehrling, Geselle".
FN. *Knappe; Knapp.*
Knau- s. Knôdi.
Knaus III. mhd. knûʒ „keck, hochfahrend".
Knecht III. mhd. knecht sinnverwandt mit knabe und knappe, daher auch in der Bed. „Lehrling, Geselle", wie in smidekneht.
FN. *Knecht.* Zss. *Ackerknecht; Amtskn.* (dient beim Stadtrat); *Frischkn.* (Gehilfe des Frischers beim Erzfrischen); *Frommkn.; Futterkn.; Gutkn.,* niederd. *Godkn.; Haußkn.; Holzkn.* (s. S. 41); *Kammerkn.; Kleinkn.; Lieberkn., Liebkn.; Mahlkn.* (Müllergeselle); *Packkn.; Rindsknecht; Roßkn.; Schildkn.; Stallkn.; Schuhkn.; Wagenkn.; Peterkr.*
Knick III. „niedriger lebendiger Zaun zur Einhegung der Felder". Auch *Knigge.*
Knie III. „ein im Waldwinkel liegendes Stück Land", in FN. wie *Kniemeyer, -möller.*
Knieriem III. ein „Gurt über dem Knie", das unentbehrliche Beistück der kurzen Landsknechtshosen, jetzt nur noch ein Geräte der Schuhmacher. Vgl. Cunrad cognom. bintriemo 1239. Auch *Knirim; Cnyrim.*
Knob s. Knôdi, doch **Knöbel** s. Knoche und
Knobl- s. Klobelauch.
Knoche III. „ein knochiger, derber, grober Mensch". Auch *Knoch; Knöchel; Knöbel; Knöfel; Knoll; Knolle.* Zss. *Hartknoch.*
Knochenhauer III. „Schlächter, Fleischer", noch jetzt in Braunschweig die übliche Bezeichnung, wo sich schon 1380 der FN. Knokenhowere findet (in Hannover eine Knochenhauer-Straße).
Knocke s. Knôdi.
KNÔDI I. zu got. knôds, ahd. chnuat „Geschlecht, Stamm". Chnodomar 4.
FN. (Knodbert): Gen. *Knupperts.*
(Knodher): *Knauer.*
(Knoderich): *Gnörich.*
Einstämmige Kürzung Knod-.
Knuto: *Knode; Knothe; Knott; Knuth; Knauth.* Patr. A. *Knudsen.*
Vklf. (l) Knodilo: *Knolle.* (k): *Knötig; Knocke* (ô).
Zweistämmige Kürzung Knodb-.
(Knobo): *Knobbe; Knop; Knopf; Knaup.*
Vklf. (l): *Knobel; Knöpfel; Knaubel.*
(k): *Knöpken.*
Knöfel s. Knoche.
Knolle, Knop- s. Knôdi. Zu Knoll vgl. Knoche.
Knorr III. dict. Knor 1300. „Knorren".
Knot-, Knut- s. Knôdi.
Knüppel III. Gerätn. In Posen und der Niederlausitz ist Kn. Bezeichnung eines groben, dicken kleinen Menschen. Ähnlich *Knüttel.*
Knupp-, Knut- s. Knôdi.
Kob-, Köb- s. a) I. Guða b) II. Jacobus.
Kobel, Kofel III. 1) Feldkopf; Fels (mit einer Höhle), 2) ein Sechzehntel-Hof (Buck).
FN. *Kobler.* Zss. *Kobelmüller. Unterköfler* (O.-kofel Kärnt.).
Koch III. ahd. choch, mhd. koch, altsächs. kok aus lat. coquus.
FN. *Koch.* Gen. *Kochs.* Äußerlich verlateint *Cochius* — in anderer Weise *Coccejus.* Gen. *Cocceji* (S. 67 Anm. 1).
Vklf. (l): *Köchle* (schwäb.); *Köchly* (schweiz.). (l + n): *Köchlin.*
Niederd. *Kock;* auch *Koock, Koke* (Kok Gött. UB. I. ums J. 1373, Klemp. Coke neben der Bezeichnung Meisterkock = ouerste kokenmeister). Gen. *Kocks, Kox, Cox* (niederrhein.).
Der N. Kock findet sich lange vor der französischen Einwanderung und ist jetzt in verschiedenen Gegenden Norddeutschlands unter der Landbevölkerung verbreitet, so in Westfalen, Mörs, Schleswig; er kann daher nicht franz. Ursprungs (aus coq Hahn) sein.

Köch-, Koek s. Koch.
Kochlöffel III. s. S. 44.
Kodei s. Guða (V.).
Kodweiß III. Beteuerungsformel „Gott weiß"; umgekehrt *Wißkott*.
Koen- s. Kunja (V., einst. K.).
Koerts s. Kunja (V.).
Kofel s. Kobel; **Kofahl** ist slaw. kowal „Schmied".
-kofen, -kofer s. Hof.
Köfer s. Küfer.
Kögler III. mittelniederd. Kogeler „Gaukler".
-kohl in Zss. wie *Herrenkohl, Linnenkohl* s. Kugel = Kapuze.
Kohl- s. 1) Kol 2) Hluda.
Köhler III. „Kohlenbrenner". Selten *Kohler; Kähler; Kahler;* auch *Köller* (Preuß). Zss. *Dammköhler*.
Kohlschütter III. „Kugelschütze", halb niederdeutsch. Nach Grimm „der (im Salzwerk zu Halle) die Kohlen zu besorgen und zu verwalten hat".
Kohn-, Köhn- s. Kunja (V., einst. K.).
Kohr-, Köhring s. Kunja (V.).
KOL- I. wohl zu altnord. kollir „Helm".
FN. Colobert: *Kolbert*.
(Colohart): *Kohlhardt*. Gen. *Kulartz*.
Coloman: *Kollmann; Kohlmann; Kullmann*.
Einstämmige Kürzung Kol-.
Colo: *Kohl; Kolle; Kölle; Kuhle*.
Patr. A. *Köhling*.
Vklf. (i): *Kohli; Kuhley*.
Zweistämmige Kürzung Kolb-.
Kolbo: *Kolbe; Kolb; Kulbe; Külb; Külp*.
Vklf. (l): *Kölbel; Kölbl; Külbel*.
Kolb s. Kol (V., zweist. K.).
Kolbe a) I. s. Kol. b) III. Cunradus dict. Colbe 1263.
Koldewey III. ON. (Oldenburg). Auch *Koldeweh*.
Kolk III. „Wasserloch".
FN. *Kolkmann*.
Koll- s. 1) Guða (V.) 2) Kol.
Kölmer III. freier Bauer nach Kulmer Recht. Auch *Köllmer*.
Kommallein III. bemerkenswerter Satz-N. (auf die Einladung zu einem Stelldichein deutend?).
Kompert s. Gunþ (V.)

Kon- s. Kunja (V.), **-kon** s. Hof.
Kön- s. Kunja (V., einst. K.).
König III. häufiger FN., durch verschiedene Ursachen veranlaßt 1) durch persönliches Hervorragen in der Umgebung (Schützenkönig u. a., jetzt Eisenbahnkönig usw., Friedrich de Kuninc 1314. 2) durch N. von Häusern, bes. wohl von Gasthöfen (König von Spanien u. a.). — Vgl. franz. Leroy.
FN. *König; Königk*. Gen. *Königs*. (Doch ist bei diesen N. auch der altd. Stamm Kunja zu vergleichen). Zss. *Rübenkönig*.
Könnicke s. Kunja (einst. K.).
Konstanzer III. „einer aus Konstanz".
Koock s. Koch.
Koopm- s. Kaufmann, **Koops** s. Jacobus.
Koordt s. Kunja (V., Chunrad).
Köper s. Küfer.
Kopf III. ahd. chuph, copf, mhd. kopf aus mittellat. cuppa Faß 1) Trinkschale, Becher (so Glaßkopf FN. 15. Jh. = Glasbecher, Glasnapf). 2) Hirnschale, Kopf.
FN. *Kopf* vgl. Chono der Chophe 1175. Ulric. der Chopf 1225.
Mannigfache Zss., sämtlich wohl in dem Sinne des Körperteils: *Breitkopf; Großkopf*, niederd. *Grothkopp* (Mecklenb.); *Hartkopf*, halbniederd. *Hardekopf; Krauskopf*, niederd. *Kruskop; Rothkopf; Ruhkopf* (halbniederd. = Rauhkopf); *Schönkopff; Schwartzkopff; Weißkopf*, niederd. *Wittkop; Wullkopf*, niederd. *Wullkop* —
nach Tieren (z T. vermutlich durch Häuserzeichen vermittelt, aber auch durch Flurnamen): *Hönerkopf* (halbniederd. = Hünerkopf); *Ochsenkopf*, niederd. *Ossenkopp; Rehkopf; Rindskopf; Roßkopf; Schellkopf; Wedderkop; Welskopp* —
nach Pflanzen: *Mohnkop* u. *Mahnkopf*.
Köpke s. Jacobus.
Kopmann s. Kaufmann.
Kopperschmidt III. (niederd.) „Kupferschmied".
Koppold s. Guða (V., Godebald).
Korb III. Gerätn. Zss. *Brodkorb; Strokorb*. Niederd. *Korff*.
von Korff (Henricus dictus Korff (kersekorf) 1240 i. Westf.). Vklf.: *Körfgen*.

Körber III. „Korbmacher". Auch *Korber; Kerber.*

Kord- s. Kunja (V.).

Korn III. got. kaurn, ahd. mhd. korn „Fruchtkorn, Getreidekorn" (mundartl. = Roggen). FN. *Korn.* Zss. *Fernkorn, Viernk.* vom Eigenschaftsw. fern „vorig" (Firnewein u. a.); *Gerstenk.; Grünk.; Haferk., Haberk.* (Ruprecht Haberkorn 1385); *Hirsek., Hirschk.; Klöwek.* (Spaltkorn, in welchem Sinne? oder imperativisch = Haarspalter vgl. Klövesand — Pott); *Malzk.; Pfefferk.* (Walcher Phefferkorn 1282); *Senfk.* (Ev. Matth. 13, 31); *Sommerk.; Weizk.*

Kornbluhm III. deutlicher Pflanzen-N. (centaurea cyanus).

Kornbrust s. Probst.

Körner III. 1) vom got. quairnus, ahd. quirn, mhd. kürn Mühle, also „Müller" 2) von Korn: „Kornhändler" 3) = Kordener, Körtener patronym. zu Konrad (Preuß). FN. *Kürner; Kirner; Körner; Kerner,* selten noch in der älteren Form *Querner.* Zss. *Körnerknecht* („Mühlknappe").

Kornmesser III. mhd. kornmeʒʒer „vereidigter Getreidemesser", ein öffentlicher Beamter.

Kornrumpf III. Scherzname für den Müller. Rumpf heißt der trichterförmige Kasten über dem oberen Mühlstein, durch den das Korn geschüttet wird.

Kort-, Kört- s. a) I. Kunja (V.) b) III. niederd. = kurz, in *Kortenkamp* u. a.

Kortum III. niederd. „kurz um", nach dem Bremer Wörterbuch ein kleiner, hurtiger Mensch. Auch *Kortüm, Cortum.*

Kos- s. Goz (V.).

Koschembahr III. „aus Kotzschbar" (i. Sachsen). *von Koschembahr.*

Kospot III. „aus Cospoda oder Cospoth" (Sachsen-Weimar). Auch *v. Kossboth.*

Köster s. Küster.

Kostezzer III. (Zürich) „einer aus Konstanz" (gesprochen: Kostetz — Tobler-M.).

Kothe a) I. s. Guþa b) III. geringeres Bauernhaus, urspr. ohne Feld und Hofstätte, nur mit einem Garten; es ist dann freilich auch vielfach etwas Land mit solcher Kothe vereinigt worden, doch nicht bis zu einer vollen Hufe. Hauptsächlich niederdeutsches Wort, auch in ON. ziemlich häufig: *-kathe, -kathen, -kothen, -kotten.* FN. *Kothe* (auch *Kothé* — das é soll die betreffende Familie für schweres Geld vom Landesherrn erstanden haben, s. Pauli II, S. 5). Zss. *Roßkoth; Holtkott; Oldenkott; Weskott; Horstkotte; Geilenkotten; Vierkotten.* (Henricus Bernekotte Köln.Univ.-Matr. 1390.) *Kothmeyer; Kottmeyer; Kothmüller.* Holländ. *ten Doornkaat.*

Köther III. „Inhaber einer Kothe". FN. *Köther.* Zss. *Buschköter* (der K. in dem Busche); *Eikenköter* (Hannov.); *Leimköter* (doch wohl = Lehmk.); *Schliepköter.* Auch der N. *Fetköter* gehört hierher, wie die Nebenff. *Vettkötter* (Vegesack) und *Fettkotter* beweisen. In Nordost-D. heißt die Kothe: Kathe, Kathen, daher: *Käthner; Kathmann* — in Westfalen *Kotte,* daher „Kötter" (s. Immermann Münchhausen III, 56: „daß ich den Halbhüfner, den Kötter und wer es sonst sein mag, jeden nach seiner Gebühr nennen muß"). In dieser F. ist das Wort reich an Zss., die alle in Westfalen heimisch sind: FN. *Baumkötter; Berkenk.; Buschk.; Feldk.; Flurk.; Grundk.; Heitk.* (Heid-); *Holtk.; Horstk.; Kampk.; Kuhlenk.; Marschk.; Ostenk.; Pohlk.; Rietk.; Sandk.; Strotk.; Vennek.; Winkelk.; Wiesk.* — sämtlich wohl nach der Wohnstätte benannt, während *Jacobsk., Mörtenk.* Zss. mit den VN. Jacob, Martin sind. Anderer Art sind *Neukötter, Hundek.* (vgl. den niederd. Maler Hondekoeter); *Pagenkötter; Rosenkötter; Schniederk.; Schultenk.* (der K. des Schulzen); *Schüttenk.*

-köter s. Köther.

Kott- s. a) I. Guða (V., einst. K.) b) III. Kothe.

-kott, -kotte, -kotten s. Kothe.

-kötter s. Köther.

Kottlof s Guða.

Kotz- s. 1) Guða (einst. K.) 2) Goz.

v. Kotzebue III. von dem altmärk. O. Kossebau, früher Kossebu.

Kox s. Koch.

Krabat III. (Gottschee) „Kroat". Auch *Krabot.*

Kracht s. Krafti.

Kradolfer III. „einer aus Kradolf", urspr. Kradorf (Thurgau).

KRAFTI I. ahd. mhd. kraft „Kraft; Heeresmacht". Grave Kraft von Toggenburc 13. Jh. FN. Kraftheri: *Krefter.*

Einst. Kürzung Craft, (niederd. auch) Craht: *Krafft; Kracht.* Patr. A. *Krefting.*

Krägen- III. mhd. krâ, kraeje, kreie „Krähe" in Zss. wie *Krägenbrink.*

Kramer s. Krämer.

Krämer III. ahd. chrâmâri, mhd. krâmaere, krâmer, kraemer der „Krämer", Kleinhändler, im Gegensatz zum „Kaufmann", der mehr den Großhändler bezeichnet. Dem Krämer fiel zum Handel alles anheim, was „Pfennigsgewerbe" war. (Schon 1175 Chunrad Chramar.)

FN. *Krämer, Cremer; Kramer, Cramer.* Gen. *Kramers* (niederrhein.). Zss. *Eisenkrämer.*

Krahn, Krohn III. mittelniederd. krân, krôn „Kranich". Auch in Zss.: *Kranepohl* u. a.

Kranefuß III. „Kranichfuß". Auch *Krohnfuß.*

Kranewitter III. vom ahd. khranawitu „Wacholder". ON. in mannigfachen FF. Entstellt in *Kronawetter; Kronebitter; Kronenbitter* (Steub).

Kranich III. der bekannte Zugvogel. Vgl. franz. Lagrue. 1) Hauszeichen (S. 62) 2) Eigenschaft bezeichnend, namentlich die Schlankheit (S. 49 Anm. 1). „Hoffart, die hat Kraniches Schritt" Freidank; danach wäre an die stolze Haltung zu denken.

Kranold s. Hraban.

Kranz III. mit den Zss. *Maikranz* (S. 45, doch auch ON.); *Rautenkranz; Rosenkrantz* (auch ON.).

Vklf. *Kränzlein; Kränzl.*

Krapohl III. niederd. ON. „Krähenpfuhl".

Kratz-, Krätzel s. Pancratius.

Krätzler III. „einer, der Kretzen, Tragkörbe flicht". Auch *Krätzeler; Grätzler.*

Kraume s. Hrôma.

Kraus, Krauß III. 1) s. Krause 2) der „Krug"; so namentlich in den Zss. *Steinkrauß* „Steinkrug"; *Füllekrus; Lehrenkrauß* (s. diese).

Krause III. von dem Eigenschaftsw., der „Kraushaarige" (Crispus). Hainrich der kruse 1304 (S. 50).

FN. *Krause; Kraus* (letzteres süddeutsch, z. B. in München 1876: 44 mal Kraus und Krauß, Krause nur 3 mal, dagegen in der Preuß. Rang- und Quartierliste von 1874 Krause 50 mal, Kraus (Krauß) nur 4 mal).

Niederd. *Kruse, Cruse.* — Latinis. *Crusius.*

Kraushaar III. = dem Vorhergehenden. Volz von Nüwenegge den man da nemmet Crushar 1347 (Bacm.). In demselben Sinne *Krauskopf.*

Kräuter III. „Gemüsegärtner und -händler" (auch Apotheker). Niederd *Krüdener* (Crudiner 13. Jh.).

Krautwig s. Hrôþis (V.).

Krawath III. „Kroat". Vgl. *Krabat.*

Krebs III. Krebezo 12. Jh. Vgl. Kreft.

Kreft III. (mit langem offenem e) niederd. = *Krebs.* (Hans Krewet 1473. Ein Haus to dem Crevete 1461.) Auch *Krebsscher* findet sich als FN.

Kreft- s. Krafti.

Krege, Kreie III. mhd. kraeje, kreie „Krähe", in Zss. wie *Kregenbrink, Kreinbrink, Kreienkamp, Kreymeyer* u. a.

Kreikenbaum III. (halbniederd.) mhd. kriechenboum von krieche d. i. schlechte Pflaume. Auch *Kreicke* findet sich als FN.

Kreiser III. „Feldhüter" (z. B. in Hessen).

Kreith III. = Greut, Gereute von „reuten"; *Kreitmeyer* = Greutmaier (Steub S. 13). *Kreidl* = der Bauer am kleinen Gereut. *Unterkreuter* (O.-kreit Kärnt.).

Krempelsetzer III. zur Tuchmacherei gehörig (Krempel = Wollkamm).

Krestel s. Christianus.

Kretschmer III. mitteld. crecimer, aus dem slaw. karczmarz „Schenkwirt", bes. in Schlesien, Posen, der Lausitz, wo auch die Dorfschenke „Kretscham" heißt. Seit dem 14. Jh. von Osten her bis nach Thüringen und weiter verbreitet, im 16. Jh. z. B. Luthern ganz geläufig, jetzt zurückgewichen und auf die östlichen Grenzländer beschränkt.

FN. *Kretschmar, Cretzschmar* (mit Bewahrung des ursprüngl. a); *Kretschmer; Kretzmer.* Auch *Kretschmann.*

Kreuchauff III. Satz-N. „Kriechauf!"
Kreunert s. Grônja.
Kreuz III. Haus- und Orts-N.
Kreuzer III. Heinr. dict. Criucer (12. Jh.) „Kreuzfahrer".
Kridewiß III. „kreideweiß".
Kriechenbaum III. mhd. krieche, niederd. krike „Schlehenpflaume". Auch *Kriegbaum; Grichbaum; Kriebaum* (zu dem Kriechbovme 1449). Vgl. *Kreikenbaum.*
Krieger s. Krüger.
Kriegner III. „einer aus Kriegen" (Österr.).
Kriens s. Quirinus.
Kriesten s. Christianus.
Krim- s. Grîma.
Kring- s. a) I. Hringa b) II. Quirinus.
Krist- s. Christianus.
Kröger s. Krüger.
Krohn s. a) I. Grônja b) III. Krahn.
Krohnfuß s. Kranefuß.
Kroll s. a) I. Hrôþis (einst. K.) b) III. „gekräuselt", vgl. niederd. Krulle „krause Haarlocke". Auch *Krull.*
Kroloff s. Hrôþis (V.).
Krom-, Kröm s. Hrôma.
Krombholz s. Krumbholz.
Kron III. a) in Adels-N. von dem Hauptw. „Krone": *v. Abercron; v. Ohlen u. Adlerskron; v. Liliencron* (Adels-N. für Andreas Pauli 1654) — dagegen
b) von „Kranich", niederd. kran, kron in *Kronbiegel* (Kranichbühl, vgl. Kronschnabel, Crohnsnest); *Kronemeyer; Kronfuß;* (ganz niederd.) *Kronfoth.*
Krön- s. Grônja.
Kronawetter, Kronenbitter s. Kranewitter.
Kroner s. Grônja.
Kronymus s. Hieronymus.
Kropp s. Hrôþiȥ (zweist. K.).
Kröter s. Hrôþiȥ (V.).
Krüdener s. Kräuter.
Krudewig s. Hrôþiȥ (V.).
Krudup s. Hrôþiȥ (Hrodulf).
Krug III. in vielen ON., = Wirtshaus.
FN. *Krug.* Zss. *Lösekrug; Fahrenkrug, Fahrenkrog.* Niederd. Krog auch in *Krogmann.* Vgl. Lösekrug.
Krüger III. mhd. krüeger „Schenkwirt" (auf dem Lande).
FN. *Krüger; Crüger; Krieger* (bair. österr. vgl. Hiebner). Zss. *Altkrüger; Fahrenkrüger; Heidkrüger* (der Besitzer des Heidekruges). Niederd. *Kröger.* Zss. *Buschkröger.*
Krukemeyer III. s. Hrôþiȥ (Chrodico).
Krull s. Kroll.
Krumbholz III. ON. Auch *Krombholz.* (Mhd. krump und krum = krumm.)
Krumbiegel, Krumbügel s. Bühel.
Krummacher III. angeglichen aus Krumbacher. Nach Grimm dagegen ein gewissenloser Advokat, der das Gerade krumm macht.
Krunert, Krün- s. Grônja.
Kruse s. Krause.
Kruskop III. niederd. „Krauskopf" (s. Kopf).
Kruttge s. Hrôþiȥ (einst. K.).
Krutwig s. Hrôþiȥ (V.).
Krystians s. Christianus.
Kübler III. 1) Verfertiger von Kübeln, „Bötticher" 2) „Häusler", = Köbler (Franken und Oberpfalz).
Kuchen III. in mehrfachen Zss.: *Eierkuchen; Pfannkuche, Pfannekuchen; Pustkuchen* (Aschenkuchen); *Matzkuchen* (die ungesäuerten „Matzen" s. Matzbecker); *Eskuche.*
Kuchenbeißer III. vgl. Fleischfresser.
Küchenmeister III. magister coquinae, vornehmere Bezeichnung für Koch.
Küchler III. „Kuchenbecker".
Kuckuck III. ON. (10mal Rud.). Auch *Kukuk.*
Küfer III. mhd. küefaere 1) der „Kufen und andere große Gefäße macht", daher auch Großbinder und Schwarzbinder genannt, zum Unterschiede von den Kleinbindern, Weißbindern oder Rotbindern, welches die gemeinen Bötticher sind. 2) Diener und Aufwärter in großen Kellereien, bes. in Weinkellern und Weinhäusern.
FN. *Kufer; Küfer; Köfer;* (mit der mittel- und oberdeutschen Aussprache des ü) *Kiefer.*
Mit dem n der schwachen Bildung: *Kufner; Küffner.*
Niederd. *Küper; Köper. de Kuyper* (Rheinbach). Gen. *Kuypers* (Geldern).
Kugel III. ahd. cucula, mhd. kugele, gugel, kogel, vom lat. cucullus „Kappe, über den Kopf zu ziehen, Kapuze".

FN. *Leinekugel, Linnekugel*, auch *Linkogel, Linnekuhl, Linnenkohl*, daraus umgedeutet *Lindenkohl; Reifenkugel, Riefkohl; Rothkugel*, niederd. *Rodekogel*, entstellt *Rodenkohl; Wittkugel; Schlapkohl.*

Kugler III. „1) Verfertiger von Kapuzen (auch ihr Träger?) 2) Kegelspieler 3) Glasschleifer, der kugelförmige Vertiefungen ins Glas schneidet." Auch *Kügler.*

Kühfaber III. entstellt aus Kiffhaber s. Haber.

Kuhle III. niederd. „Grube"; in Ortsbezeichnungen.

FN. *Goldkuhle; Lehmkuhl* (O. Lehmkuhle), *Leimkuhl; Sandkuhl, Sandkaul; Silberkuhl; Voßkuhl.* Zss. *Kuhlmann; Kulenkamp.*

Ableitung auf *-er* (bes. westfälisch): *Buschkühler; Flaßk.* (Flachs-); *Lehmk., Leimk.; Sandk.; Steink.*

Kuhl- s. Kol.

-kühler s. Kuhle.

Kuhn-, Kühn- s. Kunja (V., einst. K.).

Kühnapfel III. verderbt aus Kienapfel, wie Kühnbaum aus Kienbaum.

Kuhr- s. Kunja (V.).

Kükelhan III. ON.

Kükenbiter III. niederd. „Kükenbeißer", ein kleiner Raubvogel.

Kulb-, Külb- s. Kol.

Kummer, Kümm- s. 1) Gunþ (V.) 2) Kunja (V.).

Kümpel s. 1) Gunþ (zweist. K.) 2) Kunja (V.).

Kümpers s. Gunþ (V.).

Kumpfmüller III. „Besitzer einer oberschlächtigen Mühle, deren Schöpfrad mit Kümpfen (Schöpfeimern) versehen ist".

KUNJA I. 1) got. kuni, ahd. kunni, chunni, mhd. künne „Geschlecht, Sippe" (lat. genus) german. kuni „Nachkomme, Sohn" 2) kôni „kundig" und ahd. kuoni, chuoni, mhd. küene „kühn".

FN. Chunipald: *Kümpel; Kümmel.*

Chuniger: *Königer; Könker; Keuncker.*

Chunihard: *Kunhardt; Cunardt; Kuhnert; Kuhnat;* zsgz. *Kuhnt; Kunnert; Kühnert; Conard; Kohnert; Köhnert; Kaunert.* Gen. *Konertz.* Patr. A. *Conerding.*

Chunihari: *Kuner; Kühner; Koner.* Gen. *Kuhners; Coners.* Patr. A. *Conring.*

Khunemar: *Kummer.* Vklf. (l): *Kümmerl; Kimmerle* (schwäb.).

Kunimund: *Kunimund; Kühnemund.*

Chunrad, Chuonrat: *Kunrath; Conrath; Conrad;* zsgz. (Cuorat 1256, Vklf. *Kuratle*) *Kuhrt; Curt* (latinis. *Curtius*); *Korth, Koordt; Korte; Körte;* mit den Zss. *Curtmann; Cordemann; Kortmann; Ackerkurt; Großkurth; Jungcurt; Magerkurth; Mühlenkord; Schäferkord; Kordvahr* (1644: Kortvader);

Kauert; Kauer; Kuhr; Kohr. Gen. *Conradts, Konrads; Koenraads* (sprich: Kôn-, ostfries.); *Curdes; Kordes; Koerts* (ostfries.); *Kohrs, Coërs; Kauers.* Patr. A. *Körting; Köhring; Koring* (1460 Cordingh, 1380 Cord nach Preuß); *Kauring; Conradter.* Patr. Zss. *Cordsen; Corssen; Kohrsen.* Vklf. (k): *Körtge.*

Cunirih: *Kühnreich.*

Kuniald: *Kunwald, Kunold; Künold; Kühnelt; Kühnhold.* Gen. *Kühnholz; Köhnholz.*

Einstämmige Kürzung Kun-.

Kuno, Chuono, Cono: *Cuno; Kuhne; Kühne; Khün; Kiehne; Künne; Cone; Kohn; Köne; Keune.* Gen. *Koens* (spr. Kôns, ostfries.); *Kohnen.* Patr. A. *Kuning; Künning.* Gen. *Könings* (Cleve).

Vklf. (i): *Kuoni* (schweiz.), *Kuny.* (l) Chunulo: *Kuhnle; Kühnell; Kühndel; Kienle; Kohnle; Konle.* (l+n): *Kühnlein; Köhnlein.* (k) Chunico: *Kunicke; Kunig; Künnecke; Könnicke; Köhnke; König; Köng; Küng; Keunecke.* Gen. *Könkes.* (k+l): *Kunigel; Kunckell.* (z) Chunizo: *Kunitz; Kunze; Cuontz; Kuhnis; Conz.* Gen. *Kuntzen.* Zss. *Kunzmann. Hoffkuntz; Jungkunz, Jungkunst, Junggunst; Gutekunst; Schmidkunz, Schmidkonz. Oberkonz.* (z+l): *Kunzelmann; Küntzel; Künzli* (schweiz.); *Kienzle; Kintzle* (Luxemburg); *Kinsele.* Patr. A. *Küntzling.* (z+l+n): *Künzlin.*

Unorg. Bildung: *Küntzer; Küntzler.*

Kün- s. Kunja (einst. K.).

Küng III. s. König. Albrecht der Küng 1296.

Kunkelmacher III. = Spindel-, Spinnrockenmacher. Dass. ist *Künckler; Couneler.*
Kunt- s. Gunþ (V., einst. K.).
Kunz-, Künz- s. 1) Gunþ (einst. K.) 2) Kunja (einst. K.).
Kuoni s. Kunja.
Küper s. Küfer.
Küppenbender III. (Düren) = „Küfer“ 1).
Kurbisch, Kurpis III. „Kürbis“.
Kürner s. Körner.
Kürschner III. mhd. kürsenaere, vom ahd. chursinna, mhd. kürsen „Pelzkleid“. In Mitteldeutschland (Sachsen) Kirschner gesprochen.
FN. *Kürschner;* in älterer F. *Kürssener. Kierschner; Kirschner; Girschner* (s. Förstemann Progr. S. 8).
Kürsten s. Christianus.
Kurt s. Kunja (Chunrad).
Kurz III. Eigenschaftsn. Auch *Kurze* und in manchen Zss., wie *Kurzrock; Kurzbein; Kurzmann; Kurzbart; Kurzweil.*
Kurzhalz III. = Kurzhals (s. Hals).
Küssewetter s. Kiesewetter.
Küstenmacher s. Kistmacher.
Küstenpfennig III. Satz-N. „küsse den Pfennig“ (Geizhals). Auch *Küssenpfennig; Kissenpfennig.*
Kuster s. Küster.
Küster III. ahd. custor, mhd. kuster aus lat. custos (templi), urspr. Hüter des Kirchenschatzes und der heiligen Geräte, dann der bekannte Kirchendiener, hauptsächlich im protestantischen Norden noch in Geltung.
FN. *Küster.* Gen. *Küsters* (Heinsberg). Zss. *Küstermann.* Ohne Umlaut: *Kuster (Kustermann); Kusterer* (württ.).
Vklf. *Kusterle* (Gottschee).
Niederd. *Köster, Cöster; Coster* (Jeverland). Gen. *Kösters* (Borken). Zss. *Köstermann.* Patr. A. *Köstering* (Lippe).
Mit dem n der schwachen Bildung *Küstner; Köstner.*
Küter III. ein „Hausschlächter, so in den Garküchen schlachtet“ (Frisch). In Pommern (Klemp. Kuter — „Kütertor“ in Stralsund), Brandenburg. „Wursthof“ oder „Küterhof“, ältestes bekanntes Berliner Schlachthaus im 16. Jh. bei dem Heiligengeist-Hospital.
Kutter, Kuttler III. „Der Eingeweide (Kutteln) verarbeitet“.
Küttner III. „einer aus Kutten“ (Provinz Sachsen). Auch *Kittner.*
Kuttruf III. ein Trinkgefäß (S. 45).
Kyrieleis s. Kirieleis.

L.

-la s. Lah.
Laas s. Nicolaus.
-lach, -lacher s. Loh.
Lachenicht III. Satz-N. Auch *Lachnit.*
Lachmann s. Loh; doch vielleicht = „an der Grenze, mhd. lâche, wohnend“.
Lachner III. 1) „einer aus Lachen“ (O. 18mal Rud.) 2) Arzt, mhd. lâchenaere.
Lachnit III. Satz-N. (südd.) „lache nicht!“
Ladewig s. Hluda.
-laf a) deutsch s. Laifa b) slawisch, eig. slaw „Ruhm“, wobei das s mit einem vorhergehenden t zu z oder tz verschmilzt: *Butzlaf* (S. 6. 93). *Mitzlaff* („Schwertruhm“). *Panzlaf* u. a.
Lafrenz s. Laurentius.
Lage III. in ON. kann nach Förstemann Ortsnamen S. 128 dem ahd. lâga Lage (situs) etwa in der Bed. „Wohnort“ entsprechen oder einen tiefliegenden Ort bezeichnen: altnord. lâg Senkung des Bodens, niederd. leeg niedrig. Fast ausschließlich im nordwestlichen Deutschland (auch in Flurnamen).
FN. *Zurlage; v. Dincklage; Grafl.; Hettl.; Kampl.; Snethl.; Steinl.; Wegl.*
Lah III. 1) mhd. lache „Pfütze, Lache“ 2) mhd. lôch „Gebüsch“ 3) Lage.
FN. *Kälberla; Kamla* (= Kampla, vgl. ON. Kamlach); *Honerla* (s. dieses).
Laiber s. Laifa.
LAIDÔ I. „Führung“, ahd. leitan, alts. lêdian „leiten“, Bewirkungswort zu german. lîþan „gehen“.
FN. Leidiger: *Leidiger.*
Lethard: *Leitert.*
Leither: *Leider; Leiter; Leder.*
Ledarich: *Lehrich.*
Leitold: *Leithold.*
Leidulf: *Leidloff; Leitloff.*
Einstämmige Kürzung Laid-.
Laitu 5: *Lethe; Leyde.*

LAIFA I. über den Stamm vgl. das zu -leben Gesagte. In PN. bezeichnet er den Überlebenden d. i. „Sohn". Berührt und mischt sich mit Leubhaȥ.
FN. Leibher: *Laiber, Leiber.*
Einstämmige Kürzung. Patr. A. Laiping: *Leibing.*
Auslautend seit dem 4. Jh. (in 83 Namen Först.):
1) hochdeutsch
-*leib*: *Isleib* (vgl. nord. Isleif).
-*leb*: *Ortleb* neben -*lieb*, -*leib.*
-*lepp*: *Garlepp* (ahd. Gerleip).
-*lieb* (Vermischung mit Leubhas (lieb) und Umdeutung): *Garlieb.*
-*lipp*: *Garlipp.*
2) niederdeutsch
-*lef*: *Radleff.* Gen. -*lefs*: *Redlefs.*
-*laf*: *Rudlaff* (lat. lauus, Gen. laui = lavi: Dytlauus, Rolauus, während die slawische Silbe laf, eig. slaw durch -*laus* gegeben wird: Pribslaus, Stanislaus).

LAIK- I. got. laikan „springen", laik „Lied, Tanz", ahd. leih „Spiel" (Kampfspiel), mhd. leichen „spielen" (noch in Luthers Bibel: wider den Stachel löken d. i. ausschlagen).
FN. Lecard: *Leichardt; Leichert; Leikert.*
(Laicowig): *Leggewig.*
Einstämmige Kürzung Laic-.
Laico: *Leich; Leyck; Liche.*
Häufiger auslautend (69 + 12 mal Först.):
-*lich*: *Gerlich.*
-*lick*: *Göttlick.*
-*lach*: *Gerlach.*
-*lei*, -*ley*: *Thierley.*

Lamb-, Lamfried s. Landa (V.).

Laminet III. Satz-N. (schwäb., früher Laminit) „Laß mich nicht!"

Lamle s. Landa (zweist. K.).

Lamm- a) I. s. Landa (V., einst. K.) b) Lamm III. bes. wohl von Häuserzeichen entnommen (S. 60). Vgl. Konrad daȥ Lamb 1281. Zss. *Zicklam.*

Lämml- s. Landa (zweist. K.).

Lamp- s. Landa (V., zweist. K.).

Lamparter III. mhd. Lampartaere „Lombarde" (Lamparten = Lombardei). Heinrich der Lamparter 1329.
FN. *Lamparter; Lamperter.* Entstellt: *Lampater; Lampeter.*

Land III. ahd. mhd. lant „Land" a) in natürlichem Sinne: Erde, Boden, Acker b) in politischem Sinne: Gebiet. Heutzutage haben wir im älteren Sinne Heideland, Friedland, Bonlanden, im neueren Holland, England, Deutschland.
FN. a) *Brachland; Flachsland* b) *Egerl.; Holl.; Liefl.; Saaml.* (das Samland in Ostpreußen, die Bernsteinküste); *Sauerl.* (in Westf., entstellt aus Süderland); *Wendl.* (das Wendenland in Hannover); *Seel.; Voigtl.*
Ableitung auf -*er* (oberd.):
1) -länder: *Aländer* (O. Aland); *Ausl.; Deutschl.; Harl.* (Harlanden); *Holl.; Kurl.; Liefl.; Mail.; Niederl.; Rheinl.; Ruhl.* (O. Ruhland); *Sauerl.; Schottl.; Voigtl.* — *Bolender* (O. Bolanden).
2) -lander: *Achterlander; Amerl.; Camerl.* (O. Kammerland).

LANDA I. got. land, ahd. mhd. lant „Land". Seit dem 5. Jh. in EN. nachweisbar.
FN. Landoberht: *Lambracht; Lambert; Lambardt; Lamprecht* (im KB. noch 1762 Landbrecht); *Lampert; Lamparth; Lammert; Lempert; Lemper; Lemmert; Lemmer.* Gen. *Lambrechts; Lammertz; Lempertz; Lemmertz; Lemmers.* Vklf. (l): *Lemperle.* Patr. A. *Lammerding.*
Landfrid: *Landfried; Lamfried; Lempfried; Lempfert.* Gen. *Lenfers.* Zss. *Landfermann.*
Landager: *Länger; Lenker.*
Landohard: *Lannhardt.*
Lanthar: *Lander; Lender; Lenter.* Zss. *Lantermann.* Gen. *Lenders.*
Landamar: *Lammer; Lendemer.* Gen. *Lammers.*
Landerich: *Lendrich.* Patr. A. *Lenderking.*
Londoald: *Landolt; Landahl.*
Landoard: *Landwerth.*
Landwig: *Landwich.*
Landulf: *Landolph.*
Einstämmige Kürzung Land-.
Lando: *Lande; Land.* Gen. *Landes.*
Vklf. (l): *Lendel.* (k): *Lendeke; Lentge; Lenke.* (z) Lanzo: *Lantz;*

Lantzsch (Königr. Sachsen); *Lenze; Lenz; Lentsch.* Patr. A. *Lansing.* (z + k) Lanziko: *Lanzke; Lentzke.*
Zweistämmige Kürzung Landb-.
Lampo: *Lampe* (VN. Lampe Meyger 1441 Ilsenburg); *Lamm; Lempe; Lemme.* Zss. *Lampsma* (ostfries.). Gen. *Lemmen.* Patr. A. *Lamping; Lammenga* (ostfries.).
Vklf. (i): *Lampei.* (l) Lampulo: *Lampel; Lammel; Lamle; Lämmle; Lemmel; Lämpl.* Patr. A. *Lemling.* (l + n): *Lämmlein; Lemlin.* (k) Lambico: *Lamcke; Lammich; Lemcke; Lembke* (Lemmeke als Vorname Kalendar.; auch Lemke Ebeling = Lamprecht E. 1400 Stark).
Auslautend (57 mal Först.) (nach Schröder aus nand verwelscht, „denn das Neutrum Land kann von Haus aus überhaupt nicht als 2. Glied stehen"): *-land: Uhland; Rolandt.*

-lander, -länder s. Land.

Landgraf, -grebe s. Graf.

Landschade III. mhd. lantschade „Straßenräuber" (s. Schade). (Plikker Lantschad de Steinach, ein Ritter 1286.)

Landsiedel III. ON. (i. Österr.).

LANGAZ I. ahd. lang „lang". Langwich (w.).
FN. (Langhart): *Lengert.*
(Langolf): *Langloff.*
Einstämmige Kürzung Lang-.
Lango: *Lange; Lang.*

Lange a) I. s. Langaz b) III. vgl. Gött. UB. I.: Giseke unde Tyle de Langen a. 1366.
FN. *Lange; Lang* (letzteres die süddeutsche F., s. Münchener Wohnungsanzeiger von 1876 86 mal Lang und nur 5 mal Lange — dagegen in Münster 1877: 23 mal Lange, 3 mal Lang); *Langer.* In vielen Zss.: *Langebartels, -heine, -heinecke, -lütje, -lütke, -matz, -nick, -nickel; Langfritz, -hanke, -hans, -hein, -heinrich, -klas, -nick, -nickel, -nitschke, -pohl; -gaard, -gluth, -guth, -hagel, -held, -maack, -nase, -nese, -ohr, -schwager, -weile; Langerhans, -mann.*

Langner III. „einer aus Langen" (häufiger ON.).

Langohr a) I. aus Langecowerd (= Langecord s. Kunja — Schütte, Braunschw. PN.) b) III. vgl. Hans v. Gumpenberg „mit den langen Ohren" (Baem.).

Lannhardt s. Landa (V.).

Lansing s. Landa (einst. K.).

Lantermann s. Landa (V.).

Lanwermeyer s. Schnatmeyer.

Lanz- s. Landa (einst. K.).

Lar III. in ON. zu ahd. gilâri „Wohnung".
FN. *v. Buttlar* (O. b. Fulda, Hartnidus de Buttiler 1170); *Fritzl.; Goßl.; Lindl.; v. Usl.; Wetzl.; Rommelaar* (an der niederl. Grenze).

Laß, Lassen s. Nicolaus. Als nordische N. werden sie abgeleitet von Laurentius (wie Lars und Larsen).

LAÞ- I. in got. laþôn, ahd. ladôn „laden, einladen" (zum Kampf herausfordern). Laþomar.
FN. (Laþeri): *Lather.*
(Laþaulf): *Lattolf.*

Lathwesen III. Satz-N. niederd. „laß sein" d. h. der es gehen läßt, wie es will. Auch *Lattwesen.*

Laub- s. 1) Leubhaz (V., einst. K.) 2) Leudu (V.).

Laube III. ahd. louba, mhd. loube „gewölbte Vorhalle, bedeckter Gang einer Straße, eines Marktes mit Verkaufsstellen". Margareta dicta unter der Louben. Bechtoldus de Loube. Otto Laubere 13. Jh. Auch ON.
FN. *Laube; Lauber.*

Laudert s. Leudu (V.); doch kann es auch zu got. lauþs groß, laudi gestalt gestellt werden (= Laudhart); einstämm. Kürz. Laudo: *Laute; Lauth.* Auch andere FN., die unter Hluda und Leudu stehen, können hierher gezogen werden, z. B. *Lauff; Laumer* (aus Laufred; Laudomar).

-lauer s. Loh (Nebenf. für -loher in *Eisenlauer* u. a.).

Läufer III. Bedienter, der früher in besonderer Livree vor dem Wagen des Herrn herlief (noch 1815 während des Wiener Kongresses als Sitte bei den Vornehmen); doch auch „lauffer" zum Einbringen der Forderungen eines Klosters (Grimm Weistümer III, 677). und allgemein Eilbote.
FN. *Läufer; Lauffer.* Zss. *Wettlaufer.*

Lauff, Laumer s. Hluda und Laudert.

Launhardt s. Lew.

Laurentius II. lat. „der Lorbeerbekränzte";

der h. Laurentius, im 3. Jh. Diakon an der Gemeinde zu Rom, auf einem Roste verbrannt.

FN. *Laurentius.* Gen. *Laurenti.* — *Laurenz; Laurens; Lafrenz; Lawrenz; Lawerenz; Lobrentz; Lewrenz; Lewerentz; Lieberenz; Lorenz; Lorinz.* Gen. *Lorenzen* (Schleswig). Zsgz. 1) *Lorz.* Patr. A. *Lortzing* (s. Pott) 2) Patr. Zss. *Lohrenson; Lornsen* 3) *Lenz.*

Laurich s. Hluda.

Laus s. Nicolaus.

Laut- s. Hluda (V., einst. K.) und Laudert.

Lautner III. „der die Laute spielt". Auch *Lautenschläger.*

Lautsch, Lautz s. Hluda (einst. K.).

Lavater III. (spr. lafâter) aus lat. lavator „Wäscher, Walker" im Kloster (Becker).

Laux s. Lucas.

Laves s. Nicolaus.

Law- s. Laurentius.

Lazarus II. latein. Form des hebr. Eleazar, Elieser „Gott ist mein Heil".

FN. (jüd.) *Lazarus; Lesser; Löser; Leiser; Leser.*

Leb- s. 1) Leubhaz 2) Leudu (V.).

-leb s. a) I. Laifa b) III. -leben.

-leben III. in ON. Zugrunde liegt der Stamm lîbh, der sich im altnord. leifr, im angels. lâf, im got. laiba im Sinne von „Hinterlassenschaft, Erbteil" findet. Im Deutschen lebt er in „Leben", „Leib", „bleiben" fort. Urspr. auf -leiba, -leva ausgehend haben die ON. erst nach 1100 die Mehrheitsform angenommen. Jetzt etwa drittehalb hundert deutsche ON. auf -leben 1) in Thüringen (an der Saale, Helme und Unstrut) 2) im nördlichen Schleswig und südlichen Jütland auf -leben und -lev.

Neuere ON. wie Ruhleben, Langesleben sind mit Leben (vita) zusammengesetzt.

FN. *Alsleben; von Alvensl.* (Wichard de Alvensleve 1163); *v. Bardel.* (O. j. Barleben b. Magdeburg, Hermannus de B. 1159); *Erxl.; Grobl.; von Holl.* (O. b. Merseburg, Theodericus de Hunleue 1185); *v. Kutzl.* (O. b. Weißensee i. Thür., Heinrich v. K. 1263); *Schönl.; Senftl.; Tottl.; v. Wartensl.* (O. Warsleben i. Sachsen); *Wasserschl.* (neben O. Wasserleben); *v. Witzl.* (O. b. Stadtilm, Adelherus und Gerbeto de Wiceleiba 1133); *Gardelegen* (urspr. -leben). Umgedeutet: *v. Bültzingslöwen* (O. b. Kindelbrück i. Thür., Hermann v. B. 1212).

Mitunter verkürzt in -leb: *Billeb* (wohl aus ON. Billeben). So ferner *Anschlipp* (O. Andisleben); *Büschlepp* (O. Büßleben); *Eischleb* (Eisleben); *Herbstleb* neben ON. Herbsleben; *Ringleb, Rinkleb* neben ON. Ringleben; *Witzleb* neben *v. Witzleben.* Ableitung auf *-er* (oberd., selten): *Schönleber.*

Leberecht III. Satz-N. „lebe recht" (auch VN.) — doch vgl. auch Leudi.

Lebhardt s. Leubhaz.

Lebwohl III. Satz-N.

Lebzelter III. „Lebkuchenbäcker". Vgl. Leibküchler.

-lechner s. Lehen.

Leckler III. 1) „Schmarotzer". Dietericus miles dictus der leckelere 1240. 2) Aus französ. Le clair (in Münden).

Lecksbrätlein III. Deutlicher Satz-N.

Ledebur s. Bauer.

Leder s. Laidô.

Lederer III. mhd. lederaere „Lederbereiter" (Gerber) s. Reichel, Marburger Gewerbeverzeichnis Ledrer; in München eine Ledererstraße. Zss. *Weißleder* = Weißgerber.

Ledold s. Leudu (V.).

Leenderts s. Lew.

Lefken s. Leubhaz (einst. K.).

Leggewig s. Laik.

Lehen III. in zahlreichen ON., woneben auch *-lechen* herläuft, teils zu ahd. lêhan, mhd. lêhen „Lehen", teils zu got. hlaiv, ahd. hlêo, mhd. lê „Hügel".

Scheint fast nur oberdeutsch zu sein, daher die

FN. auf *-lehner* und *-lechner* (bes. in Österreich und bei den Salzburger Auswanderern in Ostpreußen):

Lechner. Zss. *Almoslechner* (Cilli); *Altl.; Angerl.; Bachlehner* neben *Bachlechner; Berglehner; Breitlehner; Hinterlechner; Holzlehner; Koberlechner; Mitterlehner; Mooslehner, Mooslechner; Mühll.; Oberl.; Ödlehner; Reitlechner,*

Reitlöhner (O. -lehen); *Rosenlehner; Saxl.; Steinlechner; Weinlechner.*

Lehmann III. mhd. lêhenman, zsgz. lêman ein „Lehnsmann“, der kein eignes Erbe hat, sondern eines zu Lehen trägt, vasallus; erst seit dem 14. Jh. statt des einfachen man. Einer der häufigsten N. (S. 43). — Falsch latinisiert *Argelander* (vom griech. ἄργιλος Tonerde, als steckte „Lehm“ in dem N.).

Lehn- s. Lew.

-lehner s. Lehen.

Lehrenkrauß III. Satz-N. = *Lernbecher.* Vgl. Kraus.

Leib- s. 1) Laifa 2) Leudu (V.).

Leibküchler III. „Lebküchler“, von Lebkuchen d. i. dünner Honigkuchen.

Leibundgut III. (Zürich). Uolrich Lipundguot 1293. Daraus *Leibenguth.*

Leich- s. Laik, doch Leichsenring s. Leuchsenring.

Leichnamschneider III. ehemalige Benennung für „Anatom“; im J. 1755 war Joseph L. Hof- und Burgpfarrer in Wien.

Leichtfuß III. ein leichtfüßiger, auch wohl leichtsinniger Mensch = niederd. Lichteuot (Klemp.), auch Lichtenuot (spr. -vot); daher halbniederd. *Lichtfuß.*

Leid- s. 1) Leudu (V., einst. K.) 2) Laidô.

Leidenschaden III. Satz-N. = *Habenschaden.*

Leiendecker III. „Schieferdecker“, die Lei am Mittel- und Niederrhein = Schiefer (S. 42), altsächs. leia, altklevisch leye Fels.

FN. *Leiendecker;* verkürzt *Leidecker.*

Leif- s. Leudu.

Leikert s. Laik.

Leimwieder III. Satz-N. „leime wieder“.

Leinert s. Lew.

Leinwather III. (Zürich) „Leinwandhändler“.

Leip- s. Leudu (V.).

Leipzig III. ON., daher *von Leipzig* (Burtzlaus et Albertus de Lybz 1185).

Leise- s. Liesegang; **Leiser** s. Lazarus.

Leiß s. Leudu (einst. K.).

Leit- s. 1) Laidô 2) Leudu.

Leite III. ahd. hlîta, mhd. lîte „Leite, Bergabhang“, seit dem 12. Jh. in ON. auftretend, jetzt in ein paar hundert Ortsbezeichnungen auf *-leite, -leit, -leiten* („Birkenleiten“ eine Stadtgegend in München); *-leute, -leuten,* die alle auch einfach vorkommen; *-leden.* FN. *Achleiten.*

Viel häufiger in der oberd. Ableitung auf *-er:*

1) *-leiter: Bergleiter; Lechl.; Mettenl.; Sandl.; Sonnenl.* (an der Sonnenseite eines Berges wohnend).

2) *-leitner: Leitner; Achl.; Bergl.; Fahrnl.; Gahl.; Haberl.; Hochl.; Niederl.; Oberl.; Pölzl.; Sonnenleithner; Steinleitner; Winterleithner; Haglaitner.*

3) *-leutner: Achleuthner; Entleutner; Hausl.; Hochenleuthner* (O. Hohenleiten); *Lassingleuthner; Niederleutner; Schönleutner.*

-leiter s. Leite.

Leitgeb III. mhd. lîtgebe „Schenkwirt“, vom mhd. lît Obstwein.

FN. *Leitgeb;* entstellt *Leigöb, Leutgäb,* auch *Leitgebel* und *Leitgeber.*

-leithner s. Leite.

Leitsch, Leitz- s. Leudu (einst. K.).

Lembke, Lemcke, Leml- s. Landa (zweistämmige K.).

Lemm- s. Landa (V., zweist. K.).

Lemmerhardt III. „Lämmerhirt“.

Lemmerzahl III. in älterer F. *Lemmerzagel* „Lämmerschwanz“.

Lemp- s. Landa (V., zweist. K.).

Lemtzer, Lemser III. verkürzt aus Lemnitzer (s. Koch, Saalfelder FN. aus dem 16. und 17. Jahrh. Progr.).

Lend-, Lenfers s. Landa (V.).

Lengert s. Langaz.

Lenhard s. Lew.

Lenk- s. Landa (V., einst. K.).

Lennartz s. Lew.

Lent- s. Landa (V., einst. K.).

LENÞ- I. (biegsam?) 1) ahd. lint, altnord. linni „Schlange“ (noch in Lindwurm), Sinnbild geheimnisvollen Wissens 2) Linde, ahd. linta, dann auch „Schild“ (Lindenschild) vgl. Hildebrandslied V. 67.

FN. (Lintbrecht): *Limprecht; Limpricht; Limpert; Limper; Limbarth; Limmer.* Gen. *Limbertz; Limpertz.*

Lindfrid: Gen. *Linvers.*

Linthart: *Lindart.*

(Lindher): *Linder; Lintermann.*

(Lindmar): *Lindemer.*

Lindoald: *Lindhold.*
Lindolf: *Lindelof; Lindloff.*
Einstämmige Kürzung Lint-.
Linto: *Linthe; Lind.* Gen. *Lindena* (ostfries.).
Vklf. (k): *Lindecke;* zsgz. *Lincke.* Gen. *Lindicken; Lindig.* Gen. *Lindgens.* (l): *Lindel.* (z) Linzo: *Lintze; Lindeis; Linse.* Gen. *Lintzen.* (z + l): *Lintzel; Linsl* (Landshut).

Lentsch s. Landa (einst. K.).

Lenz s. a) I. Landa (einst. K.) b) II. Laurentius.

Leon- s. Lew.

Leop-, Lep- s. Leudu (V.).

Lepper III. „Flicker“ (der Lappen aufsetzt). Gen. *Leppers* (niederrhein.).

-lepp a) I. s. Laifa b) III. s. -leben.

Lernbecher III. Satz-N. „leere den Becher“ (ein Zechbruder).

Lerschmacher s. das Folgende.

Lersner III. Verfertiger von lêrsen d.i. ledernen Hosen, die zugleich Strümpfe und Schuhe vertraten (aus niederl. leers, laars von „leer“, Leder; noch im 16. Jh.). Auch *Lerse* ist FN.

Leser, Lesser s. Lazarus.

Lethe s. Laidô.

LEUBHAZ I. got. liufs, ahd. liup, mhd. liep „lieb“. Vgl. Leudu.
FN. Liopdag: *Liebdag.*
Liubdrut w.: *Liebetrut; Liebetraut.*
Liupfrit: *Lipfert, Lüpfert.*
Liupger: *Liebcher; Lubiger; Lübker.*
Liubhart: *Liphard; Liebert; Lebhardt; Laubhardt.* Gen. *Leupertz.*
Liebheid w.: *Liebheit.*
Liubheri: *Lieber (Liebermann); Luber; Lauber.*
Liupram: *Lieberam; Liebram.*
Liubman: *Liebmann; Laubmann.*
Liubirih: *Liebrich; Liebreich.* Gen. *Luprichs.*
Liupwart: *Liebwerth.*
Einstämmige Kürzung Liub-.
Liubo: *Liebo; Liebe; Lieb; Laub; Leube.* Patr. A. Liubing: *Liebing.*
Vklf. (i): *Liebi.* (l) Liubilo: *Liebel; Loibl* (bair.); *Luibl* (bair.). (l + n): *Lieblein.* (k) Liuvicho: *Liebig; Liebke; Liebche; Liebeck.* (k + n) Liuikin: *Liebchen;* (niederd.) *Lefken.* Gen. *Lieffges, Leefkens, Leuffgens* (niederrhein.).
Auslautend (65 mal Först., worunter 21 w.):
-*lieb: Hartlieb.* Doch vgl. Laifa.

Leuchsenring III. Gerätname („der eiserne Ring, der die Leuchse = Runge eines Leiterwagens hält“). Auch *Leichsenring.*

LEUDU I. ahd. mhd. liut „Volk“ (Leute) vielfach nur verstärkend, z. B. Liutbald volkskühn, kühn vor allem Volk = sehr kühn (s. Lübben, die Tiernamen im Reineke Vos S. 7ff.) — seit dem 5. Jh. in EN. nachweislich. Fließt z. T. mit Leubhaz und Hluda zusammen.
FN. Liutbald: *Liebaldt; Liebold; Liebhold; Liebelt; Liebel; Liepold; Liepelt; Lippoldt; Lippelt; Lippel; Leopold; Lepold; Lepel; Leppelt; Luppoldt; Lubold; Laubhold; Leupold; Leipoldt; Leibhold; Leipelt; Leibel.* Gen. *Liebholz.* Patr. A. *Leopolder; Loipolder.*
Liutperaht: *Liebrecht; Liebert; Liepert; Lippert; Leoprecht; Lebert; Leber; Lubrecht; Luber; Lubbert; Lübbert; Laubrecht; Laubert; Lauber; Leupert; Leipert; Leibert.* Gen. *Lieberz;* umgedeutet *Liebherz; Libbertz; Lüpertz; Lebherz; Lübbers.* Patr. A. *Leoprechting; Lübberdink; Lübbering.*
Liutpot: *Lippott.*
Liutbrand: *Lüttebrand; Liebrand; Lipprand; Lübbren; Leibbrand; Leipprand; Leibrand.*
Liutfrid: *Lieffert; Liefer; Lefarth; Leifert; Leifer.* Patr. A. *Lieffering; Lütfring; Lefering.*
Leudgardis w.: *Leukert; Lückert; Liegert.*
Liudiger: *Lüdecker; Lütger; Leutiger; Leidiger; Luger.*
Liudigast: *Leidgast.*
Liuthard: *Liethert; Luthardt; Luttert; Luithardt* (schwäb.); *Lüdert; Laudert; Leuthard; Leutert; Leitert.* Patr. A. *Leiterding.*
Liuthari: *Lieder; Luder; Luther; Lutter; Lüder; Leuther; Leiter;* zsgz. *Lühr;*

Lier. Gen. *Ludders; Lüdders; Lüders; Lüters;* zsgz. *Lührs; Liers; Leurs; Luirs* (ostfries.). Patr. A. *Lüerssen; Lürssen.*

Leudochramnus: *Leutrum.*

Liutrod: *Lutteroth.*

Liudman: *Liedemann; Liemann; Littmann; Ludmann; Lüdemann; Lüttmann; Lühmann; Leumann.*

Leudomar: *Ludhmer; Lummer; Luhmer.*

Liutmod: *Lehmuth.*

Liutnand: *Leutenant.*

Liuderich: *Liederich; Lührig.*

Liudoald: *Liewald; Ledold; Lewald; Ludold; Leuthold; Loidelt* (Wien); *Leidhold, Leitelt.* Gen. *Leutholz; Liedholz.*

Liudward: *Lewert.*

Liutwin: *Leutwein; Leidwin.*

Liudulf: *Liedloff; Litolf; Lütolf; Leudolph; Leutholf; Leutloff; Leidolph; Leidloff; Leitlauf.*

Einstämmige Kürzung Liud-.

Liuto, Luto: *Liethe; Lude; Lute; Lüdde; Leyde.* Gen. *Luden; Luths; Lüdden; Lütten; Lüthens.* Patr. A. *Lieding; Leiding.*

Vklf. (i): *Litti; Ludy; Lüty.* (i + n): *Lüttin.* (l): *Liedl; Leidl; Ludl; Loidl* (bair.); *Lulle; Lühl.* Patr. A. *Lüling.* (k) Liudiko (Vorname: Ludeke Molzan Klemp.): *Liedtke; Liedigk; Littko; Ludke; Lüdecke; Lüdtke* (mit langem ü); *Lücke* (mit langem ü, s. auch Stark 69: Lüke); *Lüttig; Lüttge; Lüthje* (Hamb.) (Zss. *Langelütje*); *Leucke; Leidicke; Leidig.* Gen. *Luyken* (niederrhein.); *Liedgens; Lüdtkens; Lüddeckens; Lütjes* (niederrhein.); *Luitgens* (ostfries.). Patr. A. *Lüdecking; Lücking. Lükermann* (= Lüdeking n. Preuß). Patr. Zss. *Lüksen* (fries.). (k + n) Ludechin: *Lüdken; Lückgen; Lüken.* (z) Liuzo: *Lietze; Lietsche; Leutze; Leutsch; Leitze; Leitsch; Leiß.* (z + k) Liuziko: *Litzke; Leitzke.*

Zweistämmige Kürzung Liudb-.

Lubbo: *Lupp; Lübbe.* Gen. *Lübbes.* Patr. Zss. *Lübsen.*

Vklf (k): *Lübbecke; Lübcke; Lüpke; Lipke.* Gen. *Lüpkes.* (z): *Lubitz; Lippitsch.*

Zweistämmige Kürzung Liudm-.

Lieme; Luhme; Lumme. Gen. *Lümmen.*

-leutner s. Leite.

Levi II. hebr. Stammes-N. „Anhänglichkeit". FN. (jüd.) *Levi; Levin; Lewin.* Patr. Zss. *Levysohn.* Mit (hebr.) Artikel: *Halévy.*

LEW-, erweitert LEWON I. ahd. lêwo, lewo, louwo, mhd. lêwe, lewe, löuwe, leu, altsächs. leo „Löwe" (z. T. schon in N. des 5. u. 6. Jh. nachweislich: Leogisil, Levald). Lehnwort? Nach andern liegt ein german. Stamm Lewa-, Liwi- „gnädig" zu Grunde.

FN. Leonard: *Löwenhardt; Leonhardt; Leonard; Lonhardt; Lönhard; Löhnert; Launhardt; Lienhardt; Lienert; Linhardt; Lehnhardt; Lehnert; Lenhard; Leinert.* Gen. *Linnartz; Lenhartz; Lennartz; Lönartz; Leenderts* (ostfries.).

Einstämmige Kürzung Lew-.

(Lewo): *Löwe.*

Vklf. (l): *Löwel.* (k): *Leweke.*

Über *Hartler* vgl. S. 36, Mitte.

Lewald s. 1) Lew 2) Leudu (V.).

Lewerentz, Lewrenz s. Laurentius.

Lex, Lexer s. Alexius.

Leyck s. Laik.

Leyde s. Laidô.

Libbertz s. Leudu (V.).

Liborius II. FN. *Liborius, Laborius* (Hamburg); *Borries; Borges; Borgas; Burgas; Börries* (S. 38)

Liehe s. Laik.

Licht III. Egelolfus dict. zem Liehte (Hausname).

Lichtfuß s. Leichtfuß.

Lichtner III. „einer aus Lichten".

Lichtwerk III. „Lichtgießer" (s. Schubert). Auch *Lichtwark; Lichtwert.*

Lickleder III. Satz-N. „lecke das Leder", Spottname des Schusters. Vgl. Liekfett.

Lieb- s. 1) Leubhaȥ (V., einst. K.) 2) Leudu (V. Liudb-).

Liebeneiner III. „einer aus Liebenhain".

Liebenwein III. Satz.-N. „ein Freund des Weines".

Lieberenz s. Laurentius.

Lieberkühn III. niederd. *Leverkühne.*

Lieberknecht; Liebeskind; Liebknecht; Liebschwager III. deutliche Zss. dritter Schicht.

Liebermann III. „Günstling" (Socin).

Liebetreu III. Satz-N. (S. 52); desgl. *Lieblang* (Neunkirchen).

Lied- s. Leudu (V., einst. K.).

Lief-, Lieg- s. Leudu (V.).

Liekfett, Liekefett III. Satz-N. „lecke Fett". So auch *Lickteig* „lecke Teig" Spottname des Bäckers (leckespiz = Lecker, eig. lecke den Bratspieß, Berthold von Regensburg).

Lieme s. Leudu (zweist. K.).

Lien- s. Lew.

Liep-, Lier- s. Leudu (V.).

Liesegang III. einer der „leise geht". Lisganck 1352. Vgl. *Leisentritt.*

FN. *Liesegang; Liesgang; Leisegang.*

Liesemeyer III. s. Liuzo (Leudu einst. K.).

Liet- s. Leudu (V., einst. K.).

Lietsche, Lietze s. Leudu (einst. K.).

Liewald s. Leudu (V.).

Lilie III. Sinnbild der Reinheit (als Wahrzeichen an Häusern S. 61).

FN. *Lilie; v. Lilien;* Rühle *v. Lilienstern; v. Lilienkron; Lilienstein; v. Lilljeström* (schwed.).

Limb-, Limm-, Limp- s. Lenþ.

Linde III. der eigentliche deutsche Lieblingsbaum (man sehe die Lieder der Minnesänger und die Volkslieder) — im Mittelalter häufig Gerichtsbaum, wie noch heute Versammlungsort des Dorfes.

FN. *Linde; ter Linden; von der Linden; zur Linden. Lindemann* (Conradus iuxta tiliam 1313). *Lindenblatt, -laub, -strauß; Lindegrund; Lindenschmidt.*

Lindekohl s. Kugel.

Lindner III. 1) „einer, der an, unter Linden wohnt". Vgl. Linde. 2) „einer aus Linden".

LING- I. zu ahd. galingan „gelingen" Lingulf.

FN. Einst. K. Lingo: *Lincke; Lyncke; Lingg.* Vklf. (l): *Lingl.*

Linhard, Linnartz s. Lew.

Linke a) I. s. Lenþ b) I. s. Ling (einst. K.) c) III. „der Linke, linkshändige". Auch *Lingke; Lingk; Link.*

Lins-, Lint- s. Lenþ.

Linth III. Escher von der Linth s. S. 60.

Lintz- s. Lenþ.

Liphard s. Leubhaz.

Lipke s. Leudu.

Lipp- s. a) I. Leudu (V., zweist. K.) b) II. Philippus.

LISTI I. ahd. mhd. list „Klugheit, Kunst" (List).

FN. (Listhart): *Listhart.*

Listhar: *Lister.*

Einstämmige Kürzung List-.

Lista: *List (Listmann).* Patr. A. *Listing.*

Vklf. (l): *Listl.*

Litolf s. Leudu (V.).

Litt- s. Leudu (V., einst. K.).

Litzke s. Leudu (einst. K.).

Lobedank III. „Lob und Dank".

Lobedanz III. Satz-N. „lobe den Tanz" (Tanzfreund) 1390: Lovedans. Nach Grimm ist der Lobetanz ein Tanz mit Umzug und besonderen Figuren, der besonders im Meißner Lande gepflegt worden zu sein scheine.

Lobenwein III. Satz-N. „lobe den Wein!"

Löber III. „Lohgerber" (in Hessen).

Lobgesang III.

Lobgott III. Satz-N. Vgl. *Dienegott, Fürchtegott.*

Lobrentz s. Laurentius.

Lobwasser III. Satz-N. „Wasserfreund".

Lod- s. Hluda (V., einst. K.).

Lodders s. Hluda (V.).

Loderer III. „Wollmacher". Auch *Luderer.* Vgl. die Lodergasse (= Tuchmacherg.) in Nürnberg.

Löding s. Hluda (einst. K.).

Löff s. Hluda (V.).

Löffler III. „Verfertiger von Löffeln".

Loh III. ahd. lôh, mhd. lôch niedriges Holz, „Gebüsch" (vgl. lat. lucus). In ON. *Loh, Lohe; -loh, -lohe,* auch *-loch, -lah* und *-lach.*

FN. *Lohe; v. Hohenlohe; Altenloh; Grünl.; Hundel.; Kewel.* (O. Keveloh); *Kirchl.; Kregel.* (Krähenbusch?); *Langel.; v. Mandelsl.* (O. b. Neustadt a. Rübenb., Heinricus de M. 1167); *Munderl.; Niegel.; Osterl.; Otterl.; Wessel.; Westerl.; Wiesel.* — *Van de Loo* (Geldern); *v. Loë* (O. Lohe in Westf.). *Kamlach; Kamlah; Kälberlah. Lachmann; Lohmann; Lohmeyer.*

Doch finden sich auch schon altdeutsche FN. auf -loh, z. B. Swarzaloh 8., vermutlich der jetzige FN. *Schwarzloh.*

Ableitung auf *-er* (oberd.):

1) *-loher: Eisenloher, Eisenlohr; Eschenloher, Eschenlohr; Kammerloher; Keferl., Oberkammerl., Oberl.*
2) *-locher: Bärlocher; Hagenl.; Hasl.*
3) *-löcher: Haslöcher; Rosenl.*
4) *-lacher* (wie in Allach, ad. Ahaloh „Wasserbusch"): *Lacher; Baierl.; Bernl.*
5) *-lauer:* (Meltzer, genannt Eschenloher oder) *Eschlauer; Eisenl.*

Löhde-, Lohfink s. Hluda (einst. K.).
Lohkittel III. Scherz-N. für den Gerber. Den meint auch *Lohstöter* (niederd. = Lohstößer 1675). Dasselbe ist *Löhrer* (niederrhein.).
Lohmann, -meyer s. Loh.
Lohmar, Löhmer s. Hluda (V.).
Lohrengel III. entstellt aus Lohengrin.
Lohrenson s. Laurentius.
Löhrer, Lohstöter s. Lohkittel.
Loibl s. Leubhaz (einst. K.).
Loibner III. „einer aus Loiben" (Leoben in der Steiermark).
Loidl s. Leudu (einst. K.).
Loidert, Loipolder s. Leudu (V.).
Loll- s. Hluda (einst. K.).
Löloff, Lommer s. Hluda (V.).
Lonhardt, Lön- s. Lew.
Lönnies s. Apollonius.
Looden s. Hluda (einst. K.).
Looff, Löpert s. Hluda (V.).
Lorenz- s. Laurentius.
Lorey, Lorich, Löriek s. Hluda.
Lorinser III. aus dem Dorfe Loriins in Vorarlberg stammend (s. Gedenkblätter der Familie Lorinser von Dr. Lorinser 1868).
Lorinz, Lornsen, Lortz-, Lorz- s. Laurentius.
Los- s. Hluda (Chlodizo).
Löschebrand III. Satz-N. (1452 in Ulm Leschenbrand). Das Gegenteil besagt der alte N. Schürnbrand, Schierenbrand.
Löser s. Lazarus.
Lot-, Loth- s. Hluda (V., einst. K.).
Löther s. Hluda (V.).
Lott- s. Hluda (V., einst. K.).
Lotsche, Löttge, Lotz- s. Hluda (einst. K.).
Löwe I. III. als König der Tiere von den Deutschen seit den Kreuzzügen angesehen; daher beliebtes Wappenzeichen.
FN. *Löwe; Löw* (als jüdischer FN. häufig aus Lewy); *Leue; Leu.* Latinis. *Leo.* Zss. *v. Löwenclau; Junglöw* (Rendsburg).
Löwald, Löwenhardt s. Lew.
Lub- s. Leudu (V., zweist. K.).
Lüb- s. Leudu (zweist. K.) — doch **Lübker** s. Leubhaz (V.).
Lübb- s. Leudu (V., zweist. K.).
Lubbert s. Leudu (V.).
Luber s. Leubhaz (V.).
Lucas II. lat. zsgz. aus Lucanus „ein Lukaner"; Lucas der Evangelist.
FN. *Lucas, Lukas;* zsgz. *Luks, Lux; Laux.* Gen. *Lucä.* Südd. Patr. *Luggiser* (s. Reichel S. 23).
Luchterhand III. lucht = „link".
Lucius (I.) verlateint aus *Lutze.*
Lück- s. Leudu (V., einst. K.).
Lud- s. 1) Hluda (V., einst. K.) 2) Leudu (V., einst. K.).
Lüd- s. 1) Hluda (V.) 2) Leudu (V., einst. K.).
Lueger III. „von einem der vielen Lueg in den Alpen (ue getrennt zu sprechen).
Luf s. Hluda.
Luggiser s. Lucas.
Lühl s. Leudu (einst. K.).
Luhm- s. Leudu (V., zweist. K.).
Lühmann, Lühr- s. Leudu (V.).
Lüersen s. Leudu (V., Liuthari).
Luibl s. Leubhaz (einst. K.).
Luit- s. Leudu (V., einst. K.).
Lük- s. Leudu (einst. K.).
Lukas, Luks s. Lucas.
Lülf, Lulfs s. Hluda (V.).
Lüling, Lulle s. Leudu (einst. K.).
Lülwes s. Hluda (V.).
Lumm- s. 1) Leudu (V., zweist. K.) 2) Lund.
Lümmen s. Leudu (zweist. K.).
LUND- I. zu altnord. lundr „Hain, Wald".
FN. Luntbert: *Lummert.* Patr. A. *Lummerding.*
Einstämmige Kürzung Lund-.
(Lundo): *Lunde; Lundt.*
Vklf. (z) Lunzo: *Lunz.* (z + l): *Lüntzel.*
Lüning III. „Sperling" (niederd.).
Lünzel s. Lund.
Lüpke s. Leudu (zweist. K.).
Lupp- s. Leudu (V., zweist. K.).
Lustig III. Eigenschaftsname.

Lut- s. Hluda (V., einst. K.).
Lüt- s. Leudu (V., einst. K.).
Lutsche s. Hluda (einst. K.).
Lutt- s. Leudu (V.).
Lütt- s. 1) Hluda (V.) 2) Leudi (V., einst. K.).
Lüttjebrune III. I. „der kleine (junge) Bruno". Ähnlich *Lüttjohann; Lütkemann; Luttin* (urkundl. aus Lutteheine in Göttingen).
Lüttschwager III. zu den Verwandtschafts-N. „der kleine Schwager" (vgl. *Kleineidam*). Der pommersche Chronist L. antikisierte sich in *Micraelius* (= micra elius).
Lutz- s. Hluda (einst. K.).
Lux s. Lucas.
Luyken s. Leudu (einst. K.).

M.

Maag- s. Mag (V., einst. K.).
Maaß s. a) I. Maþa b) II. Thomas.
Maaz s. Mag (einst. K.).
Macarius II. „der Selige". (Kal. 2. Jan.). FN. *Karius; Karges.*
Mach- s. Mag (V., einst. K.).
-macher III. in mannigfachen Zss., die größtenteils neueren Ursprungs sind, z. B.: FN. *Axmacher* (Achsenmacher), halbniederd. *Assenm.; Bennenm.; Bolzm.; Brechenm.* (macht Werkzeuge zum Flachsbrechen); *Eimerm.; Fälgenm.* (s. *Felgenhauer*); *Glasm.*, Gen. *Glasmachers* (Joh. Glasmecher 1516 Köln. Univ.-Matr.); *Grützm.; Kabelm.; Kannenm.; Käsem.; Ladem.; Lakem.; Lerschm.; Metzm.* (Messerschmied, Metz niederd. = Messer); *Pflugm.; Radem.; Sattelm.; Scharm.* (Pflugschar-); *Schirmm.; Schleierm.; Schloßm.; Schum.; Spangenm.; Spießm.; Uhrm.; Taschenm.; Wannenm.*
Am modernsten klingt *Geldmacher* (doch s. dies W.).
Niederd. *-maker: Kettenmaker; Kistem.* (s. Kistmacher); *Radem.; Schom.* Gen. *Schomakers* (Lingen); *Tripmaker.*
Macht-, Mächt- s. Mahti.
Mack- s. Mag (V., einst. K.).
Mad- s. a) I. Maþa u. Maþala b) II. Matthäus.
Mäd- s. Maþala.
Mäder a) I. s. Maþa b) III. mhd. madâri „Mäher". Ruodolf der maeder.
Maferding s. Mag (V.).

MAG- I. zu got. ahd. magan „mögen" d. i. vermögen.
FN. (Magibald): *Mebold.*
Magipert: *Mebert.*
Magubrant: *Makebrand.*
Magafred: *Meifert; Mayffarth; Meyfarth; Meffert.* Patr. A. *Maferding.*
(Magihart): *Makart; Makert; Machhard; Machert; Meiert.*
Magher: *Mager, Maager; Macher; Mäker.* Gen. *Magers.* Patr. A. *Meiring.* Vklf. (l): *Megerle.*
Magoald: *Mawold; Magold; Macklot; Makot; Machold; Machlett; Machlitt; Maywald; Meyhold; Mehwald.* Gen. *Macholtz* (umgedeutet *Machholz*); *Machalz.*
(Magwart): *Machwirth; Mechwart.*
Einstämmige Kürzung Mag-.
Mago, Macco: *Maag; Magg; Mack; Mache; Mech; Meeg; Maye.* Gen. *Mäken* (ostfries.); *Machens; Magens.* Vklf. (l) Megilo, Meilo: *Mägele; Meckel (Mäckelmann); Mechel; Meyel; Meile; Meili* (schweiz.). Gen. *Meiels.* Patr. A. *Meiling.* (l+k): *Mechelke; Meilicke.* (k) Magico: *Meicke; Mecke.* (z) Magizo: *Maax; Mähtz; Meitz.* (z+l): *Mayßel; Meisl.*
MAGANA, MAGINA I. „Kraft, Stärke", ahd. magan, megin, mhd. magen „Kraft".
FN. Maganperht: *Membart; Memmert* (daraus *Memmhardt*).
(Magingast): *Meingast.*
Meginger: *Menger; Meniger.*
Maingis: *Mengis; Menges; Mengs.*
Maginhard: *Megenhard; Mainhard; Meinert; Mennert; Mehnert* (franz. Ménard). Gen. *Meinherz; Meinertz; Meinderts; Meinders; Meints; Meents* (die letzten vier ostfries.).
Maganhar: *Magener; Meyner; Mehner; Menner.* Gen. *Meiners.*
Maganrad: *Meinrad; Menrad.*
Magnerich: *Mennrich.*
Maginold: *Meinold; Meinhold; Menold.* Gen. *Meinholz.*
Maginulf: *Meinolf; Menolf.*
Einstämmige Kürzung Magan-.
Magino, Meino, Menno, Meno (Stark 51):

Magen; Mahn; Meine; Meyn; Menno. Gen. *Meins; Meinen; Menen.* Patr. A. *Menning.*

Vklf. (k) Meyneco, Menko, Minco (Stark 71): *Manigk; Mahnke; Meinicke; Mähnicke; Mehnig; Menneke; Menke; Minck.* Gen. *Menniken; Meenken; Menken.* (z) Maginzo, Meinzo: *Meinz; Menze.* Patr. A. *Menzing (Mensing).* (z + l): *Menzel.* Patr. A. *Menzler* (Schles.).

Zweistämmige Kürzung Maginb-: *Mampe.*

Vklf. (l): *Mampel; Mämpel.* (k): *Mämecke.*

Mägdefrau III. vgl. *Jungfrau* (Ennen, Geschichte von Köln), *Nickse* u. a. Her Conce dü Maget 1285.

Magdolf s. Mahti.

Mägele s. Mag (einst. K.).

Magen- s. Magana (V., einst. K.).

Mager s. a) I. Mag (V.) b) III. Eigenschaftswort, vgl. lat. Macer. Zss. *Magerhans, -kurth.*

Magg s. Mag (einst. K.).

Magister s. Meister.

Magnus II. „der Große" (auch aus Magano I. umgedeutet).

FN. *Magnus.* Patr. Zss. *Magnussen* (Schlesw.).

Mahl-, Mähl- s. Maþa und Maþala.

Mahler s. a) I. Maþala b) III. = Maler.

Mahlmann III. 1) „Gehilfe des Müllers". 2) „Beisitzer einer gerichtlichen oder obrigkeitlichen Verhandlung".

Mahn, Mähnicke s. Magana (einst. K.).

Mahnkopf III. „Mohnkopf" (halbniederd. — oder ist das a noch vom mhd. mân, mânkoph her erhalten?).

Mahr- s. Marha (V., einst. K.).

Mähr- s. Marha (einst. K.).

MAHTI I. got. mahts, ahd. mhd. maht „Macht".

FN. Mahtleip: *Machtleb.*

Mahtulf: *Machtolf; Magdolf.*

Einstämmige Kürzung Maht-.

Maht: *Macht.* Gen. *Machts.*

Vklf. (l): *Mächtle.*

Mähtz s. Mag (einst. K.).

Mai a) I. s. Mag b) III. der Monat. Vgl. S. 49.

Maibaum III. ein Baum, der am Maifest aufgepflanzt, geschmückt und dann von der Jugend umtanzt wurde (Grimm Myth. S. 738).

Maier, Mair s. Meier.

Mainhard s. Magan.

MAIT- I. zu got. maitan, ahd. meiȥan „schneiden, hauen" (davon: Meißel).

FN. Meiȥolt: *Meisolle; Mesolle; Massold.* Entstellt in *Meier Solle* (Preuß).

Mak- s. Mag (V).

Mäk- s. Mag (V., einst. K.).

-maker s. macher.

Mal- s. Maþala.

Maler III. der „Maler". So wird Lucas Cranach auch genannt Lucas Maler (S. 30).

FN. *Maler, Mahler.* Zss. *Rothmaler.*

Malkomesius III. lat. Gebilde von dem ON. Malkomes in Hessen.

Mälzer III. mhd. malzaere, melzaere „der das Malzgeschäft besorgende Brauknecht", auch schlechtweg = „Brauer" („Mälzergasse" in Danzig).

Mamp-, Mäm- s. Magana (zweist. K.).

MANAGAZ I. ahd. manag, mhd. manec „manch, viel". Managrat.

FN. Managold: *Manegold; Mangold; Mengold.*

MAND- I. wohl zu ahd. mandjan, mhd. menden „sich freuen". Albmand. Manduin. Berührt sich mit man.

FN. Einstämmige Kürzung Mand-.

Manto: *Mante; Mandt; Mende; Menth.*

Vklf. (l): *Mandel; Mändl; Mentel.* (k) Mendicho: *Mandtke.* (z) Manzo: *Manz; Mentz; Mense.* Patr. A. *Mensing.* (z + l): *Menzel.*

Manger III. ahd. mangâri, mhd. mangaere vom lat. mango „Händler".

FN. *Manger; Menger.* Zss. *Eisenmenger; Fettm.; Fischm.; Futterm.; Pferdem.; Strohm.; Wadm.* (mhd. wât Kleidung); *Ziegenm.* Gen. *Menges; Mengs; Fettmengens* (niederrhein.).

Mangold s. Managaȥ.

Manhenke = Meine Henke (Preuß).

Manigk s. Magana (einst. K.).

Mann-, Männ- s. Mannan, doch **Mannes** s. Harjaȥ (Hariman).

MANNAN I. got. manna, ahd. mhd. man der „Mensch, Mann". In EN. schon seit dem 1. Jh. (Mannus Stammvater aller Germanen Tac. Germ. 2).

Da magan auch in man zsgz. wird, fließen beide Stämme ineinander.

FN. (Manhart): *Mannhardt; Mannert.*
Manricus 7.: *Mennerich.*
Manowald: *Manold; Mannhold.*

Einstämmige Kürzung Man-.
Manno: *Manno; Mann.* Gen. *Manns.* Patr. Zss. *Mannsen.*
Vklf. (l): *Männel.* Patr. A. *Männling.* (k) Mannico: *Manke; Mannecke; Mank; Mannig.* (k + n): Mannikin: *Männchen.* (z) Manzo: *Manz; Manso.* (z + l): *Manzel.* (z + k): *Manzke.*
Auslautend (183 mal Först.).

-mann auslautend häufiger als jedes andere Wort und aus den verschiedensten Perioden (ostfries. -ma):

a) I. 1) Vollnamen: *Germann; Hermann; Volkmann; Willmann.*
2) Kosenamen, an Sproßformen angehängt: *Götzmann; Fockema.*
Vgl. S. 24 Anm. und 33 Anm. 1.

b) II. *Kloßmann; Petermann; Christma.*

c) III. 1) Handwerks- und Standesnamen bildend: *Schumann; Klostermann; Hofmann; Lehmann; Zimmermann.*
2) an Ortsbezeichnungen angehängt (vgl. S. 58); *Bachmann; Brückmann; Spelmann* (aus Speele b. Münden); *Jünemann* (aus Jühnde; Henrik von June verbessert ein Schreiber in H. Junemann); *Sosemann* (von dem Harzflüßchen Söse b. Osterode); *Winsemann* (neben de Wynsen); *Plessemann* (von der Plesse b. Göttingen); *Münstermann; Soestmann; Tangemann* (= van Tange); *Westermann; Goltermann* (a. Goltern).
3) mit Eigenschaftswörtern: *Biedermann; Kleinmann; Klugmann.*

Mante s. Mand.

Mantel III. 1) als Kleidungsstück, ahd. mantal aus mittellat. mantellus. Hainrich der Langmantel, Hartmann der L., Chonrat der L. burgere ze Augspurch 1292, lat. Longumpallium; dann auch Langenmantel 1339.

FN. *Langenmantel; Regenm.; Rothm.; Weißm.; Winterm.*

2) in ON. vom oberd. mantel = Fichte: *Hengmantel; Kitzmantel* (Einöde Kitzmantl in Ob.-Öst.).

3) *Zuckmantel* (eine Gabelfichte am Scheidewege, künstlich gezogen zur Angabe der Wegrichtung; nach andern ist Z. ein Satzname zur Bezeichnung eines Wegelagerers „zücke, raube den Mantel!"); *Scheidemantel* (dasselbe).

Manz s. 1) Mannan 2) Mand.

Mar- s. Marha (V., einst. K.).

Mär- s. Marha (einst. K.).

March-, Marck-, Märck- s. Markô.

Marcus II. lat.; St. Marcus der Evangelist.
FN. *Marcus; Markes,* zsgz. *Marks, Marx* (Marx als VN. im KB.). Gen. *Marci.*

Mardersteig s. Martersteck.

Margaretha III. (Wien) häufiger ON. in den FF. Margareth, -a, -e, -en (so auch N. einer Wiener Vorstadt) Also kein Muttername. Auch *Margreth.*

Marggraf s. Markgraf.

Margoff, Margold s. Mark I.

MARHA I. „Streitroß", ahd. marah, mhd. marc; daneben kommen Mari, ahd. mari, meri, mhd. mer „Meer" und got. mêrs, ahd. mâri „berühmt" in Betracht; an zweiter Stelle der Namen ist stets das letzte Wort anzusetzen. Schon seit dem 1. Jh. in Namen gebräuchlich (Ingomar, Sigimar).

FN. Marabald: *Merboldt.*
Meriboto: *Meerbothe; Meerbott.*
Marafrid: *Mehrfort.*
Merigarda w.: *Mergard.*
(Maragot): *Margott; Meerguth.*
Maracher: *Marer; Marherr; Mehrer.*
Maroald: *Mahrwald; Marold; Mahrhold; Marloth;* zsgz. *Mahrt; Mardt; Marohl; Meerwald; Merold.* Gen. *Mahrholz; Mahrenholtz; Mehrolz; Meerholz.*
Merowech, Merwig: *Marweg; Marwey.*
Maruin: *Meerwein.*

Einstämmige Kürzung Mar-.
Maro, Marro, Merio: *Mare; Mahr; Marre; Mähr; Meer.* Gen. *Mehren.* Patr. A. *Mähring; Mehring.*
Vklf. (l): *Marell; Märell; Mährle; Merlo.* (l + n): *Mahrlein; Mährlen.* (k): *Mehrke.* Gen. *Mehrckens.* (z)

Marizo: *Martz; Martsch; Mareis.*
Patr. A. *Mertsching.* (z + k): *Martzke.*
Auslautend (mar, mer, mir 247 mal Först.).
-*mar: Dittmar.*
-*mer: Dittmer. Gen.* -*mers: Allmers.*

Maria III. ON. (sehr häufig in Österreich); dagegen **Marien** „aus Marin" in Mecklenburg.

Mark III. in ON. 1) ahd. marka s. MARK, 2) abgeschliffen aus „Markt" (vom lat. mercatus), welches sich bei etwa 40 bewohnten O. in Deutschland findet, z. B. Neumarkt; abgeschliffen Käsmark (in der Zips) aus Kaisersmarkt. 3) s. Hundertmark.
FN. *von Bismarck; Freimark; von Königsmark; Krusemark; Schönermark; Uckermark.*
Ableitung auf -*er: Märker.*

Mark- s. a) I. Markô b) II. Marcus.

Markgraf III. mhd. marcgrâve „Richter einer Mark" d. i. eines Grenzlandes.
FN. *Markgraf; Marggraf; Margraf.*

MARK, MARKÔ I. got. marka, ahd. marka, mhd. marke „Mark" d. i. Grenze, Grenzland, auch Grenzwald (das eig. deutsche Wort für das aus dem Slawischen granica aufgenommene „Grenze").
FN. Marcbert: *Markbert.*
Marchard: *Markart; Markert; Merkert.*
Marchari: *Marker; Merker.*
Marchrih: *Markreich.*
Marcoald: *Markwald; Margold; Markott*
Marachward, Marcward: *Markwart (Marquard); Markworth; Markwot; Marckord; Markurth; Morquardt; Merkord.* Patr. Zss. *Marquardsen.*
Marculf: *Markloff; Margoff.*
Einstämmige Kürzung Marc-.
Marc: *Marco; Mark; March; Merke.*
Gen. *Markes; Merks.*
Vklf. (i): *Märki; Merki* (schweiz.).
(l): *Markel; Merkel; Mergell; Märkli* (schweiz.). (l+n): *Marklein; Märcklin.*

Marquard s. Markô.

Marre s. Marha (einst. K.).

Marsch III. „niedriges fettes Land am Wasser".
FN. *Marsch;* mit Ausfall des r: *Masch; Maasch; Masche* (urkundlich = *Masch*); vollständig *Auf der Masch.* Ableitung *Marschner; Mascher.* Zss. *Marschkötter; Maschmeyer.*
Auch *Vandermersch* (vgl. 1380: Hermann op der Mersch — Preuß); *Mersch; Mörsch; Mesch.*

Marschall III. ahd. marah-scalh eig. „Pferdeknecht", dann Stallmeister, dann vornehmer Hofbeamter, dem die Sorge für das einheimische wie für das fremde Gesinde (Gefolge) zu Pferde oblag, aber auch häufig die Führung der Nachhut im Zuge und Streite — und so aufwärts bis zu der bekannten hohen Würde.
FN. *von Marschalk; Mareschall; Marschall.* Namentlich auch bei Adelsgeschlechtern, die dann dem Amte zur weiteren Unterscheidung noch den Stammsitz hinzufügten, z. B. *Marschall von Bieberstein.*
(In die romanischen Sprachen übergegangen: franz. *Maréchal.* Ital. *Marescalchi* Karlsruhe.)

Marstaller III. 1) zum Marstall gehöriger Knecht „Pferdeknecht" (Klempin, S. 625: marstellre — stalknechte) 2) einer aus dem O. Marstall.

Mart- s. Martinus.

Martersteck, Martersteig, Mardersteig III. „Unter Marter versteht man in den Alpen jedes Denkzeichen am Wege, sei es eine Stationskapelle oder ein Bild Christi am Marterpfahl oder endlich ein Denkzeichen (Täfelchen mit Inschrift) eines Unglücksfalles". (L. v. Hörmann, Grabschriften u. Marterlen S. XV.)

Martinus II. lat. „ein dem Kriegsgotte Mars Angehöriger"; der h. Martinus, Bischof von Tours, gest. um 400, dessen Gedenktag der 11. November, während bei den Protestanten der 10. November zu Luthers Gedächtnis, der dann geboren und am 11. getauft worden ist, als Martinstag bezeichnet wird.
FN. *Martinus; Martin; Marten; Marthen; Mertin; Merten.* Zss. *Herdemerten.* Gen. (lat.) *Martini, Martiny;* (deutsch) *Martins; Martens; Mertins; Märtens.* Zss. *Martensmeyer* (westf.). Patr. Zss. *Martienßen; Martensen; Mertinsen.*
Vklf. (l): *Mörtel* (Reichel). (k): *Mertke.*

Märtlhuber s. Martinus u. Huber.

Martsch, Martz- s. Marha (einst. K.).

Marx s. Marcus.

Masch- s. a) II. Matthäus b) III. Marsch.

Massolt s. Mait.

Masuhr III. slawischer Volksstamm der Masuren in dem südl. Teile der Prov. Preußen.

Mat- s. 1) Matthaeus 2) Matthias.

Mät- s. Maþa.

Maternus II. „der Mütterliche". (Kal. 13. Sept.)
FN. *Matern; Mattern; Ternes.*

Math- s. a) I. Maþala b) II. 1) Matthäus 2) Matthias.

MAÞA I. Grundform zu Maþala.
FN. Maþere: *Meder.*
Maþlec: *Mahlei.*
Meduald: *Methold.*
Einstämmige Kürzung Math-.
Matto: *Mäte; Mede; Math.*
Vklf. (l): *Madle.* (k): *Mattig; Medicke; Mätke.* (z) Mazo: *Matz; Maaß.* (z+l) Mazili: *Metzel.*

MAÞALA I. got. maþl, altsächs., ahd. mahal „Versammlungs-, Beratungs- und Gerichtsplatz" des Volkes (griech. ἀγορά).
FN. Madalhart: *Mählert; Mehlhart.*
Madalher: *Madaler; Madler; Mattler; Mettler; Mädler; Mähler.*
Madalleich: *Mahley.*
Einstämmige Kürzung Madal-.
Madalo, Malo: *Mahle; Mädel; Mehle; Mehl.* Patr. A. *Madelung, Madelong; Malling; Meteling; Methling; Mehling.* Vklf. (k): *Mahlke; Mehlich.*

Matt- s. a) I. Maþa u. Maþala b) II. 1) Matthäus 2) Matthias.

Matte III. mhd. mate „Wiese".
FN. *Dürrenmatt; v. Kalbermatten.*

Matth- s. 1) Matthäus 2) Matthias.

Matthäus II. hebr. „Geschenk" (Jehovahs); St. Matthäus der Apostel und Evangelist (Kal. 24. Febr.).
FN. 1) *Mathäus; Matheus; Mathees; Matthes; Mathes* (in schlechterer Schreib. *Matheß; Mattes*); *Matthe; Mades; Matz.* Slaw. Vklf. *Matzke, Maschke, Matschke, Mätschke.* Neu latinis.: *Matthesius.* Gen. *Matthäi; Matthei.* Patr. A. *Matthesing; Matthäser.* Patr. Zss. *Mattheeßen; Mattesen.*
2) Im Anlaut verkürzt: *Theus; Thees* (in Ostfriesland auch VN.). Gen. *Thesen.* Patr. A. *Theessinga* (ostfries.).
Zerdehnt: *Thewes; Tews* (Tewes VN., im KB. z. B. Tewes Wendorp 1650). *Debus, Debusmann* (Trier). Gen. *Thywissen* (Aachen).
Berührt sich mit Matthias, so daß die FF. teilweis ineinander fließen.

Matthias II. hebr. „Geschenk" (Jehovahs) (= griech. Theodor, lat. Deodatus), St. Matthias der Apostel (Kal. 24. Febr.).
FN. 1) *Matthias; Matthia; Matthies; Matys; Matheis; Matthes; Matz; Matthix* (aus der Zerdehnung -tthiges). Gen. *Matthiae.* Patr. Zss. *Mathiasen; Matthisson; Mattison; Mathießen.*
2) Im Anlaut gekürzt (Tias, Ties VN. in Tias Wille, Ties Burmester KB.): *Thias; Thies; Theis.* Zss. *Thiesmeyer.* Gen. *Thiesen.* Patr. A. *Thiesing.* Patr. Zss. *Thiessen; Tissen; Theissen; Tyssen;* — mit Abfall auch des t: *Hiese.*
Vklf. *Hiesel* (der „bairische Hiesel").
Zerdehnt: *Tieges; Tiegs; Tigges (Tiggemann).*

Matz s. a) I. Maþa b) II. 1) Matthäus 2) Matthias.

Maud s. Môða.

MAURA I. wohl Maurus „ein Maure".
FN. (Morbrand): *Mohrbrand.*
Morhard: *Moorhardt; Moraht; Murhard.*
Mauroald: *Moralt.* Gen. *Mohrholtz.*
Morolf: *Moroff.*
Einstämmige Kürzung Mor-.
Mauro, Moro (More VN. Klemp.): *Mohr (Mohrmann); Möhre.* Gen. *Mohren.* Patr. A. *Moring; Möhring.*
Vklf. (l) Maurilo: *Morell; Möhrle.* (k): *Mohrig; Mörike; Mörke.* Gen. *Mörcken.*

Maurer III. ahd. mûrâri, mhd. mûraere.
FN. *Maurer* — mit Umlaut *Meurer* (der „Mäurer" z. B. in schweiz. Mundart, s. Pestalozzi, Lienhard und Gertrud). Gen. *Meurers* (niederrhein.) — Niederd. *Mährer.*

Mauritius II. lat. Ableitung von Maurus „der Maurische", dem Lande Mauretanien in Nordafrika angehörig. Der h. Mauritius, ein Afrikaner von Geburt, soll unter Diocletian als Anführer einer christlichen Legion mit seiner Schar in Gallien niedergemetzelt sein. FN. *Mauritius; Maueritius; Mauritz; Moritz* (auch jüdisch, mit Anlehnung an Mo-se). Gen. *Mauritii.* Patr. A. *Moritzer* (südd.).

Maus III. die „Maus" (Gerlac. dict. Mus 1256). FN. *Maus.* Vklf. *Meusel; Meuslin* (der Mewsel, Katz gen. 1388. Andr. Meusel, brandenburg. General-Superint. im 16. Jh., übersetzte seinen Namen in *Musculus*). Zss. *Mauskönig; Mauschund.*

Mauser III. „der Schermäuse fängt" (Buck).

Mautner III. mittellat. mutarius, mhd. mûtaere, später auch mit dem n der schwachen Bildung mautner „ein Warenzoll-Einnehmer". FN. *Mauter* (Schechel der Mawter Marb. Urk. 1305); *Mautner; Meuter.* Gen. *Meuters* (niederrhein.).

Mautz s. Môða.

Mawoldt s. Mag (V.).

Maybaum s. Maibaum.

Maye s. Mag (einst. K.).

Mayer, Mayr s. Meier.

Mayffarth, Maywald s. Mag (V.).

Mayßel s. Mag (einst. K.).

Meb- s. Mag (V.).

Mebes, Mebus s. Bartholomäus.

Mech- s. Mag (V., einst. K.); *Mechsner* s. Meißner.

Meck-, Meeg s. Mag (einst. K.).

Med- s. Maþa, doch **Meder** s. Mäder.

Meen- s. Magan (V., einst. K.).

Meer- s. Marha (V., einst. K.).

Meergarte s. Marha. (Als N. eines Kunstreiters natürlich Meergarté.)

Meerkatz III., niederd. *Meerkatte.* Dominus Hermannus de Mercatze (Köln. Univ.-Matr. 1402).

Meerrettig III. deutlicher Pflanzen-N.

Meerschneck III. abd. merisnecco, mhd. mersneck Purpurschnecke; aber auch Schildkröte.

Meffert s. Mag (V.).

Megenhard s. Magana (V.).

Megerle s. Mag (V.).

Mehl III. Scherzname für den Müller. Zss. *Erbsmehl; Kornmehl.*

Mehl- s. Maþala.

Mehlmann III. „Mehlhändler".

Mehlose III. = *Mehlhose,* s. Hose.

Mehn- s. Magana (V., einst. K.).

Mehr- s. Marha (V., einst. K.).

Mehwald s. Mag (V.).

Meichsner s. Meixner.

Meicke, Meiels s. Mag (einst. K.).

Meier III. a) als christlicher N. aus dem lat. major, in dem Sinne von major villae oder villicus, d. i. zunächst Aufseher oder Verwalter eines Landgutes. In Westfalen entwickelte sich (nach Franz Meyer) das Verhältnis etwa folgendermaßen. Karl d. Gr. hatte die fränkische Einteilung des Bodens in mansi auf das Sachsenland übertragen. Der ganze bebaute Boden mit allem Zubehör an Wald, Weide usw. hieß bei den Franken lat. villa, deutsch marka, enthaltend in der Mitte den Sitz des Freien (hûs) mit umliegender huobe, wovon die liti ihre mansi bekamen. Der Haupthof (fränk. sala, später lat. curia) bekam von dem Gutsherrn, wenn er selbst als ministerialis am Hofe oder als Krieger im Felde war, einen villicus, der den Herrn vertrat. Die Abgabe der mansi heißt census (Zins, vom villicus erhoben), debitum (Schuld, vom Schultheiß erhoben), officium (Pflicht, Amt, vom Amtmann erhoben). Der den Haupthof bewohnende Villicus war also entweder nur Wirtschafter und hatte einen scultetus und officiarius neben sich, oder er übte auch deren Rechte selbst aus. Hatte er mehrere Höfe zu verwalten, so hatte er wohl wieder einen Unter-Villicus auf dem Vorwerke. Seit dem 11. und 12. Jh. wurden die villici fast überall auf bestimmte Leistungen gesetzt, weil sie oft in den eigenen Geldbeutel wirtschafteten. Nun entstand bei der Bemeierung eine Art Lehnverhältnis, wobei der Herr gelobte zu schützen, der Villicus treu und hold zu sein. Während der Landesherr durch Vögte und Gografen richtete, bestand das Gemeindegericht des Villicus auf dem Thy häufig daneben. Manche Villici schwangen sich zu Rittern auf (zum Stande des niedern Adels) und emanzipierten sich völlig (so in der Schweiz die Meyer von Knonau,

v. Siggingen, v. Windeck), so daß die Herrschaft sich genötigt sah, die Abgaben von den mansi selbst einzuziehen. Wo sie es konnten, zerstückelten sie daher den Haupthof gegen Pacht, und nun bildete sich das eigentliche Meierrecht. Neue Mansen entstanden durch Waldrodung, Haupthöfe wurden in Kotten zersplittert, bes. seit dem 14. und 15. Jh. Die Hofbesitzer hießen nun Meier, welche an Stelle des Villicus Teile der alten Villikation besaßen, oft nur auf bestimmte Zeit. Schließlich ward das Verhältnis doch allenthalben erblich; die Meier traten eben in Erbpacht und wurden dauernde Besitzer, wenn auch nicht Eigentümer der Höfe. Das Recht der Abmeierung, welches die Herren besaßen, war, abgesehen von bestimmten Fällen, wo klare Gründe vorlagen, eigentlich nur theoretisch noch vorhanden.

So in Westfalen, und in Süddeutschland ist (nach der von Pott angeführten Stelle aus Goldast rer. Alem. I, 113) wesentlich dasselbe Verhältnis gewesen.

Das Meiertum ist am reichsten entwickelt gewesen in Westfalen, Hannover, Baiern, Württemberg. Von dort stammt die Fülle dieser FN. Hoffmann zählt im Hannöverschen Namenbuche von 1852 in der Stadt Hannover 234 einfache und 211 zusammengesetzte Meyer, während in dem Münchener Adreßbuche für 1892 1307 selbständige Personen den N. Maier in verschiedenen Schreibarten führen.

Je häufiger in einer Gegend die Meierwirtschaft, desto häufiger natürlich der Name. Ganz den Verhältnissen entsprechend ist er in Hannover nirgends häufiger als im Hoyaschen und Osnabrückischen. Hier gehören die Meierhöfe meist zu den größten, weil die Meier, das Land der Herren bewirtschaftend, leicht mehr hatten als andere freie Eigentümer, zumal wenn sie Besitzer von Vollhöfen (heile Erven) waren. Manche Meier hatten ganz hervorragende Rechte in ihrer Markgenossenschaft.

In Ostfriesland dagegen, wo die Meier nichts als Pächter der freien Bauern sind, haben sie vorwiegend die kleinsten Besitzungen.

Was nun die Schreibweise des N. anlangt, so ist darin an Mannigfaltigkeit geleistet, was überhaupt mit so wenigen Buchstaben zu leisten war. An das urspr. *Major*, welches sich auch noch als FN. findet, schließen sich die süddeutschen FF. am nächsten an: *Majer; Mayer, Mayr, Maier, Mair* (im Münchener Adreßbuch in den verschiedensten Schreibweisen, doch meist mit ai, ay); in Norddeutschland am häufigsten *Meyer* (in Hoffmanns hannöv. Namenbüchlein: 234 einfache Meyer, darunter nur 3 Meier, 3 Mejer — 1 Maier, 1 Mayer) — außerdem *Meier, Meyr, Meir; Mejer* — letzteres noch heute auf dem Lande in Westfalen die gewöhnliche Aussprache für Meyer und Meier, im Osnabrückischen auch kurz Mejjer gesprochen. Die hochdeutsche Aussprache auch für Mejer war stets Maier. Erst im 19. Jh. hat eine Familie Mejer im Hildesheimischen auch die Aussprache Mejer angenommen, wohl um sich aus der allzugroßen Sippe besser auszusondern. Gen. *Maiers, Mayers* (österreich.), *Meyers* (Prüm), *Mayern, Meyern* (nach der schwachen Biegung). — Die übrigen Ableitungen, welche Fr. Meyer anführt, die Vklff. Mayerl, Meyerlein, die Patronymika Meyering, Meiring erscheinen als zweifelhaft und dürften, bes. die letzteren, eher zu dem Stamme Mag gehören, s. daselbst Magher.

Im Osnabrückischen hängt dem N. auf dem Lande eigentlich immer noch der appellative Charakter an, auch wenn schon eine Zusammensetzung erfolgt ist. Man geht hier nach heutigem Sprachgebrauch noch stets zum Dütemeyer, man redet noch immer von dem Meier zu N. Vielfach bleibt der N. unzusammengesetzt, bekommt aber von der Bauernschaft oder der Lage des Hofes einen Zusatz, der zum Namen gehört. Solcher „halbzusammengesetzten" N. gibt es im Osnabrückischen eine große Zahl. Fr. Meyer führt aus den Ämtern Iburg, Finsterau, Vörden, Grönenberg, Wittlage gegen 100 N. dieser Art an wie: *Meyer zu Atter, M. zu Westrup, M. zu Farcke* (aus Vorwerk entstanden, woher auch *M. zum Varwick*), *M. zu Weghorst,*

M. zu Stockum, M. zu Altenborgloh — selten mit andern Vorwörtern: *Meyer im Hagen, M. vorm Bohne.*

Viele der ON., die in diesen Bezeichnungen stecken, sind sonst völlig von der Karte verschwunden; aber der N. des Hofes bleibt, auch nachdem die größere Bauerschaft den ON. aufgesogen hat. Alle diese Bildungen sind forterbende, mindestens halbe EN., die zwar in der Anrede fortgelassen werden, aber im Gespräch über den Dritten gäng und gäbe sind. So kann es kommen, daß die Bauerschaft Gellenbeck neben einem Meyer zu G. noch einen M. zu Borchsten und einen M. zu Spelbrink aufweist.

Da ist es denn auch nicht zu verwundern, daß sich viele wirkliche Zusammensetzungen finden, in denen der Zusatz den Wohnort angibt. Doch wollen wir bei Aufzählung der Zss. denselben Gang einschlagen, wie in der abhandelnden Darstellung der FN. überhaupt, und demnach zuerst die Zss. mit altdeutschen PN., dann die mit fremden (kirchlichen) PN., dann die nach Gewerbe und Beschäftigung gebildeten usw. aufzählen. Dabei bedeutet m. die gewöhnliche Form Meyer.

I. Mit altdeutschen Personen-Namen: *Akemeier* (Aþa); *Albertsmeyer; Ahrensmeyer, Noltem., Meierarend* (Arnold); *Anselm., Aßm.* (Anso); *Berensm., Benningm., Beinkem.* (Bernhard, Benno); *Bollm.* (Baldo); *Buddem.* (Bodo); *Erxm.* (Erich); *Gerdsm., Gerkensm.* (Gerhard); *Goedekem.* (Godo); *Henrichsm., Heinem., Heinzlmaier, Henkem., Meyerhenrich, -heine, -henke* (Heinrich); *Herbrechtsm.; Kordem., Kohrm., Meyerkord* (Konrad); *Krukem.* (Hrôþis); *Liesem.* (Leudu); *Ottom., Ottm., Ottensm., Öttm., Meierotto; Rolfsm., Rolfingsm.* (Rudolf); *Rüpelm.* (Ruprecht); *Tiem., Meyerdierks* (Theuda); *Tramsm.* (Bertram); *Uhm.* (Auðaȥ, noch 1530 Udem.); *Wilmsm.* (Wilhelm).

Mögen diese Beispiele genügen! Die meisten der hierher gehörenden N. wird man erkennen, wenn man den altdeutschen Teil nach den in diesem Namenbuch aufgeführten altdeutschen Stämmen aufsucht. So gehört *Badmeyer, Bahmeyer* (noch 1530 Badem.) zu Baðwô, *Hillm., Hilkem.* zu Heldi, *Lüddekem., Lükem.* zu Leudu, *Determ., Tettm., Tietm., Tödtem., Tütem.* zu Theuda.

II. Mit kirchlichen Personen-Namen: *Christoffelsmeyer, Stofferm.* (Christophorus); *Clausm., Klußm.* (Nicolaus); *Dreesm., Meyerdrees* (Andreas); *Gallm.* (Gallus); *Grolmsm.* (Hieronymus); *Johannesm., Johannism., Johannsm., Johannigm., Janm., Hansm., Henselm., Meierhans* (Johannes); *Josm., Meyerjobst* (Jodocus); *Martensm.* (Martinus); *Neelm.* (Cornelius); *Paulsm.; Peterm., Petringm., Meyerpeter* (Petrus); *Tießm.* (Matthias); *Vietm.* (Veit).

III. a) Nach der Beschäftigung benannt, (vielfach erst in Städten entstanden): *Amtmeyer* (villicus, qui officiarius est); *Grevem., Grafm.* (manche M. waren Unter-Holzgrafen); *Jägerm.; Krugm.*, österreichisch *Kretschmayer; Richtsmeyer* (Richter, Preuß); *Schäpermeier; Schmidtm.; Schreibm.; Schröderm.; Schultem.* (villicus, qui scultetus est).

(Werkzeuge und Waren): *Eisenmeyer; Glasm.; Glockem.*, niederd. *Klockem.; Goldm.; Kesselm.; Pielm.* (Pfeil-); *Piepm.; Pottm.; Vaßm.*

(Kleidung): *Schürzmeyer; Stiefelm.; Zwilgm.*

(Speise): *Biermeyer; Grützem.; Milchmaier.*

b) Nach Eigenschaften: *Altmeyer; Biederm.; Blaßm.; Fröhlichm.; Grobm.; Grotem.* (Groß-); *Heulm.; Jungm.; Kleinm.; Langm.; Niem.* (Neu-); *Schönem.*

c) nach dem Wohnort:

nach Ortschaften: *Attermeyer* (M. zu Atter); *Bokelm.* (Bokel b. Wiedenbrück); *Kiffm.* (auf der Kiffe bei Osnabrück); *Quadkem.* (früher, noch 1650 M. to Quatke in Peingdorf, Amt Grönenberg). — Stärker verändert: *Emptmeyer* (1514 noch Meyger to

Empten, 1650 schon Embttm.); *Deitem.* (alt Dedinckm. zu Deitinghausen); *Rattenm.* (M. zu Rattinghausen) — nach Flüssen: *Begemeyer* (1571 Hermann by der Bege d. i. an der Bega, Preuß); *Dütem.* (zwei Höfe unweit Osnabrück, beide an der Düte); *Elsem.* (unweit der Else); *Hasem.; Werrem.* (im Kreise Lübbecke an der Worra) — nach Bergen: *Harzmeyer; Hüggelm.* (im Osnabrück., am Hüggel).

Allgemein nach der Lage des Hofes: *Fordermeyer; Achterm.* u. *Hinterm.; Mittem., Mittelm.,* (niederd.) *Middelm., Mittermaier* (ahd. mittar neben mittil); *Endm.; Twelem.; Winkelm.; Eckm.; Kniem., Kneem.; Gatzem.* (niederd. Gatze = Gasse); *Straßm., Stratem., Strothm.* (niederd.); *Grenzm., Schnatm.* = *Lanwermeyer; Oberm.* (auch *-mayer*), (niederd.) *Overm.; Hochm., Hom.; Niederm.,* (niederd.) *Nedderm.;* sogar *Oberniedermeyer.*

(Himmelsgegend): *Ostmeyer* und *Osterm.; Westm.* und *Westerm.; Nordm.* (der Inhaber des „Nordhofes"); *Südm.; Sommermeyer.*

Dorfm. (das Dorf als zusammenliegende Häusermasse im Gegensatz zu den meist ganz zerstreut liegenden Bauerschaften, entsteht gew. in der Umgebung der Kirche und bildet sich hauptsächlich aus wenigen alten Höfen).

(Berg u. Tal): *Bergmeyer; Hügelm.; Höwelm.* (s. Hübel); *Bühlm.,* südd. *Büchelmayer, Pichlmaier, Billm.* (Speyer); *Bültem.; Brinkm., Bringm ; Damm.* (früher Henne uppem Damme); *Thalm., Thallmaier,* niederd. *Dahlmeyer; Schachtm.; Kuhlm.*

(Wald u. Busch): *Holzmeyer,* niederd. *Holtm.* (urspr. Bernt vor dem Holte, Preuß); *Waldm.; Forstm.; Buschm.; Horstm.; Lohm., Lahm.; Struckm.* (Strauch-).

(Heide): *Heidemeyer; Niederheitm.*

(Anger und Wiese): *Angermeyer; Wiesem.,* niederd. *Wischm.; Driftm.* (Trift-); *Plaggenm.; Rittm.* (Ried-).

(Moor und Sumpf): *Braukmeyer, Brokm., Brockm.; Sickm., Siegm.; Maschm.; Brühlm.; Haarm.* (Hochmoor-); *Moosmair* („Moos" südd. = Moor); *Moddem.* („Modde" = Morast); *Solm.; Sumpm.; Pfitzmaier* (Pfützen-); *Kolkm.* und *Pohlm.*

(Wasser): *Wassermeyer,* niederd. *Waterm.* (de Meyger over dem water Lipp. Reg. 1406 — jetzt Waterm.); *Teichm.,* niederd. *Dieckm.; Seem.; Brunnem.; Pumpm.; Bekem.,* südd. *Pachmayr; Klingm.; Canalm.* (in Emden); *Brüggem.; Brückm.* (1380: Henne up der Brucken), südd. *Pruckmaier, Pruggm.* (österr.); *Springm.; Stegm.; Wehrm.* (Wehr im Wasser); *Sülzem.,* niederd. *Sültemeyer.*

(Acker und dessen Beschaffenheit): *Kampmeyer, Kampfm., Kamm.; Lettenmayer; Marschm., Maschm.; Gastm.* („Geest" leichterer Boden); *Kalkm.; Mergelm.; Sandm.; Steinm.*

(Umfriedigung der einzelnen Hofbesitzungen): *Dammeyer; Wallm.; Grabenm.; Heckem.; Zaunm.; Knickm.; Pahlm.* (Pfahl-); *Gatterm.* (Holzverschlag); *Twietm.*

(Auf den Hof selbst, seine Größe und seine Teile gehend): *Hofm.* (Bewohner der curia, des freien Hofes); *Sedelmayer, Sedlmayr* (häufig in Baiern); *Vollm., Heilm.* (Vollhüfner); *Halbm.; Kottm., Kothm.* (die K. haben nur ein Viertelerbe oder noch weniger). — *Schünem., Scheuerm.; Stadelm., Stattm.* (s. Stadler); *Spieckerm.*

d) Nach Erzeugnissen des Bodens:

(Getreide - Arten): *Gerstemeyer; Haberm.,* niederd. *Haverm.; Hersem.; Linsenmaier; Weitem.* (Weizen); *Veesenm.* (Spelt), dass. *Fessenm.* (in Salzungen); *Kleem.; Grasmeyer.*

(Blumen, Kraut): *Blom.* (alt Blomemeyer, also „Blume"); *Rosenm.; Krutm.,* südd. *Krütim.; Salatm.; Distelm.; Piltzm.; Rethm.*

(Bäume): *Birkenm., Berkem., Pirkmayr* (südd.); *Buchm.,* niederdeutsch *Bokem., Bökem.,* südd. *Puchm.; Danm.;*

Eichm., niederd. *Eickem.* (1502: Gotschalk under den Eken); *Ellerm.*, *Elsm.* = *Erlenm.*; *Eschenm.*; *Haselm.*; *Hesterm.*; *Lindenm.*; *Pappelm.*, niederd. *Pöppelm.*; *Kersem.*; *Twiesselm.* (wilde Kirsche); *Plumm.* (Pflaume); *Kreikem.*; *Nußm.*, niederd. *Nottm.*; *Hasselm.*; *Liebesholderm.* (Hollunder); *Schlem.*; *Dornmeyer.*

Manche dieser N., bes. die von Getreide-Arten, können auch auf die Verpflichtung zu bestimmten Fruchtlieferungen hinweisen.

e) Nach Tieren:

(Erzeugnisse des Hofes und ihm obliegende Lieferungen; auf dem Besitztum oder in der Nähe vorkommend; auch vielleicht Eigenschaft der Person.)

Viehmeyer; *Bockm.*; *Stehrm.* (Widder); *Kaum.* (Kuh); *Oßm.*; *Pferdem.*, *Koßm.*, *Hengstm.*, *Stutem*; *Ziegenm.*, *Geißm.* (österreich.); *Katzm.*; *Voßmeyer.*

Gosem.; *Schwanem.*; *Drosselm.*; *Falkem.*; *Finkem.*; *Hafkem* (Habicht); *Krehm.*, *Kreym.*; *Kronem.*; *Uhlem.*; *Bienm.*; *Imkemeyer.*

Froschm.; *Poggenm.*; *Krabbenm*; *Achelkenm.* (Blutegel-); *Eierm.*; *Käsemeyer.*

f) Nach Verpflichtungen:

Deschmeyer, *Dreschm.*, *Treschm.*; *Strohm.* (sammelt den Zehnten an Strohgarben ein); *Zinsm.*, *Zehntm.*, *Zehetmayr* (bair.), niederd. *Tegetm.*, *Tägtm.*, *Techtm.*

Auch *Kirchm.*; *Dohm.*, *Dom.*; *Klosterm.*; *Wiehm.* gehen wohl auf Rechtsverhältnisse, Abhängigkeit von geistlichen Stiftern u. Personen; ebenso *Abtm.*; *Münchm.*, *Mönchm.*, niederd. *Mönkem.*; *Papem.*; *Probstmeyer.*

g) Nach Berechtigungen:

Amtm.; *Grafm.*; *Schultem.* (s. vorhin); die Sattelm., die Besitzer der sieben Sattelhöfe in der Umgegend von Engern, mit Namen: *Nordmeier*, *Ebm.*, *Meier Johann*, *Barm.*, *Ringsm.*, *M. zu Hücker*, *M. zu Hiddenhausen*, außerdem 7 etwas weiter wohnende M. rühmen sich der Abstammung von Wittekinds Gefährten, der in E. einst seinen Sitz hatte wie auch sein Grab. Bei der Beerdigung eines von ihnen ward — oder wird noch? — ein gesatteltes und gezäumtes Pferd vorangeführt.

b) Als jüdischer Name (VN. und FN.) aus hebr. Me-ir „erleuchtend". Schon bei Josephus, jüd. Krieg VI, 5, 1 ein *Μήιρος* 70 n. Chr., dann öfters in den N. von Gelehrten des Mittelalters, so im 12. Jh. der Bibelerklärer Samuel ben Meïr.

Meiert, Meifert s. Mag (V.).

Meil- s. Mag (einst. K.).

Mein- s. Magan (V., einst. K.).

Meiring s. Mag (V.).

Meisl s. Mag (einst. K.).

Meisolle s. Mait.

Meister III. ahd. meistâri, mhd. meister (aus lat. magister, ehemals „Gelehrter, Künstler" (Arzt), später der Dienstherr gegenüber dem Gesellen – in Schwaben bes. auch Abdecker.

FN. *Meister* (vgl. franz. Lemaître). Gen. *Meisters* (niederrhein.). Patr. A. *Meistering.* Zss. *Backmeister*, *Bacm.*; *Baum.*; *Bürgerm.*; *Bütem.* (Büttner); *Brotm.*; *Eisenm.*; *Forstm.*; *Hagem.*, auch *Hagemester* (Münster); *Mühlm.*, *Müllenm.*; *Münzm.*; *Neum.*; *Rentm.*; *Rittm.*; *Schulm.*; *Schützenm.*; *Wachtm.*; *Wehrm.*; *Weinm.*; *Werckm.*; *Zechm.*

Meißner III. einer aus Meißen. Auch *Meisner*; *Meichsner*; *Meixner*; *Mießner*; (schles. auch:) *Mechsner*; *Mexner.*

Meitz s. Mag (einst. K).

Meixner s. Meißner.

Mejer s. Meier.

Melcher s. Melchior.

Melchior II. hebr. „König des Lichtes", einer der h. drei Könige (s. Caspar).

FN. *Melchior*; *Melcher*; *Melchert*; *Malchert.* Gen. *Melchers.* Zss. *Schneemelcher* (s. d.).

MELDJAZ I. got. milds, ahd. milti, mhd. milte „mild" d. i. gütig und freigebig.

FN. (Mildbreht): *Mildebrath*; *Milbrecht*; *Milbrat*; *Milbrodt*
(Mildbrand): *Mildbrand*; *Millbrand.*
(Mildher): *Milder*; *Milter.*

Einstämmige Kürzung Mild-.
(Mildo): *Milde.* Gen. *Milden.*
Vklf. (z) Mildizo: *Milse; Milz.*

Melior III. Latinis. für *Besser.*

Mellies s. Ämilius.

Melzer s. Mälzer.

Mem-, Memm- s. Magana (V., einst. K.).

Men- s. 1) Magana (V., einst. K.) 2) Mand.

Mende s. Mand.

Mendel s. Emanuel.

Menge s. Manger.

Mengelbier III. zu den Speisen u. Getränken (S. 47).

Menger s. a) I. Magana (V.) b) III. Manger.

Menges s. a) I. Magana (V.) b) III. Manger.

Mengold s. Managaz̧.

Menn- s. 1) Magana (V., einst. K.) 2) Mannan.

Mens- s. 1) Magana (einst. K.) 2) Mand.

Mensch III. Joh. dictus Mensche 1357. Mennisco 11. Jh.

Mentzer III. „Mainzer“ (Mainz alt „Mentz“), vgl. Fischart, der sich „Mentzer“ nannte. Aber auch O. Menz in Sachsen.

Menzel a) I. s. Magana und Mand b) III. O. b. Arnsberg. Dass. *Menzler.*

Menz- s. 1) Magana (einst. K.) 2) Mand.

Merboldt s. Marha.

Mercator III. Latinis. für Kremer (berühmter Geograph des 16. Jh., nach welchem die Karten in „Mercators Projektion“ benannt sind).

Mergell s. Markô (einst. K.).

Merk- s. Markô (V., einst. K.).

Merkord I. = Kord Merk (Preuß) — umgedeutet *Merkötter.*

Merkswohl III. Satz-N., getrennt Mercks wohl 1561 (Koch, Saalfelder FN.).

Merlo s. Marha (einst. K.).

Merode (Graf) III. von dem O. Merode bei Düren (Rheinprov.), früher Rode — aus „vamme Rode“ (Adelslex.).

Merold s. Marha (V.).

Mersch s. Marsch.

Mert- s. Martinus.

Mertsching, Merz s. Marha, zu Merz auch S. 49.

Merzler III. „Krämer“, aus dem lat. mercellarius.

Mesch s. Marsch.

Messerer III. „Messerschmied“. Auch dies findet sich als FN.

Messikomer s. Hof.

Meßmer s. Meßner.

Meßner III. ahd. mesinâri, mhd. messenaere aus mittellat. mansionarius d. i. Wächter und Hüter des heiligen Gebäudes, „Kirchendiener, Küster“. Erhalten ist das ursprüngliche n der ersten Silbe in der F. mensner, die sich noch im 14. Jh. findet.
FN. *Meßner; Meßmer* (schwäb.); *Mößmer* und *Mößner* (Wien).

Metdepenningen III. niederd. „mit den Pfennigen“.

Methfessel III. nach Pott = „kleines Metfaß“, was durch die von Koch angeführten Formen Medtfesgen, Metfessichen, die mit Methfessel in derselben Familie während des 16. Jh. wechseln, bestätigt wird.

Mettler s. Maþala.

Metzel s. Maþa.

Metzger III. mhd. metziger „Fleischer“ (in Süd- und auch Mittel-Deutschland).

Metzler III. ahd. mezilâri, mhd. metzeler, aus mittelat. macellarius „Fleischverkäufer“, später „Fleischhauer“. Chunrad de macello 1200 (Bacm.).

Metzner III. „Mühlknappe“ (der das Metzen verrichtet). Doch auch O. Metzen.

Meule III. niederd. „Mühle“: FN. *an der Meulen* (Geldern); *ter Meulen.*

Meurer s. Maurer.

Meusel s. Maus.

Meuß, Meuter s. Mautner.

Mev-, Mew- s. Bartholomäus.

Mey- s. Mag (V., einst. K.).

Meyboden III. 1907 aus Meyer und Bodenbender zusammengesetzt. Vgl. S. 88.

Meyer s. Meier.

Meyerbeer: der Sohn des jüdischen Bankiers *Beer* in Berlin wurde von einem reichen Glaubensgenossen, *Meyer* (s. Meier b), der ein Freund der Familie Beer und ein besondrer Gönner des kleinen Giacomo war, zum Vollerben eingesetzt unter der Bedingung, daß der Kleine auch den Namen seines Gönners führe. Daher „Meyerbeer“.

Meyn- s. Magana (V., einst. K.).

Michael II. hebr. „wer (ist) wie Gott?“, der h. Michael der Erzengel Offenb. Joh. 12, 7 (S. 25 — Kal. 29. Sept.).

FN. *Michael; Michaal; Michal; Micheel; Michel* mit den Zss. *Michelmann; Kleinmichel; Kühmichel; Paulmichl* (bair.). Gen. (lat.) *Michaelis; Michaeli; Michelis*; (deutsch) *Michaels; Michels.* Patr. A. *Micheler; Michler* (oberdeutsch: Brieg, Saarbr.) Patr. Zss. *Michaelsen; Michelsen* (ostfries., schlesw.); *Mikkelsen* (Hadersleben); *Michaelsohn, Michaelson* (jüd. Neubildungen).

Michel-, Michler s. Michael.

Mielke s. Ämilius.

Mießner s. Meißner.

Milan II. (slaw. zum Stamme milu „lieb").
FN. *Milan; Mihlan; Mühlan; Melan* (schles.); *Millahn; Mildahn* (pomm.).

Milani III. Italien. N. „aus Mailand (Milano)".

Milb- s. Meldjaʒ.

Milch III, in mehrf. Zss. (s. Speisen S. 47).
FN. *Buttermilch; Fettm.; Lauterm.* (Lutermilch oberschwäb. 1690); *Sauerm.; Süßm.; Schlegelm., Schleem., Schlöm.* (Buttermilch).

Mildener s. Müller.

Millbrand s Meldjaʒ.

Miller s. Müller.

Millies s. Ämilius.

Milner s. Müllner.

Milse, Milter, Milz s. Meldjaʒ.

Minck s. Magana (einst. K.).

Minikus II. s. Dominicus.

Mirus III. latein. für Wunderlich.

Mittenzwey III. Vgl. Heynr. Myddentwe Köln. Univ.-Matr. 1414. Auch in den FF. *Mittenentzwey, Mittenzweyg.*

Mitterrutzner III. „einer vom Hofe Mittel-Rutzen".

Mittler III. „Zwischenhändler".

Mittnacht III. ältere Form für Mitternacht, ahd. mittinaht.

Möb- s. Bartholomäus.

Möd- s. Môða.

MÔDHA I. got. môþs „heftiges Begehren, Mut, Zorn", ahd. mhd. muot „Mut". In N. seit dem 4. Jh.
FN. Mutbraht: *Moppert.*
Moatger: *Möcker.*
Moathard: *Motard.*
Mothar: *Moder; Muther; Muthherr; Müther; Mauder.*
Moderich: *Mudrich; Muthreich; Müttrich; Maudrich.*
Modulf: *Mutup; Multhaup; Multhaupt* (Preuß).
Einstämmige Kürzung Mut-.
Muodo: *Mode; Mott; Möthe; Muth; Müth; Maute.* Patr. A. *Moding; Müting.*
Vklf. (l): *Model; Mudel; Muthel; Müttel;* zsgz. *Mohle; Moll; Muhl.* Gen. *Mohls; Molls.* Patr. A. *Mühling; Molling.* (k): *Mödig; Mutke; Mück; Mügge; Mogk; Mogg.* (z) Mozo: *Motz; Mutze; Mütze; Mautz.* (z + l): *Muzel; Mützel; Motzl.*
Unorganisch gebildet: *Mozart; Mozelt.*
Auslautend (137 mal Först., darunter aber viele w.): *-muth: Hellmuth.*

MÔDHAL- I. Erweiterung von Môða.
FN. Modalbert: *Mühlbrecht; Mühlbrett.*
(Modalfrid): *Mühlfahrt.*
(Modalhart): *Muhlert; Mühlhart; Maulhardt.* Gen. *Mullartz, Maulerz, Moulertz* (niederrhein.).

Modersohn III. niederd. „Muttersohn".

Modes s. Timotheus.

Moedebeck III. „aus Medebach" (i. Westfalen) Heyne von Medebeke 1320.

Mohle s. Môða (einst. K.).

Möhler s. Müller.

Möhlmann s. Mühlmann.

Mohn-, Möhn- s. Muni.

Mohnkopf III. s. auch Mahnkopf. Dasselbe ist *Monhaupt.* Spottname, dessen Sinn in Logaus Versen („Capito hat Kopfs genug, wenig aber hat er Sinnen; Wie ein Monkopf lauter Schlaf, sonsten hat er nichts darinnen.") ausgesprochen ist? Oder ein runder, dicker Kopf?

Mohr-, Möhr- a) I. s. Maura b) III. s. Moos c) Hausname zum Mohren (Von den heiligen drei Königen ist besonders der Mohrenkönig beliebt und an Häusern bildlich dargestellt worden). Hieraus erklärt sich wohl der einfache FN. *Mohr* in den meisten Fällen.

-mohr s. Moos.

Mohrenweißer III. „einer aus Mohrenweis" (in Oberbaiern).

Moldenhauer III. „der die Mulden (längliche, ausgehöhlte hölzerne Gefäße) zuhaut". Auch *Moldenhawer* und *Mollenhauer.*

Möldener s. Müller.
Molfenter III. vom Hause übertragener N. (S. 62), vgl. Olfenten 1324. Holfenten 1374.
Molitor s. Müller.
Moll s. Môđa (einst. K.).
Möllen- niederd. = Mühlen, in Zss. wie *Möllenbernd, Möllenhenne; Termöllen.*
Mollenhauer s. Moldenhauer.
Moller, Möller s. Müller.
Molner s. Müllner.
Molter, Mölter s. Müller.
Mom-, Momm- s. Muni.
Mönch s. Münch.
Mond- s. Munda.
Mondenschein III. „Mondschein" (in welchem Sinne?).
Mondhold s. Munda.
Mon- s. Muni.
Monhaupt s. Mohnkopf.
Mönk III. niederd. = Mönch, in Zss. wie *Mönkemeyer, -möller.*
-moor s. Moos.
Moorhardt s. Maura.
Moos III. ahd. mos „Sumpf, Moor", in süddeutschen N. seit dem 8. Jh.; auch jetzt noch sehr häufig *Moos,* mit mancherlei Zss. auf *-moos.* Niederd. *Moor.*
FN. *Moos.* Zss. *Guggemos. Moosbauer; Moosbichler; Mooseder; Mooshammer; Moosmayr; Moosmüller; Moosrainer. Mohr. Mohrmann; Moormann. Kokemoor* (westf.); *Obermohr* (bair.).
Ableitung auf *-er* (oberd.): *Moser; Möser; Breitmoser; Bruckm.; Deutelm.* (bair.); *Ennem.* (vgl. Ennenmoos in Unterwalden); *Guggim.; Kaltenm.; Lotterm.* (ostpreuß. d. i. salzburgisch); *Niederm.; Rohrm.* (ostpreuß., vgl. Rohrmoos in Steiermark); *Sonnenm.* (württemb.); *Suppenmooser.* — *Mosen* (Dativ der Mehrz., wie Hausen).
Mooshake III. „Händler mit môs" (mittelniederd.) = Kohl, Gemüse; Hake = Höker. Auch *Mushacke; Mußmann.*
Mor-, Mör- s. Maura.
Moras III. über Maulbeeren abgezogener Wein — „mete, môraȥ unde wîn" (Nib.).
Morgenbesser III. Satz-N. (S. 50 f.).
Moritz s. Mauritius.
Morneweg III. = „morgen weg" — daraus *Mornewey, Morgenweck.* Johannes dict. Mornenwech 13. Jh. Vgl. Mörnhinweg 14. Jh.
Morquardt s. Markô.
Mörsch s. Marsch.
Mörtel s. Martinus.
Moser, Möser s. Moos.
Moses II. hebr. Moscheh „der aus dem Wasser Gezogene" (nach 2. Mos. 2, 10).
FN. (jüd.) *Moses; Mosse; Moscheles.* Zss. *Mosenthal.* Für Moses: *Moritz.*
Mößmer, Mößner s. Meßner.
Mot- s. Môđa.
Mothes s. Timotheus.
Möw- s. Bartholomäus.
Mozart wohl zu Môđa. Stoffel Motzhart 1551 Augsb. Dies die älteste Spur des großen Namens; Mozarts Vater war ein geborener Augsburger (Bacm.).
Mück s. Môđa (einst. K.).
Muckenschnabel III. (München).
Muckensturm III. „einer aus M." Auch *Muggensturm* findet sich als FN. u. ON.
Mud-, Mügge s. Môđa.
Muhl-, Mühl- s. 1) Môđa 2) Môđal.
Mühle III. der älteste und häufigste Ausdruck auf dem Gebiete gewerblicher Anlagen. In ON. gewöhnlich in der gekürzten F. *-mühl* (niederd. -möhl), daneben *-mühlen* (Dat. Plur.).
FN. *Bockmühl; Brendem.; Dammerm.; Sagem.; Grevismühlen,* verkürzt *Grevsmühl.*
Mit Verhältniswörtern: *Tremöhlen; Utermöhlen; Zurmühlen.*
Mit der bewahrten ad. Kürze des ü: *Müllbauer.* Niederd. Mölle in *Möllenbernd, -benne* „der Bernhard aus der Mühle" (falsch verhochd. *Mühlenbein,* Preuß). *Mühlnickel.*
Mühlenkampf III. „der vom Mühlenkampe".
Mühler s. Müller.
Mühling s. Môđa.
Mühlmann III. „einer aus der Mühle". Niederd. *Möhlmann.*
Mühlner s. Müllner.
Muhn- s. Muni.
Mührer s. Maurer.
Müldner s. Müllner.
Müllenmeister = *Mühlmeister* (ahd. muli, mhd. müle mit kurzem Vokal in der ersten Silbe).

Müller III. schon im 14. Jh. „der muller“, durch Angleichung aus mittellat. multor d. i. molitor. Erhalten ist der T-Laut noch in den FN. *Molter, Mölter,* sowie in der genet. Bildung *Mölders* (westf.).

Gedehnt *Mühler* (Kindervers: „Mühler ist ein Roggendieb, Mühlamehler Roggenstehler“).

Mit verdünntem Selbstlauter: *Miller* (in Baiern häufig).

Niederd. *Moller; Möller; Möhler* (Klemp. Moller, Molre). Patr. A. *Möllering* (westf.).

Die Hauptform bleibt *Müller,* die überaus häufig ist (S. 43), auch in zahlr. Zss., die sich um so eher bilden konnten, da sich in manchen Orten mehrere Mühlen befanden (z. B. in dem schweiz. Unter-Embrach vier, Tobler-M. S. 74).

1) Nach der Art der Mühle:

Bockmüller, womit *Dreimüller* (Adenau), wenn anders = Drehmüller, gleichbedeutend ist, da eine Bockmühle auf ihrem Untergestell, dem „Bock“, nach der Windrichtung drehbar ist. *Grützm. (Kritzmöller); Haberm.; Holzmühler, -miller* (wohl = Sägemüller); *Kornmüller; Kumpfm.* (Kumpf = Schöpfeimer); *Lohm., Ölm., Ohlm.; Sagem.* (Varel, halbniederd. = Sägem.), *Segmiller; Schneidemüller; Steinmöller* (O. Steinmühl sehr häufig); *Weitzmüller, Weitzenmiller; Windmüller,* niederd. *Windmöller.*

2) Nach dem Standort der Mühle:

Angermüller und *-miller; Aum.; Bachm.; Bergm.; Bornm.; Bruchm.,* niederd. *Brockmöller; Dammmüller; Dorfm.,* halbniederd. *Dorpm.; Eychm.* (Besitzer der Eichmühle); *Feldm.; Furtm.; Heitm.* (Besitzer der Heidemühle); *Kampfm.* (s. Kamp); *Klingm. (Klinckm.); Kniemöller; Kobelmüller; Mitterm.* (Besitzer der Mittelmühle); *Mittersacksmöller* (vgl. Einöde Mittersaag); *Obermüller; Puchm.; Riethm.; Rosenm.* (Besitzer einer Mühle, welche die „Rosenmühle“ heißt, z. B. im Amte Kalenberg); *Seem.; Stadtm.; Stegm.,* niederd. *Stegemöller; Teichmüller; Unterm.; Waldm.; Werdm.* (s. Wert); *Weyermüller* (d. M. am Weiher); *Wiesenmüller.*

3) Nach der Zugehörigkeit (Untertänigkeit):

Fromüller = Frohnm. (herrschaftlicher M.); *Hoffm.; Mönkemöller.*

4) Nach der Beschaffenheit des Müllers (oder der Mühle):

Altmüller; Neum., Neumiller, niederd. *Niemöller; Freym.; Graum.; Grünm.*

5) Mit Vornamen Zss.:

Engelbrechtsmüller (die Engelbrechtsmühle bei Dachau in Baiern); *Frankemöller; Kunzemüller, Kunsem.; Marxm.; Petermöller; Westelmüller* (wenn anders Westel aus Sebastian).

Die Zss. mit Möller sind im Nordwesten Deutschlands, besonders in Westfalen einheimisch.

Müllner III. ahd. mulinâri, mhd. mulnaere aus mittellatein. molinarius der „Müller“ (im Marburger Gewerbe-Verz. Mulner; noch 1691 bei Stieler „der Müllner“). Älter als die Formen ohne n.

FN. *Müllner* (häufig in Wien); gedehnt *Mühlner,* verdünnt *Milner.* Niederd. (Klemp. Molner) *Molner.* Holländ. *Molenaar.* Zss. *Edelmüllner; Oberm.; Fraunm.* — *Eckmillner; Waldm.*

Mult- s. Môða.

Mulzer III. „Malzer, Malzbereiter“.

Mumm- s. Muni.

Mun-, Mün- s. Muni.

Münch III. „Mönch“. C. Monachus 1190. Cuonrat der Münch 12. Jh. Auch *Münnich.* Vgl. S. 42.

Mund III. Frideric. mittemmvnde 1190. Zss. *Guldenmund; Lachmund.*

MUNDÔ I. ahd. mhd. munt „Schutz, Hand“ (vgl. Vormund). In EN. seit dem 1. Jh. Mehrere Namen lassen sich auch von Muni ableiten.

FN. (Mundher): *Munder; Munter (Muntermann); Münter.*

Munderich: *Munderich.*

Mundoald: *Mondhold.*

Einstämmige Kürzung Mund-.
Mundo: *Munte; Mund; Münte; Mondt.* Patr. A. *Munding; Münding; Muntinga* (ostfries.).
Vklf. (k): *Mündecke.* (z): *Munz; Münz; Munsch.* (z + l): *Muntzel; Müntzel.*
Auslautend 172mal (Först.), dazu einige weibl. N.
-mund: Emund.
-mond: Hartmond.

Münde III. ahd. mund „Mündung".
FN. *Angermünde; Angermund.*
Ableitung auf *-er:*
Münder; Orlamünder.
Mündner (O. Münden).

Mundigler III. einer aus dem rhätischen Dorfe Montiggl (aus lat. monticulus).

MUNI I. got. muns „Gedanke", altnord. munr „Verlangen, Lust".
FN. Muniperht: *Mombert; Momber; Mommert; Mommer.* Gen. *Mummers.*
Einstämmige Kürzung Mun-.
Muno, Monno: *Muhne; Monno; Mone; Mohn; Möhn.* Gen. *Mohns; Monnen.* Patr. A. *Mönning.* Patr. Zss. *Mohnsen.*
Vklf. (k): *Muncke; Münnecke; Mohnike; Möhnke; Mönnich.* (k+l): *Munkel.* (z): *Munz.* Vgl. Mundô.
Zweistämmige Kürzung Mumm-.
(Mummo): *Mumm; Momm.* Gen. *Mommens.* Patr. Zss. *Mummsen; Mommsen.*

Münster III. ahd. monastri aus lat. monasterium „Klosterkirche, Kathedrale".
FN. *Münster. Weilmünster.*

Munsch, Munt-, Münt- s. Mundô.

Münter a) I. s. Mundô b) III. s. Münzer.

Munz-, Münz- s. a) Mundô b) Muni.

Münzer III. ahd. munizâri aus lat. monetarius 1) Geldpräger 2) Geldwechsler. Hermann Monetarius (de Münter) 1298.
FN. *Münzer.* Niederd. *Münter.*
Auch *Münzner.*

Mur- s. Maurus (V.).

Mushacke, Mußmann s. Mooshake.

Müßigbrod III. ein Müßiggänger oder einer, der in Muße sein Brot ißt (Rentner?).

Müßiggang III. (wie Irregang) „Müßiggänger". Thomas M. 1447. Dasselbe *Müßig.*

Mustopf, Mustoph III. aus Mustafa verdeutscht.

Mut-, Muth-, Müt- s. Môða.

Mutscheller III. von Mutschelle, häufigem Hofnamen in den Alpen, roman. Herkunft, vielleicht = mottisella „Hügel" (Buck S. 187).

Mütt-, Mutze, Mütz-, Muzel s. Môða.

Mylius III. der deutsche „Müller" in antikem Gewande. Eine Zss. mit Mylius ist *Missomelius,* entstellt aus Mesomylius (Mittelmüller).

N.

Naatz s. a) Nêþ b) Ignatius.

Nab- s. Nêþ.

Nachbauer III. gekürzt aus ahd. nâhkapûr, mhd. nâchgebûr der „nah Bauende" (Wohnende); noch im 17. Jh. neben Nachbar.
FN. *Nachbur; Nachbaur; Nachbauer.*

Nachtigal III. ahd. nahtigala („Sängerin der Nacht", von galan).

Naek-, Näck- s. Nêþ.

Nad-, Näd- s. Nêþ.

Nadler III. „Nadelmacher".

Nagel III. nach Vilmar S. 39 in mehr als funfzig damit zusammengesetzten FN.
Bindernagel; Faßn.; Hufn.; Kupfern., niederd. *Koppern.; Nothn., Nottn.; Runkn.* (zur Befestigung der Runge am Wagen); *Schienn.,* österr. *Schinnagl; Schloßn.; Silbern.; Spann.; Spickern.* (ein Speichern. ist ein langer, schmaler eiserner Nagel mit einem Kopfe); *Spitzn.; v. Stülpn.* (1321); *Thürn.; Wackern.; Zinkern.* Deutlich elliptisch: *Blankennagel.*

Nägel-, Nahl s. Nagla.

NAGLA I. ahd. nagal, mhd. nagel, später auch zsgz. neil „Nagel". Der Gebrauch dieses Namens in EN. scheint sich auf die mythischen Schmieden zu gründen. Nagalhard 8.
FN. (Nagalrich): *Neilreich.*
Einstämmige Kürzung Nagal-.
Nagal: *Nagel; Nahl; Nägel; Negele; Neil.* Vklf. (l): *Nägele; Nägeli.* (l+n): *Negelein; Nägelen.*

Nagler III. „Nägelmacher".

Nahning s. Nanþa.

Nahrings s. Nes.

Nan-, Näning s. Nanþa.

NANÞA I. „Mut", got. nanþjan „wagen", nanþs „kühn"; ahd. nendan, mhd. nenden „wagen".

FN. Nandbrecht: *Nembhard* (aus Nembart).
Nandhari: Gen. *Nanders.*
Nantuic: *Nentwig.*
Einstämmige Kürzung Nand-.
Nando, Nanno, Nonno: *Nanne; Nane; Nenno; Nenne; Nonne (Nonnemann).* Gen. *Nannen; Nonnen.* Patr. A. *Nanning; Nahning; Näning; Nannenga* (ostfries.).
Vklf. (i): *Nanny.* (l): *Nendel.* (k): *Nantke; Nancke; Nannig; Nennich; Nennicke; Nenke; Nonnig; Nönnig.* Gen. *Nantkes; Nantjes* (ostfries.); *Nanken.* (z): *Nantz; Nenz.*
Auslautend (32mal Först.):
-nand: Wienand.
-nant: Denant.

Napert, Napp s. Nêþ.

Nase III. in den Zss.
FN. *Spitznase* (vgl. auch Halfnase 1376). *Langnese* (Heinricus Langenase 1304).

Nätebus III. (niederd.) „Nußbusch".

Näth-, Nattke s. Nêþ.

Nathusius III. an Natus = Renatus „der Wiedergeborene" ist noch eine latein. Endung gehängt.

Nau- s. Neuja.

NAUÞIZ, NAUDIZ I. got. nauþs, ahd. mhd. nôt „Not, Kampfdrangsal; eifriges Streben". Hiermit mischt sich nach Schröder ein zweites nôt, aus hnôt = Schwung, Schwingen des Speeres, wodurch erst Namen wie Gernot und Notger verständlich werden.
FN. Nodbert: *Nootbaar; Nobert; Nopper.* Gen. *Noppers.*
Notakar: *Nöttger; Nocker; Nöcker.*
Nothart: *Nothardt.*
Nothar: *Noothaar; Noder; Notter; Nöther; Nohr.* Patr. A. *Nöhring; Noderer.*
(Notleih): *Nöthlich; Nölich.* Gen. *Nöthlichs.*
Nodulf: *Nolohf.*
Einstämmige Kürzung Nod-.
Noto: *Noth, Noodt; Nott; Nöthe.* Gen. *Nothen; Nöthen.* Patr. A. *Nöding; Nuding.*
Vklf. (l): *Nödel; Nötel; Nolle; Nohl.* Patr. A. *Nöthling; Nüdling.* (k): *Nocke; Nokk; Nöke.* (z): *Nootz; Notz (Notzmann); Noß.* (z + l): *Nötzel (Nötzelmann); Nößl.* (z+l+n): *Nötzlin.* (z + k): *Notzke; Nößke.*
Unorg. Bildung: *Nötzold.*
Zweistämmige Kürzung Nodb-.
Noppo: *Nobbe; Nöbbe; Nube.*
Vklf. (l) Nopelo: *Nobel; Nopel.* Patr. A. *Nobiling* (nach dem bekannten Mordversuch auf K. Wilhelm I. von einigen Gliedern der Familie in *Edeling* verwandelt).
Auslautend *-not* (41mal Först.):
-not: Adnot. Gernoth.

Neander s. Neumann.

Neddenriep III. Hof zu Dorf Riepe bei Fallingbostel (Hannover). Vgl. Tornedden.

Nedder niederd. „Nieder" in *Neddermeyer, Nedderhut* u. a.

Neels s. Cornelius.

Neese s. Nes.

Neff III. „der Neffe" zu den Verwandtschafts-N. Burchardus dict. der Nevo 1244.

Negel- s. Nagla.

Nehls- s. Cornelius.

Nehr- s. Nes.

Neiber s. Nîþa (V.).

Neid- s. Nîþa (V., einst. K.).

Neiffert s. Nîþa (V.).

Neigebauer s. Gebauer.

Neil- s. Nagla.

Neip- s. Nîþa (V., zweist K.).

Neit-, Neitz- s. Nîþa (einst. K.).

Nel-, Nell- s. Cornelius.

Nembhard s. Nanþa.

Nen- s. Nanþa.

Neo s. Neuja.

NES- I. in got. ganisan „gesund, selig werden", ahd. ginesan, mhd. genesen. Nasold. Neriberaht.
FN. Neringard w.: *Nergert.*
Einstämmige Kürzung Nas-.
Nasua 1.: *Nasse; Naß; Neese.* Patr. A. *Nehring.* Gen. *Nahrings* (Prüm).
Vklf. (k): *Nehrig.* (l+k): *Nerrlich.*

Nesensohn II. (Appenzell) „Sohn der Agnes".

Nestler III. „Nestel(Bänder)-macher, -krämer."

Nettel III. niederd. „Nessel" in *Nettelbeck, -bladt, -kamp-, struck.*

NÊÞ- I. wohl zu altsächs. nâþa, ahd. ginâda „Gnade", im Sinne von helfender Geneigtheit.

FN. Natbold: *Nabold.* Gen. *Nabholz.*
(Natbert): *Nabert; Naber; Napert.*
(Nadhere): *Nather (Natermann); Näther.*
(Nadold): *Nadol.*
Einstämmige Kürzung Naþ-.
Nado, Nato: *Nath; Näthe; Nette.*
Vklf. (l): *Nädele.* (l+n): *Nädelin.* (k): *Nadig; Nattke; Nacke; Näke.* Gen. *Nacken; Näckes.* (k+l): *Näckel.* (z) Nazo: *Naatz.*
Zweistämmige Kürzung Naþb-.
Nappo: *Napp.*

Neu s. Neuja.

Neubauer III. ein „Bauer", der sich „neu" auf einem (vielleicht erst von ihm urbar gemachten) Platze ansiedelt.
FN. *Neubauer.* Niederd. *Niebuhr* (Klemp. Niebur); *Nigbur.* Halbniederd. *Niebauer.*

Neub-, Neue, Neuf- s. Niuja.

Neugebauer s. Gebauer.

NEUJA I. ahd. niwi, mhd. niwe („neu, jung)".
FN. (Niwipald): *Naubold.*
(Niwipert): *Niewert; Neubert; Neupert; Neubart; Neupart; Neuber; Neuper; Naubert; Naupert.*
Neufred: *Neufert.*
(Niwiman): *Neumann; Naumann* (Nau noch in manchen Landschaften mundartlich = neu, s. Koch S. 18, der es für Saalfeld bezeugt, auch Buck S. 189).
Niward: *Nauert.*
Mit erweitertem Stamme Niwun-.
Niwunheri: *Neuner.*
Einstämmige Kürzung Niw-.
Nivo: *Neo; Neue; Neu; Neye, Ney; Naue.* Gen. *Neyen.*

Neujahr III. zu den Zeitn., vgl. S. 49. Auch niederd. *Niejahr.*

Neukomm III. ein „Neuangekommener". Hans Nuwkomm 1393; Herman Neuwekomen 1363 (Glatz).

Neumann III. a) I. s. Neuja b) III. ein „Neuangesiedelter". Als FN. sehr häufig — wie Neustadt als ON. — auch Proselyten-N. (= „neuer Mensch"), in griech. Übersetzung *Neander* (der berühmte Kirchenhistoriker dieses Namens hat ihn 1806 in Hamburg angenommen, als er zum Christentum übertrat).
Niederd. *Niemann* (in Münster 1878 22 Niem. neben nur 8 Neum.); *Niegemann; Nigmann; Niggemann* (Klemp. Niemann, Nigemann); *Niemand.*

Neumeister III. ein in die Zunft „neu aufgenommener Meister".

Neuner, Neup-, Ney s. Neuja.

Nibbe s. Niþa (zweist. K.).

NIBUL I. vgl. ahd. nibul „Nebel"; altnord. Niflheimer. (Nach Först. gehören die folgenden Namen zu Niuja.)
FN. Nivalus: *Nebel; Nibel, Niebel.*
Patr. A. Nibulunc: *Nibeling; Nebeling; Neblung; Nübling; Neveling.*

-nick III. in slawischen ON., auch -nig und -nigg geschrieben.
FN. *Habernick* (O. -nigg Kärnten); *Jauernick, Jauernig; Lesnik; Rüthnick.*
Ableitung auf *-er: Obornicker.*

Nick- s. a) I. Nîþa (einst. K.) b) II. Nicolaus.

Nickel-, Nickl- s. Nicolaus.

Nickse III. „Nixe", auf die Wassergeister der deutschen Mythe zurückdeutend, vgl. Johannes dictus *diu Nixe* 1336 Bacm.

Nicl-, Nicol- s. Nicolaus.

Nicolaus II. griech. „Volkssieger"; Nicolaus, Bischof von Myra in Lycien 4. Jh. (S. 26).
FN. *Nikolaus; Niklaus* (in schlechterer Schreibung *Nücklaus*) *(Großniklaus); Nicolas; Nicola; Niclas, Nicklas, Niklaß; Nieglas; Nicol* mit den Zss. *Altnikol* und *Nicolmann; Nickel* mit den Zss. *Jungnickel, Kurznickel, Langnickel, Liebernickel, Mühlnickel* (Nickel als VN., N. Hannemann 1662 KB.); *Niggl* (bair.); *Nick.* Gen. *Nicolai, Nikolay;* deutsch: *Nickels.* Patr. A. *Nickling; Niggeler* (oberd.). Patr. Zss. *Nicolassen; Niklassen.* Vklf. (z): *Nitz* (Nickil von Ache 1341 = Nicze von Oche 1352); *Nitsche; Nitschke.*
Mit Kürzung im Anlaut:
a) *Klaus (Klausmann), Clauß,* mit den Zss. *Kleinklaus, Schäperclaus* (westfäl.), *Öhlclaus; Klause,* latinis. *Clausius.* Gen. *Klausen.* Patr. A. *Clausing; Clauser.* Patr. Zss. *Jungclaus* (Gegensatz: *Großklaus*), *Jungclaussen.*
Vklf. (l): *Kläusli; Kleisl; Kleißl* (Tirol).

b) *Klose; Kloos, Cloos; Kloß* (z. T. mit geschärftem Vokal gesprochen, deshalb auch *Kloss* geschrieben, wohl um den Gleichlaut mit dem Gattungsnamen zu vermeiden) — verlateint *Clossius*. Zss. *Kloßmann, Klußmann*.

c) *Klaß (Klaßmann), Klaas, Claes*. Zss. *Jungklas; Poggenklas* (westf.); *Klasmeyer* (westf.); *Clasohm*. Gen. *Claßen, Claassen; Clasen; Claasens*. Patr. A. *Claßing; Klasing*.

d) Durch Zerdehnung aus Klaus: *Clawes* (als Vorname Clawes und Nicclawes (Klemp.); *Claws; Clabs; Klafs; Klages; Klagge* (Klempin: Klags = Klawes). Zss. *Klagemann. Grotklags*.

e) Durch Wegfall der beiden ersten Silben: *Laus; Laves; Laas; Laß*. Patr. Zss. *Lassen*.

Nie- III. niederd. „neu", in Zss. wie *Niebecker, Niefind* (um 1450 Nyghefighent = der neue Feind); *Niemann, Niemeyer* u. a.

Nieb- s. Nîþa (V.).

Niebuhr s. Neubauer.

Niecke s. Nîþa (einst. K.).

Nied- s. Nîþa (V., einst. K.).

Niedner III. „einer aus Nieden".

Nief- s. Nîþa (V.).

Niegemann s. Neumann.

Nieger s. Nîþa (V.).

Niels s. Cornelius.

Niemer s. Nîþa (V.).

Niemetz III. ein „Deutscher", eigentlich ein Stummer. „Den naiven Slawen erscheint einer, der ihre Sprache nicht kennt, als ein Stummer" (Dunger). Poln. Niemiec. Auch *Niemeitz; Nimz*.

Niep-, Nier- s. Nîþa (V.).

Niermann III. = Niedermann, nach der tieferen Lage der Wohnstätte; vgl. *Tornedden*.

Nies- s. 1) Antonius 2) Dionysius.

Niet- s. Nîþa (V., einst. K.).

Nietz- s. Nîþa (einst. K.).

Niewert s. Neuja.

Nigetiet III. niederd. „Neuzeit", vgl. Neujahr.

Niggemann s. Neumann.

Niggeler, Niggl s. Nicolaus.

Nigmann s. Neumann.

Nik- s. Nicolaus.

Nimmer s. Nîþa (V.).

Nimz s. Niemetz.

Nipp- s. Nîþa (V., zweist. K.).

Nissen s. Dionysius.

Nißl s. Nîþa (einst. K.).

NÎÞA I. ahd. nîd, mhd. nît „Neid" d. i. feindseliger Eifer und Zorn des Kriegers (Nibelungen V. 427 Lachm.).

FN. Nidbald: *Niedball; Niepold; Niepelt; Nippold; Nippel; Neipold*.

Nitperht: *Niebert; Nippert; Neippert; Nieber; Neiber*. Gen. *Neippertz*. Patr. A. *Nieberding*.

Nidaboto: *Niepoth*.

(Nidfried): *Niefert; Nieffer; Neiffert*. Gen. *Nieferz*.

Nidgar: *Nieger*.

Nidhard: *Niedhardt; Nietardt; Nietert; Neidthardt; Neidert*.

Nither: *Nieter; Neider; Neidherr; Nitter; Nier*. Vklf. (l): *Niederle*. (l + n): *Niederlein*.

Nidmar: *Niemer; Nimmer*.

Nidrih: *Niedrich; Nittrey; Nierich*.

(Nidolt): *Neidholdt*.

Einstämmige Kürzung Nid-.

Nitho: *Niete (Nietmann); Nittmann; Neide; Neidt*. Gen. *Nieten; Neithen; Neiden*. Patr. A. *Nieding; Niedung*.

Vklf. (l): *Niedel; Neidel; Nittel*. Patr. A. *Niedling*. (l + n): *Neidlein*. (k): *Niedke; Niecke; Nicke; Nick (Nickmann)*. (z) Nizo: *Nietze; Nizze; Nitz; Nitzsch (Nitschmann); Nitsche; Nietzsche; Neitsch*. (z + l): *Nietzel; Nißl; Neitzel*. Patr. A. *Nitzling*. (z + k): *Nietzschke; Nitschke; Neitzke*.

Unorganische Bildung: *Neitzert*.

Zweistämmige Kürzung Nidb-.

Nippo: *Nippe; Nibbe; Neipe*.

Nitsch-, Nitz s. a) I. Nîþa (einst. K.) b) II. Nicolaus.

Nitt- s. Nîþa (V.).

Nixe III. s. Nickse.

Nizze s. Nîþa (einst. K.).

Noack s. Nowack.

Nob- s. Nauþiz (V., zweist. K.).

Nobbe, Nöbbe s. Nauþiz (zweist. K.).

Nock- s. Nauþiz (V., einst. K.).

Nöcker s. Nauþiz (V.).

Nohl s. Nauþiz (einst. K.).
Nohr, Nöhring s. Nauþiz (V.).
Nok-, Nök- s. Nauþiz.
Nold-, Nöld- s. Aran (Arnold).
Noldner III. „Nadelmacher". Auch *Nöldner*.
Nölich s. Nauþiz (V.).
Nölken s. Aran (Arnold).
Nolle, Noll s. 1) Aran (Arnold). 2) Nauþiz (einst. K.).
Nolohf s. Nauþiz (V.).
Nolt-, Nölt- s. Aran (Arnold).
Non-, Nön- s. Nanþa.
Nonnenmacher III. „Schweineschneider" (mhd. nunne, nonne „verschnittenes Schwein"). Auch *Nunnenmacher*.
Nonnenprediger III. (Pyritz) „der die Verpflichtung hatte, im Nonnenkloster zu predigen".
Noodt, Noot-, Nopel s. Nauþiz.
Nopper s. Nauþiz (V.).
Nord-, Normann s. Nurþa.
Norz s. Nurþa.
Noß-, Nöß- s. Nauþiz (einst. K.).
Noth-, Nöt-, Nott- s. Nauþiz (V., einst. K.).
Nott- III. niederd. „Nuß", in *Nottebrock*, *Nottmeyer* u. a.
Nottebohm III. niederd. „Nußbaum"; einer, der am N. wohnt, oder Hausname. Auch *Nottebaum, Nuttebaum* (halbniederd.).
Nöttger s. Nauþiz (V.).
Notz-, Nötz- s. Nauþiz (einst. K.).
Nowack III. aus slawisch Nowak der „Neue, Neuangekommene" = *Neumann*. In seinen verschiedenen FF. im Osten Deutschlands weit verbreitet.

FN. *Nowack, Nowag; Noack; Nobak.*

Nube s. Nauþiz (zweist. K.).
Nücklaus s. Nicolaus.
Nuding, Nüdling s. Nauþiz (einst. K.).
Nunnenmacher s. Nonnenmacher.
Nürmberger III. „Nürnberger", alt Nuremberger 1507. Auch *Nürnberg*.
NURÞA I. ahd. nord „Norden", ebenso wie die drei andern Weltgegenden in EN. gebraucht.

FN. Nordeman: *Nordmann; Normann, Norrmann.*
Nordoalt: *Nordahl.*
Nordwich: *Nordwig.*
Einstämmige Kürzung Nord-.
Nordo: *Nord, Nordt, Northe; Nörr.* Gen. *Norda* (ostfries.). Vklf. (z): *Norz*.

Nußpicker III. von mhd. bicken „hauen mit einem spitzen Werkzeuge".
Nuttebaum s. Nottebohm.

O.

-o 1) deutsch: die häufigste Endung der verkürzten Namen, jetzt meist durch das charakterlose e ersetzt oder ganz abgeworfen (S. 22).

2) slawisch: ebenfalls in verkürzten Personen-N., die dann als FN. verwendet werden, z. B. Hanzo, Hanzko (Hautschko) von Johannes.

Mitunter ist auch o entstanden aus *ow* (urspr. slawische Endung für ON.) durch Abfall des stummen w: *Fanselo, Calo, v. Plotho* (O. Plathow), *Wossidlo*, welches früher noch häufiger weggelassen wurde; so findet sich in KB. Büto, Zastro statt des jetzt üblichen Bütow, Zastrow.

Ob- s. Auðaz (V., zweist. K.).
Öb- s. Auðaz (zweist. K.).
Öbb- s. Auðaz (zweist. K.).
Obbermann s. Auðaz (V.).
Obenauf III. „der immer obenauf ist". Ähnlich *Obenaus* „obenhinaus". (Hans Bovenuth 1460.)
Obenderhabighorst III. bemerkenswerter westf. N., vom Wohnorte hergenommen.
Ober- s. Over.
Oberste in westf. N. zur Unterscheidung der Genamen (Namensvettern) benutzt, z. B. *Oberste-Steinhorst* = der zu oberst wohnende St. *Obrist* und *Zobrist* (= zu oberst schweiz.).
Obser III. mhd. obezaere, jetzt oberd. Obßer, hochd. „Öbster, Öbstler" (= Obsthändler).
Ochs III. mit der Vklf. *Öchsle* und den Zss. *Ochsenbein* und (niederd.) *Ossenkop*. Vgl. Joh. zum Ochsen 1412 (Hauszeichen). (Doch Ochs auch = ahd. Otgoz 1100, Ocoz oder auch Otgis, beides zum Stamme Auðaz).
Ochsner III. mhd. ohsenaere „Ochsenhirt, -bauer". Auch *Öchsner*, entstellt *Exner*.
Ock-, Öck-, Od-, Öd- s. Auðaz (V., einst. K.).
Öd III. In Süddeutschland ungemein zahlreiche ON. auf *-öd* (Altenöd), *-ed, et, edt*

(Einet). Bei dem Mangel entscheidender alter FF. ist hierbei an got. auþs, ahd. ôdi, mhd. oede „öde, leer" zu denken, falls nicht angels. ead, altnord. auðr „Besitz" größeren Anspruch darauf hat.

FN. Ableitung auf *-er* (oberd., bes. bair., österr.):

1) *-öder* („die Leute, die einst in der Öde wohnten, die Söhne der Einöde" Steub) nur in Zss.: *Ameisöder; Manzenö.; Schusterö.* Vgl. der Flachsöder 1490.

2) *-ötter: Königötter* (entstellt *Kenngötter*).

Meist infolge der „alten Unart der Bajuwaren, ö und e in der Aussprache nicht zu unterscheiden" (Steub), in e verwandelt, daher

3) *Eder,* urspr. *Öder* (vgl. Albertus Öder 1262). *Allertse.; Altene.; Breitene.; Buchene.* (O. Buchenöd); *Fischeder* neben *Fischöder; Greifene.; Habere.; Hasene.; Hoche.; Krone.; Lucase.; Mittere.; Moose.; Niedere.; Obere.; Paule.; Permane.* (O. Permanöd); *Rosene.; Schwabene.; Spitze.; Steine.; Ziegele.; Engle.; Herle.; Wendle.* — *Lempenze.* (zu ad. Lampo); *Manzene.;* daneben *Manznetter.*

4) *-eter: Eppeneter; Heme.* (= Heimöder); *Schlage.* (auch in Ostpreußen); *Weile.; Breitsamme.* (Einöde Breitsameten in Oberbaiern).

5) *-etter: Hametter; Kömme.* (O. Kömeth); *Oberne.; Panze.; Scharfe.* (in Salzburg und Ostpreußen, in der Namenliste der Eingewanderten bei Beheim-Schwarzbach *Scharffitter;* vgl. Stephan Scharffeder 1407).

6) *-ettner: Hametner; Scharfettner.*

7) entstellt *-ieder: Geißelsieder; Hutzelsieder* (Steub S. 147).

Of-, Off- s. Auðaz (V., zweist. K.).

Öfele-, Öff- s. Auðaz (zweist. K.).

Öffner III. mhd. ovenaere „Ofensetzer".

-ögger s. Ecke.

Oheim III. mhd. ôheim „Mutterbruder".

Ohfen s. Auðaz (zweist. K.).

Ohl- s. 1) Alðaz 2) Auðaz (V.) 3) Ôþalaz (V.).

Öhl- s. 1) Auðaz (einst. K.) 2) Ôþalaz (V.).

Ohlenmacher III. „Töpfer" (s. Euler).

Ohlenschläger, Öhlen- s. Öhlschläger.

Öhlmann a) I. s. Ôþalaz b) III. „Ölhändler". Verlateint Olearius (S. 65).

Öhlschläger III. „Ölpresser".

FN. *Öhlschläger; Öhlenschläger; Ohlenschläger; Öhligschläger; Olligschläger* (vgl. ölich, Weist. III, 296, niederd. Ölje; auch dänisch olie, olieslaaer). Dasselbe kann *Öhler* bedeuten, doch vgl. Oþalaz (V.).

Ohm III. aus Oheim zsgz. mhd. ôme „Oheim" (Ohm auch ein Zunftgenoß bei den Münzern, desgl. Ohmschaft = societas monetariorum).

Ohm- s. Auðaz (zweist. K.).

Öhm- s. Auðaz (V., zweist. K.).

Ohnesorge III. vgl. Gernod dict. Anesorge. Daher noch jetzt *Ansorg.*

Ohorn III. ON. = Ahorn.

Ohr III. in den Zss. *Langohr; Schmalohr; Weibelohr* („Wackelohr").

Ohrt s. Uzdaz.

Ohst s. Austa.

Ökert s. Auðaz (V.).

Ol- s. 1) Alðaz 2) Auðaz (V.) 3) Ôþalas (V.).

Öl- s. Ôþalas (V., einst. K.).

Olböter III. niederd. „Altbüßer d. i. Altflicker" (in Stettin ein „Olböterberg").

Olde s. Alðaz.

Ölhafen III. FN. *v. Öhlhafen* (mit einem Ölkrug im Wappen, Pott S. 654).

Oll- s. Alðaz.

Öll- s. Ôþalaz (V., einst. K.).

Olligschläger, Ölschlägel s. Öhlschläger.

Öls III. häufiger ON.

Olt- s. Alðaz.

Omeis s. Ameis.

Ömering s. Auðaz (V.).

Omm- s. Auðaz (V., zweist. K.).

Ondereyck III. niederd. (Krefeld) „unter der Eiche".

Onken, Onnen s. Unnan.

Oost s. Austa.

Op- s. Auðaz (V., zweist. K.).

Op III. (niederd.) „auf" in Zss.

FN. *Opdenhof; Oppenborn; Oppenhövel; Oppenkamp; Optenhögel; Opderbeck; Ophüls; Opwis;* (halbhochd.) *Offensand.*

Opfermann III. „der das Kirchenopfer in Empfang nimmt" = Küster, früher allgemeiner in Niedersachsen, jetzt noch in Braunschweig (Hoffmann).

FN. *Opfermann, Offermann* (vgl. Opfergeld und Offergeld). Niederd. *Oppermann* (doch s. auch Audeberht).

Opitz s. 1) Auðaz 2) Aþa (zweist. K.).

Öpke, Opp-, Öpp- s. Auðaz (V., zweist. K.).

Oppermann s. a) I. Auðaz (V.) b) III. Opfermann.

Orban s. Urban.

Ord- s. Uzdaz.

Orgler III. „Orgelspieler".

Ornold s. Aran.

Ort-, Ört s. Uzdaz.

-ort in ON. s. Ort.

Ort III. in ON. Spitze, Ende, vgl. Uzdaz a) „Vorgebirge" (z. B. Brüsterort an der ostpreußischen Küste) b) „Winkel", bes. bei Flußmündungen (z. B. Ruhrort).

FN. *auff'm Ordt; Orth; Ruhrort; von Scharfenort; Steinort; Vierordt.*

Os-, Oß-, Ös- s. Ans (V., einst. K.).

Oß III. niederd. „Ochse", in *Ossenkop, Oßmeyer* u. a.

Öschhey III. mhd. eschheie „Hüter der Feldflur, Flurschütz".

Osiander III. von einem fränkischen Schmiede Hosemann abstammend und halb vergriecht, „so daß die Hose, freilich ohne Asper, daran hängen blieb" (Pott).

Osius s. Hosius.

Ost-, Öst- s. Austa.

Oster-, Öster- s. Austar.

Österreich, Östreich III. Ländern., s. S. 54.

Oster III. vom Umstandw. ahd. ôstar, mhd. ôster „ostwärts, östlich", in mannigfachen Zss.: *Osterbrink; Osterbrauk* (-bruch); *Osterkamp; Ostermeyer* u. a.

Ostertag III. zu den Zeitnamen (s. Tag); vgl. Grav Friedrich zolr der Ostertag 1315.

Ot-, Oth-, Ott-, Öt- s. Auðaz (V., einst. K.).

ÔÞALAZ I. ahd. uodal, ôdhil, angels. ôþel, êþel „Erbgut; Heimat". Vgl. Auðaz.

FN. Odalbreht: *Ohlbrecht; Olbricht; Ölbracht; Ulbrecht; Ulbricht; Ulbrich; Ulber (Ulbermann).* Gen. *Olbertz; Olbers; Ulpts* (ostfries.).

Odalfried: *Ulfert.* Gen. *Olfers; Ulffers.*

Odalgar: *Ölker.* Gen. *Öhlckers.*

Odalgart: *Ohlgart; Ölgard; Ölgarte.*

Odalhart: *Ohlert; Ölhardt; Öhlert.*

Uodalhari: *Uhler; Ulherr; Öhler.* Gen. *Öhlers; Öllers.*

Odolleip: *Olepp.*

Odolland (nach Schröder aus Odolnand angeglichen): *Ohland; Uhland.*

Uodalman: *Öhlmann; Uhlmann; Ullmann.*

Uodalmar: *Ullmar; Ohlmer.*

Uodalrich: *Olerich; Ölreich; Öllrich; Uhlrich; Ulrich; Ullreich; Uldrich; Ullerich.* Gen. *Öhlrichs; Ulrichs* (lat. *Ulrici*). Patr. A. *Öhlerking.*

Odalwin: *Ohlwein; Ölwein.*

Einstämmige Kürzung Oþal-.

Udilo: *Ohl; Ule; Öhle.* Gen. *Uhlen.* Patr. A. *Öhling.* Patr. Zss. *Ohlsen* (Schleswig).

Vklf. (i): *Hochuli* (schweiz.). (k): *Ölke; Öllig; Uhlig; Ullich.* Gen. *Uulkes* (ostfries.). Patr. A. *Öhlenking.* (z): *Uhlitzsch* (Kgr. Sachsen); *Ultzsch.* Gen. *Öltzen.*

Zweistämmige Kürzung Oþalm-.

Vklf. (k): *Ulmcke.*

Ottiliae I. Vklf. zu weibl. Oda (s. Auðaz), Muttername (Wernigerode 1880). Auch *Ottilige; Odiliae.* (Doch gibt es auch einen O. Ottilia und mehrere Ö. St. Ottilien).

Ötz- s. Auðaz (einst. K.).

Overbeck III. niederd. „der oberhalb des Baches Wohnende" (s. Bach); halb hochd. *Oberbeck.* Over = ober auch in *Overberg, Overdieck, Overkamp, Overweg.*

-ow III. in urspr. slawischen ON., die eigentlich besitzanzeigende Eigenschaftswörter auf owy, owa, owo sind, den von dem Namensträger gegründeten oder besessenen Ort bezeichnend. So bildet sich von dem N. Grab (Weißbuche) das Eigenschaftswort grabowy, -a, -o, welches nun mit Ergänzung eines Hauptwortes wie was (weibl.) = Dorf, mjesto (sächl.) = Stadt zum ON. gestempelt wird, also Grobowa, Grabowo (= „der Grabsche Ort"), Viduchowa „der Widochsche Ort (vom PN. Vidoch) — Formen, die sich in slawischen Gegenden noch häufig finden, während in den schon länger germanisierten Landschaften des nordöstlichen Deutschlands der Endvokal abgefallen und die Endung *ow* (mit stummem w, das auch mitunter in der Schreibung weggefallen, s. -*o*) herrschend geworden ist: *Grabow, Fiddichow.*

Daher nun die vielen ON. (von Städten, Dörfern, auch Flüssen, z. B. Warnow) auf ow, deren im östlichen Deutschland Legion ist, und die fast ebenso große Fülle der von ihnen entlehnten FN. auf ow (z. B. in Stolp im J. 1864 unter 1800 Namen über 50).

FN. *Buckow* (spr. Buko); *Büt.; Grab.; Mass.; Pass.; Quedn.; Strippent.; Vanger.* — nicht minder viele Adels-N.: *v. Below* (O. b. Rehna i. Meckl., Gottfried, Johannes v. B. 1154); *v. Bredow* (O. im Havellande, Arnoldus de Br. 1251); *v. Bülow* (O. b. Goldberg i. Meckl., Nikolaus de B. 1217); *v. Grumbkow* (O. b. Stolp i. Pom., Brisbanus, Tezlaus, Gneomarus de Gr. 1277); *v. Jagow* (Arnoldus v. J. 1268; *v. Koppelow* (O. i. Meckl., Ericus de C. 1320); *v. Krokow; v. Lettow; v. Lewetzow* (O. j. Ruine b. Wismar i. Meckl., 1219); *v. Lochow* (O. wüst b. Rathenow, Christianus de L. 1241); *v. Lossow* (Otto de L. 1283); *v. Lowtzow* (O. Levitzow in Meckl., Johannes v. Levetzow 1292); *v. Lützow* (O. b. Wittenburg i. Meckl., Johannes de Lutzowe 1287, ein Zweig nennt sich *v. Lützau*); *v. Massow* (O. b. Stettin, Conradus de M. 1249); *v. Quitzow* (O. b. Perleberg, Kord v. Qu. 1269); *v. Randow* (O. j. Randau b. Magdeburg (?), Konrad v. R. 1247); *v. Rathenow* (O. i. Brandenb., Nicolas de R. 1276); *v. Selchow* (O. b. Sternberg, Heinricus de S. 1242); *v. Sydow* (O. i. d. Altmark (?), Heinrich v. S. 1259); *v. Tresckow* (O. b. Ruppin, Heinrich v. Tr. 1351); *v. Zastrow* (O. b. Greifswald, Conrad v. Z. 1270); *v. Zülow* (O. b. Schwerin i. Meckl., Nikolaus Tzülowe 1282).

Häufig finden sich kleine Abweichungen von den bezüglichen ON.: *Duchrow* (O. Ducherow); *Münchow* (O. Mönchow); *Strölow* (O. Strelow) — mitunter auch bedeutendere wie *Leitzow* (O. Lewezow, welches im Volksmunde in Leitzow zsgz. wird).

Ableitungen auf -*er* sind selten; nur in modern jüdischen N. wie *Bojanower* (von Bojanowo) scheint sich die volle Form zu finden. Dagegen kommen öfter zsgzogene Formen vor, z. B. *Namsler* neben *Namislo* „einer aus Namslau, slav. Namyslow" (in Grünberg), *Bressler* „einer aus Breslau".

Häufiger sind Latinisierungen auf -*ovius,* aus der Zeit der Renaissance stammend (S. 65); *Ciborovius; Gregorovius; Gusovius; Nicolovius* — z. T. mit sehr wenig lateinischer Schreibung: *Bülowius; Wannowius.*

Zuweilen ist das w abgefallen: *v. Plotho* (O. Alten-Plathow); *Calo; Floto. Staberoh* neben *Staberow.*

Nicht selten ist die Endung ow bei den ON. oder den daher entlehnten FN. in *au* übergegangen in Anlehnung an die deutschen ON. auf -au: *Grabau,* als wäre es eine rein deutsche Zusammensetzung. So entspricht der FN. *Gumtau* dem ON. Gumtow, *Treptau* dem ON. Treptow, *Bernigau* dem ON. Bernickow, *Kahlbau* vermutlich dem ON. Calebow; umgekehrt *Nipkow* = dem ON. Nipkau, *Calow* dem ON. Kalau. Aus manchen ON. sind auf diese Weise zwei FN. hervorgegangen, z. B. aus ON. Lossow die FN. *Lossow* und *Lossau,* aus ON. Gülzow die FN. *Gülzow* und *Gülzau,* aus ON. Bülow die FN. *v. Bülow* und *Bülau.* Beide Endungen, ow und au, wechseln eben außerordentlich leicht miteinander, und früher verfuhr man noch willkürlicher darin. So wird im Stolper KB. der fürstlich Croysche Rentmeister *Vanselow* auch *Vanselau* genannt, z. B. im J. 1647, dagegen 1651 wieder *Vanselow.* In manchen Städtenamen sind diese Endungen noch im Kampfe, z. B. Spandow und Spandau, Prenzlow und -au; letztere sollten hier vorgezogen werden, damit auch der Name dieser seit Jahrhunderten deutschen Städte den deutschen Lautgesetzen entspreche.

P.

Paar a) I. s. Beron (einst. K.) b) III. ON. (Thüringen).

Pabst III. mhd. bâbest auch griech. lat. papas. Heinricus der Babest 13. Jh.

FN. *Papst; Babst* (S. 42).

Pach a) I. s. Bâg- b) III. bair. in *Pachmayr, -maier* (= Bach).

-pach, -pacher s. Bach.
Pächter III. neueren Verhältnissen entstammend, daher als FN. sehr selten.
Padell s. Baðwô (einst. K.).
Päder s. Baðwô (V.).
Pagel s. Paulus.
Page niederd. „Pferd", als FN. in den Zss. *Pagenhardt* (auch ON. und = „Pferdehirt"); *Pagenkopf* (auch ON.); *Pagenkötter* (s. Köther); *Pagenstert* „Roßschweif".
Pahde s. Baðwô (einst. K.).
Pahl s. a) I. Balþaȥ (einst. K.) b) II. Paulus.
Pahnke III. slaw. Panek „kleiner Herr".
-paintner s. Bünd.
Paldramus s. Balþaȥ.
Pälegrimm s. Pilgrim.
Pallauf, Palmer s. Balþaȥ (V.).
Pammer s. Baðwô (V.).
Pancratius II. griech. der „Allherrschende" (Kal. 12. Mai) — Mamertus, P., Servatius die drei sogen. „strengen Herren", welche die späten Frühlingsfröste bringen sollen. FN. *Pankratz; Pangrätz* (Gottschee); *Pongratz; Bongratz.* Mit Kürzung im Anlaut: *Crax, Kraatz* (doch schon ahd. ein Chrazo); *Kratzsch.*
Vklf. (oberd.) *Krätzel,* latinis. *Crecelius;* (niederd.) *Kratzke* (mit langem a).
Pand- s. Bandu.
Pankok(e) s. Pfannkuch.
Pann-, Pant-, Panz s. Bandu.
Pantaleon II., kaiserl. Leibarzt, erlitt unter Maximian den Märtyrertod. (Kal. 27. Juli.) FN. *Pantalion, Pantleon, Pantlen, Pantle, Pantel.*
Panzerbieter III. „der den Panzer ausbessert", vgl. Olböter; Ketelböter.
Pape s. a) I. Baðwô (zweist. K.) b) III. Pfaffe.
Papinga s. Baðwô (zweist. K.).
Papke s. a) I. Baðwô (zweist. K.) b) III. Pfaffe.
Päpke s. Baðwô (zweist. K.).
Paradies III. mehrfach ON.
Pardiller III. romanisch-deutsch von pardill = pratello „kleine Wiese".
Parpart III. Name mehrerer Dörfer in Pommern. FN. *Parpart; Parpert.*
Partsch s. Bartsch.
Parthey s. Beron (V.).
Parzer III. „einer aus Parz" (ON. häufig in Österr. ob der Ens, von lat. portio in der Bedeutung „abgeteiltes, umfriedetes Stück Land"). Zss. *Grillparzer; Steinparzer.*
Paschalis II. „zu Ostern geboren". Der h. P., Papst 817—824. FN. *Pasche; Pasch; Paasch.* Vklf. *Paschke.*
Paschke s. a) Paschalis b) Paulus.
Pastor III. lat. „der Hirte; Pfarrer". FN. *Pastor.* Gen. *Pastoors* (niederrhein.).
Pästle s. Sebastian.
Päßler III. „Kleinarbeiter". Auch *Peßler; Pestel.*
Paternoster III. (zsgz. aus Paternosterer) = Paternostermeker „Verfertiger von Rosenkränzen" (Schütte), doch vgl. auch Heinr. Vaderunser 1565.
Pathe, Pät-, Patsch, Patz- s. Baðwô (einst. K.).
Pätsch s. a) I. Beron (einst. K.) b) II. Petrus.
Patzelt (schles.) = Pätzold.
Pätzold s. a) I. Beron b) II. Petrus.
Pauck s. Bauga.
Pauel- s. Paulus.
Pauer s. Bauer.
Pauker III. mhd. pûkaere „Paukenschläger". FN. *Paucker;* mit Umlaut *Peucker.*
Paulus II. lat. „der Kleine"; St. Paulus, der Apostel. (Kal. 25. Jan., 29. 30. Juni.) Wie in einem Falle FN. Paulus aus Buhle entstanden, ist auf S. 87 erzählt.
FN. *Paulus; Paul (Paulmann).* Gen. *Pauli, Pauly; Pauls; Pauels* (ostfries.). Patr. A. *Pauling; Pauler* (österreich.). Patr. Zss. *Paulussen, Paulsohn, Paulson, Paulsen; Pauelssen* (ostfries.); in demselben Sinne *Kleinpaul.*
Zss. *Paulmichl; Sentpaul* (ON.). Zsgz. *Pohl* (Preuß); *Pahl* (Jacob Pawel = J. Pahl 1461 in Anklam).
Niederd. zerdehnt: *Pagel; Pawel, Pavel* (Pagel als VN. im KB. z. B. Pagel Gustmann 1692; Pagel Dobrenze, sonst Paul Dobrantz — pawel glasenap 1518 Klemp.); *Pabel.* Gen. *Pagels; Pawels; Powels.* Vklf. *Pawelke;* (slav.) *Paschke; Peschke; Peschel; Pöschel.*
Paumann s. Baumann.
Paur s. Bauer.
Pausepack III. „Bausbacke" (Eberhart Pawspack 1405 in Bamberg). Vgl. Pauswangel 1445. Auch *Pauseback.*
Pav-, Paw- s. Paulus.

Payer s. Baier. Auch in der Zss. *Payrhuber.*
Pecht- s. Berhtaz (V., einst. K.).
Ped- s. Petrus.
Peikert s. Big.
Peilert s. Bilja.
Peiper, Peipers s. a) I. Bîd b) III. Pfeifer.
Peldram s. Balþaz (V.).
Pelikan III. zeichnet sich nach dem Glauben des Altertums (s. Aelian 3, 25) vor allen Vögeln durch die Liebe zu seinen Jungen aus, die er mit seinem Blut ernährt, und wenn sie tot sind, zu neuem Leben erweckt. Daher in der christlichen Mystik ein Bild für den Heiland.
Pelzer III. mhd. belzer „Pelzhändler".
Pemmerl, Pendele s. Bandu.
Penke, Pennecke s. Beron (einst. K.).
Penning s. Pfennig.
Perdt III. niederd. pêrd „Pferd". Hinrek Uppenperde 1479.
FN. *to Perdt* (Rees), *te Peerdt* (Wesel) „zu Pferde" (Gegensatz: *Tovote*).
-perg, -perger s. Berg.
Pering s. Beron (einst. K.).
Perizonius III. Vergriechung aus „tom Vorbroek" (Vorbruch, Hosenlatz). 1614 Anton zum Vorbroek, gen. Perizonius.
Perl- s. Beron (V., einst. K.).
Pern- s. Beron (V.).
Person s. Petrus.
Perthes, Pertsch, Pertz s. Beron (einst. K.).
Pesch- s. Petrus.
Peßler s. Päßler.
Petersilje III. deutlicher Pflanzen-N., als FN. schon Petercilie 1300, 1587: *Petzerlei.*
Pethke s. Baðwô (einst. K.).
Petrus II. griech. „Fels, Felsenmann", Übersetzung des hebr. Kephas; St. Petrus, der Apostel, mit eigentlichem N. Simon (Kal. 18. Jan., 29. Juni, 1. Aug.).
FN. *Peter; Petter.* Gen. (lat.) *Petri, Petry;* (deutsch) *Peters; Petters; Pieters* (ostfries., vgl. holländ. Pieter). Vklf. (slav.) *Pätsch; Pietsch (Großpietsch); Petzold, Pätzold* (Neubildung zu Pätz, die auch zu den deutschen Stämmen Baðwô und Beron gestellt werden können, in Schlesien häufig). Patr. A. *Petering.* Patr. Zss. *Petersson, Peterssen, Peterson, Petersen;* niederd. *Pedersen;* vereinzelt *Petrikind.* Durch Zusammenziehung aus urspr. Pederson: *Person, Pierson;* entstellt *Persohn.*
Zss.: *Altpeter; Brüggenp.; Kleinp.; Großp.* (franz. Grandpierre); *Graup.; Krump.; Langp.; Petermann* (Vklf. *Petermandl* Wien); *Petermeyer; Petermichl; Peterhänsel; Peterknecht.*
Petter s. Petrus.
Petz- s. a) I. Beron (einst. K.) b) II. Petrus.
Peucker s. Pauker.
Peukert s. Bauga.
Peutler s. Beutler.
Peyer s. Baier.
Pfab s. Pfau.
Pfabian s. Fabianus.
Pfadenhauer s. Pfettenhauer.
Pfaffe III. ahd. pfaffo, mhd. pfaffe aus lat. papa „der Geistliche" und zwar „Weltpriester", seelsorgender Geistlicher im Gegensatz zu dem Klostergeistlichen und dem Laien — erst bei Luther und Aventinus († 1534) in verächtlichem Sinne. Den Übergang zum FN. weisen Benennungen auf wie Wernher dictus Paffe 1284; Heinrich des Pfaffen sun (Bacm.).
FN. *Pfaff.* Niederd. *Pape;* latinis. *Papius.* Vklf. *Pfäfflein; Pfeffel* (Heinricus Pfeffili 1243). *Papke* (doch s. auch Baðwô).
Pfannenschmid III. s. Schmid (in Kolberg heißt eine ganze Straße auf der Münder Vorstadt „Pfannschmieden", weil hier ehemals die Pfannen zum Salzsieden geschmiedet wurden).
FN. *Pfannenschmidt;* verkürzt *Pfannschmidt.*
Pfannkuch III. Vgl. Kuchen. (Hans Pfanckkuchen und Bernhard Pfannmuß 1444 in Bamberg.) Auch *Pfannekuchen;* (niederd.) *Pankoke* (1369 Pangkoke in Braunschweig).
Pfannstiel III. Gerätname, doch auch Flurname.
Pfätchenhauer, Pfatten- s. Pfettenhauer.
Pfau III. ahd. phâwo, mhd. phâwe „Pfau" aus lat pavo. (Otto dictus pavo 1300. Jörg Pfauenschwanz 15. Jh.) Auch *Pfabe, Pfab; Pfob; Pfauw.*
Pfeffer III. eine Brühe zu Fleischspeisen, wegen der starken Gewürze so genannt (jetzt noch „Hasenpfeffer").

Pfeffersack III. der alte Spottname der Kaufleute. Niclas pfeffersak 1419. (S. auch Goethes Götz, Akt 3, Sz. 1: „Wenn ein Kaufmann einen Pfeffersack verliert" usw.).

Pfeidler III. „Hemden, Kleider usw. feilhaltender Händler" (vom mhd. pfeitel Hemd).

Pfeifer III. ahd. pfîfâri, mhd. pfîfaere, pfîfer. FN. *Pfeifer, Pfeiffer (Pfeuffer); Pfyffer* (schweiz.). Niederd. *Pieper, Piper; Peiper.* Gen. *Piepers* (niederrhein.); *Peipers.*

Pfeilschifter s. Pfeilsticker.

Pfeilsticker III. „der die Stecken für die Pfeile macht, die Pfeile schäftet u. fiedert". FN. *Pfeilsticker; Pfeilstöcker.* Niederd. *Pielsticker.* Auch *Pfeilschifter* (von Schaft, s. Marb. Verz. der Gewerbe).

Pfennig III. s. Münznamen, S. 45, ahd. phantinc (von phant Pfand), mhd. pfenninc „Pfennig" (doch häufig in allgemeinerer Bed. = Geld, Geldsumme, wie noch jetzt in „Mutterpfennig", „Sparpfennig" u. a.). FN. *Pfennig;* niederd. *Penning.* Gen. *Pfennings* (niederrhein.); *Pfennigs;* mit mehrfachen Zss.: *Barpfennig; Güldenpenning; Kehrpfennig* (kehrt den Pf. mehrfach um, ehe er ihn ausgibt); *Kirchpfenning; Kleinpenning; Kupferpfennig; Redepf.; Weißpf.; Wucherpf.* mit seinem Gegenteil *Schimmelpf., Schimmelpfeng,* niederd. *Schimmelpenninck; Zehrnpfennig, Zöhrpfennig.*

Pferdmenges s. Manger.

Pfettenhauer III. „der die Querbalken eines Hauses zuhaut" (Andresen).
. Als FN. in mannigfachen FF.: *Pfattenhauer; Pfadenhauer; Pfotenhauer; Pfötkenhauer, Pfötchenhauer; Fetkenheuer; Fedkenhauer; Fittighauer.*

Pfeuffer s. Pfeiffer.

Pfingst III. zu den Zeitnamen.

Pfister s. Pistor.

Pfitzner s. Pfützner.

Pflaumbaum III. „der beim Pflaumbaum Wohnende". Doch in einer Familie mißverständl. aus Plumbum, der Latinisierung von *Bley.* (Andresen, Volksetymologie). Niederd. *Plumbohm.*

Pfleiderer s. Pleitner.

Pflug III. vgl. Eberhardus dictus Pfluoc 1294. Zss. *Keilpflug; Stellpflug.* Niederd. *Ploog.*

Pflüger III. entstellt *Pflieger;* niederd. *Plöger, Pleuger.*

Pfob s. Pfau.

Pförtner III. mhd. portenaere (mittellat. portenarius).
FN. *Pförtner;* besonders bemerkenswert *Pförtner von der Hölle,* ein schlesisches Adelsgeschlecht. (1274 Hinze Pförtner, Ritter in Schlesien; 1418 erwirbt ein Zweig seines Geschlechts das Dorf Höllau bei Löwenberg und erhält 1438 davon den N. Pf. von der Helle.) *Pfortner* (Eger). Niederd. *Förtner.*

Pforr III. Pflanzenname (porrus = „Lauch"). Auch *Pfurr.*

Pfotenhauer, Pfötkenhauer s. Pfettenhauer.

Pfragner III. „Kleinhändler mit Lebensmitteln", in Süddeutschland.
FN. *Pfragner; Pfrogner.*

Pfraumbaum III. „Pflaumbaum" mhd. phrûmbaum (neben pflûmboum) vom lat. prunus.

Pfretzschner s. Fratscher.

Pfuhl III. mhd. phuol aus lat. palus „Pfuhl". In ON. seit dem 9. Jh., doch mehr vereinzelt; niederd. *-pohl.*
FN. *Pfuhl; v. Pfuel; v. Pfuhl* (Henricus de Pule 1215); *Lehmpfuhl;* niederd. *Gausepohl; Hundepohl; Kranepohl; Otterpohl; Cattepoel.*

Pfund III. Gewicht und Geldmaß (das Pf. Silber enthielt 240 Pfennig). Hans Zweypfundt in Bamberg 1454; in Frankfurt a. M. sogar Drittehalbpfund 1327 und Sechzehenpfund 1488 als FN.
FN. *Pfund;* (niederd.) *Pund;* Zss. *Zehnpfund.*

Pfurtscheller III. (romanisch-deutsch) „einer von Fortschella" (Berggabel, Joch).

Pfützner III. „einer, der an einer Pfütze wohnt". Auch *Pfitzner.*

Pfyffer s. Pfeifer.

Philippus II. griech. „Roßfreund"; St. Philippus a) der Apostel b) der Almosenpfleger Apostelg. 6, 5. 8, 26 ff.
FN. *Philipp, Filipp* (österr.). Gen. (lat.) *Philippi;* (deutsch) *Philippen; Philipps; Phillips* (wo das s jedoch auch vom Nom. herrühren kann, vgl. philipps

Sunnenberch 1490 Klemp.). Patr. Zss. *Philippsen; Philippsohn; -son* (die beiden letzten jüngere Neubildung, jüdisch).

Mit Kürzung im Anlaut: *Lippus; Lipps, Lips* (so redet z. B. Johann von Leyden in einem Schreiben den Landgrafen Philipp von Hessen „myn lewe Lips" an). *Lipsius.*

Pichler, -pichler s. Bühel.

Pichlmaier III. „der Meier auf dem Bühel" (s. Bühel und Meier).

Pick- s. Big (V., einst. K.).

Piderit s. Rid (V.).

Piel- s. Billa (V., einst. K.).

-piel s. Bühel.

Pielsticker s. Pfeilsticker.

Piepe III. „Röhrbrunnen". In FN. wie *Piepenbrinck, -brock.*

Pieper s. Pfeifer.

Pierson, Pieters, Pietsch s. Petrus.

Pigge s. Big (einst. K.).

Pigler s. Bühl.

Pilartz s. Billa.

Pilger, Pilgram s. a) I. Billa (V.) b) III. Pilgrim.

Pilgrim III. mhd. bilgerîn aus lat. peregrinus. Schon 1245: Peregrinus.

FN. *Pilgrim; Pälegrimm;* auch *Pilgram; Pilger.* Das mhd. b noch in *Billger,* (schwäb.) *Bilgeri* (doch s. auch Billa).

Pill- s. Billa (V., einst. K.).

Pilz, Pilzing s. Billa (einst. K.).

Pimpel III. „Schwächling".

Pinder, Pinter s. Binder.

Pinkepank III. Spottname f. einen „Schmied".

Pirkmayr III. (südd.) „Birkm.".

Pischof s. Bischof.

Pistor III. Latinisierung für Becker (schon 1340 im Gött. UB. als FN.); verlängert *Pistorius,* wovon der Gen. *Pistory.* Wieder umgedeutscht *Pister, Pfister; Pfisterer* (südd.); *Pfistner* (bad.). Gen. *Pisters.*

Pit- s. Bîd, doch **Pittner** s. Büttner.

Pitzler III. „Flickschneider". Auch *Pitzel.*

Plagge III. zur Düngung abgeschaufeltes „Rasenstück". FN. *Plaggemeyer.*

Planck s. Blankaz.

Plaß s. Blasius.

Plater, Platner III. a) mhd. blatenaere, platner „Verfertiger der blate (Platten)", einer Schutzwaffe, die vor der Brust über der halsperge getragen wurde (vgl. „Platnergasse" in Prag) b) „Pfaffe" von der Tonsur.

FN. *Plater. Platner; Plattner,* auch *Blattner.* Mit Umlaut: *Plettner* (Klempin: pletener = harnischmester); *Plöttner* (Koch, Saalfelder FN.); *v. Platen* (Otto cum plata (thorace) miles 1255 auf Rügen).

Platter III. „Mein Vater hieß Antoni Platter, von dem alten Geschlecht der Platter. Die haben ihren N. von einem Hause auf einer breiten *Platte,* d. i. ein Felsen auf einem gar hohen Berg bei dem Dorfe Grenchen". (Thom. Platters Leben S. 14).

Platzfuß III. „Plattfuß" (S. 50); niederd. *Plattfaut; Platvoet.*

Pleitner III. „der die Bleiden d. i. Wurfmaschinen (mhd. blîde) bedient". Auch *Pfleiderer; Pfleuderer.*

Plettner s. Plater.

Pleuger, Plöger s. Pflüger.

Plitt s. Blîþa.

Plogstert III. (Lippe) „Pflugsterz".

Plönnies s. Apollonius.

Plotho III. Freiherr v. Pl. — Stammsitz Alten-Plathow, Kr. Jerichow in Brandenburg.

Plötz III. 1) „kleiner Fisch". 2) ON. in Pommern.

FN. *Plötz; v. Plötz.*

Plüm- s. Blôma.

Plumbohm III. s. Pflaumbaum. Auch *Plummeyer.*

Pobel s. Buð (zweist. K.).

Poddig s. Buð (einst. K.).

Pogge III. niederd. „Frosch" (Padde); vgl. ON. Poggendorf, Poggenkrug; Paddewisch.

FN. *Pogge; Poggenmeyer; Poggendorf.*

Pogner s. Bogner.

Pohl III. niederd. „Pfuhl" — in Zss. wie *Pohlkamp; Pohlmann; Pohlmeyer; Pohlschröder — Gausepohl* s. auch Pfuhl.

Dagegen der einfache N. *Pohl* wohl meist „der Pole"; doch s. auch Paul und Balþaz.

Pohland III. älterer N. für „Polen". Auch *Polland.*

Pohse s. Bôsi.

Pointner s. Bünd.

Polenz III. O. b. Meißen; FN. *v. Polenz* (Uriczolt genannt v. Polenzch 1283).

Polke a) II. = (slaw.) Bolko, Vklf. zu Boleslav. b) III. ON. (Polke, Polkau).

Poll- s. Balþaz (V., einst. K.).

Pollack III. „ein Pole“. Auch *Polack*.

Pollender III. „ein Pole“, von Poland = Polen.

Poltrock s. Balþaz (V.).

Polz s. Balþaz (einst. K.).

Polzer III. (österr.) „Verfertiger von Bolzen“.

Pölzl s. Balþaz (einst. K.).

Pomme s. Buð (zweist. K.).

Pommer III. „ein Pommer“.

Pommerenke III. (Pommeränecke 1681) ein „alter, ehrlicher Pommer“; wohl aus dem lat. Pomeranus mit der niederd. Verkleinerungsendung. Nebenff. *Pommrehn* (Pommerene 1300); *Pommerehne, Pommerening; Pomränig; Pommerien; Pommerienken* (Gen., ostfries.). Der Chemnitzer Rektor Hager sagt in seiner „Ausführlichen Geographie“, Chemnitz 1747 T. II, S. 1058 von den Einwohnern Pommerns: „Die Einwohner sind nunmehro redliche Teutsche, nachdem die Wenden daraus vertrieben worden sind. Der Vorwurf, welcher ihnen wegen der Grobheit gemacht wird, rührt ohne Zweifel von ihren Feinden her. Und wenn auch die Erzählung von einem groben Pommerinken wahr wäre, welchen der Herzog Bogislaus dem Kayser Rudolpho II. auf Begehren geschicket haben soll, so gereichet selbige den Pommern nicht zum Nachtheile.“ Dagegen *Pommerell* „einer aus Pommerellen“, Pomerania parva, dem Landstrich zwischen Pommern und der Weichsel.

Pomränig s. Pommerenke.

Pon-, Pön- s. Banan.

Pongratz s. Pancratius.

Pontnofer III. (romanisch-deutsch) „einer von punta nova“ (neue Brücke).

Pop- s. Buð (V., zweist. K.).

Popp-, Pöpp- s. Buð (zweist. K.).

Pörtner s. Pförtner.

Portugall III. Länder-N. — vielleicht auch von einem Gasthofe („König von Portugal“) übertragen.

Pörzel s. Burgi (einst. K.).

Pöschel s. Paulus.

Posern III. O. b. Lützen; FN. *v. Posern* (Heinricus de Pozerne 1239).

Pößl s. Buð (einst. K.).

Pößneck III. Stadt in Sachsen. FN. *Bösneck; Pösnecker*.

Potel, Poten s. Buð (einst. K.).

Potgieter s. Pottgießer.

Pothe, Pott s. Buð (einst. K.).

Pöttcher s. Bötticher.

Pötter s. Töpfer.

Pottgießer III. halbniederd. = „Topfgießer“ (der eiserne Töpfe gießt). FN. *Pottgießer*. Ganz niederd. *Potgieter* (vgl. Potgieter 1481 Köln. Univ.-Matr.); *Pottgüter*.

Potthast III. „einer aus Patthorst“. Potthast 1397 = Pottharst 1399 (Seppeler).

Pottke s. Buð (einst. K.).

Powels s. Paulus.

Pracht-, Prächt- s. Berhtaz (V., einst. K.).

Pramschiefer III. wie die ältere F. Pramschüver (KB.) beweist, s. v. a. „Prahmschieber“, der einen Prahm (großes, flaches Boot) auf dem Flusse schiebend fortbewegt.

Pranckh, Prändl, Prantl, Prantz s. Brandaz.

Prätorius III. „Schulze“ in der Toga (Gottschalk Schultze, lat. Abdias Praetorius, ausgezeichneter Pädagog des 16. Jahrh.). Johann Pr. wurde 1601 unter dem Namen *Pr. v. Richthofen* geadelt; ein Zweig nennt sich jetzt nur v. Richthofen.

Pratsch s. Bartsch.

Praun s. a) I. Brunja (einst. K.) b) III. Braun.

Precht s. Berhtaz (einst. K.).

Prediger III. schon 1388, wo Dominikanermönche damit gemeint sind.

Pregler III. s. Brüchler.

Preis- s. Preuße.

Preiser, Preisler s. Breiser.

Preister III. niederd. „Priester“.

Preiswerk III. früher Brysswerk „Schnurmacher, Posamenter“ (s. Breiser).

Prenner s. Brenner.

Prentzel s. Brandaz.

Preser s. Breiser.

Preuße III. „ein Preuße“. Auch *Preuß; Preiß; Preis*. Niederd. *Prüß*, auch *Prüßmann; Prützmann; Preußner*. Vklf. *Preißel*.

Priefer III. mhd. brievâre „Schreiber, Notar“.

Priester III. aus griech.-lat. presbyter. (Vgl. franz. Leprêtre). Niederd. *Preister*.

Probst III. aus lat. propositus. Auch *Kornprobst* findet sich, entstellt *Kornbrust* (wie „wainprobst“ = tafernär) Bacm. Patr. A. *Pröbsting* (westf.).

Pröhl-, Propp-, Prot- s. Brord.

Pruck-, Pruckner, Prückner, Prugg- s. Brück.

Prüfer III. Münzprüfer u. dgl.

Prummer s. Brunja.

-prunn s. Brunn.

Prunner s. a) I. Brunja b) III. Brunn.

Prym III. O. Prüm (Rheinpr.).

Pucher s. Bucher.

Püchler s. Bühl.

Puchner III. „einer aus Puchen“ (Buchen).

Pückler s. Böckler.

Puff- s. Buð (zweist. K.).

Pühler s. Bühl.

Pul- s. Balþaȥ.

Pupp- s. Buð (zweist. K.).

-purg s. Burg.

Purgold s. Burgi (V.).

Purgstall s. Burgstall.

Purk-, Pürkerth s. Burgi (V.).

Pusch- s. Busch.

Putsche s. Buð (einst. K.).

Puttfarken III. niederd. „Pfützenferkel“ (?) von altniederd. pute Pfütze (aus lat. putens) und Farken.

Puttkamer III. von P. eine der ältesten Adelsfamilien in Ostpommern (Jesko 1240), deren N. nach Angabe des pommerischen Wappenbuches daher stammt, daß ein Familienglied in Polen das Amt eines Podkomorzy „Unterkämmeriers“ (subcamerarius) führte. Dessen Nachkommen nannten sich Podkomer, Puttkumer, Podkamer, dann wechseld Puttkamer und -kammer, bis 1859 auf dem Geschlechtstage von allen „Vettern“ beschlossen wurde, sich übereinstimmend *Puttkamer* — mit einem m — zu schreiben (wodurch jedoch die Aussprache dieses Namens = *Puttkammer* nicht berührt wird). Der N. findet sich übrigens auch als bürgerlicher in beiden Schreibungen: Puttkamer und Puttkammer.

Puttloff, Püttrich s. Buð (V.).

Puxbaum s. Buchsbaum.

Pyroldt s. Beron (V.).

Q.

Quadejacob II. der „böse Jacob“ (s. Jacobus).

Quadflieg III. „böse Fliege“.

Qualbert s. Waldan (Walbert). Qu statt w findet sich im Altdeutschen öfter: Quolfwin, Quilibert = Wolfwin, Wilibert.

Quandt, Quante, Quantz s. Wend.

Quardocus II. aus Twardocus, der slawischen Übertragung von Firminius.

FN. *Quardocus; Quardux* (Kassubei).

Quehl s. Weljan (einst. K.).

Quentel s. Wandal.

Quentzel s. Wend.

Quercke, Quering s. War (einst. K.).

Querner s. Körner.

Querüber III. wohl von der Lage der Wohnung (Pott S. 271), wie auch *v. Hinüber*.

Quidde s. Widu (einst. K.) — doch heißt schon im 6. Jh. ein Ostgote Quidila und ein Franke Quidulf, wohl zu got. quiþan „sprechen“.

Quin, Quincke s. Weniȥ (einst. K.).

Quintinus II. ein Märtyrer. FN. *Quentin.*

v. Quintus Icilius III. Friedrich der Große sprach eines Abends (1758) mit seinen Offizieren von der Schlacht bei Pharsalus und nannte dabei den centurio Quintus Caecilius. Der Hauptmann Karl Guichard (aus Magdeburg) machte den König darauf aufmerksam, daß der centurio Icilius heiße, und lieferte ihm am nächsten Tage den Beweis. Da sagte der König: Na dann soll er jetzt von Quintus Icilius heißen.

Quirinus II. ein Märtyrer, röm. Tribun, von dem im 11. Jh. Reliquien feierlich nach Neuß übertragen wurden.

FN. (niederrhein.) *Crines; Kriens; Krings.*

Quist in schwedischen N. zuerst 1627 (S. 79), altnord. quistr „Zweig“.

FN. *v. Lindequist* (Rügen).

Quitt, Quittmann s. Widu (V.).

R.

Raach s. Ragina.

Raalt s. Rêdaȥ (V.).

Raap s. Hraban.

Raatjes, Raatz s. Rêdaȥ (einst. K.).

Rab- s. 1) Hraban 2) Rêdaȥ (V.); **Räb-** s. Hraban.

Rach- s. Ragina.

Rack- s. 1) Rêdaȥ (V.) 2) Ragina.

Räcker s. Rêdaz (V.), aber **Räckert** s. Hroc.
Radde, Räd- s. Rêdaz.
Rademacher III. „Stellmacher, Wagner". FN. *Rademacher; Radmacher.* Niederd. *Rademaker.* Gen. *Rademächers.*
Radler III. „einer aus Radel" (O. 7mal in Baiern, Öst.). Auch *Rädler.*
Raffensack III. Satz-N. „raff in den Sack". Auch gekürzt *Raffsack.* Vgl. *Raffauf.*
RAGINA I. got. ragin „Rat", altnord. Plur. regin die Ratschlagenden und Beschlußfassenden, die Götter, von der german. Wz. reg- „ordnen, bestimmen". Manche N. können auch zu Hraban gestellt werden.
FN. ohne n
Ragiprand: *Rackebrandt.*
Reguhard: *Reckhard; Reckert.*
Raghar: *Reger.*
Ragadeus: *Radey; Raddei; Ratthey.*
Racold: Gen. *Rachholtz; Rachals; Rachhals.*
Einstämmige Kürzung Rag-.
Ragio, Raco, Recco: *Ragg; Racko; Rake; Rache; Raach; Recko; Recke; Rech.* Vklf. (l) Ragilo: *Rackel; Rachel; Regele; Regel; Reckel; Reihle.* Patr. A. *Regling; Reckling; Reling; Railing.* (l + n): *Regelin.*
Ragizo: *Reitz* (auch ON.).
FN. mit n
Raganbald: *Rambold; Rammelt; Reinbold; Reimbold; Reimolt; Reimelt; Rembold; Rempel; Remmel.*
Raginbreht: *Regenbrecht; Reinbrecht; Reinbert; Rennebarth; Reimert; Remmert; Remmer.* Gen. *Reimerdes; Remmers; Reemsema* (ostfries., vgl. VN. Reemt). Patr. A. *Rainprechter.*
Ragimbod (Regenbode VN. Akener Schöffenbücher): *Reinbothe; Reineboth; Reinbott.*
Ragemprand: *Rembrandt.*
Raganfrid: *Renfert; Rennefarth; Renfer; Refer* (Preuß).
Ragingar: *Ranniger; Reiniger; Reinker; Renger.* Gen. *Rengers.*
Raginhart: *Rahnert; Regenhard; Reinhard; Reinert; Rienhardt; Rienth; Renard; Rehnert; Rennert.* Gen. *Rheinharx; Reinarx; Reinherx; Reinders; Reints; Reents; Rieniets* (ostfries., jeverl.). Patr. A. *Reinerding; Reinharter* (Wien). Vklf. (k): Gen. *Reintjes* (niederrhein.).
Raganhar: *Rachner; Regener; Reiner (Reinermann); Renner.* Gen. *Reiners.* Vklf. (l): *Reinerle.*
Raginman: *Reinemann; Reimann; Rennemann; Rehmann.*
Raginmar: *Reinemer; Reimar; Reimer* (als VN. Reymer Mantzke 1453 Pomm. Urk.); *Remer.* Patr. A. *Reimering.* Gen. *Reimers; Remmers* (Norderney).
Ragnemod: *Reinmuth; Reimuth.*
Raginmund: *Reinemund; Reinmund; Raymund.*
Raganrich: *Rhenrich.*
Raginscal(c): *Reinschall.*
Raginald: *Reinwald; Reinwold; Reinold; Reinhold; Reinelt; Reinel; Renelt.* Gen. *Reinals; Reinholtz* (umgedeutet aus Reinolds); *Reendels* (ostfries.). Patr. A. *Reinalter.*
Raginward: *Reinwarth; Reinwerth.*
Raganwin: *Reinwein.*
Einstämmige Kürzung Ragan-.
Raganus, Regino, Rano: *Rahn; Regen; Reyne; Rein, Rhein; Rehn; Renno; Renn; Riehn.* Gen. *Reinen; Rehnen, Reenen; Rennen.* Patr. A. *Reining; Reininga* (ostfries.). Patr. Zss. *Rahnsen; Reensen; Rennsen.*
Vklf. (l): *Reindl; Reinel.* (k) Reinco: *Reinecke; Reinke; Reinick; Reinig; Ränicke; Rehnich; Rennecke; Renke; Ranke* (Stark 71). Gen. *Reinkens; Reinken; Renken; Reinkena* (ostfries.). Patr. A. *Reinking.* (z) Reginzo, Renzo (Stark 75): *Reinz; Reintzsch; Renz (Renzmann); Rensch; Rehnisch; Renneis.* Patr. A. *Rensing.* (k + n): *Reinichen; Reinecken.* (z + l): *Renzel (Renselmann).*
Zweistämmige Kürzung Raginb-.
Rampo: *Rambo; Rampe; Rampf; Ramm; Rempe.*
Zweistämmige Kürzung Raginm-.
Raimo: *Reime; Rehm* (latinis. *Remus*). Gen. *Reims.*
Ragg s. Ragina.

Rahl- s. Rêdaz (V., einst. K.).
Rahm- s. 1) Rêdaz (V.) 2) Hraban.
Rahn- s. Ragina (V., einst. K.).
Raht- s. Rêdaz (V., einst. K.).
Railing s. Ragina.
Rain III. ahd. rain, mhd. rein „abgrenzender Bodenstreif".
FN. *Hohenrainer* (O. -rain); *Moosrainer; Nußrainer.*
Rainprechter s. Ragina.
Rake s. Ragina.
Rall s. Rêdaz (einst. K.).
Ralph s. Rêdaz (V.).
Ramb-, Ramp- s. Ragina (V., einst. K.).
Ramm- s. 1) Hraban 2) Ragina (V., zweist. K.).
Ramschüssel s. Reumschüssel.
RANDA I. ahd. mhd. rant, Gen. randes „Schildrand, Schild".
FN. Ranthar: *Randermann; Ranter; Renter.*
Rantowic: *Randwig; Rannewig.*
Randulf: *Randolf; Rondolf.*
Einstämmige Kürzung Rando: *Rand; Rente.* Patr. A. *Renting.* Gen. *Randa* (ostfries.).
Vklf. (l): *Randel.* (k): *Rentke.* (z): *Rantze; Rantsch.*
Auslautend 13mal (Först.)
-rand: Bertrand.
Ranger s. 1) Ragina (V.) 2) Wrengan.
Ränicke s. Ragina (einst. K.).
Ranke s. 1) Ragina (einst. K.) 2) Wrengan.
Rann- s. 1) Ragina (V.) 2) Randa.
Rant-, Rantsch-, Rantze s. Randa.
Rap- s. Rêdaz (V.).
Rapp- s. 1) Rêdaz (V.) 2) Hraban.
Rappsilber III. Satz-N. vom niederd. rapen „raffen, rauben". Altniederd. Rapesulver.
Rasmus s. Erasmus.
Rasch III. Eigenschaftsname. Ähnlich *Resch; Risch.*
Rassel s. Rêdaz (einst. K.).
Rath a) I. s. Rêdaz (einst. K.) b) III. *de Rath.*
Rat-, Rath- s. Rêdaz (V., einst. K.).
Ratgeb, -er III. = Ratmann.
-rath s. a) I. Rêdaz b) III. Rode.
Räth- s. Rêdaz (V., einst. K.).
Rathmann a) I. s. Rêdaz (V.) b) III. mhd. râtman „Ratgeber"; dann „Mitglied einer städtischen Ratsversammlung".
Ratsch, Ratt-, Ratz-, Rätzke s. Rêdaz (einst. K.).
Raub- s. Hrôþiz.
Rauch a) I. s. Hrôþiz b) III. ahd. rûh, mhd. rûch „rauh, rauch, haarig". („Esau ist rauch und Jakob ist glatt" Luther.).
FN. *Rauch; Rauh; Rau; Rauhe; Raue.* Vklf. *Räuchlin.* Niederd.: *Ruge; Ruch; Ruhe.* Zss. *Rauchfuß; Rauchhaupt; v. Rauchhaupt* (Heinricus dictus Ruchhoupt 1308); *Rauchkopf,* halbniederd. *Ruhkopf.*
Räuchlin s. a) I. Hrôþiz (zweist. K. Hrodg-) b) III. Rauch.
Räudel s. Hrôþiz (einst. K.).
Rauff s. Rêdaz (V., Radulf).
Rauffenbarth III. Satz-N.
Rauls s. Rêdaz (Radulf).
Raumer s. 1) Hrôþiz (V.) 2) Hrôma (V.).
Raumschüssel s. Reumschüssel.
Rauner s. Rûnô.
Raup- s. Hrôþiz (V., zweist. K.).
Rausch a) I. s. Hrôþiz (einst. K.); dazu neue Bildung *Rauschard* b) III. ON. in Süddeutschland c) III. „Trunkenheit". Dazu Vklf. *Räuschel; Reuschel.*
Rauschenplat III. „ein verwilderter, unordentlicher Mensch". Niederd. ruschenplat, ruschenplaster „unordentliches Mädchen".
Rauschenstaud III. Satz-N. „einer, der in den Stauden rauscht", ein Buschklepper.
Räußel s. Hrôþiz (einst. K.).
Raut- s. Hrôþiz (einst K.).
Rautenkranz III. urspr. Haus-N. (Hans Arberg, Besitzer des Hauses „de Rudenkrans" 1530, gibt den N. seiner Väter auf und nennt sich Hans Rudenkrantz.) Auch *Rautenstrauch.*
Räuzel s. Hrôþiz (einst. K.).
Rav- s. Hraban.
Rawald s. Rêdaz (V.).
Raymund s. Ragina (V.).
Rebbe s. Rîka (zweist. K.).
Rebhuhn III. Haus-N: domus zem Rebhuone.
Rebstock III. Haus-N. „zum Rebstock" (S. 61 f.) auch bei Gasthöfen.
Rech-, Reck- s. 1) Ragina 2) Rîka (V.).
Reckefuß III. Satz-N. vgl. *Streckfuß.*
Red- s. Rêdaz (V., einst. K.).

RÊDAZ I. ahd. mhd. rât, altsächs. râd „Rat". Doch erscheint auch in sehr alten N., z. B. Radagais, ein Stamm rad mit kurzem a = rasch, flink, german. Wz. raþ, ahd. rado, angels. hräde. In EN. seit dem 5. Jh. nachweislich.

FN. Radbald: *Radebold; Rappold; Rappohl; Rappel; Rabold; Rabehl; Rabel.* Patr. A. *Rappolder; Rabeling.*

Radobert: *Radber; Rappard; Rabert; Reppert.* Gen. *Rabbertz; Rappers.*

Radiger: *Radecker; Racker; Redecker; Retger; Räcker.*

Radheri: *Rader; Rather; Räder; Retter.* Patr. Zss. *Reddersen.*

Ratleib: *Radleff; Rathlev.* Gen. *Redlefs;* zsgz. *Reelfs.*

Radleic: *Radlach.*

Radman: *Rademann; Radmann; Rathmann; Redemann; Redmann.*

Ratmar: *Rahmer; Redmer; Rettmer.* Gen. *Redmers.*

Raderich: *Raderick.*

Radoald: *Radewald; Rawald; Raalt.*

Radwig: *Reddewig; Rawie.*

Radulf: *Radloff; Ralph; Rauff* (Stark 138). Gen. *Rahlfs; Rahlwes; Rauls.*

Einstämmige Kürzung Rad-.

Rado, Rato: *Rade; Radde; Rathe; Ratte; Räde; Räth; Redde.* Gen. *Raden; Rahts.* Patr. A. *Rading; Rating; Reding.*

Vklf. (i): *Radi.* (l): *Radill; Radel; Rall; Rahl; Rädel; Redtel.* Patr. A. *Redling.* (k): *Radach; Radig; Radeck; Raticke; Rathke; Rattich; Rattke; Rattje* (Schleswig); *Redeke; Räthke; Reddig; Rettke.* Gen. *Raatjes.* (k+n); *Rahtgen; Räthgen.* Gen. *Rathjens.* (z) Razo, Rezo: *Ratz; Raax; Ratsch; Reetz.* Patr. A. *Reesing; Rässing.* (z+l) Razilî: *Ratzel; Rassel; Retzel; Ressel.* (z + k) Raziko: *Rätzke; Reetzke.*

Auslautend 303 mal (Först.), worunter viele weibliche N.

-rath: Frorath (aus Frowirat).

-rad: Konrad.

-ert: Hartert (neben *Hartrath*).

Redepfennig III. „bereiter, barer Pfennig". Niederd. *Redepenning.* Vgl. niederd. Redegeld (FN. *Redegeld*) und Bretgeld; mit redem gelde" (Klemp. S. 510).

Reemsema s. Ragina (Raginbreht).

Reen- s. Ragina (V., einst. K.).

Reetz- s. Rêdaz (einst. K.).

Ref- s. 1) Rîka (V.) 2) Ragina (V.).

Regel-, Reger s. Ragina.

Regen- s. Ragina (V., einst. K.).

Regenbogen III. schon N. eines Meistersängers.

Regenfuß III. Satz-N. „rege den Fuß".

Regiomontanus III. Latinisierung für „Königsberger" — Joh. Müller aus Königsberg in Franken, berühmter Mathematiker und Astronom, gest. 1476.

Regling s. Ragina.

Rehbein III. wohl von der Schlankheit und Zierlichkeit, wie auch *Rehfues.* Andere Zss. mit Reh sind: *Rehbock* (engl. Roebuck); *Rehkalf* (niederd.); *Rehkopf; Rehlamb; Rehfell.*

Rehbinder III. „der das Riedgras oder Schilfrohr (niederd. rêt) zum Verkauf in Bunde bindet". Nach Ondrusch = Rebwynder (1459 Köln) „Repschläger, Seiler". Siehe d.

Rehdantz III. Satz-N. aus älterem Regedanz „rege den Tanz an". Vgl. Hebetanz, Rördanz. Auch *Rehtanz.*

Rehm- s. 1) Ragina (V., zweist. K.) 2) Rim.

Rehn- s. Ragina (einst. K.).

Rei s. Rîka (einst. K.).

Reib- s. Rîka (V., zweist. K.).

Reich- s. Rîka (V., einst. K.).

Reiche a) I. s. Rîka (V., einst. K.) b) III. „der Reiche". Henricus dict. der Riche 1275. Johann de Ryke (Lipp. Reg.).

Reichler III. „einer aus Reichel" (Baiern, Österr.).

Reidel s. Rîdan.

Reif- s. Rîka (V.).

Reig- s. Rîka (V., einst. K.).

Reil s. Rîka (einst. K.).

Reim- s. 1) Ragina (V., zweist. K.) 2) Rîka (V.) 3) Rim (doch *Reimschüssel* s. Reum-).

Rein- s. Ragina (V., einst. K.).

Reinganum III. O. Rheingönheim.

Reip- s. Rîka (V., zweist. K.).

Reis s. Wrisi.

Reisner III. = Riesener oder „einer aus Reisen".
Reißner III. 1) „Der Reisige" 2) „einer aus Reißen". Dasselbe *Reißmann.*
Reiter III. 1) ahd. rîtâri, mhd. rîter. Vgl. Ritter. FN. *Reiter; de Reyter* (Aurich). Niederd. *Ryder.* Zss. *Kielreiter* (doch s. Reut). 2) s. Reut.
Reitgeld III. „bereites d. i. bares Geld" (s. Redepfennig).
Reith, -reither s. Reut.
Reitterer III. „einer aus dem O. Reiter".
Reitz s. Ragina.
Rekate, Rekelofs s. Rîka (V.).
Reling s. Ragina.
Remer, Remb-, Remm- s. Ragina (V.).
Remp- s. Ragina (V., zweist. K.).
Renard, Renelt, Renf- s. Ragina (V.).
Renger s. 1) Ragina (V.) 2) Wrengan.
Renk- s. 1) Ragina (einst. K.) 2) Wrengan.
Renn- s. Ragina (V., einst. K.).
Rennebohm III. mittelniederd. Rennebom „Schlagbaum" (Lübben, Etwas über niederdeutsche FN.).
Renner III. mhd. rennaere „Rennbube", der die Pferde zu besorgen hat; oft = Bote, vgl. Klemp. „ronner" (doch s. auch Raginhari).
Rensch s. Ragina (einst. K.).
Rent- s. Randa.
Renz s. Ragina (einst. K.).
Reppert s. Rêdaȥ (V.).
Repschläger III. niederd. Reifschläger, d. i. „Seiler" — von got. raip, ahd. mhd. reif, niederd. rêp Seil; Faßreif, Ring.
Requard s. Rîka (V.).
Resch III. Eigenschaftswort „frisch, rasch".
Ressel s. Rêdaȥ (einst. K.).
Reth III. ahd. hriot „Sumpfgras" s. Ried. FN. *Rethfeld; Rethmeyer; Rethwisch.*
Ret-, Rett- s. Rêdaȥ (V., einst. K.).
Retzel s. Rêdaȥ (einst. K.).
Reukauf s. Hroc (V.).
Reuleke s. Hrôþiȥ (einst. K.).
Reum- s. Hrôma.
Reumschüssel III. Satz-N. „räume die Schüssel", von einem tüchtigen Esser (Godefredus dict. Rumskottele 1178 Köln). Vgl. die alten N. Rumekiste; Rumenkasten; Rumzlant und Rumelant (zwei Dichter des 13. Jh.); Rumenap (-pf); Raumsattel; Raumtaschen. FN. *Raumschüssel; Reumschüssel* — entstellt *Reimschüssel; Ramschüssel.* Niederdeutsch *Rumschöttel.*
Reusch s. Hrôþiȥ (einst. K.).
Reuschel s. Rausch.
Reuß III. 1) „Flicker", vgl. Altreuß 2) Volksname der Russen. (Heinrich v. Plauen kämpfte 1247 gegen die Russen und erhielt davon den Beinamen „der Reuße".)
Reut III. vom ahd. riuti „durch Reuten urbar gemachtes Land" (lat. novale), welches seit dem 8. Jh. sehr viele ON. bildet. Die neueren Bildungen (südd.) endigen teils auf *-reut,* woraus durch schlechtere Aussprache vielfach *-reit* geworden, teils auf *-ried.*
FN. 1) *Bärenreuth; von Kalkreuth* (O. Kalkreuth in Schlesien); *von Gravenreuth.*
2) *Reith; Herbstreith.*
3) *Rieth; Autenrieth* (O. Autenried) u. a., s. Ried.
Ableitung auf *-er* (oberd.):
1) *-reuter* (in Baden, Württemberg, Baiern, Österreich, bes. auch unter den salzburgischen N. s. Beheim-Schwarzbach, Hohenzollersche Kolonisationen S. 523 ff.): *Reuther; Beyreuther* (O. Baireuth); *Forstreuter; Hinterreuter; Kannreuther; Kuchenreuter; Langreuter; Neureuther; Niederreuther; Oberreuther; Pfützenreuter* (Pott); *Vogelreuter; Hochroithner* (O. -roith und -reithen).
Greuter, Grüter (ON. Greuth aus Gereut, woher die schweiz. Vklf. Grütli, Rütli, s. Schillers Tell: „Das Rütli heißt sie bei dem Volk der Hirten, weil dort die Waldung ausgereutet ward").
2) *-reiter: Reither; Greither; Buchreiter; Daffenreither; Hastreiter* (Weiler Hasreit); *Hochreiter; Markreither; Neureiter; Niederreiter; Oberreiter; Abstreiter,* entstellt aus Abtsreuther (Steub). Dagegen *Margreiter* von dem O. Margreit.
3) *-rieder* s. Ried.
Mitunter finden sich von demselben N. alle drei Formen: *Bernreuther, -reither, -rieder. Frauenreuter, -reiter, -rieder.*

Reuter III. 1) mhd. riutaere „Ausreuter“, der Land urbar macht 2) vom Rhein her eingedrungen aus mittelniederländ. ruiter — wohl aus mittellat. ruptarius, rutêrus, von rupta Abteilung eines Heeres (Rotte) — „Wegelagerer, Räuber“, woraus sich, da diese Leute häufig zu Pferde waren, die Bed. „Krieger zu Pferde“ entwickelte.
FN. *Reuter*. Die Zss. gehören sicher ihrem allergrößten Teile nach zu dem vorhergehenden Worte; nur *Kutschenreuter* dürfte hierher zu stellen sein.
Niederd. *Rüter, Rüther;* auch noch *Ruiter, Ruyter* in holländischer Schreibung (Freren, Lingen — man denke an den Admiral de Ruyter). Gen. *Rüters* (niederrhein.); *Reuters* (Aachen).

Reutsch s. Hrôþiz (einst. K.).

v. Rex III. „aus Roecken“ b. Lützen. Sifridus de Rekkin; am Ende des 14. Jh. geht der N. über in Reckes und Rekis, nach der Mitte des 15. in Rex.

Reyn- s. Ragina (V., einst. K.).

Rhein s. Ragina (einst. K.).

Rheinfrank III. Stammname.

Rheinharz, Rhenrich s. Ragina (V.).

Rhode s. Hrôþiz (einst. K.).

Rib- s. Rîka (V., zweist. K.).

Rich- s. Rîka (V., einst. K.).

Richter III. ahd. rihtâri, mhd. rihtaere.
FN. *Richter* (sehr häufig, s. S. 43). Zss. *Altrichter; Bauerrichter; Hofrichter, Hofferichter; Jungrichter.* (-richt auch in ON. des nördlichen Baiern). Gen. *Richters* (niederrhein.). Patr. A. *Richtering.*

Rick- s. Rîka (V., einst. K.).

RÎDAN I. „sich fortbewegen“, angels. rîdan, ahd. rîtan „reiten“. Manche Namen können auch von Rîka abgeleitet werden.
FN. Ridperaht: *Reiprecht.*
(Ridrich): *Riedrich.*
Einstämmige Kürzung Rid-.
Rido: *Ried (Riedemann); Rittmann.*
Patr. A. *Rieding.*
Vklf. (l): *Riedel; Riedl; Riehl; Reidel;* (l + k): *Rilke.*
Auslautend 74 mal (Först.), Bitherid: *Piderit* (schon 1492 in Lemgo).

Ridder s. Ritter.

Rieb- s. Rîka (V., zweist. K.); **Riebensahm** s. Rübsamen.

Riebenstahl III. Satz-N. „reibe den St.“ oder „riefe den St.“ (mache kleine Rinnen in den St.) von einem, der tapfer dreinschlägt. Auch *Rübenstahl; Riefenstahl.*

Riech- s. Rîka (V., einst. K.).

Rieck- s. Rîka (V., einst. K.).

Ried III. in ON. 1) ahd. hriot „Ried, Sumpfgras“, damit bewachsener Ort 2) ahd. riuti, mhd. riute durch Reuten urbar gemachtes Land; bairisch Ried = novale und rieden = reuten (s. -reut). Die Scheidung ist bei der Menge hierher gehörender ON. schwer.
FN. *Ried; Autenrieth; Osterrieth; Schmalzried.*
Ableitung auf *-er* (oberd.): *Rieder; Bernr.; Ellenr.; Helfenzr.; Oppenr.; Osterr.* (O. Osterried), auch *Osterritter; Westenrieder* (O. Westerried); *Ebenritter* (O. Ebenried). — *Riedkötter; Riethmüller, Rittm.; Rietweger; Rittmeyer.*

Ried- s. Rîdan.

Riedel s. 1) Hrôþiz (einst. K.) 2) Rîdan.

Riedesel III. nach Vilmar „Reitesel“ ahd. rîtesel, was bestätigt wird durch das urkundliche her herman Reitesel, Egkhart Rietesel 15. Jh. (Bacm.).

Rieg-, Riek- s. Rîka (V., einst. K.).

Riehm s. Rim (einst. K.).

Riehn s. Ragina (einst. K.).

Rieloff, Riemann s. Rîka (V.).

Riem- s. Rim (einst. K.).

Riemer III. „Sattler“ (doch hin und wieder vielleicht zu ahd. Rimheri oder Ricmar).
In derselben Bedeutung *Riemenschneider, Riemschneider.*

Rien- s. Ragina (V.).

Rienäcker s. Ecke III.

Riep- s. Rîka (V., zweist. K.).

Ries- s. Wrisi.

Riese III. „der Riese“. Auch Hausname: Henricus zem Risen. FN. *Riese; Ries; de Ries* (ostfries.). Doch findet sich auch schon ahd. Riso 9. Jh. Verlateint *Gigas.*

Riesener III. Verfertiger der rîsen, einer Art Schleier. Auch *Riesner; Reisner.*

Rietmacher III. Verfertiger der Weberkämme.

Rieth, -rieth s. Ried.
Rietsch- s. Rîka (einst. K.).
Riew-, Riff- s. Rîka (V.).
Rig- s. Rîka (V., einst. K.).
RÎKA, RÎKJA I. got. reiks „König“, ahd. rîhhi, mhd. rîche „mächtig“ (vgl. lat. rex, rego und das deutsche Hauptwort Reich); „reich“. In PN. einer der häufigsten und der frühesten Stämme, schon im 1. Jh. vor Chr. bei lat. und griech. Schriftstellern in germanischen sowohl als keltischen N. sich findend: Theudoricus — Caesarix; es ist urgermanische Entlehnung aus dem Keltischen. Fließt mehrfach mit Rîdan zusammen

FN. Ricbald: *Riebold; Riebel; Ribet; Riebeth; Rippold; Rippel; Reibold; Reibel.*

Ricbraht: *Rieprecht; Riepert; Rieper; Rieber; Ribbert; Reiprecht; Reibert; Reiber.* Gen. *Ripperts; Ribberda* und *Ripperda* (ostfries.); *Reibers.*

Ricfrid: *Riffert; Riffarth; Refert; Refardt; Reiffert; Reifarth; Reiffer.* Gen. *Reifers.*

Richaid: *Richey* (1544: Richeit = Richheit).

Ricohard: *Richard; Richert;* zsgz. *Richt* (ostfries. VN. Richt = Richard); *Riegert; Rickert; Ritschard; Ritscher; Ritsert; Reichard; Reichert.* Gen. *Richartz; Rigts* und *Richten* (ostfries.); *Reichartz; Reicherz; Reckerts.* Patr. Zss. *Richardsen.*

Richari (mit Ricger zusammenfließend): *Riecker (Rieckermann); Rieckheer; Riegger; Rieger; Rickher; Recker; Riecker; Rieckeheer; Reicher; Reiger.* Gen. *Riechers; Richers; Rickers; Reygers.*

Richhelm: *Reichhelm.*

Rihlant: *Rielandt.*

Ricman: *Rieckmann; Rickmann; Riemann; Reichmann; Reimann.*

Ricmar: *Reimer* (doch s. auch Raginmar). Gen. *Rickmers.*

Rihmot: *Reichmuth.*

Ricoald: *Riewaldt; Riewold; Rickelt; Rigal; Reichwald; Reichold; Reichelt; Reichhold.* Gen. *Rickelts; Reichholtz.* Patr. Zss. *Richelsen.*

Ricward: *Rickwardt; Requardt; Rekate, Rekotte* (Preuß). Gen. *Riquards; Requards.*

Richowin: *Richwien; Richwein; Reichwein.*

Riculf: *Rikoff,* umgedeutet *Riekhof, Riekehof; Rieloff.* Gen. *Rickelfs; Rekelofs.*

Einstämmige Kürzung Ric-.

Rico: *Rigo* (Borken); *Riecke; Ricke; Rieche; Rich; Reicke; Reiche; Reich; Rei.* Gen. *Rieken; Ricks, Rix; Ricken; Rickens; Rickena* und *Rykena* (ostfries.); *Reichs.* Patr. A. *Reiching.*

Vklf. (l): *Riechel (Riechelmann); Riegel; Reichel; Reichle; Reigel; Reil.* Gen. *Riegels.* Patr. A. *Reichling; Rehling.* (l+n): *Reichlin.* (z) Richizo, Rizo: *Rietsch; Ritze; Ritz; Riss.* (z+k): *Ritzke; Rietschke; Ritzchen.* (z+l): *Rietzschel; Ritzel; Rissel; Ritschl.* Patr. A. *Ritzler.*

Zweistämmige Kürzung Ricb-.

Ribo, Rippo (Stark 114): *Riebe; Ribbe; Rippe; Reibe; Rebbe.* Gen. *Rieben; Riepen; Rippen; Reipen; Riepena* (ostfries). Patr. A. *Ripping.*

Vklf. (l): *Riebel; Riepl.* (k): *Riebicke; Ripke; Rübke.* Gen. *Riepkes; Ripken; Reibchen.*

Auslautend -ric sehr häufig (257 mal Först., fast ausnahmslos männlich); daher schon in Namen seiner Bedeutung nach sehr verflüchtigt und im Nhd. zu einer bloßen, das männliche Geschlecht bezeichnenden Endung herabgesunken (Wüterich, Täuberich u. a.).

-rich: Dietrich.

-rick: Lörick. Gen. *-rix: Derix.*

-reich: Dietreich.

-rei (rey): Krumrey.

RIM I. „Ruhe“? Zu angelsächs. u. altnord. hrîm „Reif“?

FN. (Rimhard): Gen. *Rimerdes.*

Rimolt: *Reimelt.*

Einstämmige Kürzung Rim-.

Rimo: *Rieme; Riehm; Reim; Rehm.*

Vklf. (l): *Reimel.* (k) Rimicho: *Riemke.* (z): *Reimitz.*

Rindsmaul III. österreich. Grafengeschlecht, vgl. Alb. Rindismul 1219, Alber der Rindsmaul 1317. Andere Zss. *Rindsknecht; Rindfleisch.* Aber *Rindsland* s. Rinninsland.

Ringler III. Verfertiger von Ringen (Fingerringen und Paternosterkügelchen aus Knochen oder Elfenbein). Auch *Ringlmacher.*

Ring-, Rink- s. Hringa.

Rinninsland III. Satz-N. „renne ins Land" (= Landfahrer). Entstellt *Rindsland.*

Rip- s. Rîka (V., zweist. K.).

Riquards s. Rîka (V.).

Risch s. Rasch.

Riss- s. Rîka (einst. K.).

Ritsch- s. Rîka (V., einst. K.).

Ritsert s. Rîka (V.).

Ritter III. ahd. rîtâri, mhd. rîtaere, rîter, daneben riter, ritter, urspr. allgemein „Reiter"; nachdem aber die Veränderung des Kriegswesens seit dem 10. Jh. einen besonderen Stand vornehmer Krieger zu Roß hervorgerufen hatte, den Ritterstand, diente das Wort hauptsächlich zu dessen Bezeichnung = „adeliger Streiter zu Pferde".

FN. *Ritter.* Gen. *Ritters.* Zss. *Kleinritter* (doch liegt hier wie bei andern Zss. mit -ritter vielleicht eine Ableitung von -ried vor, = rieder s. Ried, Osterritter). Niederd. *Ridder.* Gen. *Ritters,* niederd. *Ridders.* Zss. *Veigtritter.*

Die Form *Reiter;* die sich ebenfalls aus mhd. rîter entwickelt hat, ist als FN. selten.

Ritz s. Rîka (einst. K.).

Rob-, Röb- s. Hrôþiz (V., zweist. K.).

Röbe III. niederd. „Rübe", in *Röbekamp.*

Roch- s. Hroc (V., einst. K.).

Rock III. in mannigfachen Zss.: *Blaurock; Buntr.; Graur.* (Gött. UB. I.: Grawerok 1383); *Halbr.; Kurzr.; Langr.; Leibr.; Padr.* (Pfaidrock, linnener Überwurf); *Schönr.; Wittr.* (niederd. = Weißrock).

Das im Altdeutschen Hroc als zweites Glied der Zss. verwendet wird (38 mal Först.), so werden Spuren davon auch in neueren Namen noch zu finden sein, z. B. *Poltrock;* auch für *Wittrock* findet sich schon ad. Witroch 8.

Rock-, Röck- s. 1) Hroc 2) Hrôþiz (einst. K.).

Rod-, Röd- s. Hrôþiz (V., einst. K.).

Rode s. a) I. Hrôþiz (einst. K.) b) III. Rothe.

Rode III. in ON. zu „roden" (reuten), wozu ein paar hundert alte Namen seit dem 8. Jh. und unzählige neuere auf *-rode, -roda, -rod* gehören. In Niederdeutschland tritt für o ein **a** ein: *-rade, -rath.*

FN. *von Roden* (von deme Rode Gött. UB. I. im J. 1377 — latinis. de Novali 1388); *von Dachröden* (O. Dachröden, jetzt Dachrieden bei Mühlhausen).

Zss. 1) *-rode: Benterode; v. Liebenr.* (O. bei Nordhausen, Eckehardus de L. 1178); *Mauder.; v. Minniger.* (O. Mingerode, Hannover); *v. Nesselr.; Oster.; v. Wintzinger.* (Barthold v. W. 1209). — *Neuroda.*

Gewöhnlich gekürzt in:

2) *-roth* (Thüringen, Hessen), auch wenn der ON. -rode hat: *Behrenroth* (O. Bernrode in Anhalt); *Billr.* (O. Billroda); *Germer.* (O.-rode); *Hitzer.* (-rode); *v. Siegr.; Simr., Simmenr.* (O. Simmerath).

3) *-rodt: Bendtrodt,* auch *Bendrot* (O. Benterode); *Bleichrodt* und *Blechrod* (O. Bleicherode); *Eichr.; Elliger.* (O. Elligerode); *Günther.* (O. -rod und -rode); *Mackenroth* und *Mackrodt; von Mallinckr.; Vockr.; Wilger.* (O. Wilkenrath).

4) *-rott: Aschrott* (O. Ascherode); *Hottenr.; Hütter.* (Hüttenrode); *Pfaffer.*

5) *-rath* (in Rheinpreußen): *Beckerath* (O. Beckrath); *Bellingr.; Blumenr.; Fastenr.; Grefr.; Herkenr.; Herzogenr.; Hilber.; Hitzegrad* (vgl. Hitzgerode in Hessen); *Lücker.; Ower.; Paffr.; Reiffenr.* (O. Reifenrath); *Wallr.; Winger.* Selbst *Bergrath* (Dorf im Rgb. Aachen), *Baurath* (neben Bauroth, Hessen), *Bankrath.*

Ableitung auf *-er* (oberd.):

1) *-röder: Allmenröder; Bleichr.; Blumenr., Blumr.* (O. Blumerode und Blumroda, alt Blumenroda); *Hergenr.; Sachsenr.*

2) *-röther: Hergenröther* (O. Hergenrod).

-röder, -rodt s. Rode III.

Roel- s. Hrôþiz (V., einst. K.).

Rog-, Rög- s. Hrôþiz (V., zweist. K.).

Rogg- s. 1) Hroc 2) Hrôþiȥ (V., zweist. K.).
Roh s. Hroc.
Rohd- s. Hrôþiȥ (V., einst. K.).
Rohenkohl s. Hroc (V., Rochold).
Rohl- s. Hrôþiȥ (V.).
Röhl- s. Hrôþiȥ (einst. K.).
Rohm- s. 1) Hrôþiȥ (V.) 2) Hrôma.
Röhm- s. Hrôma.
Rohn- s. Rûnô.
Rohr III. ahd. mhd. als Sammelwort = Röhricht. Vielfach als Flurname und N. bewohnter Örter. Praedium situm in dem Rore, quod colit mag. Berchtholdus de Rore 1292.

FN. *Rohr. Vogelrohr. Rohrmann.* Ableitung auf *-er: Rohrer.*

Röhr-, Roht-, Rohw- s. Hrôþiȥ (V.).
-roithner s. Reut.
Rokohl s. Hroc (V.).
Rol- s. Hrôþiȥ (V., einst. K.).
Rolfus, Rollfuß s. Fuß b).
Röll- s. Hrôþiȥ (einst. K.).
Rom- s. 1) Hrôþiȥ (V.) 2) Hroma.
Römer a) I. s. Hrôma b) III. = Romanus „Römer". Wernher der Romer 13. Jh. (nach einem Römerzug?). Auch *Römermann.*
Röm-, Romm- s. Hrôma.
Ron-, Rön- s. Rûnô.
Rondolf s. Randa.
Roos s. Hrôþiȥ (einst. K.).
Röp- s. Hrôþiȥ (V., zweist. K.).
Ropp- s. Hrôþiȥ (V.).
Rördanz III. Satz-N. „rühre den Tanz" d. i. hebe den Tanz an. Vgl. *Hebetanz, Schickedanz.*
Rorich s. Hrôþiȥ (V.).
Ros-, Rös- s. Hrôþiȥ (einst. K.).
Röschlaub III. Dorf i. Baiern. Auch *Roschlaub.*
Rose a) I. s. Hrôþiȥ (einst. K. Rozo) b) III. s. das Folgende.
Rose III. die Königin der Blumen, in alter wie neuer Zeit beliebt; dann Sinnbild der Schönheit und der Liebe — gern zum Abzeichen (Hauszeichen S. 63) gewählt, bes. in der ritterlichen Heraldik (meist die rote Rose). Auch als Muttername findet sich Rose. „Unter den scabini in Gotha 1269 ff. ist ein Heinricus, der bald Dominae Rosen filius bald Rose genannt wird" (Burckas).

In vielen Zss.: *Rosenblatt; -blüt* (schon unter den Meistersingern ein Hans Rosenplüt); *-baum; -busch; -krantz* (auch ON.); *-stengel; v. Rosenstern* (Rose und Stern im Wappen verbunden); *Rosenstiel; -stock* (S. 62); *-strauch; -zweig.* Schwedischen Ursprungs sind: *Rosengreen, von Rosenhand, Rosenstedt.*

Mayrose; Meyerrose. In vielen ON.: *Rosenbach, -berg, -hain, -thal* u. a.

Rosen III. Ballhorn, Erzieher lippischer Prinzen, erhielt statt dieses Namens, der ihm unangenehme Spöttereien zuzog, im Hinblick auf die Rose im lippischen Wappen den N. Ballhorn-Rosen, und seine Söhne, die bekannten Orientalisten, ließen den urspr. N. ganz fort und nannten sich einfach: *Rosen* (Pott, S. 661).
Rosen- s. Rose III.
Rosenbaum III. mhd. rôseboum „Rosenstock". — Auch Haus-N. (in Straßburg zwei Häuser „zu dem Rosenbaum" 1225) u. ON. Niederd. *Rosenboom.*
Rosenplenter III. niederd. = „Rosenpflanzer".
Rosenstengel III, auch *Rosenstingl* (Wien).
Rosentreter III. (bei Klemp. Rosentreder) „der auf Rosen wandelt". Auch *Rosentritt.*
Roß a) I. s. Hrussa b) III. Roß (als Hauszeichen, wie namentlich bei Gastwirten). Pferdehalter und Fuhrleute bedeuten wohl die FN. *Roßmann; Rößiger; Roßner; Rößner; Rößler; Rösselmann.*
Roßdeutscher s. Roßtäuscher.
Rossel, Rössel s. Hrussa.
Roßtäuscher III. mhd. rostûschaere der „Roßhändler", von tûschen, tauschen vgl. „Roßtauscher" im Marburger Gewerbe-Verz., auch „Täuscher", Schiller, Pegasus im Joche.

FN. *Roßteuscher* — (wegen des üblen Anklanges) entstellt in *Roßteutscher; Roßdeutscher.*

Rost-, Röstel s. Hruþan.
Rötgers s. Hrôþiȥ (V.).
Roth s. a) I. Hrôþiȥ (einst. K.) b) III. Rothe.
-roth s. Rode.
Röth- s. Hrôþiȥ (einst. K.).
Rothbarth III. Zss. mit Bart, vgl. Friedrich Barbarossa (kann aber in manchen Fällen auch = Hrodebert sein).

Rothbrust III. Kleidung? Vgl. Rothermel.

Rothe III. nach der Farbe des Haares, s. Fuchs. Heinrich der Rothe 1263. Auch *Roth; Rother.* Zss. *Rothaug, -eisen; Rothenhals; Rothfuchs; -hamel; -keppel; mantel; -mund- (Rotermund); -pletz; -schild; -schmid.*

-röther s. Rode.

Rothermel III. zu den von der Kleidung entlehnten N. (S. 46). Desgl. *Rothkäppel.*

Rothmaler III. „der die roten und überhaupt die bunten Anfangsbuchstaben in Handschriften anfertigte“, lat. rubricator (Rubrik), illuminator.

Rothschuh III. Schuh aus feinem *rotem* Leder (Corduan) — bei reichen Leuten beliebt (Weinhold, Deutsche Frauen II, 265).

Rotsch, Rötsch, Rott-, Rotz, Rözel siehe Hrôþiȥ (einst. K.).

Rotter III. „Spieler der Rotte“ (eines harfenartigen Saiteninstruments).

Röve niederd. „Rübe“ in *Rövekamp, Röwekamp.*

Rovers, Röve s. Hrôþiȥ (zweist. K.).

Rub- s. Hroþiȥ (V., zweist. K.).

Rübenkönig III. etwas Wertloses bezeichnend?

Rübenstrunk III. Vgl. Rübsamen.

Rubi, Rübig s. Hroþiȥ (zweist. K.).

Rübsamen III. deutlicher N. aus dem Pflanzenreich. Auch *Rübesam; Riebensahm.*

Ruck- s. a) I. Hrôþiȥ (V., einst. K.) b) III. Ruckdeschel.

Ruckdeschel III. Satz-N. „einer, der seine Wandertasche gern rückt“, ein Wanderlustiger. (1603 Hans Rücketasche in Braunschweig).

FN. *Ruckdeschel, -däschel, -täschel, -teschel, Rockteschel, Rocktasch.* Ähnliche FN. sind: *Ruckstuhl* (von einem, der nicht ruhig sitzen kann; Hans Ruckenstol 1534 in Braunschweig); *Rückriegel* (Dieb?); *Rückbeil; Rückmesser.*

Rück- s. 1) Hroc 2) Hrôþiȥ (K., einst. K.) 3) III. Ruckdeschel.

Rück III. ahd. hrukki, mhd. rücke „Rücken“, 1) in Zss. wie: *Breitruck. Weißrück* — 2) in ON. wie Geisruck, Ziegenrück.

FN. *Baumruck; Harruck.*

Ableitungen auf *-er* (oberd.):

1) *Baumrucker; Buchr.; Harr.; Steinrucker.*

2) *Ziegenrücker.*

Rud-, Rüd-, Rüed- s. Hrôþiȥ (V., einst. K.).

Ruf- s. Hrôþiȥ (V., zweist. K.).

Rüffert s. Hrôþiȥ (V.).

Rug-, Rüg- s. 1) Hroc 2) Hrôþiȥ (V., zweist. K.). 3) Rauch.

Ruhe, Rühe s. a) I. Hroc b) III. Rauch.

Ruhfuß, Ruhkopf s. Rauch.

Ruhle s. Hrôþiȥ (einst. K.).

Rühl- s. Hrôþiȥ (V., einst. K.).

Ruhm-, Rühm- s. Hrôma.

Rühmekorb III. Satz-N. „räume d. i. leere den Korb“. Niederd. *Ruhmkorff; Rühmekorf* (s. Reumschüssel).

Ruhn- s. Rûnô.

Rührenschopf III. Satz-N.

Rul- s. Hrôþiȥ (V., einst. K.).

Rum- s. 1) Hrôþiȥ (V.) 2) Hrôma.

Rühm-, Rumm-, Rümm- s. Hrôma.

Rumohr III. Dorf bei Kiel, ehemals Rugemoor d. i. rauhes (= mit Gebüsch bewachsenes) Moor. Scacco de Rumore 1245.

Rump- s. Hrôma (V., zweist. K.).

Rumschöttel s. Reumschüssel.

Runge III. Geräth., vgl. Leuchsenring. Doch s. auch Rûnô (Vklf.).

RÛNÔ I. got. rûna, ahd. rûna, mhd. rûne „Geheimnis, geheime Weisheit“ (vgl. Runen“ und das nhd. „raunen“).

FN. Runger: *Ronniger.*

Runhard: *Rönnert.*

Runheri: *Rohner; Ronner; Röhner; Rauner.*

Runuald: *Rönelt.*

Einstämmige Kürzung Run-: *Rohne; Rohn.* Patr. A. *Ronning.*

Vklf. (k) Runico: *Runike; Ruhnke; Runnecke; Runge; Runck; Rüncke; Rohnicke; Rohnke; Ronge; Rönigk.* Gen. *Ruhnken; Röntjen* (ostfries.). (k + l): *Runkel.* (z): *Runze.*

Ruoff s. Hrôþiȥ (zweist. K.).

Rup- s. Hrôþiȥ (V., zweist. K.).

Rüp- s. Hrôþiȥ (zweist. K.).

Rüsenmacher III. „Fischreusenmacher“.

Rusch III. 1) s. Rausch 2) „Binse, Schilfrohr“. Niederrhein. op den Rosch, Ruysch, Rausch. Daher FN. *Rusch; Rousch.* Gen. *Ruschen.*

Vklf. (k): Gen. *Ruschges; Ruschken; Ruischgens* (niederrhein.).

Ruß, Rüßler s. Hrôþiz (einst. K.).

Rußwurm III. mhd. ruozwurm scheint eine Schabe oder Assel zu bedeuten (rubicer, rubitor). Auch *Roßwurm*.

Rust, Rüst s. Hruþan.

Rüster III. „bei einer Rüster wohnend".

Rüt-, Ruth- s. Hrôþiz (einst. K.).

Rüter s. Reuter.

Rutschke, Rütschle s. Hrôþiz (einst. K.).

Rutt-, Rütt- s. Hrôþiz (V., einst. K.).

Rutz-, Rütz- s. Hrôþiz (einst. K).

Ruwoldt s. Hrôþiz (V.).

Ryder s. Reiter.

Rykena s. Rîka (einst. K.).

S.

Saacke s. Sakan.

Saaling s. Saling.

Saar- s. Sarwa.

Saaß s. Sahs.

Sabellius II. Presbyter in Ptolemais (3. Jh.). FN. *Zabel* (Zabellus, Szabel VN. Klemp.).

Sach- s. Sakan.

Sachs- a) I. s. Sahs b) III. Stammesname: *Sachse; Sachs, Sax.* Zss. *Bauersachs.*

Sack a) I. s. Sakan b) III. zu den Gerätnamen, bes. in Zss., die wohl großenteils Spottnamen sind: *Bauchsack* (= Buch-?); *Biers.; Butters.; Bots.* (Botentasche); *Habers; Hopfens.; Laudens., Lautens.; Leders; Milchs.* (mhd. milchsac „Hirtentasche"); *Strohs.; Volls.; Wads.* c) III. ON. *Sack* (Straßen-, Flurname); *Bohnsack* (Westpreußen).

Sackmann III. mhd. sacman „Troßknecht" (auch = Plünderer).

Sadler, Sädler s. Sattler.

Sagasser III. „einer aus Sagas" (Kärnten).

Sager III. 1) niederd. der „Säger", vgl. Ludeke de sager Ehrentraut fries. Archiv. Bd. I, H. 3. Auch *Seeger.* 2) oberdeutsch „der etwas ansagt, Zeuge, Schiedsrichter". Niederd. *Segger.* 3) Ort in Pommern.

Sägert s. Segu (V.).

Sägesser s. Segisser.

Sahlmann s. Sal.

Sahr s. Sarwa.

SAHS I. zum Volksnamen der „Sachsen", ahd. Sahso, mitteld. niederd. Sasse (vom german. sahsa, altnord. sax, angels. seax, ahd. sahs Messer, urspr. Steinmesser, vgl. lat. saxum. S. 14 Anm. 2). Sahsbert. Sahsarich.
FN. (einstämmig) Saxo, Sasso: *Sachse, Saxe; Sachs; Sasse; Saaß; von Saß* (Gerhardus Saxo vor 1204, Heinrich Sasse 1417, sein Sohn Johann von Saß).
Vklf. (l): *Sassel; Seßle.* (k) Sahsiko: *Saske.*

Saitz s. Segu (einst. K.).

SAIWI I. got. saivs, ahd. altsächs. sêo „Meer". Schwer von Segu zu trennen, dessen entartete Formen in Se- übergehen.
FN. Sefrid: *Seefrid.* Seman: *Seemann.* Sewald: *Seewald.*

SAKAN I. got. sakan, ahd. sahhan „streiten". Sahmar.
(Sahher): *Sacher.* (Doch vgl. Zacharias).
Einstämmige Kürzung Sac-.
Sacco: *Sach; Sack; Saacke.*

SAL- I. vielleicht zu got. saljan „darbringen", ahd. sala, mhd. sal „rechtliche Übergabe eines Gutes"; oder german. salaz, ahd. mhd. sal „Saal"; Salabald.
FN. Salager: *Salger; Seeliger; Selker.*
Salaher: *Saller.*
Salamar: *Selmer.*
Salaman: *Sahlmann; Seelmann.*
Patr. A.: *Salemink.* (Zusammengeworfen mit Salomon).
Einstämmige Kürzung Sal-.
(Salo): *Sello; Selle.*
Vklf. (k) Salaco: *Sallge; Selge; Sellke; Seligo.* Patr. A. *Sehling.*

Saling III. jüd., früher Salomon Levin; dgl. *Saaling* statt früher Jakob Salomon.

Sallwerk III. mhd. sarwurke, später entstellt salwurke (z. B. Berchtold Salwurk 1373) „Harnischmacher". Auch *Sallwürk.*

Salomo II. hebr. „der Friedliche".
FN. (christlich und jüdisch): *Salomon.* Gen. *Salomons.*

Salzer III. der „Einsalzer".
FN. *Salzer; Sälzer.* Niederd. *Solter; Sölter.* Dazu die Zss.: *Salzgeber; Salzmann; Salzsieder.*

Salzmann III. „Salzverkäufer", „Salzsieder".

Samariter III. wohl mit Bezug auf den „barmherzigen Samariter" Ev. Luc. 10.

Sambol s. Sanþa.

-samer s. Heim.

Samm- s. Sanþa.

Samuel II. hebr. Schemuêl „von Gott erhört“ (1. Sam. 1, 20).
FN. *Samel; Zamel, Zahmel* (mit Verhärtung des s in z, wie im Niederd. bei fremdsprachigen N. öfter). Gen. *Samuels.* Patr. Zss. *Samuelsohn* (jüd.); *Samelsohn.*

Sand a) I. s. Sanþa b) III. = Sandfläche, vgl. Ulrich im Sand 1264. Auch häufiger ON. Dazu *Sandmann,* das aber auch den Sandhändler bedeutet.

Sander s. a) I. Sanþa b) II. Alexander.

Sandfuchs III. „sandgelbes Pferd“.

Sandner III. „einer aus Sanden“.

Sanftleben III., niederd. *Sachtleben* (schon 1369 Heneke Sachtelevent), „der ein sanftes d. i. ruhiges Leben führt“. Auch *Senftleben.*

Sänger s. Singer.

Sängewald s. Sengelaub.

Sann-, Sant- s. Sanþa.

SANÞA I. wahr, das Wahre, Rechte, altnord. sannr, saðr, altsächs. sôð (dän. sand) „wahr“.
FN. Sandebold: *Sambol.*
Sandebert: *Sammert.*
Sandheri: *Sander; Sandherr; Santer; Söder.*
(Sandmar): *Sammer.*
(Sandarat: *Sandrat.*
(Sandroch): *Sandrog; Sandrock.*
Sandolt: *Sannwald; Sandol.* Zss. *Sandelmann.* Gen. *Sandholz.*
Einstämmige Kürzung Sand-.
Sando: *Sando; Sande; Santo; Sandt.* Vklf. (l): *Sandel; Sendel.* (k): *Sandig; Sannig; Sanke; Senteck.* (z) Sanzo: *Santz; Sentz.*

Santjohanser III. von dem Dorfe u. ehemaligen Kloster St. Johann in Toggenburg (Tobler-M.).

Sarrazin, Sarazin (gewöhnl. in franz. Aussprache) III. mhd. Sarrazîn, franz. Sarrasin, mittellat. Saracenus, arab. scharakyn „Sarazen, Morgenländer“.

Sarre s. Sarwa.

Sartor III. Latinisierung für „Schneider“.
FN. *Sartor;* erweitert *Sartorius.* Gen. *Sartori* (aus Sartorii).

SARWA I. „durch Verknüpfung Angefertigtes“ got. sarwa, ahd. saro, Gen. sarawes, mhd. sar- (nur in Zss.) „Rüstung“.
FN. (Sarafrid): *Sarfert; Sarfart; Särfert.*
Saraman: *Saarmann; Sermann.*
Serald: *Sehrwald.*
(Sarwig): *Sarwey.*
Einstämmige Kürzung Sar-.
Saro, Sar: *Saro; Saare; Sahr; Sarre; Serre; Seer.* Patr. A. *Süring.*
Vklf. (k): *Sarach; Serig; Sehrke.*
(k + l): *Sargeli.*

Saske, Saß- s. Sahs.

Sattler III. ahd. satalâri, mhd. satler.
FN. *Sattler;* mit Umlaut *Sättler.* Niederd. *Sadler; Sädler; Sadelmacher.*

Sauer III. einfach (wohl meist = süd zu fassen, wie Sauerland = Südl. vgl. auch Suerjohann unter Sund) und in mancherlei Zss. (S. 47): *Sauerapfel; Sauerbier; Saueressig; Sauermilch; Sauermost; Sauersenft; Sauerteig; Sauerwein.* — *Sauerbeck; Sauerbrei, Saurbrey* (vgl. Brauer).

Saufaus III. Satz-N. „ein Saufaus“ (Säufer).

Säugling III.

Saupe a) I. s. Sunþa b) III. s. Supan.

Sauter s. Suter.

Schaar s. Skarô.

Schaarwächter III. Nachtwächter (der zu einer Schar gehört).

Schach-, Schächle s. Skakan.

Schachtschabel III. mhd. schâchzabel „Schachbrett“.

Schack-, Schäckel s. Skakan.

Schade III. ahd. scado, mhd. schade „schädigender Feind, Widersacher“ (doch auch schon im 8. Jh. Scatto zu german. skadan „schaden, Schädiger“).
FN. *Schade; Schad.* Zss. *Landschade.*

Schadenfroh III. Eigenschaftsn. s. S. 48.

Schädtler s. Schüssler.

Schaf III. (Hauszeichen S. 62); mit der Zss. *Schlachtschap,* dem N. eines Wiedertäufers in Münster 1534.

Schäfer III. ahd. scâphare, mhd. schaefer „Schafhirt“.
FN. *Schäfer.* Gen. *Schäfers.* Zss. *Horstschäfer. Neuschäfer. Schäfersmann.* Niederd. *Schaper; Schäper.* Niederrhein. *Schiefer; Schiffer.* Gen. *Scheepers, Schäpers; Schiepers* (niederrhein.). Zss. *Bauerschäfer,* niederd. *Buerschaper.* — *Schäpermeier. Schäferkord.*

Schaffenhauer III. „Verfertiger von Schaffen“ (ahd. scaph, mhd. schaf, altsächs. scap Schaff, Holzgefäß), etwa = Bötticher.

Schäffer III. (mit geschärftem Vokal) ahd. scaffâri, mhd. schaffaere, schaffer, scheffer „Schaffner“ (Verwalter, Hausmeister).

FN. *Schäffer, Scheffer;* auch *Schaffer; Schöffer* (aus dem Gebrauche des 15. bis 16. Jh. in Mitteldeutschland, wo man das e in ö rundete, woher noch Schreibungen wie „Schöpfer, Hölle“). Zss. *Neuschöffer.* Niederd. *Schapper.* Gen. *Scheffers.*

Mit dem n der schwachen Bildung: *Schaffner, Scheffner.*

Schaffgotsch III. Ahnherr der Grafen Sch. ist Gotsche (= Gottfried) Schoff.

Schaffnicht III. Satz-N. „schaffe nichts“ (ein Faulenzer). Auch *Schaffnit.*

Schaffrath III. „schaffe Rat“ (einer, der immer Rat zu schaffen weiß); auch *Schaffenrath.*

Schalch, Schalk, Schall s. Skalkaȥ.

Schaller III. 1) „Redner, Schwätzer“. 2) „Aufseher eines Kaufhauses“.

Schapeler III. „Schapelmacher“. (Schapel = Kranz von Laub od. Blumen als Kopfschmuck.)

Schaper-, Schäper s. Schäfer.

Schapper s. Schäffer.

Scharf-, Schärf- s. Skarpaȥ.

Schäring, Scharl-, Scharold s. Skarô.

Scharp- s. Skarpaȥ.

Scharr s. Skarô.

Schaubert s. Schubert.

Schauer a) I. s. Skûrô b) III. die Schauer oder Schaumeister hatten darauf zu achten, daß das verwendete Material gut, die Arbeit sorgfältig sei. Auch Handlanger bei Schiffen.

Schaufert s. Schubert.

Schauinsland III. Satz-N. (O. in Baden); auch zsgz. *Schaunsland.*

Schaumkell III., **Schaumlöffel** III. s. S. 44.

Schaup III. „Strohbund, -wisch.“ Burchardus dict. Schoup 1283.

Schaur- s. Skûrô.

Scheele s. Schiele.

Scheelhaß s. Schellhase.

Scheepers s. Schäfer.

Scheer a) I. s. Skarô b) III. mhd. scher „der Scherer, Barbier“.

FN. *Scheer* (latinis. Rasor). Zss. *Bartscheer; Tuchscheer.*

Scheermesser III. Gerätname.

Scheerpelz III. Satz-N.

Scheffel III. Gerät-N. Auch *Schöffel.*

Scheff(n)er s. Schäffer.

Scheffler III. mhd. scheffelaere, von scheffel kleines Schaff (niederd. Schapp), der „Faßbinder“. In München Bezeichnung des Gewerbes (Schäffler).

FN. *Scheffler; Schöffler.* Niederd. *Schepeler.*

Scheibner III. einer aus dem O. Scheiben (in Böhmen, Steiermark u. a.).

Scheide III. im Sinne von „Wasserscheide“ seit dem 8. Jh. in ON. Heutzutage die einfachen *Scheide, Scheidt* und viele Örter auf *-scheid,* die eine zusammenhängende Masse in dem Regierungsbezirk Arnsberg, der preuß. Rheinprovinz, Nassau, Luxemburg bilden.

FN. *Scheid; Arnscheidt; Brandscheid; Burtscheidt; Dürrsch.; Langenscheid; v. Meerscheidt* (O. b. Solingen, Henrichs de Merenscede 1325); *Mittenscheid; Reiffersch.* (Ripuariergrenze); *v. Rohrscheidt; Thansch.*

Ableitung auf *-er* (oberd.):

Gschaider (O. Gschaid bair.-öst.); *Wegscheider* (O. Wegscheid u. Wegscheiden, häufig in Österreich und Baiern). *Lorsch.; Lugsch.; Marsch.*

Scheidemann III. mhd. scheideman „Schiedsrichter“.

Scheidenmacher III. „der Scheiden zu Schwertern und Messern macht“. Dass. *Scheidler.*

Scheil s. Schiele.

Schein III. in den Zss. *Blumenschein; Hausschein* (verlateint Oecolampadius); *Maienschein; Monschein.*

Schelcher III. „der Schieler“, mhd. schilher. Vgl. Schiller b.

Scheld- s. Skelduȥ.

Schell a) I. s. Skelduȥ b) III. mhd. schel „Schelm, Betrüger“.

Schellhase III. „scheu aufspringender (mhd. schellec) Hase“. Entstellt *Scheelhaß.*

Schellhorn III. Schelchshorn 1677, *Schelshorn* (München) „Horn des Schelchs“ (Riesenhirsches Nib. 880). Auch *Schöllhorn.*

Schellkopf III. „Kopf des Schelchs“ d. i. Riesenhirsches.

Schelp-, Schelt- s. Skelduȥ.

Schenk III. ahd. scenco, mhd. schenke „der Schenke, Mundschenk" — bes. auch ein Hofamt; daher in den N. mehrerer edler Geschlechter, die dann dem Amte zur weiteren Unterscheidung oft noch den Stammsitz hinzufügten: Kuonrat der schenke von Wintersteten. Gegenwärtig noch *Schenk von Stauffenberg* (ehemals Schenken der Hohenstaufen), *Schenk von Geyern, Schenck zu Schweinsberg* u. a. — Zss. *Bierschenk; Weinschenk.*

Schenkel III. Körperteil — mit den Zss. *Kurzschenkel; Langschenkel.*

Schepeler s. Scheffler.

Scher- s. Skarô.

Scherer III. mhd. scheraere „Scherer" d. i. Barbier, doch auch Feldscher und Tuchscherer.

Scherf-, Scherp- s. Skarpaȥ.

Schermer s. Schirmer.

Scherr-, Scherz s. Skarô.

Schettler s. Schüssler.

Scheubenpflug III. Satz-N. „schiebe den Pflug" (ein tüchtiger Pflüger).

Scheuchenpflug III. Satz-N., vom mhd. schiuhen scheuen: „scheue den Pflug". Auch *Scheunpflug.* Jenni Schiuch den Phluog (Bauer) 13. Jh.

Scheuer-, Scheur- s. Skûrô.

Scheunemann III. „der an der Scheune". Niederd. *Schünemann.*

Scheurer III. „Aufseher über die Scheuer(n)". Heinzi Schiurer 12. Jh. Auch *Schürer.*

Schiek s. Skik-.

Schickedanz III. Satz-N. „schicke den Tanz" d. i. ordne den Tanz an. In Schlesien bezeichnet man mit Schicketanz eine Person, die man zu allerhand Botendiensten benutzt (Ondrusch); ebenso heißt ein Teufel (DW.). Auch *Schickendans; Schüicktanz* (österr.); *Schicktanz.*

Schickfuß III. Satz-N. „mache den Fuß zurecht". Ebenso ist gebildet *Schickhelm.*

Schief-, Schiep- s. Schäfer.

Schiele III. „schielend". Schile-Peter.
FN. *Schiele, Scheele; Scheil.*

Schier- s. Skîrjaȥ.

Schietendüvel III. Satz-N. Schuttenteuffel 1573, Schütentüfel 1667 „schüttle den Teufel". FN. *Schietendüwel; Schützendiebel; Schützendöbbel.*

Schiffer III. Gen. *Schiffers* (niederrhein.). Doch vgl. Schäfer.
Vklf. *Schifferli.* Niederd. *Schipper.* Gen. *Schippers.*

Schifferdecker III. = *Schieferdecker.*

Schiffmann III. ahd. scefman, mhd. schifman „der Schiffer" (welches letztere erst seit dem 16. Jh. auftritt). Niederd. *Schippmann.*

Schild- s. Skelduȥ.

Schild III. in Haus-N. *Grünschild; Rothschild; Schwarzschild* (vgl. S. 69) und Zss. wie *Hauenschild.*

Schildknecht III. „Edelknecht, schildtragender Diener".

Schildkraut III. Pflanzen-N. clypeola.

Schildwächter III. „der in voller Rüstung Wache stehende Krieger" (s. Luthers Bibelübers. Richt. 7, 11).

Schilf-, Schilk-, Schill- s. Skelduȥ.

Schiller a) 1. III. wohl durch Rückangleichuug aus Schilter, Schilder entstanden, wie Hiller aus Hilder. Man vergleiche auch „schillern" = schildern (Schildwach stehen) in einem bei Moscherosch aufbewahrten Volksliede des 17. Jh.:

„Gott ist des Christen Hülf' und Macht,
Ein' feste Citadelle;
Er wacht und schillert Tag und Nacht,
Tut Rond' und Sentinelle."

b) III. „ein Schielender" (schwäb. schilla „schielen").

(Der N. Schiller findet sich in Oberschwaben schon im J. 1403.)

Schilling III. die bekannte Münze, schon im Got. skillings (wohl zu ahd. scellan klingen), seitdem in allen germanischen Sprachen, mhd schillinc. (Doch schon im Angels. ein Scilling der „Tönende", als Gefährte des sagenhaften Sängers Vidsið).
FN. *Schilling; Schelling.* Gen. *Schillings* (niederrhein.). — Zss. *Fünfschilling.* (S. auch Skelduȥ.)

Schilter a) I. s. Skelduȥ b) III. ahd. schiltâri, mhd. schiltaere der „Schilde und überhaupt Lederwerk anfertigt"; der „Schildmaler, Wappenmaler" (woher nhd. das Zeitwort „schildern"). Wolchwin der Sciltaer 1190, Johannes dictus Schildere (pictor).

FN. *Schilter; Schilder; Schiller.*
Mit dem n der schwachen Bildung: *Schildner.*

Schimke s. Simon.

Schimmelpfennig III. einer der den Pfennig erst mit Schimmel sich überziehen läßt, ehe er ihn ausgibt. Vgl. *Wucherpfennig.*
FN. *Schimmelpfennig; Schimmelpfeng.* Niederd. *Schimmelpenninck.*

Schindewolf III. Satz-N. „schinde den Wolf". Vgl. Dempewolf.

Schindler III. mhd. schindelaere „Schindelmacher".

Schipper III. s. *Schiffer.*

Schirmeister III. bei den Schmieden der „Vorschläger"; sonst „Geschirrmeister" auf Schiffen, bei den Posten usw. (Kann aber z. T. auch aus mhd. schirmmeister „Fechtmeister" entstanden sein.)

Schirmer III. ahd. schirmâri, mhd. schirmaere 1) „Schützer" 2) „Fechter". Auch *Schürmer; Schermer.*

Schirott, Schirrey s. Skîrjaz.

Schittenhelm s. Schüttenhelm; **Schittenkopf** s. Schüddekopf.

-schitz III. in ON. slawisch, s. S. 92.
FN. *Lipschitz. Anschütz* (O. Aschitzau u. Endschütz); *Dobschütz* (O. Dobschitz); *Liebenschütz* (O. -schitz); *Niebelschütz.*

Schlächter III. slahtâri, mhd. slahtaere, slahter, slehter „der Fleischer".
FN. *Schlüchter; Schlachter* (südd.).

Schladenhauffen s. Schlagdenhauffen.

Schladoth III. niederd. Satz-N., ein „Schlagetot".

Schlag III. in ON. vom Schlagen eines Waldes: Puoheslaga 9. u. a., jetzt Buchenschlag — mitunter auch aus loh „Busch" mit vorhergehendem s entstellt: Adelsschlag aus Adaloltesloh. (Noch andere Bed. von „Schlag" in Flur-N. bei Buck S. 239—240.)
FN. *Asperschlag; Giesenschl.; Lichtschl.; Rottschl.*
Ableitung auf *-er* (oberd.): *Partenschlager* (Baden). Dagegen *Darfschlag* und *Dörschlag* sind aus dem slaw. N. Dargheslaf entstellt.

Schlagdenhauffen III. Satz-N. für einen tapfern Dreinschläger; auch *Schlaginhaufen* — aus beiden abgekürzt: *Schlagenhauf.* Ähnlich

Schlagenteuffel III. Satz-N. s. S. 53; **Schlagngaul** s. Bschlagngaul.

Schläger III. einfach und in Zss.: *Kesselschläger; Lautenschl.; Hofschl.* (Huf-).

Schlagintweit III. niederd. Satz-N. aus „Schlag in dat Weite".

Schlapp III. s. S. 48.

Schlauderaff III. ein nichtstuender „schluderiger Affe" (woher Schlaraffe, Schlaraffenland). — FN. *Schlauderaff; Schlauraffe; Schluraffe.*

Schleder III. „der den Schlot (mhd. slât) aufs Dach setzt". Ein mitteldeutsches Wort.

Schleemilch s. Schlegelmilch.

Schlegel III. ahd. slegil, mhd. slegel „Schlägel", Werkzeug zum Schlagen (auch Schlachten). Auch der Gefangenwärter. Hermann der slegel 1299. Werner zem Slegel 1388.
FN. *Schlegel. Bruckschlägl* (Wien). (Burcard. de Bliensowe dict. Bruggenschlegel 1265)

Schlegelmilch III. „Buttermilch" (von schlagen mhd. slegemilch, slêmilch). Auch *Schleemilch, Schlömilch.* Entstellt *Schneemilch,* das aber auch eine andre Speise bedeutet.

Schleger III. „unzünftiger Hausschlächter" (niederrhein.).

Schleicher III. vgl. Liesegang. Niederd. *Schliecker.*

Schleifer III. Gewerb-N. Niederd. *Schlieper.*

Schlemmer III. „Schlemmer", der slemmer 1595.

Schlenzig III. Eigenschaftsname, mhd. slenzic „müßig, träge".

Schlesing III. „ein Schlesier" — neben dem neueren *Schlesinger* und auch *Schlesier.*

Schlichtegroll, auch **Schlichtkrull** III. Satz-N. „schlichte die Locken", mhd. krülle „Haarlocke".

Schlick III. mhd. slic „Fresser".

Schliecker s. Scheicher.

Schlieper s. Schleifer.

Schließer III. „der Schließer", bes. in dem Sinne von Gefängniswärter", „Hausverwalter". Niederd. *Schlüter* (Klemp., Matrikeln der pommerschen Ritterschaft S. 136 Sluter = claviger).

Schlindewein III. Satz-N. von mhd. slinden schlingen = „Weinsäufer“.

Schlockebier s. Schluckebier.

Schlöhbaum III. „Schleebaum, -busch“ (ahd. slêha Schlehe, prunella).

Schlömilch s. Schlegelmilch.

Schlosser III. neuere Bezeichnung statt der älteren Kleinschmied.

FN. *Schlosser; Schlösser; Schlötzer.* Niederd. *Schlötter; Schlotter.*

Schlote III. „am Graben (niederd. slôt) oder am Morast (ahd. slote = Schlamm, Lehm) wohnend“.

FN. *Schlote; Schlot; Schloten* (niederrhein.).

Schlothauer III. „Schlosser“. Auch *Schlotzhauer.* Nach andern der Zimmermann, der Schlote, Essen zurechthaut, oder der Schlotfeger.

Schluckebier III. Satz-N. Nach Vilmar ist ein ganzes hessisches Dorf von Schluckebieren bewohnt. Auch *Schlockebier.*

Schluraffe s. Schlauderaff.

Schlüter s. Schließer.

Schmeckdiewurst III. deutlicher Satzname.

Schmeckebier III. Satz-N. „schmecke Bier“ (s. Schluckebier).

Schmeckpeper III. Satz-N. niederd. „schmecke Pfeffer“.

Schmed-, Schmetje s. Smiþa.

Schmelzer III. „der etwas schmelzt“ (Erze, Münzen, Glas, Wachs u. a).

Schmid a) I. s. Smiþa b) III. got. smiþa, ahd. smid, mhd. smit jeder „der aus Metall Geräte verfertigt“.

FN. in verschiedener Schreibung, gew. *Schmidt,* daneben *Schmid, Schmitt, Schmiedt.* Gen. *Schmidts, Schmitz* (häufig am Niederrhein); *Smets; Smeets.* Der ursprüngliche Anlaut sm ist erhalten in den aus Nordwest-D. stammenden FF. *Smidt, Smid, Smitt.*

Aus der 3. Periode stammen die vielen Zss.:

1) nach dem bearbeiteten Metall: *Blechschmidt; Eisenschmidt, Isenschmid* (mhd. îsensmit); *Goldschmidt; Kupferschmied,* halbniederd. *Kopperschmidt* (Hamb.). *Silberschmidt; Stahlschm.*

2) nach dem verfertigten Geräte: *Beilschm.; Drahtschm.; Hackenschm.; Hammerschm.; Haubenschm.; Hufschm.; Kesselschm.; Messerschm.; Nagelschm.; Pfannenschm.; Pfeilschm.; Schaarschm.* (der Pflugscharen schmiedet); *Scheerschm.; Segenschmid = Sensenschmid; Sichelschmidt; Waffenschm.—Kaltschm.; Kleinschm.; Pfennigschm.* (Münzer?); *Werschm.* (Waffenschmied). Wohl scherzhaft: *Pusterschm.* (Verfertiger von Blasebälgen); *Wurstschm.*

3) auf doppelte Beschäftigung deutend: *Bauerschmidt* (wie auch umgekehrt *Schmittbauer*); *Jägerschm.;* dagegen *Freischm.* ein unzünftiger Schm.

4) auf den Standort der Schmiede bezüglich: *Bergschm.; Blumenschmid; Dorfschmidt; Gassenschm.; Heitschm.* (auf der Heide); *Lindenschmit; Sonnenschmidt* (wohl bei einem Gasthaus „zur Sonne“); *Thorschm.; Waldschm.;* auch wohl *Brüggenschm.* (der Schm. an der Brücke).

Seltener bildet das Wort den ersten Teil der Zss., was fast nur in Verbindung mit PN. stattfindet: *Schmitthenner* (der Heinrich von der Schmiede); *Schmitjan* (der Schmiedejohann); *Schmidtkunz; Schmidtseifert* (-siegfried). *Schmidthuber* (s. Huber).

Schmidd-, Schmied-, Schmit- s. Smiþa.

Schmock, Schmuck-, Schmück- s Smukka.

Schnabel III. Vklf. *Schnäbele* (schwäb.).

Schnapauf III. Satz-N. „schnappe auf“, Scherzn. für einen Vielfraß? Auch niederd. *Schnapuf.*

Schnatmeyer III. Schnat oder auch Landwehr: an der Grenze gelegene Abteilung der Mark, die einer engeren Gemeinschaft zugehört. Auch in *Schnatmann; Schnathorst.*

Schnee III. — auch in der Zss. *Kaltschnee. Schneekloth, Schneekluth* niederd. = Schneekloß; *Schneemann; Schneevogl.*

Schneemelcher III. II. zu mnd. snede, mhd. sneite „Schneise“ (als Grenze durch den Wald gehauener Weg).

Schneeweiß III. mhd. snêwîȥ.

Schneewind s. Schneidewind.

Schneid III. wohl die (politische) Grenze bezeichnend, in ON. seit dem 8. Jh. (Otensnaita).
FN. *Schneid; Schnaith* (württ.) *Wessanschneid.*
Ableitung auf *-er: Elendschneider.*

Schneidemesser III. Gerätname.

Schneider III. erst mhd. snîdaere, snîder „der ein Gewand zuschneidet und verfertigt“ — einer der häufigsten FN. Gen. *Schneiders* (niederrhein.).
Zss. *Bergschneider; Herrenschneider; Kampfschn.* (westf., der Schn. vom Kampe); *Nagelschn.* („Nagel, olim Schneider“ Preuß). Niederd. *Schnieder* (schon 1383 im Gött. UB. I. als Snidere vorhanden); zsgz. *Schnier.* Gen. *Snyders; Schnieders* (ostfries.); *Schniers.*
Einige merkwürdige Zss. bietet auch hier Westfalen: *Schockenschnieder; Hemkensamkenschnieder* — was bedeuten sie?

-schneider III. in Zss. wie Brettschneider, nicht von dem Hauptw. Schneider, sondern unmittelbar von dem Zeitw. schneiden.
FN. *Brettschneider, auch Bredschn.; Dillschn.,* auch *Thielschn.* (Diele); *Futterschn.; Holtschn.* (halbniederd. = Holzschn.); *Pfeifenschn.; Reifschn.; Riemenschn., Riemschn.* (= Riemer); *Rohrschn.; Schachtschn.* (niederd. = Schaft-, Pfeil-); *Speerschn.; Steinschn.; Strohschn.; Wandschn.* (Klemp. Wandsnider = Gewandschneider).
(*-schneider* in einzelnen oberd. FN. auch zu ON. gehörig s. Schneid.)

Schneidewind III. Satz-N. „durchschneide den Wind“ d. i. ein „unruhiger, umherziehender (Landsknecht)“ Snydewint 13. Jh. vgl. franz. Taillevent — als FN. in den verschiedensten FF.: *Schneidewind; Schneidawind; Schneidewin; Schneidwendt; Schnödewind; Schniewind; Schneewind.*

Schnell- s. Snellaȥ.

Schnellenpfeil III. Satz-N. „schnelle den Pfeil“. So auch *Spitzenpfeil* und *Schnellbögl.*

Schnetger, Schnetker s. Schnittger.

Schnetzler III. der „Schnitzler“.

Schnieder, Schnier s. Schneider.

Schniewind s. Schneidewind.

Schnitter III. mhd. snitaere, snitter „der die Ernte schneidet“.
FN. *Schnitter.* Zss. *Strohschnitter.*

Schnittger III. niederd. snittger „der Tischler“.
FN. (Nordwest-D.) *Schnittger; Schnittker; Schnetker; Schnetger.*

Schnitzer, Schnitzler III. mhd. snitzaere, snitzeler „Bildschnitzer“.

Schnödewind s. Schneidewind.

Schnuphase III. zu schnauben, schnopern „wittern“. Vgl. FN. *Spörhase* „Spürhase“.

Schobelt, Schöberl, Scholle s. Skeutan.

Schöffel s. Scheffel. **Schöffer** s. Schäffer.

Scholten, Scholz- s. Schultheiß.

Schomaker s. Schuhmacher.

Schomann s. Schumann.

Schömann III. N. eines bekannten Greifswalder Professors, aus dem schwed. Sjömann „Seemann“.

Schombart III. mhd. schemebart (bärtige) „Larve, Gesichtsmaske“. Nhd. *Schönbart* (doch s. auch Skaunja).

Schombert, Schömperle, Schon-, Schön- s. Skaunja.

Schöne, Schön a) I. s. Skaunja b) III. der „Schöne“ (vgl. franz. Lebeau). In Zss.: *Schönknecht; Schönrock; Schönbaum* u. a.

Schoon s. Skaunja.

Schopenhauer III. niederd. „der Schopen d. i. Schöpfkellen (s. Klempin, Diplomat. Beitr. S. 487) zuhaut“. Hochd. *Schuffenhauer.*

Schopp s. Skeutan.

Schöps III. aus slaw. skopec castratus — als FN. in Schlesien häufig. Der Husaren-Oberst Rudorf mußte auf Befehl Friedrichs d. Gr. seinen ursprünglichen N. „Schöps“ ablegen (Pott S. 287).

Schorer III. „Tuchscherer“. Auch *Schörer.*

Schotte a) I. s. Skeutan b) III. „Schotte“ d. i. Krämer und Hausierer, nach den zahlreichen Schotten, die im Mittelalter als Hausierer durch Deutschland zogen.
FN. *Schotte; Schott; Schotten* (urspr. Dativ der Mehrz., bei den Schotten,

d. i. einem Schottenkloster wohnend). *Schottländer.*

Schötteldreier s. Dreher.

Schöttler s. Schüßler.

Schottmüller III. urspr. Müller: „Anfang des J. 1858 bewarb ich mich aus Rücksicht auf meine zahlreichen Söhne um die Erlaubnis, meinem Vaternamen den FN. meiner Mutter, einer geb. Schott, vorsetzen zu dürfen, und nenne mich seitdem Schottmüller". (In der Lebensbeschreibung des Prof. Adolf Sch., die er seinem „Luther" vorangestellt hat.)

Schrader s. Schröter.

Schramm III. „der mit der Schramme". Hans Breitbeck mit der schrammen 1459.

Schraudolph, Schraut s. Skrudan.

Schreiber III. ahd. scrîbâri, mhd. scrîbaere der „Schreiber", doch in weiterer Bed. und unter Umständen von höherem Range als jetzt: Notar, Rechnungsführer, Kanzler.

FN. *Schreiber.* Zss. *Quittschreiber.* Niederd. *Schriever* (Ratzeb.), *Schriefer.* Verlat. *Scriba* (Hessen).

Schreiner III. oberd. = niederd. Tischler. Auch *Schreinert.*

Schreivogel III. Charadrius vociferans „Schreier" (Pott.) Werinheri Screivogel 1095.

Schreur s. Schröter.

Schriever s. Schreiber.

Schrocke s. Skrudan.

Schröder s. Schröter.

Schrödl s. Skrudan.

Schröer s. Schröter.

Schröpf, Schropp s. Skrudan (zweist. K.).

Schrot-, Schrötel s. Skrudan.

Schröter III. mhd. scrôtaere, neuniederd. schröder, schröer (vom ahd. scrôtan, mitteld. schrôden, schrâden abschneiden) 1) der Kleider zuschneidet, „Schneider" 2) der Lasten, namentlich Fässer „schrotet", d. i. auf zwei Leiterbäumen, die oben und unten verbunden sind, schiebend fortbewegt oder wälzt. In dieser Bed. noch im 16. Jh. allgemein, z. B. bei Luther Jerem. 48, 12.

FN. *Schröter; Schrötter; Schroter.* Niederd. *Schröder;* mit Ausfall des d *Schröer; Schrader* (Scrader, Scroder 1369 Braunschw.). Gen. *Schrörs; Schreuers* (niederrhein. an der holl. Grenze). Zss. *Bierschröder; Brinkschröder* (westf. „der Schr. auf dem Brinke"); *Kampschröer* (westf.); *Pohlschröder* (am Pfuhl wohnend).

Schrupp s. Skrudan.

Schubert III. mhd. schuochwürhte, schûworhte, schûworte Schuhwirker d. i. „Schuhmacher". Aus den mhd. FF. durch weitere Abschleifung und z. T. Entstellung die

FN. *Schuhwirth; Schuhwicht; Schuwert; Schuffert; Schaufert; Schubert* (durch Verhärtung des w in b, zugleich wohl mit Anlehnung an die zahlreichen EN. auf -bert); *Schubart; Schuwardt; Schaubert.* Doch sind die FF. mit b, f zweifelhaft, da ein altdeutsches skog (= altnord. skôgr „Wald"?) hereinzuragen scheint, welches sich in N. wie *Schuchardt; Schuhwein* bes. deutlich verrät (s. Steub S. 137).

Schuch s. Schuh.

Schuchmacher s. Schuhmacher.

Schuchmann, Schuckmann s. Schuhmann.

Schücker s. Skeutan (V.).

Schücktanz s. Schickedanz.

Schüddekopf III. Satz-N. „schüttle den Kopf". Auch *Schittenkopf, Schütterkop.* Vgl. Schüttenhelm.

Schuffenhauer s. Schopenhauer.

Schuffert s. Schubert.

Schufft III. änderte, als er 1837 an der Taubstummenanstalt zu Homburg bei Kassel angestellt wurde, auf Befehl des Kurfürsten seinen N. in *Schafft.* (Keßler, Festschrift usw. 1888).

Schuh III. mhd. schuoch der „Schuh". (Schühlin 1265. Guldinschuh 1462).

FN. *Schuh;* älter *Schuch.* Vklf. *Schühlin; Schulin.* Zss. *Braunschu; Bundschuh* (Schnürschuh S. 46); *Breitsch.; Frauenschuh; Guldensch.; Handsch.; Holzsch.; Hornsch.; Knabenschuch; Preisschuch* (Schnürsch.); *Rothschuh; Weißsch.*

Schuhmann III. ahd. schuohman „der Schuhmacher".

FN. *Schuhmann,* gewöhnlicher *Schumann* — in älterer F. *Schuchmann, Schuckmann.* Niederd. *Schomann.*

Schuhwerk III. mhd. schuochwürke „Schuhmacher". Vgl. Schubert.

Schuknecht III. landschaftl. „Schuhmachergeselle". Niederd. *Schoknecht.*

Schuwirth, -wicht s. Schubert.

Schüler III. in älterer F. *Schuler* = scolaris „Student"; auch *Schuller* (österreich.); *Schüller.* Zss. *Altschüler.*

Schult- s. Schultheiß.

Schultheiß III. ahd. sculthei*z*o, mhd. schulthei*z*e urspr. „der Verpflichtungen und Leistungen (schult) heißt d. i. befiehlt"; Zivilrichter, Vogt.

FN. *Schultheis;* verkürzt *Schultheß; Schulteß; Schults;* gew. in der Schreibung mit z: *Schulze (Schultze); Schulz (Schultz;* die Form mit e ist die ältere) — der häufigste deutsche FN. (S. 43), wenn auch im Süden minder häufig als im Norden (in München 1876 nur 22mal). Gen. *Schulzen.*

Mit Abschwächung des u in o: *Scholze; Scholz* (schlesisch, wie auch das Zwitterwort „Scholtisei"). Gen. *Scholzen* (am Rhein, Rgb. Trier).

Niederd. *Schulte* (westf.), vgl. mittelniederd. scultheite, scultete. Gen. *Schulten; Schultens; Scholten* (Rees).

Verlateint: *Scultetus.* Gen. *Scultety.* Auch *Praetorius.*

Zss. verhältnismäßig nicht zahlreich: *Eberschulz; Hirtsch.; Rothsch.; Schwarzsch.*

Bergschulte; Brinksch.; Bowensch.; Gräfingsch. (Osnabrück); *Hofschult* (vgl. „Hofschulte" in Immermanns Münchhausen); *Kleeschulte; Klostersch.; Middelsch.; Nachbarsch.; Niedersch.; Voßsch.* — alle diese wieder in Westfalen, wo häufig auch eine Familie durch den Zusatz des Ortes in loser Verbindung mit dem Namen näher bestimmt wird: *Schulte-Bocholt; Sch.-Castrop; Sch.-Delwig; Sch.-Loh* usw. durch das ganze Abc.

Schulz- s. Schultheiß.

Schumacher III. mhd. schuochmacher.

FN. *Schuhmacher;* älter *Schuchmacher.* Niederd. *Schomaker.* Gen. *Schomakers* (Lingen); *Schoemeckers* (niederrhein.).

Schumann s. Schuhmann.

Schünemann s. Scheunemann.

Schupp s. Skeutan.

Schüppelz s. Schüttpelz.

Schur-, Schür- s. Skūrō; doch **Schürer** s. Scheurer.

Schürmer s. Schirmer.

Schürholtz s. Skîrja*z*.

Schüßler III. mhd. schü*zz*eler „Verfertiger von (hölzernen) Schüsseln und Näpfen".

FN. *Schüßler.* Niederd. *Schöttler; Schüttler; Schettler; Schädtler.*

Schuster s. Sutor.

Schütt- s. Schütze.

Schüttenhelm III. Satz-N. „schüttle den Helm". Entstellt *Schittenhelm, Schitthelm* (Wien).

Schütterkop s. Schüddekopf.

Schüttesper III. Satz-N. „schüttle den Speer" (vgl. englisch Shakespeare, auch Breakspeare). Entstellt *v. Schutzbar* (Hartmann v. Schutzspeer 1294).

Schüttler s. Schüßler.

Schüttpelz III. Satz-N. „schüttle den Pelz" (vgl. Schuddefell). Cunrad Scutdepelz 1225. Auch *Schüppelz.*

Schütze III. ahd. scuzzo, mhd. schütze „der Schütze", der 1) schießt, 2) schützt. (Meist jedenfalls aus der 3. Periode, wenn auch vereinzelt schon im 9. Jh. der EN. Scuzzeo in gleicher Bedeutung).

FN. *Schütze, Schütz.*

In Zss. wohl nur in der verkürzten F.: *Büchsenschütz; Feuersch.* (niederd. vuurschutte 14. Jh.); *Flursch., Flohrsch.; Waldsch.*

Niederd. *Schütte.* Gen. *Schütts* (ostfries.); *Schütten* (niederrhein., Mörs). Zss. *Wildschütte* (westf.); *Kohlschütter* (s. d.); *Schüttenkötter* (westf.).

-schütz in ON. slawisch, s. -schitz.

Schützendübel III. Satz-N. „schüttle den Teufel". Falsch verhochd. aus Schuttenduvel 1601 (ahd. scuttan, mhd. schütten „schütteln").

Schuwert s. Schubert.

Schwabe, Schwab a) 1. s. Swâba b) III. einer aus dem Volksstamm der Schwaben.

Schwabedissen III. urspr. ON., verkürzt aus Schwabedishusen (Kolonat, Preuß).

Schwabel, Schwäbig s. Swâba.

Schwager III. zu den Verwandtschafts-N. Zss. *Altschwager; Lüttschwager* (verlateint Micraëlius).

Schwaiger s. Schweiger.

Schwalbe, Schwalb III. mhd. swalewe „die Schwalbe" (auch eine Art Harfe).

Schwan a) I. s. Swanaʒ b) III. „der Schwan" (als Häuserzeichen).

Schwan-, Schwann- s. Swanaʒ.

Schwarz III. „der Schwarze" (Brünette), vgl. Burchard der swarze 12. Jh. (doch wird auch schon im Ahd. swarz zur Namenbildung verwendet, s. Swartaʒ).

FN. *Schwarze; Schwartz; Schwartzer.* Niederd. *Schwarte.* Zss. *Schwarzkopf.*

Schwärzfirm III. (München) „Schwertfeger", entstellt aus Swertfürb von mhd. vürben „putzen, fegen" (vgl. Volrich des swertfürben hûs in der munse ze Tüwingen gelegen. 1315 Bacm.).

Schweb- s. Swâba.

Schwed- s. Swenþjaʒ.

Schwegler III. ahd. swegelâri, mhd. swegelaere „Flötenbläser", vom mhd. swegele, einer kleinern Art Flöte, bair. und schwäb. noch „Schwegel" (daher FN. *Schwegelbauer*).

Schwehr, Schweier s. Swenþjaʒ (V.).

Schweickard s. Swenþjaʒ (V.).

Schweiger III. ahd. sweigâri, mhd. sweiger „Hirt, Senne". Die Schweige ist ein Viehhof, eine Sennerei.

FN. *Schweigger, Schwaiger.* Zss. *Schweighäuser; Schweighofer.*

Schweigert s. Swenþjaʒ (V.).

Schweim s. Swenþjaʒ (zweist. K.).

Schwein III. ahd. mhd. swîn „Schwein"; auch Wildschwein. Eine Familie *Schwein* hat 1913 die Erlaubnis erhalten, sich *Kleine* zu nennen. *v. Schweinichen* (O. b. Bolkenhain i. Schl., Tader castellanus de Swina 1230). Zss. *Eberschwein; Meerschwein; Schweinebraten; Schweinefuß; Schweinshaupt* (z. T. ON., wie auch Schwein selbst). Aber *Schweinebart* s. Swenþjaʒ.

Schweizer III. Volksname. Auch in der älteren Form *Schwyzer.*

Schwend III. von ahd. swandjan, jetzt mundartlich schwenden „schwinden machen", durch Feuer ausroden. In vielen ON. auf -schwand, -schwende.

FN. *Mayrgschwendtner* (O. Mayrgschwend in Baiern).

Schwend- s. Swenþjaʒ (V., einst. K.).

Schwenecke s. Swanaʒ.

Schwenkbier III. Satzname.

Schwenn- s. Swenþjaʒ (einst. K.).

Schwer- s. Swenþjaʒ (V.).

Schwerdtfeger III. „Waffenschmied" (urspr. „der das Schwert fegt", d. i. blank erhält).

Schwet- s. Swenþjaʒ (V., einst. K.).

Schwich-, Schwick- s. Swenþjaʒ (V.).

Schwidd- s. Swenþjaʒ (V., einst. K.).

Schwiebert s. Swenþjaʒ (V.).

Schwied- s. Swenþjaʒ (V., einst. K.).

Schwiefert, Schwieg- s. Swenþjaʒ (V.).

Schwier- s. Swenþjaʒ (V.).

Schwietzke s. Swenþjaʒ (einst. K.).

Schwincke, Schwind-, Schwinn- s. Swenþjaʒ (einst. K.).

Schwingenschlägl III. deutlicher Satzname. Auch *Schwingenschlögl.* Ähnlich: *Schwinghammer; Schwingsack; Schwingenstein.*

Schwippert s. Swenþjaʒ (V.).

Schwitt- s. Swenþjaʒ (V., einst. K.).

Schwob s. Swâba.

Schwon s. Swanaʒ.

Seb- s. Segu (V., zweist. K.).

Sebastianus II. griech. „der Ehrwürdige", Übersetzung von Augustus; Märtyrer unter Diocletian.

FN. *Seebass; Bastian; Wastian; Bast; Basté.* Gen. *Sebastiani* (lat.); *Bastians.* Patr. A. *Basting.* Vklf. (süddeutsch) (l): *Bastl; Wastl; Pästle.* (l + n): *Bästlein.* Patr. A. *Wastler.*

Sedelmayer III. „Pächter auf einem Sedelhofe" d. i. einem adeligen Sitze (Steub).

See III. in ON. ahd. sêo, mhd. sê „See" (Landsee und Meer).

FN. *v. Blanckensee; Duwensee* (O. Duvensee); *Harkensee; Isensee; v. Langensee; Poggensee; Tiefensee; v. Waldersee; Weißensee.*

Seeb-, Seeg-, Seeh- s. Segu (V.).

Seefried s. 1) Saiwi 2) Segu (V.).

Seeger a) I. s. Segu b) III. s. Sager. Auch Ort in Pommern.

Seel- s. 1) Sal 2) Sigil.

Seemann a) I. s. Saiwi b) III. „der Seemann".
Seepolt s. Segu (V.).
Seer s. Sarwa.
Seewald s. 1) Segu (V.) 2) Saiwi.
Seez- s. Segu (einst. K.).
Seff- s. Segu (V.).
Seg-, Sege- s. Segu (V., einst. K.).
Segeler s. Sigil.
Segelke s. Segu (einst. K.).
Segenschmidt III. „Sensenschmidt" (s. Segisser).
Seggeling s. Segu.
Segger s. Sager.
Segisser III. „Sensenschmied", vom ahd. segansa, mhd. segense, zsgz. Sense, doch in der alemannischen Mundart noch „Sägese".
FN. *Segisser; Sägesser* (schweiz., alt Segenser, Segesser 1421 Basel).

SEGU, SEGIZA I. „Gewalt, Überwindung" got. sigis, ahd. sigu, mhd. sige, sic „Sieg". In PN. seit dem 1. Jh. nachweislich (Cheruskerfürst Segimer Tacitus Ann.).
Das anlautende s wandelt sich im Niederd. und namentlich im Fries. in z: *Zicmann* u. a.
FN. Sigibald: *Siebold; Siebel, Sybel; Sibeth; Sebald; Seepolt; Seppelt; Seybold; Seypold; Seibeld; Seibel; Seyppel; Seibt; Seubel.* Gen. *Siebolds; Siebels,* auch *Siebelis,* woraus (nach Andresen) umgedeutet *Siebelist* und *Siebenlist.* Patr. A. *Siebeling; Seibolter* (S. 36).
Sigiband: *Seeband.*
Sigiperaht: *Siebrecht; Zyprecht; Siebert; Siebarth, Siebard; Sieber; Ziebarth; Siphardt; Siewert; Sibbert; Segebrecht; Segebart; Sebert; Seeber; Seibert; Seiber; Seubert.* Gen. *Sybertz; Siebraß* (= Sigbrechts, Preuß). Patr. A. *Sieberling; Sipperling; Seiberler.*
Sigibrand: *Siebrand; Sibbern; Seebrandt.* Gen. *Zybrandts; Sieberns.*
Sigibodo: *Sieboth; Segebade; Segebath; Seebode; Seebade; Seyboth;* zsgz. *Seibt.*
Sigifrid: *Siegfried; Siefert; Sifard; Siffert; Seffert; Seifried; Seifert; Seyfahrt; Seifhardt; Seiffer (Seifermann); Seuffert; Seufer; Seefrid.* Gen. *Siefers; Seifritz.* Patr. A. *Seiferling; Sieverding.*
Sigifuns: *Siefuß.* Vklf. (l): *Seifüßl.*
Sigihard: *Sighart; Siegert; Sichart; Sickert; Zickert; Seegert, Sägert.*
Sichar: *Sieger; Zieger; Sicher; Sicker; Seger; Seyer.* Zss. *Sickermann; Zickermann.* Gen. *Siegers; Segers.* Patr. A. *Syring; Seyring.* Vklf. (l + n): *Seierlen.* Patr. A. *Segerling.*
Sigirod: *Siegroth* (doch auch ON. s. -rode); *Sirot.*
Sigileip: *Sielipp; Sielaff.*
Sigilant: *Siegland; Sieland.*
Sigiman: *Siegmann; Sickmann; Siemann; Ziemann; Seegmann.*
Sigimar: *Simar; Siemer; Ziemer; Simmer; Zimmer; Seymer.* Gen. *Siemers.* Patr. A. *Siemering.* Vklf. (l + *n*): *Simmerlein.* Patr. A. *Siemerling.*
Sigimund: *Siegemund; Siegmund; Siemund; Simond; Segemund; Seimund.* Gen. *Simmonds.*
Sigimuot: *Simmet.*
Sigarich: *Sierich; Sierek; Seehrich; Serick; Seyrich.*
Sigivald: *Siegwald; Seewald; Seiwald; Ziegold.*
Sigiwart: *Sigwart; Siewerdt; Seward; Seiwert.* Gen. *Siewerts; Siewets* (ostfries.); *Siuts* (Jever); *Süvern.* Patr. A. *Sieverding; Sievering.* Patr. Zss. *Sieversen* (Schlesw.).
Sigiwin: *Siegwein; Siebein; Seffen, Sobbe, Söbbe* (1488 Segewyn, Preuß). Patr. A. *Sewening.*
Sigiwolf: *Siloff; Selohff.*
Einstämmige Kürzung Sig-.
Sigo; Sicco: *Sieg; Sigge; Sicke* (Emden, Sikke VN.); *Siecke; Sy; Zick.* Gen. *Sikkes; Six.* Zss. *Sickama* (ostfr.).
Vklf. (l) Sigilo, Segilo (noch 1412 in Glatz: Segil Botteling = Sigismund B.): *Siegele; Siegel; Sigl* (bair.); *Sickel; Sieckel; Siehl (Sielmann); Segel; Sello; Selle; Seil.* Patr. A. *Siegling; Sieling; Seggeling; Seiling; Seeling.* (l + n) Sigolenus: *Siglen.* (l + k): *Segelke; Seelecke.* (z) Sigizo:

Sietze; Sietsch; Sitz; Segitz; Seez; Seitz, Saitz; Seiß. (z + l): *Seißl.* (z + k): *Sitzke.*

Zweistämmige Kürzung Sigib-.

Sibo: *Siebe; Sipp; Seip; Seebo.* Gen. *Sieben; Siebena* (ostfries.); *Sips; Sebes.* Vklf. (l): *Siebel; Sieble; Seible; Seipel.* Gen. *Siebels.* (k): *Siebicke; Siebich; Siebeck; Siebje* (Jever); *Siepke; Süpke; Seibicke.* Gen. *Siepkes.* Patr. A. *Sivekinck; Sieker* (1590 Sivekinck, 1507 de Sieveker, Preuß).

Zweistämmige Kürzung Sigf-.

(Sifo): *Sief; Seif.* Vklf. (k): *Siefken.*

Zweistämmige Kürzung Sigim-.

Simo (Stark 114 — durch Anfügung eines n oft dem biblischen Simon gleichgemacht): *Siem; Sehm; Seime.* Gen. *Siemes; Siemens; Siemen.*

Vklf. (l): *Siemel.* Patr. A. *Siemelink.* Patr. Zss. *Siemsen; Ziemsen.*

Sehling s. Sal.

Sehm s. Segu (zweist. K.).

Sehr- s. Sarwa.

Seib- s. Segu (V., zweist. K.).

Seid- s. Senþaz.

Seidenschwantz III., alt Seydenswantz 1372 Augsb. „seidne Schleppe" (vgl. mhd. swanz Schleppe des Frauenkleides) — erst später zur Bezeichnung des Vogels (aber auch ON.).

Seidenstücker III. = *Seidensticker.*

Seierlen s. Segu (V.).

Seif- s. Segu (V.).

-seif s. Seifen.

Seifen III. Siefen, niederd. Siepen in ON. zu mundartlich siefern, siepen, siepern „durchsickern" (rhein. u. schles. Gebirgsbäche auf -seifen, „Siepe" in Westfalen ein Boden, wo überall Wasser durchdringt). Jetzt ein paar hundert ON. auf *-seifen, -siefen; -siepen.*

FN. 1) *Steinseifen; Wollseifen* (O. -seifen); *Dornseif* (Rheinprov., Kr. Lennep); *Seifenmoser.*

2) *Giersiefen; Hirzs.; Müllens.* — *Schlingensief.*

3) *Bovensiepen.; Langens.; Mühls.; Silbersiepe; Finkensiep; Brooksiebe* (alle niederrheinisch und westfälisch). — *Sepmeier.*

Ableitung auf *-er*: 1) *Dornseifer; Steinseifer* (oberd.); *Rabenseifner.* 2) *Balensiefer.* 3) *Ballsieper; Kottsieper* (westf.).

Seigerschmidt III. (württ.) „Uhrmacher".

Seil- s. Segu (einst. K.).

Seiler III. mhd. seilaere. Als FN. auch in der Schreibung *Sailer.*

Seim- s. Segu (V., zweist. K.).

Seip- s. Segu (zweist. K.).

Seiß, Seitz s. Segu (einst. K.).

Seißenschmidt III. niederd. „Sensenschmied".

Seiw- s. Segu (V.).

Selcher III. Fleischräucherer, (bair.-österr.) Fleischer. Auch *Silcher.*

Seldner III. „der auf einer Selde wohnt", ahd. selida Wohnhaus eines ärmeren Landmanns mit keinem oder nur wenig Grund und Boden. Auch *Söllner* (Landshut). Dagegen *Seltner* „einer aus Selten".

Seligo s. Sal.

Sell- s. 1) Segu (einst. K.) 2) Sal.

Selohff s. Segu (V.).

Seltenreich III. entstellt aus urspr. Säldenreich d. i. saelden rîch „reich an Glück und Heil".

Semmler III. s. Simmeler.

Semp- s. Senþaz.

-sen s. 1) Sohn (S. 35) 2) Haus.

Sendel s. Sanþa.

Seneschall III. ahd. senescalh d. i. primus servorum, später „Truchseß". (In die romanischen Sprachen übergegangen, franz. Sénéchal.)

Senf III. zu den N. von Speisen, vgl. Berthold Senep 1531 (Lipp. Reg.). Lat. *Sinapius.* Zss. *Senfmacher.*

Senftleben s. Sanftleben.

Sengelaub III. Satz-N. (s. Aschenbrand S. 41). Hierher auch wohl *Sengebusch; Sengewald; Sengstock* „der die stehen gebliebenen Baumstümpfe (Stubben) ausbrennt".

Senteck, Sentz s. Sanþa.

SENÞAZ 1. got. sinþs, ahd. mhd. sint, altsächs. sîð, sîth „Weg, Reise, Heereszug", wobei jedoch auch das von sind abgeleitete gisindi Begleitung (Gesinde) in Betracht zu ziehen ist.

FN. Sindebold: *Simbol (Zimpelmann); Simmel.*

Sindperht: *Simprecht; Simper; Semperl; Semper.*
Sinthar: *Sinther (Sindermann); Sitter.* Gen. *Sinders.*
Sîdhard: Gen. *Sittartz.*
Sindram: *Sinram; Simram; Zindram,* da s im Niederd., namentlich aber im Fries. in z übergeht.
(Sindleif): *Sinleif.*
Sindmar: *Simmer.* Vklf. (l + n): *Simmerlein.*
Sinduald: *Synwoldt.*
Einstämmige Kürzung Sind-.
Sindo, Sido: *Sindt; Sinn; Sido; Siede; Seide; Sethe.* Gen. *Sindts; Siats* (Stade); *Sidden.* Patr. A. *Sinning.*
Vklf. (l): *Siedel; Sittel; Seidel (Seidelmann).* Gen. *Settels.* Patr. A. *Seidler.* (k) Sindiko, Sidiko: *Seidig; Sittich.* Gen. *Sittjes* (ostfries.). (z) Sinzo: *Sinz.* (z+l): *Sinzel.*
Auslautend in 153 Namen (Först.), die meist weiblich sind.

Sepmeier III. 1530: Hermann uppen Sepe (s. Seifen).
Sepp s. Josephus.
Seraphim II. Mehrheit von (hebr.) Seraph (vgl. ital. Cherubini).
Serick s. Segu (V.).
Serig, Sermann, Serre s. Sarwa.
Servatius II. Bischof von Tondern, † um 384. (Kal. 13. Mai; vgl. Pancratius.)
FN. *Servatius; Serwatius; Servaes; Servas; Servos.* Gen. *Vaasen; Vaesen; Vasen; Vassen.* Vklf. Gen. *Vaesskens; Faessgens* (alle niederrhein.).
Seßle s. Sahs.
Sethe s. Senþaz.
Setzepfand III. Satz-N. „der, statt zu bezahlen, gern ein Pfand setzt". Hinrik Setzepand 1356.
Seub- s. Segu (V.).
Seuter s. Suter.
Severinus II. Der Apostel der Noriker, † 482 (Kal. 8. Jan., 23. Febr.).
FN. *Severin.* Gen. *Severins; Freins; Vrings; Vrinen* (alle niederrhein.).
Sew-, Sey- s. Segu (V.).
Siats s. Senþaz.
Sib-, Sich- s. Segu (V.).
Sichler s. Sigil.
Sick- s. Segu (V., einst. K.).
Sickler s Sigil.
Sid- s. Senþaz.
Sieb- s. Segu (V., zweist. K.).
Siebeneicher III. „einer aus Siebeneichen". Auch *Siebeneichner.*
Siebenfreund III. s. Tausendfreund.
Siebenmark III. „einer, der 7 Mark besitzt"? Vgl. Hundertmark.
Siebmacher III. „der Siebe macht". Dasselbe *Sieber* (doch vgl. Sigiperaht).
Sieck- s. Segu (einst. K.).
Siede s. Senþaz.
Siedenkampf III. „der auf dem niedrigen Kamp", wie manche Orte in Norddeutschland durch den Zusatz Hohen- und Siedenunterschieden werden.
Siedentopf III. niederd. sîdentop „Seidenzopf". Vgl. „Ir zöpfe, wol bewunden überal mit borten und mit sîden" (Wigalois).
Sief- s. Segu (V.).
-sief, -siefen s. Seifen.
Sieg- s. Segu (V., einst. K.).
-sieg s. Siek.
Siegeler a) I. s. Sigil b) III. „der zu siegeln hat".
Siegesmund s. Sigis.
Siegrist III. ahd. sigristo, mhd. sigriste aus mittellat. sacrista der „Sigrist, Mesner" (süddeutsch; auch in Schillers Tell).
Siehdichum III. Satz-N. „tres montes, qui Circumspicite sive Se thic umme nominantur" (Först.). Daher FN. *Sydicum; Südekum.* (Jost Su dick umme 1588.)
Siehl s. Segu (einst. K.).
Siehler s. Sigil.
Siek III. in jetzigen Mundarten „feuchte Niederung", vgl. altnord. sîk stehendes oder langsam rinnendes Wasser; mnd. sîk Sumpf.
FN. *Bodensiek, Buddensieg; Heidsiek* (= Heideniederung); *Krumsiek, Krumsieg; Lämmersiek; Lehmensiek; Nebelsiek; Nordsiek; Schachtsiek; Ellersig.* — Auch *Siekmeyer.*
Siel- s. Segu (V., einst. K.).
Siem- s. a) I. Segu (V., zweist. K.). b) II. Simon.
Siep- s. Segu (zweist. K.).

-siep, -siepen, -sieper s. Seifen.
Sier- s. Segu (V.).
Sietsch, Sietze s. Segu (einst. K.).
Siev-, Siew-, Sif- s. Segu (V.).
Sigge s. Segu (einst. K.).
SIGIL I. Erweiterung zu Segu.
FN. Siclehar: *Siegeler; Sickler; Sichler; Siehler; Segeler; Seeler.*
(Sigilwalt): *Süllwolt* (Preuß.).
SIGIS I. Burgund. und got. Form zu Segu.
FN. Sigismunth: *Sigismund; Siegesmund.*
Sigrist s. Siegrist.
Sikkes s. Segu (einst. K.).
Silcher s. Selcher.
Silges s. Cyriacus.
Sim-, Simm- s. a) Segu (V.) b) Senþaz.
Simmeler III. mittellat. similarius „Semmelbäcker" (ahd. simila, semila, mhd. simele, semmile vom lat. simila, Weizenmehl).
FN. *Simmeler; Semmler.*
Simmergott III. aus mhd. sam mir got, sem mir got „sowahr mir Gott (helfe)".
Simon II. hebr. Schim-ôn „Erhörung" 1) der Sohn Jakobs (Simeon) 2) N. zweier Apostel: Simon Petrus und Simon von Kana.
FN. *Schimon; Simon* (auch jüdisch), *Siemon.* Zss. *Simonmathes.* Gen. (lat.) *Simonis;* (deutsch) *Simons, Symons; Siemens.* Patr. Zss. *Simonsen.* Vklf. *Schimke.*
Hermann u. Paul *Simon*, angenommene Söhne der verwitweten Frau Adelgunde *v. Kleist,* geb. *v. Zastrow,* 1855 geadelt: *Simon v. Zastrow.*
Simp- s. Senþaz.
Simrock III. wohl = FN. *Siebenrock.*
Simson II. hebr. Schimschôn „kleine Sonne".
FN. *Simson; Simpson; Samson.*
Sin-, Sind- s. Senþaz.
Singer III. mhd. singaere „Sänger" (lyrischer Dichter); „Kantor". Dyetmar der mit Zunamen Singer ist genannt (Marb. UB.). Auch *Sänger* (; dies auch jüdisch, Vorsänger in der Synagoge).
Sintenis s. Dionysius.
Sinther, Sinz- s. Senþaz.
Sip-, Sipp- s. Segu (V., zweist. K.).
Siriax s. Cyriacus.
Sirot s. Segu (V.).
Sitt- s. Senþaz.
Sitz- s. Segu (einst. K.).
Sivekinck s. Segu (zweist. K.).
Sixtus II. Name von 5 Päpsten; Sixtus IV ist der Erbauer der sixtinischen Kapelle, 1471—84 (Kal. 6. Apr.).
FN. *Sixt.*
SKAKAN I. altnord. skaka, angels. scacan „schütteln, erschüttern" (engl. shake; Shakespeare = Schüttelspeer); ahd. scoc „schaukelnde Bewegung".
FN. (Skakhart): *Schachert.*
Einstämmige Kürzung Scac-.
Scacca: *Schacko; Schacke; Schack (Schackmann); Schaake; Schache.*
Vklf. (l): *Schackerl; Schäckel; Schächle.*
SKALKAZ I. got. skalks, ahd. scalc, mhd. schalc, schalch „Knecht, Diener". Scalcoman 8.
FN. (Scalchari): *Schalcher.*
Einstämmige Kürzung Scalc-.
Scalco: *Schalke; Schalch; Schall.*
Auslautend (14mal Först.):
-schalk: *Gottschalk.*
-schall: *Gottschall.*
SKARÔ I. ahd. scara, mhd. schar „Schar" (Heeresabteilung) — oder SKARAN ahd. scar, mhd. schar „schneidende Waffe" (Pflugschar). Scaramunt.
FN. (Scaribert): *Scheerbarth; Scharbert.*
(Scaraman): *Scharmann; Scherrmann.*
(Scaramar): *Scharmer.*
(Scarold): *Scharold.*
(Scarolf): *Scharloff.*
Einstämmige Kürzung Scar-.
Scharr; Schar; Schaar; Scherr; Scheer. Patr. A. *Schäring; Schering.*
Vklf. (l) Scherilo: *Scharl; Scherle; Scherl.* Patr. A. *Scherling.* (k): *Sckarck; Scherck.* (z): *Scherz.*
SKARPAZ I. ahd. scarf, mhd. scharf, scharpf, alts. skarp „scharf", Skerfold u. a.
FN. (Scarpo): *Scharfe; Scharpff; Scherpe; Schärffe; Scherff.* Gen. *Scharpen.* Patr. A. *Scharping; Scherper* (Preuß).
Vklf. (k): *Scharpke; Scherfig.*
SKAUNJAZ I. got. skauns, ahd. scôni, mhd. schoene „glänzend — schön".

FN. (Scaunibert): *Schombert.* Vklf. (l): *Schömperle.*
(Sconhart): *Schonhardt; Schonert; Schönhardt; Schönert.*
Sconhari: *Schöner; Schönherr.*
(Sconrich): *Schönrich; Schönreich.*
Sconolf: *Schönewolf.*
Einstämmige Kürzung Scaun-.
(Scono): *Schoon; Schöne; Schön (Schönemann).* Gen. *Schonen.* Patr. A. *Schöning.*
Vklf. (l): *Schönell; Schönle.* Patr. A. *Schönling.* (l + n): *Schönlin; Schönlein.* (k): *Schönecke; Schönig.* Gen. *Schönges.* (k + n): *Schönichen.*

SKELDUZ I. got. skildus, ahd. scilt, mhd. schilt „Schild". Schiltolf. Mit der Übergabe des Schildes und der Frame wurde der german. Knabe wehrhaft (Tac. Germ. 14).
FN. (Sciltberaht): *Schilbert; Schelper.*
(Scildfrid): *Schilfert.*
(Schilthart): *Schildert; Schillert.*
(Schiltheri): *Schiller; Schilder; Schiller; Scheller.* Patr. A. *Schildering.*
(Schiltwin): *Schellwien.*
Einstämmige Kürzung Scild-.
Scilto: *Schilde; Schild; Schill (Schillmann); Schell; Scheldt.* Gen. *Schelten.* Patr. A. Sciltung (Schilting 1581): *Schilling; Schelling.*
Vklf. (k): *Schilke;* (k + n): *Schildgen; Schilken.* Patr. A. *Schilking.* (z): *Schilz; Schelz.*

SKIK- I. in altfries. und altnord. skikka, mnd. schicken „ordnen", niederd. schick „Ordnung". Scifried.
FN. (Scikhard): *Schickardt.*
Sciherus: *Schicker.*
Einstämmige Kürzung Scic-.
Schick.
Vklf. (l): *Schickl.*

SKÎRJAZ I. got. skeirs, altsächs. skîr, skîri, mhd. schîr „lauter, rein" (schier). Scirbald.
FN. (Scirgaud): *Schiergott.*
(Scirhari): *Schierer.*
(Scirold): *Schirott.* Gen. *Schierholtz; Schürholz.*
Einstämmige Kürzung Scir-.
Sciri: *Schirrey; Schier* (Schire VN. Klemp.); *Schirr.* Gen. *Schieren.* Patr. A. *Schiering.*
Vklf. (l): *Schierl.*

SKRUDAN I. ahd. scrôtan, mhd. schrôten „hauen, schneiden" (schroten).
FN. Scrutolf: *Schraudolph.*
Einstämmige Kürzung Scrot-.
Scroto: *Schroth; Schrott; Schrauth.*
Vklf. (k): *Schrotke; Schrocke.* (l): *Schrötel; Schrödl.*
Zweistämmige Kürzung Scrotb-.
(Scroppe): *Schropp; Schröpf; Schrupp.*

SKÛRÔ I. got. skûra, ahd. scûr, mhd. schûr „Unwetter (Schauer), Kampf".
FN. (Scuriprant): *Scheuerbrandt.*
Einstämmige Kürzung Scur-.
(Scuro): *Skuhr; Schure; Schür (Schürmann); Schaur; Schauer; Scheuer.* Patr. A. *Schüring; Scheuring.*
Vklf. (l): *Scheurell.* (l + n): *Scheurlen; Scheuerlein.* (k): *Schurig; Schürch; Schaurich; Scheurich.* Gen. *Schürkens; Schürks.* Patr. A. *Schürkmann.* (z): Scurizo: *Schurz.*

SKUTAN I. ahd. sciozzan „schießen". Scothard.
FN. (Scotbald): *Schobelt.*
(Scotbert): Vklf. *Schöberl.*
(Scudgar): *Schücker.*
Einstämmige Kürzung Scut-.
(Scuto): *Schott.*
Vklf. (l) Scudilo: *Schottel; Scholle.*
(z) Scuzzeo: *Schoß.*
Zweistämmige Kürzung Scutb-.
Scopo: *Schupp; Schopp; Schoppe.*

Smalian s. Johannes 3b).

SMIÞA, SMIÞU I. got. smiþa, ahd. smid, mhd. smit „Schmied". Mindestens seit dem 9. Jh. in EN. nachweislich (S. 43).
FN. (Smidpoto): *Schmittpott.*
Smidhart: *Schmittat.*
(Smidher): *Schmitter* (doch auch mehrere Dörfer Schmitten in der Schweiz); *Schmieder;* zsgz. *Schmier; Schmeyer; Schmeder.*
(Smidman): *Schmidtmann; Schmedemann.* Gen. *Smitmans* (Mörs).
(Smideald): *Smital.*
Einstämmige Kürzung Smith-.
Smido: *Smid; Schmid.* Gen. *Schmits,* gew. in der Schreibung *Schmitz* (nie-

derrhein.); *Smets; Smedes; Schmedes; Schmeda* (die letzten drei FF. ostfriesisch). Patr. A. *Schmidding; Schmitting; Schmieding; Schmeding; Smeddink* (westf.); *Schmeinck; Schmänk.* Vklf. (l): Smidilo: *Schmiedel; Schmiedle; Schmiedl; Schmehl.* Patr. A. *Schmeling.* (l + n): *Schmidlin; Schmidtlein.* (k) Smidiko: *Schmidtke; Schmidge; Schmiedicke; Schmetje* (ostfries.); *Schmädicke.* (k+n): *Schmiedeken; Schmiedchen; Schmiedigen.*

SMUKKAZ I. „schmuck" (eig. biegsam), mnd. smuk, zu smeugan, smûgan „schmiegen", mhd. smiegen „(sich) schmiegen" und smucken, smücken „anschmiegen, kleiden, schmücken".

FN. (Smuckhart): *Schmuckert; Schmückert; Schmücker.*

Einstämmige Kürzung Smuk-.

(Smucko): *Schmock.* Patr. A. *Schmücking.*

SNELLAZ I. ahd. mhd. snel „schnell, gewandt, streitbar", bes. auch ehrendes Beiwort der Helden.

FN. Snelhart: *Schnellhard.*

Snelmann: *Schnellmann.*

Snelrad: *Schnellrath.*

Einstämmige Kürzung Snel-.

Snello: *Snel; Schnelle; Schnöll.*

Snyders s. Schneider.

Sobbe, Söbbe s. Segu (Sigiwin).

Sodemann III. „vam Sôde", Göttinger Urk. 1484 (mhd. sôt „Brunnen").

Solmeyer III. „der M. am Soll, Sohl" (kleinen Sumpf).

Solter, Sölter s. Salzer.

Sommer I. III. schon im 8. Jh. Sumar. In örtlicher Zss. wie Sommerhalde bezeichnet es die Südseite, sowie Winter- die Nordseite. So auch wohl in *Sommerbauer.*

Sommerlatte III. ahd. sumarlata, mhd. sumerlate „der einen Sommer alte Sprößling, Jahresschößling". Hartman Sumerlat 15. Jh.

FN. *Sommerlatte; Sommerlath; Sommerlade.*

Sommervogel III. „Schmetterling" (allemannisch-schwäb.).

Sondermann III. mhd. sunderman, -liute „Hörige" (weil in keiner Genossenschaft stehend).

Sonnabend s. Tag.

Sonne a) I. Sunno 4., wohl zu german. sunnan, sunnôn, ahd. sunna „Sonne" gehörig b) III. von Häusernamen (S. 62). Nach Buck S. 261 heißen mehrere Edelhöfe in Baiern Sonne, Sonnen, dah. *Sonnenmaier. Sonnemann* Besitzer eines Hauses zur Sonne oder eines auf der Sonnenseite liegenden Grundstückes.

Sonnenkalb III. Algot. sunnunchalbus 1228 (Bacm.) „Kugelkäfer", Marienkäfer.

Sonner s. Sunþa.

Sonntag III. s. Tag.

Sötebier III. niederd. „Süßbier" s. Bier. Auch *Sötbeer.*

Spalteholz III. Satz-N., ein „Holzspalter".

Spanholz III. Scherzn. für einen Schreiner, aber auch vielleicht für einen dürren Menschen. Elisabeth Charlotte von der Pfalz schreibt in einem Briefe: chagrin macht nicht allezeit mager, sonst möchte ich wie ein Spönhöltzel sein. Auch *Sponholz.*

Spaniol III. = *Spanier,* von der spanischen F. Español.

Spannan III. Satz-N. — Gegensatz: *Spannaus; Spannuth, Spanuth* (niederd.) „spann aus" — urspr. wohl Aufforderung auf einem Gasthausschilde.

Sparnicht III. Satz-N. „spare nicht (nichts)". Auch *Sparnecht.* Ebenfalls Satz-N.: *Sparschuh; Sparwasser.*

Spatz s. Sperling.

Specht III. der baumhackende Vogel, der in der Volkssage eine Rolle spielt, indem er die „Springwurzel" zu finden weiß (Grimm, Myth. S. 1222). Zss. *Grünspecht.*

Speckäter III. niederd. „Speckesser" (Spottname). Specketer 1404.

Speckmann III. einer, der an der specke, speke (einem erhöhten Wege, Knüppeldamm) wohnt. Dasselbe wohl *Speck. Speck von Sternburg* seit 1829 mit Zusatz eines erdichteten ON.

Speer s. Speru.

Spelling s. Spila.

Spener III. „Stecknadelmacher". Spenen wurden früher die Stecknadeln wegen ihrer Ähnlichkeit mit Dornen genannt, gewöhnlicher verkleinert, ahd. spinula, mhd. spinele, spenel, nhd. (bair.) Spenel, Spennadel.

Spengler III. mhd. spengelaere (vom ahd.

spanga Spange, Beschlag), „Blechschmied, Klempner". Oberdeutsch (s. „Spänglergäßchen" in Augsburg).

Sperber III. Hausn. Adelheidis dicta zem Sperwer, Adelheidis Sperwer 13. Jh.

Sperling III. anscheinend der Vogel, wie sich auch *Spatz* als FN. findet. Doch vgl. Speru.

SPERU, SPERRU, SPARRU I. ahd., mhd. sper „Speer".

FN. Einstämmige Kürzung Sper-.

Sperus: *Speer*. Patr. A. *Spiering*. Vklf. (l): *Sperl*. Patr. A. *Spirling; Sperling*.

Spiecker III. niederd. = „Speicher", vgl. Mechtildis dicta de granario 1302. Davon *Spieckermann* „der im Speicher".

Spiegel III. Gerät- und Hausname.

Spiegler III. „Spiegelmacher".

Spielmann III. ahd. spilaman, mhd. spilman „Spielmann, fahrender Sänger". Auch *Spielmanns* (Genetiv, niederrhein.).

Spier s. Speru.

Spieß III. Hausname: Petrus dict. zem Spieze 1294.

SPILA I. ahd. mhd. spil „Scherz, Zeitvertreib, Kampfspiel". Spilihard.

FN. (Spiliman): *Spillmann*.

Einstämmige Kürzung Spil-.

Spilo: *Spiel*. Patr. A. *Spelling*.

Vklf. (k): *Spilleke*.

Spindler III. „Verfertiger von Spindeln (Drechsler)". Auch *Spiller* (Gottschee); *Spilner*.

Spiritus III. Hausname (Hospital u. dgl. zum heiligen Geist).

Spittler III. „einer aus dem Spittel", auch = magister hospitum. In vollerer Form *Spitaler*. Dasselbe bedeutet *Spitta* (urspr. hieß die Familie de l'Hôpital).

Spitzenpfeil III. vgl. Schnellenpfeil.

Splettstößer III. der „Splitte" (niederd. F. zu mhd. splîze Span, scindula), bes. wohl Dachsplitte „verkauft", vgl. mhd. salzstoezer der Salz im kleinen verkauft.

Splietop III. Satz-N., niederd. „spleiße auf, spalte auf" s. Spalteholz.

Splittgerber III. „der Splitte (s. Splettstößer) macht". Auch *Splittegarb*.

Sporer III. mhd. sporaere „Sporenmacher". Auch *Sporrer* und *Sporner*. Mit Umlaut *Spörer* und *Spörner*. Aus Sporer zusammengezogen oder Gerätname *Spohr* (mhd. spor, spore „Sporn").

Spörhase s. Schnuphase.

Sporleder III. „Leder zum Anschnallen des Sporns".

Sprenger III. „Steinsprenger".

Springer III. mhd. springaere; „die Springer" (Tänzer, Gaukler) gehörten im Mittelalter zu den „fahrenden Spielleuten".

Springinklee III. Satz-N., Springenklee (Altmarburg). *Springinreif*, vgl. Springinrink (Becker). *Springenzaun*.

Springinsgut, verkürzt *Springsgut* III. Satz-N., nach Vilmar Scherzname für einen, der mit einem Male reich wurde (oder für einen kühnen Angreifer fremden Gutes nach Schütte).

Springmann III. Ghezeke van dem Springhe („Quell") 1109 — zwei Jahre später Gh. Springmann.

Springsfeld III. Satz-N., verkürzt aus Springinsfeld, welches noch als Appellativum einen munteren, bes. im Springen gewandten Menschen bezeichnet, vgl. die alten FN. Springinslant, Springinshaus.

Spundflasche III. von Pauli angeführt aus Münden.

Staaßen, Staats, Staatsmann s. Eustathius.

Stach s. Eustachius.

Stadler III. mhd. stadelaere von ahd. stadal, mhd. stadel, Scheuer (Stadel noch jetzt südd.) 1) „Aufseher über den Stadel" 2) „Inhaber eines Stadelhofes".

FN. *Stadler* (Stadel u. Stadl auch häufiger südd. ON.); *Städler*. Zss. *Stadlmann* (bair.). *Stadelbauer*.

Stadt III. ahd. mhd. stat, altsächs. stad urspr. nur „Ort", in ON. kaum vor dem 8. Jh. nachweisbar. Heutige FF. 1) *-stadt, -statt* 2) *-stedt, -stätt* (vom Dativ Sg. -steti) 3) niederd. *-stede, -sted* (so bei Klemp.: Bornstede, Lockstede, de Eykstede) 4) Plur. (Dat. -stetim) *-stätten, -stetten*.

FN. 1) *Niederstadt; Oberst.; Karlst.*

2) *v. Mittelstädt; v. Arnstedt* (O. b. Mansfeld, Waltherus de A. 1156); *Bohnst.; Dingelst.; v. Eichst.; v. Eickst.* (O. b. Stendal, Tidericus, Hinricus de Ekstede 1163); *von*

Gadenst. (O. b. Peine, Barthold v. G. 1265); *v. Gust.* (O. b. Marienburg, Hermann v. G. 1169); *v. Karst.* (O. b. Perleberg, Reinoldus de K. 1271); *v. Kniest.* (O. b. Salzgitter, Arnebold 1149); *v. Lockst.* (O. b. Laacke i. d. Priegnitz, Hermann v. L. 1253); *v. Rundst.* (O. b. Helmstädt, Rudolphus de R. 1227); *v. Schierst.* (O. j. Vorstadt von Aschersleben, Brüder v. Sch. 1258); *v. Warnst.* (O. b. Aschersleben); *Arnstett; Bernstett.*

3) *v. Borgstede; Hammenst.; Otterst.; Willst.; Carsted* (O. Karstedt); auch -stedde: *Beckstedde.*

4) *v. Benstetten; Manstetten.*

Ableitung auf *-er* (oberd.):

Altstätter (O. -stadt und -stätten); *Hofstädter* (O. -stett und -stetten); *Rastätter; Wohlfartstädter; Achstetter* (O. -stetten); *Helmstetter* (O. -städt, auch -stedt geschrieben); *Hochstetter* (O. -stadt, -stedt, -stetten in verschiedenen Schreibungen); *Kirchstetter* (O. -stetten). *Brandstötter* (Ober-Österr.).

-städt s. Stadt.

Stäger s. Steger.

STAHLA I. ahd. stahal, mhd. stahel „Stahl". Stahelhart S. Stahalolf.

FN. (Stahalheri): *Stähler.*

Einstämmige K. Stahal-.

Stahal, Stallo: *Stahel; Stahl; Stähle; Stehely* (schweiz.). Patr. A. *Stähling; Stalling.* Vklf. (l+n): *Stähelin; Stehlin.* (k): *Stehleke; Stehlich.*

Stahr III. der Star (Vogel).

STAINAZ I. got. stains, ahd. mhd. stein „Stein" (als Waffe, vgl. hamar, auch wâfanstein).

FN. (Steinbreht): *Steinbrecht; Steinbart.*

Staniger: *Steiniger.*

Stainhard: *Steinhart; Steinert.*

Steinher: *Steiner; Steinherr.*

Steinmar: *Steinmar; Steimar; Steimer.*

(Steinrich): *Steinrich.*

Einstämmige Kürzung Stain-.

(Staino): *Stein; Stehn.* Gen. *Steynes.* Vklf. (l): *Steinel; Steindel; Staindl; Staindl* (öst.). (l+n): *Steinlein.* (k): *Steinecke; Steinigke; Steinick; Steinig; Steinke.* (z): Gen. *Steinzen.*

Auslautend *-stein* (18 mal Först.): *Adelstein.*

Stall III. in ON.

Ableitung auf *-er* (oberd.):

Buchstaller; Eberstaller; Seestaller.

Stallbaum III. die starke Stange, die in Pferdeställen die Pferde trennt; also wohl Bezeichnung eines Stallknechts, wie *Stallmann* (mnd. stalman). Doch ist mhd. stalboum auch ein starker Waldbaum, Standbaum; der N. könnte danach den an einem solchen Wohnenden bedeuten.

Stammler III. mhd. stamelaere, stemeler „Stammler" (Heinrich der Stammler 1290); vgl. lat. Balbus.

FN. *Stammler; Stämmler.* Zss. *Stammerjohann.*

Stahncke II. Vklf. zu (slav.) Stanislaus. Dass. *Stanke; Stenzel.*

Standfest III. Satz-N. „stehe fest". Jünger auch *Stehfest.*

STANGÔ I. ahd. stanga, mhd. stange „Speerstange" (got. stiggan „stechen"). Stangulf.

Einstämmige Kürzung Stang-.

Stange. Vklf. (l): *Stengel.* (l+n): *Stenglin.* (z+l): *Stentzel.*

Stange a) I. s. Stangô b) III. einen langen, hagern Menschen bezeichnend: vgl. Heinricus dictus Stange 1294. *v. Stangen* (Adalbert Stanga 1154).

STARKUZ I. ahd. starah, mhd. starc „standhaltend, stark".

FN. Starkhar: *Sterker; Starker.*

Starcmann: *Starkmann.*

Starculf: *Starklof; Starklauf.*

Einstämmige Kürzung Starc-.

Starco: *Starke; Starck; Stärke; Sterck.* Vklf. (l): *Starkel.* (z): Patr. A. *Sterzing.*

Statius s. Eustathius.

-stätter s. Stadt.

Stattmeyer III. = *Stadelmeyer* s. Stadel.

Staubesand III. Satz-N. „stäube den Sand, wirble den Sand auf" (Pott). Wohl ein flotter Reiter. Niederd. *Stövesand; Steifensand.*

Staudigel III. wohl Scherzn. Vgl. Feldigel.
Staufer III. „einer aus Stauf oder Staufen".
Stecher III. „einer, der sticht"; ein Turnierer.
Stechmesser III. „Dolch". (Lübben, Etwas über niederd. FN. S. 5.) Niederd. *Steckmetz*. Entstellt: *Stekemest*.
Steckmetz s. Stechmesser.
Sted-, -stedde, -stede, -stedt s. Stadt.
Stefan, Steffen s. Stephanus.
Steg III. „schmaler Weg, schmale Brücke". R. an dem Stege 1278, Johannes zem Steg 13. Jh. Auch *Zumsteg*.
Steg(e)mann III. „der am Stege". Auch *Stegmeyer*.
Steger III. Cuonrat der Steger = C. zem Steg 13. Jh.
Stehfest s. Standfest, **Stehmann** s. Steinmann.
Stehl- s. Stahla.
Stehr III. mhd. ster „Widder". Vgl. Schöps.
Steib-, Steid- s. Stenþiaz.
Steifensand s. Staubesand.
Steig III. in Zss.
FN. *Mardersteig* (s. *Martersteck*); *Richtsteig; Windsteig, Windsteg*.
Steigauf III. Satz-N. „steige auf". Vgl. die alten FN. Stiginsfaß; Steigindtaschen.
-stein s. a) I. Stainaz b) III. Stein.
Stein a) I. s. Stainaz b) III. ON. Außerordentlich viele Felsen und Örter tragen diese Bezeichnung. Daneben läuft, weil die Bodengestaltung wenig Veranlassung gab, nur wenig Niederdeutsches auf *-steen*. Schon seit dem 8. Jh. die ältesten dieser N., Uncunstein.
FN. *Bechstein; Billenst.* (O. Billstein); *Bodenst.; v. Brandenst.* (O. b. Ziegenrück, Albrecht u. Heinrich v. Br. 1292); *v. Eberst.; v. Eckardst.* (Adelsn. aus Eckhardt 1799); *Giebigenst.* (O. Giebichenst.); *v. Hanst.* (O. b. Witzenhausen, 1070 Hanenst.); *Hartenst.; Hassenst.; v. Henikst.* (Adelsn. aus Hönig 1784); *v. Kalkst.* (O. b. Wormditt, Kristanus u. Joh. de K. 1285); *v. Kaiserst.* (Adelsn. aus Kayser 1608); *v. Löwenst.* (O. b. Oberurff, gebaut v. Werner v. Bischoffshausen, der sich nach der neuen Burg v. L. nennt, 1160—1196); *Lauenst.;* Frhr. *vom und zum Stein; Stein von Kaminski* (S. 71 Anm. 1). (Dagegen *Holstein* entstellt, s. Holste.)
Ableitung auf *-er* (oberd.):
Buchsteiner; Fahrst.; Höllenst.; Landst.; Oberst.; Pernst.; Steiner (Hennel Steyner in Glatz 1371 = Hennyl Stynawer 1366; Henzlin von der Steynaw 1414; gemeint ist Steine im Kr. Neurode, das früher Steynau, Stynow hieß).
Stein III. zur Bezeichnung von Steinarten und von Werkzeugen, vgl. Zunamen: der Hagelstein 14. Jh., nachher Conrad hagelstain (Bacm).
FN. *Barnstein* (niederd. = Bernstein d. i. Brennstein); *Feuerst.; Goldst.* (jüdisch); *Kloppst.* (der Klopfstein der Schuhmacher); *Reibst.; Schornst.; Wettst.* (Wetzestein).
Steinbick III. „Steinmetz", von bicken = hauen. Auch *Steinbicker*.
Steinbrecher III. „Arbeiter im Steinbruch".
Steingrobe III. Steingrapen (s. Grapengießer).
Steinhauer III. altklevisch steynhouwer „Steinmetz".
Steinhaus III. Burckart ime Steinhus 1289. (Steinerne Häuser erst zu Ende des 13. Jhs. zahlreicher; vorher Baumhäuser, d. h. Blockbau üblich. Socin.)
Steinkeller III. Berchtoldus dict. in dem Steinkelre 1290. H. dict. Steinkelr 1298 = H. Steinkelr 1296.
Steinmann III. niederd. *Stehmann* aus Stênmann (Lipp. Reg.).
Steinmetz III. mhd. steinmetze. Als FN. auch *Steinmatz*.
Steinwircker III. „Steinarbeiter", Maurer und Weißbinder zugleich.
Stekemest s. Stechmesser.
STELLJAZ I. altsächs. u. ahd. stilli, mhd. stille „still", ruhig, sanft".
FN. (Stilfrid): *Stillfried*.
(Stilliger): *Stillger*.
(Stillihart): *Stillert; Stielert*.
Stillihere: *Stiller; Stieler*.
Stillirih: *Stillreich*.
Einstämmige Kürzung Stil-.
(Stillo): *Stille; Still; Stiele; Stiehl*.
Gen. *Stils*. Patr. A. *Stilling*. Vklf.
(k): Stilico 4. (Vandale): *Stilke*.

Stellmacher III. der Wagengestelle macht, „Wagner", auch norddeutsch (bei Klempin: stelmaker).

Stelzer III. „ein Mensch mit einem Stelzfuß" (hölzernen Fuß). Pecze stelczer 1359 = Peter uf der stelczen 1361 in Breslau. Auch *Stelzener*. Niederd. *Stelter*.

Steng- s. Stangô.

STENÞ(I)AZ I. „steif", altnord. stinnr, angels. stîþ, altfries. stîth, mnd. stîde „steif, fest, hart".

FN. (Stidbald): *Steibelt; Stiebel.*
(Stidebert): *Stieper.*
(Stidhard): *Stiedert.*
Einstämmige Kürzung Stid-.
(Stido): *Stinde; Stindt; Steidte.*
Vklf. (l): *Stindl; Stidle; Steidel (Steidelmann).* (z): *Steitz.*
Zweistämmige Kürzung Stindb-.
(Stibbo): *Stibbe; Stippe.* Patr. A. *Stiebing.* Vklf. (l): *Stippl.* (k): *Stippich; Stibich.*

Stenzel s. a) I. Stangô b) II. Stahncke.

Stephanus II. griech. „Kranz", erster christlicher Märtyrer (Apostelgesch. Kap. 6—7). FN. *Stephanus.* Gen. *Stephani* (mit Verrückung des Tones auf die mittlere Silbe). *Stephan* (Zss. *Mühlstephan*), in österreichischer Schreibung *Stefan; Stephen,* Gen. *Stephens; Steevens* (ostfries.); *Steffen,* Gen. *Steffens; Stöffen.* Patr. Zss. *Steffensen.* — *Stieve* (Preuß).

Sterck, Sterker s. Starkuz.

Stern III. als FN. z. T. durch Hauszeichen vermittelt (S. 62). Zss. *Abendstern; Morgenst.* (auch ON.); *v. Lilienst.; v. Wenckst.*

Sterzing s. Starkuz.

Stets s. Eustathius.

-stetter s. Stadt.

Steuber s. Badstüber.

STEURJAZ, STÛRAZ I. ahd. stiuri, stûri „steif, stark, stattlich, stolz", mnd. stûr „steif, strenge, ernst". Sturolf.

FN. Stiuri 9.: *Stier; Stuhr* (auch ON.): *Stühr.* Gen. *Stiers; Stieren.* Patr. A. *Stühring.* Vklf. (l + n): *Stierlein.*

Stibbe s. Stenþiaz.

Stichling III. ein kleiner Fisch mit Stacheln auf dem Rücken.

Stichtenoth III. „Stiftsgenosse, Ministerial des Stifts". Auch *Stichnoth; Stichternath.*

Sticker III. in der Zss. *Seidensticker;* auch *-stücker: Goldstücker.*

Stieber s. Badstüber.

Stiel III. Gerät; als FN. in den Zss. *Nennstiel; Pfannstiel.*

Stiel- s. Stelljaz.

Stier a) I. s. Steurjaz b) III. „Stier".

Stighelli aus Stiegele verwelscht (S. 71).

Still- s. Stelljaz.

Stind- s. Stenþiaz.

Stinnes, Stinus s. Augustinus.

Stipp- s. Stenþiaz.

Stobemehl III. Scherzname für einen Bäcker oder Müller. Vgl. Staubesand. Ist *Stobwasser* einer, der an einem Wasserfall (Staubbach) wohnt?

Stöbener, Stöber s. Badstüber.

Stock III. 1) ON. ahd. stoch, mhd. stoc „Baumstumpf" — geht zwar meist auf die stehengebliebenen W u r z e l s t ö c k e gefällter Bäume; doch ist in manchen Fällen auch die Bed. „Berg" in Betracht zu ziehen, vgl. Gebirgsstock. In ON. *-stock, -stöck.*
FN. *v. Birkenstock; Haberst.; Hilgenst.; Hopfenst.; Kohlst.; Sengst.* (Slawisch in *Rostock* u. a.).
2) Pflanzen und Geräte:
FN. *Rebstock* (S. 62); *Klopstock.*

Stocker III. 1) „Gefangenwärter", von stocken in den Stock setzen (stoc urspr. der Block, in den die Füße der Gefangenen gesetzt wurden, dann Gefängnis überhaupt).
2) „Holzfäller" (Buck).
FN. *Stocker; Stöcker,* auch *Stöckler.*

Stockmann III. „Gefangenwärter".

Stoff- s. Christophorus.

Stöffen s. Stephanus.

Stoffer, Stöffer s. Christophorus.

Stoffregen III. Staubregen? Vgl. Staubesand.

Stöhr III. „Stör" (Fisch).

Stoiber s. Badstüber.

Stollenbecker III. der „Stollen", d. i. eine Art feines Weizengebäck, „backt".

Stolterfoth III. niederd. „stolzer, stattlicher Fuß".

Stolz III. ahd. mhd. stolz „stolz, stattlich". FN. *Stolze, Stolz.* Niederd. *Stolte.* (Doch deuten N. wie *Stölzel,* ad. Stolzelin,

Stolzke, niederd. *Stölting* darauf hin, daß dieser Stamm schon in der 1. Periode zur Namenbildung verwendet wurde).

Stoppel s. Christophorus.

Storch III. ahd. storah, mhd. storch (s. Adebar). Niederd. *Storck*. Johannes dict. Stork 13. Jh.

Storm, Störmer s. Sturmaʒ.

Stötter s. Stadt.

Stövesand s. Staubesand.

Stöwer s. Badstüber.

Strack III. mhd. strac „straff, gerade". Zss. *Strackbein; Strackerjahn.*

Strahl s. Strêlô.

STRANG(I)AZ I. ahd. strengi, mhd. strenge, altsächs. strang „stark, unerbittlich". Strangolf 9.

FN. (Strangheri): *Stränger.*

Einstämmige Kürzung Strang-: *Strang; Strenge.* Vklf. (z) Stranzo (aus Strangizo): *Stranz; Strentz.* Gen. *Stranzen.*

Stränger s. Strangaʒ.

Stranz- s. Strangaʒ.

Straße III. ahd. strâʒa, mhd. strâʒe aus lat. (via) strata „geebneter, gepflasterter Weg".

FN. *Wasserstraß; Langenstraß, Langenstraßen.* Niederd. Strate, Strote (Baltzer van der Strate 1558): *van Straaten* (Kleve); *Waterstrat; v. Salm-Hoogstraeten* (niederländ.). *Strotkötter.*

Ableitung auf *-er* (oberd.): *Langenstraßer; Hochstraßer; Steinstraßer;* (nied.) *Holtstraeter.*

Straub s. Strûdan.

Straube III. „rauhhaarig", der Strube 1283. Niederd. *Struwe.*

Straubhaar III. „mit struppigem Haar", vom mhd. strûben rauh emporstehen.

Strauß a) I. s. Strûdan b) III. der Vogel; Hausname, s. S. 62.

Vklf. *Strüßgen* (niederrhein.).

Strautz s. Strûdan.

Strecker III. „Der Folterer."

Streckfuß III. Satz-N., der Streckfuß 1377. Auch Beiname des Todes (Grimm, Myth. S. 812). Ähnlich *Streckdenfinger; Streckebein.*

Strehl- s. Strêlô.

Streicher III. Heinricus Strichaere 1190. „Stricker, Seiler".

Streisgut III. Satz-N. „streue das Gut" d. i. ein Verschwender (wie z. B. Kaiser Friedrich III., der Träge und Geizige, seinen feurigen und unternehmenden Sohn Maximilian ein „Streudasgütlein" zu nennen pflegte). Auch *Streißguth.*

Streit- s. Strîdan.

STRÊLÔ I. „Strahl". ahd. and. strâla, mhd. strâle „Blitzstrahl, Pfeil" (die Strahlen der Sonne sind nach der Mythe die Pfeile des Sonnengottes). Stralhelm 8.

FN. (Stralheri): *Strahler.*

Einst. Kürzung Stral-: *Strahl; Strehle.*

Vklf. (k): *Strehlke.*

Streng-, Strenz- s. Strangaʒ.

Streub-, Streußel s. Strûdan.

STRÎDAN I. „steif gehen, streiten", ahd. strîtan, mhd. strîten, „streiten, sich eifrig bemühen".

FN. Stridbert: *Strieber.*

Strither: *Strieder; Stritter; Streiter.*

(Stridolf): *Streitwolf.*

Einstämmige Kürzung Strid-: *Stridde; Stritte; Streit.*

Zweistämmige Kürzung Stritb-.

(Stripo): Vklf. (k): *Striepecke.* (l): Patr. A. *Striepling.*

Stridde, Stried-, Stritt- s. Strîdan.

Strob-, Ströb-, Strodel, Strödell, Stroll s. Strûdan.

Ström III. schwedisch „Strom" — zweiter Teil der Zss. in einigen Namen, die vno dem 30jähr. Kriege und der schwedischen Beherrschung Vorpommerns herstammen (S. 79).

FN. *Bergström* (Meckl.-Strelitz); *von Klinkowstr.* (Adelsn. für die Söhne Martin Klinkows, 17. Jh.); *v. Lilljestr.; Stockenstr.; v. Tigerstr.* (Vorpommern); *Westr.; Wickstr.* (Herzogtum Lauenb.).

Strote s. Straße.

Strott s. Strûdan.

Strub-, Strüb- s. Strûdan.

STRÛDAN I. zu ahd. strudjan, angels. strûdan „verwüsten, rauben".

FN. (Strudbalt): *Strubelt; Strobolt; Strobel.*

(Strudbert): *Ströbert; Straubert; Streubert; Streuber.*

(Strudmar): *Strummer.*
Strudolf: *Strutwolf.*

Einstämmige Kürzung Strud-.
Strodo: *Strud; Struth; Strott.*
Vklf. (l): *Strodel;* zsgz. *Stroll* (Strullo 8.); *Strödell;* zsgz. *Ströhl; Ströll.* (k): *Struck.* (z) Struz: *Strutz; Struß; Strautz; Strauß.* Patr. A. *Strützing.* (z+l): *Strützel; Streußel.*

Zweistämmige Kürzung Strudb-.
Strobo: *Strube; Streube; Stropp.* Patr. A. *Strübing.*
Vklf. (l): *Strübel; Straubel; Streubel; Strobel; Ströbel.*

Strummer, Struß, Strut, Strützel s. Strûdan.

Struth a) I. s. Strûdan b) III. ON. (Mitteldeutschland). Ahd., mhd. struot „Gebüsch, Dickicht“.
FN. *Struth; Eschstruth.*

Stübener s. Badstüber.

Stubenhauer III. vermutlich = „Stubbenhauer“, der Baumstubben ausrodet, vgl. FN. Stubbenhouwer Klemp.

Stüber s. Badstüber.

Stugart III. mundartl. statt Stuttgart. Auch *Stuckert.*

Stuhr, Stühring s. Steurjaz.

Stührmann III. niederd. „Steuermann“.

Stüler III. = *Stuhlmacher.*

STURMAZ I. ahd. sturm, altsächs. storm „Sturm, Unruhe, Kampf“.
FN. (Sturmheri): *Stürmer; Stormer; Störmer.*
Einstämmige Kürzung Sturmi: *Sturm; Sturmb; Storm.* Gen. *Storms.*

Stutner III. 1) „der Stutenbäcker“ (Westf.) 2) „einer aus Stutten, vom Stutenhofe“.

Suchenwirth III. Satz-N. „suche den Wirt“ d. i. einer, der das Wirtshaus zu finden weiß. So auch niederd. Sökedrunk (Lübben S. 43). *Suchsbrot.*

Suchsland III. Satz-N. „suche das Land“. Niederd. *Sökeland.*

Sud III. „Süd“ — (s. Sund).

Suder, Sudor s. Suter.

Südekum s. Siehdichum.

Sudmer s. Sunþa.

Süllwoll s. Sigil.

Sulze III. mhd. sulze, mittelniederd. sulte „Salzquelle“. Sulz, Sulza häufig in ON.
FN. *Sulze; Sulzer; Sültmann.*

Sulzer III. 1) „Sulzenmacher, Kuttler“. 2) Gefängniswärter. 3) vgl. Sulze.

Sumsnit III. Satz-N. „säume damit nicht“. Auch *Sümenicht.*

Sund III. ahd., mhd. sund „Süden“, ahd. sundar, mhd. sunder, mittelniederd. sûd-, sûder „südwärts gerichtet“. In Zss. wie *Sunderhof,* entstellt *Sünderhauf* (Andresen Volksetym. S. 62); *Sudhof; Sudhaus; Sundermann; Sudermann; Suerjohan* (Preuß); *Sudmeyer.*

SUNÞA, SUNÞRA I „Süd, südwärts“, vgl. Sund (wie die mit Nord-, Aust-, Westbeginnenden N. von den drei anderen Weltgegenden).
FN. Sundhari: *Sunder (Sundermann; Sündermann); Sonner.*
(Sundmar): *Sudmar; Sömmer.*
Zweistämmige Kürzung Sundb-.
Suppo: *Suppe; Saupe.*

Supan III. slavisch „Vorsteher eines Gaues oder Gerichtsbezirkes“ (der in Sachsen noch lange nach der wendischen Zeit den Namen Supanie amtlich geführt hat). Auch *Suphan, Saupe, Sauppe, Suppé.*

Süpke s. Segu (zweist. K.).

Suppe a) I. s. Sunþa b) III. s. Supan.

Supprian s. Cyprianus.

Suter III. ahd. sûtâri, mhd. sûtere, seuter (aus lat. sutor) „Schuhmacher, auch Schneider“.
FN. *Sutor; Sudor; Suttor;* mehr verdeutscht *Suter; Suder; Sutter* (Hermann der Suter 1331); auch *Suttner; Sauter; Seuter.*
Vklf. *Sütterle; Sütterlin; Seuterlin.* Zss. *Seutermann; Suttermeister; Sutterlüty.* (Alle diese FF. süddeutsch, bes. am Oberrhein).
Aus dem zu bestimmterer Bezeichnung gebildeten schuochsuter wurde schûchster, endlich *Schuster* (schon 1236 Bacm.). Zss. *Kleinschuster; Sandschuster.*

Sutt- Sütt- s. Suter.

Suttner III. Bertsci in der Sutton 1329 — („Bodenvertiefung“). Auch ON. Sutten und vgl. Suter.

Svarez III. aus Schwarz über die halbniederd. Form Swarz hinaus von dem Buchhändler dieses N. (dem Vater des Verf. des preuß. Landrechts) gebildet.

Swaans s. Swanaȥ.

SWÂBA- I. zum Volksstamme der „Schwaben“ gehörig. Swabperaht u. a.

Einstämmmige Kürzung Suab-.

Swabo: *Schwabe; Schwob; Schwebe.*

Vklf. (l) Suabilo: *Schwabel; Schwebel.* (k): *Schwäbig; Schwebke.*

SWANAZ I. ahd. swana, mhd. swane, swan „Schwan“. Dieser wegen seiner Schönheit gefeierte Schwimmvogel spielt auch in der deutschen Mythe eine Rolle, namentlich indem die Walkyrien, die Dienerinnen des Wuotan, sich durch Anlegung des Schwanhemdes (oder Schleiers) in Schwäne verwandeln können: Schwanjungfrauen. Es war also den Germanen ein heiliger Vogel.

FN. Swanager: *Schwaniger.*

(Swanheri): *Schwaner.*

Suanehard: *Schwanert.*

(Swanold): *Schwenold.*

Einstämmige Kürzung Suan-.

(Swano): *Schwane; Schwan; Schwann; Schwon.* Gen. *Swaans* (ostfries.).

Vklf. (k) Suanucho: *Schwanecke; Schwannecke; Schwanck; Schwenecke.* (k+l): *Schwenkel.*

SWARTAZ I. ahd., mhd. swarz, altsächs. swart „schwarz“. Swarzolf. Über *Schwarzloh* s. Loh.

FN. Swarzmann: *Schwarzmann.*

Einstämmige Kürzung Swarz-.

(Swarzo): *Schwarz.* Patr. A. *Schwarting.* Vklf. (l): *Schwärzel; v. Schwertzell* (Volpert Svercel 1253).

Sweers s. Swenþjaȥ (V.).

SWENÞJAZ I. got. swinþs, ahd., mhd. swinde, swint, altsächs. swîth, swîdi „stark, kräftig, geschwind“.

FN. Suindbert: *Schwiebert; Schwippert;* umgedeutet: *Schweinebart* (Preuß).

Suintfrid: *Schwiefert.*

Swidger: *Schwieger; Schweiker; Zwicker.* Patr. A. *Schwiegerling.*

(Suidkart): *Schwickard; Schwiegert; Schwichert; Schweighard; Schweickard; Schweikert; Schweigert; Zwickhardt; Zwickert.*

Swidher: *Schwinner; Schwieder;* zsgz. *Schwier; Schwidder; Schweder;* zsgz. *Schwehr;* zerdehnt *Schweier.* Gen. *Schwitters; Schwers; Sweers* (ostfries.); *Schweren* (niederrhein.). Patr. A. *Schwietering; Schwering; Schwiering.*

(Swindeman): *Schwendemann.*

(Switald): *Swithal.*

Einstämmige Kürzung Swinth-.

Suint: *Schwindt; Schwinn; Schwend; Schwenn; Schwiede; Schwitte; Schwidde.* Gen. *Schwedes; Swidden* (ostfries.); *Schwidden.* Patr. A. *Schwieding; Schwening.* Patr. Zss. *Schwennsen* (Schleswig).

Vklf. (k): *Schwindtke; Schwincke; Schwendicke; Schwetje; Schweik.* (l): *Schwill.* (k+l): *Schweigel.*

Zweistämmige Kürzung Swinthm-.

(Swimo): *Schweim.*

Swidden s. Swenþjaȥ (einst. K.).

Swithal s. Swenþjaȥ (V.).

Sy s. Segu (einst. K.).

Syb- s. Segu (V.).

Sydicum s. Siehdichum.

Symons s. Simon.

T.

Tab-, Tabb- s. Dagaȥ (V.).

Tachspeck s. Täglichsbeck.

Tack- s. Dagaȥ (einst. K.).

Tadd- s. Dâdi u. Dagaȥ.

Tag-, Täg- s. Dagaȥ (V., einst K.).

Tag III. Personen-Namen von der Zeit hergenommen, bes. von Zeit und Umständen der Geburt.

FN. Unter den Wochentagen bes. häufig *Sonntag* („Sonntagskinder“) und *Freytag* (als Christi Todestag frommen Eltern vorzugsweis merkwürdig, daher auch FN. *Charfreytag*) — viel seltener die übrigen: *Montag; Mittwoch; Donnerstag; Sonnabend.* (In Berlin fand sich 1867 der N. Sonntag 28mal, Freytag 24mal, dagegen Montag nur 8mal, Sonnabend nur 4mal). Außerdem *Mittag; Ostertag.*

Tägener s. Þegnaz.

Tagge s. Dagaz (einst K.).

Täglichsbeck III. „der ein Tägliches backt" (vgl. Beck). Auch *Täglisbeck, Tagsbeck, Tachspeck.*

TAHJAN I. got. tahjan „reißen, zerschütteln".

FN. Zahheri: *Zacher.*

Einstämmige Kürzung Zac-.

Zacco: *Zacke; Zach; Zeche.*

Vklf. (l): *Zeckel.*

TAITAZ I. ahd. zeiz „anmutig, zart", altnord. teitr „froh" (herteitr „kriegesfroh", Beiname Odhins).

FN. Zeizperc: *Zeisberg.*

(Zeizger): *Zeisiger.*

Zeizher: *Zeißer; Zaiser; Zeiser.*

Zeizman: *Zeitzmann.*

Einstämmige Kürzung Zeiz-.

Zeizo: *Zaitz; Zaitzmann* (doch auch an den O. Zeitz ist zu denken); *Zeiße; Zeyß; Zeise.* Patr. A. *Zeißing; Zeising.*

Tal III. ahd. mhd. tal, alts. dal — in ON. seit dem 8. Jh. ziemlich häufig. Heutzutage ist die Zahl der mit diesem Grundworte bezeichneten teils wirklichen Täler, teils bewohnten Örter unendlich groß: a) hochd. *-thal* b) niederd. *-dahl;* die Kürze des a hat sich erhalten in den fast ausschließlich niederösterreichischen N. auf c) *-thall.*

FN. 1) *von Blumenthal* (O. i. der Ostpriegnitz; Nikolaus de Bl. 1241); *Engelth.; von Lilienth.; Rosenth.* (88 mal ON. Rud.). In jüdischen FN. häufig bloßer Phantasie-N. (S. 68): *Veilchenthal; Lewinthal; v. Eichthal* (Adelsn. von Aron Seligmann 1814).

2) *Biesendahl* (O. -t-); *Boltend.* (halb verhochdeutscht *Bolzend.*); *Heidend.; Odend.; Rosend.; Wischend.; Wiesend.*

3) *von Derenthall.*

Zss. *Imdahl; Dahlmann* (in Pommern aus schwed. Daleman).

Ableitung auf *-er* (oberdeutsch):

1) *Engelthaler; Reinth.; Tschurtschenth.* Mit Umlaut *Lichtenthäler.*

2) *Thaller; Haidenth.; Kirchth.; Wurmsth.*

Tam- s. Þankaz.

Tandler III. „Händler mit alten Sachen, Trödler" (süddeutsch, z. B. in München). Auch *Tändler; Tendler.*

Tang-, Tank- s. Þankaz.

Tann III. ahd. tanna, mhd. diu tannę „Tanne", der tan „Wald"; bei neueren Dichtern (Uhland) noch jetzt Tann = Wald. Daher ON. *Tann, -tann.*

FN. *Tann. v. d. Tann.*

Ableitung auf *-er* (oberd.): *Tanner. Gitzentanner.*

Tanz- s. Þankaz.

Tapken s. Þeudô (zweist. K.).

Tapp- s. Dagaz (V., einst. K.).

Täschler s. Taschner.

Taschner III. „Taschenmacher" (früher ein „Taschnergäßlein" in Nürnberg).

FN. *Taschner; Täschner; Düschner; Döschner; Deschner.* Auch *Taschler; Täschler; Däschler; Teschler.*

Tatje s. Dâdi.

Taub- s. Þeudô (V.).

Taube III. Bild der Unschuld und Friedlichkeit (Noahs T. mit dem Ölblatt; auch die entweichende Seele der Märtyrer hat oft nach der Legende die Gestalt einer T.) — nach Matth. 3, 16 Sinnbild des h. Geistes. Daher spielt die T. eine Rolle in der Symbolik des Mittelalters, wo die weiße T. auf Johannes den Täufer, die purpurne auf Christum gedeutet wird, der sein Blut für die Menschheit vergoß. Die T. als Hauszeichen S. 62.

FN. *Taube.* Zss. *Ringeltaube.*

Taubenschlag III. ON. (in der Rheinprov.).

Täuber s. Teubner.

Tauscher III. mhd. tûschaere „Händler" (s. Roßteuscher).

FN. *Tauscher; Teuscher; Toischer.*

Tausenfreund III. s. Freund (bedeutet hier „tausend" eine Verstärkung, etwa wie „Tausendschön"?). Auch *Siebenfreund* findet sich als FN.

Taute s. Þeudô (einst. K.).

Tautphöus III. „aus dem Dorfe Dautphe" (in Oberhessen).

Tawartmann s. Dagaz.

Tebben s. Þeudô (zweist. K.).

Tebeding s. Þeudô (V.).
Ted- s. Þeudô (V., einst. K.).
Teetz s. Þeudô (einst. K.).
Tegeler III. Klemp. Tegheler, niederd. = „Ziegler", Ziegelbrenner.
Tegen s. Þegnaz.
Teget = Zehnt, in Zss. wie *Tegetpferd, Teget-hof; Tegetmeyer* (s. Meier). Dazu gehört auch *Tegener* (der den Zehnten erhebt, niederd.). Dasselbe bedeutet *Tenderich*.
Tegge s. Dagaz (einst. K.).
Teibel s. Þeudô (zweist. K.).
Teich III. mhd. tîch, alts. dîk der „Teich". In mannigfachen Ortsbezeichnungen, bes. in der niederd. F. *dieck (dick)* in Nordwestdeutschland (wie es auch in Münster eine „Dieckstraße" gibt).
FN. *ten Dyck; tom Dieck.*
Beberdieck (Bieberteich); *Buddendieck; Bullerdieck; Düsterdieck; Fahldick* (Fohlen-); *Flaßdieck; Grüfendieck; Kastendyk, Castendyck* (O. Kastendick); *Kranendick; Butendieck* (hamburg. Inseln), halbverhochd. *Butenteich; Mohrdieck, -dick* (O. Moordeich, -diek); *Mönkendieck; Oberdieck, Överdieck, Averdieck* (Eutin); *Papendieck; Schapdick; Schäferdick; Schweckendiek.*
Ableitung auf *-er* (westf.): *Niendiecker; Papend.; Pappend.; Popend.; Baumdicker.*
Teichert s. Þenhan.
Teichmann III. s. Teich (auch *Deichmann*). Niederd. *Dieckmann*, im Jeverlande = *Deichmann.*
Teidel s. Þeudô (einst. K.).
Teimer s. Þeudô (V.).
Teipel s. Þeudô (V.).
Teirich s. Dagaz (V.).
Telgenhauer III. „der Zweige (niederd. Telgen) abhaut".
Tellkampf III. s. Tilgenkamp.
Temme s. Þeudô (zweist. K.).
Tempel s. Þegnaz (V.).
ten, ter III. abgeschwächt aus tom, tor, die noch erhalten sind in *Tombrink (Dombrink), Tombreul* (Münster), *Thorbecke.* Niederd. F. für *zum, zur* (w. m. s.) in Ortsbezeichnungen, die dann auf Personen und Familien übertragen wurden.
FN. (bes. häufig in Westfalen und am Niederrhein, in der Nähe der holländischen Grenze):
te Laake; Telohe.
Tenbaum; Tenberge, auch *Then-Berg; ten Brink; Tenbrock; Tenbusch; ten Cate* und *ten Doornkaet - Koolman* (ostfries.); *Tendahl; ten Dyck, Tendyck* („zum Teiche"); *Tenhagen; Tenholt* („zum Holze"); *ten Hompel* (Honepoel 1139, Seppeler); *ten Winkel.*
Terbeck („zum Bache"); *Terbruggen, Terbrüggen; Terfloth; Tergast* („Geest"); *Terhardt* („zum Gebirge"); *Terhoffstedde; Terhorst; Terlinden; Termöllen* (Kr. Tecklenburg), *Termöhlen, ter Meulen* (Gronau bei Hildesheim, vgl. hochd. *Zurmühlen); Ternedde; Tersteegen; Tervoort* („zu der Furt"). Auffallend mit Wechsel des Geschlechtes: *ter Meer; ter Stein.* — *Teröverst.*
Tenderich s. Tegener.
Tendler s. Tandler.
Tenke, Tentzel s. Þankaz.
Tepfer s. Töpfer.
Ter s. ten — doch *ter Nedden* s. *Tornedden.*
TERIAZ I. ahd. ziari, mhd. ziere „zier, schmuck".
FN. (Zierold): *Zierold; Ziert.*
Einstämmige Kürzung Zier-.
(Ziero): *Ziehr (Ziermann).* Gen. *Zieren*
Vklf. (l): *Zierl.* (l+n): *Zierlein.*
(z): *Ziereis.*
Tet- s. Þeudô (V.).
Tett- s. Þeudô (V., einst. K.).
Tetz- s. Þeudô (einst. K.).
Teub- s. Þeudô (V.).
Teubner III. Taubenbesitzer, -liebhaber. (Hans Sachs: „Ein Teubner, Vogler ich auch bin".) Dasselbe wohl manchmal *Teuber; Täuber; Taiber.*
Teuchgräber III. s. Gräber.
Teufel a) I. s. Þeudô (Þeudobald) b) III. aus dem Kirchenlatein diabolus (griech. διάβολος) „Beschuldiger, Verlästerer" (der Menschen bei Gott, s. Hiob Kap. 1. 2); schon ins Gotische aufgenommen als diabaulus, ahd. tiufal, mhd. tiufel. Vgl. Fahland.
FN. („der Tuvel", Appo dictus Diabolus schweiz. bei Bacm.) *Teufel, Teuffel.*

Niederd. *Düwel.* Reinbert genannt Düvel, diabolus 1307 (Lipp. Reg.).

Häufig in Zss. (Satz-N. S. 53): *Haschenteufel; Jagenteufel, Jagetcuffel; Schlagenteufel.* — Niederd. *Bietendüwel* aus Bitdendüwel; *Schietenduivel.* — *Manteuffel* (Johannes Manduvel 1256; ein M. wie ein Teufel, ein Teufelskerl). Niederd. *Dusendtüfel.*

Teufelskind III. aus dem 15. Jahrh. von Vilmar angeführt, vermutlich Abkömmling einer „Hexe".

Teufert s. Þeudô (V.).

Teuscher s. Tauscher.

Teuth s. Þeudô (einst. K.).

Teutloff s. Þeudô (V.).

Teutzel s. Þeudô (einst. K.).

Tews s. Matthäus.

Textor III. Latinisierung von Weber.

FN. *Textor; Texter; Textorius.*

Thad- s. Dâdi.

-thall, -thaller s. Tal.

Thamm- s. Þankaz (zweist. K.).

ÞANKAZ I. got. þagks, ahd., mhd. danc „Geist, Gedanke". Vgl. Hugu.

FN. Dankhart: *Dankert; Dancker; Denkert.* Patr. A. *Tangerding.*

Þancheri: *Danker; Denker.*

(Dankleip): *Deinkleff.*

Tancmar, Tammar: Vklf. (l): *Tammerl.*

Dankwart: *Dankwart; Dankwerth; Dankworth.*

Einstämmige Kürzung Dank-.

Danko: *Danko; Dank; Tanke; Denk; Tenke.*

Vklf. (l) Danchilo: *Danckel (Danckelmann); Denkel; Denkl* (bair.); *Dengel.* (z) Danzo: *Danz; Tanz.* (z+l): *Denzel; Tentzel.* Patr. A. (südd.) *Denzler.*

Zweistämmige Kürzung Dankm-.

Tammo (Stark S. 115): *Tamme; Damm.* Gen. *Tams; Tammen; Tammena* (ostfries.). Patr. A. *Demming; Tamminga* (ostfries.). Patr. Zss. *Thammsen.*

Vklf. (k): *Damcke; Tamke.*

That- s. Þeudô (V., einst. K.).

Thäte s. Þeudô (einst. K.).

Thed- s. Þeudô (einst. K.).

Thees- s. Matthäus.

ÞEGNAZ I. ahd. degan, thegan, mhd. degen, angels. þegn „Degen" d. i. junger Held.

FN. Þeganbald: *Tempel* (Preuß).

Þeganger: *Deiniger.*

Þeganhard: *Degenhard; Deinhardt; Deinert; Theinhardt; Theinert; Dähnhardt* (s. Stark S. 50); *Dähnert; Dennhardt; Dennert; Dienhart.*

Þeganhar: *Degener; Degner* (bei Klemp. VN.); *Tägener; Theiner; Dehner.*

Deganold: *Degenhold.*

Einstämmige Kürzung Degan-.

Þegan, Degano: *Degen; Tegen; Dein; Thein; Dehne.*

Vklf. (l+n): *Deinlein.* (k): *Denecke.*

Theile s. Þeudô (einst. K.).

Thein- s. Þegnaz.

Theis s. a) I. Dagaz (einst. K.) b) II. Matthias.

Thel- s. Þeudô (einst. K.).

Themar- Theo- s. Þeudô (V.).

ÞENHAN, ÞÎHAN I. angels. (ge) þingan, got. þeihan, ahd. gidîhan, mhd. gedîhen „gedeihen". Þiholf. Þigburg.

FN. (Dihhart): *Teichert; Deichhardt; Dieckhort.*

Thesen s. Matthäus.

ÞEUDÔ I. got. þiuda, ahd. diot, diota, mhd. diet, altsächs. þioda „Volk". In den mannigfaltigsten FF. auftretend, indem durch Ausfall des i die begleitenden Selbstlaute als alleinstehende Stammvokale erscheinen.

FN. Þeudobald: *Tiedeboh1; Tietböhl; Diebold; Diepolt; Diebel* (lat. *Dibelius*); *Typold; Dippoldt; Dippel; Tippold; Tippelt; Theobald; Theopold; Debald; Debold; Tobald; Tobold; Topel; Döbold; Döpel; Taubald; Deubold; Deubel; Dübel; Däuwel; Teuffel; Deybaldt; Deibel; Teipel.* Gen. *Tiebels.* Patr. A. *Tebeding; Döbling.*

Þeudobert: *Tieber; Dipper; Dobert; Dubbert; Tauberecht; Taubert; Teubert; Teuber.* Gen. *Dobers; Dübbers.*

Deotprant: *Dittebrandt; Dibbern; Dettbarn; Dubbern.*

Þeudofrid: *Diefert; Diefer; Düfert; Düfer; Teufert; Defert.*

Þeutegar: *Ditger; Tikker* (ostfries.); *Dücker.*

Teudhard: *Dietert; Dittert; Dethart; Detert; Dautert; Daudert.* Patr. A. *Detharding; Dederding.*

Teuthar: *Dieter (Dietermann); Deter (Determann); Teder; Dotter; Dödter; Tödter.* Gen. *Dieders; Deiters.* Patr Zss. *Dedersen.* Patr. A. *Detering; Dettring.* Vklf. (l): *Dieterle* (schwäb.). (l+n): *Dieterlen; Döderlein.* Patr. A. *Teterling; Dederling.*

Teuthram: *Dietram.*

Teutmann: *Dietmann; Diedemann; Tiedemann; Thiemann; Diemann; Dittmann; Tittmann; Detmann; Tettmann; Tutmann; Düttmann.*

Þiudemer 4.: *Diemar; Diemer; Thiemer; Dittmar; Dittmer; Dettmer; Themar; Teumer; Teimer.* Gen. *Tiedmers; Dittmers; Dettmers.* Patr. A. *Detmering; Diemerling.*

Þeotnand: *Denant.*

Theudoricus 1.: *Dietrich (Langdietrich); Dietreich; Diederich; Ditterich; Tittrich; Dederich; Dereich; Deutrich; Deitrich;* zsgz. *Dirk* (z. B. Dirck, Graf von Holland 984 neben Diederich). Gen. *Diederichs; Dieterichs* (latinis. *Dieterici*); *Dierks; Dierken; Dirks; Dierickx; Derix; Dörks; Dürks; Tjarks* (fries.) Patr. A. *Dierking.* Patr. Zss. *Diederichsen; Dirksen.*

Þeudoald: *Diethold; Diedelt; Ditwald; Diewald; Dewald; Thewald.* Gen. *Dedolz.*

Þiotvic: *Dietwig.*

Teuduin: *Dewin.*

Þeudulf: *Didolff; Diedloff; Tietloff; Dittlof; Dedolph; Dettloff; Dettlef;* zsgz. *Delff; Dötloff; Deudeloff; Teutloff;* zsgz. *Tülf.* Gen. *Dethlefs;* zsgz. *Delfs; Detheleven* (ostfries.). Patr. Zss. *Detlefsen.*

Einstämmige Kürzung Þiud-.

Tiuto, Dieto, Dudo usw. (in mehr als 50 altdeutschen FF. bei Förstemann). *Diede; Dieth; Tiede; Tiedt; Titho; Ditt; Thie* (Stark S. 38); *Thye; Dede; Thede; Thäte; Detto; Dode; Dodt; Thode; Tohte; Todt; Thute; Dudde; Thutt; Daude; Taute; Deut; Theut.* Gen. (doch auch zu Teudin 8.): *Thieden; Tiedens; Thyen; Dittes; Tittes; Didden; Tidden; Tedden; Doden; Duden; Tuhten; Dudden; Tjaden* (ostfries.). Plur. *Tydena* (ostfries.). Patr. A. *Dütting.* (Gen.) *Thedinga* (ostfries.).

Vklf. (i): *Thedy; Dudey.* (l) Theudila: *Dietel; Dietle; Diedel; Titel; Dittel; Tittel; Dedel; Dodel; Deitel; Teidel.* Mit Ausstoßung des T-Lautes Thilo 8.: *Dihle; Thilo; Thiele (Tielemann; Thielmann); Tillo; Tille; Till (Tillmann); Thele (Thelemann); Thöle; Thüle; Tyl; Dell; Theile (Theilmann); Deyhl; Dilly; Tilly.* Gen. *Detels; Dielen; Thielen; Tillmanns; Thelen; Tholen.* Patr. A. *Tettling; Tiling.* (l+n) Teudolin: *Dietlein.* (l+k): *Thielicke; Tielke; Tölke.* Patr. A. *Thielking; Tielker* (1480 Tylekink, 1525 de Tileker, Preuß). (k) Theodicho: *Tiedge; Diko; Tieck; Ticke; Dicke; Tedicke; Dedich; Detje; Docke; Thoke; Duttke; Tütge.* Gen. *Tiedken; Tietjens* (ostfries.); *Dieken; Ditges; Deeken; Deetjen; Dux* (= Ducks, Preuß). Plur. *Dikena* (ostfries.). (k+n): *Didtchen; Deutchen.* (k+l): *Tickel.* (z) Theuzo: *Dietze, Diez (Dietzmann); Dietsche; Tietz; Tietsch; Ditz; Diß; Titze; Titsch; Deetz; Teetz; Deitz; Deiß; Deuß; Deutsch; Tautz.* Gen. *Tietzen; Deussen.* Patr. A. *Deussing.* Unorgan. Zss. *Dietzer; Dietzold.* (z+i): *Dietschi* (schweiz.). (z+l): *Dietzel; Dießl; Teutzel; Tetzel.* (z+k) Thieziko: *Titzk; Tetzke; Dutschke.* (z+l+k): *Dietzelke.*

Zweistämmige Kürzung Þiudb-.

(Tiebo): *Tiebe; Dippe; Tibbe; Topp;*

Dopp (Doppmann); Töppe; Dubbe; Tubbe. Gen. *Thiebes; Tebben (Tebbenjohanns* Oldenb.); *Toben.* Patr. A. *Depping.*

Vklf. (l): *Diebel; Dippel; Tippel; Topel; Döbel* (s. auch Theodebald); *Deubel; Teubel; Deibel; Teibel; Deipel.* Gen. *Tiebels.* Patr. A. *Döbbeling.* (l+n): *Debbelin; Döbbelin* (aber auch ON., Dorf bei Stendal). (k): *Tiebeck; Dipke; Döpke; Döbbecke.* Gen. *Tapken; Töpken.*

Zweistämmige Kürzung Þiudm-.

Timo: *Dieme; Thieme; Thimmo; Timme; Timm; Temme.* Gen. *Tiems.*

Vklf. (l): *Dimmel; Timmel.* (k): *Diemke; Thiemich; Timke.*

Theuer, Theurich s. Deurja.

Theuerkauf III. einer, bei dem man teuer kauft. Niederd. *Dührkoff* (aus Durekoop; Dürkop 1661).

Theun- s. Antonius.

Thewald s. Þeudô (V.).

ÞEWAZ I. „Diener" got. þius, ahd. deo, Gen. dewes

FN. Dioman: *Thiemann.*

Diomuod: *Demuth.*

Auslautend 80 mal (Förſt.):

-dei: Herndei.

-they: Parthey.

Thewes s. Matthäus.

Thias s. Matthias.

Thie s. Þeudô (einst. K.).

Thiebes s. Þeudô (zweist. K.).

Thieden, Thiel- s. Þeudô (einst. K.).

Thiem- s. a) Þeudô (V., einst., zweist. K.) b) þewaz (V.).

Thier- s. Deurja.

Thiergardt III. Jacobus zem Tiergarten (domus dicta z. T.) 13. Jh.

FN. *Thiergardt; Diergardt.*

Thies s. Matthias.

Thilo s. Þeudô (einst. K.).

Thimmo s. Þeudô (zweist. K.).

Thode, Thöle, Tholen s. Þeudô (einst. K.).

Thom- s. Thomas.

Thomas II. hebr. „der Zwilling" — der Apostel (Kal. 21. Dez.).

FN. *Thomas; Thomaß;* latinis. *Thomasius; Thoma; Thome; Thom.* Gen. (lat.) *Thomae;* deutsch *Thoms* (was aber auch zusammengezogener Nom. = Thomas sein kann). Patr. A. *Thomaser* (Saarlouis). Patr. Zss. *Tomassen; Thomssen.*

Mit Kürzung im Anlaut: *Maas. Masius.*

Vklf. (k): *Thömsgen.*

Thomer s. Dôma.

ÞONARAZ I. ahd. Donar, altniederd. Þunar, altnord. Þôrr, der Gott des Gewitters, der mit seinem Hammer, dem Blitz, die Glutriesen verjagt. Donarperht 9.

FN. *Donner.* Gen. *Donners.*

Thormann III. „Torwächter" (oder einer, „der im Tore wohnt"?) Vgl. Berchtoldus dict. zem Tore, Diezin an dem Tor 1298. Latinis. *Portius.* Niederd. *Dohrmann.*

Thörner s. Türmer.

Thorwesten s. ter, zu.

ÞRASA- I. in got. þrasabalthei „Streitlust", altnord. þrasa, altsächs. þrasjan „schnauben", ahd. drâsôd „der durch Schnauben entstandene Lärm".

FN. Þrasolt: *Tresselt; Tressel; Dressel.*

Einstämmige Kürzung Þras-.

Þraso: *Thress.*

Thudichum III. Satz-N. „tu dich um". Auch *Thudium* (Ludwigsburg) „ein Betriebsamer" (Erbe).

Thugut III. österreichischer Minister unter Maria Theresia, urspr. Thunichtgut (angeblich oberösterreich. Umdeutung des wälschtirolischen N. Tunicotto, Pott S. 39). Als er im Staatsdienst zu steigen begonnen, änderte die Kaiserin den N. in obiger Weise.

ÞULDI I. ahd. mhd. dult „Geduld", bes. wohl auf Ausdauer im Kampfe gehend. Ist auch an german. dulþî, got. dulþs, ahd. mhd. tuld, dult „Fest" zu denken?

FN. (Tultperaht): *Tulpracht.*

(Dulthart): *Duldhardt.*

Tulthere: *Duller.*

Einstämmige Kürzung: Duld-.

Vklf. (k): *Dulk; Tulke.* (z): *Dultz.*

Thüle s. Þeudô (einst. K.).

Thum, Thüm- s. Dôma.

ÞURINGÔZ I. Volksname „die Thüringer" = die Wagenden, Mutigen, von þurên „wagen". Ahd. (Ermun)duri, später Duringi;

das nhd. th ist gelehrte Entlehnung. Þuringbraht, Durinchard.
FN. *During; Düring; Thüring; Döring; Thöring.*
Thurn, -thurn s. Turm.
Thurner, Thürner s. Türmer.
Thute, Thutt s. Þeudô (einst. K.).
Thye s. Þeudô (einst. K.).
Thym s. 1) Dôma 2) Þeudô (zweist. K.).
Thyrolf s. Deurja.
Tibbe s. Þeudô (zweist. K.).
Tick, Tidden s. Þeudô (einst. K.).
Tidebohl s. Þeudô (V.).
Tieb- s. Þeudô (V., zweist. K.).
Tieck s. Þeudô (einst. K.).
Tied- s. Þeudô (V., einst. K.).
Tieges s. Matthias.
Tiel- s. Þeudô (einst. K).
Tiem- s. Þeudô (V., zweist. K.).
Tier- s. Deurja.
Tiet- s. Þeudô (V., einst. K.).
Tietsch, Tietz- s. Þeudô (einst. K.).
Tigges s. Matthias.
Tikker s. Þeudô (V.).
TILAZ I. „passend, gut", got. gatils, angels., altfries. til. Dazu ahd., mhd. zil „Grenze, Ziel", ahd. zilôn „sich beeilen".
FN. (Tilman): *Tilmann; Tilemann.* Gen. *Tilmanns.*
Einstämmige Kürzung Til-.
Dillo: *Tilo; Tile; Till; Dill.* Hierher gehört auch ein Teil der zu Þeudila (Thilo) aufgeführten Vklf.; die Unterscheidung ist nicht überall sicher durchzuführen. — Hochdeutsches z haben die FN.
Cilger: *Zieleger; Zilger; Zilker.*
(Zilheri): *Zieler; Ziller.*
Ciliman: *Zillmann.*
(Zilmar): *Zillmer.*
Einstämmige Kürzung Zil-.
Zilo, Zillo: *Zill; Ziehl.* Gen. *Zillen; Zilles; Zils.* Patr. A. *Zilling.* Patr. Zss. *Zillessen.*
Vklf. (k): *Ziehlke; Zühlke; Zillich.* (k+n): Gen. *Zillikens; Zillekens.* (Doch vgl. hierzu Cyriacus.)
Tilgenkamp III. „mit Stecklingen (niederd. Telgen) besetztes Feld". Daraus *Tillenkamp; Tellkampf.*
Tiling, Till- s. a) Þeudô (einst. K.) b) Tilaz.
Tim-, Timm- s. Þeudô (zweist. K.).
Timmermann s. Zimmermann.
Tipp- s. Þeuda (V., zweist. K.).
Tippenhauer III. 1590: Tubbenhauer (Tubben = Zuber).
Tiroff, Tirold s. Deurja.
Tischer III. mhd. tischer der „Tischler" (niederd. noch jetzt „Discher", im Stolper KB. hochd. „tischer" 17. Jh.).
FN: *Tischer; Tischler; Dischler.*
Tissen s. Matthias.
Tit- s. Þeudô (V., einst. K.).
Titsch, Titz- z. Þeudô (einst. K.).
Tjaden s. Þeudô (einst. K.).
Tjarks s. Þeudô (V. Dietrich).
Tob- s. Þeudô (V., zweist. K.).
Tobaben III. (hamburg. Inseln) „zu oben".
Tobel III. „Schlucht". Häufiger ON. in Südd.
FN. *Tobler* (schweiz.).
Tobias II. hebr. Tobijja „Güte Jehovas".
FN. *Tobias; Tobis; Tobey.* Patr. A. *Tobiassen; Tobiesen.*
Tochtermann III. zu den Verwandtschafts-N. (s. Eidam).
Todt s. Þeudô (einst. K.).
Tödter s. Þeudô (V.).
Tohte, Tölke s. Þeudô (einst. K.).
Toischer s. Tauscher.
Tolkmit III. ON. Tolkemit.
Töllner s. Zöllner.
Tom niederd. = zum in N. wie *tom Dieck, tom Have, Tombrink, Tombreul* (s. Zu).
Tömmel, Tompert s. Dôma.
Ton-, Tön- s. Antonius.
Top- s. Þeuda (V., zweist. K.).
Töpfer III. jüngere mitteldeutsche Bildung für Hafner, welches schon ahd. hafinâri; vgl. im J. 1482 topffer = hafner.
FN. *Töpfer; Tepfer; Töpfner.* Niederd. *Pötter* (holl. de Pottere S. 40). Latinis. *Figulus.*
Töppe s. Þeudô (zweist. K.).
Tor- in Zusammens. wie *Tormählen* (s. ter, zu).
-torf s. Dorf.
Torffstecher, auch *Dorfstecher* III., bemerkenswert als eigentüml. norddeutscher N. (z. B. in Pommern).
Tornedden III. niederd. 1590: Hans dar nedden „dort unten" (Lipp. Reg.). Ab-

geschwächt *ter Nedden* — falsch verhochd. *zur Nedden; Zurnieden.*

-torp, -torpf s. Dorf.

Tovote III. niederd. „zu Fuß". Vgl. Perdt.

Trabant III. „Fußsoldat" („Vothknecht" Klempin S. 626). Aus ital. trabante, Soldat von der Leibwache der deutschen Kaiser (wohl gebildet aus dem deutschen „traben" mit der ital. Endung des Part. Präs.).
FN. *Trabant; Drabant.*

Träger III. ahd. tragâri, mhd. trager (Elbing. Urk. Michel der treger 1484).
FN. *Trager; Träger* — in mehrfachen Zss.: *Eisenträger; Flaschentr.; Kreutzträger; Mehltr.* Aber in *Bornträger* (s. d.) und *Felgentr.* ist Träger entstellt aus Dreher.

Tramm, Tramsmeyer s. Bertram.

Transfeldt III. „einer aus Dransfeld", wie auch die Familie bis etwa 1790 hieß.

Trau- s. Drûdaȥ (V., einst. K.).

Traube a) I. s. Drûdaȥ (zweist. K.) b) III. „die Traube" — auch N. von Gasthöfen.

Traxler, Träxler s. Drechsler.

Tredup III. niederd. Satz-N. „tritt auf!" Dasselbe wohl *Tretopf;* ähnlich *Tretrop* „tritt darauf!"

Treib- s. Drîbhan.

Tremöhlen III. niederd. aus ter Möhlen „zur Mühle" (S. 55).

Tress- s. Þrasa.

Treucke, Treuge s. Drûdaȥ (einst. K.).

Treut- s. Drûdaȥ (V., einst. K.).

Trieb-, Triep- s. a) Drîbhan b) Drûdaȥ.

Trinkaus III. leichtverständlicher Satz-N. Auch *Trinksaus; Dringkaus.* Zsgz. *Trinks.* Niederd. Hans Drinkuth 1529 (Ilsenb.).

Trippmacher III. Der Trip ist ein Halbsamt, die Trippe ein Holzpantoffel. Hier kommt wohl das zweite Wort in Betracht. Niederd. *Tripmaker.* Vgl. Trypenheuwer (= Trippenhauer) in Iserlohn 1500, Trippenmeker in Soest.

-troff s. Dorf.

Tröger s. Drog.

Trolf s. Drûdaȥ (V.).

Trolle s. Drûdaȥ (einst. K.).

Trommer s. Trümper.

Trompeter III. mhd. trumpeter, trummeter — vom ital. trombetta, franz. trompette „Trompete" (aus ital. tromba).
FN. *Trompetter; Trompeter; Trümpter; Trompter; Trumeter; Drommeter.*

-trop s. Dorf.

Troschel s. Drûdaȥ (einst. K.).

Trub-, Trüb- s. a) Drûdaȥ (zweist. K.) b) Drîbhan.

Trübswasser III. Satz-N. „trübe das Wasser!"

Truchseß III. ahd. truhtsâȥo, mhd. truhsaeȥe „im Volke sitzender und ihm vorsitzender Gefolgshauptmann", Anführer und Verpfleger der Gefolgschaft (truht); später eines der vier großen Hofämter: kameraere, schenke, truhsaeȥe (lat. dapifer), marschalc.
FN. *Truchseß.* In mehreren adligen Geschlechtern, die früher ein Erbtruchsessenamt besessen: *Tr.-Waldburg; Tr. von Wellerswalde.* — Mittellat. drossatus, woraus *Droste,* Gen. *Drosten* (drosthe Klemp. S. 491 im Sinne von Aufwärter bei Tische). *Dr. zu Hülshoff, zu Vischering.*

Trude, True s. Drûdaȥ (einst. K.).

Trühl, Trülle s. Drûdaȥ (einst. K.).

Trüloff, Trum- s. Drûdaȥ (V.).

Trumeter s. Trompeter.

Trummer, Trümmer s. a) I. Drûdaȥ (V.) b) III. Trümper.

Trümper III. ahd. trumpari „Trompeter", vom ahd. trumba aus ital. tromba Trompete.
FN. *Trümper; Trümmer; Trummer; Trommer;* auch wohl *Trümpler.*
Vklf. (i): (schweiz.) *Trümpy.*

Trümpter s. Trompeter.

-trup s. Dorf.

Trupel s. Drûdaz (zweist. K.).

Trurnit III. Satz-N. „Traure nicht!" (Altona). Vgl. Traurnicht 1633.

Trut, Trüter s. Drûdaȥ (V.).

Trutzel s. Drûdaȥ (einst. K.).

Tschudi III. zuerst 1127 Schudi, nach Beckers Vermutung schweizerische Umbildung des lat. judex „Richter".

Tubbe s. Þeudô (zweist. K.).

Tucher III. „Tuchmacher".

Tuchhändler III. sehr entsprechender jüdischer FN.

Tuchscherer III. = Tucher.

Tuhten s. Þeudô (einst. K.).

Tülf s. Þeudô (V.).

Tulke, Tulpracht s. Þuldi.

Tum in N. wie *Tumbreul, Tumbrinck, Tumbült,* niederd. (s. Zu).

Türk III. wohl einer, der einen Türkenkrieg mitgemacht hat.

Turm III. in ON., altertüml. *Thurn*, ahd., mhd. turn (aus lat. turris).

FN. *Thurm. Thurn;* Fürst *von Thurn u. Taxis.* (Die Familie stammt aus Mailand und hieß ursprünglich della Torre. Der N. Taxis bezeichnet eine Örtlichkeit in der Nähe von Bergamo.) *v. Weißenthurn; Hohenthurm; Lichtenthurn* (O -thurm).

Türmer III. mhd. turnaere „Turmwächter" (noch in Goethes Götz „Thurn" und „Thürner").

FN. *Thürmer; Törmer;* in älterer F. *Thurner; Thurnher; Thürner; Thörner.*

Turner III. 1) einer aus Turn (Öst.) 2) s. Türmer.

Tütge s. Þeudô (einst. K.).

Tutmann s. Þeudô (V.).

Twele III. niederd., hd. Zwiesel, d. i. Gabel, häufige Bezeichnung von Flurstücken, die an der Gabelung zweier Bäche liegen.

FN. *Twele; Twelemeyer* (1528 Bartold upper Twele, Preuß).

Twiete III. auch Tweete, niederd. „Durchgang", bes. zwischen Hecken, in *Twietmeyer.*

Typold s. Þeudô (V.).

Tyrold s. Deurja.

Tyroler III. in der alten Schreibung = „Tiroler". Auch *Tyroller.*

Tyssen s. Matthias.

U.

Überall III. Spottname; vgl. Hans in allen Gassen.

Überschar III. Flurn. = überschießendes Feld, Ackerstücke, um die eine Dorfflur sich bei genauer Vermessung größer erwies als bei früher erfolgter Abgrenzung (Klose). In Schlesien häufiger FN., auch in der F. *Überschär.*

Uckert, Ufer, Uffert s. Auðaz (V.).

Uffenkamp s. Upderworth.

Uhde s. Auðaz (einst. K.).

Uhl s. Ôþalaz (V., einst. K.).

Uhle III. niederd. „Eule", in Zss. wie *Uhlenbrauk* (Eulenbruch), *Uhlenkamp; Uhlenhuth* (Derick Ulenhod wohnte 1437 in Braunschweig in dem Hause tor Ulen). *Uhlemann.*

Ühle s. Ôþalaz (einst. K.).

Uhmeyer I. III. = Uhdemeyer s. Auðaz.

ui = **ü** in österreichischen N.: *Uibel, Uiberlacher, Uichtritz v. Steinkirchen* u. a.

Ul-, Ull- s. Ôþalaz (V., einst. K.).

-um s. Heim.

Umb-, Umfried s. Unnan.

Umbscheiden III. = *Unbescheiden,* vgl. Walther gen. Unbezhaiden 1304. Schon mhd. angeglichen: umbescheiden, das Gegenteil von bescheiden d. i. verständig, rücksichtsvoll. Verkürzt: *Unbescheid; Umscheid.*

Unbehaun III. doch wohl s. v. a. (in demselben Bilde) „ungehobelt, unpoliert". Üllein der Unbehowen 1352.

Unfried s. Unnan (V.).

-ung I. Patronymika bildend (s. ing); *Adelung* — abgestumpft *-ong: Amelong.*

Ungefug(e) III. mhd. ungefüege „ungeschickt", aber auch „übermäßig groß und stark". Fridrich Vngevuge 1260.

Ungeheuer III. mhd. ungehiure „unheimlich, häßlich".

Ungelter III. Einnehmer der „ungelt" genannten (lästigen) Abgaben auf Lebensmittel.

Ungemach III. Mangel an Bequemlichkeit, Unruhe.

-ungen III. in ON., Nebenf. zu -ingen.

FN. *v. Bodungen; v. Kauffungen.* Mitunter abgekürzt in *-ung: Breitung* (O. Breitungen); *Gerstung* (O. Gerstungen); *Haferung* (O. Haverungen).

Ableitung auf *-er: Hagenunger* (Baden).

Ungenannt III. merkwürdiger N., eig. einen Widerspruch in sich selbst enthaltend.

Unger III. „Ungar", Chuonrat der Unger 1329. In einem Falle 1890 aus Ungerathen geändert.

Ungethüm III.

Ungewitter III. bildlicher N.

Unglenk III. mhd. ungelenke „ungelenk, unbiegsam".

Unkraut III. urspr. Übername (Tobler-M.).

UNKWIZ I. ahd. ung, unch, mhd. unc „die Schlange". Unchad. Ungheid.

FN. (Uncbald): *Unkenbold.*

(Unchart): *Unkart.*

UNNAN I. angels. ahd. unnan „gönnen, gewähren".
EN. Unebert: *Umbrecht; Umbeer.*
Unifred: *Umfried; Unfried.*
Unuald: *Unolt.*
Einstämmige Kürzung Un-.
Unno: *Uno.* Gen. *Onnen* (Jever).
Vklf. (k) Unico: Gen. *Oncken.*

Unruh III. Unruoch 924, zu ahd. unruoche, mhd. unruoch „Unbekümmertheit".

Untiedt III. niederd. „Unzeit".

Unverdorben III. mhd. unverdorben „nicht unglücklich, erfolgreich".

Unverzagt III. mhd. unverzaget „unverzagt, nicht blöde".

Upderworth III. niederd. = auf der Wurt. So auch *Uppendahl; Uphoff; Uppenkamp,* halbverhochd. *Uffenkamp; Uppenbrock* (auf dem Bruch); *Uptmoor* „auf dem Moor" (Vechta).

Urbanus II. lat. der „Städtische, Höfliche", FN. *Urban; Orban.*

Urff III. O. j. Niederurff bei Fritzlar. FN. *von und zu Urff* (1160).

Urner III. „einer aus Uri".

URUZ, URAN I. ahd. ûro, mhd. ûr der „Ur", Auerochs (S. 16). Urhart. Urold.
FN. (Urschalk): *Urschall* — umgedeutet *Ohrenschall.*
Einstämmige Kürzung Ur-:
Uro: *Auer; Ühre.*
Vklf. (k) Urico: *Urich.*

Usedom III. die Insel.
FN. *von Usedom* (Venziko de Uzenem 1257).

Utermark III. „aus der Mark".

Utermöhlen III. niederd. „aus der Mühle". Schon Gött. UB. 1426 ut der Molen, und 1488 Utermolen.

Uth-, Utz s. Auðaȥ (einst. K.).

Uulkes s. Ôþalaȥ (einst. K.).

UZDAZ I. ahd. mhd. ort, altsächs. ord „Schärfe, Spitze", bes. des Schwertes und Speeres.
FN. Ortgis: *Ortgies.* Gen. *Ortgiesen.*
Ortlaip: *Ortleb; Ortlepp; Ortlöpp.*
Ortliub: *Ortlieb.*
(Ortman): *Ortmann; Ohrtmann.*
Ortolt: *Ortelt; Örtelt.*
Ortwin: *Ortwein.*
Ordulf: *Ordolff; Ortloff.*
Einstämmige Kürzung Ort-.
Ordo, Ort: *Ort, Orth; Ohrt.*
Vklf. (l): *Ortel; Örtle; Örtel.*
Patr. A. *Örthling.*

V.

(Aussprache des v: in den rein lateinischen Wörtern Valentinus, Venator, Vincens und ihren meisten Ableitungen weich, wie w, in allen übrigen hart, wie f.)

Vaasen s. Servatius.

Vack s. Fag.

Vadder s. Vater.

Vaes- s. Servatius.

Vagd, Vagedes, Vagts s. Vogt.

Vahl s. Fahlen.

Valand s. Fahland.

Valentinus II. lat. Weiterbildung von Valens „gesund, kräftig". V. Bischof im 5. Jh.
FN. *Valentin; Vallenthin, Wallentin.*
Gekürzt: *Valtin; Velten* (mit hartem V., daher auch *Felten*). Gen. (lat.) *Valentini; Veltjes* (ostfries.). Patr. A. *Valentiner.*

Vallender III. „einer aus Vallendar" (Rheinprov.).

Valtin s. Valentinus.

Van niederd. = von, vor Ortsbezeichnungen zur Bildung von FN. (s. von).

Vandenhoeck III. urspr. van den Hoek (so Klopstock in einem Briefe an Bodmer 1749, s. Döring, Klopstocks Leben S. 99), von niederd. hoek „Ecke, Ende". Vgl. Huckmeyer (= Eckmeyer).

Varnhagen III. (spr. Farn-) O. im Oldenb.

Varrentrap III. (zur) „Ochsenspur" (S. 55).

Vas- s. Servatius.

Vasbender III. „Faßbinder", Böttcher.

Vaßhauer III. „der Fässer zuhaut", Böttcher. Niederd. *Vatheuer.*

Vatebender III. niederd. = „Faßbinder" (s. Binder).

Vater III. zu den Verwandtschafts-N. Niederd. *Vadder.* Zss. *Altvater* (Großvater); *Bestv.; Kinderv.; Landesv.; Vielv.*

Vatheuer s. Vaßhauer.

Vedder s. Vetter.

Vehrens s. Fara.

Veit s. Widuȥ.

-veldt s. Feld.

Velten, Veltjes s. Valentin.
Venator s. Jäger.
Vendt s. Fend.
Venn III. ahd. fenna, niederd. fenne, nordfries. fehn, niederländ. venne, veen „Sumpf, Moor“.
FN. *Van der Venne; ter Vehn* (ostfries.); *Venn; Inhetveen; Intfen* (Mörs). *Vennekötter; Vennebusch.*
Ver- in N. wie *Vergeest; Verhoek; Vermöhlen*, s. Von.
Vernaleken III. „Sohn der Frau Aleke“ d. i. Adelheid (S. 36). Ver abgestumpft aus frou, z. B. Vern Jutten grabin „der Frau Jutta Graben“ 1319.
Versen III. O. Veerßen b. Ülzen (Alexander v. V. 1180).
Vest- s. Fastuz.
Vetter III. zu den Verwandtschafts-N. Cunrad Vetter 1312.
FN. *Vetter; Vötter* (Wien). Niederd. *Vedder*. Zss. *Vettermann. Heinevetter; Trautvetter.* Vklf. (li): *Vetterli* (schweiz.).
Vie- s. Fiebig.
Vielbert s. Felu.
Viertel III. Gerätn.
Vietmeyer s. Widuz (einst. K.).
Vietor III. im 16. Jh. übersetzt aus Faßbender (s. Binder). Sprich Fí-ŏ-tor; s. Zeitschr. des A. D. Sprachvereins 1903 Sp. 197.
Villmann III. mhd. velleman „Abdecker“.
Vilmar I. ahd. Filomar, „vielberühmt“. In der richtigen Aussprache lautet der N. nicht Wilmar, wie man es so häufig hört, sondern Filmar.
Vincens II. lat. „der Siegende“; mit der Weiterbildung Vincentius — der h. Vincentius im 5. Jh.
FN. *Vincens; Vincenz, Winzenz* (österr. Schreibung). *Vicentius.* Mit Kürzung im Anlaut: *Zenz.* Zsgz. *Ventz* (Ventze = Vincentius Klemp.), woraus Vklf. *Ventzke (Fentzke).* Gen. *Venskens.*
Vincke s. Finke.
Virchow III. (spr. Fircho) O. in Pommern.
Visser s. Fischer.
-vitz s. -itz.
Vitzthum III. aus lat. Vicedominus.
FN. *Vicedomini; Vitzthum* (Vitztum 1311); *Vitzthum v. Eickstedt* hatte vom Erzbischof von Mainz das Vitztum-Amt über Erfurt zu Lehen (Bertold V. 1199).
Vocke s. Fulka (einst. K.).
Vogel III. Hermann dict. Vogel 1159. Hans der Vogel 1377.
FN. *de Vogel* (Düsseld.), *Vogel, Vogl* (österreich.).
Vklf.: *Vögeli; Vögelin.*
Zss. *Brachvogel; Eisv.; Grünv.* (nach Buck S. 90 aus mhd. krimvogel „Raubvogel“); *Haidv.; Kravogl* (Südtirol); *Krautv.; Schreiv., Schreyvogl; Waldv.; Wasserv.; Wildv.; Zierv.*
Vogelmann III. „Vogler“. Verlateint *Ornitander.*
Vogelsang III. sehr häufiger ON. „ein O., wo Vögel singen“ (bes. Waldgegend). Conradus de cantu volucrum 1285. Auch *v. Vogelsang* (Gerhardus de V. 1270).
Vogelbeer III. „Vogelbeere“, die (rote) Beere der Eberesche, womit Vögel, insbes. Krammetsvögel, gefangen werden.
Vogler III. ahd. fokalâri, mhd. vogelaere „Vogelfänger“.
FN. *Vogeler; Vogler; Vögler.*
Vogt III. ahd. fokat, fogit, mhd. voget, voit aus mittellat. vocatus st. advocatus „Schirmherr“; der von demselben eingesetzte Stellvertreter, daher bes. „Statthalter, höherer weltlicher Richter“. Gegenwärtig auch Vorsteher ländlicher Gemeinden (in Schleswig-Holstein, Westfalen).
FN. *Voget; Vogt, Voogd, Voght* — auch *de Vogt* (Mörs). Zsgz. *Voit* (wie Magd — Maid); *Voitus* (der Schluß noch vom lat. advocatus).
Aus der Vermengung beider FF. (Vogt u. Voit) ist die sinnlose Schreibung *Voigt, Voigdt* (mit stummem i) entstanden.
Niederd. *Vagd* (Vaget Klemp.). Gen. *Voigts.* Niederd. *Vagedes* (westf.); *Vagts.* Patr. A. *Vögting* (Lippe). Vklf. (l): *Voigtel.* (l+n): *Vögtlin.*
Zss. *Dreisvogt; Hünervogt; Landvoigt; Waldvoigt; Slevoigt, Schleevoigt, Schleenvoigt.* — *Voigtmann.*
(Slawisch: *Woita; Woyte; Woith; Wota* — häufig in den östlichen Provinzen Preußens).
Vohland s. Fahland.

Voigt, Voit s. Vogt.
Vol- s. Fulka (V., einst. K.).
Völ- s. Fulka (V., einst., zweist. K.).
Volland s. a) I. Fulka (Folcnand) b) III. Fahland.
Von III. vor Ortsbezeichnungen zur Bildung von FN. (S. 55, Adelsnamen S. 59).
Getrennt: *von dem Hoff; von dem Busche-Streithorst; vom Berge; vom Bruch, Brocke, Brauk; vom Ende; vom Felde; vom Kolke* (Wassergrube); *von der Borch; von der Heyden.*
In eins gezogen: *Vonscheidt; Vonsiepen; Vontobel.* — *Vondendriesch* neben *von den Driesch* (Brachland); *Vomhof; Vonderheydt* und *Vonderheiden* (neben *von der Heyde*); *Vonderaa; Vonderbank; Vonderforst; Vonderlinden.*
Niederd. *van* (bes. niederrhein.): *van Cleve,* auch *van Cleef, van Dyck (Vandyck); van Nuyhs; van Geldern; van den Bergh; van den Wyngaert* (holl.); *van der Beeck* (Bach); *van der Horst; van der Moolen; van der Venne; van der Voer* (holl. von der Furt); *van der Werff* (s. Werft); *van den Velden;* häufig mit dem Hauptwort in eins gezogen: *Vandenhoff; Vanderburgh; Vanderbrück; Vanderscheid; Vandersee; Vanoverstraeten.*
Van der zsgz. in *ver: Verbrugghe; Verfurth; Vergeest* („von der Geest", Gegensatz zu der „Marsch"); *Verhoek* (s. Vandenhoek); *Vermöhlen* („von der Mühle"); *Versteegen.* Doppelt: *van Verschuur* („von der Scheuer").
Als Entstellungen erscheinen: *Wanderbank; Wandersee.*
Voogd s. Vogt.
Vörg s. Ferg.
Vor III. mit Hauptw. u. Art. zur Bildung von ON. und FN. *Vormbaum; Vormberg; Vormschlag; Vormstein; Vormweg; Vormsand.*
Getrennt: *vorm Walde.*
Vornbäumen.
Vorreiter III. „der fürstl. Wagen vorreitet".
FN. *Vorreiter; Vorreuter.*
Vorster s. Förster.
Voß-, Vössing s. Fuchs.
Vötter s. Vetter.
Vrin s. Severinus.

W.

Waack s. Wakraz.
Waalkes s. Waldan.
Wach- s. Wakraz.
Wachsmann III. „Wachshändler". Auch = *Waßman?*
Wachsmut s. Wataz.
Wächter III. ahd. wahtâri, mhd. wahtaere, wehter.
FN. *Wächter; Wachter.* Zss. *Dürrwächter* (Tür-); *Kleinwächter.*
Wadenspanner III. „der das Zugnetz (mhd. wate, wade) ausspannt, Fischer".
Wadmenger III. „Kleiderhändler" (mhd. wât).
Wadsack III. mhd. wâtsac „Reisesack, Mantelsack".
Wag- s. Wakraz.
Wagehals III. Satz-N. „Wage den Hals", in älterer F. *Wagenhals* (Wagehals auch als Appellativ noch in der Sprache).
Wagenblast III. „wag' einen Zank" (Erbe) vom ahd. mhd. blâst Blasen, Zorn und Zank.
Wagener III. ahd. waginâri, mhd. wagener „Verfertiger von Wagen".
FN. *Wagener; Wagner;* mit Umlaut *Wägener; Wegner.* Zsgz. *Wainer; Weiner.*
Wagenknecht III. „Fuhrmann" (s. Klempin Memorab. S. 624: wagenknechte = vorlude „Fuhrleute"). Selbst *Wagenschieber* findet sich als FN. Ähnlich *Wagenführ* (= -führer).
Wagenpfeil III. Satz-N. „setze den Pfeil in Bewegung!" Ähnlich *Wagenschwanz* „bewege den Schwanz, die Schleppe!" (N. für einen Gecken.) Vgl. Seidenschwantz.
Wahl- s. 1) Walhaz 2) Waldan. (V.).
Wahn-, Wähn- s. Wên.
Wahnschaffe III. mhd. wânschaffen „ungestalt", auch geistig „verrückt".
FN. *Wahnschaffe; Wannschaffe; Wanschaff.*
Wahr- s. War (V., einst. K.).
Wahrenholtz s. War (V.).
Waibel III. ahd. weibil, mhd. weibel „Gerichtsbote, Amtsdiener" (vgl. Schillers Tell 2, 2).
Wainer s. Wagener.
Waitzmann s. Widuz (einst. K.).
WAKRAZ I. ahd. wakar, wachar, mhd. wacker, wacher „wachsam, munter" (abgeleitet von german. Wak- „frisch, wach").

FN. Wagheri: *Wager; Wackermann.*
Wacald: Gen. *Wachholtz.*
(Wacarlaic): *Weckerley.*
Einstämmige Kürzung Wac-, Wacar-.
Vaco, Wecho, Wacar: *Wake; Waack; Wage (Wagemann); Wache; Wecke; Wacker.* Gen. *Weckes; Wex; Wax; Wecken.* Patr. A. *Weckering.*
Vklf. (l): *Weckerle.* Patr. A. *Weckerling.* (l + n): *Wecklein. Weckherlin; Weckherlen; Weckerlein.*
Auslautend *-acker* (23 mal Först.): *Gunnacker. Heinacker. Rothacker.*

Wake s. Wakraz.

Wal- s. 1) Wala 2) Walhaz 3) Waldan (V., einst. K).

WALA, WALU I. ahd., mhd. wal „Inbegriff der Erschlagenen auf der Walstatt" (als von den Walküren, den Dienerinnen Wuotans, für Walhalla Erwählten); „Kampfplatz".
FN. Walahraban, Walaram (Rabe der Walstatt S. 17): *Wallrafen, Wallraven; Walraf, Wallraff; Walram.*
Auch in den ff. Namensippen Walhaz und Waldan stecken sicher manche Ableitungen dieses Stammes, die sich aber nicht mit Bestimmtheit aussondern lassen.

Walbert s. Waldan (V.).

Wald- s. Waldan (V., einst. K.).

-wald s. a) I. Waldan b) III. Wald.

Wald III. Kaum ist in den deutschen ON. irgendein Begriff durch eine solche Mannigfaltigkeit von Ausdrücken vertreten, als der von Wald und Busch. „Wald", schon seit dem 7. Jh. nachweisbar, hat sich unter allen diesen Ausdrücken am längsten und allgemeinsten erhalten. 1) *Wald, -wald* 2) *Walde, -walde* (elliptischer Dat. Sg., uspr. walda) 3) niederd. *-wold, -wohld, -wolde.*
FN. 1) *v. Arnswald* (O. b. Stolberg, Hermann de A. 1217); *v. Auersw.* (O. Auerswalde b. Chemnitz, Otto de Urswalde 1263); *v. Buchw.* (O. i. Holstein, Detlev v. Bockw. 1203); *Eichw.; Grunw.; Maiw.; Osterw.; Rodenw., Rodenwold* (O. Rodenwalde); *Schwarzwald; Steigerw.; Tannenw.*
2) *Bärwalde; Fürstenw.; Recklenw.; Schwachenw.* (-walde in FN. selten, da diese F. dann meist in -wald gekürzt ist: *Arnswald, Luckenwaldt* aus Arnswalde, Luckenwalde).
3) *Gronewold; Rewold* (O. Rehwald); *Grotewohlt* (Itzehoe).
Ableitung auf *-er* (oberdeutsch):
1) *-walder: Finsterwalder; Hinterw.; Taugw.; Unterw.*
2) *-wälder: Grünewälder; Schönw.; Schwarzw.*
3) *-weller: Schwarzweller.*

Wäld- s. Waldan.

WALDAN I. got. waldan, ahd. waltan, waldan, mhd. walten „walten". In N. einer der ältesten (schon seit dem 1. Jh.) und häufigsten Wortstämme.
FN. Waldobert: *Wallbrecht; Walbert; Wallber; Walpert; Wollbrecht; Wolbert; Wolpert; Wolper* (entstellt *Wolbier; Wohlbier*); *Wölbert; Wölpert.* Gen. *Wolbertz; Wolpers.* Patr. A. *Wolperding* (die mit den Silben Wol-, Wöl- beginnenden FF. auch zu Wulfaz).
Walbodo: *Waldpott; Wallpott.*
Waldburga w.: *Waldburg; Wallburg.*
Walttag: *Woldag; Wohltag.*
Waldifrid: *Waltfried; Wallfried.*
Waldegar: *Walger.*
Waldhart: *Waldhard; Waldert; Weldert; Wöltert; Wohlert; Wöhlert.*
Waldhar: *Walther (Waltermann); Waldherr; Walthier; Welter; Wolter; Wölter; Woller; Wohler; Wöhler.* Gen. *Wolters; Wohlers; Wouters* (ostfries.).
Vklf. (k): Gen. *Wolterkes; Wölterges* (niederrhein.). Patr. A. *Woltering; Wollring.* Patr. Zss. *Wollersen.*
Waldhelm: *Waldhelm.*
Walderamus: *Waldraf; Wallraf; Wallramm.*
Waldleih: *Wolley.*

Waldman: *Waldmann; Woltmann; Wohlmann.*
Waldomar: *Waldemar; Wahlmar; Woldemar; Wollmar; Wollmer* (s. auch Wulfaʒ).
Waldorad: *Wallrath; Wallroth.*
Waldirih: *Walderich; Waltreich; Woldrich; Weltrich.* Gen. *Walrichs.*
Einstämmige Kürzung Wald-.
Waldo: *Waldo; Walde; Wald; Walte; Welde; Welte; Wolde; Wolle; Wohl; Wöll; Wöhl.* Gen. *Walts.* Patr. A. *Wöhling.*
Vklf. (i) Waldi: *Welti* (schweiz.). (i + n) Waldin: *Wältin; Welden; Welten.* (l) Waltila: *Wäldele.* (k) Waldiko: *Waltke; Weldicke; Weldig; Wolke; Wöldicke; Wöltge; Wöhlke.* Gen. *Waalkes; Waltjen* (beide fries.). (z) Walzo: *Waltz; Weltze; Wältz; Woltze.* (z + l): *Walzel; Welzel.*
Auslautend (347 mal Först.):
-*wald: Friedewald. Arnwaldt.*
-*ald: Haynald.*
-*al: Lothal.* Gen. -*als: Reinals.* -*hals: Göthals.*
-*wold: Friedewold.*
-*old: Arnold. Eckolt.* Gen. -*olz: Macholz.*
-*hold: Reinhold. Arnholdt.* Gen. -*holz* (S. 35): *Arnholz. Reinholtz.*
-*gold: Eckgold.*
-*ott: Dagott.*
-*ol: Sandol.*
-*lot: Macklot.*
-*let: Berlet. Heinleth* neben *Heinelt.*
-*elt: Rudelt.*
-*et: Arnet. Sibeth.*
-*el: Gerel* (= Gerelt s. Stark 167).

Waldauf s. Balþaʒ (Baldulf).

-wälder s. Wald.

Waldmann a) I. s. Waldan. b) III. mhd. waltmann „Einwohner eines Waldes", auch „Förster".

Waldstein III. noch blühendes Grafengeschlecht, zu welchem auch Albrecht von Wallenstein gehört. Vgl. Wallenstein.

Walger s. Waldan (V.).

WALHAZ I. ahd. walah, mhd. walch „Fremder, Ausländer" (Name, womit die Deutschen ihre keltischen und romanischen Nachbarn bezeichneten, jetzt „Wälscher").
FN. Walahheri: *Walcher; Waller; Wahler.*
Einstämmige Kürzung Walaho: *Wahle; Wahl.* Gen. *Wahlen.*
Vklf. (k) Walicho: *Walich; Wallich; Walch; Walke; Welke.* Gen. *Wallichs; Walkes; Welches.*

Walker III. ahd. walkâri, mhd. walker der „Walker", im 16. Jh. noch „Welker".
FN. *Walker; Welcker.* Zss. *Hudtwalcker.*

Wallb- s. Waldan (V.).

Wallbaum III. 1530 Kort Monnil tom Wallbome, zum Walnußbaume (Preuß).

Wallenstein III. (Herzog von Friedland), abgeschliffen aus urspr. Waldenstein, Waldinstein (urkundl.), später auch verkürzt in Waldstein.

Wallentin s. Valentinus.

Waller, Wallich s. Walhaʒ.

Wallfisch III. wohl urspr. Hauszeichen und daher übertragen.

Wallmoden III. O. b. Goslar. *v. Wallmoden* (Tidelinus [Tedel] de W. 1154).

Wallner III. „einer aus Wallen".

Wallon III. „der Wallone".

Wallp-, Walp- s. Waldan (V.).

Wallr-, Walr- s. a) Wala b) Waldan (V.).

Walser III. „Walliser" (aus d. K. Wallis, Steub).

Walt-, Walz- s. Waldan (V., einst. K.).

Waltsgott III. „walte des Gott" (s. Simmergott). Auch *Waltigott.*

Wambold, Wamperlings s. Wên.

Wams III. eines der gewöhnlichsten Kleidungsstücke alter Zeit, daher selten als FN.

Wand III. im Sinne von „Steinwand, Felswand".
FN. *Langewand.* Auf -*er* (oberd.): *Haßlwander* (niederösterr.); *Steinwenter, Steinwender* (O. -wand).

Wand- s. Wendan.

WANDAL- I. zum Volksstamme der „Wandalen" (Erweiterung des Stammes Wend).
FN. Wandalarius: *Wendeler.*
Einstämmige Kürzung Wandal-.
Wandalus 5.: *Wandel; Wendell;*

Wentel; Quentell. Gen. *Wendels.* Patr. A. *Wellner* (= Wendeling 1527, Wendeler 1488 Preuß).

Wanderbank, *Wandersee* s. von.

Wandschneider III. „Gewandschneider". Dasselbe ist *Wandmacher.*

Wanfried a) I. s. Wên b) III. ON.

Wang III. got. waggs „Paradies", altsächs. wang „Aue" („gesenkte Fläche" Gatschet, Ortsetym. Forschungen), vgl. engl. wang. Im ON. fast ausschließlich süddeutsch: *Wang, -wang, -wangen* (ahd. wangum Dat. Plur.).

FN. *Allwang; Haldenwang* (württemb.).

Ableitung auf *-er* (oberd.):

1) *Wanger; Axw.* (O. -wang Tirol); *Berw.; Dürrw.; Ellw.* (O. -en); *Feuchtw.*

2) *Beißwenger* (O. Beiswang Württ.); *Gutw.; Unterw.* (O. -wangen).

-wang, -wanger s. Wang.

Wange III. s. S. 49.

Zss. *Weißwange.*

Wanger, Wank- s. Wên.

Wann- s. 1) Wên 2) Wendan.

Wannenmacher III. „Verfertiger von Wannen". Auch *Wenner.*

Wannschaffe s. Wahnschaffe.

Wänt- s. Wendan.

WAR-, WER- I. Hier sind zwei Stämme anzusetzen, 1) = beaufsichtigen, wahren in altsächs. warôn, mhd. warn „beachten", ahd. warnôn, mhd. warnen „warnen"; german. waraȥ „aufmerksam, vorsichtig". Davon haben die Warnen und Waristen ihre Namen. 2) = wehren, schützen in got. warjan, ahd. warjan, werjan, mhd. wern. Dieser Stamm steckt in den Chattuarii, Amsivarii u. a.

FN. ohne n:

Warfrid: Gen. *Wehrfritz.*

Warger: *Werger; Werker.*

Werigoȥ: *Warkos.*

Warlaicus: *Warlich; Wahrlich; Werlich.*

Waraman: *Wehrmann; Wörmann.*

Warimund: *Wahrmund.*

Warmut: *Warmuth; Wermuth;* zsgz. *Warmt; Wärmpt.*

(Warwig): *Warwig; Warwei.*

(Werwin): *Werwein.*

Waraulf: *Werlauff.*

Einstämmige Kürzung War-.

Waro, Wero: *Ware; Werr; Wehre.* Gen. *Werres; Wehrs; Weeren.*

Vklf. (i): *Werry; Wehri; Werey.* (l): *Werle; Wehrle; Wörle; Guerle.* Patr. A. *Warling; Werling.* (l + n) Waralenus: *Wehrlein.* (k): *Wahrig; Wehrig; Querke (Guericke).* Gen. *Werries* (Osnabr.).

FN. mit n:

Warinbold: *Warnebold; Warmbold;* zsgz. *Warmbt; Wärmpt; Wehrenbold.*

Werinperaht: *Wehrenbrecht.*

Warinfrid: *Warnefried.*

Warengar: *Warneger; Werniger; Wehringer.*

Werinhard: *Wernhart; Wernert; Werneth* (Baden); zsgz. *Werndt.* Gen. *Warnders* (ostfries.).

Warinheri: *Warnherr; Warner; Wernher, Wernherr; Werner (Wernermann); Wörnhör; Wörner.* Gen. *Warners.*

Werinolt: Gen. *Wahrenholtz; Warnholtz.*

Einstämmige Kürzung Warin-.

Warin: *Wern; Wörn.* Gen. *Warns.* Patr. A. *Warning; Werning.*

Vklf. (i): *Werny.* (l): *Werndl; Werndla* (München); *Wörnle; Wröndel.* (l + n): *Wernlein.* (k): *Warnicke; Wernicke; Wernigk.* Gen. *Warnekes; Warnken; Warrentjes; Warntjen* (beide ostfr.). Patr. A. *Werneking* (entstellt *Warnkönig*). (z): *Wernz; Wörnz.* (z + l) Wezil (Stark 93 = Werinhard, aber auch Werinhari 94): *Wetzel; Wessel.*

WARDUZ I. got. wards, ahd., mhd. wart „Hüter, Wart".

FN. Wartmann: *Wartmann; Wortmann.* (Wartold): *Warthold; Warthol.*

Einstämmige Kürzung Ward-.

Warto: *Warth.* Patr. A. *Warting.* Vklf. (l): *Wardel.* (k): *Wartig.*

Auslautend (137 mal Först.):
-*wart: Herwart. Ahlwardt.*
-*wort: Markwort. Dankworth.*
-*werth: Dankwerth.*

Warkos, Warl- s. War.

Warm- s. War-.

Wärmpt s. War-.

Warn- s. War (V., einst. K.).

Warnevogt aus Werneke Vogt (Preuß).

Warrentjes s. War- (einst. K.).

Wart- s. Warduz.

Wasgehtsdichan III. (Mähren 1703) Satz-N.

Wasm-, Wass- s. Wataz.

Wasser III. ahd. wazar, altsächs. watar. In ON. -*wasser*, -*water*.
FN. *Altwasser; Bornw.; Kaltw.* (Auch FN. *Waterfall.*)

Wassertheurer III. „einer aus Wassertheuer" (Kärnt.).

Wast- s. Sebastianus.

WATAZ I. ahd. hwaz, hwas, mhd. was, auch wahs „scharf", altsächs. hwat „schnell, mutig". Als german. Grundform ist also Hwataz anzusetzen.
FN. Wasmot, Wahsmut: *Wasmuth; Wachsmuth.*
(Washart): *Wassert.*
Wasaman: *Waßmann.*
Einstämmige Kürzung Was-.
Waso: Patr. A. *Wassing.*

Waterbecker III. niederd. „der mit Wasser backt".

Wayant s. Wîga (Part.).

Waydelin s. Widuz (einst. K.).

Waypold s. Wîga (V.).

Weber III. mhd. webaere „der Weber".
FN. *Weber* (häufig). — Zss. *Dünnweber; Leinw., Leinew., Linnew.; Rosenw.; Scharnw.; Vestw.; Wollenw., Wollw., Wullenw., Wüllenw.* Niederd. *Wever; Wefer.* Gen. *Wewers* (Meppen); *Wefers.*

Webert, Weehmar s. Wîga (V.).

Wechsler III. Gewerben., s. S. 39.

Weck- s. Wakraz.

Weckauf III. Satz-N., kann aber auch aus Wakulf entstanden sein.

Weckesser III. Spottname — ob, wie Vilmar will, für Reformierte, die sich beim h. Abendmahle nicht der Oblaten, sondern der Wecken bedienen, bleibe dahingestellt.

Wed- s. Widuz (V., einst. K.).

Wedd- s. Widuz (einst. K.).

-wedde s. Wede.

Wedderkop III. (Rendsburg). „Widderkopf" (niederd.). Vgl. Kopf.

Wede III. ziemlich sicher zu ahd. witu, mhd. wite Holz d. i. „Wald". In ON. -*wede*, auch wohl -*wied, wieden.*
FN. *Eichwede; v. Holw.; Hollew.; Marw.; Schmalw.; Schwanew. — Brickwedde. — Wied; Krumwiede. — Wedemeyer; Wehmeyer.*

Wedel III. ungewisser Bed. (ahd. widil Sumpf?) — heutzutage in etwa 30 bewohnten Örtern.
FN. *Wedel, von Wedell* (Hasso v. Wedele gegen 1212); *Burgwedel; Hollw.; Krautw.; Marw.; Ruhw.; Saltzw.,* auch noch in der ursprünglichen niederd. F. *Soltwedel* (Hamb.); *Steinwedel.*

Weege s. Widuz (einst. K.).

Weer- s. 1) War- (einst. K.) 2) Wîga (V.).

Weg III. got. wigs, ahd. weg, mhd. wec, in ON. seit dem 8. Jh. — nicht bloß für Wege, sondern auch für bewohnte Örter.
FN. *Breitweg; Feldw.; Gronew.* (niederd. = am grünen W.); *Hohlw., Hollw.* (O. Hollwege), niederd. *Hahlw.* (seit 1780 Doppelname Bethmann-Hollweg, früher auch Hoolweeg geschrieben; vgl S. 87); *Hoogew.* (niederd. = am hohen W.); *Niew.; Steinigew.; Steinw.* (amerikanisiert Steinway in Neu-York); *View.; Zollweg.*
Ableitung auf -*er* (oberd.):
Godenschweger (O. Godenswege); *Hollenw.; Kirchw.* („der am Kirchwege wohnt", Pott); *Rittw.; Sachsenw.; Viehw.; Zollw.*

Weg- s. Wîga (V., einst. K.).

Wegner s. Wagner.

Weh- s. 1) Widuz (V.) 2) Wîga (einst. K.).

Wehl s. Weljan.

Wehner s. Wên.

Wehr- s. War- (V., einst. K.).

Wehr III. ON. in Baden und Preußen.
FN. *Lanwermeyer* (Landwehr); *Steinwehr* (ON.).

Wehrenbold, -brecht s. War (V.).

Wehrenpfennig III. Satz-N. „wahre den

Pfennig", ein Pfennigfuchser; vgl. Hüdepennig (Bremer WB.).

Wehrhahn III. zsgz. aus Wetterhahn. Hausn. Volpreth Cwederhano in Köln im 12. Jh. = aus dem Hause zum W.

Wehringer s. War- (V.).

Wehrmann a) I. s. War- b) III. mhd. wermann „Gewährsmann".

Wehrmeister III. „Aufseher eines Wehres".

Weib- s. Wîga (V., zweist. K.).

Weibezahl III. „Wedelschwanz" ahd. weibôn, mhd. weiben „schwanken", mhd. weibezegelen „mit dem Schweife wedeln".

Weibezahn III. „Wackelzahn".

Weich-, Weick- s. Wîga (V., einst. K.).

Weid- s. Widuz̧ (V., einst. K.).

Weidemann, Weidmann a) I. Widu b) III. mhd. weideman (S. 41).

Weidner III. einer, der bei Weiden wohnt oder = Weidemann.

Weig- s. Wîga (V., einst. K., Partizip) — doch

Weigang s. Widuz̧.

Weihbrecht s. Wîga (V.).

Weihnacht III. einer, der „zu Weihnacht geboren ist".

Weihrauch s. Wîga (V.).

Weik- s. Wîga (V., einst. K.).

Weiland s. Wîga (V., einst. K.); s. auch Wieland.

Weiler III. ahd. wîlâri, mhd. wîler aus mittellatein. villare [abgeleitet von villa, das gleichfalls entlehnt in ON. fortlebt = weil, s. u.] „einzelnes Gehöft; kleines, aus wenigen Gehöften bestehendes Dorf". In ON. außerordentlich häufig im Südwesten Deutschlands von der Schweiz bis nordwärts nach Köln und Aachen.

FN. *Weiler; Ahrw.; Derichsw.; Dettw.; Eschw.; Kunzw.; Lindw.; Mönchw.; Scheidw.; Trierw.*

(In manchen Fällen ist -weiler auch oberd Ableitung von ON. auf weil: *Freudweiler* (O. -weil); *Rothweiler* vom O. Rothweil in Baden.)

Schweiz. Nebenf. *-wyl: von Wattenwyl; Bériswyl* (romanis., Freiburg); *Göschwiel* (Baden, neben O. Göschweiler).

Welling s. Wîga (einst. K.).

Weim- s. Wîga (V.).

Wein- s. Weniz̧ (V., einst. K.) — doch

Weinand s. Wîga.

-wein s. a) I. Weniz̧ b) III. Wein in ON. c) III. Wein als Getränk.

Wein III. in ON. wohl zu got. winja, ahd. winne „Weide".

FN. *Reitwein; Schlettwein.*

Wein III. als Getränk in einigen Zss., die jedoch meist zweifelhaft sind, da hier besonders das ahd. Wini (s. Weniz̧) stark hereingreift (S. 47).

FN. *Altwein; Gutw.; Kühlw.; Lauterw.; Mengew.; Sauerw. — Hassenw.; Liebenw.; Lobenw.* (s. d.).

Weinbrenner III. Branntweinbrenner (Marb. Gewerbe-Verz. „Weinprenner").

Weiner s. Wagener.

Weinmann a) I. s. Weniz̧ b) III. mhd. wînman „Weinbauer; Weinschenk" („Weinhändler", im ältesten Berliner Stadtbuche von 1397).

Weinstock III. z. T. wohl durch Häuser-N. vermittelt, wie auch *Weintraub*, vgl. Gasthof „zur Traube". *Wienstruck* niederd. (Weinstrauch).

Weinzierl III. (bair.) ahd. wînzuril (aus lat. vinitor) „Winzer" (Fröhner, Karlsruher Namenb. S. 21). Aber auch häufiger ON.

Weippert, Weirich s. Wîga (V.).

Weis- s. Wîsaz̧.

Weiß a) I. s. Widuz̧ und Wîga (einst. K.) b) III. „der Weiße" d. i. Weißhaarige (Hellblonde). Vgl. Weißhaar.

FN. *Weiße; Weiß; Weißer.* Niederd. *de Witt* (Kleve); *Witte; Witter.*

Weißermel III. s. Ermel (= „Müller"?).

Weißgerber III. mhd. wîz̧gerber, der „das Leder weißgar bereitet".

Weißler s. Wîsaz̧.

Weißpfennig III. „weißer Pfennig", eine Silber-Scheidemünze (seit 1360, lat. albus). Niederd. *Wittpenning.*

Weit- s. Widuz̧ (V., einst. K.)

Weitz- s. 1) Widuz̧ (einst. K.) 2) Wîga (einst. K.).

Weizsäcker s. -acker.

Welches s. Walhaz̧.

Welcker s. Walker.

Weld- s. Waldan (V., einst. K.).

WELJAN I. „wollen, streben", got. wiljan, ahd. wellan, wellen, mhd. wollen, wellen. In PN. seit dem 5. Jh. nachweisbar.
FN. Willibald: *Willibald.*
Willaperht: *Wilbrecht; Willbarth; Wilpert;* entstellt *Wildbret.* Gen. *Wilbertz; Wilbers.* Patr. A. *Wilberding.*
Willibrand: *Willebrandt; Wilbrand.*
Williprort: *Willebrord.*
Wiliafred: *Wilfert; Wilfer, Wilfahrt.*
Williger: *Williger; Willcher.*
Willigard: *Willgert.*
Willihard: *Williard; Willard; Willert; Willet.* Gen. *Wilts* (ostfries.). Patr. A. *Willerding.*
Williachar: *Willer; Wieler; Weller Wellermann).* Gen. *Wielers.*
Willahalm 8.: *Wilhelm; Wilhalm,* entstellt *Wilharm* (oft Willermus, Guillermus 10.—11. Jh.); zsgz. *Wilm;* latinis. und im Anlaut gekürzt *Helmus.* Gen. *Wilhelms;* (lat.) *Wilhelmi,* in eigentümlicher Schreibung *Wilhelmj; Willems; Wilmes; Wilms (Wilmsmeyer).* Patr. A. *Wilhelmer.* Patr. Zss. *Wilhelmsen; Willemssen; Wilmsen.*
Willicumo: *Willkomm.*
Williman: *Willmann; Wellmann.* Gen. *Wilmanns.*
Willimar: *Willemer; Willmar; Wellmer.* Gen. *Wilmers.*
Willimot: *Willmuth.*
Willirat: *Willrath; Willradt.*
Willierich: *Wilrich.*
Wilitanch: *Wildang.*
Einstämmige Kürzung Wil-.
Wilia, Willo: *Wille; Wiehle; Welle; Wehl; Quehl.* Gen. *Willes.* Patr. A. *Willing; Willink; Wieling; Welling.* Gen. *Willings.*
Vklf. (k): *Willeke; Willige; Willich; Wilko; Wilcke.* Gen. *Willkes.* (k + n) Willikin: *Willeken; Wilken.* Gen. *Willikens; Wilkens.* Patr. A. *Wilkening.* (z) Willizo: *Wiltz; Wiltsch.*

Welke s. 1) Walhaz 2) Waldan.
-weller s. Wald.
Welser III. „einer aus Wels" (berühmtes Patriziergeschlecht in Augsburg im 16. Jh.).
Wels-, Welz- s. Waldan (V., einst. K.).
WELÞIAZ I. ahd. wildi, mhd. wild „wild". Wiltfrid, Wilderich.
FN. Einstämmige Kürzung Wild-.
Wilto: *Wilde; Wildt.*
Vklf. (z) *Wildeis; Wildeisen.*
Wemmer, Wemper s. Wên.
WÊN- I. „glänzend, schön", im altsächs. wânam, wânum „glänzend", wânlîk, angels. wênlic „hübsch"; vgl. auch german. wêni „Erwartung, Hoffnung (Wahn)" — dah. die Götterfamilie der Vanir, Wanen. Einige der folg. N. können auch zu Wend gestellt werden.
FN. Wanbald: *Wambold.* Patr. A. *Wameling.*
Wanibert: *Wemper; Wember.* Gen. *Wemmers.*
(Vklf.) Patr. A., Gen. *Wamperlings.*
Wanfrit: *Wanfried; Wahnfried.*
Wanegar: *Wanger; Wanker; Weniger; Wenger; Wenker.*
Wanhard: *Wannert; Wähnert.* Patr. A. *Wendring.*
Wanheri: *Wanner; Wehner.*
(Wanold): *Wähnelt.*
Wanulf: *Wannloff.*
Einstämmige Kürzung Wan-.
Wano: *Wahn.* Patr. A. *Wanning; Wening; Wenning.*
Vklf. (k) Wanicho: *Wannicke; Wanke; Wenige; Wenig; Wenke.* (k + l): *Wengel.*
WENDAN I. „winden", „sich wenden"; die N. sind nicht immer sicher von Wên zu trennen.
FN. (Wandhart): *Wendert.*
Wanther: *Wander; Quander.*
Wandemar: *Wendemer.*
Wandarich: *Wandrey; Wendrich.*
(Wandolt): *Wandelt; Wendelt.*
Einstämmige Kürzung Wand-.
Wando: *Wande; Wand; Wende; Wendt (Großwendt); Quante; Quandt.*

Vklf. (i) Wandi: *Wanney.* (k): *Wandtke; Wendecke; Wäntig.* Gen. *Wentges* (niederrhein.); *Quanties.* (l + n): Wandelin 6.: *Wendelin.* (z) Wanzo, Quanzo: *Wenz; Quantz.* (z + l) Wenzil 9.: *Wenzel* (Wanke Hering = Wentzel H. 1486 in Schlesien); *Quentzel; Quensell.* (z + k): *Wenzge; Wenzig.*

Wend- s. auch Winid.

Wendel- s. 1) Wandal 2) Wendan.

Wendemuth III. Satz-N. „der seinen Sinn leicht ändert".

-wender s. Wand.

Wendland III. „einer aus dem Wendlande" (Wendenlande).

Wendt III. „der Wende". Vgl. aber auch Wendan und Winid. Auch *Wende.*

Weng- s. Wên.

-wenger s. Wang.

Wenig s. Wên (einst. K.).

WENIZ I. ahd., altsächs. wini, mhd. wine „Freund". Seit dem 5. Jh. in PN. nachweisbar.

FN. Winibald: *Weinpold.*
Winipreht: *Weinbrecht.*
Winidrud: *Weintraud; Weintraut.*
Winiger: *Winniger; Winiker; Winker.*
Winigard: *Weingardt.*
Winihart: *Wienert; Weinhart; Weinardt; Weinert.* Gen. *Winnertz.*
Winiheri: *Wiener; Weiner.* Gen. *Wieners.*
Winileih: *Weinlig.*
Winiman: *Weinmann.*
Winimar: *Weinmar; Wimmer.* Gen. *Wimmers.*
Winirich: *Wienrich; Windrich; Weinrich; Weinreich.*
Winevold: *Winhold; Wienholt; Weinnoldt; Weinhold.* Gen. *Wienholtz; Weinholz.*

Einstämmige Kürzung Win-.
Wino, Quino: *Winne; Wiehn; Quin; Weine; Wein.* Gen. *Winnen; Wiens; Wynen; Weinen.* Patr. A. *Winning.*
Vklf. (l) Winilo: *Weinel; Weindl.* (k) Winicho: *Winnich; Winke; Winck; Quinke; Winecke; Wienig; Weineck; Weinig.* Gen. *Wientjes* (ostfries.); *Weinges; Weings* (k + l): *Weinigel.* (k + n): *Winneken; Wyneken.* (z) Winizo: *Wintz; Wientz; Weints; Quintz.*

Auslautend 226mal Först.):
-*win: Gerwin* — auch *wien* geschrieben.
-*wein: Baldewein; Frow.; Trautw.*
-*bein: Deutschbein; Sieb.; Wideb.*

WENJÔ I. got. winja „Weide", ahd., mnd. winne „Weideplatz". Dazu im Ablaut ahd. wunnî, wunnja „Wiese, Weideplatz", übertragen „Wonne", mhd. wunne, wünne „Wonne".

FN. Vunniger: *Wöniger.*
Wunnihart: *Wöhnert.*
Wunnaheri: *Wöhner.*
(Wunram): *Wunram; Wundram.*

Einstämmige Kürzung Wun-.
Wunno: *Wunn; Wünne.* Patr. A. *Wünning; Wöhning.*
Vklf. (k): *Wunnecke; Wüncke.*

Wenk- s. Wên.

Wenndrich s. Wendan (V.).

Wenner s. Wannenmacher.

Wense III. O. b. Fallingbostel.
FN. *von der Wense* (Johann 1330 mit W. belehnt.).

Wentel- s. Wandal.

-wenter s. Wand.

Wentjes s. Wendan (einst. K.).

Wenz- s. Wendan.

Wenzel a) I. s. Wendan b) II. aus slav. Wenzeslaus. Der h. W., Herzog von Böhmen, 928—935. (Kal. 28. Sept.)

Wep- s. Wîga (V.).

Weppner III. mhd. waepenaere, weppener „Gewaffneter, Schildknappe". Auch *Wepener.*

Wer- s. War (V., einst. K.).

Werd- s. Werþa.

Werder s. a) I. Werþa b) III. Wert.

Werft III. Erderhöhung zur Aufnahme von Wohnungen. Niederländ. werf, niederd. warf.
FN. *Van der Werff; Warfen; Warfia.*

Zss. *Warfsmann. Kalkwarf; Münkenwarf* (einem Mönchskloster gehörende Werft).

Wern- s. War (V., einst. K.).

Werr- s. War (einst. K.).

Wert III. ahd. warid, mhd. wert (von warjan, schützen, wehren), erhöhtes, gegen Überschwemmung gesichertes Land in Flüssen oder zwischen Sümpfen, auch im oder am Meere: „Wert, Insel". Schon seit dem 8. Jh. in einer nicht geringen Zahl ON. — jetzt besonders in den FF. *-werth, -wörth, -worth; -werden, wörden.* Neuere F. *-werder.*

FN. (bes. in Nordw.-D.)

1) *aus'm Werth; Mühlwerth; Neuw.*, niederd. *Niew.; Peterw.; Rottew.; Schönw.* — *Berenschwerdt* (neben *Behrenswerth* — Münster); *Hesselschwerth* (st. Hesselswerth „Eiland des Hezilo" (Steub S. 152 — wie Ermschwerd a. d. Werra aus Ermeswert „Insel des Ermo" s. Andresen Volksetym. S. 52). So auch wohl *Kockschwerdt* aus Kockswerth.

2) *Worth; Worthmann; Eggenwörth; Kleinedingwörth.*

3) *v. Allwörden* (O. b. Freiburg i. Hannover).

4) *Werder* (Fridericus de insula 1172 Drübecker Urk.). *Von Bischofswerder.*

WERÞA I. 1) zu got. wairþs „würdig, tauglich", ahd. werd „wert" 2) zu got. wairdus „Hüter des Hauses", ahd., mhd. wirt, altsächs. werd.

FN. Werdheri: *Werder (Werdermann); Werther.*

Werdmann: *Wirthmann; Werthmann.*

Werdold: *Werdelmann.*

(Werdwin): *Werthwein.*

Einstämmige Kürzung: Wird-.

Werdo: *Wirth; Werth; Werdt.* Gen. Plur. *Werda* (ostfries.).

Vklf. (l) Wirdilo: *Wirtele; Würdele; Würthle.* (k) Werdicho: *Werdich; Würdig.* (z) Werzo: *Wirz; Wörz; Würx.*

Wessel s. War (einst. K.).

Wesseler III. niederd. = *Wechsler.*

WESTA I. ahd. westan, mhd. westen „Westen".

FN. (einstämmige Kürzung): *West.*

WESTAR I. Erweiterung des Stammes West. Wistremar. Westargos.

FN. (Westermann): *Westermann.*

(Westerih): *Westerich.*

Einstämmige Kürzung Westar-: Patr. A. *Westerling.*

Wester III. althd. westar, mhd. wester „westwärts, im Westen", in mehreren Zss. wie: *Westermeyer, -millies.*

Westphal III. ein „Westfale". Auch *Westfehling.*

Wett- s. Widuz (einst. K.).

Wetter III. in mehreren Zss.: *Bösewetter; Brausew.; Faulw.; Kühlw.; Schönw.* — wohl mit Bezug auf Charakter und vorherrschende Stimmung, wie man von jemand sagt, es sei „bei ihm Gutwetter, Schlechtwetter", er sehe aus „wie acht Tage Regenwetter" u. ähnl.

Dagegen *Kiesewetter* imperat. (s. d.).

Wetzel s. War (einst. K.).

Wever, Wewer s. Weber.

Wex s. Wakraz.

Wey- andere Schreibung st. Wei- s. Wîga (V., einst. K.); *von Weyhe* (O. b. Hoya, Erpo 1241).

Wiard- s. Wîga (V.).

Wib- s. Wîga (V., zweist. K.).

Wich-, Wick- s. Wîga (V., einst. K.).

Widd- s. Widuz (V., einst. K.).

Widemarker III. entstellt in Widemarkter „der für d. Holzmark (wit) zu sorgen hat."

Widmer a) I. s. Widuz b) mhd. widemer der Bauer, welcher „den Widum (ahd. widum, mhd. wideme) d. i. das Kirchengut bebaut".

FN. *Widmer; Wittmer;* auch *Wimmer* (Heinrich der Wimmer 1294 Bacm.).

Zss. *Hinterwimmer; Hölzlw.; Scheidw.*

WIDUZ I. altnord. viðr, ahd. witu, mhd. wite „Wald" (noch im engl. wood vom angels. wudu).

FN. Witbald: *Wittbold.*

Widbert: *Weitbrecht.*

Witbrannus: *Witbrandt.*

Widpurc w.: *Wideburg.*

Widukind: *Widekind; Widdekind; Wittekind; Wedekind; Wehkind.*
Widfrid: Patr. A. *Weferling.*
Widugang: *Wittgang; Wiegang; Weigang.*
Witgar: *Widiger; Wediger.*
Withard: *Witthard; Weidert.*
Withar: *Witter; Wieder (Wiedermann); Wieter; Weder (Wedermann).* Gen. *Wieders; Wieters.*
Withelm: *Widhalm.*
Widolaic: *Weidelich; Weidlich; Weitlich; Wedlich.*
Widiman: *Widmann; Wittmann; Wiedemann; Wiedamann; Widnmann* (München); *Weidemann; Weidmann; Weitmann; Wedemann.*
Widiomar: *Widmer; Wittmar; Wittmer; Wedemar.*
(Widimod): *Wiedemuth; Wiemuth.*
Witirih: *Wittrich; Wietrich.*
Widald: *Witold; Witholdt; Wiedewald.* Gen. *Wittholtz; Wietholtz.*

Einstämmige Kürzung Wid-.
Wido, Wito: *Witte; Wiede; Weide; Weithe; Wede; Quidde; (Vieth* u. *Veit, Feith* durch Vermittlung des latinis. Vitus). Gen. *Wiets.* Patr. A. *Witting; Wieding; Wieting.*
Vklf. (l): *Wittel; Weidel; Weidle.* (l+n) Widulin: *Waydelin; Weidlin.* Patr. A. *Wittling; Wiedling; Weitling.* Gen. *Wittlings* (Kempen). (k) Widuco: *Widdig; Wittcke; Wittge; Wittig; Wieddicke; Weitig; Weitke; Wedigo* (Wedig als VN. noch in der Familie v. d. Osten); *Wedeke; Wedige; Weege* (Preuß); *Wettke.* Gen. *Wittichen; Weddigen; Wedigen; Wettken; Wietjes* (ostfries.). Patr. A. *Wedeking.* (z) Witiza, Wizo: *Wietze; Weitze; Waitz (Waitzmann); Wyß (Weiß).* (z+l): *Witzel; Weitzel; Weissel.* (z+k): *Wietzke* (Witzke VN. Klemp.).

Erweiterung mit r:
FN. Widarolt: *Wiederhold, Wiederholt.*

Wieb- s. Wîga (V., zweist. K.).

Wiech-, Wieck- s. Wîga (V., einst. K.).

Wied- s. Widuȥ (V., einst. K., Erweiter.).

Wiede III. niederd. „Weide" in *Wiede(n)-kamp, Wiedebusch.*

Wieg- s. 1) Widuȥ (V.) 2) Wîga (V., einst. K.).

Wiegelmesser III. deutl. Gerät-N. (S. 45).

Wieh- s. 1) Wîga (einst. K.) 2) Weljan (einst. K.).

Wiehmeyer III. 1507 Kord tor Wedeme, 1530 tor Weme (Preuß), vgl. Widmer.

Wiehn s. Weniȥ (einst. K.).

Wiek- s. Wîga (V., einst. K.).

Wiel- 1) Wîga (V.) 2) Weljan (V., einst. K.).

Wieland I. partizipiale Bildung zu altnord. vêl „Kunstwerk", Weland 715. (Der Schmied der Heldensage.) Auch *Weiland?*

Wiem- s. Wîga (V., zweist. K.).

Wien- s. 1) Wîga (V.) 2) Weniȥ (V., einst. K.).

Wiener III. schon im 14. Jh. (S. 57 Anm. 2).

Wientapper III. „Weinzapfer" (niederd.). Vgl. Weinstock.

Wiep-, Wier- s. Wîga (V.).

Wies- s. Wîsaȥ.

Wiesand III. ahd. wisant, mhd. wisent „Büffelochse", noch im Nibelungenliede erwähnt. *Wiesend; Wiesendanger* (O. -dangen, 2. Jh. Wisuntwangos).

Wiesbaum III. mhd. wisboum, ein Baum, der, oben auf den Heuwagen gelegt, zur Befestigung des Heues dient. Auch *Heubaum.*

Wiese III. ahd. wisa, mhd. wise, niederd. Wische — in zsgs. Flur- und Dorfnamen.
FN. *Binnewies* (falsch verhochdeutscht *Binneweis* (= in einer W. wohnend); *Deppenwiese.* — *Wiesemeyer. v. Wiese und Kaiserswaldau* (Detrik dominus de Patris 1233). Niederd. *von der Wisch; zur Wiesch; Deipenwisch; Feldwisch; Gosewisch; Langwisch, Langewiesche; Meyerwisch* (westf.); *Rethwisch.* — *Wischmann; Wischemeyer.*
Ableitung auf *-er:*
1) *-wieser* (oberd.): *Breitwieser; Filzw.* (O. -wies); *Gmeinw.; Hohenw.; Königsw.; Mayrw.; Traunw.*
2) *-wischer* (westf.): *Sudwischer.*

Wieswell III. Satz-N. „wie es welle (wolle)" d. i. geh es, wie es wolle (S. 53).

Wießner III. 1) „einer aus Wiesen" (O.

66mal), „Wießen" (1mal) 2) ahd. wîʒinâri „Büttel, Scharfrichter".

Wiet- s. Widuʒ (V., einst. K.).

Wietz- s. Widuʒ (einst. K.).

WÎGA I. ahd. wîg, wîc, mhd. wîc „Kampf". (Mischt sich mit wîh Heiligtum und widuʒ Wald.)

FN. Wigibald: *Wickbold; Wiebold; Wibbelt; Wagpold; Wepold.*

Wigberht: *Wieprecht; Wiebracht; Wiepert; Wieber; Wipprecht; Wippert; Weyprecht; Weihbrecht; Weibert; Weippert; Webert; Weper.* Gen. *Wiegberts; Wiebers; Wiebets* (ostfries.).

Wigbrand: *Wippern.*

Wighard: *Wigard; Wiekert; Wiggert; Wickardt; Wichardt; Weighardt; Weigardt; Weikert; Weichhardt; Weichart; Weichert; Wegert.* Gen. *Wiegartz; Wickerts; Wiards* (ostfries.); *Wierds (Wierdsma).* Gen. Plur. (ostfries.) *Wiarda; Wyerda; Weyerda; Weerda.*

Wigheri (im Zusammenfluß mit Wiggar): *Wieger; Wiecker; Wigger; Wicher; Weiger; Weger; Weyer (Weyermann).* Gen. *Wiegers; Wiggers; Wichers; Weichers; Weyers; Wiers; Weers.* Patr. A. *Wiegering.* Patr. Zss. *Weyerssen; Weerssen* (beide ostfries.).

Wichraban: *Wychgram; Wygram.*

Wigiroh: *Weihrauch.*

Wigleip: *Wiegleb; Wielepp; Weylepp.*

Wigland: *Wiegland; Wieland; Weiland.*

Wigman: *Wiegmann; Wigmann; Wiechmann; Wiemann; Weichmann; Weickhmann; Weimann; Wegmann; Wehmann.*

Wigmar: *Wiemar; Wiemer; Wechmar; Weymer* (oder „einer aus Weimar"). Gen. *Wiemers.*

Wigmunt: *Wiegmund; Wegemund.*

Wigimuot: *Wiemuth.*

Wignand: *Wienand (Guinand); Weinand.* Auch *Wieland?* (Schröder). Gen. *Winands; Weynands; Weinandy* (Luxemb.). Aus Wignant wohl entstellt *Weickgenannt* (St. Petersburg).

Wigirich: *Wegerich; Weirich.*

Wigold: *Wiechelt; Weygold; Weigelt; Weigt; Weichold; Weichhold; Weyold.*

(Wigwart): *Wegwerth.*

Einstämmige Kürzung Wig-.

Wigo, Wicco, Wego: *Wieck; Wigge; Wicke; Wiche; Weig; Weicke; Weich; Weyh; Wey; Wego; Wege; Wehke.* Gen. *Wieken; Weiks; Weyen.* Patr. A. *Wigering.*

Vklf. (l) Wigilo: *Wiegel (Wiegelmann); Wiechel; Weigel; Weigele* (schwäb.); *Weichel; Wegel; Weyel; Wiehle.* Gen. *Wiegels.* Patr. A. *Weiling.* (l + n): *Wicklein; Weigelin; Wegelein; Weichlein.* (z) Wegezo, Wizo: *Witze; Witz (Witzmann); Weitz (Weiß).* (z + l): *Wixel; Witzschel.* (z + k): *Witzke; Weitzke.*

Zweistämmige Kürzung Wigb-.

Wibo, Wippo (stark 118, aber auch zu Widuʒ und Weljan): *Wiebe; Wippo* (Münster). Gen. *Wieben.*

Vklf. (l): *Wibel; Wippel; Weibl.* Gen. *Wiebels; Weibels.* (l + n) Wibelin: *Weiblen.* (k): *Wiebecke; Wippich; Weibke.* Patr. A. *Wiebeking.*

Partizipiale Bildung: *Wigand* (der „Kämpfende"); *Wiegent; Weigand; Weigend; Weiand; Wayant.*

Zweistämmige Kürzung Wigm-.

Wimo. Vklf. (k): *Wiemken* (jeverländ.).

Auslautend 69mal m. u. 45mal w. Först.):

-wig: Hartwig.

-wich: Hartwich.

Wigg- s. Wîga (V., einst. K.).

WÎKUZ III. westgerman.; ahd. wîh, mhd. wîch, altsächs. wîk, entlehnt aus lat. vicus „Ortschaft". Seit dem 7. Jh. in ON.: *-wig, -wiek, -weig.*

FN. *Brunswig; Braunschweig; Bardowiecks; v. Dalwigk; Erkenzweig* (O. Erkenswick); *Winterschweig* (O. Winterswick).

Wil-, Will- s. Weljan.
Wilde a) I. s. Welþiaz b) III. vgl. Hinricus der Wilde 1258.
Wildner III. 1) „einer aus Wilden". 2) mhd. wildenaere „Wildschütz, Jäger".
Wimmer a) I. s. Weniz b) III. s. Widmer.
Winands s. Wîga (V.).
Wind- s. Winid.
Winecke s. Weniz (einst. K.).
Wingerter III. mhd. wîngartaere, wîngerter „Weingärtner". Vgl. Gart.
Winhold s. Weniz (V.).
WINID- I. haupts. zum Volksnamen der „Winden" oder Wenden.
FN. Windogast: *Wendegast.*
Winidhari: *Winder; Winter.* Vklf. *Wintterlin.* Patr. A. *Winterling.*
Winidold: *Windhold.* Gen. *Windholz.*
Winidulf: *Windolf.*
Winidisco (adjektivisch): *Windisch* (häufig in Wien) mit *Windischmann; Wendisch.*
Einstämmige Kürzung Winid-.
Windo: *Winde; Windt; Wende; Wendt.* Gen. *Winden.*
Vklf. (l): *Windel.*
Winiker s. Weniz (V.).
Winke s. Weniz (einst. K.).
Winkel III. ahd. winkil, dem Ausdruck „Ecke" sehr nahe stehend (dasselbe von innen, was Ecke von außen angesehen). Jetzt neben einfachem Winkel ein paar hundert ON. auf *-winkel,* worunter am bekanntesten Krähwinkel. Auch Flur-, Stadtplatz- und Straßen-N. (vgl. uz deme wynkele, Akener Schöffenbücher).
FN. *Bärwinkel,* (bair.) *Berwinkl; Bullw.; Hanew.; Katzw.; Kornw.; von Krähw.* (schon ahd. Chrawinchil, von den Krähen); *Kramw.; Rehw.; Rußw.; Vow.; Vosw.; Schadew.* — *Winkelmann; Winkelmeyer; Winkelsesser; Winkler; Aus dem Winckel* (Theodoricus in Angulo); *zum Winkel.*
Winker s. Weniz (V.).
Winkler III. der einen „Winkel" d. i. eine Krambude hat, Krämer oder der in einem Winkel wohnt.
Winn- s. Weniz (V., einst. K.).
Winter a) I. s. Winid (Winidhari) b) I. III. PN. Wintar, der wenigstens bei Neugart, codex diplom. Alamanniae im J. 858, wo Wintar und Sumar Brüder sind, mit Sicherheit zu ahd. wintar „Winter" gehört (Först.). Gen. *Winters* (Mörs). In Zss. = Nordseite: *Winterkamp.*
Wintterlin s. Winid.
Wintz s. Weniz (einst. K.).
Wipp- s. Wîga (K., zweist. K.).
Wirth a) I. s. Werþa 2 b) III. der „Wirt" (Gastw., Hausw., Landw.) (Jacob der wirt 1299).
Zss. *Altwirth; Neuw.; Bierw.; Brinkw.; Dorfw.; Kampfw.* (s. Kamp. III.). Auch wohl *Bröggelwirth; Engelw.; Hausw.; Jungw.; Rosenw.; Sonnenw.; Thorw.* Gen. *Wirdts, Wirtz* (niederrhein.).
Wirthmann, Wirz s. Werþa.
WÎSAZ I. got. weis, ahd., mhd., angels. wîs „weise". Doch in einigen Namen (z. B. Wisimar) steckt der Stamm wisi, wesu = griech εὖ „gut". Der N. Ariowist enthält keltisiertes wîsaz.
FN. Wisbraht: *Weisbrich.*
(Wisigar): *Wisger; Weissker.*
Visichart: *Wisserth; Wiesert; Weishardt; Weisert.*
Wisheri: *Wieser; Weiser.*
Wisman: *Wiesmann; Wißmann; Weismann.*
Wisamar: *Wiesmer; Wismer.*
Einstämmige Kürzung Wis-.
Wiso: *Wiese; Weise.* Gen. *Wiesen.*
Patr. A. *Wiesing.*
Vklf. (l): Wisili; *Wiesel; Weisel.*
Patr. A. *Weißler.* (k): *Wieseke; Wiske (Wiskemann); Weiske.*
Wisch-, -wisch s. Wiese.
Wißgott III. Beteuerungsformel: mhd. wizze got, wizze krist. Auch *Wißkott* (umgekehrt: *Kodweis).*
Wißmann s. Wîsaz. (Doch nach Preuß der Besitzer des Haupthofes in Wissentrup.)
Wit-, Witt- s. a) I. Widuz (V., einst. K.) b) III. Weiß.
Wittkop III. niederd. „Weißkopf" (s. Kopf).
Wittkugel III. einer „mit weißer Kapuze" (S. 46).
Wittneben III. „der an einer Weißbuche oder einem Feldahorn Wohnende". Erstere

heißt nach Leunis Synopsis auch Wittenebern, der Feldahorn auch Weißebern.

Wittpenning s. Weißpfennig.

Witz-, Witzel- s. Widuȥ (einst. K.).

-witz s. -itz.

WÔDA- I. zu got. wôds wütend, besessen, ahd., mhd. wuot „stürmisches Verlangen" — mit Beziehung auf Wuotan (S. 12 Anm. 2).

FN. (Wodger): *Wüdiger.*

Wodaric: *Woderich; Wodrig; Wottrich; Wudrich; Wuttrich.*

Einstämmige Kürzung Wod-.

Woto: *Wode; Wothe; Wöde; Wude; Wuthe; Wuth (Wuthmann).*

Vklf. (l) Wodal: *Wödel* (l+n): *Wöttlin.* (k) Wodicho: *Wodicke; Wothge; Wottke; Wudicke; Wuttke; Wüttig.* (z) Wuzo: *Wutzo; Wutz.* (z+l): *Wuzel; Wutschel.*

Zweistämmige Kürzung Wodb-.

Woppo: *Wopp.* Gen. *Wübbena* (ostfries.).

Vklf. (k): Gen. *Wöpcken* (Jever).

Wohl-, Wöhl- s. Waldan (V., einst. K.) — doch

Wohlfarth, Wohlfromm s. Wulfaȥ (V.).

Wohlgemuth III. zu den von Eigenschaften entlehnten N. (S. 48). Hainr. Wolgemut 1390; entstellt in *Wolkenmuth.*

Wohlleben III. „der Bonvivant" (Socin). Cuonrat Wollebe 1295. Auch *Wohllebe.*

Wohlschlegel III. entstellt aus Wollschlegel = „Wollschläger".

Wöhn- s. Wenjô.

Woita s. Vogt (am Ende).

Woiwod III. (slav.) Statthalter der einzelnen Landschaften vom ehemal. Kg. Polen.

Wolb-, Wölb- s. 1) Waldan (V.) 2) Wulfaȥ (V.).

Wold- s. Waldan (V., einst. K.).

Wöldicke s. Waldan (einst. K.).

Woldgrebe III. „Aufseher eines Waldes" s. Graf.

Wolf a) I. s. Wulfaȥ — bes. in Zss. wie *Berwolf, Hertwolf, Streitwolf.*

b) III. vgl. Petrus dictus Lupus 1390 Köln. Univ.-Matr., Ortolf der Wolf 1300 —. Wolf ist oft Hausname. Heinricus ad Lupum = Heinricus faber apud domum quae dicitur zem Wolve 13. Jh. Zss. *Weißenwolf,* wohl elliptisch „zum weißen Wolf"; *Dempewolf; Schindewolf* (s. d.).

Als jüdischer N. für Benjamin mit Beziehung auf den Segen Jacobs 1. Mos. 49, 27.

Wolf-, Wölf- s. Wulfaȥ (V., einst. K.).

Wolfshand, Wolfshelm, Wolfskehl (Philipps Wolfskele 12. Jh.), **Wolfskinn** III. zum Teil in dem uralten, heidnischen Glauben des Volkes wurzelnd. Doch *Wolfsohn, Wolfstein* jüdisch.

Wolk-, Wölke s. 1) Waldan (einst. K.) 2) Wulkana Doch *Wolkenmuth* s Wohlgemuth.

Wolker s. Wulfaȥ (K.).

Woll-, Wöll- s. 1) Waldan (K., einst. K.) 2) Wulfaȥ (K.).

Wollenschläger III. mhd. wollensleger der „durch Schlagen die Wolle reinigt und verarbeitet". Auch *Wollschläger.* Entstellt: *Wohlschläger* (bair.).

Wollenweber III. älter *Wullenweber; Wüllenweber;* entstellt *Willenweber.*

Wollner III. mhd. wollener „Wollbereiter". Konradus Lanifex = Kord Wullner 1306 (Lipp. Reg.). Auch *Wöllner; Wüllner.*

Wolp-, Wölp- s. 1) Waldan (V.) 2) Wulfaȥ (V.).

Wolt-, Wölt- s. Waldan (V., einst. K.).

Woltag s. Wulfaȥ.

Woltemate III. niederd. „wohl zu Maße" (der das rechte Maß zu halten weiß). Auch *Woldemade; Woldemathe* — halbhochd. *Woltemas.*

Wolzogen III. „wohlgezogen".

Wöniger s. Wenjô.

Wop- s. Wôda (zweist. K.).

Worbs III. verkürzt aus Worbis (ON.).

Worm-, Wörm- s. Wurmiȥ.

Wörn- s. War (V., einst. K.).

-wörden, -wörth s. Wert.

Wortmann s. a) I. Warduȥ b) III. „einer, der auf der Wôrt wohnt" (altsächs. wurth [festgestampfter] Boden, mnd. wort, wurt erhöhte oder eingehegte Hofstätte).

Wörz s. Werþa.

Wota s. Vogt (am Ende).

Woth-, Wott-, Wöttlin s. Wôda.

Wouters s. Waldan (V.).

Wrede III. altsächs. wrêth, niederd. wred

„wild, zornmütig“. Hermann der Wrede 1380 (Lipp. Reg.). Auch *Wriedt.* Gen. *Wreden.*

WRENGAN I. ahd. ringan, mnd. wringen „ringen“.
FN. Ranchar: *Ranger; Rencker; Renger.*
Einstämmige Kürzung Rang-.
Renco: *Ranke; Ranck; Rang; Rencke; Renk; Renge.* Vklf. (l): Patr. A. *Rengeling.*

WRISI I. altsächs. wrisil, ahd. riso „Riese“. Risulf.
Einstämmige Kürzung Ris-.
FN. Riso: *Riese; Ries; Reis.* Gen. *Riesen.* Patr. A. Rising: *Reising.*

Wröndel s. War (einst. K.).

Wübbena s. Wôda (zweist. K.).

Wucherer III. ahd. wuocharâri, mhd. wuocheraere, urspr. ohne ungünstigen Nebenbegriff (so noch bei Luther, Ev. Luc. 7, 41—42).

Wud-, Wüdiger s. Wôda.

Wulbrands s. Wulfaz (V.).

Wulf- s. Wulfaz (V., einst. K.).

Wülf- s. Wulfaz (einst. K.).

WULFAZ I. got. wulfs, ahd. mhd. wolf, altsächs. wulf „Wolf“, das dem Wuotan heilige Tier (S. 17). Seit dem 4. Jh. (Wulfila der Westgoten-Bischof) in EN. nachweisbar, über alle deutschen Stämme verbreitet.
FN. Wolfbald: *Wolbold.*
Wolbero: *Wollenbär.*
Wulfbert: *Wolpert; Wölpert.* Gen. *Wolberts; Wolbrigts*(ostfries.).Patr. A. *Wolperding.*
Wolfbrand: *Wullbrand; Wolbrand.* Gen. *Wulbrands; Wolbrands.*
Wulfdag: *Woltag.*
Wolfgang: *Wolfgang.*
Wolfker: *Wülker; Wolker.*
Wolfgard w.: *Wolfgart.*
Vulfbard: *Wulffert; Wolffhardt; Wolfart (Wohlfahrt); Wolfert; Wolfer; Wölfert; Wölfer.* Gen. *Wolferts.*
Vulfhar: *Wolfer; Wolfermann; Wölfer.* Gen. *Wolfers.*
Wolfhraban: *Wulfgrom; Wolfram; Wolfgram; Wolfrom; Wolfrum;* (umgedeutet) *Wohlfromm; Wohlrabe.*
Vulfolaicus: *Wölflich.*
Wulflaib: *Wulfleff; Wolleib.*
Vulfrad: *Wolfrath; Wolffradt.*
Wolfrun w.: *Wolfrun.*
Ulfoard: *Wöllwarth.*
Einstämmige Kürzung Wolf-.
Vulfo: *Wulf; Wolff* (als Vorn. z. B. Wulff Pudwills 1453 Pomm. Urk.). Gen. *Wolfes; Wolfen; Woeffen* (niederrhein.). Patr. A. *Wülfing; Wölfing.*
Vulfin: *Wulffen.*
Vklf. (l) Vulfila: *Wolfel; Wölfel; Wölfli* (schweiz.). Patr. A. *Wölfling.* (l+n) Wulfolenus: *Wölflin.* (k) Vulficho: *Wülfke.* (k+n): *Wülfken; Wölfken.* Gen. *Woeffkens; Weufkens; Wuffkes* (alle 3 niederrhein.).
Auslautend, häufiger als jeder andere Stamm (464mal Först.):
-wolf: Hertwolf.
-ulf: Kierulff.
-olf (olph): Landolph.
-uf: Dieruf.
-off: Margoff.
-auf: Gangauf (Gangolf).
-lof: Dettlof; Osterloff.
-lauf: Rolauf und *Rudlauf* neben *Rudolf, Heidelauf* neben *Heideloff* (Heidolf).
-lef: Garleff (bei Klemp. Gerloff, Gerleff als derselbe N.).

WULKANA I. ahd. wolcan, wolka, mhd. wolken, wolke „Wolke“ — in Wolkmar u. a.
FN. Wolchanhart: *Wolkenhaar;* entstellt *Wolkenhauer* (Fick).
Einstämmige Kürzung: *Wolke; Wolck; Wölke* (auch zu Waldan = Waldiko).

Wülker, Wullbrandt s. Wulfaz (V.).

Wullenweber, Wüllenweber s. Wollenweber.

Wüllner s. Wollner.

Wun-, Wün- s. Wenjô.

Würdele s. Werþa.

Würdig III. Wirdigo 9. Jh. S. auch Werþa.

Wurm III. „Wurm, Schlange, Drache“.
FN. *von Wurmb* (Konrad Wormb 1173); *Wurm.*
Zss. *Goldwurm; Käsewurm; Lindwurm; Maiwurm; Rußwurm.*

WURMIZ I. got. waurms, ahd. mhd. wurm „Schlange, Drache". Wurmhart 8.
FN. Wurmhari: *Wörmer.*
Einstämmige Kürzung Wurm-.
Wurm; Worm.
Vklf. (l): Patr. A. *Würmeling.* (k): *Wörmbcke.*

Wurst III. das deutsche Nationalessen (S. 47).
FN. *Wurst* (Hans Wurst 1441). Vklf. *Würstlin.*
Zss. *Blutwurst; Knackw.; Krautw.; Leberw.;* halbniederd. *Fretwurst;* niederd. *Knapwost.*

Wurster III. mhd. wurstaere „Wurstmacher".

Würthle, Würz s. Werþa.

Wurzler III. mhd. wurzeler „Kräutersammler". Auch *Wurzner.*

Wuth, Wüttig, Wuttrich, Wutz- s. Wôda.

Wyehgram, Wyerda, Wygram s. Wîga (V.).

-wyl s. Weiler.

Wyn- s. Weniȥ (einst. K.).

X.

Xander II. s. Alexander.

Xylander III. griech. Übersetzung von *Holtzmann.*

Y.

Ybelacker (München) = Übel- s. Acker.

York III. — in Hinterpommern, etwa eine Meile von Bütow, liegt das adelige Gut Groß-Gustkow, von früher her unter mehrere Familien pommerschen Landadels verteilt. Eine dieser altkassubischen Familien waren die *Jorken* oder *Jarken*, eines der unzähligen armen Adelsgeschlechter des slawischen Landes. Schon im Beginne des 17. Jh., im J. 1607, findet man Lehnbriefe der Jorken zu Groß-Gustkow — ein Beweis, daß der nachmals berühmteste Träger des Namens, der Feldmarschall York von Wartenburg, irrte, wenn er behauptete, von dem hochberühmten englischen Geschlechte der York abzustammen; ein Zweig derselben sollte in der Mitte des 17. Jh., etwa 1650, erst nach Schweden ausgewandert und von dort nach Pommern gekommen sein.

Yxem III. O. Ixheim (Baiern).

Z.

Zabel s. Sabellius.

Zach-, Zack- s. Tahjan.

Zacharias II. hebr. „Jehova gedenkt" 1) ein Prophet des A. T. 2) der Vater Johannes des Täufers.
FN. *Zachariae; Zacher; Zarges; Sacher.*

Zagel III. ahd. mhd. zagel „Schwanz" in mehrf. Zss. (die z. T. wohl ON. sind, vgl. Hasenzagel).
FN. *Rattenzagel;* gew. zsgz. *-zahl: Hasenzahl; Lämmerzahl; Mäusezahl; Voszal; Weibezahl.* Auch Rübezahl, der N. des schlesischen Berggeistes, gehört hierher, Rüebezagil 1762 = Rübenschwanz.

-zahl s. Zagel.

Zahn III. doch wohl nach einem irgendwie ungewöhnlichen Zahne, vgl. lat. Dento, Dentatus (Pott).
Auch in mehreren Zss.: *Berzahn* (= Eberzahn); *Weibezahn* (= Wackel-), vgl. Scharfzahn 1427; — doch nicht hierher gehörig *Maltzan,* welches slawischen Ursprungs ist (wohl von Moltzen im Lüneburg. Ledebur, Adelslexikon).

Zaiser, Zaitz s. Taitaȥ.

Zamel s. Samuel.

Zander a) I. = Sander s. Sanþa b) III. = Alexander (VN. Ilsenb. Urk.).

Zange III. Gerätn., für einen Schmied?

Zapfe III. „Verzapfer von Getränken".
Halbniederd. *Zappe; Zapp.*
Zss. *Sauerzapf, -zapp,* entstellt *-zopf* „der Essig verzapft". *Ölzapf; Weinzapf.*

Zeche, Zeckel s. Tahjan.

Zechmeister III. „Vorsteher einer Bergwerksgenossenschaft, einer Zunft".

Zehender III. „Zehntenerheber" (Appo der Zehender 14. Jh.).
FN. *Zehender; Zehntner; Zehnter.*

Zehet = Zehnt (vgl. Teget) in Zss. wie *Zehetbauer, -gruber, -mayr.*

Zehmen III. O. b. Leipzig.
FN. *v. Zehmen* (Fridericus de Cemin 1206).

Zeidler III. ahd. zîdalâri, mhd. zîdelaere „Bienenzüchter", bes. mit Hinsicht auf die früher im großen betriebene Bienenwirtschaft im Walde. Die Zeidler bildeten eine Genossenschaft mit besonderen Satzungen und Rechten. Auch *Zeitler*.

Zeigswetter III. Satz-N. „zeige das Wetter an". Vgl. *Kiesewetter*.

Zeiler III. „einer aus Zeil" (häufiger ON.).

Zeis-, Zeiß-, Zeitz- s. Taitaȥ.

Zeit III. in Zus.: *Guttzeit* (vgl. franz. Bontemps); *Liebzeit; Neuenzeit* (elliptisch = zur neuen Z.). *Zeitmann* (aus dem Hause zu der zît).

Zeitvogel III. wohl = Zugvogel.

Zell III. lat. cella, zur Bezeichnung von Klöstern angewendet, seit dem 8. Jh. nachweislich in Manegoldescella u. a., einfaches Cella schon in demselben Jh. weit verbreitet. Jetzt *-zell*.

FN. *Zelle. von Lauberszell.*

Ableitung auf *-er* (oberd.): *Zeller; Appenzeller; Finkenzeller; Pfaffenzeller.*

Zelter 1) s. Lebzelter 2) (im Paßgang gehendes) Pferd. Auch *Zelder*.

Zembach s. Zu.

Zentgraf III. der einer „Cent d. i. Hundertschaft vorsitzende Graf". Cuntz Zentgreff 15. Jh.

FN. *Centgraf; Zintgraf; Zinkgreff.*

Zentner III. Vorsitzender des „Dinges", des Gerichts, centenarius. Auch *Zenner*.

Zepelin III. Dorf in Mecklenburg-Schwerin.

FN. *von Zepelin*, aber *Graf Zeppelin* (Henricus de Zepelin 1286).

Zerrenner III. „Hüttenarbeiter, der das Eisen zerrinnen macht".

Zerrgiebel, Zirngibl III. „ziere den Giebel"! wohl Scherzname für einen Giebelmaler.

Zerrleder III. „zerre das Leder" — Spott-N. des Schusters.

Zeyß s. Taitaȥ.

Zichenaus III. Satzname „zieh hinaus" oder „zieh ihn aus"? Auch *Ziegenaus; Ziechnaus*.

Zichner III. „der Ziechenleinwand webt".

Zick- s. Segu (V., einst. K.).

Zickendrath III. Satz-N. „rücke, ziehe den Draht", Spott-N. des Schusters (Vilmar).

Zie s. Segu (V.).

Ziegesar III. O. j. Ziesar in Brandenburg.

FN. *von Ziegesar* (Hermannus de Ziesar 1147).

Ziegler III. „der Ziegel macht". Niederd. *Tiggeler* (M.-Gladbach).

Ziel-, Ziehl- s. Tilaȥ.

Zier- s. Têrjaȥ.

Zierfuß III. „mit zieren d. i. zierlichen, schönen Füßen", vom mhd. Eigenschaftswort zier.

Zieriacks s. Cyriacus.

Zil- s. Tilaȥ.

Zilias, Zilges, Zillekens s. Cyriacus.

Zim- s. Segu.

Zimmermann III. mhd. zimberman.

FN. *Zimmermann.* Gen. *Zimmermanns* (niederrhein.). Niederd. *Timmermann.* Auch *Zimmerling* findet sich in derselben Bedeutung sowie *Zimmerer.*

Zindler III. 1) der Zindel (ein Seidengewebe) herstellt, 2) einer aus Zindel.

Zindram s. Senþaȥ.

Zinkgreff, Zintgraf s. Zentgraf.

Zinner III. „Zinngießer".

Zinser III. „Zins- d. i. Zehntenerheber". Auch *Zinsmeister.*

Zoller III. mhd. zollaere, von zollen „Zoll fordern".

FN. *Zoller; Zöller.*

Zöllner III. ahd. zollanâri, mhd. zolnaere (lat. telonarius).

FN. *Zollner*; *Zöllner.* Niederd. *Töllner.* (Klemp. Tolner und Toller).

Zoons III. (niederrhein.) holländ. F. = deutschem Sohns.

Zorn III. zum mhd. adjektivisch ausgedeuteten zorn (z. B. „ich bin zorn" = ich bin zornig). Davon mhd. zorner, zürner „ein Zornmütiger". Dominus Nicolaus dictus Zorn 1262.

FN. *Zorn; Zörner; Zürner.*

Zu in vielen FN.: *Zufelde, Zutafern* (ad tabernam); doch gewöhnlich mit Artikel: *zum, zur* (niederd. ten, ter).

FN. *Zumbach, Zembach,* halbniederd. *Zumbeck; Zumbaum,* halbniederd. *Zumbohm; Zum Bild* (doch wohl Heiligenbild); *Zumbrink,* niederd. *Tombrink; Zum Brook* (Oldenb., hd. *Zumbruch*); *Zumbühl* (Baden, = zum Hügel); *Zumbusch; Zum Felde, Zumfeld* (vgl. van dem Felde, Gött. UK. im J. 1371); *Zum Fleth* (Fließ); *Zumgrunde; Zum Hagen; Zum Hofe, Zumhoff; Zumholz,* halb-

niederd. *Zumholte; Zumkeller; Zumsteeg; Zumstein; Zumtrum* (Trumm = Endstück eines Ackers); *zum Winkel*.
Zurfluh; Zurheide; Zurhelle; Zurkaulen (zur Grube); *Zurlinden; zur Megede* (= Jungfrau Maria; Hausname, Sigelin zu der Megede 1340 in Straßburg); *Zurmühlen; Zurstraßen; Zur Windmühlen*; *Zorbach*. (S. über diese und die verwandten Bildungen S. 55.)

Zu Rhein III. Freiher *zu Rh.* (bair.) urspr. ze Rhyn (innerhalb der Ringmauern von Basel am Ufer des Rheines ansässig. Tobler-Meyer).

Zuckschwerdt III. Satz-N. „zücke das Schwert". Vgl. Cuckswert (Altmarburg, Reichel). Auch *Zugschwerdt*.

Zum-, Zur- s. Zu.

Zündel III. mhd. zuntil „Anzünder".

Zürcher III. = Züricher.

Zurnieden s. Tornedden.

Zutafern III. „zur Taberne". Heinrich zer Tavernen 13. Jh.

Zwicker a) I. s. Swenþjaȥ (V.) b) III. „einer aus Zwickau" (Herman Čzwickower 1348 = H. Czwicker, Reichert) c) „einer, der die Stiefelsohlen mit Zwicken befestigt".

Zwickert, Zwickhardt s. Swenþjaȥ (V.).

Zwikkenpflug III. (München) „zwicke den Pflug", Spottname für einen Bauern.

Zwilchenbart III. (Zürich) „der mit doppelt gedrehtem Bart" (Tobler-M.).

Zwingly III. nach Stadlers Idiotikon aus „Zwilling", ahd. zwiniling. Vgl. Petrus czwilling 1372.

Zwirner III. von zwirnen = „zusammendrehen", der Fäden aus Flachs, Hanf oder Seide dreht.

Zybrandts, Zyprecht s. Segu (V.).

Nachtrag.

Ergang s. Irrgang.

Extra III. Friesischer FN. „Der an einer Eiche oder an einem Orte Egge, Eck Wohnende" (Ruprecht). Entstanden aus Ek-stra.

Goethe 2) III. mhd. göte, götte, mnd. gode „Taufzeuge, Pate".

Hornaff III. „Der Hornaffenbäcker." Das in Mainz 1321 erwähnte Haus zem Hornaffen erklärt sich am einfachsten ebendaher; doch da man im Mittelalter auch die Zwickel, die den von den runden Glasscheiben übrig gelassenen Raum ausfüllten Hornaffen nannte, ist auch eine Deutung hiervon nicht ausgeschlossen. Auch *Hornefer*.

Köttner III. „Inhaber einer Kothe" (s. d.).

Mosen s. Moos.

Mülbe III. Ort, jetzt Milewo bei Neuenburg i. Ostpr., 1290 Mylwe.
FN. *von der Mülbe*. (Dietrich von der Milbe 1402.)

Ohrenschall s. Uruȥ (V.).

Bemerkung. Die in den germanischen Wörtern verwendeten Zeichen þ, ð, ȥ sind zu sprechen: þ wie englisches th in thing, ð wie englisches th in that, ȥ wie deutsches s in Hase, got. ei wie î.

Berichtigungen.

S.	111	Bâg-	lies	Bêg- (bêgan).
,,	112	Bandu	,,	Bandwôn.
,,	117	Beron	,,	Beran, weibl. Berôn (berniôn).
,,	120	Blâwô	,,	Blêwaȥ.
,,	,,	Blek	,,	Blikkaȥ.
,,	121	Bog-	,,	Bugan.
,,	122	Bôsi	,,	Baus(i)aȥ.
,,	126	Brunja	,,	Brunjôn.
,,	130	Burgi	,,	Burg.
S.	134	Dawa	lies	Þauwaȥ.
,,	138	Drog-	,,	Drug- (dreugan).
,,	143	Fandja	,,	Fanþian.
,,	,,	Fara	,,	Farô.
,,	,,	Fastuȥ	,,	Fastaȥ.
,,	,,	Fasold	,,	Fas(u)la.
,,	151	Gaidu	,,	Gaidô.
,,	156	Gir-	,,	Gîr-.
,,	159	Grîma	,,	Grîman (grîmôn).
,,	166	Hamar	,,	Hamaraȥ.
S.	173	Heldi	lies	Heldî.
,,	176	Hiru	,,	Heruȥ.
,,	180	Horna	,,	Hurna.
,,	,,	Hringa	,,	Hrengaȥ.
,,	181	Hroc-	,,	Hruk-, Hrôk-?
,,	188	Iw-	,,	Îhwaȥ, Î(g)waȥ.
,,	210	Ling-	,,	Lengan.
,,	213	Mand-	,,	Manþian.
,,	228	Nibul	,,	Nebula.

Buchdruckerei des Waisenhauses in Halle a. d. S.

1094739

Printed in Germany by
Amazon Distribution
GmbH, Leipzig